"구속사적 씨흐름은 하나님이 인간이 되시는 길이고, 말씀이 육신이 되시는 방법이며, 하나님이 세상을 이처럼 사랑하사 독생자를 보내시는 생명의 이어짐이자, 구속사적 사건의 연속으로, 여인의 후손(창 3:15)인 예수 그리스도의 탄생에까지 연결되는 것"

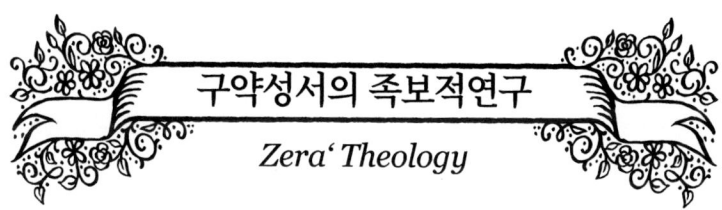

구약성서의 족보적연구
Zera' Theology

여 는 말

책을 쓴다는 것이 그냥 시작한다고 되는 것도 아니고 생각한다고 쓰여지는 것도 아닌 것을 실감하고 있다. 역대기 주석을 쓰기로 한 것은 참으로 오래된 계획이었다. 막상 쓰려고 세밀하게 연구하면 할수록 너무나 큰 분량의 책이 될 것 같고 연구하여할 내용이 무궁무진하다고 느껴졌다. 이스라엘의 역사와 지리가 다 동원되고, 성서 원어를 해석해야 하고, 구약문화와 구약신학이 다 다루어져야 할 내용들이었다. 사실은 역대기 주석을 쓴다는 전제하에 서론에 넣을 주제별 논문을 하나씩 준비하여 학술지에 실렸던 것들과 그동안 필자의 신학으로 꾸준히 연구해온 구속사적 씨흐름을 족보적으로 연구한 씨신학을 먼저 정리해야겠다고 생각했다. 「구약성서의 족보적 연구」라는 제목을 잡고, 거기에 영어 글자로 ['씨'신학: Zeraʻ Theology]이란 말을 넣어 나의 구약신학적 방향을 설정해 보았다. 이것은 필자가 구약을 가르치는 교수로 살아온 관심 분야였고 학문의 결정체이고 나름대로 구약을 보는 신학적 입장이다.

창세기를 시작으로 구약성서 전체를 꿰뚫고 있는 구속사적 씨흐름을 연구해 씨신학을 정립해 가다보니 구약성서 안에는 인류구원을 위한 하나님의 복음이 가득 차 있다는 결론을 얻게 된다. 즉, [여인의 후손]으로 오시는 메시아의 길이 너무 선명하고 그리스도가 배태되어 만삭으로 결국 출산할 수 밖에 없는 충만함을 발견하게 되었다.

구약성서의 구원사는 그 핵심 내용 중의 하나로 '선택적' '계약적' '예언적' '구속적' '종말론적'이라는 용어로 수식되어질 수 있는 '씨의 흐름'을 이끌어 가고 있다. 이는 구속사에 하나님의 의도적 섭리가 개재된 인물들의 연속을 말한다. 아담에서 시작된 인간들을 통한 하나님의 인류구원을 위한 원대한 계획을 그 내용으로 갖추는 역사이다. "구약의 역사 도처에서, 곧 하나님의 심판 행위에서든 또는 구원의 행위에서든지 간에, 어디서나 하나님의 말씀에 의해서 신약의 그리스도 사건이 예시되어 있음을 본다"(G. von Rad). 그래서 이 '씨 흐름' 자체가 역사 속에서의 하나님 계시의 한 양상이라는 입장에서 '씨 신학' 형성의 가능성을 보았다. 이런 씨신학적 입장에서 창세기와 역대기를 주목하여 연구한 내용들을 정리한 것이 이 책 내용의 특이한 점일 것이다. 한편, 하나님의 구원사로 알려진 구약성서에 기록된 인류 구원의 섭리로 이어져 가는 구속사적 씨흐름의 구속사가 문학적인 양식으로 기록될 때 족보라는 방법을 사용하고 있다. 그렇기 때문에 족보에 관심을 가지고 연구해 왔다. 구약성서를 족보적 관점에서 연구하였기에 [족보적 연구]라고 책명을 선택하였다. 필자는 어떤 면에서 구약성서 전체를 — 광의적 의미로 — 족보적 기록이라고 보고 있기 때문이다.

정통 히브리 사상은 계속되는 시간을 하나님 계시의 매체로서 뿐만 아니라, 그분의 구원 행위들을 나타내시는 하나의 계시양식으로 간주한다. 이스라엘 역사의 많은 부분이 구원사로 제시되고 있는데, 그 역사적 사건들과 더불어 성서에서 강조되어져 가는 것이 성서의 족보이다. 그래서 구약성서의 처음 기록된 [창세기]와 마지막 시점에서 기록된 [역대기]는 하나의 거대한 [한 족보 책]이라 볼 수 있다. 아담에서 메시아의 탄생에까지 이르는 하나님의 구원 섭리인 구속사적 씨 흐름을 밝히기 위한 족보이다.

이 구약의 [구속사적 씨흐름]은 바로 아담 전통과 족장 전통과 다윗 왕조의 혈통으로 이어져 세상에 태어나는 예수 그리스도의 탄생으로 연결된다. 이 씨 신학(Zera' Theology)은, 바로 이 구약에 나타나는 '구속사적 씨의 흐름'에 간직된 하나님의 섭리와 의도를 추적하는 신학적 시도이다. 이 씨의 흐름은 바로 예수 그리스도가 세상을, 인간을 구원하기 위해 세상의 인류 속에 오시는 통로이며, 하나님이 인간이 되시는 길이고 말씀이 육신이 되시는 방법이며, 하나님이 세상을 이처럼 사랑하사 독생자를 보내시는 생명의 이어짐이며, 구속사적 사건의 연속이다. 바울 사도도 로마서 1:2-4에서 예수 그리스도에 대하여는 하나님이 미리 구약성서에 약속하신 것으로 다윗의 혈통(씨)에서 나셨다는 것이다. 구속사(Heilsgeschichte)는 하나님이 인간을 위해 어떠한 행동을 하신다는 것과 그 행동의 성격이 구원을 목적한다는 것이 기본적 요소이다. 이러한 구원을 보여주는 하나님의 자비스런 행동의 사실들이 역사적으로 기록될 때 그 역사를 구속사라 한다. 이 구속사가 문학적으로 묘사되어 정리될 때 족보의 양식을 사용하고 있다는 것이다.

이런 관점에서 본서에서 족보를 중요하게 다루는 특이성을 발견하게 될 것이다. 이 씨신학적 입장에서 구약의 구석구석에서 구속사적 씨흐름과 그 의미를 족보 연구와 함께 다루게 될 것이다. 이런 면에서 본서는 [창세기 주석]과 [역대기 주석]이라는 미래의 기대와 약속을 향한 미완성의 책으로 남지만 구약성서 연구에 작은 또 하나의 도움이 되었으면 한다.

여기에 수록된 자료들은 조금은 오랫동안 준비한 것들이다. 그리고 그동안 강의한 내용들을 간단히 요약 첨가하여 부분들을 채워가기로 했다. 그러다 보니 되도록 각주 작성에 최선을 다하려고 했지만, 어떤 것들은 인용한 책들의 각주 달기가 어려운 면이 있어서 생략하고 참고도서 목록으로 대신하기로 했다. 그런 면에서 양해를 구한다. 오랜 기간이 지나면서 어느 책의 어느 페이지 것인지도 모르게 그냥 강의 내용으로 남아 있는 것들이 많기 때문이다. 그러한 학자들의 의견과 사상과 주장이 필자의 것으로 용해되기도 하고 고착화되기도 하여 내 신학으로 정착해 가는 면이 있다는 것이다. 그러면서 오랜 교수 생활을 통해 이뤄진 나름대로 구약성서에 흐르는 핵심 사상으로 [구속사적 씨흐름으로 형성된 씨신학]이란 본인의 신학을 정립해 가려고 노력해 왔기에 지금까지의 연구 결과를 본서에 담고자 한다.

본서를 출판하기까지 도움을 주신 분들에게 감사를 드린다. 무엇보다도 하나님 아버지와 나의 주 예수 그리스도와 보혜사 성령님의 도우심이 나의 생애에 같이 하심에 항상 가장 큰 감사를 드린다. 특별히, 이 아들을 위해 계속 기도로 격려해 주시다가, 얼마 전에 하나님의 부름을 받아 승리롭게 하늘나라에 가신 아버님과 어머님에게 이 지극히 작은 결실을 바치고 싶다. 그리고 나의 사랑하는 서울신학대학교가 그렇게 고마울 수가 없다. 그리고 한 가지 짚고 넘어가야 할 것으로, 이 책을 출판할 수 있었던 계기는 서울신학대학교에서 제공하는 [학술 연구비]에 힘입은 바가 크기에, 서울신학대학교에 다시 감사한다. 이 책을 읽는 모든 분들에게 주님의 축복을 기원한다.

2010년 1월 신년 벽두에
성주산 기슭, 교수연구실에서
서울신학대학교 최 종 진 교수

(본 저서는 서울신학대학교 학술연구비 지원에 의한 저술입니다.)

본 저서를 출판한 지도 10여년이 지나가고 있어서 다시 조금은 더 다듬어야할 필요를 느껴서 다소 손질을 하여 개정판으로 세상에 내놓게 되었음을 기쁘게 생각한다.

2022년 7월
여의도 집무실에서
최 종 진

Contents

제 I 부
구약성서의 구속사적 씨흐름 - 씨신학

I. 연구의 방법과 목적   13
  A. 통시적(通時的: Diachronic) 해석   14
  B. 공시적(共時的: Synchronic) 해석   17
  C. 본서 연구의 목적   19

II. 구약성서의 족보 이해   23
  A. 일반적 족보의 의미   24
  B. 신약적 족보 의미   26
  C. 구약적 족보 의미   27
  D. 족보의 어원적 의미   32
  E. 족보의 혈족 체계적 의미   33
  F. 족보의 분량적 의미   34
  G. 족보에 나타난 이름의 의미   36

III. 구약성서 족보의 유형(類型)과 기록 형식   45
  A. 성서 족보의 유형   45
  B. 성서의 족보 편찬 형태   48
  C. 성서의 족보 기술 형식   51

IV. 구약성서에서 족보의 역할   63
  A. 혈연적 관계 설명   64
  B. 시대적 연결: 시대를 뛰어넘는 계속성   66
  C. 연대기적 매듭: 역사적 전환기와 그 역사 주역   69
  D. 합법적 정당성 확인: 어떤 인물의 정당성 논증   70
  E. 거룩한 자손의 순수성 제시: 계약 백성의 성별(聖別)   71
  F. 하나님 백성의 연속성 확인: 하나님 백성의 연속성 원칙   73
  G. 종교적인 신학적 변명의 기능: 하나님의 구속사적 의도 개입   74

V. 구속사적 씨흐름: 씨 神學의 정의   77
  A. 구속사적 역사 이해   78
  B. '씨(זרע zera')'의 의미   79

C. 구속사적 씨흐름의 정의	83

VI. 구속사적 씨흐름(씨神學)의 전제로서 창조 97
- A. 하나님 존재의 대전제(大前提) 98
- B. 구속사의 서론: 창조섭리의 흐름(창 1:1－2:25) 100
- C. 구원의 대상인 인간 창조의 독특성 121
- D. 인간의 구성 요소(창1:26, 2:7) 148
- E. 인간 타락과 인간의 운명: 씨신학의 전제 152

VII. 창세기의 구속사적 씨흐름 169
- A. 씨흐름 방향 설정으로 원복음(最初 福音) 169
- B. 원역사(태고사)에 나타난 구속사적 씨흐름 178
- C. 족장사에 나타난 구속사적 씨흐름 206

VIII. 구약 역사서에서 구속사적 씨흐름 275
- A. 신정체제 하의 구속사적 씨흐름 275
- B. 통일 왕국에서 구속사적 씨흐름 281
- C. 남북 왕국에서 구속사적 씨흐름 286

IX. 구속사적 씨흐름(씨神學)의 배경 329
- A. 구속사적 씨흐름의 인종학적 배경 329
- B. 구속사적 씨흐름의 지리적 배경 337
- C. 구속사적 씨흐름의 역사적 배경 341

X. 구속사적 씨신학의 4대 신학사상(四大 要素) 345
- A. 선택 사상 345
- B. 계약 사상 349
- C. 축복 사상 360
- D. 선교적 사명(천하 만민을 위한 복의 중재자) 362

제 II 부
남왕국 중심의 역대기의 씨신학적 연구

I. 역대기의 내용 요약 369

II. 역대기의 역사서술 방법 375
- A. 메시아적인 역사 서술방법(A Messsianic Historiography) 375

   B. 제사적 관심을 중심한 역사 기술방법 376
   C. 요약반복적 역사서술 방법(Recapitulative Historiography) 379
   D. 인과응보적 교리에 입각한 역사기술 380
   E. 남왕국의 정치적 관심을 중심한 역사기술 384
   F. 족보 기록형식을 중심한 역사기술 386

III. 역대기의 배경과 구조   387
   A. 역대기 기록의 역사적 삶의 정황 388
   B. 왕들에 대한 역사적 평가 기준 391

IV. 역대기서의 구조   395
   A. 연구 방법의 선택 395
   B. 역대기의 단락적 구조 396
   C. 역대기의 족보적 구조 399
   D. 역대기의 본문적 내용 구조 404
   E. 역대기의 특별 강조 자료적 구조 409

V. 역대기 저자의 신학   415
   A. 역대기 저자 신학의 배경 416
   B. 역대기 저자의 신학 418

끝맺는 말   435

참고 문헌   437

제 I 부

구약성서의 구속사적 씨흐름

씨신학

I. 연구의 방법과 목적

　구약성서 연구의 방법은 다양하다. 구약성서를 보는 학문적 견해도 학자들에 따라 여러 가지로 나타난다. 본 필자는 그런 다양한 연구 방법들을 인지하면서도 본인 나름대로 구약성서를 보는 시각을 가지고 연구해 가려고 한다. 즉 구약성서는 성령의 영감에 의한 하나님 계시의 책이며, 하나님의 구원 역사가 깊이 간직되고, 하나님의 뜻과 섭리가 펼쳐진 성령의 의도적인 책이라는 것이다.[1] 그래서 거기에는 내적인 통일성을 가진 하나의 일관된 사상과 하나님의 계시의 흐름이 있다고 본다. 그것이 바로 구약성서가 나름대로의 "독특하고 고유한 특성"을 간직하고 있는 내용이다. 이 특성이 바로 이스라엘을 이끌어 갔고 구약성서를 하나님으로부터 우리에게 오늘 주어진 책으로 받아들이는 이유이다.

---

1) Gleason L. Archer Jr., *A Survey of Old Testament Introduction* (Chicago: Moody Press, 1975), p.75. 구약성서 특히 오경저자는 하나님의 영감과 계시에 의존한 기록을 남겼다.

구약성서 연구에 그동안 여러 가지 방법론이 동원되어 왔다. 특별히 성서비평은 성서의 의미와 가치를 올바로 이해하려는 명분 아래, 본문비평에서부터 문학비평까지 쉴 사이 없이 달려왔다.[2]

A. 통시적(通時的: Diachronic) 해석

구약성서의 해석 방법으로는 다양하게 제시되고 긴 역사를 가지고 있다. 성서 본문을 어떻게 이해하고 해석하느냐는 구약성서 시대로부터 기독교 역사에 계속되는 노력이며 관심사이었다. 예를 들면, 우리가 가지고 있는 히브리 성서 원본은 쓰여진 후 1-2세기가 지나면서 없어졌을 것이고 현존하는 것은 모두가 사본의 사본들과 역본들이다. 그러나 이들 사이에 아주 조금씩 차이가 발견되면서, 가장 순결한 본문의 형태를 회복하는 작업으로 <본문 비평>이라는 성서 원본의 원형적인 형태를 회복해 보려는 학문적 노력이 모든 비평의 가장 중요한 전제와 바탕이 되었다.[3] 이 하등비평(Lower Criticism)이라고도 하는 [본문 비평](Textual Criticism)은 원문, 사본, 역본, 방언 등의 비평을 중심으로 성서본문을 취하는 것인데, 본문의 문법, 문장 구성법, 언어학을 고대 사본과 번역본을 통해 비교한다.[4]

본문 비평과 자료 비평 이후의 방법론은 거의 통시적(通時的) 해석 방법을 통해서 성서 본문을 해석하려고 한다. [통시적: diachronic]이 '시간을 통해 (dia=through)'란 어원인 것처럼, 통시적 비평은 역사로부터 본문의 의미를 끌어내는 수직적 차원에 관심을 갖고 연구하는 것이다. 통시적 비평은 성서 본문의 의미를 찾기 위해서 본문이 쓰여지게 된 삶의 자리, 본문의 근본적 자료, 본문이 현재와 같이 편집된 이유나 과정 등, 역사를 거슬러 올라가 본문 바깥에서 계속해서 찾으려고 했다.[5]

---

2) 본 장을 정리하는데 전철의 [각 성서비평의 평가정리]와 R.K. Harrison, *Introduction to the Old Testament* (Grand Rapids: Wlillian B, Eerdmans Publishing Company, 1969), pp.3-82. P. R. House, ed. *Beyond Form Criticism: Essays in Old Testament Literary Criticism*. Sources for Biblical and Theological Study. vol.2(Indiana: Eisenbrauns, 1992). A. N. Fewell, D. M. Gunn, "Narrative, Hebrew." *Anchor Bible Dictionary*. vol.4(New York, 1992), pp.1023-1-24. David J.A Clines. J.C. Exum, eds. *The New Literary and the Hebrew Bible*. JSOT Supplement 143(Sheffield: JSOT, 1993), pp.15-20 등의 자료들을 참고했다.
3) Gleason L. Archer Jr., *op. cit*. p.47.
4) Ernst Wurthwein, *The Text of the Old Testament* (Grand Rapids: Eerdmans Publishing Co., 1981), p.111.
5) 다음에 소개하는 비평방법들에 대한 자료들을 좀 더 소개하면, B.S. Childs, *Biblical Theology in Crisis*(Philadelphia: Westminster, 1970), pp.34-87. Robert C. Cully, "Exploring New Directions."

<자료비평>은 본문 회복만을 하려던 본문비평의 한계를 넘어 자료의 배경에 대한 구체적인 지형을 밝혀내려는 문서설로 대표된다. 이 자료비평은 성서본문의 저자, 저자의 역사적 배경과 기록연대, 기록상황, 기록목적을 가지고 있는 저자와 자료의 배경을 탐구하는 작업에 의해 성서 자체 문서의 신학적 문학적 특징을 밝혀냄으로써 자료와 본문의 의도를 명확히 파악할 수 있다고 보았다.[6] 그러다 보니 모세오경은 단일 저자의 작품이 아니라, 오히려 저자가 다른 문서들을 후대에 편집한 혼성된 자료로 이뤄진 것이라 보는 견해이다.[7]

이 학설 중에 대표적인 발달설(The Graf-Wellhausen Hypothesis)은 헤겔의 변증론적 이론과 다윈의 진화론적 연구 방법을 도입하여 이스라엘 종교도 일반 종교의 발전 과정(저급종교에서 고급종교로)을 거친 것으로 주장한다. 모세 오경도 한 사람의 저작이 아니라 연대가 다른 네 가지 자료(J. E. D. P.)를 편집한 것으로 보고, 그 네 가지 자료를 사상 발달 순서에 따라 진화론적으로 연대를 정한 학설이다. 이 학설을 구체적으로 주창한 두 학자의 이름을 따서 그라프-벨하우젠설(Graf-Wellhausen Theory)이라고도 한다.

이 자료 비평은 통시적(通時的) 해석 방법을 통해서 성서 본문을 해석하여 역사로부터 본문의 의미를 이끌어 내는 것이다. 그래서 역사비평이라고도 한다. 역사비평은 본문의 수직적 차원에 관심 가지고, 본문의 의미를 본문의 기원과 발전 과정의 측면에서 찾는다. 그래서 성경을 읽을 때 역사적 인물인 "저자의 의도"를 찾는다. 그것을 위해 역사비평은 성경의 실제 본문은 무엇인지, 저자는 누구인지, 기록 배경은 어떤 것인지 등을 연구한다.[8]

<양식비평>은 본문의 삶의 자리(Sitz im Leben)를 밝히려는 작업이다. 대표적 학자인 궁켈(H. Gunkel)은 성서의 문서들 대신에 이 문서들의 구전(口傳)적인 기

The Hebrew Bible and Its Modern Interpreters. pp.168-189. N. Frye, 「비평의 해부」 임철규역(서울: 한길사, 1982). 왕대일, 「새로운 구약주석」(서울: 성서연구사, 1996). McKenzie, S.L. and Haynes, S.R. eds. *To Each Its Own Meaning: An Introduction to Biblical Criticism and their Application* (Louisville, KY: Westminster/ John Knox Press, 1985) 등을 참고하되 너무나 많은 자료들이 있음.

6) 여기에 대한 자료는 많다. 최종진, 「구약성서 개론」(서울: 토판출판사, 2019), pp.110. 이하를 참고할 것
7) R. H. Pfeiffer, 「신약시대 역사와 외경 개론」 유형기 역(서울: 한국기독교 문화원 1971), p.130.
8) J. Wellhausen, *Prolegomena to the History of Israel* (New York: Meridan Library, 1957), pp.318-320.

원과 그 시간에 따른 발전 과정과 삶의 정황에 초점을 맞추었다.[9] 특히 시편이나 지혜서를 중심으로 어느 정도 역할을 한 것 같았지만 성서의 다른 본문들을 양식으로 구분할 수 없고 양식에 대한 명칭의 통일성이 아직 이루어지지 않는 한계가 있었다. (다음의 내용들도 앞에 소개한 책들을 참고하였음을 밝힌다.)

<전승비평>은 본문의 신앙 고백적, 문서 자료적 전승 과정의 변화와 의미를 발견하여 전승 과정의 깊은 의미를 새로운 차원으로 발굴하여 양식비평을 넘어서려는 작업이다. 이는 독특한 전승을 형성한 단체, 공동체, 지역, 요소, 동기를 통하여 여러 전통의 전승과정의 추정과 그 의미를 발견하는 작업이다.

<편집비평>은 본문전승과 본문을 편집적 기록의 과정에 삽입될 수 있는 편집자의 의도를 추적하여 본문의 의미를 분석해 내는 작업이다. 이는 원래의 성서 저자의 의도에 편집자의 신학적 의도가 작용할 가능성을 전제로 하는데 오히려 위험성이 있을 수 있다.

<정경비평>은 성서 자체가 그 정경성을 내포하고 있다고 하는 전제로, 경전의 권위를 매개로 하여, 비평적 방법이 성서를 산산조각을 내버리는 단점과 한계를 구성적(constructive) 독해로 새롭게 전환하려는 것이다. 신앙공동체가 정경 안에서, 정경을 통해서 어떻게 유지되어 왔는가에 대한 과정을 밝혀내는 시도로 성서본문의 정경형태에 최종적 권위를 두는 것에 강조점이 있다.

<사회학적 비평>은 본문이 등장한 정치 경제적 지층을 탐구함으로써 기존 성서비평들의 한계지점인, 본문과 그 당시의 정치 경제적 함수관계를 새롭게 복원하여, 본문의 의미를 더 명확하게 확보하려는 작업이다. 성서 본문은 그것이 배경으로 하는 사회적 맥락이 있다는 전제로 하지만 시대와 역사를 관통하는 영적인 하나님의 뜻이 어떻게 역사적─계급적 이해관계만을 통하여 제시될 수 있는가 하는 한계를 지적할 수 있다.

---

9) T.Longman III & R.B.Dillard, 「최신구약개론」 박철현 역(고양: 크리스챤 다이제스트, 2009), p.57. H. Gunkel, "Poetry of the Old Testment: Its Literary History and Its Application to the Dating of the Psalms." *Old Testment Essays*. D.C. Simpson, ed.(London: Grifsin, 1927)

B. 공시적(共時的: Synchronic) 해석

공시적(synchronic)이란 '시간과 함께(syn=with)'의 어원이 말하듯이, 역사로부터 본문의 의미를 이끌어 내려는 통시적 비평과는 달리, 공시적 비평 방법은 역사 과정으로부터 분리되어 그 본문 자체가 스스로 말하는 의미를 찾아내는 것이다. 공시적 비평은 본문 이전 역사나 삶의 정황이 어떠했든지 간에 또는 저자가 누구이건 간에 현재 독자나 해석자 앞에 놓인 본문 자체를 최종적인 완결된 형태의 본문으로 보고 그 자체를 중요하게 다루며 그 본문의 전체적 통일성을 강조하며 그 자체에서 의미를 찾는다. 공시적 비평은 문학비평과 별 구분 없이 사용하지만, 공시적 비평은 문학비평보다 큰 개념이고 문학비평이 가장 큰 비중을 차지한다. 그래서 문학비평은 역사비평의 본문의 발전과정에 대한 관찰을 거부하지는 않지만 오히려 그것들을 무시하여 본문의 수평적인 차원에 관심을 갖는다.[10]

<구조주의적 비평>은 성서에 등장한 설화나 본문의 내면적 구조를 명확히 이해하는데 어느 정도 유익한 공시적 비평이라고 보겠다. 이는 본문의 역사적 과정보다는 본문을 읽고 해석하는 독자의 자리에서, 독자와 본문을 더 친밀하게 매개시킬 수 있는 가능성이 열리게 된다. 이 방법은 주석하려는 본문의 내적 구조와 거기에 존재하는 구조의 의미가 해석의 시작과 방향을 해석자에게 제시하여, 전체 구조의 틀 속에서 통일성 있는 메시지를 발견할 수 있게 한다. 본문 전체의 구조를 살필 수 있지만 주석자의 선입견이 개입될 위험을 배제하는 것을 원칙으로 하여 객관적 통찰력을 제공할 수 있다.

<문학비평(신문학비평)>은 한마디로 요약하자면, 본문을 완결되고 독자적인 하나의 문학작품으로 본다. 그 작품 안에 무한하게 담겨있는 메세지, 사상, 주제, 교훈, 신학적 의도, 문학적 분위기와 내용 등이 종합되어 있기에 이러한 본문을 종합적으로 파악하고 끌어낼 수 있는 방법론이라 할 수 있다. 문학비평은 본문의 수평적인 차원에 관심 가지고, 본문의 의미를 찾을 때 저자와 독자의 의사소통 측

---

[10] 각 성서비평의 평가정리<전철>(출처:http://blog.daum.net/godlysalvation/197성경해석학)에 잘 요약된 것을 소개한다.

면을 중요시하지, 본문의 어떤 부분이 본문형성 이전에는 어떤 형태로 존재하고 있었는지에 대해서는 관심이 없다. 문학비평적인 분석의 목적은 본문이 형성되어 온 과정을 추적해내는 것이 아니고, 현존하는 본문을 있는 그대로 연구하는 것이다. 즉, 문학비평의 목표는 현재의 본문을 그 완결된 형태로 해석하는 것이다. 우리가 셰익스피어의「로미오와 줄리엣」을 읽을 때, 저자가 누구이고 어디 출신이고 그가 어떻게 사상적 발달을 가져왔고, 그의 역사적 배경과 기록연대, 기록상황이 어떤 것이었는가에 그리 깊은 관심을 갖지 않는다. 그저 내가 들고 있는 그 책을 읽으며 얻어지는 느낌과 의미 그리고 깨달음을 중요시 하는 것과 같다.

이 방법론에서는 본문의 전체적인 의미를 파악하기 위하여 수사학이나 비유법, 유형, 문체 등등 일반 문학비평의 성과를 최대로 수용하여 성서본문의 내용을 입체적으로 이해하고 주석하려고 한다. 문학비평의 특징은 성서의 각 책을 하나의 통일된 글로 보고 최종본문을 중시한다, 이 문학비평 방법에는 두 가지로 표현되는데 첫째로, 본문중심 해석법에서는 본문의 의도를 중요시하고, 둘째로, 독자중심 해석법에서는 독자가 본문을 스스로 이해하는 것을 중요시한다. 그래서 문학비평의 한계는 자칫 잘못하면 주관주의적 해석 일변도로 나아갈 수 있다는 점이다. 이러한 주관주의적 해석을 넘어설 수 있는 토대가 온전히 마련되었을 때만 문학비평의 의의와 가치는 더욱 더 빛을 발할 수 있다고 보기도 한다.

오늘에 이르러, 신학계는 성서에 대한 통시적 해석에서 공시적 해석으로 이미 넘어가고 있다. 특히 이 책을 쓰고 있는 필자 개인적으로는, 성서 본문을 연구하는데 통시성(diachronic: 通時性)보다 공시성 (synchronism: 共時性/ 同時性)을 우위에 두며, 본문의 내면적 구조를 명확히 이해하는데 많은 도움을 주는 구조주의적 연구와 성서의 최종 본문을 중요시하는 신문학비평에 더욱 깊은 관심을 가지고 사용하려고 한다. 왜냐하면, 우리가 가지고 있는, 내 손에 들고 펴놓은 본문 그 자체에 권위를 인정하고 성서 자체를 해석의 대상으로 보고, 그 성서본문 자체를 읽고 이해하는 작품으로 인정하고 거기에서 얻어진 그 본문의 의미를 가지고 오늘 여기의 우리에게 주어지는 메시지를 중요하게 강조하기 때문이다.

본서는 구약의 하나님 구원사를 "구속사적 씨 흐름"으로 보면서 "씨 신학"(Zera' Theology)을 정립하려는 것이다. 그래서 본서를 집필함에 있어 다양한 학문적 중요 쟁점들을 인지하지만, 거기에 매달리지 않고 벗어나면서, 앞에서도 말했지만, 성서는 성령의 영감에 의해 기록되었고, 전체적으로 통일된 책으로 전제하며, 현존하는 본문을 있는 그대로 연구하려고 한다. 구약성서의 핵심으로 중심점을 잡아가는 것으로 하나님의 구속사적 씨흐름을 보고 그것을 문학적 양식으로 표현할 때 족보의 형식을 취하고 있다고 보아서 족보적 접근으로 연구하려는 것이다.

C. 본서 연구의 목적

고대 이스라엘 인접 백성들의 종교는 고대 근동 역사를 수놓으면서 역사의 흐름에 따라 그 형태가 바뀌거나, 도태되어 버리거나 문헌 속의 한 잔재로 남아 있을 뿐이다. 그러나 구약성서의 이스라엘 종교만은 그 독특성을 그대로 유지해 왔고, 살아 움직이는 생명력이 되어 왔다. 그 이유는 이스라엘 종교에는 자체의 판이한 역사적 독특성과 구약성서의 핵심 내용이 유지되어 나타나기 때문이다. [11]

역사적 독특성이란 이스라엘의 하나님 이해와 역사의식에 나타난다. 바로 이스라엘 종교, 즉 이스라엘의 신앙은 '유일신 야웨 하나님'이 역사에 개입하신다는 역사 위에 기초한 것이다. 그러나 대부분의 고대 근동의 종교들은 거의 모두가 신화에 근거하였었다. 이스라엘은 그들의 역사 사건을 하나님의 구원행위인 신앙적 사건으로 이해하고 있었다. 그래서 폰 라트(G. von Rad)는 "하나님이 이스라엘에게 무엇을 행하셨냐?"라는 물음에 대한 이스라엘의 고백이 무엇이냐를 구약신학의 테마로 잡아 역사를 하나님의 활동 무대로 보았다. 자기 백성 이스라엘의 구원을 위한 하나님의 사건으로 연속되었다고 고백하는 이스라엘 역사는 바로 하나님의 구원사(Heilsgeschichte: Saving History)가 된다.[12]

구약 내용의 연속성이란 이스라엘 역사를 통해서 인류의 구원역사를 계시하시는 하나님이 신약에서 예수 그리스도를 통하여 인류 구원을 성취할 것을 믿는, 즉

---

11) Ernst Sellin & Georg Fohrer, 「구약성서개론(상)」, 방석종 역(서울: 성광문화사, 1985), p.46.
12) G. von Rad., *Theologie des Alten Testaments*, Bd. II(Munich: Chr. Kaiser Veraf, 1957), S.375−377.

"구약의 구원사는 신약으로 계속된다"는 구약과 신약의 통일성의 입장을 말한다. 그래서 오늘의 크리스천들은 구약성서를 그들에게 주어지는 진지한 하나님의 말씀으로 받아들이게 된다. 그 속에는 명백하고도 확실한 하나님의 창조사역과 목적 그리고 계속적인 하나님의 활동인 구원과 심판 행위가 담겨져 있다. 구약이 오실 그리스도에 대한 예비책이라면 신약은 오신 그리스도에 대한 기록의 책으로 서로 연속적 구속 사건을 내포하고 있다고 믿는 것이다.

그 구약성서에는 다양한 그리고 많은 족보가 산재되어 있다. 그 중에서도 주된 족보 자료집(群)이 창세기와 역대기이다. 창세기는 태고사의 족보와 이스라엘의 족장들과 관련된 사람들이나 집단들의 족보가 수집되어 있다면, 역대기에는 창세기에 나타나는 초기 족보들도 많이 포함되어 있으면서도 더 많은 족보적 정보가 첨가되어 있다.[13] 창세기에 풍부한 이야기들은 고도로 양식화된 인종기원학(ethnography)적 기술(記述), 즉 문화적으로 평범한 행동들과 하나님과 군주들 그리고 명문가 출신의 여인들이 만들어내는 행동들을 그린 상징적 지도를 형성하고 있다. 창세기의 어떤 이야기 양식과 자료 내용들은 친족관계의 행동원리를 강조하는데 특별한 주의를 기하기도 한다.[14]

예를 들면, 창세기를 씨 흐름적 추적 방법으로 기록하고 있는데, 창세기 기자는 그 흐름을 누구보다도 더욱 족보적 양식을 가지고 기록하고 있다. 그러기에 창세기는 거대한 족보로 수직선적, 수평적인 목록적 족보와 이야기식 족보기록형식, 12지파 목록 기록방식으로 기록되었다. 본서는 이런 족보적 양식으로 기록된 구약성서 전체적 구조를 구속사적 씨흐름으로 보고 이를 신학화하고 조직화하여 구약성서의 구속사적 씨신학을 정립하려는 것이다.

성서의 족보에 대한 학문적 관심은 오늘의 현상만이 아니라 바로 성서시대 바로 그때에 이미 시작되었다(마 1:1-16, 눅 3:23-38). 포로 후기 초에 유대교 안

---

13) Robert R. Wilson, *Genealogy and History in the Biblical World* (New Haven: Yale University Press, 1977), p.137. 필자가 본서를 집필할 때 곳곳에서 이 책을 많이 참고하였음을 밝힌다.
14) Terry J. Prewitt, "Kinship Structures and the Genesis Genealogies" *Journal of Near Eastern Studies* 40 (1981), pp88-89.

에는, 메시아에 대한 기대와 결부되어, 민족적, 제의적 관심이 일반 족보, 특별히 성서적 족보에 관심을 불러 일으켰다. 이러한 관심은 외경(Tobit 1:1-2, Judith 8:1, 9:2)과 위경(Jubilees 4:1-33)에도 나타나고 랍비들의 기록(B. Pes. 62b, B. Qid. 69a-79b, Ber. R. 71:9, 98:11)에서도 볼 수 있다.[15]

성서의 족보는 단지 당시의 환경을 반영하는 것으로 끝나는 것이 아니라 너무나 분명한 신학적 의도와 인류구원을 위한 하나님의 섭리가 깊이 함축되어 있는 족보이다.

윌슨(Robert R. Wilson)은 성서 족보들의 특성과 기능에 대한 논쟁에서 야기되는 세 가지 질문을 정리하고 있다.[16]

첫째, 우리는 "성서 기자들과 고대 근동의 기자들이 오늘날 우리가 하는 동일한 방법으로 족보를 하나의 역사 편찬적 장르로 생각했었느냐"고 물어야 한다는 것이다. 그들이 하나의 역사 기록을 하기 위해 족보를 구성했었느냐는 것이다. 대개는 족보의 역사 편찬적 기능에 대해 실제 구체적인 평가를 한 적이 없었다는 것이다. 그러나 필자는 족보자체가 역사적 의미와 가치가 있다고 본다. 왜냐하면 역사가 기록되기 전에 이미 족보의 이름은 한 사람의 일생을 요약한 것이고 그가 살아간 시대를 압축한 역사기록이라 보기 때문이며 역사기록의 자료가 분명히 되기 때문이다.

둘째는, 족보들이 말로 전해진 것과 글로 쓰어진 것이 똑같은 수준에서 똑같은 형태와 기능을 가지고 있었느냐 하는 질문이다. 학자들은 족보가 양쪽 수준에서 똑같은 형태와 기능을 가지고 있다고 대개 가정한다. 더구나 구약 족보는 시대에서 시대로 연속되는 신앙고백과 함께 전승되기 때문이다.

셋째로, 우리는 족보들이 실제로 설화체의 전승(Narrative traditions)으로부터 발전하였느냐를 물어야 한다. 이 질문들을 인지하면서 구약성서에 나타나는 구속사적 씨흐름을 통한 하나님이 인간이 되시고, 말씀이 육신이 되시며, 하나님이 세상을 이처럼 사랑하사 여인의 후손으로 자신의 독생자를 보내시는 인류 구원의 섭리를 신학화하는 구약의 씨신학을 구성해 보려고 한다.

---

15) Robert R. Wilson, *Genealogy and History in the Biblical World* (New Haven: Yale University Press, 1977), p. 1.
16) Robert R. Wilson, *op. cit.*, pp.7-8.

II. 구약성서의 족보 이해

　우리는 구약성서에서 구속사적 씨흐름에 대한 표현이 개인과 가정에 대한 전기적 이야기체(narrative)로 나타나거나 구체적으로는 계보적인 족보(Toledoth or Genealogies)로 정리되고 있는 것을 발견할 수 있다. 국가에는 역사실록이란 국사가 있다면, 종족들의 씨족에는 혈통적 역사인 족보가 있다. 히브리 성서에는 두 가지의 주된 족보 자료집(群)이 있다. 대부분의 중요한 족보적 정보들이 이 두 가지 자료집 안에 들어 있다. 첫 번째 큰 족보 자료로 수집된 것이 창세기이다. 이는 족장들과 관련된 사람들이나 집단들의 족보와 함께 여러 가지 족장들의 계보로 구성되어 있다. 여기에는 태고사와 족장사의 족보가 수집되어 있다. 두 번째 큰 족보 수집(族譜群)은 역대기 역사 서론을 형성하고 있는 역대기상 1−9장이다. 역대기에는 역사실록적인 기록과 혈통적 기록으로 열거된, 독특한 신학적인 의도가 있는 족보들이다. 여기에는 창세기에 나타나는 초기 족보들도 포함되어 있다.[1] 본 장은 족보의 의미와 이런 구약의 족보가 가지는 직능(의미)을 열거하려고 한다.[2]

A. 일반적 족보의 의미

대체로 인류 분류의 기준으로 얼굴이나 머리의 모양, 피부색, 눈의 색깔 등등을 가지고 분류하는 것이 일반적이다. 같은 종족 안에서 구별할 때는 지역적 차이의 언어(방언)나 얼굴의 골격모형에 나타나는 특징들을 가지고 분류하기도 한다.[3] 그 동일 종족 안에 있는 사람들을 실제적으로 구분하기는 혈통에 따른 족보적 분류가 역사성을 가지고 사용되고 있다. 족보는 인간으로서 개인의 혈연관계의 가족세계(家族世系)를 중심으로 기록한 것인데, 가족이란 혈연관계로 이루어진 일종의 사회조직이다.[4] 특별히 역대기에도 이 혈통적 계승보[系乘譜]인 족보가 다양하면서도 통일성있게 하나의 의도를 가지고 기록된 거대한 족보가 있다.

국어사전에 의하면, 족보는 한 족속의 계통과 혈통에 관계되는 것을 적은 책이고, 계보는 조상 때부터 내려오는 혈통과 집안의 간단한 역사를 계통적으로 적은 책 혹은 사람의 혈연관계를 도식적으로 나타낸 기록이라 정의하고 있다.[5] 그래서 족보 혹은 계보는 한 사회의 구성단위인 가족이나 씨족, 종족의 혈연적, 역사적 관계를 정리한 것이다.

일반 족보들은 한 씨족의 혈통적 승계(承繼)와 그 씨족들이 이룩한 중요사항을 기록한 혈통계적 과거사인데 이것은 수많은 씨족들이 얽히고설킨 인맥이며 또한 어느 높은 신분의 그 씨족들이 국가에 어떻게 기여하였는지 까지를 기록한 역사

---

1) Robert R. Wilson, *Genealogy and History in the Biblical World* (New Haven: Yale University Press, 1977), p.137.
2) Marshall D. Johson, *The Purpose of the Biblical Genealogies with Special Reference to the Setting of the Genealogies fo Jesus* (Cambridge: Cambridge University Press, 1988), pp. 77—81을 중심으로 요약하면서 나름대로 정리할 것이다.
3) 이상진, 「한국 족보학 개론」(서울: 민속원, 2005), p.23. 중국 족보의 기원에 한 4가지 정도의 학설이 있다. 1) 宋代起源說: 구양수의 족보를 기준으로 한 것 2)漢代起源說: 사마천「史記」世家를 기준으로 한 것 3)周代起源說: 東漢의「新論」과 당의「史通」에서 기록을 기준으로 한 것 4)殷商代起源說: 甲骨文의 기록을 기준으로 한 것 등이다. 차장섭, "중국 족보의 개념의 연구동향"[慶北史學] 第 25 輯(慶北史學會 2002. 8), p.216.
4) 차장섭, "중국 족보의 개념의 연구동향"[慶北史學] 第25輯(慶北史學會 2002. 8), p.211.
5) 신기철, 신용철 편저, 「내 우리말 큰 사전」(서울: 삼성 출판사, 1980), pp. 3021, 217. 그래서 본고에서는 족보와 계보를 자연스럽게 번갈아 사용할 것이다.

서라고 본다.[6]

중국의 최초의 국가였던 하(夏)나라 때, 왕실은 물론이고 각 개인의 가정도 혈통을 중요시하여 혈연관계와 혈통세계(血統世系)의 보첩을 만들었다고 한다.[7] 역대기에도 이런 일반적 족보 개념의 족보가 다양하게 간직되어 있다. 예를 들면, 이스라엘 자손을 치리하는 왕이 있기 전 에돔 땅을 다스린 왕과 왕의 배경이 간단하게 소개되면서 족보적 성격으로 왕의 계보가 소개되고 있다(대상1:43-54).

우리나라는 이미 고려시대의 귀족들 사이에 계보가 있었던 것으로 추정한다.[8] 이러한 족보들을 연구할 때는 당시의 정치, 사회, 문화, 경제, 국제사회 등에 관한 제도와 법령시행의 정사를 역사와 비교하고, 또한 씨족별로 형성된 가풍과 그 가풍이 지역사회에 어떻게 기여하여 왔는지를 읽어야 한다.[9] 그렇다면 역대기의 족보도 정치와 사회, 문화, 역사적 사건과 의미를 함께 연결해서 이해해야 한다고 본다. 역대기의 족보는 이미 오경이나 역사서 등에 이미 상존해 있는 족보와 역사를 근간으로 기록하는 특징이 있다.

한국사회에서는 성이 같고 본관이 같으면 그것이 곧 동일 조상의 후손임을 입증하는 표시였다. 그 사회 구성원 중의 어느 누구도 소속된 씨족이 없이는 사람으로서의 정당한 지위를 인정받지 못하였다. 그래서 선조와 부모가 있어도 본관을 밝힐 수 없어 씨족없이 살아가 사람대접을 받지 못하는 노비가 있었다.[10] 구약에 있어서 정통적인 혈통과 지파 소속에서 제외되거나 밀려나면 하나님의 백성의 신분에서 과감히 끊어지고 단절되는 것을 볼 수 있다(창17:14, 스2:62). 언약 외의 족속은 언약 백성의 원수가 되고 갈등의 축이 되어 버린다(가인↔셋/야곱:이스라엘↔에서:에돔 등).

---

6) 이상진, *op. cit.*, p.25.
7) 차장섭, *op. cit.*, p.216.
8) 이상진, *op. cit.*, p.26-27.
9) *Ibid.*, p.25-26.
10) 宋俊浩, "한국에 있어서의 家系記錄의 歷史와 그 解釋" [歷史學報] 第八十七輯, p.114.

B. 신약적 족보 의미

신약성서의 첫 번째 책인 마태복음은 족보로 시작한다. 이는 아주 조직적이고 의도적인 족보 기술형식으로 되어 있다. 이 족보의 가장 근본적인 의미는 예수님을 아브라함과 다윗의 자손으로 입증하려는 것이다. 왜냐면 유대인들은 그들의 메시아가 그들의 조상 아브라함과 그들의 최대의 성군 다윗의 후손으로 온다고 철저하게 믿고 있었기 때문이다. 그래서 유대인들에게 예수를 메시아로 증거하기 위해 "아브라함과 다윗의 자손 예수 그리스도의 세계(족보)라"고 하며 아브라함으로부터 예수님까지의 족보 목록을 열거하고 있다.

선민의식이 강했던 유대인들에게 족보는 순수한 혈통을 지키고 입증하기 위한 특별한 의미를 가지고 있었다. 특히 바벨론 포로에서 돌아온 이후에는 유대인의 순수한 혈통을 보존하기 위해서 이방인과의 결혼이 엄격히 금지되었다. 이때 사마리아인들은 북왕국 이스라엘인들이 앗시리아로 추방된 북왕국 영토로 이주해 온 앗시리아 지역의 이방족속들로 이뤄진 사람들이고, 남아있던 자들도 이방인과 결혼했기 때문에 이방인의 피가 섞여 있다고 해서 유대인들은 사마리아인들을 멸시하며 멀리했다. 이런 족보와 혈통을 부각시킨 사람은 역대기의 저자로 보는 에스라였다(스10장). 신약의 족보는 바로 역대기 족보에 근거한 것으로 유대인들이 기다리는 메시아가 다윗의 자손으로 태어나실 것을 믿고 있었기 때문에 그 메시아가 바로 다윗의 자손으로 오신 예수님이라는 것을 확실하게 제시하고 있는 것이다. 그러한 유대적인 배경에서, 신약성서의 족보는 예수님이 하나님의 약속을 성취하는 아브라함과 다윗의 자손으로 오신 메시아임을 분명하게 밝히고 있다. 특별히 다윗의 자손을 강조하는 것은 예수가 유대인들이 기다리는 이스라엘의 진정한 왕이며 메시아라는 것이다.

누가복음 3장의 족보는 [마리아]에서 역으로 소급해서 아브라함을 넘어 노아 셋 아담 더 나아가 하나님까지 올라가며 혈통을 추적한다. 이는 예수께서 아담의 후손으로 인간 예수(人性)이시며, 더 나아가 하나님까지 소급함으로 하나님이 인간의 육체를 입고 오신 참 하나님이심(神性)을 나타내려는 신학적 의도이다. 예수 그리스도는 유대인의 구주일 뿐만 아니라 이방인의, 즉 인류의 구주도 된다는 것(요 3:16)이다.

C. 구약적 족보 의미

사회조직의 구성단위인 씨족, 종족의 혈연적, 역사적 관계를 정리한 것이 족보 혹은 계보라면, 성경의 족보도 개인적인 혈통 또는 가족, 씨족, 지파, 민족 등과 같은 집단들의 친족관계를 이름에 따라 순서있게 기록해 놓은 것이다. 이 친족관계란 혈연관계를 기본으로 하는 문화적 범주로 형제관계나 친척관계를 통해 실제 이룩된 관계이며 사회적, 종교적 여러 목적을 위해 이뤄진 관계라 본다.[11]

역대기는 수많은 씨족들 속에서 한 씨족을 중심으로 한, 하나님의 구속사를 위한 역사서이며, 하나님의 섭리에 대한 자료가 된다. 인류학적으로, 종족은 주로 어떤 특정의 조상을 정점으로 하여 그의 남계친(男系親) 자손들이 공동재산을 기반으로 하여 조직된다. 그들은 사회적, 정치적 및 경제적 동맹관계를 구축하고 자신의 정체성(Identity)을 그것에 참조하여 찾게 되는 것이다.[12]

포로에서 돌아온 유다인들이 과거의 이스라엘과 어떤 관계가 있느냐는 자신들의 정체성에 대하여 자연스럽게 의문이 일어났을 것이다. 특별히 역대기 1-9장에 기록된 긴 족보들은 이런 의문을 가지는 세대에게 단도직입적으로 회복된 공동체와 옛 이스라엘의 연속성의 문제에 대해 확실한 대답을 주려는 목적이 있었다. 역대기 기자는 이 족보들을 사용함으로 자신의 세대, 즉 회복 유다공동체를 역소급하여 다윗, 아브라함, 아담에게까지 연결시키고 있다(대상 1:1,27-28, 3:1). 포로에서 돌아오는 광명의 역사 속에 소예언서의 예언대로 메시아를 통하여 완전히 새로운 세계가 도래할 것을 기대했지만, 현실은 그렇지 못하자 실망과 함께 '하나님께서 여전히 우리에게 관심을 기울이고 있는 것일까?' 질문을 하는 자들이 많아지게 된다. 여기에 대해 역대기 기자는 이 족보를 통해, "그렇다. 그분은 항상 그렇게 해오셨다. 지금도 옛날과 같이 너희를 향해 관심을 가지고 계시고 메시아의 길을 준비하고 계시다"는 것이다. 이같이 역대기 족보들은 바로 이스라엘의 연속성 및 그 후손인 회복된 유다 공동체도 하나님의 선민임을 말해주려는 것이다.[13] 구약의 족장이나 이스라엘 종족적 개념은 그들의 하나님인 야웨와의 계

---

11) 이광규, 「가족과 친족」 문화인류학 각론 <1> (서울: 일조각, 1992), pp.2-3.
12) 역사학회, 「한국 친족제도 연구」 (서울: 일조각, 1992), p.126.
13) Raymond B. Dillard and Tremper Longman III, 「최신 구약개론」, 박철현 옮김(서울: 크리스챤 다이제스트, 1990, p.258.

약적 언약에 의하여 그 정체성의 특징이 확립되어진다.

히브리어로 족보 혹은 계보를 나타내는 말은 תולדות(tôlēdot/톨레도트)로서 '낳다, 생기게 하다, (자식)을 보다, 얻다'을 뜻하는 동사 ילד(yālad/야라드)의 여성 복수 명사인데, 가장 문자적으로 번역을 한다면 '(자식을) 얻음(begettings)'이 될 것이다. 구약에서 תולדות(톨레도트)가 가장 자주 나타나는 경우는 어느 한 사람과 그의 자손들의 이야기나, 혹은 군대의 인구조사와 같은 목적을 위한 족보적 추산을 하는 이야기를 나타내는 형식적인 족보 문맥에서 나타난다(민1:20-42, 대상 1:29, 5:7, 7:9등). 성서의 족보들은 상당히 가족적, 씨족적, 종족적인 혈연관계를 종교적 의도와 함께 정리하고 있다.

이스라엘 사회도 한국의 전통사회와 비슷한 면이 있지만, 나름대로 독특한 면이 있다. 구약의 계보는 한 사람의 조상을 중심으로 가족에서 씨족으로(예: 대상 1:1-54) 그리고 종족을 포함하면서도(예: 대상 2장), 그것의 내용 속에 남다르게 굽이쳐 내려오는 긴 씨흐름을 밝히는 의도가 있다. 아담에서 아브라함, 다윗 계통의 후손으로 포로에서 돌아온 족보 목록들로 메시아 출현(창 3:15 여인의 후손)을 향해 의도적으로 추적해 가는 족보 기록이다.

더욱이, 구약의 족장이나 이스라엘 종족적 개념은 그들의 하나님인 야웨와의 계약적 언약에 의하여 그 정체성의 특징이 확립된다. 이런 예는 이스라엘의 고대 역사에 나타나는 지파 동맹체에서 볼 수 있다. 한 조상의 혈연적 통일성과 더불어 더욱 중요한 것은 야웨와의 계약의 법에 의하여 그 공동체의 신분이 결정되고 보장된다는 것이다. 혈족관계와 더불어서 종교적 신앙원리들이, 서로 다른 이해관계가 얽힌, 이스라엘의 12지파를 하나로 묶는 것이 되었다.

대체로 공동조상을 가지고 있는 혈족체계에는 부계(父系: Patriline-al), 모계(母系: Matrilineal), 양계(兩系: Double)등으로 분류된다. 이에 반해 공동조상의 후손이라는 관념보다는 개인 중심으로 부모의 양쪽 친족을 같이 취급하여 가까운 친족을 따져 나가는 쌍무적 혈족(雙務的 血族) 관계(Bilateral kinship)가 있는데 형제자매를 제외하고는 누구도 동일한 친족을 갖지 않는다는 특성을 가진다.[14]

---

14) 이종욱, "신라시대의 혈족집단과 상속"「한국 친족제도 연구」(서울: 일조각, 1992).

구약의 혈족체계는 <u>부계혈족 집단</u>으로 모든 상속이나 혈연계승은 친아들을 통해 이루어지는 것이 정상적인 일이었으나 아들이 없을 때는 족장들의 풍습을 보면, 당시 헷족속들과 같이, 친척의 아들이나 종을 양자로 삼거나, 가족 중에 아들이 없을 경우 사위를 양자로 입양시키기도 했다. 예를 들면 아브라함은 자식이 없자 종이었던 엘리에셀을 양자로 삼아 상속자로 하려고 했다. 그러나 하나님은 아브라함에게 친아들이 상속자가 될 것을 약속하신다.(창 15:1-4, 21:1-12).

그래서, 구약시대의 혈연계승은 <u>부계계승</u>을 따라서 일정한 가계의 장(長)을 중심으로 하는 가계집단 안에 속한 자들은 그 후손을 동일 가계집단으로 받아들였다. 그러나 그 가계장의 아들이 여러 명이 있어서 다음 세대에 가서 그 아들들로부터 새로운 가계장이 형성되면 그 새로운 가계장을 중심으로 새로운 가계집단이 만들어지고 거기서 방계화한 집단은 새로운 가계를 구성하게 된다. 그러한 예는, 노아의 세 아들로부터의 인종이 번창 되어가는 것을 비롯하여, 셈의 아들이 다섯 명인데 그들이 전부 새로운 가계장이 되어 지역별로 새로운 종족군(種族群)을 형성하게 된다(창 10:21-30). 이삭의 아들인 에서는 에돔족의 조상이 되어 한 계보를 이루고,(창 36:1-43), 야곱은 새로운 가계장(家系長)이 되어 전혀 다른 독특한 이스라엘 민족 계보를 이루게 된다.

"계보가 이러 하니라" אלה תולדת ('elleh tôldot/엘레 톨도트)의 형식이 적용되는 자들은 아담 (창 5:1-32), 노아(6:9-10), (노아의 아들들: 10장), 셈(11:10-26), 데라(11:27), 이스마엘(25:12-16), 이삭(25:19-20), 에서(36:1-6), 에서(36:9-43)와 야곱(37:1-2), 아론과 모세(민3:1-3), 베레스(룻 4:18-22)등이다.

이 계보가 사용될 때에는 다음과 같은 형식으로 사용되고 있다.[15]
1) 9명 혹은 10명의 자손 단위로 한 목록을 상세한 연대기적 구조를 가지고 열거 하는데 특징은 ילד(yalad 야라드: 낳다)의 Hiphil imperfect(사역형 미완료태)을 일괄되게 사용하고 있다(창 5장과 11:10-27).
2) 단지 직계 후손들의 간단한 명단과 ילד(야라드)의 Hiphil형 을 사용하는 서론적 단락(창 6:9-10, 11:21, 25:19-20)들이 나타난다.

---

[15] Robert R. Wilson, Genealogy and History in the Biblical World(New Haven: Yale University Press, 1977), p.22.

3) 이중적 서론 형식으로 "이스마엘의 후예는 이러하고(ואלה תלדת ישמעאל/ wəʾelleh tôldot yismaʾeʾl/ 베엘레 톨도트 이쉬마엘)… 이스마엘의 아들들의 이름은 이러하니라(ואלה שמות בני ישמעאל wəʾelleh səmot benē yismaʾeʾl/ 베엘레 쉐모트 베네 이쉬마엘)"이 나타난다(창 25:12-17, 36:9-14).

4) ילד(야라드)의 공식이 나타나지 않고 간단하게 בני(benē 베네/자손들)+ 이름의 형식만 사용하는 경우가 있다(창 10:2-4,6-7,20,22-23,31-32. 출 6:16-19) "야벳의 자손은 …이다." 이 성서의 족보들은 역시 상당히 가족적, 씨족적, 종족적인 혈연관계를 종교적 의도와 함께 정리되고 있다.

한국의 전통사회에서의 가족도 사회의 기본 단위인 것은 물론 경제집단이고 조상숭배를 행하는 종교집단이기도 하였다. 경제적 단위이며 생활의 단위임을 잘 표현하는 것이 건물과 이것을 둘러싼 울타리였다. 종교집단의 의미는 가족은 교화의 장(場)으로서의 특성을 갖고 있었다. 유교는 가족에서 행하는 제사를 효의 구체적 행위로 보았고 제사를 포함하는 관혼상제를 실천윤리의 '중요 항목'(要目)으로 보았다는 것이다. 조상숭배를 통하여 가족은 정신적 단결을 도모하고 심리적 안정을 추구하였던 것이다. 그래서 관혼상제를 포함한 가례(家禮)를 중요시 하였다.[16]

중국에서 가족은 구성원이 함께 한 지붕 아래에서 사는 동일 주거단위이며, 한 사람의 가장의 권위에 의해서 대표되고 운용되는 정치적 단위이며, 생산과 소비를 공동으로 하는 경제단위로 본다.[17] 씨족이란 같은 성씨(姓氏)의 사람, 그 중에서 그 성의 창시자의 자손이라는 이유에 의하여 조직되는 것이다.[18]

이런 일반적인 정의에 더하여 구약의 족장의 씨족이나 이스라엘 종족적 개념은 그들의 하나님인 야웨와의 계약적 언약에 의하여 그 정체성의 특징이 확립되어진다. 이런 예는 이스라엘의 고대 역사에 나타나는 지파 동맹체에서 볼 수 있다.[19] 한 조상의 혈연적 통일성과 더불어 더욱 중요한 것은 야웨와의 계약의 법에

---

16) 이광규,「한국의 가족과 종족」(서울: 민음사, 1990), p.362.
17) 역사학회,「한국 친족제도 연구」(서울: 일조각, 1992), p.124.
18) *Ibid.*, p.126.
19) Martin Noth, *A History of Pentateuchal Traditions*, trans. B.W. Anderson. Engle(wood Cliffs: Prentice-Hall, 1972), p.101.

의하여 그 공동체의 신분이 결정되고 보장된다는 것이다.[20]

12지파 동맹체가 결속되는 근본적인 힘은 그들 지파들이 하나님과 결속을 최우선으로 하는 종교 행위에 근거하고 있었다.[21]

1) 한 장소=한 성소=공동 성소: 지파 동맹체의 각계 대표자들이 법궤가 있는 한 장소, 한 자리 즉 공동 성소에 함께 모여서(수 24:1) 하나님과 이스라엘 계약 공동체가 하나로 묶어졌다.

2) 한 제도(기구)=한 의식=공동 제의: 축제 때, 중앙 성소에 모여든 대표자들은 사사나 제사장들이 주관하는 제사에 함께 참석하여 공동제의인 하나의 제사를 드렸다.

3) 한 케리그마=한 하나님=공동 신앙: 그들의 예배 행위에는 언제나 그들의 역사에 나타난 하나님의 구원 행위를 고백하는 설교와 다짐의 한 하나님을 향한 공동신앙이 있었다. 혈족 관계와 더불어서 이런 종교적 신앙원리들이 서로 다른 이해관계가 얽힌 이스라엘의 12 지파를 하나로 묶는 것이 되었다.[22]

---

20) G. von Rad, *Old Testament Theology*. vol. I trand., D.M.G. Stalker(New York: Parper & Row Publishers, 1967), p.119.
21) Martin Noth는 공통 언어, 공통 습관, 공통적 역사 경험. John Bright는 공통 종교, 공통 언어, 공통 역사적 경험, 공통 상업적 관심. W. Eichrodt는 공동 종교, 공통 제의 , 공통 역사적 자의식, 공통적인 법. R. de Vaux는 한 하나님, 한 땅, 한 백성의 요소가 이스라엘 모든 지파를 묶어서 역사적 실제로 만들었다고 했다.
22) 최종진, 「구약성서 개론」 (서울: 토판출판사, 2019), pp. 268-269.

D. 족보의 어원적 의미

히브리어 족보(יַחַשׂ yāhaś 야하쉬)란 이름씨 낱말은 느헤미야 7:5-56에 바벨론 포로에서 예루살렘으로 돌아온 사람들의 명단을 소개하는데서 5절에 הַיַּחַשׂ סֵפֶר(sēper hayyahaś 세페르 하이야하쉬/ 系譜)란 표현으로 단 한번 밖에는 쓰이지 않았다. 그러나 움직씨인 יַחַשׂ(yāhaś 야하쉬)는 역대기 그리고 에스라-느헤미아에서 "누구의 이름을 족보에 등재하다"를 뜻하는 히트파엘인 הִתְיַחֵשׂ(hityahēś 히트야헤쉬)로 항상 쓰였다.[23] 역대기에도 역대상 5:15,17과 7:5 등 대부분에서 이 히트파엘인 הִתְיַחֵשׂ(히트야헤쉬)로 사용되고 있다. 한편, 개역개정판의 역대하 12장에 나오는 "잇도의 족보책"도 원어 본문에는 "예언자 스마야의 기록"(שְׁמַעְיָה הַנָּבִיא בְּדִבְרֵי 비데브레이 스마야 하나비: in-records of Shemaiah the prophet)으로 나타나서 직접적인 족보 단어(סֵפֶר הַיַּחַשׂ 세페르 하이야하쉬)를 쓰지 않고 있다. 영어에서 family records를 "계보"로 번역이 가능하다.

또한, 히브리어로 족보 혹은 계보를 다른 말로는 창세기에 10번이나 반복되는 תּוֹלְדוֹת(tôlēdot/톨레도트: 족보)란 단어가 더 알려져 있다. 바로 이 תּוֹלְדוֹת는 "낳다, 생기게 하다, 자식을 보다, 얻다"를 뜻하는 동사 야라드(יָלַד yalad/야라드)의 여성 복수 명사로, 이 말이 70인역(LXX)에서 γενεσις(게네시스/genesis)로 번역이 되면서 '출생, 기원, 족보, 원천, 세대'등을 나타내는 말로 사용되었다.

구약에서 תּוֹלְדוֹת(tôlēdot/톨레도트: 족보)가 자주 사용되는 경우는 어느 한 사람과 그 자손들의 이야기나, 혹은 군대의 인구조사와 같은 족보양식의 문맥에서다(민 1:20-42, 대상1:29, 5:7, 7:9등). 그래서 역대상 1:29, 5:7에서 'תּוֹלְדֹתָם'(tôldôtām 톨도탐: descendants of them)로, 우리 번역으로는 '(이스마엘)의 족보'로 사용되고 있다. 역대상 7:9에도 'לְתֹלְדוֹתָם'(lətōldôtām 레톨도탐/in genealogies of them 그들의 족보에)가 나오는데 바로 위에서 말한 שׂ הִתְיַחֵשׂ(hityahēś 히트야헤쉬) 와 함께 '계보에 등재된' 숫자를 말하고 있다. 성서의 족보들은 상당히 가족적, 씨족적, 종족적인 혈연관계를 종교적 의도와 함께 정리하

---
23) Harold W. Hoehner, "Genealogy" *Wycliffe Bible Encyclopedia*. edd. Charles F. Pfeiffer, Howard F. Vos and John Rea(Chicago: Moody Press, 1975), I. p.662. 韓重植, "예수 그리스도의 족보" [崇實大學校 論文集 第19輯, 1989], p.52에서 重引.

고 있다.

신약성서(마 1:1)에서는 "아브라함과 다윗의 자손 예수 그리스도의 세계라"(Βιβλος γενεσεως 'Iησου χριστου 'υιου Δαυιδ 'υιου 'Αβρααμ. 비블로스 게네세오스 예수 크리스투 후이우 다윗드 후이우 아브라암)할 때, 여기의 '세계'(βιβλος γενεσεως 비블로스 게네시스)는 '족보'를 의미하는데 한 족속의 계속적인 계통을 적어놓은 것이다. 책이나 목록 등의 뜻으로 쓰이는 βιβλος(비블로스)는, 고대에 파피루스 식물의 껍질을 일컫는 낱말이 두루마리, 책, 목록 등의 의미로 발전한 것이다. γενεσεως(게네세오스)는 γενεσις(게네시스)가 기본형인데, 이것은 '출생', '기원'을 의미한다. 따라서 βιβλος γενεσεως(비브로스 게네세오스)는 일반적으로 '출생의 책'(세계, 족보) 이라고 번역된다. 인간을 다루시는 하나님의 역사에는 인간들을 여러 시대의 다른 인간들과 연결시켜 기록하는 일이 포함되는데, 하나님은 계보 기록을 통하여 아담으로부터 그리스도까지 하나의 연결된 역사를 꾸려 가신다. 하나님의 언약관계의 축복은 자주 이 가족의 혈통(예: 아브라함→이삭→야곱→유다→다윗 등)으로 전해지는데 이를 기록하려할 때 이 계보들을 통해 표현한다.[24] 디모데전서 1:4과 디도서 3:9에서는 'γενεαλογια(게네아로기아)'란 낱말이 '族譜'란 말로 번역되어 쓰여지기도 했다.[25]

E. 족보의 혈족 체계적 의미

대체로 혈족귀속의 원리와 관련하여, 공동조상을 가지고 있는 혈족체계에는 부계혈족(Patrilineal descent), 모계혈족(Matrilineal descent), 양계혈족(Ambilineal)등으로 나뉜다고 앞에서 말했다.[26] 구약의 혈족 체계는 아담이라는 최초의 인간이 남자로 창조되어졌다는 창조원리(하와도 아담에서 만들어짐)에서부터 시작한 씨흐름 구조로 아버지 계통으로 이어져 가는 아들 상속이라는 부계혈통을 전제로 한다. 그래서 역대기의 무수한 족보 목록에 여자는 어느 사안을 특별히 설명하기 위해 등장하는 것 외에는 족보목록의 혈통적 상속 신분으로 나타

---

24) 오세호, 「신약석의(1)」 (서울: 도서출판 등불, 1988), pp.15~16.
25) Harold W. Hoehner, "Genealogy," *Wycliffe Bible Encyclopedia*. edd. Charles F. Pfeiffer, Howard F. Vos and John Rea(Chicago: Moody Press, 1975), I. p.662. 韓重植, "예수 그리스도의 족보" [崇實大學校 論文集 第19輯, 1989], p.52에서 重引.
26) 이종욱, "신라시대의 혈족집단과 상속" 「한국 친족제도 연구」 (서울: 일조각, 1992).

나지 않는다. 예를 들면, 아담에서부터 아브라함의 자손 이삭에게까지의 그 기나긴 고대 역사에 나타난 무수한 인류의 출현을 말하는 족보인 역대상 1장 1절에서 31절까지의 족보 목록에는 여자가 단 한 번도 나타나지 않는다.

구약의 혈족체계가 부계혈족 집단이라 할 때, 구속사적 씨흐름의 신학적 의도가 담긴 계보적 체계는 하나님과의 언약의 상속과 관련되어 있다. 이 부계혈족 집단을 유지하기 위해서는 혈연을 계승할 아들로서 상속자가 있어야 했다. 가족 영속의 목표에서 중심이 되는 가계계승은 장자로 이어져야 한다는 한국인의 생각처럼 구약에서도 매 마찬가지이다. 그 이유는 장자는 출생에서부터 차남이나 삼남보다 조상에 가깝다는 생각에 그 기초를 두고 있다. 그러나 구약에서는 장자가 우선이지만 장자 자신에게 하자가 있다든지(예, 르우벤), 하나님과의 언약의 상속에서 하나님의 절대권이 강조되는 은총에 의해서 과감하게 다른 아들에게로 넘어가기도 한다(에서와 야곱, 에브라임과 므낫세 사건).

이런 부계혈족집단의 존재는 상속문제와 관련이 있다. 상속의 대상은 성원권 계승, 혈족 계승, 재산상속, 신분계승, 지위계승, 정치적인 면에서 관직계승 문제를 생각할 수 있는데 특별히 구약성서의 구속사적 계보에는 하나님의 언약의 계승을 중요시하였다. 역대기도 이런 구약적 혈족 체계를 따르고 특별히 창세기의 족보를 그대로 따르고 있으나, 특이하게 언약 계승에 의한 다윗의 왕족 혈족 체계(다윗의 영원한 왕조계약)와 제사장직과 성전 봉사자(레위지파 계약)들을 나타내는 레위 계보를 부각시키고 있다.

F. 족보의 분량적 의미

족보는 그 족보의 부피가 크고 권수가 많으면 그 씨족이 상당히 신분있는 가문이고 번성한 것을 말한다. 그래서 역대기에서는 특별히 다윗이란 인물을 부각하기 때문에 모든 족보가 동원되기도 하고 거기에 집중적으로 초점을 맞추고 있다. 역대기에 동원된 족보도 왕족을 다루고 특별히 '왕 중의 왕'인 메시아를 향한 의도가 있는 족보라서 만만치 않은 분량을 간직하고 있다. 대개 한국이나 중국의 경우 그 씨족의 시조로부터 승계해온 자손들이 아주 창성하고 번영된 경우에는 족보가 수십 권에 이르는 대동보(大同譜)가 형성되게 된다. 그러다 보면, 그 방대한 족보를 전부 보유할 수 없기 때문에 각 계손의 종손가(宗孫家)에만 비치할 수밖에 없었다. 각 파에서는 자신들의 족보를 형성하는 파보(波譜)를 만들어 각 가정마다 간직하게 되었다. 그러다가 또 파별(破別)로도 자손이 창성하여 그 파보 수량이 많아질 경우에는 지파별로 족보를 구성한 지파보(支派譜)를 만들어 각각 보유하게 되었다.[27]

그런 면에서 역대기서에는 대동보, 파보나 지파보로 되어 있는 족보들이 수집되어 신학적 목적으로 편집되어 있다고 보겠다. 그래서 인류 역사의 시조인 아담에서부터 시작된 족보(대상 1:1-27)는 물론이고 방대한 궁중실록(다윗의 통치: 대상 10:1-29:30/ 솔로몬의 통치: 대하 1:1-9:31/ 유다 왕국: 대하 10:1-36:23)도 있고 한 씨족(대상 1:35-42)과 지파의 족보들(대상 4:1-6:30) 심지어는 한 가정의 간단한 족보(대상 3:1-9, 대하 11:18-23)도 담고 있다.

광의적으로, 역대기 전체를 다윗왕의 족보로 인정한다면, 아주 초라하게 납달리 자손의 족보는 단지 한 구절(7:13)로 요약되는 것으로 끝난다. 이는 역대기가 여인(모계)으로는 레아 계통이며 그 아들 중에도 유다자손인 다윗왕의 혈통인 남왕국 유다의 역사를 중심하는 기록이기 때문에 납달리 지파를 아주 무시해 버리는 것이 바로 이 작은 족보분량으로 나타나고 있다고 보겠다. 왜냐면 납달리는 레아의 경쟁관계에 있던 라헬의 시녀로 야곱의 첩이된 빌하가 낳은 아들로 그것도 둘째로 태어난 자이다. 그렇게 때문에 신분적으로는 라헬의 시녀이고 그 시녀가 낳은 아들 중에서도 막내아들이라는 위치로 무시될 수밖에 없는 존재였다. 그의 족보는 이렇게 너무나 간단하게 소개되면서, 다른 족보에서는 별로 어머니 이름이 밝혀지지 않는데, 어머니 이름인 '빌하'가 천한 의미로 언급되고 있다. 왜냐면, 야곱의 장자 르우벤이 아비의 침상을 더럽혔다고 저주를 받게 된 불륜의 여인이 바로 빌하이기 때문이기도 하다(창 35:22, 49:4).

---

27) 이상진, *op. cit.*, p.33.

G. 족보에 나타난 이름의 의미

1. 이름과 사회적 관계성

인간이 태어나 인간 사회에 편입되는 일차적 사건이 바로 이름을 지어 부르고 그 이름으로 호적에 올리고 주민등록에 올리는 것이다. 그로부터 사회의 일원으로 존재하게 된다. 이름으로 인간은 인간 사회 속에 편입되고 이름으로 존재하는 것이다. 이름이 없으면 인간 조직사회나 인류 구성원으로 편입될 수 없었다. 언제부터 이름을 지어 불렀는지는 분명치 않으나 이미 에덴에서 하나님은 창조된 최초의 인간에게 아담과 하와라는 이름을 지어주셨다(창 2:19, 3:20). 아담이 그 만물 영장 주권의 권한을 행사하는 첫 번째 일이 바로 짐승들의 이름을 짓는 것이었다. 아담이 모든 생물의 이름을 지어 부름으로 통치권 안에 수용하는 것이며 아담의 주권 하에 두는 것이고 인간의 지배권에 편입되는 의미를 가진다. 아담과 하와가 아들을 낳자 가인이라 부르게 된다(창 4:1).

역대기는 어느 책보다 사람들의 이름이 가장 많이 나타나고 있다. 바로 족보가 많고 그 족보 안에 이름이 많기 때문이다. 그런데 그 이름들은 서로 얽히고 연결되면서 사회적 민족적 관계성을 가지며 그리고 하나님과의 계약적 관계성으로 그 당시의 한 세대를 이어가는 의미로 존재했었다. 그들은 하나님의 구속사적 씨흐름에 중심을 이루기도 하고 주변적 요소와 어울러 역사를 만들어 갔다. 그리고 그들은 그들의 역사 기록을 바로 이름으로 남기고 있다.

2. 작명과 자의적(字意的) 관계

이름은 대체로 다세대 환경에서는 할아버지가, 아니면 부모가 태어난 자녀에게 지어주어 불리어지는 칭호이다. 아담도 아들을 낳고 가인이라 부르고 그 의미를 야웨로 말미암아 득남하였다는 의미를 제시한다. 또 "셋도 아들을 낳고 그 이름을 에노스라 하였다"고 그 부모가 태어난 아들에게 이름을 지어주었다고 기록하고 있다(창 4:1, 25-26). 이것이 역대기에서는 아무런 설명이 없이 그냥 이름만 열거하고 있다.

동남아에서는 원(元)의 부족사회 때부터 자녀들을 구별하기 위해 이름을 지어 불렀던 것으로 보는데, 명자운세판단법(名字運勢判斷法)이 있어서 성명이 그 사람의 운세를 좌우한다고 보았다. 이름 자(名字)의 글자뜻(字意)에 의해서 그 사람의 운세를 판단하는 방법(法術)이 발달되었는데, 이를 '상자법'(相字法)이라 한다. 특별히 작명법은 족보와 깊은 관계가 있었다. 그래서 이름 짓는 것에 세심한 관심을 기울였던 것은 성경의 이스라엘의 풍습과 같다. 족보가 만들어지면서부터는 종씨(宗氏)들의 대동단결과 종씨인지 아닌지를 쉽게 파악하고 위계질서를 세워야 하는 필요에 의하여 행렬자(行列字: 돌림자)를 정해놓고 오행(五行)에 따라 이름을 지었다.[28]

이 돌림자로 동일한 시조로 시작된 같은 씨족인지 아닌지를 판별할 수 있어 씨족들의 집단적 단결을 도모했고, 다른 씨족들 사이의 촌수가 확인되고 씨족의 우선순위와 질서가 정리가 되어 갔다. 예를 들면, 필자는 경주 최씨로 최치원을 시조로 하는 최씨 가문의 몇 대손이 되어 수많은 최(崔)씨들 중에 하나로 쇠북 '종'(鍾)자를 머리돌림자로 하고 있고 부친은 홀(모서리) '규'(圭)자를 돌림자로 하여 최씨 성을 가진 자들이 대체로 이 돌림자를 맞춰가고 있다.

구약성서에나 신약성서에서도 작명의 모습이 엿보이는데 행렬자를 정해놓은 것은 아니고, 대체로 어떤 상황이나 역사적 사건 그리고 그 인물의 사명이나 일생의 사역과 관련된 이름이 뜻과 함께 지어졌다. 예를 들면, 아담이 그 아내를 하와라 이름을 지어 불렀는데 그녀가 바로 "모든 산 자의 어미가 됨이더라(창3:20)"는 뜻을 밝히고 있다. 아담은 아주 중요한 시점에서 또 아들을 낳고 "그 이름을 셋"이라 하고 "이는 하나님이 내게 가인의 죽인 아벨 대신에 다른 씨를 주셨다 함이다"하여 그 뜻을 제시한다(창 4:25). 더 나아가 아주 중요한 삶의 전환점과 하나님의 언약을 새롭게 확인시키는 때에 이미 주어진 이름을 다시 개명하는 경우가 있었다. 그것은 바로 하나님이 아브람(높은 아버지: 고조(高祖) 할아버지에 해당: 한 민족이나 종파의 고조)을 아브라함(많은 무리[국민]의 아버지)으로, 사래를 사라로 바꿔 부르도록 하는 사건에서 두드러지게 나타난다. 이는 하나님의 축복과 언

---
[28] *Ibid.*, pp.51-52.

약과 관련되어 이름이 얼마나 중요한가를 암시하고 있다(창 17:1−8, 15−16).[29] 역대기는 기존 책들의 자료를 통해 이미 개명된 이름들을 사용하고 있다. 예를 들면, 역대상 1:27에는 "아브람 곧 아브라함"이라 기록하여 개명 전후의 이름을 함께 밝히고, 1:34은 "이삭의 아들은 에서와 이스라엘이더라"로 하여 야곱을 곧바로 이스라엘로 사용하고 있다. 역대기는 후대의 기록이기 때문에 개명의 이유나 역사적 사건이 나타나지 않고 아브라함이나 이스라엘로 정착된 이름을 사용하고 있다. 그래서 역대상 2:1에는 야곱이 아니라 바로 "이스라엘의 아들은 이러하니."로 나타나고 있다.

3. 족보에서 이름의 의미

족보는 이름 목록으로 구성된다. 확실하지는 않지만 성경에는 약 2,400여 명(?)의 여러 사람의 이름이 등장하는데 그 중 1,400여 명(?) 정도가 하나님과 연관되어 나온다고 한다.[30] 그 사람들은 그들의 이름에 따라 그 사람의 생애와 인격을 예감할 수 있고, 하나님과의 관계에서 그 사람의 일생을 깊이 이해할 수 있다. 고대 이스라엘 사회에서 이름이란 주요한 의미를 지닌다. 그래서 이름을 지을 때 신중하게 그리고 특별한 과정을 거치기도 한다.

1) 이름으로 만물과 인간은 존재한다. 어느 존재가 이 세상의 한 구성원이나 구성 요소로 등장하고 존재의 가치를 나타내려면 이름이 있어야 가능한 것이다. 이름이 없으면 존재로 인식될 수도 없고 존재로 표현될 수도 없는 것이다. 그래서 전도서의 지혜자도 "이미 있는 무엇이든지 오래 전부터 그 이름이 불린 바 되었으며 사람이 무엇인지도 이미 안 바 되었다"(전 6:10)고 하여 세상에 있는 무엇이든지 다 그 이름이 있어야만 존재하는 것으로 보았다. 그것이 무엇인지도 이름으로 알게 되고 인정이 된다는 것이다.[31]

아담이 첫 번째 행한 사역이 바로 각종 들짐승들과 각종 새들의 이름을 지어주

---

29) 內村鑑三, 「內村鑑三聖書註解全集 全十七卷」, 이성호역(서울: 惠文社, 1971), p.332.
30) 여기에 제시하는 숫자는 자신있게 말할 수 있는 숫자가 아니다. 어디에서인가 참고로 보았던 숫자인데 확실하지 않고 기억이 안나서 참고 출처를 밝힐 수 없다. 전혀 엉터리 숫자라면 죄송하다.
31) 장일선,「구약신학의 주제」(서울: 대한기독교 출판사, 1982), p.63.

는 일이었다(창 2:19). 그래서 창세기 2장에서 아담이 각종 생물의 이름을 지어 부르게 되자 하나님의 지으신 창조 세계의 구성 요소로서 그들의 위치가 분명해진 것으로 나타나고 있다.[32] 아담이 모든 생물들에게 이름을 지었다는 것은 그의 통치권 안에 그 모든 생물을 끌어들이고 지배권 안에 넣어 소유권과 종주권(宗主權)을 확보하고 활용할 것을 나타내는 행위이기도 하다.

2) 이름은 그 이름을 가진 사람이나 사물의 존재와 신분을 나타내는 것으로 보았다. 일반적으로 어린 아이가 태어나면 부모나 할아버지나 존경하는 분들을 통해서 그 아이의 이름을 짓게 된다. 그때 그 아이의 존재의 배경이 되는 성(姓)을 우선으로 하여 그 어린 아이가 인간으로 살아갈 존재의 의미와 미래의 기대를 담은 글자를 심사숙고하여 이름을 짓게 된다. 이때 창명을 하는 자의 신앙과 인생관 그리고 영감적 기능이 작용하기도 한다. 그리고 시대적 상황과 특수한 사건이 이름에 영향을 주기도 한다. 예를 들면, 아브라함의 선조로 나오는 셈의 족보 중에 아르박삿은 셀라를 낳고 셀라는 에벨을 낳는데 그 에벨은 벨렉과 욕단을 낳는다. 여기 벨렉의 당시에 세상이 나뉘는 엄청난 사건이 일어난다. 즉, 하나로 되어 있던 지구 땅덩어리가 오늘의 5대양(五大洋) 6대주(六大洲)로 나뉘게 되는 생태계의 큰 변혁이 일어났던 것 같다(?). 그래서 에벨은 그의 첫째 아들 이름을 팔락(phalag: 나누다)이라는 동사에서 명사화된 [나눔]이란 뜻을 가진 벨렉(pheleg)이라 불렀다(창 10:24-25). 한국에서 세계올림픽대회가 있었을 때(1988년), 아들을 낳은 어느 부모가 당시 올림픽 마스코트로 등장한 호돌이를 따라서 그 아들 이름을 호돌이라고 부른 것과 같다.

그래서 상대방의 이름을 없애버린다든가, 족보에서 그 이름을 지워버린다든가 하는 것은 그 삶의 존재를 없애버린다는 것과 마찬가지로 인식되었다. 셰익스피어의 작품 중에「오델로」에 보면 이런 대목이 나온다. "내 지갑을 훔치는 것은 내 쓰레기를 훔치는 것이다. 그러나 내 이름을 훔치는 것은 내 목숨을 훔치는 것이다." 이름으로 신분을 유지하고 이름으로 존재하는 한, 그 개인의 이름은 목숨과도 같다는 의미이다.

---

32) *Ibid.*

예를 들면, 레위기 18장에는 선민 이스라엘이 실천해야 할 성도덕에 관한 기본적인 사항을 다루면서 이스라엘 백성들에게 근친상간과 이방의 성문화 도입 등을 철저히 금하는 규정 중에 이방인들의 죄악을 답습할 때 "이 가증한 모든 일을 행하는 자는 그 백성 중에서 끊어지리라"는 준엄한 심판의 약속을 통해 하나님의 강한 의지가 표현된다. 또 성막에서 쓸 향을 만들 때 냄새를 맡으려고 거룩한 향을 만드는 방법으로 개인적으로 쓸 [향을 만드는 모든 자는 그 백성 중에서 끊어지리라]라는 말씀이 있다(출 30:37-38). 여기의 [백성 중에서 끊어진다]는 것은 단순히 죽임을 당한다는 뜻이라기보다는 하나님과의 언약 관계하에 있는 이스라엘 백성의 공동체로부터 제외될 것이라는 의미가 된다. 즉 하나님과 이스라엘과 맺은 모든 언약과 관계가 없는 자가 된다는 것이다. 이는 바로 그의 이름이 그 공동체에서 삭제되고 족보에서 빼버린다는 의미일 수 있다. 그러면 그의 존재는 이스라엘 공동체에서 존립할 수 없고 모든 이스라엘 공동체적 종교의식에 참여할 수 없고, 사회조직에서 제외된다는 무서운 형벌과 심판 선언이기도 하다. 그래서 다윗이 왕이 되고 자신의 왕조는 망할 것을 예견한 사울이 다윗에게 간곡히 부탁하여 "너는 내 후손을 끊지 아니하며 내 아버지의 집(가문)에서 내 이름을 멸하지 아니할 것을 이제 여호와의 이름으로 내게 맹세하라"(삼상 24:21)는 간청을 하는 것도 자신의 이름이 가문의 족보에서, 더 나아가 역사기록에서 자신의 이름이 없어질 것을 우려해서 한 것으로 이해할 수 있겠다.[33]

이름을 드러낸다는 것은 사회적 신분이나 지위를 향상하거나 명예를 획득하는 것을 말한다. 예를 들면, 창세기 11장에 바벨탑 사건에서 보면, 그 바벨탑을 쌓던 사람들이 그 탑을 쌓던 목적이 "성읍과 탑을 건설하여 그 탑 꼭대기를 하늘에 닿게 하여 우리 이름을 내고 온 지면에 흩어짐을 면하자"하는 것이었다. 여기에서 보면, 바로 이름을 세상에 드러내고자 하는 의도가 있다. 이름으로 자신들이 세상에 나타내고 명성을 떨쳐 보자는 것으로 그들의 이름과 자신들을 동일시하고 있다. 그러면서 하나님은 아브라함을 축복하여 이르기를 "내가 너로 큰 민족을 이루고 네게 복을 주어 네 이름을 창대하게 하리니 너는 복이 될지라"(창 12:2)하여 그의 이름을 세상에 크게 떨치도록 하겠다고 약속하신다. 이 약속이 역사 속에서

---
33) *Ibid.*

이뤄졌고 지금도 이미 이루어져 그의 이름은 온 세상 사람들이 거의 다 알고 있다.[34]

3) 이름은 그 이름을 가진 사람이나 물건의 본질과 성격을 나타낸 것이다. 사실 이름이라는 것이 단순히 사람의 호칭만이 아니라 그 이상의 것이다. 세상의 만물들이 거의 이름을 가지고 있지만 특별히 사람의 이름을 가만히 분석해 보면 그 속에는 많은 의미들이 숨겨져 있다. 어떤 이름에는 부모가 그 자식에 원하는 소원이 들어 있기도 하며, 어떤 이름에는 그 사람의 특징과 성품이 나타나기도 한다. 그래서 이름이라는 것은 함부로 지어서도 안 되지만 함부로 불러서도 안 되는 것이다. 그만큼 이름을 중요하게 여겨야 한다는 것이다. 그래서 성서에서는 중요한 사람의 이름이 태어나기 이전에 미리 계시되기도 한다. 즉, 세례 요한이 태어날 때 그의 아버지 사가랴에게 천사가 나타나 "무서워 말라 네 아내 엘리사벳이 네게 아들을 낳아 주리니 그 이름을 요한이라 하라"고 하여 미리 그의 이름을 직접 지어 주신다. 예수님의 탄생에도 미리 요셉에게 주의 사자가 현몽하여 "요셉아 네 아내 마리아 데려오기를 무서워 말라 저에게 잉태된 자는 성령으로 된 것이라 아들을 낳으리니 이름을 예수라 하라"고 지시한다. 역사적으로 중요한 시점에 중요한 인물을 보내시는 경우, 이같이 그 이름이 미리 알려지기도 한다. 이름이 얼마나 중요하게 다루어지는지를 보여주고 있다.

또한 이미 잠시 언급한 것처럼, 아주 중요한 시점에서 한 인물의 이름이 개명되는 경우가 성서에 간혹 나타나고 있어 그 이름의 중대성을 보여주고 있다. 창세기 17장에서는 두 명의 이름이 하나님에 의해서 바뀐다. 즉, 사래가 사라로, 아브람이 아브라함으로 개명되는 사건이 기록되어 있다: "내가 너를 많은 민족의 조상으로 삼으리니, 네 이름은 이제 아브람이 아니라 아브라함(모든 이의 아버지)이라 불리리라."(창 17:5). 그리스도께서도 베드로에게 "너는 베드로(반석)이다. 내가 이 반석 위에 내 교회를 세우리니 음부의 권세가 이기지 못하리라(마 16:18)." 이것은 그에게 맡길 사명의 성격으로 보아서 예수께서 직접 주신 개명된 이름이다. 성서에서 새 이름을 주시는 것은 새로운 지위나 사명을 뜻한다.

---

34) *Ibid.*, p. 64.

히브리인들은 사람의 이름이 그의 혼인 '네페쉬'와 같은 것으로 보았다.[35] 우리가 상대방을 안다는 것은 그의 이름을 안다는 것이며, 그의 이름을 안다는 것은 그 사람의 정체나 사람됨을 안다는 것과 같은 것이다. 즉 이름은 그 사람의 독특성을 나타내어 그의 성품과 인품을 보여주기 때문이다.[36] 이름을 지어줄 때 정말 신중하게 이름의 음과 의미를 고려해서 지어 부르게 해야 한다. 왜냐면, 아주 어린 아기 때부터 인간은 자신의 이름을 들으면서 자라고 살아간다. 그래서 그 이름의 단어 음절과 그 뜻이 계속하여 그 사람의 인식과 사고와 품성 형성에 지대한 영향을 주기 때문이다. 일반적으로 얘기하기는, 어린애들은 태어나서 0~4세 사이에 인간의 기본 인격의 50%가 형성되고, 4~6세 사이에 30%가 형성된다는 것이다. 인간이 태어나서 6세까지의 기간에 기본인격 80%가 이룩된다는 것이다. 사람의 두뇌가 형성되는 것도, 태어나서 3세까지 65%가 형성되며, 3-10세 사이에 30%, 10-20세 사이에 5%가 형성된다고 한다. 그렇다면 태어나서 10세까지 두뇌의 95%가 형성된다는 것이며, 유치부 어린이가 알아듣는 어휘 수가 2,487개나 된다고 한다. 이런 주요한 시기에 어떤 부정적이고 무의미한 이름의 음성을 듣는 것은 별로 좋지 않다. 그래서 유대인들은 자녀를 낳으면 아주 어려서부터 신명기 28장 1-24절과 신명기 6장 4-9절(Shema)의 "오늘날 내가 네게 명하는 이 말씀을 너는 마음에 새기고"라는 사상을 주제로 들려주고 외우게 한다. 그래서 머리가 좋고 어려서부터 인성을 [유일신 하나님을 향하여 마음을 다하고 뜻을 다하고 힘을 다하고 성품을 다하여 사랑하라]는 토대위에 세워가게 한다. 이와 같이 일생 동안 듣고 사는 이름은 그 개인의 인격과 두뇌 그리고 감정과 성품의 밑바닥을 형성하는데 지대한 영향을 준다는 것이다.

4) 이름은 족보에서 무의미한 것이 아니라 그 사람의 일생의 사적(事蹟)을 가장 짧게 압축한 것이다. 이 이름은 가장 간단한 전기(傳記)이다. 이름을 풀어 설명하면, 역사로 확대되는 것이다. 그리고 장황한 그 긴 역사를 압축하면 족보의 이름이 되는 것이다. 족보에 있는 '아브라함'이란 이름을 풀면 창세기 12장에서 25장

---

35) Johanes Pedersen, *Israel, Its Life and Culture*, I-II, p.249를 장일선, *Ibid.*에서 再引用.
36) 장일선, *op. cit.*, p.64

까지의 그의 일대기가 되고, 창세기에 13장으로 된 주전 2,000년대 전반기의 그의 역사를 압축하면 그의 이름 [아브라함]이 된다. 그래서 한 역사를 기록할 때 가장 짧고 간단한 방법이 바로 이 족보의 목록적 이름이다. 구약성서 기자들은 역사 속에서 이뤄져 가는 하나님의 섭리 중의 하나인 구속사적 씨흐름을 개인과 가정의 전기적 이야기 형태와 이 족보적 형태로 전개해 나갔다. 계보는 이름을 통한 역사 기록의 양식으로 구약성서에 흐르는 씨흐름을 구체적으로 나타내는 신학적 양식 중 하나이다. 그래서 역대기에 나타나고 있는 족보의 이름을 펼치고 설명하면 창세기에서 역대기 기록의 때까지 방대한 역사가 되는 것이다. 왜냐면 역대기가 바로 아담에서부터 족보가 기록되고 있기 때문이다.

III. 구약성서 족보의 유형(類型)과 기록 형식

족보의 유형은 족보의 전승과 기록 방법에 따라서 여러 가지로 구분된다. 여기서는 구약성서, 특별히 역대기에 나타나는 족보 기록 형식을 중국과 한국을 중심한 족보 기록 방법과 연계시켜 정리하려고 한다.[1]

A. 성서 족보의 유형

1. 구전적(비문자) 족보

글자가 없던 시대나 기록이 되기 이전에는 한 가정의 선조와 가문의 위계질서를 위해 전해 내려오는 구전적 족보를 가지고 있었다. 필자도 우리 가족과 관련

---

[1] 본서에 정리되는 것은 이미 필자가 몇 곳에 발표했던 논문들과 글들을 정리한 것이다. 예를 들면 "역대기의 족보의미와 기록 형식에 대한 고찰" [教授論叢] 제18집(2006), pp.347-378. 등과 같은 것들이다.

된 상세한 족보는 본 적이 없지만, 할아버지와 아버지를 통해서 가문의 역사와 전기 그리고 씨족관계를 설명해 주시는 것을 들은 적이 있다. 구약에서도 예를 들면, 노아는 분명히 기록은 없지만 선조로부터 내려오는 에녹, 므두셀라 등 이야기식 구전을 접하고 있었을 것이다. 성경이 기록되기 이전에는 당연히 구전(口傳)으로 내려오던 족보가 있었을 것은 분명하다. 이같이 동양에서도 구술족보(口述族譜)라는 것이 있었다. 그러다가 누군가에 의해서 그 혈연관계를 아주 간단한 그림(그림문자 이전)이나 어떤 물체를 가지고 연결시켜 놓은 가시적 형태로 만들었던 족보가 있었다고 본다. 성경에는 그런 구체적인 흔적을 찾을 수는 없으나 동양에 있던 결승족보(結繩族譜)[2]가 없으라는 법이 없다. 어느 시대 어느 사회나 거의 같은 문화와 문명을 가지게 마련이기 때문이다. 이 결승족보는 글자가 없던 시대에 새끼의 매듭 모양과 수에 따라 서로 의사를 통하고 사물의 기억을 돕던 방법의 하나로, 새끼로 매듭을 맺어 기호로 삼던 고대 문자 방법으로 족보 형식을 간직했던 것을 말한다. 즉 문자가 생기기 이전에 원시족보로서 중국의 여러 민족 가운데 문자가 없던 민족(예를들면, 怒族, 苗族등)들은 모두 다 자신들의 결승 족보나 구술 족보를 가지고 있었다고 한다.[3]

아이들은 문자보다 앞서 말을 먼저 배우고 글자를 몰라도 실생활에서 전혀 불편없이 지낼 수 있다. 그래서 평생 문자 없이 살 수도 있고 아직 문자가 없는 언어도 많다. 그래서 글자가 없는 원시 종족들에게 말은 있고 그들의 역사는 말로 전승되어 갔다. 그러나 무엇인가 후대에 전해주어야 한다는 필요성이 하나의 이야기 형식으로 전해 내려간다. 이것을 우리는 구전(口傳)이라고 말하고 한 가정의 족보가 이 비문자로 구전을 통해 전승된 것은 사실이다.[4] 구약성경에도 문자가 없던 기간이나 실제적으로 어떤 역사적 사실과 신앙적 고백을 문자화하기 전에는 구전 형태로 전승되어 왔기 때문에 족보 기록 이전에는 분명히 이 구전적 족보 형태가 있었을 것이다. 이는 완전 문자로 가는 비문자 과정의 그림문자 이전의 이야

---

2) 結繩은 글자가 없던 시대에 짚으로 꼰 새끼줄의 매듭 모양과 수에 따라 서로 의사를 통하고 사물의 기억을 돕던 방법의 하나이다.

3) 차장섭, "중국 족보의 개념과 연구동향"[慶北史學] 第25輯(慶北史學會 2002. 8), p.215.

4) 언어와 문자는 필연적 대응을 보이지는 않는다. 히브리어와 히브리문자는 필연적인 것 같지만 히브리자가 히브리어와 상이한 이디시어(Yiddish) 표기에 쓰인다. 이디시어는 독일어에 히브리어, 슬라브어가 섞인 말로 히브리자를 쓰며 유럽 유대인 사이에 쓰인다. 또한 폴란드 타타르족은 백러시아어와 폴란드어를 아랍문자로 적은 문학을 남기기도 하였다(Gelb 1952:227). Ibid.

기 형태를 가지고 전승되는 구전 단계로 보존되는 족보를 말한다. 그래서 윌슨은 "한 명의 선조 혹은 선조들로부터 개인 혹은 집단에 이르는 기록이거나 구두로 전해지는 혈통 체계이다"[5] 라고 족보를 이해하고 있다.

2. 실물적(實物的) 족보

인간이 존재하는 곳에는 가족관계, 인간적 관계와 사회적 조직이 있기 마련이다. 그 중에서도 가족 단위, 씨족 단위의 관계 정립이 언제나 우선시 되어 왔다. 이런 관계를 자손들에게 알리려는 노력은 당연했다. 그러다 보니 문자가 완전하게 만들어지기 전에도 그들이 가진 언어와 감정을 어떤 형태로든 전달하려고 하여 그림문자나 상형문자에 이르는 과정을 자연스럽게 거치게 되었다. 이런 형식으로라도 족보를 전수하려 했던 것이 바로 실물적 족보이다. 이는 원숙한 문자화로 가는 과정의 기간에 자연스럽게 만들어지는 족보형태이다.

역시 고고학, 역사학, 문자학 등의 도움을 통한다 해도 문자발달사의 규명은 쉬운 것이 아니지만,[6] 그림문자(pictograph)→상형문자(hierograph)→표의문자(ideograph)→음절문자(syllabary)→음소문자(phonograph)로 분류하는데,[7] 여기 음소문자를 완전문자(full writing)로 보아 표음문자(phonograph)라고도 번역이 가능한데 3가지로 분류한다. 즉, ①단어-음절 문자(word-syllabic): 수메르 문자, 이집트 문자, 히타이트 문자, 한자 ②음절문자(syllabic): 페니키아 문자, 히브리 문자, 아랍 문자, B 선형문자(Linear B), 일본 가나, 체로키 문자 ③자모문자(음소문자, alphabetic): 희랍 문자, 라틴문자, 영문자, 불문자, 한글로 분류하기도 한다.[8]

실물적 족보로는 나무를 깎아서 만든 목각에 어떤 형태로나, 거북이 등딱지(龜甲)나 짐승의 뼈(獸骨)에 새겨진 상대(商代)의 갑골문 족보 같은 것들이다. 또한 주대(周代)에 청동으로 새겨 만든 족보인 청동족보(金文族譜)도, 한대(漢代)에 돌에 새기는 것이 영원하다는 의식에서 족보를 비석에 새긴 석각족보(石刻族譜)도

---

5) Robert R. Wilson, *Genealogy and History in the Biblical World* (New Haven: Yale University, 1977), p.9
6) 문자론에 관한 개설서로는 「시공 디스커버리 총서 001」(문자의 역사), 047(기호의 언어)이라든가 앨버틴 가우어 저, 강동일 역(1995), 진광호(1997) 참고.
7) 이을환, 「언어학 개설」(서울: 선명문화사, 1984), p.245-263.
8) 차장섭, "중국 족보의 개념의 연구동향" [慶北史學] 第25輯(慶北史學會 2002), p.215. (Gelb, 1952:191).

여기에 속한다.[9] 구약시대에도 초기 모세시대 이전에는 이런 형태의 족보가 단편적으로 존재해 있다가 성서기록의 자료로 사용되었을 가능성이 있다. 그러나 역대기는 후대의 작품이라서 이미 문서화된 족보형태 기록으로 된 자료들을 근거로 기록되었다고 본다.

3. 문서적(文書的) 족보

문자가 발달되고 문자기록 용지가 만들어지면서 자연스럽게 족보도 문서의 형식을 갖추기 시작한다. 앞에서 언급한 완전문자(full writing): 표음문자(phonography)를 사용하여 후대에 확실하게 보존할 수 있는 족보의 출현이 되었다는 것이다. 이것을 서본식(書本式)이라고도 하는데 특별히 중국의 남북조 시대 이후의 가보(家譜)는 모두 이 서본식이었다 한다. 어떤 것은 손으로 쓴 것이고 어떤 것은 인쇄된 것이었다.[10] 구약성서에 기록된 모든 족보는 당연히 문서적 족보에 속한다고 보겠다. 특별히 역대기의 족보들은 거의 여기에 속한 것들이다. 왜냐면 역대기의 기록연대가 아주 후대에 속하기 때문이다.

B. 성서의 족보 편찬 형태

일반적으로 중국에서는 대체로 두 가지의 족보 편찬 형태가 있었는데 여기에 의거하여 창세기의 일부 족보를 포함하고 있는 역대기의 족보 형태를 살펴보려고 한다.

1. 소종지법적[小宗之法的] 편찬 형태

족보 중에는 동일한 종족의 사람(族人)들이나 한 가문의 가족 대대의 계통을 제대로 알 수 있도록 혈통적 체계와 그들의 조상들이 생전에 끼친 은덕(遺德)을 알게 하기 위하여 사관의 글씨체(史書)의 체제와 도표(圖表)의 형식을 취하는 것이 있다. 이 소종지법적 편찬은 단지 5-6세조(世祖) 혹은 8-10세조(八高祖圖에

---

9) *Ibid.*, pp.215-6.
10) *Ibid.*

서 十六祖圖까지도 있음)[11] 이래로 본 가족의 이동, 혼인, 이름과 시호(諡號: 생전의 공덕을 기리어 죽은 뒤에 주는 이름), 그들의 행적 등을 기록하여 새로운 형태의 족보를 만들어 보존하는 형태이다. 대체로 왕족이나 큰 문벌이 아닌 일반 가정은 많은 세대보다는 짧은 세대 동안 부귀영화를 누리기 때문에 5-6세대(世代) 정도의 조상의 사적을 추적하는 것으로 끝난다. 왜냐면 대체로 5-6세대 이상 소급하여 위로 올라가 여러 세대를 살펴보았자 비천하고 별로 내세울 것이 없기 때문에 일반 가족은 오직 소종지법[小宗之法]을 채택하였다고 볼 수 있다.[12]

역대기에 의하면 각 가정에도 각기 계보를 간직하고 있었음을 언급하고 있다 (대상 5:7,17, 7:7, 8:28). "시므온 자손의 주소가 이러하고 이들의 이름들이 그들 가정의 족보에 기록되었다"(these names are recorded in their family genealogy, NLT)="시므온 자손의 거주지가 이러하고 각기 보계가 있더라"(개역성경, 대상 4:33). "선지자 스마야와 선견자 잇도의 족보책"(대하 12:15)이 존재하고 있음을 암시하고 있다.

역대기에는 대체로 구속사적 씨흐름을 추적하기 때문에 이 소종지법의 편찬방법에 의한 족보가 극히 드물다. 그러나 창세기의 가인의 족보는 이 편찬형태를 취하여 단지 가인에서 6대손에 대한 족보로 끝이 난다(창 4:16-23).

가인→에녹→이랏→므후야엘→므드사엘→라멕 { →야발(육축업의 조상)
→유발(음악인의 조상)
→두발가인(철문화 조상)

역대기에서는 이 족보가 생략되고 있다. 왜냐면 가인족보는 다윗의 혈통과는 전혀 관련이 없기 때문이다. 오히려 아브라함의 첩 그두라 계통의 족보가 간단히

---

11) 宋俊浩, "한국에 있어서의 家系記錄의 歷史와 그 解釋"[歷史學報] 第八十七輯, p.105. "팔고조도(八高祖圖)라는 명칭은 그것이 나의 조상을 고조의 대(代)까지 밝힌 가계도(家系圖)이고 그 가계도상(家系圖上)에 나타나는 고조(高祖)가 8명이기 때문에 생긴 것이다. 이는 星湖 李瀷의 글 「十世譜序」에 나온다. 두 조부란 결국 아버지의 아버지와 어머니의 아버지(바로 外祖)를 말한다. 나의 조부가 둘인 이상 나의 부모의 조부도 각각 둘이 될 것임은 말할 것도 없다. 따라서 나의 증조는 4명이요 고조는 8명이 된다는 사실을 쉽게 이해할 수 있다. 이러한 가계도는 작성자가 그것을 어느 代의 선에서 끊느냐에 따라 四曾祖圖도 될 수 있고 十六祖圖도 될 수 있으며(나의 5대조의 선에서 끊으면 十六祖圖가 되는데 이 경우에는 고조라는 칭호는 적용되지 않는다) 또 五百十二祖圖도 될 수 있다."
12) 차장섭, "중국 족보의 개념의 연구동향"[慶北史學] 第25輯(慶北史學會 2002. 8), p.222. 歐陽修의「新唐書」에서 蘇洵의「蘇氏族譜」등이다.

기록되고 있다.(대상1:32-33)

아브라함-욕산(6명 후손)-스바/ 아브라함-미디안-에바 등 5명의 아들

소종지법적 편찬 형태의 대표적인 족보기록(베레스-헤스론-람-암미나답-나손-살몬-보아스-오벳-이새-다윗)이 바로 룻기서(4:18-22)이다. 역대기는 특별히 다윗 왕조의 혈통을 중심으로 하고 있기 때문에 이런 형태의 족보기록이 별로 나타나지 않는다. 그러나 굳이 역대기에서 또 다른 예를 찾는다면, 역대하 20:14-19에 보면, 야하시엘의 족보를 간단히 소개하면서 그가 한 일을 설명하고 있다.

[아삽의 자손→맛다냐의 현손→여이엘의 증손→브나야의 손자→스가랴의 아들→야하시엘]로 나오면서 그가 행한 중요한 예언자적 사역을 설명하고 있다. 여호사밧 왕 때 모압 자손과 암몬 자손이 유다를 치고자 하되 온 백성과 왕이 두려워하는 위기의 때에 여호와의 신이 야하시엘에게 임하여 여호와의 말씀을 전한다: "이 큰 무리로 인하여 두려워하거나 놀라지 말라 이 전쟁이 너희에게 속한 것이 아니요 하나님께 속한 것이니라"(15절)하면서 격려와 행동지침을 전하는 내용으로 되어 있다.

2. 대종지법적[大宗之法的] 편찬 형태

이는 황족이나 대대로 귀족신분인 가정에서 가지는 족보편찬의 형태로 수십, 수백 대대의 세계(世系)와 조상들의 사적을 추적하여 조상의 유덕을 자손들로 알게 하고 국가의 역사를 보존케 하는 족보 편찬이다.[13] 이는 가족의 위대함을 과시하고 후손이나 후세에 알리기 위한 것으로 소급하되 반드시 여러 임금이나 이름난 유명한 사람(名人)을 시조로 하는 것이 일반적이었다.[14]

역대기의 족보는 역시 구약성서에 계속되는 구속사적 씨흐름 구조가 중심이

---

13) *Ibid*. 예를 들면, 송대(宋代)의 구양수(歐陽修)가 신당서[新唐書]의 편찬을 주관하면서 거기에 종실세계[宗室世系], 재상세계[宰相世系]를 담당하면서 이성 황족(李姓 皇族)의 세계와 당(唐)의 369명의 재상의 세계에 대한 기록을 이용하였다. 이는 아주 방대한 世系를 편찬하고 있다.
14) *Ibid*., p.223.

되어 아담에서부터 아브라함, 다윗을 거치면서 전개되는 메시아를 향한 족보이고, 특별히 다윗 왕조가 그 중심에 자리 잡고 있어서 거의 대종지법의 편찬 형식으로 되어있다. 심지어 인류 최초의 사람 아담에서부터 아브라함, 아브라함에서 다윗까지의 긴 역사를 뛰어넘는 거대한 족보가 아주 요약되어 기록되고 있다. 즉 역대상 1장에서 9장까지의 방대한 족보는 바로 대동지법적 편찬 형식으로 된 족보이면서 다윗 왕을 중심으로 하여 영광된 가문의 세계를 구성하고 있다.

C. 성서의 족보 기술 형식

성서 계보는 일반적으로 '족보'라는 용어로 명명되어진 문학형태에 속하는 것으로 문학의 기능을 가진다. 예를 들면, 창세기의 족보 기록에서 5장과 같이 판에 박은 듯한 기술형식을 가지고 반복되는 것이 발견된다. 이 족보도 문학 형태에 속하여 문학적 기능을 가진다. 우리는 창세기에서 본문구조가 구체적인 계보인 족보(Toledoth or Genealogies)와 개인과 가정에 대한 전기적 이야기체(narrative)로 정리가 되는 것을 발견하게 된다. 성서에서 하나의 족보라는 것은 한 사람 혹은 여러 사람의 조상들이라든가 혹은 자손들을 가리키는 이름들을 열거한 목록으로 구성되어 있다. 이는 대개가 <어느 한 개인에게서 조상에게> 위로 올라가면서 가계(家系)를 추적하던가, 아니면 <조상에서부터 어느 한 개인에게로> 아래로 내려오면서 가계를 추적하던가 한다. 한편, 한 조상에서 당대에 여러 자녀가 태어나 그 자녀들을 중심으로 각각의 족속들을 이루는 종족 계보를 상대적으로 열거하는 경우도 많이 나타난다. 구약성서에 전반적으로 사용하고 있는 족보들의 기술 형식을 정리해 보면 나름대로 일정한 양식을 가지고 있다.

1. 내용상의 기술 형식

족보의 내용을 무엇으로 기준하여 하느냐에 따라서 기술 형식을 논하는 것이다.

첫째는, 단순히 아버지로부터 자자손손에 전하여 온 순서를 따라 기록하는 족보가 있다(대상 1:1-4,24-27 등). 일반적으로 파보라든가 가보(家譜)는 단순하게 조상적부터 내려온 대대의 계통을 알리도록 이름을 적어 내려온다. 여기에는 다른 정치적 이유나 신앙적 원리나 의도가 전혀 개입되지 않고 단순히 혈통적 순서를 따라 만들어진 족보이다. 예를 들면, 역대기에 나오는 일반적인 족보들, 즉 이스마엘(대상 1:29-33) 그리고 에돔의 왕들을 열거한 목록들은 단순히 그들의 혈통적 계보를 알리는 것들(대상 1:43-54)이다. 그래서 성경은 일반 족보책이 아니라서 이런 족보 기재 형식은 아주 제한적으로 나오는 형식이라 볼 수 있다. 이 족보 기재 형식에는 대대의 자손들이 기록될 때 빠지거나 다른 사람으로 뛰어 넘는 의도적 변경사항이 없다고 보겠다. 역대기에서는 너무나 확실하고 이미 잘 알고 있는, 어느 필요한 족보의 배경으로, 어느 기간을 제시할 때는 간단한 족보로 기록하기도 했다. 예를 들면, 노아의 세 아들(셈, 함, 야벳)들로부터 세계 인류가 확산되는 창조에서 당시까지의 역사적 배경으로 간단한 족보(아담에서 노아까지, 대상 1:1-4)를 기록하고 있다. 노아 이후에서 아브라함까지의 역사를, 즉 아브라함 족보의 역사적 배경을 기록하기 위해서 셈에서 아브라함까지의 아주 간단한 족보를 제시하고 있다(대상 1:24-27). 그러나 전체적으로 보면 이 간단한 족보는 가인(창 4:17-22)이나 위에서 언급한 이스마엘, 에돔 등의 비주류 계통의 언약외의 종족들을 나타내는 족보들이 대부분이다. 이들의 족보는 이 간단한 그 족보 자체로 단절되고 후에까지 연속적으로 기록되지 않고 단명하다. 그러나 위에서 언급한 간단한 '아담에서 노아까지', '노아의 세 아들에서 아브라함까지'의 족보는 사실은 후에 계속되는 언약의 족보(아브라함, 이삭, 야곱, 유다, 다윗, 솔로몬, 남 왕국 유다의 왕들)를 기록하는데 계속 연결되는 연속적 족보이다.

둘째는, 족보의 내용이 법률상 산업을 계승하여 온 순서를 따르거나 하나님의 계약적 언약의 상속을 계승한 씨흐름을 의도적으로 기록한 족보가 있다. 예를 들면, 야곱의 12아들 중에 르우벤이 장자이기에 당연히 가문의 중심을 이루고 족보의 핵이 되어야 한다. 이렇게 기록되는 것이 바로 첫 번째 일반적 족보기재의 방법이다. 그런데 이 두 번째 기재형식에 의하면, 르우벤은 완전히 장자권을 박탈당하고 유다가 그 자리를 차지하게 되고 상속자로 나선다. 유다와 다윗으로 이어지는 이 족보의 상속은 단순히 혈통상으로 아브라함, 이삭, 야곱의 후손이나 유다 다윗의 후손만 되는 것을 말하는 것이 아니라 바로 아브라함에게 약속하신 산업

(언약)과 메시아 선조의 씨의 축복 그리고 유다와 다윗에게 준 왕조의 계승(王統)을 의미하는 것이다. 즉, 성서의 족보에서는 구속사적 씨흐름의 섭리에서 의도적 변경상황이 있을 수 있다는 것이다.

그래서 마태복음 1장에 기록된 족보는 다만 예수가 혈통상 아브라함의 후손이며 다윗의 후손만 되는 것을 표한 것이 아니라 그들의 자손으로서 아브라함과 약속하신 언약, 또 다윗에게 준 왕통을 계승하여 이것을 완성하실 분이신 것을 나타낸 것이다.(창 22:16-17, 눅 1:30-33)[15]

2. 기재 방법상의 기록 형식

앞에서는 족보의 내용상에서 어떤 양식을 가지고 기록되고 있는가를 살폈다면 여기서는 그 내용을 기재해 갈 때 어떤 형식을 취하고 있는가를 살피려는 것이다. 성경의 족보 기록을 보면 판에 박힌 기술형식을 가지고 반복되는 것이 많이 나타난다. 왜냐면 족보도 문학 형태에 속하여 문학적 기능을 가지고 있기 때문이다. 성서에는 일반적인 족보 기록 형식이 다음과 같이 나타나고 있다.

1) 수직선적인 혈통적 가계(家系)의 계열 형식(Linear in Form)

성서에서도 하나의 족보라는 것은 한 사람 혹은 여러 사람의 조상들이라든가 혹은 자손들을 가리키는 이름들을 열거한 목록으로 혈통적 가계(家系)를 구성하고 있다. 이는 누가복음 3:23-28의 예수님의 족보에서 예수님으로부터 역으로 해서 아담 심지어 하나님에까지 열거하는 것처럼 [어느 한 개인에게서 조상에게] 위로 올라가면서 가계(家系)를 추적하는 경우이다. 아니면 마태복음 1장에 나타나는 아브라함에서부터 시작하여 밑으로 예수님에게로 열거하는 족보 형태처럼 [조상에서부터 어느 한 개인에게로] 아래로 내려오면서 가계를 추적하는 형식을 말한다.

창세기 4:17-24을 보면, 가인의 후손들을 다루는 족보 이야기로 가인으로부터 라멕에 이르는 조상들의 일곱 세대를 추적해 가고 있다. 일곱 번째 세대에서는 라멕의 아들들이 언급되어 야발, 유발, 두발가인으로 나뉜다. 여기에는 수명이 언

---
15) 윤두혁 편, 「팔레스타인 풍습 이모 저모」 (서울: 기독교문사, 1973), p.16.

급되지 않고 단지 족보적 연결이 언급되고 있다. 그 형식은 서론적으로 그 족속의 시조격인 첫 선조에 대해서는 "아무개1(PN1)이 아내와 통침하니 그녀가 잉태하여 아무개2(PN2)을 낳았다"로 되어지고 그 이후의 족보목록은 "PN2가 PN3를 낳았고 PN3는 PN4를 낳았고 PN4는 PN5를 낳았고…"로 되어있다. 이런 예가 룻기 4:13-22를 비롯하여 많이 나타난다.

한편 이 기록형식에 가장 대표적인 족보가 창세기 5장으로 족장들의 자손 상속의 구체적 라인을 제시함과 더불어 그들의 수명을 밝히고 있다. 창세기 5장은 10세대를 걸치는 수직적 족보(a linear genealogy)로 가계 기록형식의 기본 계열을 따르고 있는데 즉,

*(PN1)이 몇 년(YY)을 살았을 때(몇 살 때), (PN2)를 낳았다.
*(PN1)은 (PN2)를 낳은 후 몇 년 동안(YY)을 살면서 다른 아들들과 딸들을 낳았고,
*(PN1)은 몇 년(YYY)을 향수하고 죽었더라

창세기 5장은 그 계보가 처음에 언급한 사람으로부터 마지막 사람에까지 혈통적 가계가 끊기지 않는 계열을 추적해 가는 자손에로 내려가는 형태의 족보로 되어 있다.[16] 성서는 나름대로의 히브리적 사고와 문학적 형태와 신학적 목적을 가지고 그 독특성을 유지해 왔다고 하는 면도 우리는 간과해서는 안된다.

학자들 중에 메소포타미아의 홍수설화인 베로소스(Berossos)[17]의 수메르 홍수설화와 바벨론 홍수 설화(The Epic of Gilgamesh)를 창세기의 노아 홍수 사건 배경으로 연관시켜 설명하는 경우가 많았다. 특별히 궁켈(H. Gunkel)은 바벨론의 사제인 베로소스가 제시한 홍수 이전의 엄청난 기간들을 통치했던 왕들의 목

---

16) T. C. Mitchell, "Genealogy" *New Bible Dictionary* (Grand Rapids: Eerdmans, 1965), p. 457.
17) 서방세계에 최초의 메소포타미아의 홍수이야기로 알려진 Berosos가 B.C. 275경에 쓴 것이다. Berossos는 바벨론의 마르둑 신의 사제로서 창조에서 알렉산더 침공까지의 자기 나라의 역사를 기록한 3권의 책에 나오는 홍수 에피소드이다. 水神인 Enki는 꿈을 통해 제사장이며 왕인 Ziusudra에게 홍수의 징조를 계시한다. 7일 주야를 지속한 홍수 사건이 일어나고 거함을 만들어 살아남은 그는 태양이 구름 사이로 비쳤을 때 창을 열고 태양신에게 경배하고 소와 양의 희생제사를 드린다. 여기에 홍수와 관련하여 그 당시의 왕들의 통치 기간이 엄청난 숫자로 나타난다. P. Schnabel, Berossosu. die Babylonisch-Hellenistiche Literatur(Leipzig,1923)를 참조할 것.

록[18]과 홍수 이전의 성서의 장수한 족장들 목록과를 비교한 일치점을 가지고 수메르 자료를 창세기 5장의 배경으로 간주한다.

궁켈은 1)홍수 전 시대 즉 태고시대를 말한다는 것. 2)10이라는 숫자, 즉 5장도 10명의 족장 목록 숫자라면 메소포타미아 홍수설화도 10명의 왕 목록이라는 것. 3)일반 상식을 뛰어 넘는 엄청나게 긴 기간의 장수와 왕들의 통치 기간을 말한다는 것. 4)개인 명칭들의 유사성 등 4가지 중요한 부분에서 일치점을 말한다.[19]

궁켈과 거의 같은 시기에 지먼(H. Zimmern)은 결론짓기를 홍수 이전의 족장들에 관한 창세기 전승은 기본적으로 홍수 이전의 태곳적 10명 왕들에 관한 바벨론 전승과 동일시된다는 것이 거의 틀림이 없다고 했다.[20] 스파이서(E.A. Speiser)도 성서의 족보는 메소포타미아의 자료에 의존하고 있다고 했다.[21] 이러한 견해가 계속적으로 확산되어 창세기 5장과 11장의 족보와 연관시켜 수메르 홍수설화를 설명하여 왔다. 그러나 오히려 하젤(G.F.Hasel)같은 학자는[22] 두 자료 간의 차이를 비교 제시함으로 성서 자체의 독특한 위치와 중요성을 밝히고 있다. 창세기 5장은 장수 연대를 기록하고 수메르 왕 목록은 통치 연대를 가리키는 것으로 그 각각은 그 나름대로의 기능을 가지고 있다는 것이다.

즉, 수메르의 왕 목록은 여러 도시들에서 왕들의 이름을 열거하고 그들의 왕위 계승을 추적하고 있다. 그 형태는 아주 융통성 있게 사용되고 있다.

> 어느 도시(CN)에서, 통치자 아무개1(RN1)이 몇년(Y)을 다스리고, 통치자 아무개2(RN2)는 몇 년(Y)을 다스리고, 통치자 아무개3(RN3)은 몇 년(Y)을 다스렸으니 몇 명의 왕들(X kings)이 몇 년(YY years)을 다스렸다.

---

18) 이는 고대 앗시리아 제국의 수도였던 니느웨의 Ashurbanipal왕의 도서관을 1849-1854 사이에 발굴하는 중에 발견된 것으로, 11번째 토판에 기록된 홍수 이야기이다. 성서의 노아 홍수 기사와 아주 흡사하다. 다음을 참고할 것 R.Campbell Thompson, The Epic of Gilgamesh (London, 1928). E.A. Speiser, The Epic of Gilgamesh: ANET, pp.72-99. LC. Saders, The Epic of Gilgamesh(Baltimore,1960).

19) Hermann Gunkel, *Genesis* (Gottigen: Vandenheck und Ruprecht, 1901), pp. 121-123.

20) H. Zimmern, *Urkonige und Uroffenbarung* (Gottingen: Vandenhoeck und Ruprecht, 1902), p.539을 Gefhard F. Hasel, "The Genealogies of Gen 5 and 11 and Their Alleged Babylonian Background" *Andrews University Seminary Studies*(1978)16 p.361에서 중인.

21) E.A. Speiser, "Genesis" *The Anchor Bible* (New York: Boubleday & Company, Inc., 1982), p.41.

22) G.F. Hasel, *op. cit.* pp.361-374.

홍수 이전의 한 기록에는 "5개의 도시에서 8명의 왕들이 241200년을 다스렸고 그 다음에 그곳 전체를 홍수가 휩쓸어 버렸다"고 되어 있다. 통치 기간과 더불어 왕들의 계승 순위를 나타낸 이 수메르 왕 목록 기사는, 왕들-왕조-도시들에 대해서 전혀 관심도 흥미도 가지지 않은, 창세기 5장의 혈통적 계보와는 전적으로 다르다.[23]

창세기 5장의 기본적인 관념은 홍수 이전 시대에서 창조 때의 첫 번째 사람인 아담에서부터 맨 나중의 노아에 이르는 끊기지 않는 계열의 가계(직선적인 계보)로 나타나는 조상들을 추적하는 것을 나타낸다. 이것은 수메르 왕 목록의 기본 관념과 근본적으로 다르다. 수메르 왕 목록의 기본적인 관념은 오랜 동안 계속된 영토의 통합개념을 아주 소중히 여기는 정치적 이상에 근거한 것으로 당시에는 일반적으로 받아들여진 원리였다.[24] 이 수메르 왕목록은 "홍수 이래로 어느 한 명의 왕의 통치 아래 수메르와 아카드 지역이 통합되었다는 아주 간결한 소설을 길이 기념하게 하기 위하여 만들어진 정치적인 작은 책자이다"고 하는 학자도 있다.[25] 그러나 창세기 5장에는 그런 정치적인 관념이나 이상에 대한 조그마한 암시조차도 전혀 없다.[26]

창세기 5장은 '족보'라는 문학형태에 속하는 것으로 인식되어 왔다. 그러나 수메르 왕의 목록은 전혀 족보가 아니라 오히려 일련의 도시들의 왕조의 연속을 그들의 왕의 승계와 통치 기간과 더불어 나타내는 다른 장르에 속한 것이다. 즉 수메르 왕 목록은 정치적 작은 책자에 속하는 왕 명부의 장르라면 창세기 5장은 족보의 장르에 속하는 것으로 전혀 다른 형태이다.[27]

성서는 나름대로의 히브리적 사고와 문학적 형태와 신학적 목적을 가지고 그 독특성을 유지해 왔다고 하는 면도 우리는 간과해서는 안 된다. 창세기 5장은 분명히 태고사에 나타난 하나님의 구속사적 씨흐름의 중단없는 연속성을 나타내려는 저자의 깊은 의도와 신학적 목적이 새겨져 있다고 본다.

---

[23] *Ibid.*, p. 365.
[24] T.C. Hartman, "Some Thoughts on the Sumerian King List and Enesis 5 and 11B," *JBL* 91(1972), p.27
[25] W.W. Hallo, "Royal Hymns and Mesopotamian Unity," *JCS* 17(1963), p.112.
[26] G.F. Hasel, "The Genealogies of Gen 5 and 11 and Their Alleged Babylonian Background" *Andrews University Seminary Studies* (1978)16, p.368.
[27] *Ibid.*, pp.368-369.

창세기 5장과 10장과 11장은 하나의 연결된 족보로 보아야 한다. 단지 창 10장과 11장 사이에 바벨탑 사건의 이야기가 삽입되었다. 그리고 계보 표현 방식에서 조금 다르게 나타나는 것은 창 10장에서는 노아가 세 아들을 낳은 것을 서론으로 하여 그 세 아들들이 그 당대에 몇 명의 아들들을 낳았는데 그 아들들을 선조로 하여 인류가 번져 나간 것을 족보적 형식으로 설명하는데 바로 수직선적 족보 형식을 취하고, 이어서 수평적 족보기록 형식이 나타난다. 몇몇 역대기상 족보가 여기에 속한다고 보겠다. 그리고 창 10장에는 몇 년을 살았다는 연수가 없다. 그러나 창 11:10−26은 똑같은 형식에 속하면서도 단일하게 셈에서 아브라함에게 이르는 계보를 그들의 연수와 더불어 구체적으로 열거하고 있다.

2) 수평적 족보 기록 형태(A Horizontal Type)

이는 수평적 혹은 단면적 족보 기록 형태(a horizontal or segmented type)라고 한다. 이는 한 조상으로부터 밑으로 그의 자손으로 추적해 내려가는 것이 아니라 당대의 여러 자녀들을 언급하는 기록 형태이다. 이 양식은 창세기 10:1이하에 '셈/함/야벳의 자손들'과 25:12이하에 '이스마엘의 12자손들'과 36:1−9에 '에서 가족의 분포'[28] 등에 나타난다.

한 조상에서 당대에 여러 자녀가 태어나 그 자녀들을 중심으로 각각의 족속들을 이루는 종족 계보를 상대적으로 열거하는 경우(수평적 족보 기록 형태)도 많이 나타난다. 그 가계장의 아들이 여러 명이 있어서 다음 세대에 가서 그 아들들로부터 새로운 가계장이 형성되면 그 새로운 가계장을 중심으로 새로운 가계집단이 만들어지고 거기서 방계화한 집단은 새로운 가계를 구성하게 된다. 즉 부채꼴 형식으로 번져가는 족보기록이다.

예를 들면, 노아의 세 아들로부터 인종이 번창되어 가는 것을 비롯하여, 셈의 아들이 다섯 명인데 그들이 전부 새로운 가계장이 되어 지역별로 새로운 종족군(種族群)을 형성하게 된다(10장). 이삭의 아들인 에서는 에돔족의 조상이 되어 한 계보를 이루고(창 36:1−43), 야곱은 새로운 가계장이 되어 전혀 다른 독특한 이스라엘 민족 계보를 이루게 된다.

---
28) B.S. Childs, *Introduction to the Old Testament as Scripture* (Philadelphia: Fortress, 1979), p.145를 참고할 것

한국인의 족보에도 수평선적 족보기록 형식으로 세계표(世系表)라는 것이 있다. 이는 한 조상으로부터 뻗어 나온 각개 계손(系孫)을 종합하고 도표화한 것인데 일반적으로 시조로부터 12세손 내지는 15세손까지를 도표화하는 것이 일반적이다. 그런데 이 세계표에는 그 조상들이 몇 명의 형제를 두었는지 명단이 소개되고 그 형제들이 어떻게 번창하여 갔는지를 일목요연하게 정리하여 놓았다. 그러다가 얼마가 지난 후에 그 아들들 중에 파를 형성하여 파조(派祖)가 되어 독자적인 족보를 형성해 가는 수가 있다. 대개 고관대작(高官大爵)을 지낸 조상을 파조(派祖)나 지파조(支派祖)로 삼고 있는데 이는 어느 계파(系派)가 자기 성씨 가문을 명문 씨족화하는 데에 기여하였는지를 과시하기 위함이기도 했다.[29] 요사이 한국 족보의 형식이 이런 수평적 족보형식으로 가계도를 선으로, 방계적으로 연결하여 보기 편하게 한다.

3) 이야기 형식의 족보 형태(Genealogy in Narrative Form)

이는 단순히 낳고 낳고의 형식으로 연결하는 것으로 끝나는 것이 아니라 이야기하는 형식을 가지고 잉태하는 과정이라든가, 선조들의 결혼 관계나 잉태하는 과정이라든가, 가족들과 관련된 어떤 사건의 설명을 삽입하여 관계성을 알리면서 계보를 밝히는 것이다. 예를 들면, 창세기 4:25-26이라든가, 창세기 36:1-8도 여기에 속한다고 보겠다.

"아담이 다시 자기 아내와 동침하였다. 마침내, 그의 아내가 아들을 낳고 말하기를 '하나님이 가인에게 죽은 아벨 대신에 다른 씨를 나에게 허락하셨구나' 하였다. 그의 아내는 아이의 이름을 셋이라고 하였다. 셋도 아들을 낳고 아이의 이름을 에노스라고 하였다. 그 때에 비로서 사람들이 주의 이름을 불러 예배하기 시작하였다"(창 4:25-26)이라든가, 이스라엘의 열두 아들에 관한 29:31-30:24의 내용들이다. 대체로 창세기 12장 이하의 내용이 이런 유형의 기록이라고 볼 수 있다.

창세기 12장에서부터 시작되는 아브라함 이야기와 야곱의 긴 이야기도 결국 족보 형성을 위한 파란만장한 삶의 여정을 기록하고 있다. 즉, 아브라함이 사라하

---
29) 이상진, 「한국 족보학 개론」 (서울: 민속원, 2005), p.48.

고 결혼했으나 자식이 없는 가운데 하나님의 언약과 이삭이 태어나기 까지의 몸부림을 이야기 형식으로 끈질기게 추적하는 내용 기록은 이야기 형식의 족보이다. 야곱의 생애도 결국 4명의 여인으로부터 13명의 아들 딸이 태어나는 과정과 그들의 장래를 좌우하는 하나님의 언약과 관련한 신학적 의도가 담긴 족보를 형성해 가는 기록이 그에 관한 이야기이다.

필자의 소견으로는, 광의적으로 보면, 창세기나, 사사기, 사무엘서, 열왕기, 룻기, 에스라-느헤미아서, 에스더서 등 역사서에 나오는 모든 역사기록 자체를 이야기식 족보기록이라고 볼 수 있다. 심지어 창조와 타락 사건을 기록한 창세기 1-3장의 기록도 광의적 차원에서는 이야기적 족보기록 형식으로 하나님의 구원사의 씨흐름 구조에 서론적 족보라고 볼 수 있다. 이 모든 역사적 흐름 속에는 구속사적 씨흐름이 주도적으로 모든 사건들을 이끌어가고, 역사 흐름의 모든 방향은 여인의 후손, 예수 그리스도 탄생과 그 분의 구원사역을 향하고 있기 때문이다. 그러기에 구약의 모든 제도나 조직이나 나라와 백성들 그리고 역사와 법규 그리고 종교의식과 예언운동과 예언 내용 등 전체가 여인의 후손으로 태어나는 메시아 탄생을 위한 그리고 그 탄생까지의 족보적 기록으로 보고 있다. 모든 족보는 어느 조상을 시작으로 기록이 되지만 궁극적으로 어느 마지막 자손을 향하고 있기 때문이다.

4) 12지파 목록의 형식(The Twelve-tribe Genealogy)

이는 12이라는 숫자를 지켜 나가면서 야곱이라는 원 조상을 근거로 12아들을 단순히 열거(창 49:1-28, 대상 2:1-2등)하기도 하고, 또한 대부분이 야곱의 12 아들을 열거하면서 더불어 그 12아들마다의 자손들을 함께 소개하는 형식을 가진다. 이 12 숫자로 형성되는 형식은 3단계로 변화 발전해 간다. 즉,

(1) 베냐민이 출생하기 전의 족보에는 레아의 딸로 태어난 [디나]가 12 숫자를 채워 나타나고 있다. 야곱의 직계 아들들이 모두 포함된 경우로 레위의 이름이 들어가 있으나 베냐민이 빠져 있다. 베냐민이 출생하기 전, 창세기의 출생의 이야기 족보(창 29:31-30:24)에서도, 야곱의 11아들이 태어났으나 아직 12명이 되지 않은 상태에서, 특이하게 레아가 마지막으로 딸 '디나'를 낳아 12명의 자녀를 채우

는 것으로 기록되고 있다. 야곱 자손 중 '디나'만이 어원적인 설명이 주어지지 않은 유일한 이름이다. 사실은 그녀의 이름이 나온 것은 34장에서 세겜에게 욕을 당함으로 시므온과 레위가 엄청난 피를 흘림으로 나중에 씨흐름의 구조에서 밀려나는 사건(창 49장)을 대비한 기록이라 볼 수 있다. 시므온과 레위 지파가 언약의 지파로 영광스런 메시아 족보에 자리를 차지할 수 있는데 왜 저주를 받아 제외되어야 하는 이유를 밝히는 족보의 역할을 하는 것이다.

(2) 베냐민이 태어나자 완전한 아들로 구성된 12 숫자가 형성되면서 계속 야곱의 12아들로 말미암는 12지파 목록이 정착된다. 이 지파 목록이 한동안 계속되어 가던 기본적 지파 목록이었다.

(3) 후대에 이르러 레위 지파가 종교담당 지파로 특별한 위치를 점하면서 12 지파 목록에서 빠지고 그 자리에 요셉 지파가 요셉의 아들 에브라임과 므낫세가 각각 지파로 자리를 차지함으로 12지파에 편입되게 된다. 이는 뒤늦은 지파 목록으로 정착된 것이다.

이 12지파 목록 형식은 제일 먼저 르우벤이 나오고 납달리-아셀의 이름 순서(출 1:2-5)가 바뀌어서 아셀-납달리로 기록되기도 한다(민 13:4-15). 그런데 특이한 것은 민 2:3-31, 7:12-83, 10:14-28등은 모두가 르우벤보다는 유다로 족보가 시작되고 이스라엘 진영(군대: Israelite Camp)을 묘사하고 있다. 그 지파들은 4개의 그룹으로 나뉘어지고, 그 하나하나는 기본 방위의 책임이 주어진다. 한 그룹에는 3개의 지파가 소속된다.

1) 유다 군대 진영(동방향, 해돋는 쪽): 유다, 잇사갈, 스불론 (유다 진영 군기: 사자 녹색기)
2) 르우벤 군대 진영(남쪽): 르우벤, 시므온, 갓 (르우벤 진영 군기: 사람얼굴 홍색기)
3) 에브라임 군대 진영(서쪽): 에브라임, 므낫세, 베냐민 (에브라임 진영 군기: 송아지 황색기)
4) 단 군대 진영(북쪽): 단, 아셀, 납달리 (단 진영 군기: 독수리 백색기)→(계 4:6-7)

이는 하나님의 "보좌 앞에 수정과 같은 유리 바다가 있고 보좌 가운데와 보좌 주위에 네 생물이 있는데 앞뒤에 눈이 가득하더라. 그 첫째 생물은 사자 같고, 그 둘째 생물은 송아지 같고, 그 셋째 생물은 얼굴이 사람 같고, 그 넷째 생물은 날아가는 독수리 같은데 생물이 각각 여섯 날개가 있고 그 안과 주위에 눈이 가득하더라(계4:6-7)"는 내용을 연상케 한다.

대체로 창세기 46:8-27의 일반 목록과 창세기 49:3-28에 나타나는 축복 내용의 지파 목록, 민수기 1:5-15, 20-43, 26:5-61의 부대편성을 위한 인구조사 목록 그리고 여호수아 13장에서 21장에 나타나는 토지목록 그리고 역대기상 1-9장의 거의 족보가 이 형식에 속하고 있다. 그런데 특이한 것은 민 2:3-31, 7:12-83, 10:14-28 등은 모두가 르우벤보다는 유다로 족보가 시작되고 유다지파가 최우선이며 지도자 중의 지도자 그룹으로 나타나는 이스라엘 진영(군대: Israelite Camp)을 묘사하고 있다. 이로써 구속사적 씨흐름의 씨신학적 구도가 암시되어 유다 지파 중심의 섭리가 표출되고 있다.

그러나 이런 형식이 규격적으로 모든 족보에서 분명하게 구분된다기 보다는 융통성있게 서로 섞이기도 하고 교환되기도 하여 자연스럽게 사용된다고 보겠다.

IV. 구약성서에서 족보의 역할[1]

구약성서에는 대부분의 중요한 족보적 정보들이 두 가지 자료집(群)인 창세기와 역대기에 들어있다. 구약성서의 첫 책인 창세기도 족보로 구성되어 있으며 신약성서도 펴자마자 마태복음 첫 장이 구약성서 역사를 최소 단위로 요약한 족보로 되어 있다. 창세기는 태고사의 역사가 족보라는 양식으로 정리되어 있고, 이스라엘의 구체적인 족장들과 관련된 사람들이나 집단들의 족보와 함께 여러 가지 종족들의 족보로 구성되어 있다. 역대상 1-9장에는 창세기에 나타나는 족보들도 많이 포함되어 있으면서도 많은 족보적 정보가 첨가되어 있다.[2] 그만큼 성서는 족보를 중요하게 다루고 있고 하나님의 계시를 기록함에 있어 족보를 유용하

---

[1] 이 부분은 최종진, "구약성서에 나타난 계보의 역할" [신학과 선교] 제18집(1993), pp.78-92의 것을 정리한 것이다.

[2] Robert R. Wilson, *Genealogy and History in the Biblical World* (New Haven: Yale University Press, 1977), p.137.

게 사용하고 있다. 본 연구는 이런 구약의 족보가 가지는 직능(역할)을 열거하려고 한다.[3]

A. 혈연적 관계 설명

:이스라엘 백성과 이웃 족속들 간에 있어서의 차별적인 관계를 설명

첫째로, 구약의 계보는 이스라엘의 기원을 밝히면서, 그 이스라엘 백성과 이웃 족속들 간에 있어서의 차별적인 관계를 설명하려는 것이다.[4] 예를 들면, 창세기 10장의 열국 목록은 아주 포괄적이지만 단순히 인류가 어떻게 노아의 세 아들로 말미암아 온 땅에 퍼진 것을 보여 주려는 것이다. 즉, 총체적으로 세상의 모든 나라들의 상대적 혈족관계가 있다는 것과 그들과의 관계에서 이스라엘의 독특한 위치를 보여주기 위함이다. 여기서 이스라엘의 기원을 자연스럽게 포착하고 있다.[5] 즉, 하나님의 창조에서 아담의 출현을 전제로 하면서 그 아담으로 시작된 거룩한 구속사적 씨흐름의 상속자로서 아브라함을 비롯한 족장들의 기원을 족보들(창 4-5-10-11장)로 아주 단순하며 선명하게 제시하고 있다.

즉, 여기 족보의 역할은 이스라엘 기원을 원심력으로 하여 주위로 파생되어 퍼져가는 무수한 족속들, 그들 사이에 나타나는 조상 적부터 내려오는 이름들과 성(姓)을 추적하여 혈족관계의 형편 정도와 동시에 이스라엘과 그 이웃 종족과의 차별성을 확립하여 설명하려는 것이다. 비옥한 초생달 지역의 구성요소로 자리 잡고 있던 여러 족속들 가운데 하나님께서 선택한 이스라엘이 그들과 어떤 관련이 있으며, 그 관계성에도 불구하고 이스라엘과는 완전히 구별되어 곁가지로 떨어져 나가고 어떻게 이스라엘만이 구원사의 관심으로 부각되는가를 보여준다.

이런 예로서는, 창세기 10장을 보면 노아의 세 아들을 통해 어떻게 전 세계 열국의 백성으로 나뉘어졌고 세상의 잘 알려진 나라들 모두가 어떻게 연관된 혈족

---

3) Marshall D. Johnson, *The Purpose of the Biblical Genealogies with Special Reference to the Setting of the Genealogies of Jesus* (Cambridge: Cambridge University Press, 1980), pp.77-81을 중심으로 요약하면서 정리한 것이기 때문에 일일이 각주를 달지 않았고, 이 부분은 이미 최종진, "구약성서에 나타난 계보의 역할"[신학과 선교] 제18집(1993), pp.78-92에 실렸던 것을 정리한 것임을 밝힌다.

4) Marshall D. Johnson, *Ibid.*, pp.77-78

5) *Ibid.*, p.78.

관계인지를 총체적으로 보여주면서 노아의 세 아들의 계보가 일목요연(一目瞭然)하게 소개(창 10:1-32)되고 있다. 그러면서 바로 그 셈의 자손 중에서 이스라엘 민족의 조상인 아브라함에 이르는 계보(11:10-26)가 어떻게 구성되어 왔는지를 선명하게 드러내고 있다. 그런 다음에는 다른 민족들은 성서에서 더 이상 장황하게 언급되지 않고 이스라엘 족속과 더욱 직접적으로 관련된 친족들의 족보가 소개되고 있다. 즉, 나홀과 롯이 아브라함과 어떤 친족 관계인가를 언급(11:27-31)한 후에, 그것이 바로 롯의 후손목록(창 19:36-38), 나홀의 계보(창 22:20-24)로 발전되고 더불어 그두라의 가계(창 25:1-6)가 소개된다. 또한 이스마엘의 자손(창 25:12-16)과 에서의 자손(창 36장)을 별도로 열거한 것도 여기에 속한다. 그러나 이런 족보들은 한번 정도 소개된 다음부터는 침묵하며 사라지고 구속사적 씨흐름의 핵심 족보(Main Line)만이 계속해서 연결되고 있다.

이는 아브라함의 자손이던가 친척으로서 팔레스타인 지역 주위에 살게되는 셈족의 족속들에 대한 분류를 단순하게 보여주는 계보 자료들이다. 롯의 아들들로서 모압과 암몬족들(창 19:36-38)과 더불어 팔레스타인의 동북쪽과 동쪽 지경에 위치한 12 아람족속으로 나타나는 나홀의 아들들 명단을 보게 된다(22:20-24). 아브라함의 두 번째 부인인 그두라를 통해서 태어난 아브라함의 자손들은 서북쪽의 아라비아 족속들의 이름의 실제적 유래가 되는 시조가 된다(창 25:1-6).[6] 이들 족속들은 나름대로 혈연적 친숙함에도 불구하고 이스라엘 역사상 계속해서 연관관계를 가지지만 적대적으로 이스라엘을 괴롭히기도 하고 이스라엘과 구별된 족속으로 존속하게 된다.

한편 여러 족속 가운데서 이스라엘 백성을 돋보이게 나타내면서도 그 이스라엘을 형성하고 있는 이스라엘 12지파 목록의 계보에서 발견할 수 있는 것은 12지파를 서로 연결시키려고 하면서도 그 지파들 간에 어떤 차이점을 표현하려는 의도가 분명하다. 이는 특별히 야곱의 마지막 12아들을 향한 축복 기사에서 드러난다(창 49:1-28). 이런 12지파 족보목록은 군주국가 이전의 지파 동맹체제 때는 정치적 사회적 조직을 위한 정치적 영역에서의 기능을 담당하였다. 왜냐하면 왕정 이전에는 이스라엘 사회가 지파나 혹은 혈통별(into tribes and perhaps into

---
6) *Ibid.*, p.5.

lineages)로 구분되어 있었기 때문이다. 그러나 군주국가 형성, 특별히 다윗왕과 더불어 유다지파가 권력을 잡게 되자 12지파 족보목록의 정치적 기능은 사라지게 되고 일반 족보 형태로 변하여 고정됐다고 보겠다.[7] 뒤에서 좀 언급하겠지만 오히려 유다지파의 왕조의 정당성 확인을 위한 종교적, 신학적 기능으로 변하는 것을 발견할 수 있다.

구약의 저자는 세상의 여러 민족들이 혈통상으로 상호 연결되어 있지만 그들 중에서 어떻게 이스라엘을 선택해서 그들 중에서 혈통적으로 중요 핵심인 구속사적 씨흐름을 이끌어 가고 있는가를 보여주려고 족보의 형식을 취하고 있다.

B. 시대적 연결: 시대를 뛰어넘는 계속성

둘째로, 구약에서 시대적 연결은 물질적인 전승자료에 의해서라기보다는 계보를 사용함으로 시대를 뛰어넘는 계속성을 유지해 간다.[8] 그러한 경우에 가장 분명한 예가 창세기 5장과 11장으로, 바로 천지창조, 낙원 이야기와 족장시대 이야기 사이에 있는 간격(Gap)을 단지 수직선적 형태로 나타난 두 가지 족보목록으로 연결하고 있다. 비슷하게 룻기 4:18-22은 사사시대 즉 가나안 정복에서 다윗왕국 건설까지의 연속성을 만들고 있다. 이런 경우를 보면, 저자의 의도가 어디까지나 그 족보적 흐름이 의도적인 씨흐름의 핵심을 중심으로 하고 있는데 그것은 구속사적 연결 섭리가 개재되어 있다. 여기서 씨신학의 가능성이 포착된다고 본다. 성서 기자는 이스라엘 기원에 관한 이미 전해 내려온 고립된 전통자료를 조리가 서는 총괄적인 계보적 조직으로 창조와 상호 연결시켜 놓았다.[9]

창세기 5장의 계보는 천지창조와 홍수사건 사이의 간격을 10명의 족장들 계보 목록을 가지고 연결시키고 있다.[10] 그런데 이 5장의 계보 목록은 자연적인 족보목록으로 열거한 것이 아니라 특별한 신학적 의도에 의해서 선택적 계보 목록이라는 특성을 가진다는 것이다. 130세의 아담에서 그의 몇째 아들인지 언급되

---

7) Robert R. Wilson, *op. cit.* pp.193-193.
8) Marshall D. Johnson, *op. cit.*, p.78.
9) Gefhard F. Hasel, "The Genealogies of Gen 5 and 11 and Their Alleged Babylonian Background" *Andrews University Seminary Studies* (1978)16. p.78.
10) John Skinner, "A Critical and Exegetical Commentary on Genesis," *The Interantional Commentary*. Eds. Samuel Rolls Driver, Alfred Plummer and Charles Augustus Briggs(New York: Scribner, 1910), p.127.

지 않은 셋에게로 건너뛰어 구속사적 씨흐름이 연결되어 홍수사건의 주역 노아에 이르는 계보로 구성되어 있다. 그런 면에서, 한국적 족보 개념과는 판이하게 다른 신학적 의도로 족보가 구성되어 있다. 그래서 성서의 족보 자체가 어떤 족보의 역사성을 입증하려고만 하는 의도가 아니기 때문에 성서의 족보가 의도하고 있는 그 케리그마적 메시지를 이끌어내야 한다.

창세기 5장을 다시 정리하면, 셋 계통의 아담 계보가 전개되기 전, 창세기 4:25-26에 아벨 대신에 셋이 출생되었다는 서론적 언급을 하고 계약의 하나님인 야웨와 셋계통의 관련성을 전제로 하고 있다. 그리고 5장에서는 10개의 Toledoth로 구성된 창세기 전체 구조에서 두 번째 Toledoth로서 "아담 자손의 계보가 이러하니라"로 시작한다. 그리고 우주창조의 기사는 더 이상 언급하지 않고 1장의 것을 대전제로 하여 인간창조 문제만 재 언급하여 1)하나님이 자신의 형상대로 2)남자와 여자를 창조하시고 3)복을 주시고 4)그들을 사람이라 불렀다(5:1-2). 이 부분은 1:26-28을 다시 읽는 것처럼 그 어법이 일치하고 있다. 3절 이하는 셋 계통의 아담에서 시작하여 노아에 이르는 계보를 열거하는데 사실은 5장의 계보는 9:28에서 11:32까지 기록된 계보로 계속되는 하나의 통일된 것으로 봐야한다.

전체적 계보를 5:1-32→9:28-10:32→11:10-32로 편집해 볼 수 있다. 예를 들면, 5:32의 "노아가 오백세 된 후에 셈과 함과 야벳을 낳았더라"로만 미완성 족보로 되어있다가, 9:28에 연속하여 "노아가 삼백 오십년을 지내었고 향년이 구백 오십 세에 죽었더라"로 되어 (5장의 계속된 기술 공식에 따라) 완벽한 문장 단위를 이루고 있다. 단지 그 사이에 홍수 사건(6:1-9:27)과 바벨탑 사건(11:1-9)이 삽입되어 역사적 사건을 설명하여 인류의 번식과 구속사의 씨흐름의 위기와 연속을 의미있게 기술하고 있다. 그러 면에서 5장의 중요한 의미 중에 하나는 천지창조의 이야기와 홍수 이야기 사이를 연결하는 시대적 교량역할을 하고 있다는 것이다.[11]

계보 기술 공식은 "PN1은 YY세에 PN2를 낳고 YY세를 향수하고 그리고 그는 죽었더라"로 반복하고 있다. 이 형식은 마치 동물의 골격을 구성하고 있는 **뼈대**와 같고 건축물의 철근 구조와 같이 단조로운 반복 공식으로 되어 있다. 그러나 이는

---

11) G. von Rad, Genesis, *A Commentary* (London: SCM Press, 1972), p.66.

인류 태고사의 긴 역사 구간을 요약하는 귀중한 자료가 된다.

이 홍수전 인물들의 연대에 대해서는 표준 히브리어 성서(MT)와 헬라어 성서(LXX) 자료에서 다소 차이가 있기 때문에 다음의 표로 소개한다. 그러나 히브리어 성서에 권위를 두고 참고해야 할 것이다.[12]

족장 이름	히브리어 성서 (MT)			헬라어 성서 (LXX)		
	다음족장 출산나이	남은생애	전체년수	다음족장 출산나이	남은생애	전체년수
아담	130	800	930	230	700	930
셋	105	807	912	205	707	912
에노스	90	815	905	190	715	905
게난	70	840	910	170	740	910
마할랄렐	65	830	895	165	730	895
야렛	162	800	962	162	800	962
에녹	65	300	365	165	200	365
므두셀라	187	782	969	167	802	969
라멕	182	595	777	188	565	753
노아	500			500		
홍수까지	100			100		
홍수연대	1656			2242		

이 5장의 가치있는 두 가지 기본적 요소는 첫째로, 인류 역사의 최초 태고사의 인물에 대한 정보를 제공해 주고 있다. 그리고 그 때나 지금이나 인류에게 공통적으로 적용되는 인간의 문제가 바로 죽음이라는 사실이다. 선악을 알게 하는 나무 실과를 따먹는 날에는 "정녕 죽으리라"는 에덴에서 하나님의 말씀이 그대로 이뤄지는 것을 볼 수 있다. 그래서 5장은 "낳고… 죽었더라"가 계속되고 있다. 인간은 전부가 죽고야 만다.

둘째로는, 여기에 거론된 이름들의 순서와 그 이름들과 연관된 연대적 기간이다. 홍수 전 태고사에 나타난 하나님의 구속사의 맥락과 장수한 인간 수명과 그에 따른 옛 태고사의 역사적 기간을 알 수 있다는 것이다. 그리고 모든 인류가 다 죽어 가는데 한 가닥 희망의 불빛이 있으니 바로 하나님과 동행하다 데려감을 당한

---

12) Gordon J. Wenham, *op. cit.*, pp.130ff.

에녹의 사건이다. 언젠가는 인간이 이 죽음의 운명에서 구원을 받아 영원히 살 수 있다는 메시지를 남기고 있다. 이 희망은 바로 거룩한 씨흐름의 아담, 셋, 에녹 계통에서 나타나는 여인의 후손이 출현할 때 성취될 것이다.

비슷하게 룻기 4:18-22은 사사시대 즉 가나안 정복에서 다윗왕국 건설까지의 연속성을 만들고 있다. 에스라 느헤미야는 왕정국가의 이스라엘과 포로 후기 유다공동체 사이의 족보적 관계를 세워보려는 의도가 있었다. 이런 사용의 경우를 보면, 저자의 의도가 어디까지나 그 족보적 흐름이 의도적으로 씨흐름을 핵심으로 하고 있는데 그것은 구속사적 연결 섭리가 개재되어 있다. 여기서 씨신학의 가능성이 있다고 본다.

C. 연대기적 매듭: 역사적 전환기와 그 역사 주역

셋째로, 계보는 또한 역사적 사건의 때나 역사적 전환기의 "중요한 해"(Great Year) 그리고 그 역사적 주역에 관한 연대기적 결론을 이끌어 내는 매개방법으로 사용된다.[13] 이것은 바로 구약의 역사적 중요 사건이나 핵심적 인물에 이르는 역사의 매듭을 족보라는 전달수단으로 구성한다는 것이다. 예를 들면, 창세기 5장의 연대는 홍수 날짜를, 11장은 아브라함의 출현의 때를 알리기 위한 구성으로 되어있다. 그리고 역대상 6:1-15의 대제사장 명단은 이스라엘의 포로전 역사를 출애굽에서 솔로몬까지의 12제사장들과 솔로몬에서부터 포로기까지 12제사장에 의해 두 개의 동등한 시대로 나누었다.[14]

이 연대기적 매듭이나 역사의 전환점을 암시하는 족보적 사건은 족보에 중요한 이름이 미리 주어져 그 인물(세례 요한, 예수님)이 시대를 담당하여 족보에서 중요한 위치를 차지하는 것으로 나타나기도 한다. 한편 어느 시점에서 중요한 인물로 역사적 임무와 종교적으로 새로운 사명을 확인시키기 위해 그들의 이름을 개명하여 시대적 매듭을 각인시키는 경우가 종종 있다. 이때 그 사람의 이름은 족보에서 차지하는 비중이 상당히 커지는 것을 보게 된다. 바로 창세기 17장의 아브라함과 사라의 개명 사건이다(창 17:4-5, 15-16). 이때는 이름의 의미가 그 개

---

13) Marshall D. Johnson, *op. cit.*, p.78.
14) *Ibid*.

명자의 사역과 사명과 밀접한 관계가 있다.

연대기적 관심의 목적을 확인한다는 것은 자료전승의 많은 차이 때문에 어렵다고 보겠다. 그러나 자세히 살피면, 성서 기자의 이런 구분은 구속사의 역사적 맥락을 이어갈 때 핵심적 인물과 사건을 부각시켜서 구속사의 연속성을 나타내려는 의도가 발견된다. 예를 들면, 아담에서 셋, 셋에서 노아, 노아에서 셈, 셈에서 아브라함, 아브라함에서 야곱, 야곱에서 유다, 유다에서 다윗으로 이어지는 역사와 사건의 이어짐은 바로 역사의 때와 그 역사의 핵심인물과 그의 역할의 연속을 의미한다.

D. 합법적 정당성 확인: 어떤 인물의 정당성 논증

넷째로, 계보는 또한 공직에서의 개인의 정당성을 논증하고 유덕한 가정이나 훌륭한 명사들과 관련하여 그 인물의 위치를 확고히 하는데 사용되었다. 이런 인물의 정당성을 위한 합법적 원칙이 제사의 직능과 제사장직에 대해 특별히 엄격하게 적용되었다. 제사장의 직책은 세습적이어서 족보적 확인과 연결이 중요했다.[15]

구약성서에는 많은 정치적 지도자들과 종교 지도자들이 가계(족보)가 제시되면서 임명되는 것을 볼 수 있다. 대체적으로 그 가문이 소개되면서 어느 일을 맡게 되는 것을 볼 수 있다. 그래서 그 인물이 어느 가문, 어느 지파와 어느 백성과 연관되어 있는 지를 밝히는 경우를 많이 발견하게 된다. 여기의 예로서는, 사무엘의 족보(삼상 1:1), 사울의 계보(삼상 9:1), 세바의 가계(삼하 20:1), 스바냐의 혈통(1:1), 스가랴의 가문(1:1) 등을 들 수 있다. 이들의 간단한 족보를 소개하면 다음과 같다.

> "에브라임 산지 라마다임소빔에 에브라임 사람 엘가나라 하는 자가 있었으니 그는 여로함의 아들이요 엘리후의 손자요 도후의 증손이요 숩의 현손이더라. 그에게 두 아내가 있으니 하나의 이름은 한나요 하나의 이름은 브닌나라…"(삼상 1:1–2)

---
15) *Ibid.*, p. 79.

"베냐민 지파에 기스라 이름하는 유력한 사람이 있으니 그는 아비엘의 아들이요 스롤의 손자요 베고랏의 증손이요 아비아의 현손이라 베냐민 사람이더라"(삼상9:1)

"스바냐는 히스기야의 현손이요 아마랴의 증손이요 그다랴의 손자요 구시의 아들이었더라"(슥 1:1)

이 기록들을 보면, 위의 3명은 가문이 유력한 명문이든가 왕손이거나 그의 삶이 역사에 절대적 영향을 끼쳤던 인물이기에 대체로 가정이 장황하게 소개가 되고 있다. 그래서 그들의 정통성을 확인하든가 신분적 뒷받침을 하고 있다. 그러나 다윗 시대에 다윗왕에 반란을 일으키어 대적하던 세바는 간단히 아비의 이름만 소개되는 것을 볼 수 있다.

특별히 역대기 기자는 다윗 왕권의 정통성과 다윗 혈통에 의한 남왕국 유다 왕국의 정통성을 설명하고 논증하려는 의도로 기록되어 있기 때문에 다양한 족보가 제시되고 있다. 그래서 역대기 기자는 다윗의 선조들과 후손들에 대한 세밀한 계보를 마련하고 있다. 그는 야곱의 장자가 아닌 유다 지파의 후손이었지만 하나님의 특별한 은혜의 행동으로 이스라엘 지파들 중에서 다윗이 언약의 왕으로 선택을 받아 이스라엘의 왕이 되었다(대상 5:2, 17:7)는 그의 확신을 표현하기 위해 족보적 형태를 사용하여 기록하고 있다.

E. 거룩한 자손의 순수성 제시: 계약 백성의 성별(聖別)

다섯째로, 이 계보는 거룩한 자손의 순수성에 관심을 가지고 있다. 특별히 에스라, 느헤미야의 두 책의 계보는 종족의 동질성을 확립하고 보존해 갔음을 알리는데 아주 중요하다.[16] 에스라는 이스라엘 땅에 남아있던 이스라엘 사람들이 이방인들의 딸들을 취하여 아내와 며느리를 삼아 거룩한 자손으로 이방 족속과 서로 섞이게 하여 죄를 짓고 있다는 사실에 속옷과 겉옷을 찢고 머리털과 수염을 뜯으며 기가 막혀 하나님께 울부짖는다(에스라 9:1-15). 그래서 제사장의 무리 중에서 이방 여인을 취한 자들이 다 손을 잡아 맹세하여 그 이방 여인들을 내보내기

---
16) *Ibid*., p.80.

로 하고 속건제를 드리고 거룩한 씨의 족보를 강조하고 있다.

이스라엘의 수난의 역사에서 포로 귀환이라는 광명의 역사를 맞이한 유대인들은 하나님과의 계약 백성으로서의 회복 운동을 전개시켰다. 이 회복 운동은 예루살렘 성 재건(외형적 사건)과 예루살렘 성전 재건(율법에 기초한 영적, 도덕적 교화와 진리 운동)의 건설적 희망의 역사를 기대했던 에스라와 느헤미야에 의해 주도 되었다.[17]

예루살렘 성전 재건이나 성벽 재건은 부서진 성벽을 다시 쌓는다는 의미에 머물지 않고, 유대인의 모든 삶이 율법 중심화가 되고, 다윗 왕조 계약의 전통으로 다시 뭉쳐야 한다는 의미가 내포되어 있었다. 이스라엘의 신앙과 삶의 기초는 성전(종교: 율법)과 예루살렘 성(사회,정치: 시온의 영광 상징)이었다. 총독인 느헤미야는 정치적 권위로 율법을 강요했고 에스라는 그의 제사장적 학자적 인격과 종교적 정열로써 백성을 율법으로 인도했다.[18] 그 강력한 율법을 통한 사회정화 운동은 바로 하나님 백성의 거룩한 씨의 순수성 회복 운동으로 발전되어 이방 여인을 내어 보내도록 했다.

이 거룩한 씨(the holy seed)의 순수성에 관심은 랍비 전통에서 더욱 강조되어 취해졌다. 후기 랍비 자료들은 민족적, 특별히 공동체적 정체(일치)성의 요소를 그 민족의 후손의 순수성에 강조하고 있다. 미드라쉬 문학에서는 포로 생활을 위기의 시기로서 민족적 동질성의 실체가 위협받았던 때로 보고 있다.[19] 미드라쉬 시편에서 인용한 메시아 축복에 대한 묘사를 보면 이스라엘의 족보적 순수성에 대한 찬양이 포함되어 있다. 더욱 특별한 것은 에스라 느헤미야 시대에서부터 후기 랍비 시대에 이르는 한정된 사회의 삼중적인 구조를 이루었던 제사장들(에스라 2:36-39. 느 7:39-42), 레위인들(에스라 2:40-42, 느 7:43-45), 이스라엘 사람들(에스라 2:2-35, 느 7:7-38)이 바로 포로 기간 동안에 민족적 동질성의 상실과 관계되어 나타난다.[20]

이들 계층의 사람들이 이방 여인과 결혼함으로 그들의 족보적 순수성이 더럽

---

17) 박대선외 2인, 「구약성서 개론」 (서울: 기독교 서회, 1962), p.216.
18) *Ibid.*, pp.216-217.
19) Marshall D. Johnson, *op. cit.*, p.80. Midrash Ps. 87:6.
20) Joachim Jeremias, *Jerusalem zur Zeit Jesu*, 3rd ed.(Göttingen, 1962), p.306을 Mashall D. Johnson, *op. cit.*, p.89에서 재인용.

혀졌다고 에스라 10장에서 통곡하며 열거하고 있다. 랍비 전통의 족보적 관심은 주로 족보적 순수성 문제를 주로 보여 주었다. 이 문제는 특별히 유대민족이 종교적 혼합주의로 위협받던 후기 성서적 유대주의(post-biblical Judaism)에서 날카롭게 제기되었다.[21] 특별히 에스라와 느헤미야의 역할이 이스라엘의 신앙과 역사에서 높이 평가되어야 하고, 그들의 종교 개혁과 정화운동은 구약 신앙의 한 높은 봉우리로 이스라엘의 유구한 역사 속에 잊혀지지 않을 것이다.[22]

이 자손의 순수성을 유지하는 데는 이스라엘의 배타적 민족주의가 역할을 감당했다고 본다. 그런데 그 혈통이 신앙적 고백과 관련되어 나타나는 것도 하나의 특징이다. 신앙적 고백의 순수성과 혈통적 순수성이 동시에 중요하게 취급되고 있다고 보겠다. 분명히 혈통적 연속성을 강조하고는 있지만 라합이라든가 룻이 이방 여인이지만 그들이 이스라엘의 신앙을 받아들임으로 구속사의 씨흐름에 하나의 역할을 담당하고 있는 것은 특이한 일이다.

F. 하나님 백성의 연속성 확인: 하나님 백성의 연속성 원칙

여섯째로, 역대기 기자의 온 이스라엘에 대한 계보적 개설과 에스라-느헤미야에 나타나는 포로에서 귀환한 유대인 명단은 국가적 분열시대를 통해서도 하나님 백성의 연속성 원칙이 지켜졌음에 대한 중요성을 주장하려는 의도가 있다. 그것은 포로 후기의 회복된 이스라엘과 군주정치 체제의 이스라엘 왕국을 동일시하여 그 언약과 제사 예배를 함께 공유하고 있다는 것을 나타내려는 의도이다. 이것을 나타내기 위해서는 이 계보적 양식이 가장 적합한 형태였다.[23] 역대상 9:2-34과 느헤미야 11:3-34에 회복된 예루살렘의 거주자 명단을 제시하고 있다. 이는 다윗의 신정국가를 재구성하는 자들은 바로 이스라엘 백성 전체가 된다는 희망이 내포되어 있는 것을 볼 수 있다.

또 단순한 예를 들면, 창세기 46장과 민수기 26장의 중요한 지파 목록들은 족장들의 가정과 출애굽 공동체의 연속성을 보여주는데 결정적 역할을 한다고 보겠

---

21) Marshall D. Johnson, *The Purpose of the Biblical Genealogies with Special Reference to the Setting of the Genealogies fo Jesus* (Cambridge: Cambridge University Press, 1988), p.115.
22) 박대선 외 2인, 「구약성서 개론」 (서울: 기독교 서회, 1962), p.217.
23) *Ibid.*, p.80.

다. 즉 민수기 26장의 출애굽 지파들 족장명단이 창세기 46장에 기록된 야곱의 자손들과 똑같이 목록되어 나타난다.

이런 연속성과 동일성을 나타내는 저자의 의도는 구약성서 전체적인 맥락에서 보면 다른 족속의 기원을 나타내려는 것보다는 아브라함—이삭—야곱으로 이어지는 이스라엘의 혈통적 순수성과 의도적 씨흐름의 연속 내용을 구성하려는 것으로 볼 수 있다.

G. 종교적인 신학적 변명의 기능: 하나님의 구속사적 의도 개입

일곱째, 이 족보적인 기록 양식은 문학의 기능을 가지며, 구약의 족보적 기록 내용을 보면, 종교적 영역에서의 신학적 변명의 목적을 가진다.[24] 일반적으로 성서의 족보 기록자는 전문적인 역사 기록을 위한 것보다는 오히려 가정적, 정치적, 종교적 목적으로 족보를 만들었다고 본다. 그러면서도 이 족보 속에 역사적 정보가 간간이 보전되어 내려오기는 한다.[25] 창세기 4—5장이라든가 12지파 족보목록 등은 계보의 연속에 하나님의 거룩한 섭리가 내재되어 흐르고 하나님의 구속사적 의도가 개입되어 흐르는 것이 발견된다.

특별히, 역대기 사가는 유다지파의 정통성을 논증하여 다윗왕권의 영원한 왕조 계약에 의한 정치적 정통성을 확인하려고 한다. 후기 기록에서는 이 다윗왕국과 유다 공동체의 동일성을 강조하여 정통성의 연속을 강조하기 위해 족보가 사용되고 있다. 유다지파의 정통성은 1)정치적 정통성으로 다윗 왕권의 후예들로 이스라엘 왕국과 유대 공동체의 동질성 2)종교적 정통성으로 예루살렘 제의의 아론의 종교적 전통의 회복으로서의 성전 회복을 강조한다. 그래서 아론에서 비롯하여 결국 일단의 제사장 계층의 중추적 인물들을 형성하여 하나님의 어느 한 목표를 향한 역사 안에서의 활동의 인식을 드러내고 있다. 더 나아가 포로 후기의 예루살렘 성전 재건을 통한 아론의 종교의식의 부활을 통해 유다공동체의 종교적 정통성을 확인하려는 의도가 있다. 역대기—에스라—느헤미야의 포로후기 역사에서는 포로전 이스라엘의 공동체와 포로 후기 유대인 공동체 건설에 대해 아주

---

24) Marshall D. Johnson, *op. cit.*, p.80—81.
25) R.R. Wilson, *op. cit.*, p.199.

강하게 강조하고 있음도 이런 점에서 유의해야 한다.

역대기 사가는 이스라엘의 이상적인 신정국가의 환상을 가지고 완전한 신정국가를 다윗왕국에 깊이 결속시켜 묶으려는 확신을 가졌다. 그러나 그는 다윗 왕국의 연속인 포로 후기 유다 공동체를 그가 가졌던 목표를 향해 서서히 접근해 가고 있으나 아직은 도달하지 않은 신정국가의 회복 단계의 공동체로 확신하고 있었던 게 아닌가?[26] 혹은 역대기사가는 다윗을 지구상에 성취될 완전한 하나님 왕국에 대한 종말론적 희망으로 표현하고 있지 않나? 그렇다! 하여튼 역대기서는 족보가 국가나 지도자의 확증을 세우는데 필요했었다는 가정하에 합법성에 대해 관심이 집중되어 있다.[27]

그런 면에서 구약의 계보적 형태는 민족주의적, 신학적인 면에서 변명적인 목적을 위해 사용된 경우가 많이 있다. 특별히 역대기 사가의 저작에는 다량의 족보적인 자료가 있는데 그것의 목적은 다윗의 신정(神政: Davidic Theocracy)에 대한 모든 이스라엘의 충성뿐만 아니라 다윗에 의한 성전제의 제도에도 관심을 집중하는 것이다. 이렇게 다윗과 그의 후손인 유다 왕권을 정당화하기 위해서 그리고 예루살렘 성전예배의 정당성 확인을 위한 족보적 논증을 위해 수많은 족보가 구체적으로 제시되고 있다. 그래서 다윗 계통이 아닌 북왕국 이스라엘의 왕들과 그 왕국은 이단 취급을 하고 있고 예루살렘 성전 예배가 아닌 벧엘과 단에 제단을 쌓고 금송아지를 섬기게 하는 북왕국 이스라엘의 종교는 정통성이 없다는 것이 역대기서의 주장이다. 결국에는 북왕국의 역사는 무시하여 빼어버리고 남왕국 유다의 역사를 중심으로 기록하고 있는게 역대기이다.

그래서 계보적 형태는 역사를 기록하는 여러 가지 방법 중에 하나로 한 백성에 대한 민족주의적, 신학적 관심을 표현하는 양식이다. 계보는 이름을 통한 역사 기록의 양식으로 여인의 후손(메시야)을 향한 구약성서에 흐르는 씨흐름을 구체적으로 나타내는 신학적 의도이다. 구약성서 기자들은 하나님의 섭리 중의 가장 중요한 구속사적 씨흐름을 개인과 가정의 전기적 이야기 형태와 족보적 형태로 전

---

[26] M. Brunet, "La theologie du Chroniste: theocratie et messiansme" *Sacra Pagina*, ed J. Coppens,(Gembloux, 1959), pp.384-97을 Marshall D. Johnson, *op. cit.*, pp.75-76 재인용.

[27] Cf. Millar Burrows, "Ancient Israel" Robert C. Dantan, ed., *The Idea of History in the Ancient Near East* (New Haven, 1955), p.125을 M.D. Johnson, *Ibid*에서 재인용.

개해 나갔다.

   성서의 족보가 역사적 가치로서 상당한 가치를 가지고 있으면서도 그것이 역사적 나열을 위한 단순한 기록이 아니라 성서 저자의 신학적 의도가 깊이 간직되어 있는 것이라고 본다. 영어에서 역사(history)란 말이 지나간 시간에 관한 기록 즉, 역사 서술을 의미할 수도 있고 인간이 행동하고 겪은 체험인 역사적 과정을 의미할 수도 있다. 그러나 역사 서술(역사가가 의도하는 것)과 역사 과정(역사가가 서술하고자 하는 것) 사이에는 밀접한 연관이 있다고 본다.[28] 그러기 때문에 성서의 족보는 기나긴 역사의 뿌리로서 이스라엘의 민족적 종족적 계보를 추적하면서도 저자의 의도적 씨흐름의 추적이 창조에서부터 시작하여 항상 어느 목표를 향한 미래 지향적 성격을 가지고 있다고 본다. 그것이 바로 구속사적 씨흐름의 구조를 가지고 형성되었다는 것이다. 그래서 구약성서의 족보 연구는 구약 전체의 신학 사상과 이스라엘 역사 전반과 관련된 연구이어야 한다. 이 종교적인 신학적 기능을 가진 구약 족보의 역할을 전제로 본서는 구약의 구속사적 [씨 신학] 연구를 계속하게 될 것이다.

---

28) David Bebbington, 「역사관의 유형들」 천진석 역(서울: 두란노, 1986), pp.8—9.

V. 구속사적 씨흐름: 씨 神學의 정의

구약성서는 이스라엘 역사라는 특수상황에 주어진 하나님의 말씀이다. 그 하나님의 말씀은 역사적 사건들, 하나님의 사람들, 구약의 제도 등을 통하여 이스라엘 역사 안에서 나타난 것이다. 그렇기 때문에 이스라엘의 역사과정은 하나님 말씀의 성취와 실현을 뜻하고, 바로 하나님의 원대하며 구체적인 의지와 뜻 그리고 섭리가 서려 있다. 역사 속에 나타난 하나님의 말씀과 섭리는 하나님의 구원사적 내용을 핵심으로 하고 있다. 그 구원사적 핵심 내용은 바로 그리스도의 구속사역을 향한 [씨 흐름]의 구조를 가진다는 것이다. 이것이 본서의 신학적 입장이며 이를 신학화 하려는 것이 구속사적 씨신학이다.

A. 구속사적 역사 이해

하나님께서 이스라엘 백성을 선택하시고 그들의 역사에 개입하시고 자신을 계시한 점을 생각할 때 이스라엘 역사를 구속사로 이해하는 것은 당연한 일일 것이다. 예를 들어, 창세기를 [구속사적] 족보책으로 인식하는 것은 창세기가 모든 계시의 기초를 형성하며 특별히 기독교의 구속신학 수립의 근거가 되기 때문이다. 즉, 하나님과 인간의 관계, 인간의 타락, 그리고 구속의 필요성을 설명하는데 필요 불가결한 책이기에 그렇다.[1] 그 창세기에 풍부하게 구성되어 있는 이야기들은 ― 즉 문화적으로 평범한 행동들과 하나님과 군주들 그리고 명문 출신의 여인들 사이에서 만들어내는 비상한 행동들을 그린 상징적 지도를 형성하고 있는데― 고도로 양식화된 인종기원학(ethnography)적 기술(記述)를 가지고 친족관계의 행동원리를 특별히 강조하고 있다.[2] 이런 기술이 바로 족보라는 문학적 양식으로 기록되었다. 이런 창세기의 족보들은 가족적, 씨족적, 종족적인 혈연관계를 상당히 신학적 의도와 함께 정리되고 있기 때문에 구속사적 족보, 구속사적 씨흐름이라 말한다.

히브리인들은 구약성서의 역사서 부분을 전기 예언서라고 부르고 있다. 왜냐하면, 이스라엘의 역사기록은 단순한 사건 나열이 아니라 그 역사 속에는 하나님의 의지와 섭리, 하나님 자신의 현현(顯現)이 나타나고 있어서, 현대 역사가가 기록한 역사와는 출발점도, 내용도 다르기 때문이다. 즉, 예언적 관점에서 하나님 자신이 역사를 주관하신다는 전제 하에 시작하는 역사기록이다. 그 내용은 예언적 대주제인 출애굽에서의 하나님의 구원, 광야 방랑에서의 하나님의 인도와 보호, 가나안 땅의 허락과 승리, 야웨 예배의 계약의무, 사회정의, 복종과 반역에 대한 하나님의 축복과 심판 등을 드러내고 있는 역사다.[3]

구약의 역사가, 예언자들은 역사를 하나님의 계시의 현장으로 보았다. 폰 라트(von Rad)는 역사와 계시의 상관관계를 말하면서, 계시의 역사성과 역사가 계시의 장소임을 나타내고 있다. 즉, 역사는 계시의 사건 없이 생기지 않고, 계시는 역

---

1) Joseph S. Exell, "창세기"「베이커 성경주석」이기문 역(서울: 예장 총회 교육부, 1982), p.17.
2) Terry J. Prewitt, "Kinship Structures and the Genesis Genealogies" *Journal of Near Eastern Studies* 40(1981), pp88―89.
3) 최종진, "구약성서에 나타난 구속사적 씨 흐름"「신학과 선교」제14집(1989): 249―250.

사적 바탕을 떠나서는 있지 않음을 보이려고 했다.[4]

이스라엘은 삶의 현장에서 하나님을 만났고, 그 만남이 역사적 사건을 유발시키고, 거기에 근거해서 신앙을 형성했다고 보겠다. 그래서 이스라엘의 신앙적 역사고백은 바로 '참 이스라엘의 역사' 위에 서 있다고 본다(von Rad).

우리는 역사에서 하나님의 객관적인 자기 계시를 볼 수 있다. 즉 하나님이 성서 안에 나타나시는 실재 인간의 현실적인 삶 속에 자신을 계시하시어 그들을 통해 하나님을 알리셨다. 그래서 이스라엘 역사에 노출된 하나님의 연속적인 행위를 계시라고 볼 수 있다.[5]

그런 의미에서, 우리는 구약의 역사를 구원사적 입장에서 보며 그 구원역사 속에는 케리그마(Kerygma)적인 의도들이 있다고 전제하는 것이다. 구약성서를 전체적으로 구원의 역사로 보며, 이스라엘의 민족사 사건을 역사이면서도 하나님의 구원행위의 연속(구원사: Heilsgeschichte)인 신앙적 사건으로 본다는 것이다.

B. '씨(זרע zera')'의 의미

한편, 역사는 씨의 흐름이다. 이것은 인간 생명의 연속을 의미한다. 이 인간생명은 하나님과의 관계 파괴로 인한 죄된 죽음의 저주에 놓여 있다. 이 인간의 생명을 구원하기 위한 다른 한 씨를 향한 씨의 흐름(창 4:25-26), 구속사적 씨의 흐름(창 3:15)을 하나님이 준비하셨다. 그것은 역사상에서 이뤄질 생명이요, 길이요, 진리가 되는 씨의 절정을 향한 오랜 섭리를 향한 행진이었다.

구약성서의 이스라엘 종교와 역사는 분명한 목적과 의도가 있다. 그것은 바로 케리그마적 내용을 향한 목표로 향해 가고 있다. 기독교적 입장에서 본다면, 예수 그리스도의 구속사 절정을 향한 흐름이다. 이것은 하나님의 임재(임마누엘)로서 보장되어 전개되는 것이다.

인간의 '씨'(종류)는 모든 피조물 가운데 독특한 위치를 가지고 있다. 하나님의 형상과 모양대로 지음 받았으며, 바로 하나님의 생기를 불어 넣어 살아있는 혼

---

4) 김정준, 「폰 라드의 구약신학」 (서울: 대한기독교서회, 1973), pp.93-94. Gerhard von Rad, *Old Testament Theology* vol. 1. trans. D. M. G. Stalker (New York: Harper and Brothers, 1960), pp.116ff. 그러나 그는 구약에서 그려내는 구원사건의 묘사를 이스라엘 신앙에 의해 형체화된 신앙 고백적 진술로 본다.

5) G. Ernst Wright, *The Challenge of Israel's Faith* (London: SCM Press), p.13.

(Living soul)이 된 존재이다. 그런 인간이 죄를 범함으로 하나님과의 직접적인 특별한 관계가 파괴되므로 이 '씨'의 구원을 위한 온전하며, 영원한 생명적 씨의 출현을 필요로 하게 되었다. 그것은 구약의 구원사에 계속 추구되어지는 씨의 흐름인 구속사적 케리그마의 의도이다.

1. '씨'(זרע : zera' 제라)의 어원적 의미

זרע(zera' 제라: 씨)의 어근은 zara'(זרע zāra)로서, '(씨)를 뿌리다, 퍼트리다'(to sow), '심다, 놓다'(to plant), '낳다, 씨를 산출하다'(to bear, yield seed), '임신하다'(to conceive)등의 의미가 있다.[6] 그래서, 구약성서에서 이 זרע(제라) 단어는 다음과 같은 뜻을 가지고 다양하게 사용되고 있다.

1) 파종(sowing: 창 47:24. 민 20:5)
2) 씨, 종자(seed: 창 47:19,23. 민 24L7. 시 55:10. 신 28:38. 욥 39:12. 렘 31:27 등 많다)
3) 정액(semen: 레 2:4, 15:16,18,32. 민 5:13 등)
4) 자식, 자녀(issue), 자손(progeny)
5) 특별히 아들(son), 아이(child)(창 4:25)
6) 가문(창 17:12), 왕가(royal family: 왕상 11:14. 왕하 11:1. 대하 22:10)
7) 족보, 가계(pedigree: 스 2:59. 느 7:61)
8) 미래의 자손들(future generations) 즉, 이스라엘의 자손(신 28:46,59. 30:6,19. 31:21)

이러한 다양한 사용에도 불구하고 זרע(제라)가 인간에게 쓰여질 때는 대체로 다음으로 요약할 수 있다.

첫째로, 제일 기본적인 것은 혈통적 생명의 핵인 남자의 '정액'(Semen Virile →씨)을 뜻한다. 인간과 인간이 이어짐이란 바로 씨의 이어짐을 말하며, 씨의 이어짐은 생명의 핵이 이어짐을 의미한다. 역사는 씨의 흐름이다. 이것은 인간사(人

---
6) Benjamin Davidson, *The Analytical Hebrew and Chaldee Lexicon* (London: Samuel Bagster & Sons Ltd., 1970), p.243.

間史)의 연속으로 인간과 인간이 이어짐을 뜻한다. 역사의 사건이란 이 생명의 핵을 중심한 생명의 활동이요, 표현이요, 결과이다.

둘째로, 기본적 의미에서 확산, 전의된 의미인 씨, 혈통, 자손, 후손, 가문, 왕족, 씨족 등(창 3:15, 12:17, 13:15,16, 16:10. 삼상 2:20. 왕상 2:33. 스 2:59. 느 7:61. 창 17:12. 왕상 11:14. 왕하 11:1)으로 쓰이고, 더 나아가서 집단적 공동체(사 1:4, 65:23. 잠 11:21. 렘 2:21. 말 2:15 등)로 사용되었다. 이 단어는 전체 후손의 계열을 하나의 단위로 지칭하기도 하고, 전체 집단을 요약하거나 또는 한 사람을 가리킬 수도 있다 .

2. 구약성서에서 'זרע : 씨'의 의미

a. '씨'는 생명을 가진 동식물의 종류대로 번창, 보존해 가는 생명적 방법이요, 인간의 존속 양식이다. 창조 사건에서 보면, 생명체로 지음받은 각종 식물도, 동물들도 그 종류대로 씨를 가지게 했다. 모든 살아있는 피조물은 그 종류대로 씨를 가지고 번성, 유지되어 가는 섭리가 강조된다(창 1:11,24,25).

"땅은 풀과 씨 맺는 채소와 각기 종류대로 씨가진 열매를 맺는 과목을 내라 하시매"(창 1:11)
"땅은 생물을 그 종류대로 내되 육축과 기는 것과 땅의 짐승을 종류대로 내라"(창 1:24,25)

동식물의 창조는, 다만 그 종류대로 생겨나도록 말씀으로 명령하여 되어진 것이다. 즉 모든 만물은 하나님의 말씀의 명령으로 만들어졌다. 그러나 인간은 하나님이 손수 흙으로 빚어서 거기에 생기를 직접 불어넣어 만든 창조의 절정이다. 그래서 인간의 '씨'(종류)는 하나님의 특별한 창조로 하나님과 직접적으로 특별한 관계가 형성되어 모든 피조물 가운데 독특한 위치를 가지고 있다.

창조주는 자신의 창조된 것이 살아서 더 많은 생명을 보존해가는 것을 원하신다. 그래서 생물은 자기 스스로 생명을 만들어 간다는 점에서 무생물과 구별된다. 더욱이 인간에게는 하나님의 형상대로 지으시되 인간의 육체 속에 하나님 자신의 숨(영적 본질)을 불어 넣어 인간을 생명체로 만들어 놓았다. 하나님은 자신의 말씀으로 인간 이외의 다른 생명을 창조하지만, 인간에게는 하나님 자신의 영적 실체를 나누어 주셨다. 인간의 존재는 바로 하나님의 영이 없으면 살 수가 없다. 이 하나님의 형상으로서 인간의 독특함이란 하나님과의 특별한 관계성을 말한다. 그래서 인간은 만물의 영장으로서 씨로 특별한 위치를 가진다.

b. '씨'는 한 세대, 한 순간의 의미 보다는 긴 세대로 이어지는 의미를 함축하고 있다. 그것은 족보적인 개념으로 소개된다. 그래서 기나긴 한 세대를 단위로 하여 씨의 이어짐을 통한 인류역사를 족보를 통해 표할 때가 있다. 예를 들면, 창세기 5장은 아담에서 셋으로 이어지면서 노아와 그의 세 아들에게까지 이르는 자손의 계보로 정리되고 있다(창 5:1-32, 10:1-32). 아담에서 노아의 세 아들까지 세대는 옛 세대 전체를 통틀어 가리키는 긴 세대이며 그것은 또 끊임없이 이어지는 세대로 메시아의 때까지 계속되는 시간대이다.

c. '씨'는 여러 경우에 먼 미래에 있을 언약과 관련된 미래의 후손(자손)을 가리키는 경우가 많다. 즉 하나님의 의도적 언약 속의 후손을 지칭하는 경우이다. 예를 들면, 창세기 3:15에 "너희 후손(thy seed)도 여자의 후손과 원수가 되리니 여자의 후손은 네 머리를 상하게 할 것이니라"로 되어 있어 아주 오랜 후의 사건에 대한 예언적 지시가 있다. 창세기 12:7에는 "야웨께서 아브라함에게 나타나 가라사대 내가 이 땅을 네 자손에게 주리라"하여 훗날 아브라함 자손에게 주어질 가나안 땅 수여가 약속되어 있다[7] (참고: 창 15:13-14, 16,18, 17:7-9 등 다양하게 나온다). 이런 경우, 즉 미래에 있을 약속과 함께 Zera' 가 사용될 때는 미래적 언약이나 "영원"이란 단어와 함께 나타나는 수가 많다(창 13:15, 17:7,19). 이런 자손의 개념 안에는 미래의 은혜로서의 자손과, 현실적이며 영적인 하나님의 현재적 은혜로서의 자손, 두 가지 면이 있다.[8] 결국 현재적 자손에서 미래의 자손으로 이어져 가는 생명의 연속적 의미가 씨의 신비이며 언약 안에 있는 은혜의 역할이기도 하다.

---

7) Walter C. Kaiser, Jr.「구약성경 신학」최종진 역(서울: 생명의 말씀사, 1982), pp.122-123.
8) *Ibid.*

d. '씨'는 개인적인 한 인물을 지칭하기도 하지만, 대개는 연속적인 집단적 성격을 나타내는 것이 많다.[9] 예를 들면, 하와(Eve)에게는 한 '자손'과 그 '자손'으로부터 나타날 한 남성의 인물에 관한 분명한 약속이 주어졌다(창 3:15). 메시아 예언의 핵인 그리스도에 대한 원복음(Protoevangelium)의 약속이 점진적 계시로서 발전되어 집단 전체를 상징하는 족장으로 계속 연결된다.[10] 창세기 21:13에 하나님이 아브라함에게 "여종의 아들도 네 씨(Zera')니 내가 그로 한 민족을 이루게 하리라"하신다. 여기서 '여종의 아들=네 씨'는 하갈의 소생인 이스마엘을 지칭하고 있다. 그러나, 이것은 한 민족이라는 집단적 공동체로 확산되고 있다. 이런 집단적 성격으로서 연결되는 Zera'의 예는 창세기에만도 12:7, 13:15,16(2회), 15:13, 16:10, 17:7-10,13,16, 21:12, 22:17(2회),18, 24:7, 26:3,4(3회),24 28:13, 14(2회), 32:12, 35:12, 48:3,4에 나타난다.

이 Zera'는 대체로 하늘의 별들 같이, 바다의 셀 수 없는 모래와 같이 될 것이라고 비유되어 하나님은 자손 번성의 약속을 하실 때 사용되고 있다. 따라서 자손은 항상 집합 단수 명사였다. 복수 명사로는 별로 사용되지 않았다.[11] 그런 점에서, '자손'(씨:Zera')은 하나의 인물과 계속적인 많은 후손의 연속을 지칭하는 관계의 유연성을 가진 단위로 특징 지워진다. 여기에서 구속사적 [씨 흐름]이란 의미있는 단어가 제시되는 것이다.

C. 구속사적 씨흐름의 정의

앞에서도 언급했듯이, 고대 이스라엘 인접 백성들의 종교는 근동 역사의 흐름에 따라 그 형태가 바뀌거나, 도태되거나 문헌 속의 한 잔재로 남아 있을 뿐이다. 그러나 구약성서의 이스라엘 종교만은 그 독특성을 그대로 유지해 왔고 살아 움직이는 생명력을 발휘해 왔다. 그 이유는 이스라엘 종교에는 자체의 판이한 역사적 독특성과 구약성서의 핵심내용의 연속성 때문이다.

역사적 독특성이란 고대 근동의 종교들이 거의 모두가 [신화]에 근거하였다면,

---
9) 창 21:13d.
10) W. C. Kaiser, Jr., *op. cit.*, p.122.
11) *Ibid.*, pp.122-123.

이스라엘의 신앙은 '유일신 야웨 하나님'이 계시의 현장인 역사에 개입하신다는 [역사]위에 기초한다는 것이다.[12] 이스라엘은 그들의 역사 사건을 하나님의 구원 행위인 신앙적 사건으로 이해하였다. 그래서 자기 백성 이스라엘의 구원을 위한 하나님 사건으로 연속되었다고 고백하는 이스라엘 역사는 바로 하나님의 구원사(Heilsgeschichte)가 된다(G. von Rad). 더 나아가 우리 인간과 우리의 구원을 위해서 역사 속에서 예수 그리스도를 통해 과거에 행하셨고, 지금도 행하시고 계시며, 장차에도 행하실 하나님의 위대한 행동들의 진술이 구속사이다.

1. 구약성서의 중심점으로 하나님의 구속사적 씨흐름 구조

역사는 항상 양면성을 간직하고 있다. 즉, 전통적 요소와 새로운 요소, 지속적인 면과 변화하는 면, 계속적인 것과 단절적인 것이다. 이런 과정 속에서 이스라엘은 모든 변화를 저항하면서도 고정 요소를 유지하며 변천적 발전을 가져왔다고 보아야 할 것이다(W. H. Schmidt). 그런데 이스라엘 역사와 종교에는 변하지 않는 중심이 있다. 그것은 바로 야웨 하나님이시며 그 하나님이 주관해 가시는 구속사적 섭리이다. 이 구약성서의 야웨 하나님 이해와 그분의 뜻과 섭리는 구약의 역동적이며 통전적인 중심점이 된다. 그 하나님은 이스라엘 역사 과정(시공간+사람들+사건들)을 통해서 여러 가지, 여러 모양, 여러 부분(히 1:1)에서 자신과 자신의 것들을 폭로하신다. 그런 이스라엘 역사를—말씀과 사건이 결합되어 이스라엘 역사 전체의 실재성 안에 나타난—하나님의 구원 행위로 이해할 수 있다. 이런 하나님 계시의 양상 중에 하나가 바로 역사 속에서 이끌어 가시는 구속사적 '씨 흐름'이라 본다. 역사 속에 나타난 하나님의 섭리는 바로 하나님의 구원사적 내용을 핵심으로 하고, 그 핵심 내용은 바로 그리스도의 구속사역을 향한 '씨 흐름'의 구조를 가진다. 구약성서 속에 깊이 간직된 케리그마(Kerygma)적 의도가 이끄는 '씨'의 연속이 성취를 향하고 있다고 봐서 필자 나름대로 '씨 신학'(זרע Zera' Theology)을 정립하고 있다.

---

12) G.W. Anderson, 「이스라엘의 역사와 종교」 김찬국 역(서울: 기독교서회, 1970), p.7. Wolfhart Pannenberg, "Redemptive Event and History," *Essays on O.T. Interpretation*, ed. Claus Westermann(London: SCM Press, LTD, 1963), p.319.

2. 원복음(最初福音)으로 방향설정

하나님의 계시의 형태로서 케리그마적 의도가 영생을 위한 인류 구원의 사건을 향하고 있다 이 핵심 사건을 향한 흐름이 바로 구속사적 씨의 흐름이다. 하나님의 모든 구원 행위는, 바로 이 '씨 흐름'을 중심한 다양한 계시적 성격을 가진 사건화요, 역사화를 의미한다. 그것은 창세기 3장 15절에서 여인의 후손이란 용어로 방향이 제시되면서, 구체적으로는 아브라함과 다윗의 씨에 의해서 성취되는 방향으로 설정되고 있다.

> "내가 너로 여자와 원수가 되게 하고... 여자의 후손은 네 머리를 상하게 할 것이요 너는 그의 발꿈치를 상하게 할 것이니라"(창 3:15)

하나님은 뱀이 다른 모든 동물들과 삶의 양식에서 완전히 구별되어 분리되는 저주를 내린다. 이 저주는 하나님의 세계에 대한 도전의 원인과 인간 타락의 주요 원인 제공자에 대한 심판의 성격을 가진다. 하나님은 뱀과 여인, 뱀의 후손과 여인의 후손 그리고 뱀과 여인의 후손 사이에 원수(적의) 관계를 일방적으로 선언하신다. 하나님 같이 되겠다는 휴브리스(Hubris)의 유혹에 빠져 타락한 인간을 위해 하나님은 자신이 인간이 되는 길을 통해 인간구원의 문제를 해결하시는데, 인간에게가 아니라 바로 인간 타락의 원인 제공자인 뱀에게 주어지는 저주와 심판에서 구원의 섭리를 계시하고 있다. 하나님이 인간의 육체를 입고 친히 오셔야 했다. 이는 하나님이 [여인의 후손]으로 오심으로 가능하다는 것이다. 이 창세기 3장 15절은 그 여인의 후손이 뱀(사단)의 머리를 상하게 하는 완전한 승리로 인간구원의 문제가 해결된다는 최초의 복음 선포이고 구원사의 방향이 제시되는 구절이다. 여기에 관한 것은 본문 연구에서 다시 다루도록 할 것이다.

3. 구속사적 씨흐름

구약성서의 구원사는 그 핵심 내용 중의 하나로 구속사적 "씨의 흐름"을 이끌어 가고 있다. 구속사(Heilsgeschichte)는 하나님이 인간을 위해 어떠한 행동을 하신다는 것과 그 행동의 성격이 구원을 목적으로 한다는 것이 기본적 요소이다. 이런 구원을 보여주는 하나님의 자비스런 행동의 사실들이 역사적으로 진행되고 기록될 때 구속사라 한다. 그런데 그 구속사란, 하나님과 인간 사이의 역사이며, 그 역사를 지배하는 중심은 성서에 증거된 대로 이스라엘의 역사를 통해서 예수 그리스도 안에 내려온 하나님의 계시이다.[13] 이것은 바로 구약의 '씨 흐름'을 통해 내려온 구속사적 통로의 마지막 절정이 "말씀이 육신이 되었다"는 사건에서 분명해졌다. 구속사 사건들은 모두 "말씀이 육신이 되었다"에 예속된다. 구약의 사건들은 무조건 구원사가 되는 것이 아니라 다만 말씀이 육신이 된 예수 그리스도의 구속적 사건의 빛 아래서만 '구속사'가 될 수 있다.[14] "구약과 신약이 서로 예수 그리스도를 증거하고 있는 것인데,"[15] 구약에 나타난 계시는 그 안에 예수 그리스도를 장차 오실 자(The Expected One)로 나타내고 있기 때문에 우리에게 가치가 있다는 것이다.[16]

다시 말하면, 구약성서의 구원사는 구속사적 '씨의 흐름'이 이끌어 가고 있는데, 그것은 역사를 구성해 가는 인물들의 연속을 말하고 거기에 하나님의 의도적 섭리가 개재되어 있다는 전제이다. 그래서 '선택적' '계약적' '예언적' '구속적' '예언적' '종말론적'이라는 용어로 수식될 수 있다. 왜냐하면, 하나님의 인류 구원을 위한 원대한 계획을 그 내용으로 갖추는 역사이기 때문이다. 폰 라트(G. von Rad)는 이런 역사개념을 가지고 구약성서를 하나의 역사책(a history book)이라 보았고, "구약의 역사 도처에서, 곧 하나님의 심판 행위에서든 또는 구원의 행위에서든지 간에, 어디서나 하나님의 말씀에 의해서 신약의 그리스도 사건이 예시되어 있음을 본다"[17]고 했다. 성서의 내용은 가장 위대한 구원사의 드라마이다. 그 기획자이며 원저작자는 하나님 자신이다. 성서의 중심은 바로 그러한 하나님의 위대한 행동들에 대한 진술이다. 즉, 우리 인간과 우리의 구원을 위해서 예수 그리스도를 통해 과거에 행하셨고, 지금도 행하시고 계시며, 장차에도 행하실 그

---

13) Heinrich Ott, "역사와 구속사" 김광식 역 [세계 기독교사상] 11집(서울: 신태양사, 1983), p.278.
14) F. Baumgartel, "구약성서의 해석학적 문제" 문희석 역[기독교 사상] 제10집, p.190.
15) Karl Barth, *Church Dofmatics 1*, Part 2(New York: Charles Scribner's Sons, 1956), p.103.
16) *Ibid.*, p.72.
17) G. von Rad, "Typological Interpretation of the Old Testament", *Essays on Old Testament Interpretation*, ed. Claus Westermann (London: SCM Press Ltd, 1960), p.36.

의 위대한 행동들의 진술이 구속사이다.[18]

바로 이 구속사의 핵심이 바로 말씀이 육신이 되시고 하나님이 인간이 되시는 사건에 까지 흐르고 진행되어 가는 구속사적 '씨'의 흐름이다. 그래서 이 '씨 흐름' 자체가 역사 속에서의 하나님의 계시의 한 양상이며 구속사의 핵심 자체이기에 '씨 신학'의 형성이 가능하다고 본다.

4. [씨 신학: Zera' Theology]의 정의

구약성서는 위에서 정리한 [구속사적 씨흐름]에 의해 여인의 후손으로 오시는 그 한 사람의 순종의 의로운 행위에 의한 인류 구원의 사건을 향하고 있다(창 3:15, 롬 5:12-21). 이 핵심 사건을 향하여 구약 성서의 내용을 꿰뚫고 구약 역사를 관통하는 섭리와 의도 그리고 하나님의 구원의 계시가 바로 구속사적 씨의 흐름이다.

이 씨의 흐름은 바로 인간 역사 속에서 인간에서 인간으로 이어지는 것으로 그 원칙에 따라 그리스도가 세상을, 인간을 구원하기 위해 세상에 오시는 하나님이 준비하신 방법이다. 이는 앞에서 말했고 뒤에서 구체적으로 연구해 갈 [구속사적 씨흐름]으로 구약성서에 가득 차 흐르고 있기 때문에 궤도 수정도 불가능하고 멈출 수도 없고 오직 창세기 3장 15절에서 정해놓은 목표지점을 향해 앞으로 흘러갈 수밖에 없고 가야만 하는 흐름이다. 구약의 모든 제도와 의식과 법령과 역사와 예언과 제사와 축복과 저주 그리고 심판과 구원 또한 계약과 언약과 비전과 전망, 갈등과 탄식 등 모든 것들이 이 구속사적 씨흐름에 맞물리고 휘돌아가는 섭리 속에 깊이 밀착된 관계성으로 함께 밀려가기도 하고 끌려가기도 하고 주도적으로 달려가기도 하며 전체가 흘러가는 흐름이다. 정통 히브리 사상은 계속되는 시간을 하나님 계시의 매체로서 뿐만 아니라, 그분의 구원행위들을 나타내시는 하나의 양식으로 간주한다. 그래서, 이스라엘 역사의 많은 부분이 구원사로 제시되고 있는데, 그 역사적 사건들과 더불어 성서에서 강조되어져 가는 것이 족보이다. 이 역사적 흐름, 즉 구속사적 흐름을 문학적 양식으로 표현할 때 족보 양식으로 기록된다.

---

[18] Heinrich Ott, *op. cit.*, p.278.

특별히 구약과 신약을 연결짓는 마태복음 기자의 첫번째 진술에서 이 씨흐름에 의한 구약성서 전체(내용과 역사)를 요약하는 관점을 발견하게 된다. "아브라함과 다윗의 자손 예수 그리스도의 세계라"(마 1:1)하여 구약의 구속사적 씨의 흐름(씨 神學)을 일목요연(一目瞭然)하게 전개시키고 있다. 이것은 바로 족보로 제시된다. 족보에 나타나는 이름들은 씨의 흐름을 나타내고 있다. 이름은 무의미한 것이 아니라 그 족보에 등재된 사람의 일생의 사적(事績)을 단축한 것이다. 예를 들면 야곱이라는 족보의 이름 안에는 그의 파란만장한 삶을 담고 있고 그가 이뤄놓은 역할을 포함한 긴 역사가 깃들어 있는 것이다.

구약에서 신약으로 넘어가는 틈새에서 접촉점을 갖고 있는 마태복음 1장의 족보는 그런 의미에서 중요한 의미를 가지고 있다. 마태기자는 민감한 전화점의 고리를 족보를 가지고 신기하게 매듭을 짓고 있다. 즉 구약 전체를 족보로 간단하면서 명료하게 연결점을 찾아 내놓고 있다. 아주 신비하기도 하고 이것은 바로 성령의 계시요 영감에 의한 기록이라 볼 수 밖에 없는 내용이다. 구약의 역사 그것도 아브라함에서부터 여인의 후손으로 오신 예수 그리스도까지의 역사를 족보 목록으로 뜻있게 정리하고 있다. 구약의 역사를 이름으로 계속되는 "누가 누구를 낳고..., 낳고..., 낳고"로 계속 소개하고 있다. 이 예수 그리스도의 여인의 후손으로 탄생사건을 향해 구약의 모든 것이 동원되어 그 주변 사건, 상황을 형성하였기 때문이다. 바울 사도도 로마서 1:2-4에서,

"이 복음은 하나님이 선지자로 말미암아 그의 아들에 관하여 성경에 미리 약속하신 것이다. 이 아들로 말하면 육신으로는 다윗의 혈통에서 나셨고 성결의 영으로는 죽은 가운데서 부활하여 능력으로 하나님의 아들로 인정되셨다."

고 하여 예수 그리스도에 대하여는 하나님이 미리 구약성서에 약속하신 것으로 다윗의 혈통(씨)에서 나셨다는 것이다. 칼 바르트(Karl Barth)의 "구약과 신약이 서로 예수 그리스도를 향하여 증거하고 있으므로 두 성서는 합동하여 단 한 분

이신 예수 그리스도를 증거하고 있다."[19] 는 말은 이 점을 잘 파악하여 한 말이다. 장차 여인의 후손으로 오시는 예수 그리스도를 향한 이 구약의 씨흐름(씨 神學)은 바로 아담에서 셋—노아—셈—아브라함의 족장 전통과 다윗 왕조의 혈통으로 이어져 세상에 태어나는 예수 그리스도의 탄생으로 연결된다(눅 3장).

씨 신학(Zera' Theology)은, 바로 이 구약에 나타나는 구속사적 '씨 흐름'에 간직된 하나님의 섭리와 구원의 계시를 추적하여 조직화하고 구체화하는 신학적 시도이다. 이 씨의 흐름은 바로 성자 하나님이 그리스도로 이 세상에 오시는 통로이다. 즉, 하나님이 인간이 되시는 계시 사건이며, 말씀이 육신이 되어 우리 가운데 거하시기까지의 구속사적 흐름이며(요 1:1, 롬 1:2—4). 하나님이 세상을 이처럼 사랑하사 독생자를 보내시는 길이다. 이 구속사적 씨흐름을 신학화하고 조직화한 것이 씨신학이다. 인류구원의 하나님의 방법으로 제시된 여인의 후손으로 하나님이 인간이 되어 오셨다. 하늘의 하나님이 이 세상에 오시고 하나님이 인간의 육체를 입어 한 몸에 신성과 인성이 함께 하셨다. 참 하나님이며 참 인간으로 우리 인간 속에 오시는 메시아가 탄생하셨다. 이 분을 임마누엘이라 하고 이것이 그 분의 이름이 되었고, 또한 그 분의 사역을 통하여 사단의 머리가 완전히 멸절되어 인류의 구원이 완성되는 복음의 이름을 예수라 했다. 아담에서 기나긴 역사를 중단 없이 수많은 역경과 위기를 넘기며 달려온 구속사의 씨흐름의 절정에 우리의 모든 죄와 허물과 심판과 저주를 다 담당하시고 저 골고다 십자가에 높이 달려 처절하게 죽으시던 날 사단과 사망이 폐하게 되고 천국문이, 영생의 길이 활짝 열리게 되었다. 이것이 바로 씨신학의 결론이며 방향이며 완성이며 목표였다.

아담으로부터 예수 그리스도까지의 이 신비한 구속사적 씨흐름이 문학적으로 표현될 때 족보양식으로 기록되고 있다. 거기에 담긴 하나님과 하나님의 섭리와 진리 그리고 의도를 신학화하고 조직화하고 체계화하며 고백화하는 것을 바로 [구약적 씨신학]이라 불러본다. 그 씨신학 안에는 복음이 포화상태로, 만삭(滿朔)으로, 모든 구석구석에까지 채워진 상태로 가득 가득 차 있다가 결국 태어나고 출현할 수밖에 없었을 때, 바로 카이로스의 시간, 바로 그 때, 베들레헴 그 곳(미가 5:2)에 메시아가 태어난다. 이는 죄인들에게 기쁜 소식이었고 하늘에 영광이고 땅

---

19) Karl Barth, *Church Dofmatics 1*, Part 2 (New York: Charles Scribner's Sons, 1956), p.103.

에서는 기뻐하심을 입은 자들에게 평화의 축제가 된 것이었다.

특별히 구약과 신약을 연결짓는 마태기자의 첫번째 진술(1장)과 누가기자(3장)가 이 [구속사적 씨흐름] 구조를 구약 전체(내용과 역사)로 보고 이를 족보로 요약하고 있는데 씨 신학적으로 보면 다음과 같다.

마태복음 1장 족보: (아브라함에서 예수님까지 왕의 족보)= 요셉계통의 족보

1) 마태복음은 유대인을 위한 복음을 강조하고 있다. 왜냐하면, 유대인들은 그들의 메시아가 아브라함의 혈통과 다윗왕조의 왕의 혈통에서 유대인의 왕으로 태어나신다고 믿고 기다렸기 때문에 다윗왕의 족보를 중심으로 기록하고 있다. 그래서 예수님의 십자가 위, 바로 주님의 머리 위에 죄패에 [유대인의 왕 예수]라 써서 붙였다. 예수님은 아브라함의 자손으로서 온 인류(모든 족속, 천하 만민: 창 12:3, 22:18)를 위한 복의 중재자가 되시지만, 한편 다윗의 자손으로서 선민 유대인과 하나님의 백성을 위한 분으로 그리스도 왕국의 왕이 되신다.[20]

그래서 예수님은 자기 백성을 저희 죄에서 구원할 자이며 하나님이 기뻐하신 자들 중에 평화가 되신다(마 1:21, 눅 2:14). 즉, 그를 믿는 자에게 왕이 되시고 구세주가 되신다. 그래서 마태기자는 1:1에 [아브라함과 다윗의 자손 예수 그리스도의 계보라]고 천명하여 바로, 이 예수께서 유대인이 기다리는 그 그리스도요 왕으로 오신 분이라 기록하고 있다.

2) 마태복음 1장은 법적 족보인 예수님의 법적 아버지인 요셉 계통의 계보로 아브라함까지 소급되고 있다. 바로 요셉이 다윗왕의 아들 솔로몬, 손자 르호보암 왕의 가문에 속한 왕손에 속한 인물이기에 유대인들의 기대에 부응하는 족보적 정통성을 제시할 수 있었다.

3) 마태복음은 예수님을 왕으로 오신 분이시기에 예수의 권위, 능력을 강조하며 메시아적 면모를 묘사하고 있다. 예수님의 말씀과 사역에도 불구하고 점차 거세지는 반대의 세력이 십자가의 사건을 정점으로 절정을 이루지만, 이스라엘의

---

20) 윗트니스 리, 「예수 그리스도의 족보」 (서울: 한국복음서원, 1988), p.21.

왕이신 예수님께서는 빈 무덤을 남겨두고 떠나신 후 언젠가 다시 만왕의 왕으로 올 것(재림)이다.[21]

4) 마태복음의 족보(1장)와 누가 복음의 족보(3장)를 비교하면, 마태복음의 족보는 아브라함에서 유다—다윗—요셉—예수까지의 족보로 이루어졌는데 아브라함에서 다윗까지는 누가복음의 내용과 같은 족보 목록이지만, 솔로몬에서 요셉까지는 누가복음 족보와 전혀 다른 이름 목록으로 되어 있다. 다윗 다음에 솔로몬의 이름이 등재된 마태복음 족보와 다윗 다음에 나단의 이름이 등재된 누가복음 족보는 분명히 다른 족보 계통을 제시하고 있다. 요셉과 예수님하고는 혈통적 관계가 없는, 동정녀 마리아에게서 태어나는 마태족보이다. 즉, 죄없이 메시야, 구세주로 태어나심을 의미한다. 이것이 바로 누가복음 족보와 다른 계보의 특징이다. 그래서 예수님은 죄가 없이 태어나신 분이시다. 족보가 이를 증명한다. 즉 누가복음의 족보와 마태복음 족보가 전적으로 다른 혈통을 제시하고 있기 때문이다. 누가복음은 다윗의 아들 솔로몬 혈통이 아니라, 다윗의 다른 아들 나단의 혈통으로 마리아의 족보로 설명되기 때문이다.

5) 마태복음 1장의 족보를 옮기면 다음과 같다. 아브라함에서 예수님까지의 역사를 족보로 요약하고 있어서 이를 실제로 펼치면 주전 2000년 전반에서 예수님 탄생까지의 역사기간이고, 이 긴 역사가 족보의 형식으로 단축된다. 이 역사기간이 구속사적, 신학적 의도로 구성되었다.

아브라함→ 이삭→ 야곱→ 유다→ 베레스→ 헤스론→ 람→아미나답→나손→ 살몬→ 보아스→ 오벳→ 이새→ 다윗→ 솔로몬→ 르호보암 →아비야→ 아사→ 여호사밧→요람→웃시야→요담→아하스→히스기야→므낫세→ 아몬→ 요시야→ 여고냐→ 스알디엘→ 스룹바벨→아비훗 →엘리아김→ 아소르→사독→ 아킴 → 엘리웃→엘르아살→맛단→야곱→요셉→ 마리아에게서 그리스도라 칭하는 예수가 나시니라(마1:1-16)

---

21) Paul N. Benware, 「신약성경 개론」 (서울: 요단출판사, 2002), pp.83ff.

> 누가복음 3장 족보: (하나님에서 예수까지 특별 족보)= 마리아 계통 족보

그런데 구속사란, 하나님과 인간 사이의 역사이며, 그 역사를 지배하는 중심은 성서에 증거된 대로 예수 그리스도 안에 내려온 하나님의 계시이다. 이것은 바로 구약의 '씨 흐름'을 통해 내려온 구속사적 통로의 마지막 절정이 "말씀이 육신이 되었다"는 사건에서 분명해졌다. 그래서 구약의 사건들은 모두 "말씀이 육신이 되었다"에서 완성된다.[22] 성서의 내용은 그 책의 원저작자이신 하나님 자신의 가장 위대한 구원사의 드라마이다. 이 성서의 중심은 바로 그러한 하나님의 위대한 행동들에 대한 진술인데, 이것을 문자화하는 고도의 기술이 족보이다. 그런데 누가복음 3장에 구속사적인 대단한 족보가 나온다.[23]

1) 누가복음은 유대인들만이 아닌 이방인들을 위한 복음을 강조한다.[24]
2) 누가복음은 예수님을 잃어버린 자를 찾아 구원하려고 오신 완전한 인자(예수님의 人性)로 묘사하고 있다. 누가는 예수 그리스도를 한 명의 진정한 사람으로 본다. 그래서 누가는 '인자'라는 표현을 24번이나 사용하였다.[25]
3) 주님의 완전한 품성과 구속의 역사를 제시하기 위해서 예수님의 탄생, 사역, 설교, 고난, 부활, 승천, 증명을 통해 예수님의 행적을 역사적으로 아주 명확하게 밝히고 있다. 즉, 예수 그리스도의 생애와 사역에 대해 역사적으로 정확하고 연대기적으로 확실한 설명을 주기 위해서 썼다는 말이다.[26]
4) 그래서 족보 기록이 수직선적 족보기록의 형식을 가지고 예수님으로부터 시작하여 역으로 소급하여 아브라함—셈—인류의 조상 아담을 거쳐 인간의 창조주 하나님에게로 까지 추적하고 있다.
5) 누가복음은 동정녀 마리아 계통의 족보로 다윗왕이 밧세바를 통해 낳은 아들 4명 [시므아, 소밥, 나단, 솔로몬] 중에서 나단 계통의 계보로 여인의 후손(창 3:15)으로 오시는 메시아의 탄생까지의 구속사적 씨흐름을 일목요연하게 정리하

---
22) F. Baugarter, "구약성서의 해석학적 문제" 문희석 역, [기독교 사상] 제10집, p.190.
23) Paul N. Benware, op. cit., pp.120ff.
24) Ibid. p.116.
25) Ibid.
26) Ibid., p.114.

고 있다. 여기에 비해, 마태복음 1장은 다윗의 아들 이 4명 중에 솔로몬 계통의 계보로 요셉의 족보를 밝히고 있다. 위에서 말했지만 예수 그리스도의 실제적 족보는 바로 누가복음 3장의 족보와 요한복음 1장의 족보라고 볼 수 있다.

6) 누가복음은 창세기 1장 1절에서부터 태고사를 거쳐서 족장들의 역사에 이어 이스라엘 백성의 역사와 통일 왕국과 분열 왕국을 지나 남왕국 유다의 역사를 통과한 후, 구약과 신약의 중간사를 꿰뚫고 예수 그리스도 탄생에까지의 역사를 통틀어 하나님이 인간이 되시고 말씀이 육신이 되시는 길을 보이고, 하나님이 세상을 이처럼 사랑하사 독생자를 보내시는 통로를 제시하고 있다.

7) 누가복음은 예수님의 참 인간되심의 인성(人性)을 증언하는 복음서이기 때문에 마리아 계통의 족보를 제시하려는 의도에서 족보의 서두를 "사람들이 아는 대로는"이라는 문장을 쓰고 있다.

8) 이는 예수님이 요셉(남자)의 씨가 아니고, 아담의 씨가 아닌 성령으로 잉태된 죄없으신 참 인간이시면서, 참 하나님도 되시는 의미가 포함된 적극적인 족보로 예수 그리스도의 인성과 신성(神性)을 동시에 보여주는 영적 족보이면서도 인간적 족보를 강조하고 있다. 아담으로 시작되는 인간적 족보를 충실하게 제시하여 예수님의 인성: 참 인간되심을 분명하게 족보로 제시하다가 아담 바로 위에 아담의 근원이시며 인간을 낳아주신 창조주 하나님을 족보에 등재함으로 예수 그리스도가 성령으로 잉태하여 하나님이 인간이 되시고 말씀이 육신이 되신 사실을 족보의 이름 하나로 정리하는 위대한 계시가 여기에 함축되어 있다.

9) 그래서 이 누가복음 3장의 족보는 요한복음 1장의 족보와 연결시켜 이해해야 한다. 예수님의 실제적 영적 족보는 요한복음 1장에 나오는 계시에서 정리되고 있다. 태초에 계시던 말씀이 있었고 하나님과 함께 계시던 분, 이 말씀이 바로 하나님이셨다(요 1:1-2). 이 말씀이셨던 분(성자 하나님: 말씀)이 바로 창조에 중요한 몫을 담당하신 창조주이시기도 하시다(요 1:3). 바로 예수님의 신성과 참 하나님 되심을 증거하여 요한복음은 예수님을 믿는 모든 사람들에게 영생을 주시는 영원하신 하나님의 아들로 기록하고 있다. 이 요한복음은 예수님의 하나님 되심을 증거하는 영적 족보의 신비를 우리에게 보여주고 있다.

누가복음 기자는 메시아 족보에 아담 위로 하나님을 족보 목록에 등재함으로 예수 그리스도의 신성과 죄없으신 예수님의 무오성(無誤性: infallibility) 그리고 하나님이 인간 가운데 임재하심의 임마누엘 은총 그리고 인류의 죄를 대속할 수 있는 구세주이심을 확실하게 증거하고 있는 것이다. 이와 같이 족보의 이름은 중요하고 신기한 것이다. 그래서 누가복음 3장 족보와 요한복음 1장의 족보는 밀접한 관계가 있는 것이다.

10) 예수님의 실제적 족보는 누가복음 3장의 족보와 요한복음 1장의 영적 족보가 된다. 그래서 아담을 거쳐 하나님에게까지 역으로 올라가면서 다윗 다음의 족보는 왕조의 족보가 아니라 다윗의 다른 아들 나단 계통의 족보를 밝히고 있다. 누가복음의 족보를 역으로 소급한 것을 반대로 옮겨 정리하면 다음과 같다. 창세기는, 다음 족보에서도 볼 수 있듯이, 아담에서 유다의 손자 헤스론까지의 족보를 추적하는 거대한 족보책이다.

하나님→아담→셋→에노스→가이난→마할랄렐→야렛→에녹→므두셀라→레멕→ 노아→ 셈→ 아박삿→ 가이난→ 살라→ 헤버→벨렉→르우→스룩→나홀→ 데라→ 아브라함→ 이삭→ 야곱→ 유다→ 베레스→ 헤스론→ 람→ 아미나답→나손→ 살몬→보아스→ 오벳→이새→다윗→나단→맛다다→맨나→멜레아→ 엘리아김→ 요남→ 요셉→ 유다→시므온→레위→맛닷→ 요림→엘리에서→ 예수→ 에르→ 엘마담→ 고삼→ 앗디→ 멜기→ 네리→ 스알디엘→스룹바벨→ 레사→ 요아난→ 요다→ 요섹→서머인→맛다디아→ 마앗→ 낙개→에슬리→나훔→아모스→맛다디→요셉→얀나→멜기→레위→맛닷→ 헬리요→요셉(마리아)(눅 3:23-38)

(다윗 다음부터 솔로몬이 아닌 다른 족보가 나타나는데 다윗의 아내 밧세바의 4명의 아들 중에 솔로몬이 아닌 나단이 족보에 나타난다)

| 요한복음 족보: 예수님의 영적 족보로, 참 하나님되심의 신적(神的) 족보 |

요한복음 1장은 예수님의 신성(神性), 하나님 되심을 확인하는 영적 족보이다. 즉, "태초에 말씀(로고스)이 계시니라. 이 말씀(성자 하나님)이 하나님(성부 하나

님)과 함께 계셨으니 이 말씀(성자)은 곧 하나님(삼위일체)이시다. 그가 태초에(시작도 끝도 없는 영원 시간) 하나님(성부)과 함께 계셨고, 만물이 그로 말미암아 지은 바 되었으니(창1:3-31에 '이르시되'=말씀 창조) 지은 것이 그(성자: 말씀)가 없이는 된 것이 없느니라. 그 안에 생명이 있었으니 이 생명은 사람들의 빛이라—참빛 곧 세상에 와서 각 사람에게 비추는 빛이 있었나니—자기 땅에 오매 자기 백성이 영접하지 아니하였으나, 영접하는자 곧 그 이름을 믿는 자들에게는 하나님의 자녀가 되는 권세를 주셨으니 이는 혈통으로나 육정으로나 사람의 뜻으로 나지 아니하고 오직 하나님께로서 난 자들이니라. 14절 말씀이 육신이 되어 우리 가운데 거하시매 우리가 그의 영광을 보니 아버지(성부)의 독생자(성자)의 영광이요 은혜와 진리가 충만하더라." 바로 하나님(말씀)이 인간의 육체로 오신 예수 그리스도를 말하며, 예수 그리스도의 영적인 족보, 즉 진정된 하나님 되심을 확인하는 족보가 바로 요한복음 1장의 족보이다. 그래서 요한복음을 예수 그리스도의 하나님 되심을 증거하는 복음서로 인간이 할수 없는 기적에 관한 기록이 많다. 요한복음은 주의 깊게 선별한 일곱 번의 기적 사건을 통해서 예수님께서 그리스도이심을 증명하고 있다. ①물로 포도주 만드심(2:1-11), ②왕의 신하의 아들을 고치심(4:46-54), ③베데스다 못에서 병자를 고치심(5:1-9), ④오병이어로 5천명을 먹이신 기적(6:1-15), ⑤물위를 걸으심(6:16-21), ⑥소경을 고치심(9:1-7), ⑦죽은 나사로를 살리심(11:38-44) 등 특이한 기적과 교훈이 예수 그리스도의 참 하나님 되심을 증거하고 있다.

위 신약성서의 족보들은 구약성서를 인류 구원을 위한 구속사적 씨 흐름으로 보는 필자의 씨 신학적 입장을 뒷받침해 주는 결정적 단서가 된다. 이는 하나님이 인간이 되시고 말씀이 육신이 되시는 그리스도의 오심을 신학적 의도를 가지고 구속사적 씨 흐름의 구도로 적절하게 정리한 씨신학적 기술이다. 그런 면에서 마태는 창세기 12장에서 예수님이 오시기까지의 역사를, 누가는 창세기 1장에서부터 예수님 탄생에까지의 역사를 족보 목록에 의해 수직선적 기록 형식으로 정리한 복음서이다. 왜냐면 그 족보에는 인류를 구원하시려는 하나님의 구원의 섭리가 간직되어 있고 그 구속사의 씨흐름의 옥동자(여인의 후손)로 태어난 복음 내용을 갖추고 있기 때문이다. 그래서 창세기 1장의 천지창조와 인간 창조에서 예수님의 탄생까지의 긴 역사를 펼치면 창조에서 구약역사와 구약과 신약의 중간사를 포함하는 어마어마한 시간대가 된다. 그 긴 역사 기간이 바로 하나님의 구약사적 씨흐름으로 채워지고 있다.

VI. 구속사적 씨흐름(씨神學)의 전제로서 창조

 오늘의 인간 세계는 자연과 환경의 파괴로 인한 생태학적 위기를 매일 경험하고 있다(J. Moltmann). 자연 만물을 지으시고 보시기에 좋았더라고 하나님이 평가했던 자연 환경이 이제는 더 이상 아름다움이나 인간을 위한 좋은 공급원이 아니라 환경오염에 의해 인간의 존재 자체를 파멸로 이끄는 것으로 가득 차 있다. 본론에 들어가기 전에 하나 짚고 넘어가야 할 점이 있다.
 구약성서의 창조 기사에 대하여 지금까지 신학과 교회가 지나치게 이스라엘 민족 중심의 구속사적 관점에서만 다루어 왔던 것을 보편적 관점에서도 이해하자는 것이다.
 베스터만(Claus Westermann)은 창조기사(특히 창 1-11장)가 이스라엘 구속에 대한 신앙고백으로부터 성립되어 온 것이 아니라, 창조기사 그 자체는 본래적으로 이스라엘 민족의 신앙고백보다 그 이전에 있었던 것으로 보아 창조 그 자체를 실재로서 이해하자고 한다.

그래서 창조 사건이란 모든 민족들에게 공통된 보편적이며 우주적인 것으로서 '근본사건'(Grundgeschehen), 혹은 '원사건'(Urgeschichte)으로 이해될 수 있다는 것이다.[1] 여기의 근본 사건인 창조, 즉 삶과 죽음, 생성, 소멸, 타락, 심판, 구원 등의 내용을 간직한 1-11장의 창조 기사는 모든 민족에게 공통적으로 타당한 원역사로 이해해야 한다는 것이다. 그러므로 기존의 구속신학적 입장에서 창조신학을 이해해 오던 과거의 입장뿐만 아니라(G. von Rad) 기존 입장과는 다른, 원역사로 창조사건이 없으면 오히려 구속사건도 없다고 하는 다른 주장도 필자는 인지하면서 창조의 문제를 다루어 보려한다. 그러나 성서의 구속사적 이해에서 보면 창조는 우연이거나 구속이 갑작스럽게 뒤따라오는 예기치 않은 조치가 아니라 창조와 구속사는 밀접히 연관되어 있다는 입장은 여전히 설득력이 있다고 본다. 그래서 원래의 하나님 창조 섭리를 바로 파악하여 오늘의 신앙과 삶의 근거를 삼도록 해야 할 것이다.

A. 하나님 존재의 대전제(大前提)

하나님은 구약의 종교 사상의 중심을 차지하고 계시다. 그래서 구약과 신약의 정확한 이해란 하나님으로 시작하여 항상 하나님 사실로 되돌아간다. 구약성서에는 하나님(神) 존재에 관한 논의는 결코 있을 수 없었으며 그것은 하나의 기본적인 전제로 되어 있다. 구약성서는 야웨[Yahweh]로 알려진 하나님의 동일성에 대한 확고한 신앙을 가지고 있다. 역사의 격변 속에서도 이 야웨 하나님이 이스라엘 백성을 인도하시고 돌보신다는 사실로 일관하고 있다. 하늘이 있기 전, 땅이 생기기 전, 세상 진토의 근원이 만들어지기 전, 만세 전부터, 태초 전부터 하나님은 이미 계셨다(잠 8:22-31). 그 분은 아버지도 없고 어머니도 없고 족보도 없고 시작한 날도 없고 생명의 끝도 없이 원래부터 계셨고(히 7:1-3) 영원한 현재로서 존재하시는 스스로 계신 분('ehyeh 'asher 'ehyeh: I am that I am)이시다(출 3:14),

---
1) Claus Westermann, *Genesis 1 — 11, A Commentary* (Minneapolis: Ausburg Publishing House, 1984), pp.64-69 and 600-606.

그 분은 세상에 존재하는 모든 것을 존재하도록 만들어 내신 분이시며 모든 것이 그로 말미암아 생겨났으며 그가 없이 생겨난 것은 하나도 없다(요 1:3). 그 분은 현존하려고 하는 그곳에 현존하여 있고, 그 분이 현존하고자 하는 때는 언제나 그 때에 현존하시고, 그 분이 현존하고자 하는 자에게는 누구에게나 그분이 함께 하시는 분이시다.(I am there, wherever I will be, I am at the right time whenever I will be, I am with whomever I will be.) 그 분은 바로 야웨 하나님이시다.

구약성서의 제일 첫 문장은 "하나님이 천지를 창조하셨다"는 엄위롭고 장엄한 선언이 나온다. 모든 창조의 근원이며 근거는 창조주 하나님이시다. 이스라엘의 신앙은 관념적인 추측 같은 것은 추호도 용납지 않았다. 구약에서 "어리석은 자는 그 마음에 이르기를 '하나님이 없다' 하도다"(시 14:1-2)는 언급도 하나님의 존재에 대하여 부정하는 자를 말하는 것이 아니라 하나님의 주권과 권위를 무시하여 죄를 범하는 부패하고 소행이 가증한 인간성을 책망하는 것이다. 구약성서는 하나님이 계시냐? 아니 계시냐? 는 질문 자체가 없다. 그 하나님은 아주 그냥 대전제되고 있다. 인간이 태어나서 아버지 어머니가 계신 것을 당연시 하며 부모의 존재에 대하여 전혀 질문하지 않는 것 이상으로, 구약성서는 하나님의 존재를 당연시하고 그대로 믿고 있었다. 구약 백성은 그들의 매일 매일의 일상생활 속에서 하나님을 경험함으로 만나 뵈었기 때문에 하나님 존재에 대한 신학적인 추론은 나타낼 수 없는 실제적인 유신론(有神論)의 신앙을 가지고 있었다. 구약성서는 하나님으로 시작하여 모든 백성은 확고한 기본적 전제로 하나님을 찬양하고(시 117:1) 모든 피조물들은 그들의 존재의 근원이 되는 하나님을 찬양한다(시 148:8-12). 그러므로 그 분은 살아 계시는 하나님으로 단순한 추상적 개념이 아니고 실제로 경험할 수 있는 능력이며 인간 생명 가운데 활동하시고 자연 질서 위에 활동하시는 분으로 전제된 하나님이다. 하나님은 구원하시고 구속하시고 건져주시고 축복하시는 하나님으로 고백된다. 구약성서는 하나님의 사실로 시작하여 하나님으로 귀결된다.[2]

창조 신앙은 세 가지 요소, 즉 1)하나님과 인간과 세계를 함께 고려한다. 2)창조

---

[2] J. Stanley Chesnut, *The Old Testament Understanding of God* (Philadelphia: The Westminster Press, 1968), p.13.

자 하나님의 현존을 보장하는 것이요, 3)그 하나님에 의한 인간은 자유롭게 창조되었다는 인식, 그리고 피조물은 선하다는 것이 창조에 대한 기독교적 이해다.

B. 구속사의 서론: 창조섭리의 흐름(창 1:1 – 2:25)

성경의 이야기는 이렇게 시작한다. "태초에 하나님이 하늘들과 땅을 창조하시니라." 구약성서의 역사는 이렇게 웅장하게 첫 일성(一聲)을 내뱉는다. 이는 역사의 문헌 가운데 가장 간단명료하면서 카리스마가 강하게 배어있는 장엄한 구절이다. 인간과 우주의 궁극적 문제에 시원한 해답을 주는 최고 최대 최선의 천명(선언)이기도 하다.

이 하나님의 창조 근원과 근거를 열거하기 전에, 만물의 근원에 대해 많은 사람들이 나름대로 주장을 해 온 것 중에 몇 가지만을 논하고 성서의 주장을 살피려 한다.

1. 만물 생성에 대한 동양적 사고 요약

구속사적 씨흐름은 하나님의 우주와 인간 창조를 전제로 한다. 구약성서의 창조 이해는 자연의 원리와 이치(理致)에 따른 것이 아니라 하나님으로 시작하여 하나님에 귀결되는 독특한 것이다. 그래서, 모든 창조는 보다 근원적이고 자연의 현상을 뛰어 넘는 하나님 존재의 전제에서 시작한다.

a. 노자의 도덕경(道德經)

도덕경에는 "無 名天地之始 有 名萬物之母"라고 하여 천지의 시초를 無라 하였고 만물의 근원을 有라고 보았다.[3] 그런데 이 無와 有는 道의 본체에 그 근거를 두고 있기 때문에 이름만 다를 뿐 道라는 한 근원에서 나온 것이라고 본다.[4] 노자의 도는 공자의 道概念(인간이 발휘할 수 있는 모든 미덕을 통틀어 덕이라 함)에 비해 더욱 절대적이고 본원적(本源的)인 것이다. 즉 노자의 도는 사람에 관계되는 올바른 도리뿐만 아니라 형이상학적인 인간과 만물과 우주 전체의 본체를 뜻

---
3) 「老子. 莊子」(서울: 삼성 출판사, 1988), p.27.
4) Ibid.

한다. 그래서 노자의 도는 인간의 존재 이전의 우주의 본원이며 만물의 생성(生成)과 존재의 법칙이다.[5] 이 도에서 시작하여 만물이 생성하여 확대되어 간다고 본다. 즉 "道生一, 一生二, 二生三, 三生萬物"이라고 주장한다.

> "절대적 실체인 도에서 하나인 기(氣)가 나오고 그 하나인 기가 다시 둘로 나누어져 陰과 陽이 생기고, 그 둘인 陰과 陽이 서로 조화됨으로써 세 번째의 화합체가 생기고, 이 세 번째의 화합체에서 만물이 나오게 된다."[6]

그러나, 이 생육화성(生育化成)된 만물은 무성하게 자라가지만 결국에는 모든 만물은 자연의 법칙에 따라(道法自然) 道라고 하는 근원으로 되돌아 간다.[7] 그런데 노자에 의하면, "이 자연은 타력적 존재가 아니라 스스로(自) 있고 스스로 되어지고 스스로 변하는 것이다."[8]라고 하여 창조의 개념이 모호하다. 이런 무위자연(無爲自然)이란 인위적 조작이나 타의적 기교나 조작을 하지 않아도 필연적으로 그렇게 되어진다는 것이다. 즉 천지와 만물은 다같이 道의 소산이지만 천지는 또한 만물이 태어나는 공간이자 활동 무대가 된다. 노자는 이러한 천지를 마치 대장간의 풀무와 같다고 하여, 풀무 속은 텅 비어 있으나 그것은 움직일수록 더욱 많은 기운을 낸다고 한다. 천지는 비어 있는 듯하나 실상 그 속에 무궁한 가능성이 잠재해 있다는 것이다.[9] 그래서 사실 우주에는 무한한 에너지(힘)로 가득 차 있다.

그래서 노자에 의하면, 우주의 본원은 바로 도(道)라고 보고 하늘이며 땅이며 온 만물이 이 道를 바탕으로 이룩되었다는 것이다. 노자의 <도>란 하늘과 땅보다도 앞서 존재한 것이며, 우주 만물의 생성과 변화의 모체(母體)로서 영원히 변함없이 모든 것을 지배하고 있는 것이다. 그러나 이 道의 존재나 성격은 사람의 이성으로서는 정확히 파악할 수 없는 것으로 적당한 명칭도 없어 <도>라 부르고 그 위대한 작용에서 <대(大)>라 불러도 좋다는 것이다(可以爲天下母, 吾不知其名,

---
[5] 김학주, 「노자와 도가 사상」 (서울: 명문당, 1988), p.98.
[6] *Loc. cit.*, p.124.
[7] *Ibid.*, p.61.
[8] *Ibid.*, p.18.
[9] 「老子」, 5장.

字之曰道, 强爲之名曰大).¹⁰⁾

한비자(韓非子)는 노자의 <도>에 대하여 理의 개념을 도입하여 우주 생성의 본원으로 해설한다.

"道란 만물이 그러하게 된 근거이며, 모든 理가 머무르는 근원이다. 理란 만물이 이루어지는 條理이며, 道란 만물이 이룩되는 근거이다. 그러므로 '道란 理를 따라 다스리는 것이다'라고 말하는 것이다."¹¹⁾

노자의 만물 생성 변화의 근본에 대한 이해는 <도>라고 볼 수 있다. 그러나 그것은 인간의 지각으로는 보아도 보이지 않는것(夷)이며, 들어도 들리지 않는 것(希)이며, 만지려 해도 만져지지 않는 것(微)이다.

헤겔은 이 <도>를 곧 이성(reason) 혹은 아무 것도 표현할 수 없다고 하는 추상적 존재(abstract Being)라고 정의한다.¹²⁾ 하이데거(On the Way to Language)는 "서양적 사유에서의 <길>을 <도>라는 말과 짝지우기에는 부적합하다 보아, <도>를 이성·정신·존재·의미·로고스(Logos)로 번역하여 왔다고"고 하면서 "<도>는 모든 길을 부여하는 길이며, 그 위에 본래의 성품에 의해 로고스가 의미하는 이성 그 자체를 생각하게 하는 힘의 근원이다"고 말했다.¹³⁾

b. 莊子의 자연관

장자(莊子)는 자연에 깊은 관심을 가지고 자기 철학의 중심 과제로 설정했다. 장자는 천지를 시간적으로 무시무종(無始無終)하고 공간적으로 무궁무진(無窮無盡)하다고 하여 천지의 기점을 설정하지 않았다.

"시초가 있다고 하자. 그러면 그 이전 아직 시초가 없던 때가 있을 것이다. 그리고 아직 시초가 없는 때조차 없던 때가 있을 것이다"(有始也者 有未始有始也者 有未始有不未始

---

10) 김학주, *op. cit.*, pp.100-101.
11) *Ibid.*, p.102. 韓非子의 解老편
12) 張鍾元, 「老子 — 새로운 사유의 길」(서울: 민족사, 1992), p.12.
13) *Ibid.*, pp.12-15.

有始也者.)[14]

장자는 무한의 관점, 즉 도의 관점에서 천지를 보았다. 그래서 도는 조물자이지 피조물이 아니다(物物者 非物)라고 한다. 즉, 이 때의 물물자(物物者)는 道요 조물자이다.[15] 그러나 도가 조물한다는 것은 실제로는 천지가 조물한다는 것이다. 그런데 천지의 만물 창생에는 의도나 기원이 없고 목적도 없다고 보는데 이를 무위(無爲)라 한다. 하늘의 무위와 땅의 무위가 서로 결합하여 만물이 화생한다"(天無爲以之淸 地無爲以之寧 故兩無爲相合 萬物階化)하여 만물의 생성에는 조물자보다는 만물의 변이하는 원인이 만물 안에 있다는 것이다.[16] 천지가 서로 교감하고 조화를 이룸으로 만물의 화생(化生)은 다시 음양(陰陽)의 기(氣)에 의해 대체되는데 이 음양의 氣야 말로 천지가 만물을 만들어 내는 도구라고 본다.[17]

c. 周易의 자연관

주역은 팔괘(八卦)와 육십사괘(六十四卦)와 괘사(卦辭)와 효사(爻辭) 및 십익(十翼)으로 구성되었다. 그러나 주역에 의하면, 그 구성의 이상에까지 소급하면 우주 만물 생성의 근원이 바로 태극(太極)이다. 이는 천지(天地)와 음양(陰陽)이 아직 분화되기 이전, 혼돈 상태의 원기(元氣)를 의미한다. 주역에는 태극이 있고, 태극이 양의(兩儀)를 낳았으며, 양의가 사상(四象)을 낳았고, 사상이 八卦를 낳았다.[18] 이 태극에서 분화된 것이 양의(兩儀)인데 바로 陰과 陽을 말한다. 이 양의(陰과 陽)를 확대 설명하면 천지 자연에 있는 무궁무진한 변화의 근원이요, 인간 사회에 있어서의 길흉(吉凶)의 산실이라 말할 수 있다. 陽을 대표하는 것이 하늘이요, 陰을 대표하는 것은 땅이라 한다. 四象은 천지 자연의 교차와 변화의 상태와 양의(兩儀)을 4가지로 구분한 것으로, 소양(少陽)과 노양(老陽), 소음(少陰)과 노음(老陰)을 말한다. 사상에는 음양의 증감(增減)과 성쇠(盛衰), 상승(上昇)과 반

---

14)「莊子」, 齊物論
15) 郭象의 <在宥>편 註
16)「莊子」, <至樂> 장자에서는 도가 천지로 대체되고 만물이 변이하는 원인을 物의 '自化' '獨化' '無待'라 한다.
17) 곽신환,「주역의 이해」(서울: 서광사, 1990), pp.69-70.
18)「周易」최완식 譯解(서울: 혜원출판사, 1990), p.11.

발(反撥), 감응(感應)과 구축(驅逐), 혼화(混和)와 교체(交替) 등의 갖가지 관계를 말한다.[19]

八卦는 천지 만물의 온갖 현상과 형태를 상징한 것으로, 주역 구성에 있어서 가장 기본이요 易의 처음이요 근본이다. 六十四卦는 八卦를 발전시킨 것이다. 8괘는 한 卦 한 卦를 서로 한 번씩 합쳐서 새로운 卦를 만든 것으로 소성괘(小成卦: 3개의 爻로 된 卦)는 대성괘(大成卦: 6개로 爻로 된 卦)로 되고 이는 64卦로 된다는 것이다.[20] 이 괘를 구성하고 있는 것이 爻이다. 하나의 괘는 세 개의 효로 구성되어 있는데 하늘과 땅과 사람, 즉 天 地 人의 삼재(三才)를 의미한다.

이 논리는 구체적 존재 설명을 할 수 없는 태극의 존재 외에는 전부 자연 현상의 변화와 자연의 이치를 설명하고 있는 것으로 볼 수 있다. 이 차원에서 본다면, 대체로 모든 동양의 자연관은 서로 일맥상통하는 것을 볼 수 있다.

성서는 태초에 하나님(로고스, 道,태극)이 천지(兩儀=陽과 陰)를 창조하심으로 혼돈=공허=흑암(3가지 현상, 有와 無의 개념)에서 하나님의 영과 말씀의 사역에 의한 6일간의 조화(四象→八卦→64卦→十翼)를 통해서 만물의 자연현상과 법칙을 이루신다. 동양적 이해는 창조주의 창조적 능력과 섭리 그리고 사역(이것은 계시의 영역이기에)을 포착할 수 없기 때문에 그 근원적 사실은 막연한 개념의 道라든가 氣라든가 太極이라든가 등등의 개념으로 설명하고 있다. 그 다음의 차원인 창조된 우주만물의 현상과 이치를 깊은 깨달음 속에서 설명하고 있다고 보겠다. 그런 면에서, 성서는 창조주 하나님으로 시작하여 만물의 근원과 이치를 분명하게 설명하고 있다고 보겠다.

d. 불교의 자연관

원시 불교에서는 유아설(有我說) 즉 아트만의 실체를 부정했다. 불타는 개인아(個人我)와 최고아(最高我)인 조물주로서의 我와 우주이법으로서의 법아(法我) 등에 대하여 이것을 인정하지 않았다. 그는 조물주인 범자재천(梵自在天)을 범부중생(凡夫衆生)이라 생각하여 무아설(無我說)을 주장하였다.[21]

---

19) *Ibid.*, p. 12.
20) 「周易」남만성 譯解(서울: 현암사, 1987), p.17.
21) 정태혁, "불타가 본 절대자와 무아설" <동국대학교 논문집 제 14집> 1975, pp.39—43.

VI. 구속사적 씨흐름(씨神學)의 전제로서 창조   105

　불교에서는 시초도 종말도 인정하지 않는 윤회(輪廻)의 사고를 가지기 때문에 유학이나 노장(老莊: 노자와 장자)에서 나타나는 우주발생설을 찾아 볼 수 없다. 그러나 불교에서는 우주가 지(地), 수(水), 화(火), 풍(風)으로 이루어졌다고 보면서 이러한 우주의 현상학적 존재는 제행무상(諸行無常: 모든 것은 끊임없이 변한다)의 대전제 하에서 이해된다. 이 변화는 바로 인과법칙을 전제하는 인연연기설(因緣緣起說)로 설명된다. 모든 변화는 무질서하게 일어나는 것이 아니라, 우리가 파악할 수 있는 어떤 일정한 필연적 규칙성 내지 법칙성을 가지고 상호관계 속에서 생멸(生滅)한다는 것이다.[22]

　성서 외의 동양적 천지 만물의 원인과 생성의 원리를 고찰해 보면―창조주 하나님의 계시에 의한 조물주이며 창조의 근원이신 하나님이 없기 때문에―창조 이후의 자연 원리라든가 인간의 운명을 논하는 것에 머무르고 있다. 즉, 창세기 1장 2절 이후의 세계를 논하고 있다. 그래서 창세기 1장 2절 이전의 세계와 4차원의 세계와 무한대의 창조주의 존재나 세계와 그 분의 창조에 대하여는 막연한 한 존재에 대하여 언급할 뿐 구체적이지 못하고 있다.

　예를 들면,[23] 불교의 기본 교리인 괴로움(苦), 괴로움의 집(苦集), 괴로움의 멸(苦滅), 괴로움의 멸에 이르는 도(苦滅道)의 네 가지 성제(四聖諦)도 인간 현존의 현상에서 시작하고 인간적 방법으로 해결하려고 한다.

　첫째로, 인간의 고통과 고난에서 시작한다. 괴로움의 고성제(苦聖諦)란 생하고 (生) 늙고(老) 병들고(病) 죽고(死), 미운 것과 만나고(怨憎會) 사랑하는 것과 헤어지고(愛別離), 구하는 바를 얻지 못하는(求不得) 것 등의 괴로움이다.

　둘째로, 괴로움의 집성제(集聖諦)란 괴로움이 어떻게 해서 발생하게 되었는가의 이유를 밝혀 주고 있다. 바로 인간의 괴로움을 일으키는 인간의 끓어오르는 욕망과 욕심(愛貪)을 말한다. 이 집(集→(集起)→緣起)은 괴로움이 연기(緣起)한 것이라는 명백한 사실을 가리킨 것이다.

---

[22] 길희성,「인도 철학사」(서울: 민음사, 1984), pp.56.
[23] 여기서 불교 교리를 논할 때 다음의 자료를 사용하였지만 대단히 상식적인 이야기로 필자가 익히 알고 있는 것을 정리한 수준인 것을 밝힌다. 이미 알고 있는 필자의 상식적 지식을 표현하는데 필요한 언어적, 교리적 내용 정리를 위해 단어와 그 내용을 인용한 것에 불과해서 어떤 자료건 별 의미가 없다. http://www.etemple.net/srv/include/body.asp?pid=doctdt05 대한불교조계종 포교원. <불교입문>, 2013.

셋째, 괴로움의 멸성제(滅聖諦)는 집제와 정확하게 반대되는 입장이다. 경전에도 그런 각도에서 설명되고 있다. 오온(五蘊)의 집이 애탐(愛貪) 등으로 설명된다면, 멸제는 고통을 일으키는 집(愛貪)을 멸한다는 것이다. 그래서 동시에 괴로움이 사라진 그러한 종교적 경지를 보여준다는 것이다.

넷째, 괴로움의 멸에 이르는 길인 도성제(道聖諦)는 팔정도(八正道: 正見, 正思惟, 正業, 正命, 正精進, 正念, 正定)의 여덟 가지 실천사항을 가리킨다.

불교의 이러한 가르침은 선악을 결택하여 현실의 괴로움을 타개하려는 강력한 실천윤리로 생사의 괴로움을 근본적으로 극복하려는 해탈에의 길이라 한다. 일체의 번뇌(身見, 戒取, 疑, 貪, 瞋, 痴)를 끊고 현재의 법에서 그대로 해탈의 경계를 체득하는 사람을 아라한(arhat)이라 하고, 팔정도의 수행을 통해 궁극적 경지를 도달하는 것을 해탈이나 열반이라 한다. 이 해탈(vimoksa, vimukti)은 결박이나 장애로부터 벗어난 해방, 자유 등을 의미하고, 열반(涅槃, nirvana)은 '불어 끈다(吹滅)'는 뜻으로서 번뇌의 뜨거운 불길이 꺼진 고요한 상태와 같이 모든 욕망과 애탐의 불길을 꺼버린다는 것이다. 욕망을 죽이는 것이나 같다. 이런 경지는 인간이 노력하여 얻어질 수 있는 것처럼 말하나 인간 스스로 거기에 이르기에는 너무 벅찬 차원이다.

열반은 불교 수행의 최고 경지를 표현하지만 깊이 생각해 보면 상당히 소극적임을 알 수가 있다. 생의 맹목적 의지라고 할 수 있는 인간의 탐욕, 노여움, 어리석음 등 인간의 기본적 감정이나 마음을 전적으로 부정하고 있기 때문이다.[24] 그러나 성서는 그런 인간의 기본적 욕구와 마음을 새롭게 변화를 시켜 하나님의 나라와 이웃을 위해 전적으로 헌신하고 봉사하는 삶으로 바꾸는 적극적인 차원을 말한다. 이것은 바로 인간 스스로 할 수 없는 한계적 상황을 구원하고 변화시키고 하나님의 차원으로 이끌기 위해 하나님이신 그리스도가 인간의 육체를 입고 오셔서 이룩하시는 구속과 구원의 사역으로 바로 여인의 후손으로 오시는 예수 그리

---

24) 탐, 진, 치의 三毒란 세 가지의 번뇌를 삼도(三道)라고도 말하는데 일반적으로 범부(凡夫)의 경우에서 보면, 탐(貪)이란 탐욕(貪慾: 사물을 지나치게 탐하는 욕심)을, 진(瞋)이란 노여움: 모든 것을 감정적으로 결정하고 올바른 가치 판단을 하지 못하는 상태를, 치(癡)란 어리석다(자기 마음대로 매사를 판단하고 만심(慢心)을 일으키고 있는 상태)를 말한다. 어떤 면에서 적극적 면에서, 모든 악이 멸하면 일체는 선이 되고 모든 사(邪)가 파(破)하면 일체는 정(正)이 된다. 무상하고 괴롭고 무아였던 일체는 곧바로 상(常),락(樂),아(我)의 일체로 전환한다. 열반은 바로 이러한 세계관의 전개, 생명의 약동을 의미한다고 하지만 이는 득도(得道)에 이르러 가지게 되는 이상이고 깨달음이며 머나먼 목표에 불과하고 인간이 도달하기에는 거의 불가능한 차원일 것이다.

스도로 말미암는다는 것이다. 그래서 구약은 아담으로부터 여인의 후손으로 태어나시는 예수 그리스도를 향한 구속사적 씨흐름을 간직하고 있다.

2. 창조의 근원: 성서적 근거

구약성서의 자연 이해는 자연의 원리와 이치(理致)에 따른 것이 아니라 하나님으로 시작한다. 그래서, 모든 창조는 보다 근원적이고 자연의 현상을 뛰어 넘는 하나님 존재의 전제에서 시작한다. "태초에 하나님이 천지를 창조하셨다"고 선언한다. 그 이후의 세계질서와 우주의 원리는 과학적 탐구 그리고 동양과 서양의 종교와 철학의 깨달음과 통할 수 있다. 하나님 존재에서 비롯한 창조 근원과 근거를 열거하면 다음과 같다.

창조의 기원으로서 '무에서의 창조'는 '존재의 근거'로 해석하기도 하고(신정통주의), 또는 '창조의 시작'이라 보기도 한다(정통주의). 이때의 '無'를 절대적 무로 생각할 수도 있고 상대적 무로 생각할 수도 있다.[25] 필자의 견해로는 '태초의 시작'의 창조(원초적 창조)는 절대적 無에서의 창조(창 1:1)이고 창세기 1:3 이하의 만물의 조화를 이루는 창조 사역(6일간 창조)은 상대적인 無[1:2의 혼돈(無秩序), 공허(無生命), 흑암(無光)]에서의 창조라고 생각한다. 노자의 사상에서도 "만물은 道로 말미암아 생겨났다"고 말하면서도 "모든 有는 無에서 시작되었다"고 하여 "천하 만물은 有에서 생겨났고, 유는 無에서 생겨났다"(天下萬物生於有, 有生於無)라고 본다.[26] 하나님의 생명적 사랑에서 기원한 하나님의 사역이 창조의 사건을 이루게 된다.[27]

a. 하나님 영(靈)의 사랑에 근거한다.

창세기 1:1-2에 "태초에 하나님이 천지를 창조하시고 그 혼돈과 공허와 흑암의 세계의 수면에 하나님의 신은 운행하시니라"하여 원초적 창조로 나타난 상태(혼돈, 공허, 흑암)에서 하나님의 신이 지구를 감싸고 있었다. 그 후에 우주 만물

---

25) 서남동, "자연에 관한 신학" [신학논단] 11집, 1972, p.90. E. Jacob, Robinson, H. Gunkel, Driver, Skinner 등은 상대적 無인 혼돈과 어둠과 공허로 생각한다.
26) 張鍾元,「老子-새로운 사유의 길」(서울: 민족사, 1992), p.105.
27) 내촌감상,「창세기 연구」이성호 역(서울: 혜문사, 1982), pp.40ff.

의 조화가 이 천지에서 이뤄지는 것으로 성서는 말한다. 이 천지를 근거로 지구의 만물이 생성 조화되어 가는데, 바로 하나님의 영과 말씀이 작용하여 이뤄지는 것으로 나타난다.

(1) 하나님의 신(ruah 'elohim: The Spirit of God): 창조는 하나님의 영(ruah=Power, Life, Wind, Breath)으로 말미암아 질서와 생명과 빛으로 인간이 거주할 수 있는 최선의 환경으로 만드는 것을 의미한다.

(2) 운행하시니라(merahepeth: hovering, brooding): 여기 운행한다는 히브리어 단어(merahephath)는 독수리가 사랑하는 새끼를 보호하고 먹이를 주기 위해 둥지 위를 너플거리며 보금자리 위를 너울너울 날개치며 떠돌고 있는 모습을 표현하고(신 32:11) 암탉이 새끼를 부화하려고 날개 아래 뜨거운 열기를 뿜으며 알을 품고 있는 모습을 말한다. 그런 의미에서, 창조는 하나님의 생명적 사랑에서 기원한 하나님의 사역이다. 여기에는 생명의 탄생을 전제로 하여 어떤 생명의 부화가 보이는 듯하다. 즉 생명을 탄생시키는 사랑의 힘이 솟구치는 것 같다.

그래서 창조는 하나님의 사랑에 근거한다. 즉 조물주의 피조물에 대한 사랑, 아버지의 아들에 대한 사랑 이상의 창조주 사랑에 의한다. 천지 창조의 동기는 하나님의 사랑이다. 하나님의 영이 땅의 혼돈과 공허와 흑암을 품고 있으므로 무엇인가 생명적 일이 일어날 것을 의미한다. 삼위일체의 사랑의 힘이 우주와 인간 창조의 사건을 만들어 낸다.

요한복음 3:16에 "하나님이 세상을 이처럼 사랑"하신 하나님의 사랑이 창조 사역의 초창기에도 아주 다정다감하게 나타난다. 여기의 "이처럼"의 사랑은 하나님의 독생자를 세상에 보내시어 십자가에 죽이시기까지 하여 세상을, 인간을 구원하시는 그 사랑이라면, 창세기 1:2에도 하나님이 세상을 이처럼 사랑한 것이 살며시 표현되고 있다. 즉 하나님의 영(신)을 보내셔서 바로 인간의 육신이 만들어지는 땅(흙)이며 하나님의 그 독생자가 태어나실 이 지구 땅덩어리를 감싸고 품고 있는 모습이 여기 창세기 1:2에 그려지고 있다.

창세기 1:2의 세상은 혼돈과 공허와 흑암으로 뒤범벅 된 상태로 땅덩어리는 물속에 완전히 들어가 있고 온통 물로 가득차서 태곳적 태풍과 폭풍이 심연에서 솟구치는 소용돌이로 안정이 없었다. 어떤 모양의 과자나 빵을 만들기 전 밀가루의 뒤죽박죽된 반죽처럼 깊은 혼돈의 바다로 쌓여 아직은 뭍이 드러나지 않았다. 이 태곳적 홍수로 뒤덮힌 지구의 "물위에 하나님의 영이 움직이고 계셨다": 여기에 희망이 있었다. 하나님의 원초적 창조에 의해 있어진 이 혼돈과 공허와 흑암의 땅덩어리(뭍)는 완전히 물 속에 잠겨 있다가 셋째 날에 드러난다. 이 셋째 날에 드러난 흙덩어리를 가지고 인간의 육체가 조성된다(창 2:7).

인간도 10개월 동안 물 속에 잠겨 있다가, 즉 엄마의 양수(羊水) 속에 쪼그려 살다가 하나의 생명체로 울음을 터트리며 세상에 태어난다. 그때는 어머니의 사랑의 열기와 탯줄로 공급해 주는 영양과 양수의 보호와 산소 공급으로 인간이 생명체로 자라나게 된다. 지구가 물속에 있을 때, 성령을 통해 물로 완벽하게 뒤덮인 땅덩어리를 포근하고 신비스런 열기와 하나님의 사랑의 힘이 감싸며 작용하고 있었다. 얼마의 시간(이 기간은 몇 억만년일 수도 있고 짧은 시일일 수도 있다)[28] 이 지난 후에 그 뭍(흙덩어리)이 물속에서 솟아올라 그 웅장한 자태를 드러내듯이, 인간도 어머니의 사랑의 보살핌 속에 자궁속의 물(羊水) 가운데로부터 위대한 한 사람이 세상에 탄생하게 된다. 이와 같이 물로 뒤덮인 이 지구 땅덩어리를 하나님의 신이 그 수면을 감싸고 품고 있었다. 그 후에 이 천지에서 우주 만물의 조화로운 섭리에 의해 모든 우주 만물이 만들어지고 혼돈이 질서로, 공허가 생명으로 가득하게 되고 흑암이 빛을 동반하는 인간이 살기에 가장 적합한 환경으로 지구가 바꿔진 것으로 성서는 말한다. 즉, 이 천지를 근거로 우주와 지구의 만물이 생성 조화되어 가는데 여기에 바로 하나님의 영과 말씀이 상호작용하여 이뤄졌다는 것이다. 그래서 우주만물과 인간을 창조하신 것은 하나님의 사랑의 결과이었다.

b. 하나님의 말씀: 만물의 근원은 하나님의 사상에 있다.

모든 창조 사역에는 "하나님이 가라사대"가 나타나는데 이는 "하나님이 말씀하셨다"는 한국적 표현이다. 이는 말씀으로의 창조를 의미한다. 시편 기자도 "하늘은 야웨의 말씀으로 지음이 되었으며 그 만상이 그 입 기운으로 이루었도다. 저가 말씀하시매 이루었으며 명하시매 견고히 섰도다"(시 33:6-9)라고 하여 말씀

---

28) 만약에 현대 과학이 우주와 지구의 출현 연대를 어마어마한 긴 기간으로 보는 것이 맞는다고 하면 바로 여기 1:2의 땅이 혼돈하고 공허하며 흑암이 깊음 위에 있고 하나님의 신이 수면에 운행하시던 기간이 그 엄청난 기간으로 간주될 수 있을 것이다.

창조를 암시한다.[29]

1) 고대 근동에서의 말

고대 근동의 앗시리아, 바벨론에서, 신의 말은 단순한 사상의 표현이면서도 강력한 동적(動的) 힘이었다.[30] 예를 들면, Marduk-Enllil 神에게 향한 기원문에서 볼 수 있다.

> 위로는 하늘을 갈기갈기 찢는 말(12/13)
> 아래로는 땅을 뒤흔드는 말(14/15)
> 그의 말은 막을 수 없게 돌진하여 오는 홍수다(20/21)
> 마르둑의 말은 둑을 무너뜨리는 범람(氾濫)이다(32/33)
> 그의 말은 모든 것을 파멸시키는 폭풍이다(36/37)
> 그의 말은 조용히 걸어올 때면 大地를 파괴한다(60/61)[31]

여기서 보면, 신적인 말은 비길 데 없는 역동적 힘을 소유하고 있음을 볼 수 있다. 이집트에서는 만물의 창조와 보존의 힘이 신적인 말에 의해 이뤄지고 있다.[32] 이때의 말은 분명히 神의 입에서 나오는, 언제나 활동적이고, 유동적, 신적 실체(實體)이다. 이집트의 태양신 아툼(Atum)은 자기 만족을 위해 그 자신의 씨를 입에 물고 한 쌍의 첫 神인 Schu와 Tefnet를 뱉어낸다. 그래서 이집트에서는 신적인 말은 그것의 의미 내용 때문이 아니라 그의 엄청난 힘 때문에 높이 평가되었다.[33] 원래 창조주 하나님 말씀의 창조성과 능력이 전승으로 인간사회에 스며들어 고대 근동의 신화에 표현된 것으로 보인다.

---

29) 구약에서 직접적으로 창조의 말이 "창조의 매개체로서의 말"로 나타나는 경우가 드물다. 외경의 지혜서 9:1에서 "당신은 당신의 말을 통해 만물을 만드셨나이다"로 분명히 언급한다. 시편 33:6-9, 148:5 등은 말씀 창조의 의미를 내포하고 있다고 봐야 할 것이다.
30) Herder, *Vom Geist der ebraischen Poesie*, 제2판, Leipzig 1787. Thorleif Boman, 「히브리적 思惟와 그리스적 思惟의 比較」허혁 옮김(분도출판사, 1975), p.70 重引.
31) Lorenz Durr, *Die Wertung des gottlichen Wortes im Alten Testament und im antiken Orient.* Thorleif Boman, 「히브리적 思惟와 그리스적 思惟의 比較」혀역 역(서울: 분도출판사, 1975), pp.70-71 重引.
32) Thorleif Boman, *Ibid.*, p.71.
33) *Ibid.*, pp.71-72.

2) 구약성서에서의 말씀

이스라엘에서도 하나님의 말씀은 분명히 역동적(力動的) 성격을 가지고 강력한 힘을 소유하고 있다. 예를 들면 "나 야웨가 말하노라 내 말이 불같지 아니하냐 반석을 쳐서 부스러트리는 방망이 같지 아니하냐"(렘 23:29)에서 볼 수 있다. 말씀하시므로 모든 것을 현존케 하는 창조자인 야웨 하나님에 대한 신앙은 구약성서에 일관하고 있는 사상이다.

그런 면에서, 히브리인에게 있어 말(dabar)은 참 존재자(存在者)인데, 이것은 모든 히브리적 실재성(實在性)들, 즉 말, 행위, 사건, 사실을 포괄한다.[34] 실제로, 히브리어의 말씀(dabar)은 이중의 의미가 있다. ① 사상(뜻, 계획, 의지) ② 행위(사건, 역사, 실현 일)가 동시에 이루어질 때, 그것을 말씀이라 한다. 그래서 하나님의 언어는 그 분 마음의 추상적인 계시일 뿐 아니라, 본질상 인간과 역사에 나타나는 하나님의 의지 표현이다. "빛이 있으라" 하실 때는 먼저 하나님의 빛에 대한 사상(의지, 설계)이 있었고 그런 후에 이를 행위로 실현하여 빛이 있게 되었다. 하나님의 사고의 내적 세계는 그의 의지를 통하여 자신의 외부에서 삶의 원천으로 나타난다. 그러므로 천지 만물의 근원은 하나님의 사상에 있다. 그 사상과 계획에 근거한 말씀의 사건이 명령으로 나타나면서 존재화가 되고 사건화되고 역사화가 된다. 즉 "…있으라"=존재의 선언(1:3), "…생겨나라"=파생의 선언(1:11, 20), "…하게 하라"=발전의 선언(1:9, 14, 28)이 함축된 수신자가 없는 명령에 의하여 만물이 존재케 된다. 이런 신성한 말씀은 힘의 개념, 즉 인간과 자연의 활동을 명령하고 일의 추세를 결정하는 어떤 신성한 활동에 대한 개념을 가지고 있어 창조적인 활동으로써 간주된다.[35] "여호와의 말씀에 하늘이 만들어졌고, 저가 말씀하시매 이루었으며, 명하시매 견고히 섰도다"(시 33:4-9). 이런 동적이고 정력적인 말의 의미는 히브리 사상의 특징이다. 즉, 하나님의 말씀은 하나님 존재 내에 갇혀있는 힘으로 표현된다. 그로부터 나오는 하나님의 말씀은 그의 의지와 함께 세계의 형태를 만들어 낸다. 그래서 창조는 하나님의 사건이요 하나님의 영역

---

34) *Ibid.*, p.68
35) A. H. F. Thornton, "The Hebrew conception of Speech as Creative Energy" *Hibbert Journal*, January 1946, p.132.

이요 인간이 이해할 수 있는 한계선 너머에 있는 것이다.[36]

구약에서, 말씀은 계시의 실제적 매개체이다. 주의 말씀이 선포되었을 때, 영원한 질서는 시간과 공간의 현실 세계로 스며들었다. 이 말씀이 요한복음서에는, "태초에 말씀이 계시니라, 이 말씀이 하나님과 함께 계셨으니 이 말씀은 곧 하나님이시니라"(요 1:1)로 나타난다. 여기 태초는 역사적 시상인 부정과거를 쓰지 않고 미완료형을 쓰고 있어서 그것은 창조 이전을 뜻하고 있다. 이것은 일련의 사건들이 하나님의 예정(요 17:24, 고전 2:7, 골 1:26, 엡 3:11) 가운데 이미 예비되어 있었다는 것이다.[37] 즉 주의 말씀은 영원부터 하나님의 계획을 함께 나누는 것으로 표현되었고, 어느 시점에서 주의 말씀은 하나님의 의지를 선포하고 성취하기 위하여 만물과 인간을 창조하고 더 나아가 육체가 되었다는 것으로 예언적 개념을 분명하게 나타낸다(요 1:14). 그 말씀이 육신이 되어 오신 분이 예수님이시다.

c. 그 하나님이 역사를 여시다.

우주만물과 만사에는 시작이 있고 그것을 만드신 창조주가 있다는 것이다. 이는 역사의 서론이며 구원사의 시작을 알리는 선언이다. 시간도 공간도 물질도 전혀 없는 절대적 무(無)에서 하나님이 역사의 요소들인 시간과 공간과 에너지 그리고 사람을 만드시어 명령을 발하시어 역사를 여시었다.[38]

6일간의 조화를 통해 인간이 거주하기 가장 최적의 환경과 생명체의 새와 물고기, 짐승의 무수한 생명체를 만드심으로 역사가 구체화된다. 구약성서 창조기사에서는 역사의 주체로 인간창조를 구체적으로 언급(창 1:26-27과 2:7-25)하며, 그 두 남녀를 통한 역사가 열리면서 인간 싸움이 일어나고 도시문명이 발달(창 4장)하고, 창세기 4장 이후로 인류의 범죄사와 구원사가 쌍곡선을 이루며 흐르고 있음을 기록하고 있다.

---

36) 문희석,「창조신학」(서울: 보이스사, 1976), p.96.
37) Oscar Cullmann,「그리스도와 시간」김근수 역(서울: 나단출판사,1989), pp.99-100.
38) Lee Haines, 'The Book of Genesis,' *The Wesleyan Bible Commentary*, vol. I, Part One (grand Rapods: Wm. B. Eerdmans Publishing Co., 1975), pp.21ff.

d. 시간 개념과 구원사의 서론

"태초에"로 시간이 시작된다. 이를 배경으로 한 히브리적 시간개념은 직선적이다. 이에 비해 동양적 시간개념은 원선적/원형적인 돌고 도는 시간으로 보기 때문에 미래가 별로 분명치가 않다. 그러나 직선적 시간에 의하면, 우주에는 시초/시작/처음이 있었다. 이것은 창조의 한 부분임을 말한다. 이는 종말/끝/나중을 향해 가고 있는 시간이다. 구약의 시작과 끝이 있는 그 직선적 시간은 사건이 꼬리를 물고 이어지는 시간으로 그 사건은 하나님의 구원사건을 중심으로 하는 흐름이다. 그 구원 사건의 중심핵에 바로 구속사적 씨흐름이 자리 잡고 흐르고 있다. 그래서 창조는 우연히 이룩된 것이 아니라 어떤 확실한 목적 아래 행해진 최대 노력의 결실이다. 그래서 창세기 1:1은 시간과 공간과 지구(땅)가 어울려져 만들어지는 역사사건의 시작을 말한다. 이는 바로 하나님의 구원사의 서론으로서 창조를 말한다.

e. 시간과 공간의 상관성

시간과 공간이 하나로 묶여 있다는 아인슈타인의 특수상대성 이론에 따르면 "빛의 속도에 버금가는 빠른 속도로 움직이는 사람에게는 정지한 사람보다 시간이 훨씬 천천히 흘러간다"고 한다. 그 예로 "쌍둥이 페러독스"(Twin Paradox)를 들 수 있다. 같은 날 태어난 쌍둥이 형제 중에 형을 빛의 속도를 내는 우주선에 태워 지구로부터 1,000광년 떨어진 북극성을 여행하고 돌아오도록 하면 지구에 남겨진 동생은 나이가 2,000살이 되지만(죽지 않는다고 가정할 때) 우주선의 형은 아주 어린 아이에 머물러 있을 것이라는 설명이다. 지구의 시간과 관측된 그 별의 시간은 서로 다르게 흘러간다는 주장이다.[39] 이런 무한대와 현재가 공존하는 거대한 우주공간 안에 지구 중심의 세계 역사가 펼쳐지는데 거기에 나타난 하나님의 계시를 기록한 구속사적 역사가 바로 성경이다.

그래서 하나님의 시간인 영원한 현재(Eternal Now: I am who I am)에서의 사건인 십자가의 죽음 거기서 영원의 문이 열리며 고통을 미래 희망으로 승화시키고 크로노스(Chronos)의 시간을 카이로스(Kairos) 시간으로 바꿔 죽음을 극복

---

39) rodem.or.kr/cgi-bin/rodem/kimsboard.cgi?db=creation&action=view&.

한다. 카이로스의 시간에서는 하루가 천년이 되기도 하고 천년이 하루가 되기도 한다. 카이로스의 시간, 하나님의 시간/ 영원한 현재의 시간 안에서는 10대에, 50대 80대에 죽으나 별 의미가 없다. 우주도 인간은 이해하기 힘든 차원이다. 그래서 하나님은 "얘야! 너는 아직 이해하지 못 한다"고 말씀하시는 것이다. 그래서 시간과 공간과 그 안에 어마어마한 에너지(물질)을 창조하신 그 하나님 앞에 인간은 겸손히 머리를 숙이고 그 분의 사랑을 절대적으로 믿고 신뢰하여야 할 것이다.

3. 창조 섭리의 흐름

성서에서 대표적 창조기사와 그 내용을 정리해 보면 다음과 같다.

a. 창세기 1장의 창조

창세기 1장은 궁극적 존재로서 창조주 하나님인 [엘로힘]께서 근원적 창조로 천지를 창조하신다(태초에 하나님이 天(Shamayim :하늘들)과 地(Erets: 땅, 지구)를 창조하시니라). 이는 절대적 無(시간과 공간과 에너지: 물질이 없는 상태)에서 우주의 3요소(시간과 공간과 에너지)를 창조하심(bara')[40]을 의미한다.

하늘들은 땅 이외의 보다 넓은 의미의 모든 공간적 개념의 창조를 의미한다. 히브리적 우주관은 3층천의 개념이 있다. 첫째 하늘은 대기권의 지구를 둘러 싼 공간이며, 둘째 하늘은 궁창으로 구분되어 별들이 있는 위의 하늘이며 셋째 하늘은 우주를 넘어 있는 하나님과 그의 천사들이 거주하는 장소(The dwelling place of God)이다. 그래서 이 1장 1절의 하늘 창조는 단순한 창조가 아닌 이런 근본적 3차원의 하늘의 개념과 통한다.

땅은 인류가 거처하게 되며 생명체가 생명을 보존하는 에너지를 공급해주고 존재 유지의 장소로서의 지구 자체를 의미한다. 그런데 이 지구는 인류 구속의 현

---

40) Charles T. Fritsch, 「창세기 연구」 문익환 역(서울: 대한기독교서회, 1963), pp.32-33. 이 말은 '끊어지다' '세운다' 는 어근에서 파생된 것이라 말한다. 그러나 제사장들의 신학적 언어의 전문 용어로서 신적인 창조에 사용되는 동사로 전능자의 행위로 말이나 의지에 의해서 힘 안드리고 만들어내는 것을 의미한다(John Skinner, "A Critical and Exegetical Commentary on Genesis", The Interantional Commentary. Eds. Samuel Rolls Driver, Alfred Plummer and Charles Augustus Briggs (New York: Scribner, 1910), pp.14-15.

장으로, 구약적 개념에 의하면 땅은 하나님의 소유가 된다. 절대 독립절로서, 창세기 1장 1절은 태초에 온 우주의 근원적 물질이 창조되어진 것을 의미한다.[41] 즉 창조의 최초 단계로서 無에서 有의 창조인 절대 창조이다. 이 근원적이며 최초의 창조의 결과로 나타난 우주 특별히 지구, 즉 땅은 창세기 1장 2절에서 세 가지의 현상으로 나타난다.

  1) 혼돈하고(תהו tōhû/토후): 형태가 형성되지 않은 상태로 어느 형태가 만들어지기 전의 뒤죽박죽된 밀가루 반죽 같은 형체나 모양이 없는 무질서의 상태를 말한다(without form, formless, confusion).
  2) 공허하며(בהו bōhû/보후): 아무 것도 들어있지 않은(나무도, 물고기도, 짐승도, 사람도 없는) 텅빈 상태(empty). תהו (토후)는 단독으로(사 45:18) 사용되기도 하지만 대개가 בהו(보후)와 함께(창 1:2, 렘 4:23, 사 34:11) 절망적 혼돈(Chaos)을 나타내는 전문용어이기도 하다. 그것은 無的인 것, 즉 실재성(實在性)과 현실성을 가지고 있지 않은 것이다. 그 이유는 그것이 작용을 일으킬 수 없기 때문이다.[42] 생명체가 전혀 없는 상태를 말한다.
  3) 흑암이 깊음 위에 있었다(חשך על־פני תהום hōšek 'al- panê təhôm 호세크 알—페네이 테홈): 철저한 어둠과 암흑의 깊은 심연의 혼돈된 바다로 태초의 홍수와 대양을 의미한다.

여기의 3가지 상황은 인간이 거주할 수 없는 최악의 상태로 하나님께서 현재와 같은 형태로 지으시기 이전의 지구 상태이다. 여기의 강조점은 인간이 거주하기에는 아직 준비가 되어 있지 않은 지구 시작의 상태인 황폐된 모습을 말한다(렘 4:23). 인간의 이성적 이해와 과학의 이해 세계는 여기서부터 시작할 수 있다. 그래서 도덕경에는 "만물은 道로 말미암아 생겨났다고 보면서, 다시 有는 無에서 생겨났는데, 이 도의 상태는 사람들의 지각으로 볼 때 아무것도 없는 無 또는 텅

---

41) Edward J. Young, *Studies in Genesis One* (Philadelphia: Presbyterian and Reformed Publishing Co., 1964), pp. 6f. 창 1:1을 종속절이 아닌 독립절로 번역 해석하는 입장에서 보면, 이 근원적 창조로 이해할 수 있다. 이 창조의 결과로 나타난 땅의 형편이 바로 혼돈과 공허 그리고 흑암의 세계였다는 것이다.
42) Johanners Pedersen, *Israel, Its Life and Culture* Vol. I (London: Oxford University Press, 19730, p.413.

비어 아무 것도 없는 虛"라는 것이다.[43]

이 천지[44]에서부터, 하나님은 6일간 창조말씀의 명령으로 모든 만물을 존재케 하신다. 이 6일간의 만물 생성은 질서 정연한 과정을 통하여 이뤄진다. 즉, 준비의 전반 3일이 판별의 법칙에 의하여(1일: 빛=명암의 판별, 2일: 궁창=상하 즉 위에 물과 아랫물의 판별, 3일: 뭍과 물, 초목=수륙(水陸), 좌우의 판별) 외형을 이룬다. 수행이 따르는 후반의 3일은 전 3일의 시. 공간에 생명적인 것으로 채우는 태양계의 구성(4일), 궁창에 새와 물에 물고기(5일), 육지에 짐승과 사람(6일)을 창조하여 1일과 4일, 2일과 5일, 3일과 6일이 서로 연관되어 창조 사역이 진행되었다.[45] 1일과 4일은 흑암의 극복, 2일과 3일은 혼돈의 극복, 5일과 6일은 공허의 극복이다.

첫 3일(준비: 외형 이룸)	후 3일 (수행: 충실케 채움)
1일 : 빛—빛과 어둠—明暗의 判別	4일 : 해,달,별 =태양계—일자·사계·연한
2일 : 궁창—윗물과 아랫물—上下의 判別	5일 : 궁창 = 조류(새) / 물= 어류(물고기)
3일 : 물과 뭍(초목): 水陸(左右)의 判別 육지와 바다 不動과 動의 判別	6일 : 짐승과 인간: 육지에 생명체 (창조의 최종목적은 하나님의 형상인 인간창조)

그래서 창조의 최종 목적은 영적 실재자인 인간의 출현과 안식의 완성이었다. 창세기 1장은 하나님이 하나님의 형상대로 남자와 여자를 만드시고, 그에게 만물을 다스리는 권능을 주셨다는 천연(天然)의 산(産)으로 본 인간, 즉 성서적 인류학의 기사이다.[46] 즉, 우주 전체의 창조 기사에 마지막 순서로 인간 창조와 그 위치를 논하고 있다.

---

43) 김학주, op. cit., p.105.
44) 馬友蘭, 「中國 哲學史」上, p.462. "우주 안에 있는 것 중에 가장 큰 것은 天. 地이고, 하늘에서 가장 주목을 끄는 것은 日. 月. 風. 雷이며, 지상에서 가장 관심을 끄는 것은 山(산림), 澤(내와 못)이고 인생에서 가장 절실한 것은 水. 火이다. 옛 사람이 이 여덟 가지로 우주의 근원을 삼았다. 그래서 이를 8괘로 배치했다고 한다.
45) 내촌감삼, 「창세기 연구」 이성호 역(서울: 혜문사, 1982), pp.26f.
46) Ibid., pp.62.

창조의 결론은 "보시기에 심히 좋았더라"라는 인간이 거주하기에 최상, 최대, 최선의 환경으로 인간이 안식할 수 있었다는 것이다. 하나님의 창조계획과 목적과 뜻에 부합되었다는 만족의 표시이며 그래서 흐뭇하고 좋았다는 표현이기도 하다. 그리스적 특성으로는 존재란 영원히 정지해 있는 것이고, 히브리적 특성에 의하면 영원한 움직임으로 생각되기는 하지만 존재란 참 현실이고 참 선(善)이라는 점에서 일치한다.[47] 창조는 야웨의 능력의 표현이면서도 선의 표현이기도 한다. 히브리어의 [tov]는 "좋다"는 뜻과 더불어 "선하다"는 의미가 있기 때문이며 이런 아름다움과 선함은 창조주 하나님과 피조물이 만나는데서 이뤄지는 것이다.

b. 창세기 2장의 창조

창세기 2장은 야웨 하나님이 메마른 대지의 상태에 흙으로 사람을 지으시고 생기를 불어넣어 생령(살아있는 혼: Living Soul)이 되게 하시고 사람의 생존에 필요한 모든 것을 지으신다. 즉 여기 2장은 단순한 신 명칭이 아닌 야웨 하나님의 명칭이 사용된다.

창세기 1장에서는 "하나님이 자기의 형상과 모양대로 사람을 창조하시되 남자와 여자를 창조하셨다"고 하여 하나님의 형상과 모양을 닮은 인간의 영적 존재의 창조에 강조점을 두고, 단순히 사람(남자와 여자)을 창조하심을 기록하고 있다.

그런데 2장에서는 이 아담이 실제적으로 어떻게 그리고 구체적으로 만들어졌는가를 그 육체적/정신적/영적 존재로서 만들어지되 보다 흙에서 만들어진 육체적 조성을 강조하고 있고, 특별히 여자가 어떻게 만들어졌는가를 상세하게 기록하고 있다.

그래서, 1장에서 미흡한 내용이 2장에서 더욱 상세히 설명되고 있고, 특별히 그 남녀 인간을 에덴 동산(나무와 강들)에 두어 살아가게 했던 환경과 우주의 모든 것을 다스려야 할 특권과 책임을 부여 받은 존재로의 임무, 그리고 인간의 실패를 구체적 설명과 함께 주해적 의도로 기록하고 있다. 2장은 역사의 입장에서 본 인류 선조에 관한 기사로서 성서적 역사의 발단(發端)을 말한다.[48]

---

47) Thorleif Boman, *op. cit.*, p.69.
48) 내촌감상, 「창세기 연구」 이성호 역(서울: 혜문사, 1982), pp.62.

인간 아담이 최초로 영장 주권을 발휘하여 만물을 다스리게 되는 첫 번째 일이 바로 아담으로 하여금 짐승들의 이름을 짓도록 하신 것이다. 이름을 지어준다는 것은 그 대상에 대한 지배권을 의미하며, 각 짐승의 본질과 내용을 사람이 정신적으로 현재화시키고, "표상의 세계와 자기의 삶의 영역 안으로 이끌어 들이는 것"이다.[49]

모든 만물과 인간은 이름으로 존재하며 인간 세계 속으로 들어올 수 있는 것은 이름이 지어짐으로 가능하며, 인간이 이름을 지어줌으로 그 대상을 인간의 영역과 지배 통치 안에 포함시키는 것이다.

c. 잠언 8:22-31의 창조

잠언 8장은 야웨 하나님이 태초 이전, 즉 만세 전에서부터 활동하신 것을 전제로 하여 땅—바다—큰 샘들—산, 언덕—지면, 들판—궁창—구름—땅의 기초—사람—인자들이 피조물로 나타난다. 이 본문은 보다 근원적 차원에서 시작하며 창조 내용을 설명하고 있다. 그러면서도, 땅을 중심한 창조 사건으로 기록되고 있다.

창조 전부터 선재했던 지혜가 창조에 개입되었고(22절). 하나님은 우주를 창조하기 전에(만세 전부터, 상고부터, 땅이 생기기 전에) 이미 지혜로 존재했었다(23절). 하나님께서 창조 사역을 하실 때에 지혜는 하나님 곁에서 창조자(장인)가 되어 하나님과 함께 창조의 사역에 참여했다. 이때 하나님께서는 날마다 지혜가 한 일을 보고 기뻐하셨으며, 지혜도 하나님 앞에서 사람이 거할 땅과 사람을 보고 기뻐하였다(30-31절). 분명히 창조에 동참했던 지혜의 선재성과 하나님과의 창조의 결과를 기뻐하고 즐거워했던 것을 논하고 있다.

여기서 특이한 것이 바로 지혜가 신격화(神格化)되고 있다는 것이고 천지만물이 이 지혜로 말미암아 있어졌다는 것이다. 그래서 잠언서에서는 지혜가 인격화된 차원에서 신격화로 실체화(實體化: Hypostasis)된 차원으로 이해되고 있다(잠 8:22-30).[50]

---

49) 김균진, 「생태학의 위기와 신학」 (서울: 대한 기독교서회, 1991), p.25.
50) B. W. Anderson, 「구약신학」 최종진 역(서울: 한들 출판사, 2002), 524-534.

그 신격화된 특성은 ①지혜가 신적인 기원을 가졌고 창조 이전에 선재했었다. ② 창조 전에 이미 존재하여 창조 때 어떤 역할을 했었다. 창조사역에 지혜가 참여하여 돕는다. ③지혜는 인간을 향하여 특별한 사명 즉 세상에서 인간에게 다가가 지혜를 따르는 모든 자에게 생명과 부함 등의 모든 축복을 약속하는 사명을 지니고 있다는 점이다(R. E. Murphy: The Tree of Life).

그러다가 포로 후기시대에 이르러서는 지혜가 특별히 이스라엘과 연관을 맺으면서 마침내 율법과 동일시된다는 점이다(Murphy). 즉 지혜는 하나님이 이스라엘에게 주신 하나님의 Torah(율법): 오경의 말씀이 바로 지혜로 이해되었다. 신약시대에는 지혜가 그리스도의 신학(기독론)으로 발전했고(고전 1:23-24) 교부시대에 와서는 지혜가 기독론 신학으로 완전히 확립되어 잠언 8장의 지혜를 그리스도(성자 하나님)로 당연하게 해석했다.[51]

d. 창조 섭리의 흐름

여기의 모든 창조 기사에 나타나는 공통점은

①창조주 하나님을 전제로 한,
②지구 중심적 우주관이며,
③인간 중심적 세계관이며,
④하나님의 모든 창조 행위는 전적으로 인간을 위한 것이었고,
⑤그 창조행위의 내용은 바로 인간에게 주어지는 직접선물인 하나님의 형상이며,
  간접 선물인 물질이다.

여기서 하나님과 인간과의 독특한 관계가 이뤄지는데 그것은 인간이 하나님의 형상대로 지음 받았고 하나님의 관심이 인간에게 향하고 있기 때문이다. 그래서 하나님은 인간에게 필요한 것이면 언제든지 창조하시고 끊임없이 변화하여 주시는 길이 하나님의 창조 섭리가 흐르는 길이다. 그러기에 창조는 인간을 위한 사역

---

51) *Ibid.*

이지 인간을 위협하거나 인간의 생명을 파괴하는 것은 결코 아니다.[52]

결국, 창조의 진정된 목표는 영원한 안식이다. 그래서 창조의 6일 후에 안식일을 정하시었다. 하나님의 세계창조는 인간 완성의 확인이며 창조의 잔치이며 사실상 창조의 완성인 안식일을 향하여 진행이 되었다. 몰트만은 창조의 면류관은 인간이 아니라 하나님과 모든 피조물들이 평화롭게 안식하는 안식일이라는 사실을 창조기사에서 발견할 수 있다고 한다.[53]

하나님의 창조역사는 '창조질서'를 포함한다. 따라서 하나님의 사역은 단순히 하나님이 세상을 창조하셨다는 사실만이 아니라 오히려 하나님은 창조주로서, 구속주로서, 그리고 보존의 주로서 '창조질서'를 선택하셨다. 결국 예수 그리스도가 창조 질서의 주로서 만물이 그에게서 나오고 그로 말미암아 그에게로 돌아간다(요 1:3)는 말씀을 통해서 그리스도의 겸허한 화육 안에 감추인 비밀은 창조질서를 위한 것으로 본다.[54] 그러므로 창조질서를 파괴하는 죄나 폭력은 하나님의 창조 역사를 거역하고 믿지 않는 행위이다. 왜냐하면 창조질서를 무시하는 행위는 결국 예수 그리스도에 의한 하나님의 계약에 근거한 창조질서에 대해 책임지고 보존하여 살펴야 할 창조에 대한 하나님의 본래의 뜻(God's original intention of creation)을 져버리기 때문이다.[55]

이 하나님의 창조질서에 대한 인간의 반역과 명령에 대한 범죄는 인간을 위한 하나님의 구속사 사건을 유발시킨다. 이것이 구체화 되는 것이 바로 창세기 3장의 타락 사건이다. 이 범죄를 통한 인간의 타락은 하나님의 은총에 의해 구원사건을 필요로 하게 된다. 이 구원 섭리가 바로 구약역사를 관통하는 구속사적 씨흐름이다.

---

52) 문희석, 「창조신학」(서울: 보이스사, 1976), p.63.
53) J. Moltmann, 「창조 안에 계신 하느님」(서울: 한국신학연구소,1987), pp.279ff.
54) Jurgen Moltmann, "Creation and Redemption", *Creation, Christ and Culture, Studies in Honour of T. F. Torrance*, ed. by Richard W.A. Mckinny (Edinburgh: T. & T Clark Ltd., 1976), pp.125f.
55) *Ibid*. 김철영, "창조질서의 보존에 관한 윤리신학적 분석"「장신 논단」6집 1990, pp.132-133.

C. 구원의 대상인 인간 창조의 독특성

모든 창조 사역의 절정은 인간 창조에서 이뤄진다. 모든 구속사의 실제적 관심은 인간이다. 모든 창조 순서는 마지막 인간 창조를 위한 준비 과정이며 여건 조성이 되고 있다. 인간 창조는 하나님께서 땅에 발하시는 명령의 말씀을 통하여 일어나지 않고, "우리의 형상을 따라 우리의 모양대로 우리가 사람을 만들고, 그로 하여금 모든 것을 다스리게 하자"는 하나님의 결정과 계획에 의해 손수 흙으로 빚어 하나님의 생기를 불어 넣으심으로 된다. 이것은 지상의 다른 모든 피조물 위에 구별되고 뛰어난 존재임을 선포하는 것이다.

어거스틴에게 한 제자가 "하나님이 천지 만물을 창조하시기 전에는 무엇을 하고 계셨습니까?"고 묻자 "그런 질문을 하는 사람들을 위해 지옥을 만들고 계셨느니라"고 대답했다고 한다. 우리가 성경을 연구하는 중 난해하고 고약한 문제에 부딪칠 때, 과학책이나 지리책 혹은 일반 역사책이 아니고 하나님의 구원역사를 기록한 책임을 언제나 인식하여야 한다.

1. 인간의 간단한 이해

아담(Adam)[56] : 히브리어로 사람을 아담이라 부른다. 보통 명사로는 일반적으로 한 사람에게 그 근원을 둔 집단적인 인류를 가리킬 때의 사람을 의미하는 단어로 사용되고 고유명사로는 에덴의 주인공이며 인류의 시조 아담을 말한다. 이 아담은 땅과 흙을 뜻하는 아다마('adamah)란 어근에서 왔는데 이는 황갈색, 붉은 색을 뜻하여 인간 시조인 아담이 붉은 흙에서 취한 빛깔의 붉은 사람을 의미한다고 보겠다. 그래서 아마도 인류의 시조 아담은 황인종에 가까운 유색 인종이었을 것으로 생각된다(창 25:33).

역사는 인간들이 시간과 공간 속에서 이루고 살아간 기록이다. 인간이 바로 그 역사의 주역이기에 인간창조 이야기를 주목해 본다. 그렇게 아름답고 멋있는 인간, 그렇게 지혜롭고 위대한 역사를 만들어 내는 인간, 그런 인간이 어쩌면 그렇게 추하고 악하여 세상을 망가트리는 인간, 그들은 도대체 어디에서 시작하여 어

---

[56] F. Brown, S. R. Driver and C. A. Briggs, *Hebrew and English Lexicon of the Old Testament*, p.9. 이 아담이란 말은 구약성서에 560회 나타난다.

디로 향하는 존재인가?

진화론자들은 아메바에서 시작하여 원숭이류에서 진화했다고 한다. 그러나 인간은 그러기에는 너무 이성적이고 너무 지혜롭고 아주 영적인 존재로 위대한 문화와 거대한 문명을 만들어 내는 존재이다.

2. 인간 시조 아담의 창조 방정식

창세기에는 그 6일 동안의 위대한 창조의 절정에 아담이 창조된다. 그 창조의 목적은 영적 실재자인 인간의 출현(남자와 여자)과 그 완성이었다. 이 창조 이야기에 나타나는 인간창조 방정식을 정리해 보면 다음과 같다.[57]

$$\text{사람 (Adam)} = \left\{ \begin{array}{c} \text{티끌(afar)} \\ + \\ \text{숨(neshama)} \end{array} = \begin{array}{c} \text{육체(basar)}^{58)} \\ + \\ \text{영(ruach)} \end{array} \right\} = \begin{array}{c} \text{산혼(Living Soul)} \\ \text{(nefesh hayah)} \end{array}$$

창세기 2:7에 의하면, 하나님은 땅의 흙(티끌: 먼지)으로 하나의 육체(basar)적 사람을 지으신다. 여기는 이미 있는 재료인 흙에서부터 귀한 티끌이란 물질로 만드시기 때문에 창조라는 바라(bara')동사를 사용하지 않고 특별한 관심과 의도를 가지고 만든다는 야차르(yatsar)라는 동사를 사용한다. 이것은 아직 생명이 없는 흙덩어리에 불과한 존재였다. 인간이 호흡이 끝나는 순간, 즉 죽음이 오면 의식도, 감각도, 생각도, 행동도 없는 시체로 돌아간 그런 모습이었을 것이다.

그러나 그것은 그냥 흙덩어리가 아니라 흙에서 온, 즉 현대어로 말하면 물질적 원소를 가지고 창조주의 세심한 설계에 의한 오늘 우리의 몸의 형체와 각 기관과 조직, 다시 말하면 생명만 없지 지금 우리의 육체적 조건을 온전히 갖춘 사람을

---

57) J. Barton Payne, *The Theology of the Older Testament*(Grand Rapids: Zondervan Publishing House, 1976, p.225.

58) Hans W. Wolff, *Anthropology of the Old Testament* (Philadelphia: Fortress, 1981), pp.23-29. Basar(육체)는 구약에서 273회가 나오는데 그 중에 104회가 동물과 관련되어 있다. 구약에서 바사르는 뼈와 구별된 살과 피부, 또는 일가친척을 뜻하기도 하지만 인간의 몸 전체를 의미한다.

지으신 것이다.

이 완벽한 하나님의 피조의 사람 모습에 "생기를 그 코에 불어 넣으심"으로 하나님의 형상과 모양대로 창조되는(창 1:27=bara'동사) 생명의 숨(생명의 호흡: breath of life: neshama hayim)을 불어넣으시니 그 흙에서 온 티끌은 육체(basar)가 된다. 하나님의 숨(생기)에서 온 생명적 존재는 바로 인간의 영적 존재(spritual being)인 영(ruach)이 된다. 그러나 이것은 하나님의 영 자체가 아니라 인간의 영이다. 하나님의 형상과 모양을 원천으로 한 인간의 영적 존재이기에 인간의 영과 하나님의 영은 역학적 관계에 있는 닮은 존재인 것이다.

"사람이 생령이 된지라." 티끌로 형성된 사람의 모습에 하나님께로부터 생명의 숨(생기)이 들어오자, 즉 그 감각도, 의식도, 움직임도, 말할 수도 없던 존재가 생명의 호흡이 들어와 숨을 쉬는 생명 즉 살아있는 존재가 된다. 이 생령(nefesh hayah)은 살아있는 혼(living soul)을 의미하며 인격적 실존(personal being)인 인간 자체(인간됨)를 말한다. 여기서 인간은 지정의(知情意)의 인격적 존재로 책임적인 자유의지를 가진다. 영(ruach)이 육에 작용하여 나타나는 현상이 곧 산 혼(Living soul)이다. 인간이란 살아있는 혼으로 흙에서 온 육신과 하나님의 호흡에서 온 영이 같이 있어서 존재하는 살아있는 혼(生魂)이다. 인간은 혼(nefesh)을 가지고 있다기보다는 그 生魂(살아있는 혼)으로 존재하는 것이다.

[인간존재의 위대성]: 인간은 동물적 육체만이 아니라 영혼이 있기에 위대한 역사를 이뤄내고 영적 세계를 끝없이 사모하며 영원한 생명을 간직한 존재로 하나님 자녀가 된다. 짐승은 자연의 원리나 피조물로 주어진 본능대로 살아갈 뿐이다. 그래서 사자나 독수리는 천년 전의 모습이나 사는 환경이 변화가 없이 똑같이 내려오고 있으나 인류만은 발전에 발전을 거듭하며 찬란한 역사를 이룩해 왔다. 하나님의 형상과 모양대로 창조된 인간이기에 창조적이며 영원한 비전을 가지고 세상을 정복하고 다스리고 역사를 이끌어 왔다.

3. 인간 창조의 독특성

창세기에 기록된 창조기사는 하나님의 창조 중에서 인간의 창조를 '가장 특별한 창조'로서 기록하고 있다. 이는 인간존재의 위대성과 다른 피조물에 비해서 독특한 존재임을 의미한다.

첫째, 인간은 만물 창조의 절정이며, 창조는 인간을 위한 방향으로 전개.

창세기 1장에 의하면, 창조의 최종 목적은 영적 실재자인 인간의 출현과 안식의 완성이었다. 하나님이 하나님의 형상대로 남자와 여자를 만드시고, 그에게 만물을 다스리는 권능을 주셨다는 것이다.[59] 즉, 우주 전체의 창조 기사에 마지막 순서로 인간 창조와 그 위치를 논하고 있다.

앞에서 언급한대로, 창조 기사에 결론적 공통점은 인간 중심적 세계관이며 하나님의 모든 창조 행위는 전적으로 인간을 위한 것이었다. 바로 인간에게는 직접 선물인 하나님의 형상이 주어져, 하나님과 인간과의 독특한 관계가 이뤄진다. 그 인간이 하나님과 모든 피조물들과 더불어 평화롭게 안식하는 안식일을 향하고 있음을 창조기사에서 발견할 수 있다.[60] 하나님의 창조사역은 단순히 하나님이 세상을 창조하셨다는 사실만이 아니라 오히려 하나님은 창조주로서, 구속주로서, 그리고 보존의 주로서 "창조질서"를 세우셨다. 그래서 그 그리스도가 인류의 구원을 위하여 오셨다는 것은 창조의 흐름 속에 있는 인간의 독특성과 관련된다.[61]

둘째, 말씀 창조의 구조가 없다.

인간 창조에는 다른 모든 피조물 창조에서 계속된 공통적 구조인 말씀창조[62]

---

59) 내촌감삼, 「창세기 연구」 이성호 역(서울: 혜문사, 1982), pp.62
60) J. Moltmann, 「창조안에 계신 하느님」 (서울: 한국신학연구소, 1987), pp.279ff.
61) Jurgen Moltmann, "Creation and Redemption", *Creation, Christ and Culture, Studies in Honour of T. F. Torrance*, ed. by Richard W.A. Mckinny (Edinburgh : T. & T Clark Ltd., 1976), pp.125f.
62) 1)명령의 서론(Announcement of the Commandment): "하나님이 말씀하셨다"(vv. 3, 6, 9, 11, 14, 20, 22, 24, 26, 29)는 것은 말씀으로 창조하심을 뜻한다. 말씀 창조는 하나님과 피조물의 완전한 구분을 즉, 하나님의 절대적 능력을 간직한다. 하나님의 사상과 계획의 계시가 창조로 나타난다. 2)명령(Fiat or Order): "있으라"—존재의 선언: "빛이 있으라" / "생겨나라"—파생의 선언: "새들로 땅에 번성하라" / "하게하라"—발전의 선언: "뭍이 드러나라" "광명이 주야로 나뉘게 하라" 모든 사건의 기원은 명령을 내리시는 하나님의 말씀에 있다. 창조 사건에서 계속된 명령은 모세와 같은 수신자가 없는 것이다. 이런 명령은 불가능하고 의미가 없다. 그래서 창조의 명령은 하나님의 창조 사건이요 하나님의 영역이요 인간이 이해할 수 있는 한계선 너머에 있는 것이다. 3)완성(Fulfillment Formula): "그대로 되니라"(vv. 3, 7, 9, 11, 15, 24, 30)가 매번 나온다. 하나님 명령에는 절대적 권위가 있다. 그 말씀은 하나님 자신이요 의지이 뜻이기 때문이다. 4)수행 양식(Execution Formula or Description of Act): "큰 광명을 만드사 큰 광명으로 낮을 주관하게 하시며"(vv. 4, 8, 12, 16, 21, 25, 27)가 뒤따른다. 하나님의 명령에 의해서 창조 되어진 존재는 무엇인가 목적이 있고 존재론적 필요가 있다. 5) 판단(Approval Formula): "하나님이 보시기에 좋았더라"(4, 10, 12, 18, 21, 25, 31). 이는 審美的 표현으로 자체의 목표점에 도달했다는 뜻이다. 헬라적 미적 개념인 존재의 상태에서 이해하는 아름다움이 아니라 구약의 아름다움은 본래 사건을 의미한다. 어떤 모습을 바라보는 것이 아니라 만나는 아름다움, 즉 만남(The encounter)에서 느끼는 체험이다. 6)시간 관계(Mention of Days): "저녁이 되며 아침이 되니 하루였다"(5, 8, 13, 19, 23, 31): 히브리인의 계산법에 의한 표현이다. 히브리인들은 하루를 해지는 때부터 시

가 나타나지 않는다. 그 말씀 창조의 구조는 아주 단조로우면서 창조의 초월성을 나타내는 효과적 표현이 된다.

그런데 오직 인간 창조 기록에는 이런 말씀 창조의 구조가 전혀 나타나지 않는 다는 것이다. 인간은 하나님이 직접 흙으로 인간의 형체를 빚어서 그 코에 자신의 생명의 기운을 불어넣으시어 하나의 생명체를 만들었다. 여기서 다른 피조물과 구별되게 인간을 창조하여 그 독특성을 나타내고 있다.

셋째, 용어 사용에서의 특이성이다.

인간 창조 기사에는 인간을 창조하고 만든다는 표현에 하나님의 창조행위에 주로 사용되는 '바라'동사[63]와 특별한 계획과 목적을 위해 무엇을 만든다는 의미의 '야찰'(yatsar)이란 동사가 사용되고 있다. '창조한다'는 의미의 히브리어 바라(bara')는 구약에서 49회가 사용되고 있는데 모두가 '하나님의 창조행위'와 관련되어 나타나고 있다.[64] '바라'는 하나님의 창조를 표현하는 특별한 말이다. 그런데 하나님의 창조를 기록하고 있는 창세기 1장에는 바라 동사가 5번이 사용되고 있다. 그 경우를 보면, 첫째, 1:1에서 태초의 절대적 無에서 하나님의 창조행위에 의해 우주 전체가 존재케 되는 최초 사건에 한번 나타난다. 둘째, 1:21에서 물고기와 날짐승의 그 모든 생명체를 그 종류대로 창조할 때 또 한번 나타난다. 셋째, 이 바라 동사는 나머지 3번이 반복해서 인간창조 기사에 사용되고 있다(1:27).

"하나님이 당신의 형상대로 사람을 창조(바라)하셨으니, 곧 하나님의 형상대로 사람을 창조(바라)하셨다. 하나님이 그들을 남자와 여자로 창조(바라)하셨다."

하나님이 인간 창조에 특별한 배려를 하고 계셨던 것으로 성서 기자는 특별한

작에서 해지는 때까지로 생각한다.
63) John Skinner, "A Critical and Exegetical Commentary on Genesis", *The Interanational critical Commentary*, eds. Samuel Rolles Driver, Alfred Plummer, and Charles Augustus Briggs(New York: Scribner, 1910), pp.14-15. "ברא(bāra' 바라)"의 동사 의미를 요약하면 1)전적으로 하나님의 활동, 즉 제사장들의 신학적 언어의 전문용어이고 오직 신적인 창조에만 사용된다. 2)신기한 사물 혹은 기적적 사건의 개념을 함축하고 있고 3)전능자의 행위로 말이나 의지에 의해서 아무런 힘을 들이지 않고 만들어 낸다는 의미를 함축하고 있다. 인격적 하나님은 모든 존재의 유일한 원인이 되신다.
64) Helmer Ringgren, "bara" *Theological Dictionary of the Old Testament*. vol. II ed. byb J. Botterweck and Helmer Ringgren(Grand Rapids, Michigan: Eerdmans, 1975), p.245.

단어를 사용하여 암시하고 있다. 여기 인간 창조(창 1:27)는 하나님의 형상으로 창조인 영적존재의 창조(바라)를 강조하고 있다. 반면에, 2:7은 육체적 존재를 만드심을 강조하고 있다.

특이한 것은 창세기 2장 7절에 인간이 흙에서부터 그 육체가 조성되는 기사에서는 성서 기자가 yatsar이라는 동사를 사용해서 일반 피조물 조성과 구별시키고 있다. 일반 짐승들은 하나님이 말씀으로 단순히 선언하심으로 땅으로 하여금 그 종류대로 생겨나게 하시는데 거기에 사용된 단어는 일반적으로 유(有)에서 유(有)을 만들어낸다는 보통 동사인 아사(asah: make)이다(1:24). 그러나 인간을 만드는 데에는 특별히 고안하고 계획하여 독특하게 만드는데 사용되는 야찰(yatsar: form)이란 동사로 표현하고 있다. 다시 말하면 창세기 2장 7절의 강조는 인간의 육체적 존재의 조성이다.

또한, 일반 피조물을 창조하는 첫째 날에서 다섯째 날까지는 단순히 히브리어 정관사가 없이—예를 들면 다섯째 날 하면 yom chamishi로—되어 있다. 그러나 인간 창조의 여섯째 날에 대해서는 히브리어 정관사인 ha가 있어서, yom ha-shishi로 되어 "그 여섯째 날"이라고 표현하여 다른 피조물의 창조의 날과 구별지어 인간 창조의 날을 특별하게 다루고 있음을 볼 수 있다.

넷째. 인간은 단일 종류(種)로 창조되었다는 것이다.

다른 생명체들은 모두가 "각기 그 종류대로"(leminehu, according to its kind) 창조되었다. 창조 사건에서 보면, 생명체로 지음받은 각종 식물의 종류대로 씨를 가지게 하고, 동물들도 그 종류대로 씨를 가지게 했다. 모든 살아있는 피조물은 그 종류대로 번성 유지되어 가는 섭리가 강조된다.

"하나님이 말씀하시기를 '땅은 푸른 움을 돋아나게 하여라. 씨를 맺는 식물과 씨 있는 열매를 맺는 나무가 그 종류대로 땅 위에서 돋아나게 하여라' 하시니 그대로 되었다. 하나님이 보시기에 좋았다."(창 1:11-12)

"하나님이 말씀하시기를 '땅은 생물을 그 종류대로 내어라. 집짐승과 기어다니는 것과 들짐승을 그 종류대로 내어라' 하시니 그대로 되었다. 하나님이 들짐승을 그 종류대로 집짐승도 그 종류대로, 들에 사는 모든 길짐승도 그 종류대로 만드셨다. 하나님 보시기에 좋았다."(창 1:24-25)

동식물의 창조는, 다만 그 종류대로 떼를 지어 생겨나도록 말씀으로 명령하여 되어진 것이다. 즉 모든 생물들의 창조는 전부 "그 종류대로" 하나님의 말씀으로 만들어졌다. 그런데 인간은 다른 생명체의 창조와는 다르게 "그 종류대로"가 아닌 "하나님의 형상대로" 독특하게 창조되었다. 하나님께서 흙으로 빚어서 직접 인간 한 개인에게 하나님의 생기(호흡)를 불어 넣음으로 창조된 특별 종류의 씨이다. 그래서 인간의 '씨'(種)는 모든 피조물 가운데 독특한 위치를 가지고 있다. 인간은 단 하나의 존재인 아담에서부터 유일하게 시작되어 아담의 생명이 하와라는 여인을 만들어 내도록 하였다. 하나님은 아담 외에 또 다른 인간인 여자 하와를 다시 창조한 것이 아니라 첫째 사람인 아담에게서 여자를 조성되게 하셨다(고전 11:8).

인간이라는 남자와 여자는 원래 따로 따로 창조되어 하나로 결합하여 새로운 인간으로 번식되어 가는 것이 아니라, 아담인 남자에게서 여자가 생겨지고 그 둘이 한 몸을 이루어 생육하고 번성해 가는 것이라는 면에서 인간의 독특성이 있다. 그래서 아담의 타락은 인류 전체의 범죄가 되고 한 사람 아담의 불순종으로 모든 사람이 죄인이 되는 것이다(롬 5:19).

다섯째, 아담과 하와의 관계성의 상징으로 하나됨의 성(性)
동물에서는 이런 관계성을 찾을 수 없는 인간만의 독특성이 나타난다.

  1) 하나님이 사람을 자기의 형상대로 창조하시되
  2) 하나님이 남자(남성)와 여자(여성)를 창조하시고
  3) 하나님이 그들에게 복주시며=생육, 번성, 땅에 충만하라(1:26-28).

사람(단수)을 하나님의 형상대로 창조하시되 남자와 여자로 창조하시고 "아내와 연합하여 둘이 한 몸을 이루게 하셨다"(2:24)는 것이다. 남자와 여자의 성의 구분은 계급적 관계가 아니라 인권은 동등하나 직분은 다르다는 것이다. "남자 와(and) 여자"에서 접속사(and)는 그 둘 사이의 평등성(Equality)을 지시하여 평등한 인간관계를 의미한다. 이런 관계성의 인간은 "이웃을 자기의 몸만큼 사랑"해야 한다. "그들에게"(복수 형태)는 인간의 통일체 속에 들어있는 성(性)의 구분을 강조하는데 하나님의 형상대로 창조된 인간은 단성적(單性的) 존재가 아니라 서로 다른 두 性의 조화를 통하여 이루어진 복수성(Plurality)를 가진 존재이다. 조화된 성(Harmonious sexes) 즉, 오히려 동등성(Equality)을 의미한다.[65] 그래서, 창조된 남자와 여자는 우월하거나 종속적이지도 않다. 더 나아가 인간은 어느 누구에게도 종속적이거나 피압박적일 수 없다.

그래서 아담이 하와를 보자마자 "내 뼈 중의 뼈요 내 살 중의 살이로다"고 환호한다. 아담과 하와의 온전한 하나의 가능성, 즉 아담의 몸이 하와의 몸이고 하와의 몸이 아담의 몸이다. 여기에 사랑이 있다. 너로서의 사랑의 대상이 아니라 나로서의 사랑의 대상이다. "너인 나"이며 "나인 너"이다. 그래서 인간 스스로는 서로가 더불어 사는 사회적 기능을 가지게 된다. 이것이 갈비뼈의 진리다. 그 둘이 한 몸을 이루어 생육하고 번성해 가는 것이라는 면에서 인간의 독특성이 있다. 그래서 인간은 서로 사랑의 존재로 있을 때에만 창조 질서를 유지해 가는 것이다.

여섯째, 1인칭 복수 사역형태의 협의에 의한 독특한 창조이다.

일반 다른 피조물들의 창조에는 하나님 명령에 의한 3인칭 사역형(jussive form)을 사용하여 존재케 되는 것으로 표현하고 있다. 즉, "빛이 생겨라!" "물 한 가운데 창공이 생겨, 물과 물 사이가 갈라져라" "땅은 푸른 움을 돋아나게 하여라" "땅은 생물을 그 종류대로 내어라" 등의 표현을 쓰고 있다. 그러나 인간 창조의 문맥은 전혀 다르게 표현되고 있다.

하나님이 말씀하시기를 "우리가 우리의 형상을 따라서, 우리의 모양대로 사람을 만들자(na'aseh 'adam, let us make man…)"(창 1:26). 인간의 창조에 대해서만 특이하게 '하나님이 의논하여 이루는 형태'인 특별한 하나님의 행위로 표현

---

[65] P. Trible, *God and the Rhetoric of Sexuality* (Philadelphia: Fortress Press, 1978), pp.15-30.

되고 있다. "우리가 우리의 형상대로"라는 말에 나타나는 하나님의 의논 상대가 누구냐는 의견이 많이 제시되었다.

그러나 대체로 1)그 말에 별 주의 줄 것이 아니라고 봐서 무의미하다고 하는 견해이다(Rosenmuller). 2)'우리'라는 것은 하나님이 자신을 지칭하여 한 말이라는 것이다(Tuch). 즉 하나님께서 자신에게 하는 말씀으로 주체와 객체가 일치되는 것으로 본다. 3)여기의 복수 개념의 '우리'는 하나님의 三位一體를 나타내는 것으로 보는 견해이다(교부들, John Calvin, G. T. Armstrong). 4)하나님이 하늘 조정의 천사들과 의논한 것이다(유대인 해석가들, The Tergum of Jonathan, F. Delitsch). 하나님을 둘러있는 하늘의 존재들이라 보는 입장이다(J. J. Stamm). 5)문법적 구문에서 심사숙고의 복수로 보기도 한다. 아주 신중하게 생각하는 양식을 상징하는 문체로 본다(H. Junker, E. Konig). 6)'우리'라는 복수 개념은 장엄성을 나타내는 복수(Pluralis Majestalis)로 강세적 복수를 나타내는 것으로 창조주의 권위와 능력을 강조하는 문학적 표현으로 보기도 한다(Grotius, Genenius, Neumann, Knobel). 이런 표현은 오직 인간 창조에 대한 기록에만 사용되고 있어서 인간 창조의 독특성, 즉 다른 피조물과의 구별성, 차별성을 주고 있다. 여기서 가장 바람직한 해석은 세 번째의 삼위일체적 '우리'로 보는 것이라 볼 수 있다.

일곱째, 인간창조의 독특성은 인간창조의 목적에 잘 나타난다.

"우리의 형상을 따라 우리의 모양대로 우리가 사람을 만들고 그들로 바다의 물고기와 하늘의 새와 가축과 온 땅과 땅에 기는 모든 것을 다스리게 하자. 하나님이 그들에게 복을 주시며 생육하고 번성하여 땅에 충만하라, 땅을 정복하라, 바다의 물고기와 하늘의 새와 땅에 움직이는 모든 생물을 다스리라."(창 1:26,28). 하나님은 인간을 창조하시고 아주 이상적 인간의 참 모습을 하나님 형상의 인간이 가지게 되는 자연 통치 기능으로 제시한다. 자연 만물을 다스리라는 자연 통치와 보존의 특수한 사명에서 인간의 독특한 위치가 확보된다. 이 하나님의 명령은 오직 인간에게만 주어지는 것으로 만물을 인간 지배권 아래 두는 근거가 된다. 그래서 타락하기 전 아담은 이 권한을 발휘하여 짐승들의 이름을 지어줌으로 자기의 통치권 아래 자연을 넣게 된다.

4. 역사의 동역자 여자 존재(창 2:21-25)

하이데거 철학의 기본문제는 "존재란 무엇인가?"이다. 그가 말하는 현존재는 바로 인간을 말한다. 성서는 그 인간이 우연하게 던져진 존재가 아니라 창조주 하나님이 창조하셨다는 것이다.

a. 하나님은 아담 하나만 창조

그런데 하나님은 최초의 인간으로 아담인 남자 하나만 창조하셨다. 여자인 하와는 바로 그 남자에게서 태어나게 만드신다. 오늘날로 말하면 남자에게서 복제(?)하여 만드신 것이 아닐까(?!) 하는 하나님의 특별한 원리를 이용하셨다. 인류의 시조는 단 하나 아담인 남자이고 그 아담에게서 역사의 동역자 하와라는 여자가 생겨나게 된다. 아담은 이 여인과 더불어 인류를 생산하여 생육하고 번성하여 땅에 충만한 가운데 땅을 정복하고 모든 생물을 다스리며 역사를 이룩해 오게 했다.

b. 창세기의 하와 출생 이야기

아담(인간)은 창조주의 깊은 의지가 만들어 낸 최고의 걸작품이다. 그 인간인 남자 아담을 만들어 에덴동산에 두시자, 그는 만물의 영장 주권을 발휘하여 짐승들의 이름을 지어 소유권 안에 넣게 된다. 그러나 그 아름다운 동산에 그는 홀로 거하고 있었다.

그때에 야웨 하나님이 "사람의 독처하는 것이 좋지 못하니 내가 그를 위하여 돕는 배필을 지으리라" 하시고 아담을 깊이 잠들게 하셨다. 최초의 마취 상태의 아담에게서 갈빗대 하나를 뽑아내시고 그것을 살로 채우시고 여자를 만드시어, 남자에게로 데리고 오셨다. 그 때에 아담은 "오! 이제야 나타났구려, 이 여인이여! 그대의 모든 것이 나의 모든 것이리니 그대의 뼈는 바로 나의 뼈 중의 뼈요, 그대의 살도 나의 살 중의 살이로다. 그대가 남자에게서 나왔으니 여자라고 부를 것이라"고 외친다. 이것이 성서에 나오는 여자출생 이야기의 줄거리이다.

c. 아담에서 태어난 여자 하와

창조 이야기의 특징은 하나님은 자신이 만드신 모든 것을 "보시기에 좋았더라"

고 평가하시는데 여자출생 이야기에 충격적인 말이 바로 "남자가 혼자 있는 것이 좋지 못하다"는 "좋았더라"는 선언에 반대되는 말씀이다(2:18). 이것이 바로 여자 창조의 이유이다. 남자를 위하여 돕는 배필 즉 그에게 알맞은 짝을 만들어 주신 것이다. 여자의 최초 본질이 바로 남자에게서 출생되었다는 것이다. 왜냐면 여자가 본래 남자로부터 나왔기 때문이다. 하나님은 아담을 창조하시고 난 다음에 별도로 또 다른 인간인 여자를 따로 다시 창조하신 것이 아니라 그 남자에게서 여자가 만들어지게 하셨다.

아담창조에 나타나는 하나님의 창조행위(창 2:7)가 하와에게는 반복되지 않는다. 하나님은 오직 한 사람 아담만 창조하셨다. 모든 인류의 시작은 단지 아담에게서 출발하고 근원이 바로 아담이다. 최초의 여자인 하와도 아담에게서 시작된다. 아담도 그녀를 만나서 [그대가 남자에게서 나왔으니 여자라 부를 것이라]고 환호한다. 그래서 바로 아담 한 사람의 타락은 인류 전체의 타락이 되고, 아담 한 사람의 범죄를 인하여 많은 사람이 죽게 되고, 이 한 사람으로 말미암아 죄가 세상에 들어왔다(롬 5:12-18).

d. 아담의 갈비뼈의 의미(?)

창세기는 야웨 하나님이 아담에게서 취하신 그 갈빗대로 여자를 만드시고]라 기록하고 있다. 갈비뼈가 주는 어원적 의미 중에 하나를 인류 최초의 종족인 수메르 신화에서 역추적해 볼 수 있다. 딜문(Dilmun)동산에 병이 난 물의 신(水神)인 엔키(Enki)를 고치려고 각 지체 마다 담당신이 나타난다. 이때 갈비뼈를 고치기 위한 신으로 닌-티(Nin-Tee)라는 여신이 나타난다. 그런데 수메르어로 닌(nin: 닝)은 여자를 뜻하고 티(Tee: ti)는 (1)'갈비뼈' '늑골'(肋骨)을 나타내기도 하고, (2)'생명을 만든다'는 '생명'의 의미를 가졌다. 그래서 닌-티는 '갈비: 늑골의 여인'과 '생명의 여인'이란 두 가지 뜻을 가진다. 여기에 <형제여! 어디가 아픈가, 늑골(갈빗대)이 아프다. 그럼 그대를 위하여 여신 닝티를 낳아주련다>라는 문구가 있다.[66] 고대에서부터 '갈비뼈'와 '생명'의 의미로 이해되던 것(Tee)이 '생명'의 의미가 사라지고 '갈비뼈'로만 남게 되었다는 가능성이다. 창세기 2장은 갈비뼈와

---
66) blog.daum.net/suprim/8944305

더불어 아담의 생명으로 여자를 만들어 낸 것을 의미한다고 볼 수 있다는 것이다(?!).

참 재미있는 것은 창세기 3:20에 '하와'(생명이란 뜻)의 이름을 [모든 산자의 어머니]='생명을 창조하는 여인'=생명을 간직한 성임을 나타내는 말로 설명하고 있다. 여인 출생에는 하나님의 생기(호흡)가 직접 주어진 적이 없기에 바로 남자의 생명적 존재가 여인을 만드는데 존재의 근거가 된다. 그래서 "여자는 남자에게서 났다"(고전 11:8)고 하여 하와의 생명이 아담의 생명에 포함되어 있었음을 암시하는 듯하다. 이를 현대 과학적 용어를 빌린다면, 하와는 아담에게서 하나님이 직접 행하신 최초의 인간복제일 수 있지 않을까(?!)

e. 갈비뼈와 골반에서 만들어지는 피(생명)

나이와 성별에 관계없이 누구나 자신의 치료용 배아줄기세포를 가질 수 있다는 사실을 입증하는 현대 과학적 연구가 어느 정도 여자출현의 성서적 내용을 조금 들여다보게 하고 있다. 남녀노소에 관계없이 어느 누구에게나 치료용 줄기세포가 가능해졌고 아무런 생물학적인 관계가 없는 난자를 사용하더라도 체세포 복제가 가능하다는 것도 입증되고 있다.[67] 실제로, 갈비뼈나 골반에 있는 골수에는 만능 줄기세포(Pluripotent/Multi Portent Stem Cell)가 존재하여 역분화(逆分化) 과정이 필요 없이 다양한 지체로 분화 가능한 줄기세포가 된다는 것이다. 그 옛날 기록인 창세기에 이미 이 과학적 핵심내용이 암시되어 있어 놀라운 사건이다.[68]

줄기세포(stem cell)는 후생동물의 조직 분화 과정에서 볼 수 있는 세포로, 모든 신체기관으로 전환할 수 있는 것으로 근육, 뼈, 뇌, 피부 등 신체의 어떤 기관으로도 전환할 수 있는 만능세포(pluripotent cell: 다기능 줄기세포)로, 간, 폐, 심장 등 구체적 장기(臟器)를 형성하기 이전에 분화를 멈춘 배아 단계의 세포로 간(幹)세포라고도 한다. 인간의 줄기세포는 3가지로 분류되는데, 첫째, 수정란이 처음으로 분열할 때 형성되는 만능 줄기세포, 둘째, 이 만능 줄기세포들이 계속 분

---

[67] www.chosun.com/economy/news/200505/200505190388.html
[68] rki.kbs.co.kr/korean/news/news_science_detail.htm?...&current_page=

열해 만들어지는 배아(胚芽) 줄기세포, 셋째 성숙한 조직과 기관 속에 들어 있는 다기능 줄기세포 등이다. 그런데 갈비뼈나 골반에 있는 골수에는 혈구형성원줄기세포(Hematopoietic Stem Cell), 만능(다기능) 줄기세포 즉 성체(成體) 줄기세포가 있어서 다양한 지체로 분화 가능하다.[69]

어찌 보면 하나님이 아담에게서 갈비뼈를 빼내어 그것으로 여자인 하와를 만드신 것은 갈비뼈만이 아니라 바로 아담의 생명(만능/다기능 줄기세포: 피=생명)을 취하여 아담에게서, 아담에 근거한, 아담에 의한 같은 하나의 인간을 생기게 한 것이 아닐까(?!) 아담과 전혀 관계없이 완전히 별개의 한 인간을 만들어 내신 것이 아니다. 바로 남녀의 성적 결합이 없이 최초의 여인 하와는 최초의 인간복제(?!)일 가능성이 높다고 보겠다. 이미 사람의 골수에서 뽑아낸 줄기세포를 생명체 내에서 분화시켜 뼈를 만드는 연구가 국내 연구진에 의해 성공했다. 아담이 최초로 하와를 보고 기뻐서 외친 말은 실제로는 "이는 내 생명 중의 생명이요 내 살 중의 살이라"가 될 것이다. 과학이 위대한 것이 아니라 하나님의 창조가 위대하고 과학은 하나님의 창조원리를 조금 엿보고 그 신비를 조금씩 벗겨가는 것에 불과하다.

다른 연구팀에 의해서 많은 종족의 Y염색체(Y-Chromosome: 부계로만 승계됨)를 자세히 분석하여, "모든 종족이 한 남자로부터 유래했을 것"이라는 결론을 발표하기도 했다. 이는 "현 인류가 지구 여러 곳에서 동시 다발적으로 진화하여 지금에 이르렀다"는 견해를 뒤집고 미궁에 빠뜨리게 했다.[70]

---

[69] labmed.hallym.ac.kr/stemcells/stemcells.htm 본서를 정리해 가는 중에 오랜 동안 자료를 수집하여 강의해 오던 터라 그 자료의 출처를 다시 확인하기가 실제적으로 어려워 여러 부분에서 각주를 달지 못하는 경우가 있음을 밝히면서 죄송하게 생각한다. 되도록 도서 목록에는 최선을 다하여 책명을 확보해 보려고 하지만 전부 다하는 것은 어려울 것 같아 미안하다.

[70] kr.blog.yahoo.com/yydeokk196/11652.html

5. 하나님의 형상으로서 존재

콜럼버스가 아메리카 대륙을 발견했을 때 인디언들도 사람인가 하는 문제가 제기되었다. 그들은 문화인이 아니며, 나체족으로 식인종이며 문명사회 기준으로 보면 비도덕적인 동물의 생활수준 상태였다고 한다. 다만 인간의 형상을 가진 동물이 아니냐 하는 것이었다. 그러나 1537년 바오로 3세는 교서에서 "토착 인도 그들이 기독교 신앙과 성찬을 받을 수 있는 자격이 있기 때문에 진정으로 인간이다"라고 선언했다.[71] 이는 진정한 인간이란 하나님의 형상이 그리스도 안에서 새롭게 형성되는 것이다. 골드만(Ronald Goldman)은 인간은 기본적으로 '하나님을 향한 인간(person toward God)'으로 성장하지 않으면 안되게 되어 있다"고 말했다.[72] 기독교 인간이해에 가장 큰 영향을 주고 특별히 많은 논쟁거리를 제공한 것이 인간이 하나님의 형상대로 창조되었다는 창세기 1:26-27이다. 이 하나님의 형상에 관한 논쟁은 이레니우스(Irenaeus)를 중심한 교부들에서부터 중세의 카톨릭신학자, 종교개혁자들을 거쳐서 현대신학에 이르기까지 계속되었다. 우리가 다 아는바와 같이 이 문제와 관련한 칼 바르트와 에밀 부르너의 "접촉점"(Anknupfungspunkt)은 유명하다.

a. 본문 이해

인간이 하나님의 형상대로 창조되었다는 기록은 구약에서도 창세기 1:26-27에 3번 나오고 전반부인 원역사의 다음 구절 5:1-2(דמות אלהים dəmûth 'ĕlōhîm 데무트 엘로힘:하나님의 모양)과 9:5-6(צלם אלהים ṣelem 'ĕlōhîm 체렘 엘로힘: 하나님의 형상)에 나올 뿐이다.

"하나님이 말씀하시기를 '우리가 <u>우리의 형상(בצלמנו bəṣalmēnû 버찰메누)</u>을 따라서, 우리의 모양(כדמותנו kidmûtēnû 키드무테누)대로 우리가 사람을 만들고(26)—하나님이 <u>당신의 형상(בצלמו bəṣalmô 베찰모)</u>대로 사람을 창조하셨으니, 곧 <u>하나님의 형상대로(בצלם</u>

---

71) 배선극, "타락한 인간" 기독교 신문(1994.10.9.): p.6.
72) Ronald Goldman, *Readiness for Religion* (London, 1964), p.11. 그는 하나님을 향한 인간으로 성장하게 되는데 필요한 종교적 사고가 사고발달과 어떤 관계가 있는가 연구했다. 그는 Piaget의 사고발달 1-4단계 중에 1단계(운동감각기: 0-2세)를 제외하고, 2단계: 전조작기(2-7세), 3단계: 구체적 조작기(7-11세), 4단계: 형식적 조작기(12-15세)에서는 종교적 사고에 도달 적용될 수 있음을 증명하였다.

bəṣelem 베체렘) 사람을 창조하셨다. 하나님이 그들을 남자와 여자로 창조하시고"(창 1:26-27)

"아담의 역사가 이러하다. 하나님이 사람을 창조하실 때에, 하나님의 형상(דמות אלהים dəmût 'ĕlōhîm 데무트 엘로힘)대로 사람을 만드셨다. 하나님은 그들을 남자와 여자로 창조하셨다."(창5:1-2)

"사람은 하나님의 형상(צלם ṣelem 체렘)대로 지음을 받았으니 누구든지 사람을 죽인 자는 죽임을 당할 것이다."(창 9:5-6)

위의 본문에 의하면, 하나님의 형상을 צלם(체렘)과 דמות(데무트)로 표현하고 있다. 인간이 하나님의 형상대로 창조되었다는 위의 세구절의 기록 외는 구약성서 어디에도 나타나지 않고 있다. 하나님의 형상을 단독적으로 사용되는 경우는 종종 있으나(신 4:12/ 너희가 그 말소리만 듣고 형상은 보지 못하였느니라), 그 형상대로 사람을 창조하였다는 관계성에서 언급된 것은 창세기 1, 5, 9장에 나오는 세 번의 경우뿐이다. 인간 창조와 상관없이 하나님 자신의 형상에 대한 언급을 하는 경우 중에 하나는, 하나님을 직접 대면하여 하나님의 모습을 직접 볼 수 있었던 모세의 하나님 체험을 특별하게 구별시켜 그의 권위를 인정해 줄 때 나타난다.

"나의 종 모세는 다르다. 그는 나의 온 집을 충성스럽게 맡고 있다. 그와는 내가 얼굴을 마주 바라보고 말한다. 명백하게 말하고 그는 나 야웨의 형상(תמנת יהוה təmūmat[73] YHWH 터무마트 야웨)까지 볼 수 있다."(민 12:7-8)

그러나 여기 야웨의 형상(תמנת יהוה təmūmat YHWH: shape, form, look or appearance)은 창세기 1:26-27에 나오는 형상(צלם ṣelem 체렘)과 히브리어 단어가 다르다. 야웨의 형상을 말할 때는 외형적 형태나 모양, 틀을 의미하는 겉으로 드러나는 윤곽적 형체를 의미한다. 그러나 하나님의 형상(צלם אלהים ṣelem 'ĕlōhîm 체렘 엘로힘)은 하나님의 속성과 특징적 요소를 가리키는 것으로 볼 수 있다. 그

---

[73] 모양, 형상, 외양의 모습, 구체화된 형태, 외관, 용모 등을 의미한다. 이 단어의 어근은 mun으로 "짜르다", "베다"(to cut), "절단하다", "끊다"(to sever), "형성하다", "조립하다", "만들다"(to form)의 뜻을 가진다. 보다 외형적 모습을 강조하는 단어이다.

래서 창세기에 나타난 기록에서 특이한 사실은 인간창조가 하나님의 형상(체렘 엘로힘)대로 창조되었다고 기록되고 있고, 이상하게 '야웨의 형상'(צלם יהוה ṣelem YHWH)이라는 표현은 전적으로 피하고 있다는 것이다. 그 이유는 인간 창조에서 인간은 하나님의 속성을 닮은 것이지 하나님의 본질과 동일한 것은 아니라는 것을 강조하고 있다. 사실 이스라엘 신앙에서는 '야웨의 형상'이라는 말 자체로 표현할 수 없는 하나님 존재에 대한 금기 영역이 있다. 그래서 십계명에서 "야웨 하나님을 어떠한 형상으로든지 만들어서는 안된다"는 것과 "야웨 하나님의 이름을 망령되이 불러서도 안된다"는 신앙의 기본을 분명하게 제시하고 있기 때문이다. 야웨 하나님은 피조물인 인간의 감각 기능을 초월해 계시기 때문에 인간은 하나님의 형상을 볼 수가 없고(출 33:20) 따라서 어떠한 형상으로도 나타낼 수가 없다(사 40:18, 출 20:23).[74] 종교의 대상이 되는 신들의 '신상이 없는 종교'를 상상할 수 없었던 고대 근동세계에서 이스라엘의 신앙만은 야웨 하나님의 형상을 만드는 것이 철저히 금지되었고 구약종교는 하나님의 신상이 없는 신앙이었다. 그런데 인간만은 하나님의 형상과 모양대로 창조되었다는 것이다.

b. 어원적 의미

1)형상(צלם ṣelem 체렘)[75] : '깎다', '조각하다'는 동사에서 나온 것으로 '형상' '투영' '그림자' '모양' '환영'등으로 번역이 가능하다. 그러면서도, 첼렘이 사용될 때는 대부분의 경우 '조각물' '빚어 만들 수 있는 형상이나 彫像'을 뜻한다. 이는 신들의 형상을 의미할 때도 사용된다(겔 7:20, 암 5:26). 이런 때는 구체적인 형상을 의미하며 불가시적인 추상적 존재를 의미하지 않는다[민 33:52에는 צלם(체렘) 대신에 משכית(maśkit 마스키트)라는 '돌같은 물질로 조각된 형상'을 뜻하는 단어가 사용됨]. 즉, צלם(체렘)은 신의 형상을 구체화 시키려고 새겨 만든 우상과 부어 만든 우상과 같은 신상(神像)이나 실제 이겨서 만든 제작품을 의미하기도 한다(삼상 6:5, 왕하 11:18).[76] 예를 들면, 에스겔 16:17에 사람(남자)의 모습으로 만들어진

---

74) Edmond Jacob, 「구약 신학」, 박문재 역(일산: 크리스챤 다이제스트, 1999), p.196.
75) 1)a shade or shadow an illusion(Ps 73:20) 2)image or likemess/ pl. image of things (1 Sam. 6:5) image of men(Ez. 16:17) idols(Num. 33:52)
76) G. von Rad, Genesis, *Old Testament Library* (London: SCM Press LTD, 1972), p.57.

신들의 형상을 뜻하기도 했다(삼상 6:5,11; 겔 23:14). 다니엘서 3장에 바벨론 사람들이 모두 모여서 그 앞에 엎드려 절하던 금으로 만든 거대한 신상을 표현하는데 첼렘을 사용한다. P. 훔볼트(P. Humbert)는 "요컨대 모든 구약성서의 구절에서는 체렘이 전적으로 어느 영적이거나 도덕적 차원이 아닌 물질적 형상과 구체적 조상(彫像)을 표현하는 의미로 사용되고 있다"[77]고 주장한다. 그러나 C. 베스터만(C. Westermann)은 물질적 형상으로만 단순히 설명하는 것은 위험스런 이해라고 보고, 오히려 어떤 것이나 중요한 인물을 초상화나 구체적 표현(彫像 등)으로 묘사할 때 사용한다고[78] 보았다. צלם(체렘)의 의미가 물질적 형태(모양)로만 한정될 수 없고 오히려 어느 존재에 대한 하나의 표현이라고 본다.[79] צלם (체렘)은 원형과 비교해서 겉보기 모양이 좀 작아진 느낌의 외형적 닮음을 가진 복제품을 의미하기도 한다[80] (시 39:6). 헬라 교부들은 하나님의 형상을 인간 내부적인(영적인) 하나님과의 유사성으로 이해했다.

2) 모양(דמות dəmût 데무트)[81] : 형상에 대한 닮은 모양(likeness)은 형상을 한정한다. דמות (데무트)는 말로 나타낸 추상개념(a verbal abstraction)이며 주로 추상적인 어떤 것: 즉 용모, 풍채, 유사점(닮음점:similarity), 유비(유추:analogy)를 의미한다(겔 1:5,10,26,28).[82] 그러나 어느 때는 복사(copy)를 의미하기도 한다(겔16:10). 그럼에도 불구하고, 대체로 형상인 צלם(체렘)처럼 원형 자체보다는 그것에 닮은 유사점을 나타낼 때 사용되는 것이 보통이다. 그래서 인간은 바로 하나님 형상 그 자체가 아니라 닮은 형상이다.

이 두 가지 표현을 신학적으로 다르게 해석하려는 시도들이 있어왔던 것은 사실이다. 이레니우스[Irenaeus][83]는 창조된 인간 구조를 형상(形象: Imago)과 모

---

77) P. Humbert, "Etudes sur le lecit..... L'image Dei dans l'AT," *Memoires de l'Umiversite de Neuchatel* 14(1940), p.157을 C. Westermann, *Genesis 1—11: A Commentary*, Tran., John j. Scullion S.J. (Minneapolis: Augsburg Publishing House, 1984), p. 146에서 재인용.
78) C. Westermann, *Ibid*.
79) W. H. Schmidt, Das achte Schopfungswerk: die Menschen, Gen. 1:26—28," *WMANT* 17(1964), p.139. C. Westermann, *op. cit.* p.146에서 重引.
80) G. von Rad, Genesis, *Old Testament Library* (London: SCM Press LTD, 1972), p.57.
81) demuth ← damah(to be similar or like: 시 102:7 144:4) Niph. to be, become like, to resemble(겔 32:2 시 49:13) resemblance, likeness(창 1:26) Image(대하 4:3, 사 40:18) Model(왕하 16:10) shape, form(겔 1:16)
82) G. von Rad, Genesis, *Old Testament Library* (London: SCM Press LTD, 1972), p.58.
83) P. N Bratsiotis,"Genesis 1:26 in der Orthodoxen Theologie," *EvTh* 11(1951/52)289—297. Bratsiotis는

양(likeness: 相似)의 이중구조로 이해했다. 그리고 인간은 아담의 원죄로 인하여 영교(靈交)의 능력인 모양(likeness)은 상실 되었으나 인간으로서의 자연적인 이성력인 '하나님의 형상'은 상실되지 않았다고 했다.[84] 교부 아타나시우스(Athanasius)는 인간의 이런 이중구조를 보통은사와 여분은사(餘分恩賜)로 대치하여 설명하고 타락으로 인하여 여분의 은사는 상실했으나 보통은사는 아직도 보유하고 있다고 보아 본질 개념을 속성개념으로 바꾸었다. 또 이어 토마스 아퀴나스[Thomas Aquinas]에 와서는 인간의 이 이중구조(二重構造)를 자연적인 은사와 초자연적 은사로 설명했다.[85] 그래서 카톨릭 신학에서는 '하나님의 형상'(Imago Dei)과 '하나님의 모양'(similitudo Dei)으로 구분한다. 인간의 원죄로 말미암아 하나님의 형상은 상실되지 않았으나, 하나님의 모양은 완전 파괴되었는데, 세례를 통해서 다시 복원된다고 생각하였다.[86] 종교 개혁자 루터나 칼빈은 카톨릭 입장을 수용하지 않고 형상과 상사(모양)을 동일한 것으로 이해하고 있다. 그리고 루터에 의하면, 타락한 후의 인간에게는 파괴된 하나님의 형상의 잔재(殘滓)가 남아있다고 보았다. 그런데 그것은 완전히 부패되었고 매우 비참할 정도로 약화되고 철저하게 불결하고 더러워졌다고 본다.[87] 브루너[Emil Brunner]에 와서는 본질개념(類比槪念)을 배격하고 하나님의 형상을 관계개념으로 이해했다. 즉 하나님의 형상이란 신인관계(神人關係)를 말하는데 사람이 하나님께 바른 관계를 가질 때 그는 하나님의 형상이고 하나님을 배반할 때는 그 형상을 상실하게 된다는 것이다. 그래서 여기서 말하는 하나님의 형상은 인간의 책임적이고 응답적인 존재를 가리키는 것이다.

창세기 1:26에는 형상(צלם 체렘)과 모양이 함께 사용되고 있으나 창 5:3에서는 의미의 어느 변화가 없이 상호교환해서 사용되고 있다. 그래서 하나님의 형상에 대한 개념(the idea of god's image)을 말하는 기본적 단어는 분명히 צלם(체렘: Image)이다. 예를 들면, 창세기 9:6(사람은 하나님의 형상대로 지음을 받았으니)

"형상과 모양 사이를 분명하게 구분 지어준 최초의 사람이 이레니우스라고 주장한다. 이 주장은 동방 서방 교회에 널리 받아들여지게 된다.
84) 서남동, "그리스도교 인간학의 한 새로운 이해" [기독교 사상] 1963년 2월, p.13.
85) *Ibid.*
86) C. Westermann, *op. cit.*, pp.148.
87) Hugh T. Kerr, *A Compound of Luther's Theology* (Philadelphia: The Westminster Press, 1966), p.80

에서와 같이 1:27에는 דמות(데무트: likeness)란 표현이 전혀 나타나지 않고 צלם(체렘)이 진지한 표현으로 단독적으로 두 번 나타난다.[88] 그래서 형상(Iamge)을 나타내는 기본 단어인 צלם(체렘)이, 이 형상이 원형상에 유사하고 닮았다는 단순한 의미를 가지는, דמות(데무트)란 단어에 의하여 더욱 분명해지고 더욱 세심하게 설명되어진다. 그래서 완전히 다른 인간 요소를 말하는 것으로 취급할 필요가 없을 것 같다. 실제적으로 히브리어에서 이것은 서로 상호 보완적으로 서로 사용되는 수가 많기 때문이다.

c. 형상의 해석[89]

첫째 해석은, '하나님의 형상'을 인간의 내부적 모양의 인간 본성으로 보는 전통적 견해이다.[90] 이 견해에 의하면, 창조된 인간의 본질이 바로 하나님의 형상이라는 것이다. 이것은 인간의 내부적 본성으로, 초자연적인 영적 성질(Ireneaus), 인간의 정신 능력이나 우월성(philo Judaeus)으로 해석하기도 하고, 하나님의 형상이 정신력, 지성, 사랑에서 나타난다고도 하고(Augustine), 인간의 종교적 도덕적 인격 중심의 생활 속에서 하나님의 형상을 설명하기도 한다(Schleirmacher). 카이저(Walter Kaiser)는 인간 내부에 있는 하나님의 형상이 지식, 의로움, 거룩성과 같은 하나님과의 교제와 대화의 가능성 그리고 피조물 지배와 통치의 속성을 포함하고 있다고 본다.[91] 한 유대인 학자는 하나님의 형상과 모양을 영적 재능과 고귀한 속성을 지닌 정식으로 임명된 통치자로 이해했다.[92] 최근의 구약 해석자들 중에도 이성, 도덕성, 인격성, 자인식, 자율성, 영혼 불멸 등 영적 성질로 이해한다.[93] 이는 "하나님을 따라서 의와 진리의 거룩함으로서 지음을 받은 자"(엡 4:24)로 존재하는 것을 의미한다. 그래서 사람이 하등 동물에서 진화되었다는 진화론은 이 창조원리에 어긋난다.

---

88) G. von Rad, Genesis, *Old Testament Library* (London: SCM Press LTD, 1972), p.58.
89) Gordon J. Wenham, Genesis 1-15, *Word Biblical Commentary*, vol. 1(Texas, Waco: Word Books, Publisher, 1987), pp.29-33.
90) C. Westermann, *op. cit.*, pp.148ff. L. Berkohf, *Systematic Theology*(Michigan: Wm. B. Eerdmans, 1981), p.202
91) Walter C. Kaiser, Jr.,「구약성경신학」, 최종진 역(서울: 생명의 말씀사, 1982), p. 105.
92) C. Westermann, *Ibid.* p.149. B. Jacob, *Das erste Buch der Tora, Genesis*(1934), p.59.
93) Gordon J. Wenham, *op. cit.*, p.30. 이런 주장하는 학자들은 A. Dillmann, E. Konig, O. Procksch, E. Sellin, W. Eichrodt, P. Heinisch, J. Junker, H. Gross, F. Ceuppens, H. Muller, G. Fohrer이다.

둘째 해석은, 외부적 모양으로 보는 견해이다.

첼렘(tselem)이 어떤 사물의 모양을 본떠서 만들진 모상(模相: replica)을 뜻하기도 하는데 블레셋 사람들이 법궤를 돌려보낼 때, 종기의 모양과 쥐의 모양을 만들어 신에게 바치는 예를 갖추어 함께 보내는 일이 있었다. 이때 종기와 쥐의 모양을 나타내는데 이 첼렘을 사용하고 있다(삼상 6:5-11). 어느 곳에서는, 이 첼렘이 사람의 모양을 그린 그림이라든가, 새겨진 조각 같은 것을 표현할 때도 사용되었다. 에스겔서에 "바빌로니아 남자들의 모양"을 붉은 색으로 벽에다가 그려놓았는데 "바빌로니아 사람들과 같은 모습이었다." 여기 벽에 그려진 남자의 모양이 첼렘으로 되어 있다(겔 23:14-15). 이런 경우, 이 첼렘은 어떠한 모양과 모습을 닮은 구체적인 형상이라든가, 조각이라든가, 그림을 뜻하는 말이었다. 그래서 하나님의 형상을 해석할 때 최초의 인간은 그 외형과 외적인 모습이 하나님과 닮았다는 견해가 있다.

폰 라드는 하나님의 형상을 인간의 본질 보다는 인간의 기능과 역할로서 이해하려고 했다. 그는 하나님의 형상을 고대 근동의 많은 신화에서 하나의 신이 그의 모양대로 하나의 인간(혹은 신)을 만드는 것(우상으로 나타남)과 비교해서 이해하고 있고, 강대국의 왕이 자기 제국의 넓은 지역을 통치하기 위해서 외형적으로 닮은 자기의 형상으로 여러 곳에 세워 놓은 신상(身像)의 모습과 유사한 것으로 해석한다. 그 신상은 그 왕의 신체적 외모를 똑같이 만들어 세우려고 했다. 그리고 그 왕은 신의 형상으로 불려졌다. 즉 바빌로니아 왕은 바빌로니아 최고신인 말둑 신의 형상으로 부르고 있다. 그래서 고대 근동에서는 그 나라의 왕을 '신의 형상'이라 부르는 것이 보통이었다.[94]

그래서 하나님의 형상으로 지음받은 인간도 하나님의 외형과 유사하며, 하나님의 형상은 외형적으로 인간의 모습과 유사하다는 결론에 이르게 된다. 그래서 제국 안의 다른 지역에 세워진 왕의 신상의 역할과 기능과 지상에서의 하나님의 형상인 인간의 기능과 역할을 같은 맥락에서 이해하려고 했다.[95]

---

[94] Gordon J. Wenham, op. cit., p.30.
[95] Edmond Jacob, 「구약 신학」, 박문재 역(일산: 크리스챤 다이제스트, 1999), p.197. 고대 동방은 형상의 목적과 기능은 어떤 존재를 대표하여 어떤 형상, 곧 어떤 신상은 이 신의 실제적 현존이어서 기도자들은 이 신상을 상대로 대화하고 신상 파괴는 그 신상이 대표하는 신의 생명을 멸하는 것과 같았다. 또한 왕은 몸소 방문할 수 없는 자신의 제국의 먼 지방들에 자신의 상(像)을 세워 그 형상이라는 명칭 살아있는 존재인 왕에게 적용하였다.

이와 같은 주장들은 하나님의 형상에 대한 인간 내면적 본질로서 이해하는 것에 반대적 입장에서 인간의 외형적 모양으로 해석하는 입장들이다. K. Galling 같은 학자는 육체적 외부 모습으로 분리 해석하는 주장을 거부하면서 "그러한 해석은 하나님을 아주 인간의 범주 속에 융합시켜버리는 것"이 된다고 비판했다.

셋째는, 하나님의 형상을 인격적 실존(God's counterpart)으로 이해하는 관계적인 해석이다(Karl Barth, F. Horst, J. J. Stamm).

기독교적 인간관이 갖는 중요한 특성 중의 하나는 인간을 철저히 관계적 존재로 파악하고 있다는 사실이다. 구약성서의 창세기에 실려있는 천지창조와 인류의 타락 기사에서 아담으로 대표되는 인간은 위로는 만물의 창조주인 하나님(神), 아래로는 자연(하늘, 땅, 동물, 식물) 그리고 옆으로는 하와로 상징되는 다른 인간과 관계를 맺는다. 창조기사 속에는 이 관계의 본래적 모습이 그려져 있고 인류의 타락기사에는 이 관계가 깨어지는 과정이 묘사돼 있으며 구약과 신약의 구원사에는 이 관계의 회복의 길이 제시되어 있다. 따라서 성서적 인간관을 이해하기 위해서는 인간과 자연, 인간과 인간 그리고 무엇보다도 인간과 하나님과의 관계를 살펴 볼 필요가 있다.[96] 인간 자신과 인간 그 자체가 하나님의 피조물로서 존재하기 때문에 하나님의 형상이 있는 것뿐이다. 인간이 하나님의 형상이 없다면 인간은 인간이 되지 못한다. 그는 하나님 앞에 서있는 인격적 인간이기 때문에 하나님의 형상인 것이라는 주장이다.

칼 바르트는 하나님의 형상이란 인간의 본래적인 성질 곧 인간성이라고 규정한다. 이 인간성은 범죄로서도 파괴되지 아니하고 하나님이 구하시는 것은 인간성이며 성화도 곧 인간이 된다는 것으로 설명하여 하나님의 형상은 곧 인간성으로 보아 하나의 본질 개념으로 이해하고 인간 실존에 대한 규범과 요청으로 이해했다. 하나님의 형상(partnership, ability to enter into relationship)은 인간 실존의 특수한 면으로서 인간은 그것 때문에 하나님에게서 말을 들을 수 있는 '너'가 되며 하나님 앞에서 응답할 수 있고 책임을 지는 '나'(partnership)가 되는 것이다. 하나님의 형상은 하나님의 특별한 은혜로서의 바로 그 인격적 실존을 의미

---

96) 홍종남, "참교육을 향한 신학―철학적 반성" 기상(1989, 10), p.16.

한다.[97] 첫 번째의 인간 내부적 모양의 인간 본성으로 보는 전통적 견해와 더불어 셋째의 인격적 실존으로 보는 견해가 가장 타당성이 있다고 본다.

넷째는, 종교사적 해석으로 하나님의 형상을 대리자, 대표자(representative of God)의 의미로 해석하는 견해가 있다(H. Hehn, W. H. Schmidt, H. Wildberger). 이것은 왕을 하나님의 형상으로 묘사한 이집트와 메소포타미아의 여러 문서들을 집합시켜 종교사적 해석을 한 것이다. 하나님의 형상을 대리자나 대표자 혹은 국왕의 대리로서 통치하는 태수(太守: viceroy)의 의미로 이해하였다.[98] "인간은 하나님의 대리자이다. 세상에서 하나님이 자신을 나타내는 합법적인 형상은 오직 하나 있는데 그것은 사람이다."[99]

이런 이해에 의하면, 하나님께서 인간을 하나님의 형상대로 창조하셨다고 하는 것은 하나님은 자신의 형상대로 인간을 창조하심으로 인간을, 지상을 다스리고 보존하도록 하는, '왕과 같은 존재'로 세우셨다는 뜻으로 볼 수 있다.

폰 라드에 의하면, 고대 근동의 제국을 이룩한 왕들이 그 점령한 광대한 영토를 지배하려고 할 때, 본인이 직접 통치하기가 실제로 어려운 먼 지역의 나라들에는 왕 자신의 형상을 신상처럼 만들어 세워서 그 지역에 대한 왕의 통치권을 상징하여 지배하였다는 것이다. 폰 라드는 이와 같이 "하나님의 형상으로 지음받은 인간은 지상의 다른 피조물에 대하여 하나님의 대리인으로 지배 통치하는 존재"라고 강조하였다.[100] 세상에서 왕을 하나님의 형상이나 대리자라고 말할 때에는 왕이 나타나는 곳에 하나님이 나타난다는 의미이다. 신약에서 인간이 있는 곳에 하나님이 계신다(마18:20, 두 세 사람이 내 이름으로 모인 곳에는 나도 그들 중에 있느니라)라고 말씀하신다.

그러나 이러한 견해는 하나님과 인간관계에 대한 성서의 이해(특히 제사법전)와 부합되지 않는다. 거룩한 곳에 거룩한 사건이 일어나는 곳에서만 하나님이 나타나시거나 선포되거나 재현될 수 있기 때문이다. 인간이 나타나는 곳에 하나님

---

97) Karl Barth, *Church Dogmatics* III/1 (New York: Charles Scribner's Sonss, 1956), pp.182ff.
98) C. Westermann, *op. cit.* pp.151ff. Gordon J. Wenham, p.31.
99) H. Wildberger, "Das Abbild Gottes, Gen. 1:26-30," *ThZ* 21(1965), pp.495.
100) G. von Rad, *op. cit.*, p.58.

이 나타나시는 것은 하나님의 지극히 거룩함을 나타내려는 때에 나타내신다. 하나님은 인간에게서가 아니라 자신의 영광 중에서 자신을 나타내신다. 임금이 그의 신을 대표한다는 해석은 어느 면에서는 의미가 있을 수가 있다. 즉, 백성들 앞에서 하나님을 대표하고 백성들을 위해 하나님을 대표한다. 그러나, 인간은 누구 앞에서 누구를 위하여 하나님을 대표했는가? 에 대답이 궁해진다. 그리고 모든 인간 사이의 차이점을 없애고 신자와 불신자 사이의 차이점을 없애 버린다.[101] 그래서 주님은 "내 이름(예수 그리스도)으로 모인 곳에"라고 조건을 걸고 계신다(마 18:20).

d. 하나님 형상의 인간 위치

인간(Adamah[102] 에서 온 Adam)은 물질적 원소인 땅의 티끌(afar min-ha'adamah: out of dust from the ground)로 지음받은 육체적 존재(basar: flesh)이다. 그 육체적인 면에서는 인간은 크고 작은 정도와는 상관없이 동물과 흡사하다. 왜냐면, 하나님의 말씀에 의하여 땅이 생물을 그 종류대로 내어 놓았기 때문이다. 그러나 인간이 동물에서 진화된 존재라는 것을 말하는 것은 결코 아니다. 인간의 위대성과 독특성은 이 티끌에서 온 존재보다는 하나님의 형상으로 지음받은 것에 의한다. 티끌로 형성된 인간은 '하나님의 생명의 호흡'이 들어와 숨을 쉬므로 생령, 즉 살아있는 존재가 되었다. 하나님의 전능한 창조 행위에 의해 사람은 흙에서 조성이 되고, 거기에 신적 생명의 호흡이 스며들게 되어 살아있는 존재가 되었다. 인간은 지적, 도덕적, 영적 존재이므로 인간만의 뛰어난 독특성을 가진다.[103]

그러기에 인간은 하나님의 형상으로 창조된 임무와 역할을 감당하여야 한다.

---

101) C. Westermann, *Genesis, A Commentary*. Tran., John j. Scullion S. J. (Minneapolis: Augsburg Publishing House, 1984), p.153.
102) adamah는 황갈색 붉은 색의 어원을 가진 땅을 의미하는 단어이다. 이 단어에서 이루어진 아담이란 붉은 흙에서 취한 빛깔이 붉은 사람을 의미한다. 여기 아담은 한 개인의 고유 명칭이면서 인류 총칭을 의미한다. F. Brown, S.R. Driver and C.A. Briggs, *Hebrew and English Lexicon of the Old Testament*, p.9.
103) J. Barton Payne, *The Theology of the Older Testament* (Grand Rapids: Zondervan Publishing House, 1962), pp.224-225. Hans Walter Wolff, 「구약성서의 인간학」, 문희석 옮김(왜관: 분도출판사, 1976), pp. 68ff. 루아흐 이중의 관점에서 네페쉬(혼)와 바사르(육체)로부터 구별된다. 1)자연력인 바람을 지시하는 경우: 성서에 나오는 389회 중에 113회가 바람을 가리킨다(D. Lys, "ruach" 152와 J. H. Scheeper의 gees에는 144회). 2)인간과 동물에게 보다는 훨씬 더 자주 하나님(136회)에게 관련되어 있다. 곧 루아흐의 전체 통계 중에서 34% 정도가 하나님과 관련되어 있다. 네페쉬는 겨우 3%만 하나님과 관련되어 있고 바사르는 하나님과 관련되어서는 전혀 사용되지 않는다.

즉 하나님의 대리인으로 다른 피조물을 다스리는 기능적 책임이다. 그래서 창조 질서 속에서 인간 위치의 자리매김을 가진다. 하나님의 창조의 절정이요 모든 창조의 완성인 인간의 위치에 대해 시편시인은 다음과 같이 정리한다.

"주께서 손수 만드신 저 하늘과 주께서 친히 달아 놓으신 저 달과 별을 봅니다. 사람이 무엇이기에 주께서 이렇게까지 생각하여 주시며 사람의 아들이 무엇이기에 주께서 이렇게까지 돌보아 주십니까? 주께서 사람을 하나님 보다 조금 못하게 지으시고 그에게 영광과 존귀의 왕관을 씌워 주셨습니다. 주께서 손수 지으신 만물을 사람이 다스리게 하시고 모든 것을 사람의 발아래 두셨습니다"(시 8:3-6)

이 시편기자는 하나님의 형상대로 지음받은 인간의 위치와 책임을 아주 시적인 요약으로 적절하게 제시하고 있다.

결론적 요약을 하면, 하나님의 형상대로 창조되었다는 것은;
첫째, 인간과 하나님과의 특별한 관계성이다. 이는 모든 피조물 중에 인간이 하나님과 가장 비슷하고 닮은 존재로서 하나님과 특별한 관계를 가진다는 것이다.[104] 인간은 다른 피조물과 완전히 구별되게 창조된 특별한 존재라는 것을 우리에게 확실하게 해준다. 그 특별한 관계성이 바로 창조주인 하나님과 피조물인 인간이 대화를 하여 인간이 하나님의 말씀을 듣고, 그 다음에는 순종하기도, 대답하는 일을 통하여, 하나님의 말씀에 인간이 응답한다는 사실에 나타난다.[105] 또한 모든 만물은 인간을 위해 창조되었고 인간의 생명적 존재는 천하보다 훨씬 귀하다는 것이다. 모든 피조물과는 다르게 하나님의 독특한 관심과 특별 배려가 집중되어 있는 존재로서의 인간의 위치이다. 하나님의 만드신 광대한 천체(天體) 중에서 하나님은 부모와 목자의 심정으로 인간을 향하고 계시다는 것이다(시 8:1-9).

둘째, 인간은 세상의 모든 피조물보다 상위의 존재로 왕적 신분을 부여 받았다.

---

104) Hans W. Wolff, 「구약성서의 인간학」 문희석 옮김(왜관: 분도출판사, 1976), pp.272-274.
105) *Ibid.*, p.273.

인간은 창조주이신 하나님 외에는 온 우주 만물의 피조물 중에서 최고의 존재로 하나님('elohim)보다 조금 못하게 창조된 존재라는 것이다. 인간의 위치와 가치에 대하여 이처럼 분명하게 정의 내린 사상이 어디 있겠는가? 모든 피조물의 으뜸이며 그것도 영화(kavod)와 존귀(hadar)로 관을 씌워 주신 존재가 인간이다. 하나님 자신보다는 못하지만 창조자 외에는 최고의 존재로 왕같은 신분으로 인간을 세우셨다(시 8:5).

하나님의 형상대로 창조되고 왕 같은 존재로 인정받은 인간은 피조의 세계를 다스리고 보존하여야 하는 책임과 역할을 부여 받았다(시 8:6-8). 고대 세계에서 금과 보석으로 장식된 왕관을 쓴 제왕은 호화찬란한 영화와 최고의 권위의 존귀를 한 몸에 가지고 한 나라를 다스렸다. 이와 같이 하나님은 천사도 흠모할 피조 세계의 최고 통치자로 영화와 만물의 영장주권자라는 권위를 하나님의 형상으로 인간에게 주셨다는 것이다. 그와 같은 왕같은 존재로서 인간의 책임과 역할이 만물을 다스리는 것으로 분명히 제시한다. 8편의 시편기자는 창세기 1:26의 내용을 다시 반복하여 강조하고 있다. 고대 근동세계의 통치자가 자기 神의 형상으로 왕적 영화와 권위를 가지고 한 나라를 다스리는 것처럼 하나님의 형상으로 지음받은 인간은 이 지상에서 영화와 존귀의 왕같은 존재로서 하나님의 대리인으로 다른 피조물들에 대한 통치와 관리의 책임을 감당하여야 한다는 것이다.[106]

셋째로, 세상의 모든 피조물들을 지배하고 보존할 수 있는 권리를 부여 받아 만물의 영장 주권을 가지고 만물을 다스리고 지배하는—일반 피조물과는 아주 다른—특별한 사명의 존재[107]라는 것이다. 그래서 인간은 다른 짐승과 다르게 영혼, 창조성, 도덕성, 거룩성, 영원불멸성, 지혜, 지성, 인격이 있는 존재로 숭고하고 대단한 문화와 문명을 이루는 존재이다.

넷째로, 인간이 하나님의 형상으로 창조되었다는 사실이야말로 하나님이 인간

---

106) Habs W, Wolff, *Anthropology of the Old Testament* (Philadelpjia: Fortress Press, 1981), pp.159-161. J. Barton Payne, *op. cit.*, pp.226-228. 대개의 학자들은 하나님의 형상의 의미를 세상을 통치하고 다스리고 지배하는 인간의 책임과 특권으로의 속성으로 설명하고 있다.
107) Hans Walter Wolff, *Ibid.*, pp.223ff. 1)이 세상에 살면서 2)동료를 사랑하고 모든 증오를 극복하며 3)피조물을 지배하고 4)하나님을 찬양하도록 결정된 존재라고 본다.

이 되시고 말씀이 육신되시어 우리 인간 가운데 거하실 수 있는 가능성을 보여 주시고 그 터전과 근거가 된다는 것이다. 하나님은 지상의 어떤 피조물로도 태어나실 수 없다. 오직 하나님의 형상으로 창조된 인간으로만 태어나실 수 있다. 하나님이 인간이 되시는 길은 오직 하나님의 형상과 모양으로 지음받은 인간만을 통해서다. 그것도 하나님의 구속사적 인간 씨흐름의 통로를 통하여 여인의 후손으로 오시는 길로 이뤄진다. 결국, 하나님의 형상과 모양으로의 인간창조는 하나님의 인류 구원섭리와 밀접하게 관련되어 있다. 그래서, 하나님의 형상으로의 인간창조의 절정이요 결실은 둘째 아담되시는 예수 그리스도에게서 찾아야 하고 그를 통해서 구원받은 하나님의 자녀에게서 성취됨을 발견해야 한다.

그래서 하나님의 형상으로 인간창조를 기독론적 의미로 이해하려는 시도가 있었다. 골로세서 1:15은 "그리스도는 보이지 아니하는 하나님의 형상이시다"("which called Jesus Christ image of the invisible God." c.f.고후 4:4)라고 말하면서 새로운 인간을 입어야 할 필연성을 보고 있고, 그리스도인은 "자기를 지으신 창조자의 형상을 따라 지식으로 새롭게 하심"을 입도록 노력해야 한다는 것이다.[108] "즉 하나님의 형상은 아마 그리스도이었을 것이다. 사람은 하나의 그리스도-형상으로 창조되었을 것이다"(The image of God would be Christ; the individual would be created in a Christ-image).[109] 이러한 설명은 카톨릭 신학자들(G. Sohngen)과 복음주의 신학자들(E. Schlink) 사이에서 제기되었다. "그리스도는 하나님의 형상이다. 하나님은 인간 존재를 그리스도의 형상과 모양을 따라 창조하셨다"는 것이다.[110] 우리 인간은 그리스도 안에서 새로운 피조물로 다시 태어날 때 인간은 원래의 하나님의 형상을 온전히 이루어 하나님과의 바른 관계가 정립되어 질 수 있다고 본다. 그것이 바로 그리스도의 구속사적 목표이고 우리 신학교육 그리고 교회교육과 인성교육의 목표가 되어야 한다고 본다.

다섯째로, 하나님의 영이시요, 삼위일체 중에 한 분이신 보혜사 성령께서 우리 인간에 임하시고 감화 감동을 주시고 더 나아가 인간 안에 내주(內住)하여 거하시

---

108) *Ibid.*, p.164.
109) J. Barton Payne, *op. cit.*, p.166−167.
110) *Ibid.* E. Schlink," Gottes Ebenbild als Gesetz und Evangelium" *EvTh* Beitr. 8(1942), p.78. 重引.

고 임마누엘로 함께 계실 수 있는 근거와 터전은 바로 하나님의 형상과 모양대로 창조된 인간의 독특성에 있다는 것이다(요 14:16-17, 행2:1-4).

여섯째로, 인간이 죽어서 영원한 세계에 가고, 부활해서 영원한 영생을 얻어 하나님 나라에 들어가고 하나님 나라에서 영원하신 창조주 하나님과 영원히 살 수 있고 영광을 누릴 수 있는 근거가 바로 인간이 하나님의 형상과 모양으로 창조된 것에서 가능하다는 것이다. 이 모든 것이 구속사적 씨흐름의 결론인 여인의 후손으로 오신 예수 그리스도의 십자가의 피를 통해서 우리에게 허락하신 구원의 은총을 힙입어 이뤄지는 특별한 복음의 역사라는 사실을 주목하여야 한다.

인간은 이 하나님의 형상과 인간존재의 위치를 상실할 때 여러 가지 병폐가 유발되는 것이다. 자아의 무가치감은 자아증오를 낳고 자아를 향한 증오감은 곧 타인을 향한 증오감을 낳게 되는데 이런 감정은 모두 자아의식이 부족하기 때문이다. 여기서 자아의식을 갖는 것이 주요한데 이는 하나님 앞에서 자기의 가치를 인정하는 것이다.[111] 이를 위해서는 인간의 본질적 존재인 하나님의 형상과 모양으로 인간을 교육시키고 성장시키는 길만이 가능하다. 인간은 자기 자신의 존엄성과 자존심이 있는 곳에서 자신의 위치를 지킬 수 있다.[112]

구약의 인간관은 인간이 땅의 티끌에서 와서 티끌로 돌아가는 흙의 일부라는 것을 분명히 인지하면서도 이 지상의 흙 위에 살아가는 동안에는 땅을 경작하며 모든 만물을 다스리고 관리하는 자로 살아가도록 지음 받았음을 분명히 하고 있다. 우리는 하나님의 형상을 그리스도의 모습에서 진정 찾아야 하고 그 모습이 우리가 지향해 가야하는 인간의 목표가 되어야(그리스도의 분량에까지 자라야 하는 목표) 한다. 그러한 인간은 하나님을 향하여 책임적 존재로 서 있어야 하고, 이웃을 향하여 온전한 사랑으로 서 있어야 하고(그리스도가 하나님의 형상이라고 할 때 그 분의 모습은 바로 사랑이기에), 만물에 대하여는 통치하고 보존하는 만물의 영장으로 서 있어야 하는 3중적 존재로 자신을 인식하여야 한다.[113]

---

111) Rollo May,「자아를 잃어버린 현대인」백상창 역(서울: 문예출판사, 1982), pp.104f.
112) *Ibid.*, p.228.
113) Anthont Hoekema「개혁주의 인간론」유호준 역(서울: 기독교문서선교회, 1990), pp.131-134.

D. 인간의 구성 요소(창1:26, 2:7)

인간은 단순한 물질적 존재라든가 동물적 영역에 머무를 위치가 아니다. 이는 인간의 구성 자체가 복합적이고 하나님과 특별한 관계성의 존재라서 그렇다. 인간인 사람을 뜻하는 히브리 말이 바로 아담(Adam)이다. 그래서 아담이란 인류를 뜻하는 총체적 의미를 가지면서, 또한 에덴의 주인공의 고유 명칭을 뜻한다. 이는 일반적으로 한 사람에게 그 근원을 둔 것으로 집단적인 인류를 가리킨다.

1. 물질적 요소

"야웨 하나님이 흙으로 사람을 지으시고" 이 내용은 흙, 즉 땅의 티끌(먼지, 진흙, 흙: out of dust from the ground/ afar min-ha'admah)로 만들어진, 흙덩어리(티끌)로 빚어진 인간을 말한다. 여기의 티끌(afar)은 현대어로 말하면 물질적 원소(元素)를 의미하여 인간의 대물 관계적 요소(對物 關係的 要素)로 경제적 관계의 존재이기에 의식주(衣食住)가 필요하며 먹어야 산다. 그래서 인간은 동물과 크고 작은 정도와는 상관없이 흡사하나, 동물에서 진화된 존재는 결코 아니다. 이것은 근본적으로 인간이 땅의 티끌로부터 와서 티끌로 돌아간다는 인간의 땅에로의 귀속성을 강조하고 있는 것이다.

이 인간의 육신은 인간의 영적 기능의 좌소(座所)이며, 외부로 보이는 외모만 아니라 몸 전체로 하나님을 사모하기도(시 84:2) 두려워 떨기도 한다. "내 육체(바사르)가 주를 두려워함으로 떨며 내가 또 주의 심판을 두려워하나이다"(시 119:120). 창세기 2:24의 "그러므로 남자가 부모를 떠나 그의 아내와 합하여 둘이 한 몸(바사르)을 이룰지로다"에서 [둘이 한 몸]을 이룬다는 것은—바사르(basar)는 살, 몸, 일가친척등을 의미—한 공통된 몸(a common body), 한 '생활 공동체'(a 'fellowship for life')가 되는 것을 말한다.[114] 그래서 인간은 동물과는 비교도 할 수 없는 지적—도덕적—영적 존재로 인간만의 뛰어난 독특성을 가진다.

---

114) Hans Walter Wolff, op. cit., pp.28-29. 동물에서 진화된 존재는 결코 아니다. 이것은 근본적으로 인간이 땅의 티끌로부터 와서 티끌로 돌아간다는 인간의 땅에로의 귀속성을 강조하고 있는 것이다.

2. 영적 요소

"흙으로 사람을 지으시고 생기를 그 코에 불어 넣으시니"(2:7)에서 생기는 원래 히브리어로 '생명의 호흡(숨)'(breath of life: neshama hayim)을 의미한다. 즉, 티끌로 형성된 인간은 '생명의 호흡'이 들어와 숨을 쉬므로 생령, 즉 살아있는 존재가 되었다. 하나님의 전능의 창조 행위에 의해 사람은 흙에서 조성이 되고, 거기에 신적 생명의 호흡이 스며들게 되어 살아있는 존재가 되었다. 하나님의 호흡은 창조적인 생명력이다. 생명력과 호흡은 바람, 숨, 생명력, 영, 정서, 의지력을 내는 루아흐(ruach)이다.[115] 바로 이로 말미암는 영적 존재인 인간은 대신관계(對神 關係)—종교적 관계—나와 님(하나님)과의 관계를 맺게 되고 신망애(信望愛)가 필요하며 진리의 말씀으로 살아야 한다.

야웨 하나님은 사람의 육체적 내부에 바로 루아흐를 "만들어 놓았다"(슥 12:2). 나무로 만든, 그리고 돌로 만든 우상 속에는 아무런 루아흐도 없으니, 그것은 생각도, 느낌도, 생명도, 행동도 없는 그야말로 아무 것도 아닌 존재이다. 그래서 루아흐는 동시에 인간 생명의 숨길을 끌고 가는 '힘'이다. "만약, 그가 자기만 생각하고 자기의 루아흐(신)를 자기에게 가져가고 자기의 호흡(네샤마)을 자기에게 끌어가면 그 때엔 모든 육체가 멸망하고 사람도 진토(티끌, 먼지)로 되돌아 가리라"(욥 34:14-15). 결국 생명과 죽음은 루아흐에 달려 있다. 이 루아흐는 보이지 않는 '자립적 존재'로 말할 수도 있다. 대부분의 성서 본문에 의하면 하나님의 루아흐와 인간의 루아흐는 역학적 관계에 있다는 사실을 보여준다.[116]

시편 33:6에 의하면, 야웨의 입에서 말씀과 루아흐 모두가 나오는 한에서 이 두 단어 [말씀과 루아흐]가 동의어로 평행을 이루고 있다: "야웨의 말씀으로 하늘이 지어졌으며, 그의 입 기운(루아흐: 생명력)으로 그들의 모든 무리가 만들어졌도다." 여기서 보면 야웨의 루아흐는 [창조적인 생명력]으로 인간의 연한도 결정하고(창 6:3), 더 나아가 자연의 세력도 정복한다(출 15:8).[117] 바로 하나님의 루아흐를 닮은 인간의 루아흐가 바로 인간의 생명력이고 인간의 창조적 능력과 자

---
115) *Ibid.*, p.68.
116) *Ibid.*, pp.32-39.
117) *Ibid.*, p.33.

연을 다스리는 책임을 감당하는 만물의 영장 주권이 부여된 것이다. 흙에서 취한 [티끌](afar)로 빚어진 인간에게 주어진 [생명의 숨](neshama hayim)이 하나님께로 부여되는 순간, 티끌로 된 존재는 육체(basar: 몸)가 되고 그 하나님의 입에서 나온 숨은 하나님의 형상과 모양을 닮은 인간의 영이 되어 인격적 실체인 생명적 존재가 되는 것이다. 그래서 예수님은 '사람이 떡으로만 살 것이 아니요 하나님의 입으로부터 나오는 모든 말씀으로 살 것이라'(신8:3, 마4:4)고 확인하신다. 즉 우리의 영의 양식은 하나님의 말씀이요, 진리이기에 그 말씀을 사모하고 받아들이고 믿고 실천하는데서 우리 영이 자라고 만족할 수 있다는 것이다.

3. 인간 존재인 혼(Nefesh)[118]

"흙으로 사람을 지으시고 생기를 그 코에 불어 넣으시니 사람이 생령이 된지라"(창 2:7)에서 생령(nefesh hayah)은 바로 살아있는 혼, 인간의 혼(Soul), 인간 자체(Self)를 의미한다. 영(neshama→ruach)이 육신(basar→flesh)에 작용하여 나타나는 현상이, 곧 산 혼(nefesh hayah: living soul)이다.[119]

인간이란 흙에서 온 육신(basar)과 하나님의 호흡에서 온 영(ruach)이 같이 있어서 존재하는 살아있는 혼(生靈 nefesh hayah)이다. 죽음으로 영혼이 떠나면 결국, 몸만 있는 인간은 흙으로 돌아가는 물질(티끌)일 뿐이다. 영만 있으면 그것은 인간일 수 없다. 그래서 히브리적 개념에서 보면 인간을 영, 혼, 몸으로 분리해서 말할 수 없다. 인간은 통전적이며 통합적인 존재인 하나로 보고 있다.

인간, 즉 사람이란, 육신과 영이 같이 있어서 존재하는 살아있는 혼이라서 대인관계(對人關係)의 나와 너의 인격적, 윤리적 관계를 가지게 된다. 이 혼이 바로 생명이요 모든 知, 情, 意의 좌소이며, 생각하고 느끼고 판단하는 주체로서의 인간 전체를 의미한다. 영은 혼의 원동력이다. 인간의 영이 육신을 통하여 지, 정, 의의 어떤 개성적, 인격적 존재로 나타날 때, 그것을 혼이란 명칭으로 불렀다.[120]

예를 들면, 물(H2O)은 볼 수 있는 유동적 액체인데, 그것은 수소(H2)와 산소(O)가 합쳐서 전혀 다른 새로운 형태의 물이 되는 것과 비교가 된다. 수소만 가지

---

118) Hans Walter Wolff, *op. cit.*, p.10. 구약성서에는 nephesh가 755회가 나온다.
119) J. Barton Payne, *op. cit.*, pp.224-225.
120) 김희보, 「구약신학논고」 (서울: 기독교문서선교회, 1975), p.50.

고 물이라 할 수 없고 산소만 가지고 물이라 할 수 없다. 바로 인간은 흙으로 말미암는 육체가 생기, 즉 영을 받음으로 한 인격체인 인간이 된다.

그래서 네페쉬는 분명 영(ruach)만은 아니고 인간 모습 전체와 인간의 호흡을 총망라해서 이해되어야 한다. 즉 인간은 네페쉬를 가지고 있는 것이 아니라, 그가 곧 네페쉬 자체이다. 인간은 네페쉬로서 살아 있다. 인간은 주로 이 네페쉬를 통하여 다양한 감정들을 표현하게 된다. 그것은 증오의 주체이기도(삼상 5:8, 사 1:14), 사랑의 주체이기도 하다(아 1:7, 3:1-4). 그래서 네페쉬는 슬픔을 느끼며 울기도 하지만(렘 13:17), 또한 그것은 기뻐하기도 하며, 야웨 하나님을 향하여 환호하기도 한다(시 35:9). [네페쉬 하야]는 생명이 약속되어 있는 인간 존재 자체이다. 그것은 사람(person)이요, 개체요, 한 존재이다. 그래서 인간은 인격적 주체로서 자유의지가 있어지고 책임적 존재가 된다. 인간의 육체적 욕구와 하나님의 요구를 선택하여 행할 책임적 결단이 인간 자체에게 있어진다.[121]

그래서 구약적 개념은 헬라적 개념처럼 인간을 영, 혼, 몸으로 구분된 존재로 말하기를 거부한다. 인간은 영도, 혼도, 육체만이 아닌 전체로서 인간, 구분될 수 없는 존재 자체이다.[122]

천지 창조의 목적은 인류의 완성에 있다. 6일간의 창조는 인간이 거주할 수 있는 최상의 거처를 마련하시는 하나님 사랑의 배려이다. 실로 인간은 만물의 영장으로 지은바 되어 하나님의 자녀가 된 것이다. 모든 만물이 창조된 것도 모두가 사람을 위한 것이었다. 이런 인간의 존재를 확인시키고 하나님의 형상을 향한 인성교육의 시급한 대책을 구체적으로 교회에서 부터 시작하여야 한다고 본다.

---

121) Hans Walter Wolff, *op. cit.*, pp. 17-18, 25.
122) J. Barton Payne, *op. cit.*, pp.224-225.

E. 인간 타락과 인간의 운명: 씨신학의 전제

1. 씨 신학의 전제: 에덴에 주어진 명령과 인간의 타락

에덴에서 인간의 타락은 동물세계를 통한 인간에게 시험자, 혹은 유혹자가 접근함으로 인간이 하나님의 명령을 불순종해서 일어난다. 성서 기자의 의도는 명령에 대한 불순종을 인간의 현상으로 제시하여, 그런 불순종의 의미가 인간 실존의 영역에 어떠한 파괴를 가져왔느냐를 보여주려는 것이다.

하나님의 형상대로 지음 받은 인간은 불순종의 타락으로 인한 범죄로 만물의 영장인 생령(生靈)에 위기가 초래된다. 하나님과 관계의 파괴, 인간 그리고 자연과의 파괴를 가져온다. 결국은 "네가 먹는 날에는 정령 죽으리라"는 하나님의 말씀대로 죽음의 선언이 내려진다. 죽음은, 1)창조주이신 하나님과의 관계의 파괴로 인한 분리와 소외이며 2)생명나무로부터의 분리로 영생의 인간이 제한된 육체의 죽음을 갖게 되고, 3)에덴에서의 축출로 인하여 인간의 만물 영장 주권의 상실을 의미한다.

그러므로, 하나님과 인간 사이에 명백히 존재하여 있는 한계선(구분)을 인간이 인식하지 못하고, 하나님의 영역에 도전하며(Hubris), 인간의 터전을 벗어날 때 결국 멸망에 이르게 되는 것이다. 그래서 하나님 창조의 절정이었던 인간은 하나님의 형상을 썩어질 사람과 금수(禽獸)와 버러지 형상의 우상으로 바꾸어(롬 1:23) 조물주보다 피조물을 더 경배하고 섬기게 되었다(롬 1:24). 여기서 구원사가 유발된다(롬 5:6-11). 즉 한 사람의 불순종과 범죄를 인하여 많은 사람이 정죄로 죄인된 것 같이, 한 사람의 순종하는 의의 한 행동으로 많은 사람이 의롭다 하심을 받아 생명에 이르게 되는 구원 사건을 계획하시는 하나님의 섭리가 구약성서에 흐르게 되었다(롬 5:15-21).

a. 에덴 동산에서 명령: 타락의 근거(2:8-17)

에덴하면 누구에게나 환상적인 낙원으로 인간의 이상향의 세계로 궁금증이 서려있는 곳이다. 구약성서의 창조 방향은 지구 중심적이며 인간 중심적 세계관이다. 하나님은 이 지구의 동방의 에덴에 동산을 창설하시고 거기에 인간을 두셨다. 하나님은 우주 만물을 창조하시되 이 지구에만 물이 있고 생명체가 존재하도록 하셨다. 그리고 그 아름다운 지구 중에서도 중심부요, 이스라엘 지역에서 보면 동방의 에덴(즐거움, 기쁨, 좋음, 혹은 평원의 뜻)에 동산을 만드셔서 창조의 절정이요 만물의 영장인 남자와 여자를 거하게 하신다. '동산'은 벽이나 울타리로 보호된 아름다운 정원이나 땅을 뜻한다. 에덴동산은 인간이 부족함이 없이 완전히 즐길 수 있는 곳이다. 그 동산의 중심에 세 종류의 나무가 있었다. 1)아름다움으로 장식되는 자연의 숲과 나무들이며 인간의 일반적 식물이 되는 영양가 좋은 풀들과 열매맺는 나무들 그리고 2)먹음으로 영원히 살 수 있는 생명나무와 3)먹음으로 정령 죽게 되어 있는 선악을 알게 하는 나무가 동산 중앙에 자리잡고 있었다.

성서를 통해서 그 에덴동산을 분석해 보면 1)신들이 즐기는 정원이 아니다. 대개 이방 종교문서나 코란경에는 신들이 즐기는 곳으로의 낙원 개념이 나온다. 그러나 에덴은 인간을 위한 곳이었다.[123] 2)물이 넘쳐흘러 가장 비옥한 지역이다. 그래서 동산 중앙에서 근원되는 강물이 에덴을 적시고 4개의 강으로 갈라지면서 온 땅을 비옥하게 했다. 3)에덴이란 그 동산의 이름이기보다는 우리가 살고 있는 지구촌인 이 세상의 일부로 동산이 있던 어느 지역을 의미했다. 혹시 현재의 이름으로 남아있는 유프라테스강과 티그리스강(Hiddekel→'Idiklat→Idigla→Diglat→Tigris)의 근원이 만나는 지역 부근이 아닐까? 그래서 혹자는 고대 메소포타미아(이라크 북부/터키 남부 지역?) 근처에 위치해 있었을 것이라 보기도 한다.[124] 4)세상적인 물질적 조건에 의해 생명이 생존할 수 있는 지역이었다. "야웨 하나님이 그 땅에서 보기에 아름답고 먹기에 좋은 나무가 나게 하시고(9절), 그 사람에게 명하여 가라사대 동산 각종 나무의 실과는 네가 임의로 먹되"(16절)처럼 인간에 필요한 양식이 풍족하게 주어져 있다. 인간의 육체 보존을 위해서는 전혀 부족함이 없이 완벽한 준비가 되어 있는 곳이었다. 5)오늘의 지구의 아름다운 경치를 총망라하고도 표현키 어려운 그야말로 아름다운 곳이었으리라. 6)그러면서도 놀고먹

---

123) 문희석, 「구속과 창조의 신학」(서울: 기독교출판사, 1973), p.105. 바벨론 신화는 마르둑이 인간을 창조하는 것은 신들을 섬기는 노예로 삼기 위한 것이었다.
124) Joseph P. Free, *Archaeology and Bible History*, ed. Wheaton(Ill: Scripture Press, 1962), p.31.

는 세상이 아니라 다스리고 경작하여 돌 볼 땅이 있는 곳으로 노동이 인간 모습의 본질적인 부분이 되고 있어서 일할 것이 많은 곳이었다. 이 노동은 하나님이 인간에게 의미를 부여해 주는 인간에 위탁된 생활의 보람이었다. 7)가장 중요한 것은 하나님과 격이 없는 사랑의 사귐이 있는 곳이었다.

여기에는 특이한 나무 두 가지가 언급되고 있다. 하나는, 생명나무로(2:9) 인간이 자기 존재의 지상 성질을 영생의 영적인 본질로 변형시키기 위하여 주신 나무이다. 사실 일반 나무들 속에는 인간의 육체적 생명을 유지시키고, 육체의 병을 극복할 수 있는 요소가 흩어져 있는 것이라 볼 수 있다. 그래서 한약의 약효가 우리의 육체 치료에 중요하게 사용되는 것이다.

무엇보다도 중요한 나무가 바로 선악을 알게 하는 나무이다. 이 선악을 알게 하는 나무로 말미암아 인간의 자유에 제한을 두어 하나님은 인간을 인격적인 책임적 존재로 서게 하신다. 이 나무로 말미암아 에덴동산 분위기를 완전히 바꾸어 놓는다. 인간은 무조건적 자유가 아닌 조건적 자유 속에 자기 생애를 하나님 앞에서 책임 있게 꾸려가야 했다. 이것은 하나님을 인식하고 자기 자신을 확인하는 중요한 근거가 되었다.

b. 명령 세 가지

이 동산에 하나님의 명령이 인간에게 주어진다. 인간 공동생활을 근본적으로 제한하는 것이 3가지가 있는데 그것에 따라 제도적 상황을 달리한다. (1)금기(禁忌: Taboo)는 인격 이전의 것이다. (2)명령(命令)은 인격적인 것으로, 말이 통할 수 있는 것은 명령뿐이다. 명령을 내리는 자와 인격적인 관계를 맺지 않고서는 애당초 명령이 있을 수 없다. 에덴에서 명령은 하나님이 인간을 확신한다는 행위에 속하고 인격적 관계를 맺고 있다는 사실이다. (3)법률은 인격 이후의 것으로 인격적 규범을 넘어갈 때 인격에 모욕적인 제재를 받게 된다.

에덴동산에서 인간이 타락하게 되는 것은 인간에게 주어지는 하나님의 명령에서 시작된다. 인간에게 명령이 주어질 때 인간은 그 명령을 준수할 수도 있고, 거부할 수도 있어서 명령하는 분(하나님)과 (순종)을 통해서 긍정적 관계냐, (불순종)으로 인한 부정적 관계냐의 위치에 서게 되는 것이다. 인간은 본래 선택의 자유의지를 가진 인격적 존재(Nefesh)로 태어났다. 그래서 인간은 다른 동물과는 전적으로 다른 자유의 존재이며, 독립된 책임적 존재이다. 따라서, 하나님께 대해 순종하든, 아니면 불순종하든 둘 중에 하나를 선택해야 했고, 이것에 대해 아담은 시험을 받아야 했다. 바로 이것은 하나님의 명령에 의해서 비롯되었다. 아담에게 주어진 명령은 애매모호하지도 않았고, 아주 엄한 것도 아니어서, 인간이 실행하기에 아주 가능한 것이었다.[125] 에덴에 주어진 명령은;

첫째는, 긍정 명령(자유/허락 명령)으로, 하나님은 흙에서 취하여 생령이 된 인간의 육체에 필요한 양식을 준비하시어 생존케 하시는 배려로 주어진 명령이다. 아름답고 먹기에 좋은 나무를 풍성하게 나게 하시고(2:9) 그 각종 나무의 실과를 마음대로 먹으라(2:16)는 허락명령을 내리시어 조금도 부족함이 없었다. 이 나무 실과들을 마음대로 먹을 수 있도록 인간에게 완전한 자유를 선언하여, 인간이 욕심을 부리지 않는 한 이 나무들을 통하여 육체에 필요한 모든 필요한 자원과 양식을 충분하게 얻을 수 있었다. 조금도 부족함이 없는 풍성한 배려였다.

둘째는, 위탁 명령으로 경작(2:5)과 통치 보존(2:15)의 일이다. "하나님이 그 사람을 이끌어 에덴동산에 두사 그것을 다스리며 지키라"(2:15) 명하시며, 경작하고 보존할 책임을 선언하신다. 하나님은 이런 인간의 임무를 최초의 사람에게 위임함으로 인간 삶의 가치를 선언한다. 이 위탁은 인간 자신의 생(生) 전 영역에 주어진 모든 작업을 포괄하고 있는 것으로 인류 문명의 발전과 인간의 모든 직업이 여기서 파생되어 나타난다. 인간은 직업의 소중함을 이 창조 원리에서 찾아야 한다. 이 경작과 통치 보존의 노동은 인간에게 위탁된 생활의 의미이다. 따라서 인간이 수행해야 하는 노동은 타락의 결과가 아니라 인간의 전 생애 전 영역에 주어진 인간을 위한 작업이다. 노동은 인간이 타락하기 전 이미 에덴에서 시작되었다.

따라서, 인간이 수행해야 하는 노동은 하나님을 유익하게 하기 위한 것보다는 인간의 유익을 위한 것이다. 그러나 바벨론 창조 신화에서는 인간을 창조하는 이

---

[125] 문희석, *op. cit.*, p.117.

유가 바로 신들을 섬기며 봉사하게 하도록 종으로 부려먹기 위함이었다.[126]

노동은 창조에 따른 만물의 영장에게 주어지는 자연스런 삶의 몫이었다. 즉, 노동은 이미 에덴에서 시작된 창조의 내용이었다. 사람은 노동함으로 유익을 얻어 풍족하게 되고 그것은 고귀한 것이다. 노동을 통해 인간은 가치와 보람을 찾고 자기를 확인하게 되는 것이다.

셋째는, 금지 명령(조건적 명령)으로 "선악을 알게 하는 나무의 실과는 먹지 말라. 네가 먹는 날에는 정녕 죽으리라"(2:17)이다. 바로 여기에서 하나님은 하나님이시며, 피조물인 인간은 그저 피조물로서의 인간으로 서있는 것이다. 이는 하나님과 인간을 분명히 구별하는 한계선으로 창조주와 피조물 사이의 긴장이 명령에 의해서 계속될 뿐이다.

여기서 선(善)은 하나님과 인간의 긍정적(肯定的) 관계로, 좋고 축복되고 행복한 기쁨의 관계이다. 이 선한 관계는 인간이 이 하나님의 명령(하나님의 의지요 뜻이요 법)을 순종하는데 이루어지며, 그 결과는 축복과 영생이다. 악(惡)은 하나님과 인간의 부정적 관계인 불행한 저주의 부서진 관계이다. 이 악한 관계는 인간이 이 하나님의 명령에 불종하여 나타나는 것으로, 그 결과는 저주와 멸망이다. 곧 정녕 죽는다는 사망이다.[127]

이 금지 명령은 인간을 부자유의 존재로 묶어 두거나 인권의 박탈이나 몰수가 아니라 오히려 죽음에서 인간을 보호하려는 의지이다. 인간과의 친교와 긍정적 관계를 유지하려는 하나님의 강한 의도가 내포되어 있는 것이다. 즉, 이 금지 명령은 하나님이 인간을 확신하는 행위이며, 인간을 자유롭게 결단할 수 있는 인간으로 생각하고 충실하게 복종할 수 있는 가능성을 인간에게 제공하는 것이다. 말씀이 육신이 되어 인간이 되기 전에는 이 긴장관계가 영원히 상존할 수밖에 없었다. 이 명령에 의해서 사실은 인간은 자유가 더 보장받는 것이다. 할 수도 있고 안할 수도 있는 존재가 되기 때문이다.

예를 들어, 아름다운 넓디넓은 초원에 여러 가족들이 소풍을 갔다고 하자. 수많

---

126) 문희석, *op. cit.*, p.105.
127) *Ibid.*, pp.174-175.

은 어린애들이 파아란 잔디와 과일이 주렁주렁 맺어있는 나무들과 갖가지 꽃들로 가득한 그 초원에서 자유롭게 놀고 있다. 그런데, 초원 저 끝으로 밑에 끝없이 깊은 낭떠러지가 있어 그 막바지 가장자리에 빨간 리본을 쳐 놓고 금지 구역을 정해 놓았다. 그래서 부모들이 자신의 자식들에게 "절대로 저 빨간 리본으로 표시되어 있는 선을 절대로 넘어가지 말아라. 거기 넘어 가면 낭떠러지에 떨어져 정말로 죽는다. 정말로 가지 말아라! 넘어가면 죽는다! 알았지! 아예 그 빨간줄 가까이도 가지 말아라!"하며 몇 번이고 주의를 주고 큰소리로 명령하게 될 것이다. 하나님의 금지명령은 이것과 같은 어버이의 사랑의 명령인 것이다. 에덴의 명령은 이런 경고와 사랑의 외침이기도 하다, 곧 인간을 죽음에서 보호하고 잘살아 갈 수 있는 길을 가르치는 하나님의 의지요, 뜻이다. 그 하나님과 인간과의 관계성을 유지 보존하는 계약이요 바로 법이다. 그래서 하나님께서는 이 금지 명령만 내리신 것이 아니라, 순종해야 할 이유도 설명해 주셨다. "네가 먹는 날에는 정녕 죽으리라." 그러나 하나님과 인간 사이에 명백히 존재하여 있는 한계선을 인간이 바로 인식하지 못하고 불순종할 때, 인간은 결국 멸망에 이르게 되는 것이다. 바로 하나님과 인간의 관계성에 부정적 파괴가 일어난다.

에덴에서 인간에게 주어진 이 명령은 인간의 자유의지를 확인하는 작업이다. 실제적으로, 이 명령이 없으면 인간에게는 진정된 자유가 없는 것이다. 명령이 일체 주어지지 않은 동물에게는 지금까지 진정한 의미의 자유가 없는 것이다.[128] 그래서 동물의 세계는 지금까지 자체의 문명을 이룩하는 발전을 가져오거나 변화된 삶의 문화를 형성하지 못하고 있다. 제비집은 1000년전이나 50년전이나 오늘날이나 똑같다. 그저 본능에 지배되어 살 뿐이다.

여기에 "선악을 알게 하는 나무"라는 내용에 관심을 가져야 한다. 선악을 알게 하는 나무는 인간의 자유의지에 대한 책임적 선택에 대한 시험수(Testical tree)이다.[129] 이는 그 나무 자체에 무슨 신비한 약효(magic quality)가 있어서 인간을 악하게 만드는 것이 아니라 인간으로 선과 악을 알게 하는 나무로 나타난다. 여기의 '안다'는 히브리어 야다(yada)는 단순한 지적 인식만을 의미하는 것이 아니라 익

---

128) Dietrich Bonhoeffer, *Schopfung und Fall* (Muchen: Christian Kaiser Verlag, 1963), p.18.
129) Oswald T. Allis, 「모세 오경 약해」 최종진 역 (서울: 생명의 말씀사, 1981), pp.22−23.

숙한 경험의 영역을 포함하고 있는 말이다(창 4:1, 암 3:2). 그 과실을 따먹기 전에는 실제적으로 죄에 대한 경험적 실감을 못 느낀다. 그러나 실과를 따 먹는 순간 인간은 "아! 이것이 악이고 저것이 선이구나!"하고 확실하게 알게 되는 것이다. 순종에서 얻어지는 선과 불순종에서 얻어지는 악의 실체를 경험하게 된다. 선한 지식은 인간의 하나님에 대한 순종으로 얻어지는 긍정적 관계를 말하고, 악한 것에 대한 지식은 인간의 하나님께 대한 불순종으로 인한 부정적 관계를 말한다.[130]

명령이 주어질 때 인간은 그것을 준수할 수도, 거부할 수도 있어서 명령하는 분(하나님)과 긍정적 관계(순종=선=생명)냐 아니면 부정적 관계(불순종=악=죽음)의 위치에 서게 된다. 즉 하나님의 명령에 순종하는 것이 바로 선이고 그 결과는 생명이며, 불순종하는 것이 바로 악이고 그것은 정녕 죽는 결과를 가져온다. 지구 위에 피조물 중에 하나님의 명령을 받아 선악을 분별하여 선택할 수 있는 유일한 존재가 바로 인간뿐이다. 고양이에게 생선을 못 먹게 하기 위해 전기 쇼크를 계속 주면 나중에 생선을 보아도 전기쇼크의 무서움 때문에 조건반사에 의해 다가가지 않고 먹질 못한다. 그러나 그 생선을 훔쳐 먹는 것은 잘못이라는 회개하는 양심적 깨달음이나 도덕적 생각을 고양이에게 집어넣을 수는 없다.

이 선과 악을 알게 하는 하나님의 명령이 에덴에서는 나무의 실과를 먹지 말라는 것으로 나타났다면, 구약의 이스라엘 백성들에게는 율법(Torah: 명령, 교훈)이 주어진다. 그 율법을 순종하면 축복으로 하나님과 긍정적 관계(선)를 유지하고, 불순종하면 저주(죽음)로 하나님과의 부정적 관계(악)가 이루어진다. 오늘날 인류 전체, 우리에게는 하나님의 아들 예수 그리스도의 복음이 주어졌는데 복음을 믿으면 구원(영생)으로 하나님과 긍정적 관계(선)로 회복되고, 믿지 않으면 멸망(영원한 죽음)으로 하나님과 부정적 관계(악)로 파괴된다.[131] 즉, 하나님이 세상을 이처럼 사랑하사 독생자를 주셨으니 이는 저를 믿는 자마다 멸망치 않고 영생을 얻게 하려고 하시는 하나님의 구원의 명령을 받아들임으로 하나님과의 전혀 새로운 하나님의 자녀의 관계로 재정립되는 것이다(요 3:15-21).

---

130) *Ibid.*, p.24.
131) 문희석, *op. cit.*, pp.174-175.

선과 악의 계명을 좀 더 요약하면, "에덴동산 안에 선악(善惡)을 알게 하는 나무 열매는 먹지 말라"는 아담에게 주어진 불문법(不文法)의 하나님 명령이 주어진다. 선한 일은 행하고(행하지 않으면 죄), 악한 일은 하지 말라(행하면 죄)는 선악(善惡)의 계명이다. 이 명령은 인간을 죽음에서 보호하고, 에덴의 평화와 안식을 보존하게 하도록, 전적으로 인간을 위한 사랑의 명령이요 최소한의 보호 경계선이었다. 그 타락의 핵심은 바로 그 아담(인류)이 "하나님 같이 되겠다"(사단의 속성과 사상)는 넘지 말아야 할 경계선을 넘어서는 불순종으로 그 계명(명령)을 범하여 타락한다. 피조물인 인간이 하나님같이 되겠다는 무서운 교만(Hubris), 반역, 창조주(하나님)와 피조물(인간) 사이의 경계선 파괴로, 죄악과 사망의 길로 치달렸다. 에덴 평화와 기쁨의 삶이 죄의 무거운 짐으로 확~! 바뀐 것이다. 아담 안에 모든 인류가 그 결과에 허덕이고 있다.

훗날 이스라엘 공동체(개인→백성→인류)에게는 [에덴의 선악과 명령]과 똑같은 [하나님 명령]이 시내산 계약(출 19장)으로 다시 구체화된다. 그 시내산 계약에서 주어진 계약법은 성문법(成文法=율법)이다. 그 계명들도 인간 스스로(너는, 네가)가 행하도록 하는 명령이다. 이 율법의 계명은 더 구체적으로 '~을 행하라'는 선(善)에 속한 것이 248개 계명들이고, '~를 행하지 말라'는 악(惡)에 속한 것이 365개 명령들로 전체가 [613개 계명]으로 [善惡果 명령]을 전체 인류에게로 확산, 구체화 한 것이다.

c. 명령에의 도전

창조에 대한 이야기는 창세기 2장으로 끝나고 3장에서부터 태고의 인간 역사가 시작된다. 그런데 그 간격이 하루 사이의 일인지, 수백 년 후의 일인지 시간의 암시가 전혀 없다. 여기에 뱀이 뜻밖에 등장한다. 옛부터 뱀이 인간에게 피해를 주는 피조물로 전해 내려온 것만은 틀림없는 것 같다. 바벨론 홍수 신화 <Gilgamesh Epic>에도 인간이 뱀에게 영원한 생명을 빼앗긴다. 그러나 창세기에는 뱀에 대한 구체적인 설명이 없이 그저 "하나님이 지으신 들짐승 중에 뱀이 가장 간교하였다"고만 언급하고 있다. 히브리어 간교('aroom)는 긍정적으로는

'지혜로운, 분별있는', 부정적으로는 '간교한, 음흉한'을 뜻한다. 뱀의 긍정적 지혜는 예수님이 "너희는 뱀같이 지혜롭고, 비둘기 같이 순결하라"(마 10:16)고 언급하신 말에서 사용되고 있다. 그러나 인간 타락의 사건에는 악의에 찬 슬기로우나 간교한 짐승인 뱀이 개입된다.

뱀에 대한 해석도 다양하다.[132] 전통적으로는 뱀이라는 동물 자체 이상의 존재로 확대 해석한다. 뱀이 말한 내용이 단순한 동물의 말이 아니라 하나님의 선하심에 정면 도전하여 여자를 오해시키기 위하여 교활성을 나타내기 때문이다. 뱀이 말하지만 무도덕한 피조물의 뱀이 도덕적, 종교적 성격을 가진 악한 사상을 제시한다. 즉 뱀의 말 내용은 도덕적으로, 종교적으로 악의에 찬 유혹적 말이기에 이 배후에 깊이 자리잡고 있는 악한 존재가 있었다는 것이다. 그 악한 생각은, 사실상 뱀의 입을 통해서 사탄에게서 나온 것이라는 해석이다. 그러나 창세기 기자는 '그것이 사탄이다'란 말을 전혀 사용하지 않고 있다. 아마 그 당시 사람들은 설명하지 않아도 뱀은 사단을 상징하는 것으로 모두가 알고 있었기 때문에 설명할 필요가 없었는지도 모른다. 구약에는 악의 기원에 대한 원인론은 없다. 미완성의 계시 시대이기에 내세나 영적인 세계에 대하여 상당히 제한적이다.

그러나 계시의 완성 시대인 신약성서에서는 "큰 용이 내어 쫓기니 옛 뱀, 곧 마귀라고도 하고 사탄이라고도 하는 온 천하를 꾀는 자라"(계 12:9)라 하여 뱀이 바로 사단으로 언급되고 있다. "용을 잡으니 곧 옛 뱀이요 사탄이라"(20:2)하여 뱀은 곧 사탄 마귀로 일치시키고 있다. 사탄은 인간을 멸망시킬 수는 없어도 타락시킬 수는 있다는 것을 알기에 인간의 행복을 시기하여 적극적 공격을 감행한다. 오늘날에도 사탄은 어떤 방법을 통해서라도 하나님의 백성을 타락시키기 위해 우는 사자같이 삼킬 자를 두루 찾는다(벧전 5:8). 하와를 타락시켰던 교활한 술책을 지금도 쓰고 있다.[133] 뱀 이상의 존재가 배후에서 작용했다고 봐서 사탄이 뱀을 그

---

132) Edward J. Young, 「창세기 3장 주석」(서울: 한국복음문서연구회, 1974), pp.9-11. 탈무드에 나타난 고대 유대인 전통에서는 뱀은 단순히 인간의 마음 속에서 발견되는 악한 충동으로 해석한다. 하와에게 시험이 들어와서 불순종에 빠지도록 된 것이라는 해석. 신화적 해석은 어떤 마술적인 것으로 생명의 짐승이나 지혜의 짐승을 대표하는 것으로 가나안 농경사회의 풍년과 출산을 숭배하는 종교의 상징과 생명 약속의 존재가 뱀이었다고 본다. J. A. Soggin, "La caduta dell'uomo nel terxo capitolo della Genesi", *SMSR*, 33(1962), pp.227-256. 최종진, 「구약성서 개론」(서울: 소망사, 2007), pp.162-163.

133) 최종진, *Ibid.*, pp.163-165. 사단의 교활한 술책과 인간의 실패를 논한 것을 참고할 것.

의 도구로 사용하였다고 보겠다.[134] 유대인 문서(僞經)인 에녹서에도 아담과 하와를 유혹해 선악을 알게 하는 나무의 실과를 먹게 한 뱀이 바로 사탄이고 이 사탄을 통해서 세상에 죽음이 들어왔다고 말한다.[135]

이 타락 사건의 핵심 주제는 [인간이 하나님과 같아질 수 있다]고 이해하는 자체가 하나님에 대한 반역이요 최대의 죄악이며 타락이 된다는 것이다. "너희가 하나님같이 되리라"(3:5)하여 신적 존재의 날개를 얻을 것이라고 유혹한다. 이 악한 사상은 원래 루시퍼가 하나님 같이 되려고 했던 반역의 죄에서 연유한 것이다(사 14:12-15). 사탄은 [하나님같이 되는 길]이 인간에게 확 열리는 것처럼 보여지게 했다. 이는 인간의 한계선(빨간 리본 금지선)을 넘어버리는 무모한 욕망[Hubris]이다. 구약성서에서 질투하시는 하나님으로 인간에게 가장 금하고 있는 것이 바로 이같은 인간의 타락성 때문이다. 하나님은 자신의 경쟁자를 용납지 아니하셨다. 실제적으로 하나님의 경쟁자가 있을 수도 없다. 이처럼 하나님과 같아질 수 있다고 하는 사상이 가장 무서운 악한 범죄이다. 이것은 아주 무모하며 헛된 꿈이요 죄악이다.

바로 선과 악의 지식에 대한 지식 추구의 자기 한계선을 넘어가 버리는 영역으로 사탄은 여인을 끌고 간다. 그래서, 슬기롭고 하나님같이 될 수 있는 가능성이 확 열리는 듯 하여 하나님과 맺은 자신의 신뢰 관계 밖으로 나가는 행동에 빠지게 된다. 하나님의 사랑의 경고를 무시하고 하나님 사랑을 배신하고 저버리는 무서운 도전이며 죽음의 길을 선택하게 되는 타락의 길이다. 그것은 사는 길이 아니라 죽는 길이다. 인간이 자기의 한계선을 넘어섰을 때에 하나님에게 도전이 되고 그것은 인간 자신의 터전을 상실하게 된다.[136] 이것이 사탄의 속임수요 술책이었고, 인류는 여기에 계속 속아왔고 속고 있다. 인간은 귀로 듣고 눈으로 봄으로 생각과 마음에 죄가 자리잡고 그것이 자라서 죄악의 행동으로 빠지게 된다. 그래서 우리의 마음과 생각에 어떤 사상의 씨앗을 간직하느냐가 중요하다. 긍정적이고 적극적인 신앙 사상이냐 부정적이고 소극적인 생각이냐에 따라 우리의 삶의 색깔이 달라지는 것이다. 하나님의 말씀을 들으면 사는 길이고 사탄과 인간의 말을 하나

---

134) Gordon J. Wenham, *op. cit.*, p.80.
135) H. Orton Wiley, *Christian Theology*, vol. II(Kansas City: Beacon Hill, 1940), p.52.
136) 문희석, 「창조 신학」(서울: 보이스사, 1976), pp.180-181.

님 말씀보다 더 절대화할 때 위기와 파멸이 있는 것이다.

d. 인간의 실책과 그 결과

인간의 타락은 사탄의 간교한 유혹에 인간의 실책이 부합됨으로 일어났다. 그런데 인간은 한번 쓰러진 자리에서 또 쓰러지는 경향이 있어서 반복된 후회와 좌절을 가지게 된다. 인간들은 아담과 하와의 실책을 역사 속에서 계속해 왔고 계속하고 있다. 우리는 아담과 하와를 원망하고 질책하면서도 우리 자신이 똑같은 자리에 서 있는 모습은 외면하는 경우가 많다. "하나님처럼 될 것이라"는 달콤한 미끼를 가지고 사탄이 다가와서 인간의 한계선 너머로 이끌어 갈 때 인간은 아주 결정적 실책을 저질러 타락하고 만다.[137]

여인은 범죄하도록 인도를 받았으나, 남자는 단순히 먹는 것을 승낙하고 만다. 그래서 공범자의 모습으로 드러낸다. 하와는 뱀을 통한 사단의 사상(유혹)에, 아담은 여인 하와를 통한 사단의 사상을 받아들여 타락한다. 그들이 저지른 행동은 본질적으로 "하나님 같이 되고자 하는" 욕망이 초래한 불복종이 분명하다. 그래서 그들은 하나님을 창조주로서가 아니라 경쟁자로, 심지어는 적으로 생각하기에 이른다. 즉, 그들은 아무런 제한이나 금지 권위에 의한 지배를 받지 않은 채 모든 것을 경험하고자 하는 욕망 때문에, 그들에게 주어진 자유의 한계를 넘어섰던 것이다. 하나님의 금지선 밖으로 나가지 말라는 명령에 무엇이 있을까 호기심도 있고 아니면, 자신의 자유를 구속한다고 생각한 나머지 에덴동산 밖으로 뛰쳐나가는 것처럼 명령의 한계선 밖으로 넘어가 버린 것이다. 그래서 남자와 여자는 창조주와 피조물 사이의 장벽을 깨뜨리고 하나님으로서 행동하고자 시도했던 것이다. 이것 자체가 바로 타락이요, 범죄의 본질이었다.

여기서 인간의 실책이란 말을 가벼운 행위로 넘어가서는 안 된다. 과일 하나 따먹은 사실이 이처럼 인류의 운명을 영원한 멸망의 나락으로 떨어뜨리는 결과를 야기시켰느냐 하는 질문이 있을 수 있다. 그러나 과일을 따먹었다는 행위는 인간이 타락했다는 사실에 대한 부수적 표현에 불과하다. 오히려 타락의 사건은 선악

---

137) 최종진, 「구약성서 개론」, *Ibid.*, pp.164-165.

을 알게하는 나무의 실과를 따먹는 행위 이전에 이미 일어났다. 그것은 바로 하나님의 의지에 대한 고의적 대항이요 하나님같이 되겠다는 인간의 동기는 자비의 아버지 하나님에 대한 정면적인 배반 자체로 성격상 무서운 죄였다. 명령은 창조질서 속의 법이다. 법을 어기면 질서의 파괴를 가져오고 질서 파괴는 무서운 파멸의 결과를 가져온다. 예를 들면, 우주 천체에는 자연법칙인 자연질서가 있어 정확하게 운행되어 우주가 유지되어 간다. 그런데 어느 별이나 행성이 자연질서를 흩트리고 자연에 주어진 법칙(이것이 바로 하나님의 명령이고 창조 원리이다)을 배반하고 무시하여 어기는 순간 자연에는 무서운 파괴와 혼란이 오게 되는 것과 같다. 에덴에 주어진 하나님의 명령은 자연법칙 중의 하나이며 창조질서 중의 중요한 원리이며 하나님과 인간과의 사랑의 관계를 유지하는 법이요 원리였다. 이것을 인간이 파괴한 것인데 그것도 악한 세력의 유혹에 의한 악한 사상에 의한 것이었다. 그 결과는 무서운 사망을 가져오게 되었는데 이 파멸은 모든 자연질서 속에 있는 만물에게도 똑같은 현상이기도 하다.

    타락의 과정을 자세히 관찰해 보면, 중요한 현상을 발견하게 된다. 그것은 사탄의 술책과 인간의 반응의 관계이다. 사탄은 인간이 타락하도록 직접적인 명령이나 결정적 행위로 강요하는 것이 아니라 왜곡된 질문을 통해서 시작한다. "하나님이 참으로 먹지 말라고 하시더냐?" 그래서 타락에 대한 책임이 인간에게 있는 것으로 이야기가 전개되어 간다. 뱀은 여자에게 의도적이라 할지라도 단지 질문만을 발할 뿐이다. 여기에 대해 "먹지도 말고 만지지도 말라 했다"고 여자는 아주 단정적인 대답으로 왜곡되게 응수한다. 그러자 선악을 알게하는 나무의 실과를 먹어도 결단코 죽지 않을 것이며 오히려 하나님 같이 될 것이다"고 인간에게 동기와 가능성을 제시하는 선에서 뱀의 말은 간교하게 머무르고 있다. 즉 여자에게 어떤 타락할 행동을 구체적으로 옮기도록 요구하는 직접적인 표현을 쓰고 있지 않다는 것이다. 그래서 행동으로의 결단은 끝까지 인간의 몫으로 남겨있다. 여기서 인간은 인간에게 주어진 고귀한 자유의지를 하나님과의 긍정적 관계(선)를 위해 쓰지 않고 파괴적인 결과(악)를 가져오고 부정적 관계를 설정하는 데 사용하고 만다. 우리의 일상생활에서도 우리의 결단을 요구하는 타락 가능성의 모호한 악의 속삭임과 동기적 충동이 언제나 상존하고 있다. 이런 인간의 몫으로 남겨진 죄악의 결과와 타락의 현존에 형벌이 주어지고, 거기에 구원과 구속을 필요로 하는 구속사가 발생되어진다.[138]

e. 타락 그 후의 이야기

선악을 알게 하는 나무를 따먹기 바로 전까지만 해도 아담과 하와는 유혹의 말이 너무나 달콤하게 들렸다. 사단의 말에 의하면 [하나님 같이] 되는 길이 금방 열릴 것 같아서 하나님의 명령을 배신하고 인간의 터전을 떠나 하나님 같이 되겠다고 반역을 하며 선악을 알게 하는 나무실과를 의도적으로 따먹자마자 인간에게는 전혀 다른 체험을 하게 된다. 인간의 한계선을 넘어 하나님의 차원으로 돌입하여 하나님이 되겠다는 무서운 죄악을 범하자 인간은 자신의 터전을 상실하는 죽음의 나락으로 떨어졌다.

호기심에 가득 찼던 동산 밖의 세계는 기대했던 자유와 행복과는 전혀 다르게 고뇌와 수고와 땀흘리며 고통해야 하는 삶의 연속이며 가시덤불과 엉겅퀴로 꾸며진 인생의 길을 걸어가야 했다. 결국 그것을 먹는 순간 전혀 뜻밖의 사태가 일어난 것이다. 하나님의 말씀에 순종하는 것이 선(善: 긍정적 관계)이고 불순종하는 것이 악(惡: 부정적 관계의 파괴)인 것을 확 체험하여 알게 된다. 그리고 그 불순종의 악은 결국 "정녕 죽으리라"는 결과를 가져오는 것을 알게 된다. 고대 바벨론의 홍수신화인 길가메쉬(Gilgamesh Epic)에도 영원불멸을 추구하다 완전히 수포로 돌아가는 인간의 비극적 이야기가 나온다. 영원한 삶을 찾아 몸부림치는 주인공 길가메쉬의 고행이 생생하게 묘사되고 있다. 고대인들은 신과 인간을 구분할 때, 신은 영원히 죽지 않는 존재이고 인간은 죽는 존재로 생각했다. 길가메쉬의 친구인 엔키두(Enkidu)가 어떤 여신을 모욕했기 때문에 결국 죽는다. 길가메쉬는 슬픔에 차서, 신처럼 죽지 않는 비법을 찾아 세상을 방랑한다. 신들처럼 영원히 사는 비법을 찾아내기 위해 산을 넘고, 배로 죽음의 바다(the Waters of Death)를 건너게 된다. 죽음의 바다 저편에서 길가메쉬는 큰 홍수 이야기를 말하는 우트나피스팀(Utnapishtim)을 만났다. 그 우트나피스팀은 지혜의 신에

---

138) 1)아담→불순종(악)→범죄→죄인→사망(죽음)=죄가 사망 안에 왕노릇. 2)둘째 아담(예수그리스도)→순종(의)→의의 한 행동→의인→영생(생명)=의로 왕노릇. 1)의 형편의 인간을 구원하기 위해 2)의 새로운 구원역사를 위한 씨 흐름이 필요했다.

의해서 신들이 홍수를 내릴 것이니 배를 건조하여야 한다는 전갈을 받고 입방체 (120x120)로 된 6층의 배를 7일 동안에 만든다. 그것을 역청으로 덮어 바르고, 음식, 금, 은, 그의 가족, 장인(craftsmen)들, 그리고 동물들을 실었다. 폭풍우가 6일간 밤낮으로 계속되어 세계를 덮었다. 제 7일 째에 폭풍우가 가라앉고 평온을 찾게 되며 배가 니실(Nisir)산에 멈춰섰다. 그래서 지면의 상태를 알기 위해 비둘기를 내보냈으나 쉴 곳을 찾지 못하여 되돌아 왔다. 그 다음에 제비를 내보냈으나 역시 쉴 곳을 찾지 못하여 되돌아 왔다. 마지막으로 까마귀를 내보냈다. 물이 감한 것을 알게 되자 우트나피슈팀은 방주에서 나와 희생제사를 드리자, 신들이 거기에 파리떼처럼 모여 들었다. 신들의 욕구가 만족되자 그들은 우트나피스팀의 운명을 놓고 논쟁했다. 결국 우트나피스팀과 그의 아내는 불멸성을 부여받게 된다는 것이다. 그리고 우트나피슈팀은 길가메쉬에게 떨갈매 나무같은 소위 불로초의 식물에 대한 비밀을 알려준다. 길가메쉬는 그 식물을 발견하여 힘을 들여 간신히 손에 넣게 된다. 그는 이제 자신도 신이 된 것처럼 의기양양하게 불로초를 손에 들고 고향으로 돌아오던 중에 길 옆의 호수가 있어 그 불로초를 호수가에 놓고 물속에 들어가 목욕을 하고 나왔다. 그 목욕하는 사이에 뱀이 그 식물의 냄새를 맡고 나와서 그 불로초를 물고 가버렸다. 그러자 영생을 향한 그의 꿈과 노력은 일순간에 수포로 돌아가고 그의 남은 여생은 눈물과 고난과 후회로 지내게 되었다. 뱀은 껍질을 벗는 회춘(回春)을 얻게 되고 인간은 영영 죽게 된다는 이야기이다. 이는 아담의 전승이 바벨론 지역에 스며들어가 성서에서 말하는 인간의 절대적 죽음의 문제를 신화적으로 기록한 것이라 보겠다.[139] 성서는 결국 뱀의 유혹에 의한 인간의 하나님께 대한 정면적 도전과 반역이 "정령 죽으리라"는 하나님의 경고의 말씀대로 인간에게 죽음이 운명 지어졌다고 선언한다. 인간이 타락한 후의 심리 상태와 그 실존을 적나라하게 표현하고 있는 것이 창세기 3:9-19에 나타난다.

---

139) 이는 고대 앗시리아 제국의 수도였던 니느웨의 앗수르바니파(Asshurbanipal) 왕의 도서관을 1849-1854 사이에 발굴하는 중에 발견된 것으로 11번째 토판에 기록된 홍수 이야기이다. 성서의 노아 홍수 기사와 아주 흡사하다. 다음을 참고 할 것. R. Campbell Thompson, *The Epic of Gilgamesh*(London, 1928). E. A. Speiser, "The Epic of Gilgamesh" ANET, pp.72-99. N. K. Sanders, *The Epic of Gilgamesh* (Baltimore, 1960).

첫째로, 인간과 하나님과의 관계 파괴인 영적 파탄을 가져온다. 그 결과는 수치와 두려움이다. 그래서 무화과나무 잎을 엮어 몸을 가리우고 하나님 앞에서 도망치고 숨었다. 죄를 범한 양심에는 수치심과 두려움이 따른다.[140] 즉 인간이 범죄전에 가졌던 하나님의 영광, 성결된 삶의 행복을 잃어버린 것에 대한 부끄러움이요 무엇인가 실패했다는 수치심이다.[141] 그래서 죄범한 양심은 하나님을 피해 도망친다. 하나님을 떠난다. 하나님과 인간의 친밀성의 파괴이며 분리를 뜻한다. 죄는 꼭 형벌을 수반한다. 즉 심판이 따른다. 인간에게 주어진 형벌은 불순종에 대한 심판으로 그 종막(終幕)은 바로 죽음이다(창 2:17, 3:19).

이 에덴에서의 축출은 (1)인간이 하나님을 먼 곳에 있는 분으로 경험한다는 공간적 분리이며 (2)고통과 죄악 속에서 하나님의 부재를 체험한다는 것이며 (3)인간이 에덴에서 추방되었다는 지역적 분리이며 (4)생명나무에서의 분리에 의한 영생의 상실이며, (5)그는 하나님 같이 될 수 있는 가능성에서 단절되었으며 창조자가 되는 것으로부터 완전히 단절되었음을 의미한다. (6)인간에게 내려진 형벌은 저주받은 땅에서 소산을 먹기 위해서 수고하여야 하는 인생의 짐이 주어졌다. 에덴에서의 노동은 다스림과 만물의 영장으로의 주권 행사였으나, 이젠 저주받은 땅으로 변한 곳에서 심한 고역과 노동이 인생의 몫이 되었다. 그리하여 수고하고 무거운 짐진 자로 전락하고 만다. 그리고 (7)생명나무에서의 완전한 분리로 결국 흙으로 돌아가는 인생의 결말, 즉 죽음이다.

둘째로, 인간과 인간과의 관계파괴로 사회적 파탄을 가져왔다. 사람(아담)은 범죄의 책임이 추궁될 때, 자신의 허물을 타인(여자)에게 전가시키고 자신만을 정당화시키려는 극도의 이기심이 발해진다. 이 심리는 현대인들에게까지 만연되어 인류를 고독하게, 그리고 짐승 이하의 치열한 싸움이 계속되고 있다.[142] 아담과 이브가 서로 수치를 느끼고 벗은 몸을 의식한 것은 최초의 남녀 간에 사랑의 갈등이 생김을 의미한다. 남자는 여자를 다스림으로 바뀌고, 형(가인)은 동생(아벨)을 증

---

140) C. F. Keil and F. Delitzch, 「창세기, 구약주석(1)」 고영민 역(서울: 기독교문화출판사, 1981), p.104. 수치는 죄와 허물의 공동친척이다. 수치감은 어떤 육신적 결함에 기인하는 것이 아니라 하나님 앞에서의 죄책감, 또는 수치감에 의하고 양심의 발동이었다.
141) 문희석, *op. cit.*, p.183.
142) *Ibid.* p.99.

오하여 죽이는 살인 사건이 나타나서 이 비극적 싸움은 인류 역사를 이끌어 오고 있다. 열국으로 번영되고 도시문화가 증대되면서 인간의 마음과 생각이 온통 악해지면서 종교적 타락으로 하나님의 아들들이 사람의 딸들과 무분별한 결혼을 하면서 폭력과 도덕적, 성적 타락으로 질주하게 된다(창 6장). 거기에 하나님의 심판이 계속 내려지면서 하나님의 구원사도 꾸준히 전개되어 간다.

셋째로, 인간과 자연과의 관계 파괴로 인한 환경의 파탄이다. 이는 인간의 동물세계에 대한 지배권 상실을 의미한다. 에덴의 모든 지배권을 잃어버리고, 짐승의 위협을 느끼고, 짐승을 신앙의 대상으로 섬기는 무지한 인간으로 전락되어 버렸다. 사람과 땅의 긴밀한 연합이 저주로 인해 깨어진다. 아담에게 내려진 심판은 땅에 내리는 심판과 연관된 고통으로 나타난다. 땅은 저절로 "가시와 엉겅퀴"를 내게 된다. 따라서, 인간은 애써 일하지 않고는 필요한 양식을 생산할 수 없게 된다.

타락의 결과로 나타난 심판의 순서를 보면, 1)뱀(저주, 배로 다님, 종신토록 흙 먹음, 여자 후손과 원수)→2)여자(잉태의 고통, 수고, 남편 사모, 남편에 종속)→3)아담(수고, 땀 흘려야 생존, 흙으로 귀환)→4)땅(저주, 가시덤불, 엉겅퀴)으로 나타난다. 결국 하나님의 보호를 받으며 누리던 평화와 행복스러운 자유 대신에 부자유와 불안 그리고 고통이 인간에 자리를 잡게 되었다. 이 심판 선언의 내용을 자세히 살펴보면, 저주받은 대상은 뱀과 땅일 뿐이다. 이는 인간적 존재가 아니다. 인간에게는 "흙에서 취함을 입었으니 흙으로 돌아갈 것이라"는 인간 존재의 실체를 전제로 하여 흙으로 돌아갈 때까지 삶의 고통이 계속될 것을 선언한다. 여기서 하나님은 인간에게 구원의 가능성을 열어 놓고 있다.

VII. 창세기의 구속사적 씨흐름

 구약성서는 하나님의 구원사가 어떻게 계속되고 있는가를 보여주고 있다.[1] 인간 타락에 대한 하나님의 심문과 그 결과는 에덴에서의 축출과 함께 노동에 수반된 삶의 고통과 흙에로의 귀환인 죽음의 선고였다. 여기서 하나님은 인간구원을 위한 구속사적 씨흐름을 이끌어 가시는데 이를 기록할 때 족보적 형식을 취하고 있다.

A. 씨흐름 방향 설정으로 원복음(最初 福音)

역사의 방향 설정(역사의 Navigation)←**창3:15 原始福音**→여인의 후손

---

[1] 이 부분은 본인의 「에스더서 주석」의 서론에 기록한 내용을 거의 그대로 사용하였고 각주도 생략하고 참고 도서 목록으로 대신한다.

하나님은 인간의 타락과 그 결과의 정황에 포기 선언이 아니라 구원의 길을 예비하시어 구약의 역사를 이끌어 가신다. 이는 인간에게가 아닌 사탄에게 주어지는 저주인 "내가 너로 여자와 원수가 되게 하고 너희 후손도 여자의 후손과 원수가 되게 하리니 여자의 후손은 네 머리를 상하게 할 것이요 너는 그의 발꿈치를 상하게 할 것이니라"(창 3:15)는 구절 속에 나타난다. 즉 인간 구원의 문제는 하나님의 일방적 선언에 의한 하나님의 절대 은총의 사건이다. 우리가 아직 죄인 되었을 때에 하나님께서 우리에게 대한 자기의 사랑을 확증하는 선언이다(롬 5:8).

하나님께서 솔선하여 주신 이 창세기 3:15을 최초의 복음(Protoevangel-ium)이라고 대개 말한다. 하나님의 구속사적 언급이 제일 먼저 나타났다고 해서 하는 말이다. 이 인간구원의 사건이 여자의 후손과 뱀과의 궁극적인 원수('ebah: '증오, 적의'의 뜻)관계의 싸움으로 이뤄진다는 사실에 우리의 주의를 집중해야 할 것이다. 인간 역사가 막 시작되는 시점, 인류의 범죄사(犯罪史)가 시작되는 바로 그 출발점에, 이 인류 구원의 방법이 제시되면서 하나님의 구원사(救援史)도 동시에 발생되고 있다는 것이 역사의 시작이 된다. 여기서 여인의 후손(씨)를 향한 씨흐름이 역사의 방향설정이 되고 있다. 그런데 그 인류 구원의 방법이 [뱀]과 남자의 후손이 아닌 [여자의 후손]과의 적대적 행동에 의한 서로의 증오와 파괴의 결과로 나타난다. 하나님은 뱀에게 인간과는 철저한 원수가 될 것이라면서 그 원수관계가 3단계로 발전해 간다(창 3:15).

본문의 15절은 14절과 서로 상호 의존적 관계를 가진 두 개의 운율적 선언으로 되어 있다. 14절은 뱀에 대해서 아주 오래된 저주 형식(the curse formula)으로 직접 화법을 사용한다: "네가 모든 가축과 들의 모든 짐승보다 더욱 저주를 받아 배로 다니고 살아 있는 동안 흙을 먹을지니라." 하나님은 뱀이 동물 왕국의 나머지 모든 동물들과 삶의 양식과 방법에서 완전히 구별되어 분리될 것이라는 저주를 내린다. 15절은 심판 형식으로 하나님은 뱀과 여인, 뱀의 후손과 여인의 후손 그리고 뱀과 여인의 후손 사이에 원수(적의)가 되게 하는 일방적 선언을 하신다.[2]

---

[2] Gordon J. Wenham, Genesis 1–15. *Word Biblical Commentary*. (Waco, Texas: Word Books Publisher, 1987), pp.78–79.

타락한 인간을 위해 하나님은 구원의 문제를 제시하시는데 있어, 특이한 것은 인간에게 주어지는 말에서 언급하는 것이 아니라 바로 인간 타락의 원인 제공자인 뱀에게 주어지는 저주와 심판에서 구원의 섭리를 계시하고 있다. 그 이유는 인간 타락은 바로 사탄의 악의에 찬 사상과 유혹에 의한 사건이기 때문이다. 그리고 인간 구원의 문제는 하나님의 독자적인 은총에 의한 사건이기 때문에 인간이 개입할 성질의 것이 아니다. 그래서 하나님이 인간의 육체를 입으시고 친히 오셔야 했다. 이는 하나님이 여인의 후손으로 오심으로 된다는 것이다.

1. 어원적 고찰

원수(איבה 'êbāh 에바)는 '증오' '적의'를 뜻하여 적대적인 행동을 행하게 하는 증오를 의미한다. 짐승들에게는 해당되지 않는 말이다. 이는 인격체 즉 도덕상 책임질 수 있는 존재들 간에 있을 수 있는 적대감에 한정되는 용례이다. 같은 의미로 에스겔 25:15, 35:5에 "에바"가 나타나는데 이 '적의' '증오'는 한정적 상황에만 존재하는 것으로 끝나는 것이 아니라 끊임없이 되풀이 하는 상황으로 성장해 가는 것으로 묘사하고 있다.

"되게 하고"(שית šît 쉬트)는 '놓다' '두다'를 뜻하기 때문에 "내가 너로 여자와 원수가 되게 하고"는 원어상으로 직역하면 "내가 너와 그 여자 사이에 적의(증오)를 놓아 두리라"(And enmity will I put between thee and the woman)가 된다.

후손(זרע Zera':제라)은 앞에서 언급한 대로 씨, 혈통, 자손, 후손, 가문, 왕족, 씨족 등(창 3:15, 12:17, 13:15,16, 16:10, 삼상 2:20, 왕상 2:33, 스 2:59, 느 7:61, 창 17:12, 왕상 11:14, 왕하 11:1)으로 쓰이고, 더 나아가서 집단적 공동체(사 1:4, 65:23, 잠 11:21, 렘 2:21, 말 2:15 등)로 사용되었다. 전체 후손의 계열을 하나의 단위로 지칭하여 전체 집단을 요약하거나 대표하는 한 사람을 말하여 약속의 사람을 향하고 있다. 그러나 여기서는 뱀의 후손(씨)에도 사용되고 있어서 짐승의 차원이 아닌 사탄의 지배를 받게 될 인간 그리고 인간 집단이 여인의 후손을 공격할 것이라 볼 수 있겠다.

뱀(שׁחנ nāḥāš: 나하쉬)는 뱀을 뜻하는 일반적 명칭이다. 현재 팔레스타인에는 36종의 실재 뱀이 있으나 성서 시대에는 뱀의 종류에 따라 분류하여 부르지 않고 어떤 뱀이던 한가지로 모두 "나하쉬"라고 부르고 대체로 독이 있건 없건 간에 뱀하면 독사로 보았다고 한다. 뱀에 대한 해석은 여러 가지로 설명이 되지만,[3] 앞 장의 후반부에 간단히 언급하였다.

"상하게 할 것이요"(שׁוּף šûp: 슈프)는 '상하게 하다' '짓뭉개다'를 뜻하는 것으로 뱀(사단)과 여인의 후손(씨)의 싸움의 상황을 설명하고 있다. 욥기 9:27("그가 폭풍으로 나를 꺽으시고(crush) 까닭없이 내 상처를 많게 하시며")에 한 번 더 나타난다. 공격의 대상에 따라서 '머리를' 상하게 하는 것과 '발꿈치'를 상하게 하는 것으로 대칭을 이루고 있다. 이는 여인의 후손이 뱀의 머리를 상하게 하는 결정적이며 치명적 공격인 예수 그리스도의 온전한 승리와 완전한 사역으로 사탄의 세력을 진멸하여 인간을 구원하는 복음의 완성을 의미한다. 뱀이 여인의 후손의 발꿈치를 상하게 하는 것은 공격의 한계로 예수님을 십자가에 죽이지만 인간의 죄를 대속하시고 구속하신 주님을 하나님이 죽은 자 가운데서 다시 살아나시게 하사 영생의 길을 여시고 사단의 세력을 완전히 진멸하시는 만왕의 왕이시오 만국의 주가 되사 하나님의 나라를 완성하신다는 것이다.

2. 원복음(原福音: Protoevangelium)으로서 이해

이 창세기 3장 15절 본문을 보통 원시 복음 혹은 최초의 복음(Protoevangelium: 原福音)이라고 말한다. 루터는 "이 본문은 성경 어디서고 발견되어지는 고상하고 영광스런 모든 것을 자체 안에 포함하고 내포한다"고 말한다. 이레니우스(Irenaeus)이래로 기독교 전통은 이 창세기 3:15을 예수그리스도(그리고 마리아)에 관한 예언으로 이해해 왔다. 여인의 후손(씨)은 뱀의 머리를 짓눌러 뭉개버리는(crush) 한 개인의 자손을 가리킨다.[4] 뱀은 여인의 후손과 치명적인 투쟁을 하나 궁극적으로 굴복하여 패배하게 되어있는 악마(사탄)라는 해석이다. 이것은 궁

---

3) 최종진, 「구약성서 개론」 (서울: 토판출판사, 2019), pp.162-163.
4) Gordon J. Wenham, *op. cit.*, p.81에서 재인용.

극적으로 그리스도에 대한 예언으로 아담의 후손이 아니라 여인의 후손의 승리를 말한다. 즉 여인의 후손은 궁극적이고 가장 깊은 의미에서 볼 때 동정녀 마리아와 그의 후손인 예수 그리스도를 의미한다(요 2:4, 19:26).[5] 다음에서 다루는 예수 그리스도와 사탄과의 전쟁 상태와 화해될 수 없는 적대 상태에 따라 구속사가 이뤄진다는 것이다.

3. 싸움의 발전: 적의적 싸움의 진전

본문(창 3:15)에서 원수 관계의 싸움이 단계적으로 확대하여 미래적 예언으로 발전되어 가고 있다. 하나님은 뱀에게 인간과는 철저한 원수가 될 것이라면서 그 원수관계가 3단계로 발전해 간다.

첫째, 당시의 단계: 뱀과 여자와의 원수 관계로 하와는 타락의 동기와 책임을 뱀에게 전적으로 돌려 "뱀이 나를 꾀므로 내가 먹었나이다" 한다. 뱀과 여자의 싸움(적의)은 당시의 정황을 설명하는 것으로 타락의 책임 소재를 뱀에게 돌리는 여인의 신경질적 반응으로 뱀과 여인의 영원한 적개심을 설정하고 있다. 그래서 역사의 시작 시점에서 여인은 뱀을 향해 책임을 돌리며 증오를 퍼붓는다. "저 뱀 때문에 내가 타락하게 되었고 하나님의 명령을 어기게 되어 내가 죽게 된 원인이 바로 저 뱀 때문입니다"고 하나님께 고발하고 있는 것이다. 실제로 인류의 타락은 바로 뱀을 통해 접근한 사단의 악한 사상(하나님 같이 된다)에 하와가 말려들어 무서운 범죄를 하게 된다. 그래서 여인은 바로 그 뱀을 향해 증오와 적개심으로 원수가 되어 공격한다. 한편으로는, 본시 여자들은 본능적으로 뱀에 대해 혐오감(unpleasant)을 갖게 되는 원인론적 설명일 수도 있겠다.[6]

그러나 이를 구속사에서 보면, 바로 교회와 사단과의 증오와 적대 관계를 상징하기도 한다. 대체로 성서는 교회가 여인으로 상징되어 표현되고 있다. 구약과 신약은 교회를 여자로 상징했다(사 54:5, 6; 렘 6:2; 고후 11:2; 엡 5:23-32). 바울 사도는 성도, 즉 교회를 정결한 처녀로 한 남편인 그리스도께 드리려고 중매하려 하

---
[5] Ibid.
[6] Ibid., p.80.

는데 뱀이 그 간계로 하와를 미혹케 한 것 같이 성도의 마음이 그리스도를 향하는 진실함과 깨끗함에서 떠나 부패할까 두려워한다고 했다(고후 11:2). 사단과 교회, 사단과 성도의 갈등을 말하고 있다. 하나님의 구원사는 이 갈등과 적의가 계속되는 것이다. 여기서 순교자가 무수히 죽어가며, 교회가 엄청난 핍박을 받아온 것이 교회사의 험한 핏자국 길이다.

사단은 교회의 머리되신 그리스도의 탄생과 구속 사업을 방해하기 위하여 구약과 신약의 전 시대를 통하여 하나님의 교회를 핍박하였다. 하나님께서 구속 사업을 구약과 신약 시대를 통하여 오직 남은 자손(Remnant), 즉 하나님의 참 교회를 통하여 행하셨다. 계시록 12장은 구·신약의 하나님의 교회를 순결한 여인으로 상징했다.

하나님께 속한 백성(구약의 이스라엘, 신약의 교회)을 표상하는「여자」와 사단을 표상하는「뱀」의 싸움이 이미 이 에덴에서 그리고 에덴 추방에서 부터 시작되었음을 의미하고 예수 그리스도를 상징하는「여인의 후손」과 사단과 싸움을 향한 역사의 시작을 뜻한다.

둘째로 확대의 단계: 뱀의 후손과 여자의 후손의 원수 관계이다. 이는 역사 속에 계속되어 온 이방인과 하나님의 백성과의 투쟁으로 설명할 수 있을 것이다. 여기서 '제라'(씨: Zera')는 개인적 단수와 집단적 의미로 해석이 가능하다. 역사 속에서 계속된 하나님 백성 안의 구속사적 씨흐름의 연속적 후손에 대해, 이방인들과 이스라엘 백성 안의 사단의 영향을 받은 자들의 공격이 있음을 말한다. 이것은 구속사적 씨흐름의 위기를 가져온다.

예를 들면, 가인은 사단이 불러일으키는 증오에 찬 분노로 아벨을 공격하여 죽임으로 씨흐름의 단절을 가져온다. 그걸 더 깊이 보면, 거룩한 씨흐름을 차단하려는 사단의 공격이 계속된 사건을 의미하기도 한다. 또한, 인간의 죄악이 온 인류를 멸절하고 쓸어버리는 홍수 사건이라든가, 에서와 야곱의 투쟁 속에 나타난 위기라든가, 유다의 혈통적 전통의 위기도, 또한 이집트의 파라오가 이스라엘 남자 아이들을 죽이려고 한 남자 아이 살해 명령은 이 씨흐름의 중대한 위협이었다. 구약성서 역사에 나타나는 계속되는 씨흐름의 위기들을 이런 맥락에서 이해할 수 있을 것이다. 에스더에 나타난 유대인 학살 음모 정책도 이런 위기 중의 하나이고 헤롯왕의 베들레헴 지경 남자 어린애를 살해하라는 명령도 이 싸움의 양상 중 하나로 볼 수 있다.

하나님의 주권과 하나님의 통치를 믿고 따르는 하나님의 백성과 악한 사단의 사상을 추종하는 무리인 「뱀의 후손」사이에는 적의(敵意)가 존재하게 되는데 이것이 바로 선과 악의 대쟁투를 이끌어가는 의지(意志) 곧 전의(戰意)인 것이다. 이것이 역사의 한 복판에서 계속 일어나고 있고 이 싸움이 결국 인류역사를 피로 물들게 하고 비극의 씨앗을 낳게 하고 선과 악의 끝없는 갈등을 갖게 하는 원인이 된다. 결국 하나님의 백성과 교회의 수난과 핍박의 원인이 되기도 한다. 이것이 역사 배후의 비극적 내용이다. 이런 역사의 비극적 내용이 창세기 3장에서 시작된다.

셋째, 미래적 예언의 단계: [뱀]과 [여자의 후손]과의 싸움이 미래적 예언으로 구체화 된다. 뱀은 얼마 안있어 죽었을 것이기에 여기 뱀 개인에게 향한 "너"는 먼 훗날에 나타날 사탄의 역할과 관련되어 단수적 의미로 이해할 수 있다. 여인의 후손(제라: 씨)도 바로 동정녀 마리아에게서 태어난 예수 그리스도 한 개인에 집중된다(마 1:23, 딤전 2:15).[7] "때가 차매 하나님이 그 아들을 보내사 여자에게서 나게 하시고 율법 아래 나게 하신 것은 율법아래 있는 자들을 속량하시고 우리로 아들의 명분을 얻게 하려 하심이라"(갈 4:4)에 잘 설명되어 있다. 뱀과 여자의 후손과의 원수 관계로서 결정적 투쟁의 상황이다. 뱀의 후손이 아니라 [뱀]과 그리고 여자가 아니라 [여자의 후손]과 싸움의 양상이 구체적으로 설명되고 있다. "너(뱀)는 여자의 후손의 머리를 상하게 할 것이요 너는 그의 발꿈치를 상하게 할 것이니라." 에덴에서의 그 뱀은 얼마 후에 죽었기 때문에 여기의 뱀은 뱀 이상의 존재인 사단으로서의 "너"를 의미하는 것으로 봐야 할 것이다. 먼 훗날의 여인의 후손과의 치열한 싸움을 말하고 있으니 예수님 당시의 사건을 향한 예언으로 봐야 한다.

여자의 후손[zera]은 단수 집합 명사로 전체 후손의 계열을 하나의 단위로 지칭하고 전체 집단을 요약하거나 대표하는 한 사람=약속의 사람을 지칭하여 구약 역

---

7) Gordon J. Wenham, *Genesis 1–15. Word Biblical Commentary* (Waco, Texas: Word Books Publisher, 1987), p.81에서 재인용.

사를 꿰뚫고 내려오는 구속사적 씨흐름의 결과로 나타나는 동정녀 마리아의 몸을 통하여 태어난 예수 그리스도를 가리킨다고 보겠다. 즉, 아담에서 셋-노아-셈-아르박삿-셀라-에벨-아브라함-이삭-야곱-유다-다윗의 자손으로, 처녀[동정녀]에 잉태하여 아기로 오신 예수 그리스도를 말한다. 구약의 역사, 하나님의 구원사, 더 나아가 인류의 역사는 이 씨흐름을 통한 여인의 후손을 향하여 전개되는 현장이며 무대가 된다. 그래서 역사는 우연이거나 제 멋대로 굴러가는 것이 아니라 분명한 목표와 섭리가 개재되어 움직여 가는, 목적이 이끌어가는 사건의 연속이다.

이 싸움의 양상은 사단의 공격이 여인의 후손으로 태어날 예수님의 발꿈치를 상하게 한다는 것이다. 이는 완전한 승리가 아닌 공격을 말한다. 이 공격의 내용을 살펴보면, 헤롯이 아기 예수님을 죽이려고 베들레헴과 그 모든 지경 안에 있는 사내 아이 2살 이하를 죽이던 사건(마 2:16-18)으로부터 시작한다. 예수님의 광야 40일 금식 기도하실 때에 아담과 하와를 시험하여 타락시킨 그 사단이 나타나 메시아직을 포기하라고 강요하던 사건도 그 하나의 공격이었으나 예수님은 말씀으로 이기신다(마 4:1-11, 눅 4:1-13).

결정적으로는, 가룟 유다의 배신과 십자가의 처형 사건이다. 요한복음 13:2에 보면, 예수님이 제자들과 마지막 만찬을 가지던 자리에 [마귀가 벌써 유다의 마음에 예수를 팔려는 생각을 넣었더니]라 되어있고, 13:27에는 [조각을 받은 후 곧 사단이 그 속에 들어간지라]로 되어 있다. 그 때에 예수께서 유다를 향하여 "네가 할 일을 속히 행하라!"고 명하신다. 이 말씀은, 에덴에서 뱀을 통하여 인간을 타락시킨, 그 사단이 이제는 마지막 예수 공동체의 만찬석상에 뱀을 통하는 것이 아니고, 가룟 유다를 통하여 예수님의 발꿈치를 상하게 하기 위해 접근해 있는 것이다. 그래서 [네 할 일 속히 하라]는 것은 에덴동산에서 사단(뱀)에게 선언하신 "너(뱀)는 여자의 후손의 발꿈치를 상하게 할 것이니라"(창 3:15)에서 여자의 후손인 예수 그리스도를 십자가에 못 박는 일(상하게 하는 일)을 속히 행하라는 것이다.

그러자 가룟 유다는 즉시 예수 공동체를 빠져 나와 당시의 종교 지도자들에게 가서 예수를 팔아넘기고 자기의 스승 예수를 십자가에 죽이는데 결정적 역할을 한다. 이 성경구절을 자세히 보면 에덴의 사단이 뱀을 통하여 인간을 유혹하여 파멸에 이르게 한 것처럼 이제는 예수의 제자인 가룟 유다에게 들어가서 예수를 배신케 하고, 결국 그 사단은 그 당시 악의의 공범자들을 총동원하여 예수를 십자가에 못 박아 죽이는데 성공한다.

그러나 이 공격은 여인의 후손의 발꿈치를 상하게 하는 것에서 멈춘다. 그 이유는 예수님의 부활의 아침이 있고 생명의 승리가 전개되기 때문이다. 3일간의 주님의 십자가 처형과 죽음은 오히려 어둠에 대한 빛의 승리요 절망에 대한 영원한 소망이요, 불의에 대한 정의의 승리요, 죄를 파하고 사망을 영원히 폐하고 영생을 가져다주는 여자의 후손의 승리요 하나님 사랑의 완성이었다. 그래서 오히려 그가 찔림은 우리의 허물을 인함이 되었고, 그가 상함은 우리의 죄악을 [대속, 속죄, 구속]함이요 그가 징계를 받음으로 우리가 평화를 누리고 그가 채찍에 맞음으로 우리가 나음을 입게 되었다(사 53:4-6).

즉 여자의 후손이 사단의 머리를 상하게 하는 강한 공격은 예수 그리스도께서 부활-승천-재림하심으로 평강의 하나님께서 속히 사단을 우리 발아래서 완전히 상하게 하시는 것을 말한다(롬 6:20). 그리스도의 구속인 복음의 사건(동정녀 탄생, 대속의 죽음, 생명의 부활, 승리의 승천과 성령 강림, 구원주요 심판주로의 재림)을 통하여 사단이 완전히 패배함으로 죽음이 생명에 삼킨바 되었다. 이 여자의 후손, 바로 그리스도의 승리는 바로 우리 성도의 승리가 된다. 이것이 바로 역사 속에서 성취되는데 이 시작이 바로 에덴동산에서 출발되고 선포되고 있는 창세기 3:15의 최초의 복음이다.

창세기 3:15은 여인의 후손이란 용어로 구속사적 씨흐름의 방향이 제시되면서, 구체적으로는 아브라함과 유다 지파의 다윗의 자손에 의해서 성취되는 방향으로 설정되어져 간다(마 1:1). 이 씨흐름은, 바로 인간 역사 속에서 인간에서 인간으로 이어지는 것으로 하나님이 세상을, 인간을 구원하기 위하여 세상에 오시는 길이다.

시편의 제왕시는 창세기 3:15을 다윗과 그 왕조적 배경에 관련시켜 다윗은 하나님의 "기름 부음받은 자" 혹은 "메시야"로 언급되어 있고(시 89:20,38. 삼하 22:51) 그의 후손이 하나님의 은총 안에 영원히 견고케 되며 그의 위를 대대에 세우리라는 것이다"(시 89:4,29,36)고 설명한다. 야웨께서 고대의 뱀인 "라합"을 파하시고 주의 원수를 주의 능력의 팔로 흩으셨기 때문에 이제 다윗과 그의 후손은 그들의 발밑의 티끌처럼 그들의 대적들을 박멸할 것이다(시 89:23, 삼하 22:37-43). 시편 72:9에서는 다윗왕의 대적들이 "그 앞에 굽히며" "티끌을 핥을 것"이라 묘사되어 있다.

결국 예수님은 죽음에서 완전히 부활하여 단지 십자가의 상함으로 끝난다. 이 예수님의 육체의 상한 흔적은 오히려 우리의 구속의 영원한 표징으로 남을 것이며 우리의 찬양과 감사의 대상이 될 것이나 사탄에게는 패배와 영원한 멸망의 표적이 될 것이다.

B. 원역사(태고사)에 나타난 구속사적 씨흐름

1. 창세기의 족보적 구성

창세기의 중심점 문제: 대체로 신약성서의 중심은 당연히 예수 그리스도라고 누구나 인식하고 있지만 구약성서의 중심이 무엇이냐는 질문 앞에 대개 망설이기 쉽다. 왜냐면, 책들도 방대하고 저자도 다양하고 시간적 차이도 많고 내용의 역사적 지리적 배경도 광범위하고 내용들도 정말로 풍부하기 때문이다. 예를 들면, 창세기만 해도 창조 문제, 인간 문제, 죄 문제, 무수한 인간군의 행진, 야곱의 12아들로 이뤄지는 복잡한 가계도와 그들 각자의 운명에 대한 지시, 그리고 단순하지 않은 각 사람의 다양한 경험과 고백, 하나님의 현현의 다양성과 계약과 언약의 다양함등 끝없이 많은 논쟁거리가 지뢰밭처럼 숨겨져 있는 책이 구약성서이고 특히 창세기이다.

학자들에 따라서는 구약성서의 중심적 메시지로 하나님의 계약(Walther Eichrodt), 하나님의 언약(W. C. Kaiser Jr.), 하나님의 거룩성(E. Sellin), 하나님의 주권(L. Kohler), 하나님의 통치(G. Fohrer, H. Seebass), 하나님의 나라(G.

Klein) 등으로 보기도 하고 하나님과 인간의 교제(G. Fohrer, Th. C. Vriezen), 야웨는 이스라엘의 하나님, 이스라엘은 야웨의 백성의 공식(Rudolf Smend)으로 언급한다. 또한 십계명 제 1, 2계명(기본계명)을 구약성서의 초기와 후기의 여러 증인들을 통합할 수 있는 중심점(W. H. Schmidt)으로 보는데 위의 내용들에서 공통점으로 하나님이 중심에 있다고 보아 그 야웨 하나님이 중심점이라 할 수 있다.[8]

필자는 구약성서는 하나님 존재를 전적으로 전제하면서 행동[창조, 역사 사건] 하시는 하나님으로 시작하여 하나님으로 마무리 짓는 Yahwism(야웨신앙/야웨 종교)이 중심을 이루고, 하나님은 인류구원이라는 깊은 계시와 섭리를 이끌어 가시고 계신다고 본다. 그 하나님과 인간 그리고 구원이라는 평범한 주제가 바로 창세기에서 배태(胚胎)되어 구체화되는데 그것이 바로 구속사적 씨흐름이라 보고 싶다. 창세기를 꿰뚫고 있는 중심적 흐름이 하나님의 구원사를 이끌어가고 있다.

족보적 중요성

창세기에 있는 이야기들과 자료 내용들은 고도로 양식화된 인종기원학적 기술(ethnography)를 가지고 친족관계의 행동원리를 족보라는 문학적 양식으로 특별히 기록되고 있다. 창세기 족보들은 한 사람의 조상을 중심으로 가족에서 씨족으로 그리고 종족으로 발전하면서도 그것의 내용 속에 남다르게 굽이쳐 내려오는 긴 구속사적 씨흐름을 밝히는 상당히 신학적 의도가 담겨있다. 이를 기록으로 표현할 때 판에 박은 듯이 반복되는 족보의 양식을 가지고 쓰여지고 있다. 필자는 이를 구속사적 씨흐름이라 부르고 이를 신학화한 것을 구약성서의 [씨 신학: Zera' Theology)]이라 부르고 있다.

창세기의 족보적 구성

성서 중에서 가장 독특한 문학적 구조를 가지고 있는 것이 창세기이다. 창세기

---

8) 장일선, 「구약신학의 주제」(서울: 대한기독교출판사, 1982), pp.271-273.

는 전체적으로 10번의 הׇאֵלֶּה תוֹלְדֹת('eleh toledoth)라는 기술적인 구조양식을 사용하여 구분되어 있다. 창세기 저자는 하나의 새로운 단락(section)이 시작할 때마다 הׇאֵלֶּה תוֹלְדֹת을 처음에 두고 출발한다. 이는 대개 "계보가 이러하니라(these are the generations)"로 번역되는데, 알기 쉽게 "이것은 XX의 이야기(역사)이다" 혹은 "이것들은 XX의 자손들(세대들)이다" 등으로 번역할 수도 있다.[9] 이 간단한 문장을 한 마디로 말하면 '족보'라고 말할 수 있다. 창세기에 나타나는 족보적 구조는 다음과 같다.

1. 2:4a—4:26 : "these are the generations of the heavens and the earth"→Adam
2. 5:1a—6:8 : "these are the generations of Adam"→ten generation(Noah)
3. 6:9a—9:29 : "these are the generations of Noah"→Flood(Shem)
4. 10:1a—11:9 : "these are the generations of the sons of Noah"→Nations(Shem)
5. 11:10a—26 : "these are the generations of Shem"→Another ten generations(Terah)
6. 11:27—25:11: "these are the generations of Terah" →Abram or Abraham
7. 25:12a—18 : "theses are the generations of Ishmael"→the Ishmaelites
8. 25:19—35:29 : "these are the generations of Isaac"→Esau and Jacob
9. 36:1a—37:1 : "these are the generations of Easu"→The Edomites
10. 37:2a—50:26 : "these are the generations of Jacob"→Joseph & his brethren(Judah)

이 구조 중에 다시 다섯 개는 이야기 형식의 족보형태(Genealogy in Narrative Form)로 되어 있는 내용으로 구분된다. 즉, 창조 이야기(#1), 홍수 이야기(#3), 아브라함 이야기(#6), 야곱 이야기(#8), 요셉 이야기(#10)로 구성되고, 이들의 시작은 "계보가 이러하니라" 보다는 "XX의 이야기(역사)는 이러하니라"로 해석하는 것이 자연스럽다.[10] 그러나 대부분의 현대 번역본들이 다 일치하는 것은 아니다. 예를 들면, 창 11:27a를 "these are Terah's descendants"(JB)로 혹은 "this

---

9) Victor P. Hamilton, *The Book of Genesis*: Chapters 1—17(Grand Rapids: W. B. Eerdmans Publishing Co., 1990), p.2.
10) 그러나 대부분의 현대 번역본들이 다 일치하는 것은 아니다. 예를 들면, 11:27a를 "these are Terah's descendants"(JB)로 혹은 "this is the table of the descendants of Terah"(NEB)로 번역되어 있다. 왜냐면 11:27—32에 보다 족보적 특징이 나타나기 때문이다. Gordon J. Wenham, *Word Biblical Commentary* vol.1: Genesis 1—15(Waco, Texas: Word Books, Publisher, 1987), pp.2—3.

is the table of the descendants of Terah"(NEB)로 번역되어 있다. 왜냐하면 창 11:27—32에 보다 족보적 특징이 나타나기 때문이다.[11]

나머지 5개의 부분은 전부가 목록적 족보(genealogies)를 내용으로 담고 있어서 "계보가 이러하니라"는 서론으로 나타난다. 즉, "아담의 자손들(족보)"(#2), "노아의 자손들"(#4), "셈의 자손들"(#5), "이스마엘의 자손들"(#7), "에서의 자손들"(#9)의 다섯 부분은 그 내용이 족보적 목록 기록으로 되어 있다. 창세기에 나타나는 이들 다섯 개의 족보들은 다음의 두 가지 족보형태 중에 어느 하나에 속하게 된다.

첫째는, 수직선적 족보 기록형태(The vertical genealogy type)로서 한 족보의 혈통을 수직적으로 그 맥을 추적해 내려간다. 예를 들면, 창세기 5:1이하(#2)는 아담으로부터 노아에 이르는 10세대의 족보로 되어 있고 11:10이하(#5)는 셈에서 아브라함에 이르는 10세대가 연결지어 기록되고 있다. 이 두 곳의 족보는 그 마무리를 세 자녀의 아버지라는 한 인물에 관한 구절로 결론을 맺고 있다.

5:32 : "노아는 오백살에 셈과 함과 야벳을 낳았다"
11:26 : "데라는 일흔 살에 아브람과 나홀과 하란을 낳았다"

둘째는 수평적 족보 기록형태를 취하고 있다. 즉 셈, 함, 야벳의 자손들 목록 (#4)이나 이스마엘의 자손들(#7), 그리고 에서 가족의 분포(#9)[12] 등이다. 이들 중에 마지막 3개의 족보(#8, #9, #10)들은 창세기의 설화체 부분들과 어느 면에서 조금은 관계가 있는 것 같이 보인다.

여기 첫 번째 구조 양식이 단지 지금까지 이야기 해 온 것을 결론짓는 것이냐 아니면 뒤에 이야기할 것에 대한 서론적인 말이냐는 질문이 나온다. 만약에 그것이 결론적인 말미(末尾)로 본다면 2:4a는 1:1—2:3에 연결하여 읽어야 한다. 그러나 만약에 뒤에 것에 대한 예비적 서술로 본다면, 2:4a는 2:4b와 함께 읽어 내려가야 한다. 이 toledoth 양식은 결코 자손이 아닌 선조(조상)의 소유격이 항상 따르

---

11) *Ibid.*, pp.2—3.
12) B. S. Childs, *Introduction to the Old Testament as Scripture* (Philadelphia: Fortress, 1979), p.145를 참고할 것

고 있기 때문에, 2:4의 구절은 하늘과 땅 자체의 후손(세대: Generation)에 대해 언급하는 것이 아니라 하늘과 땅으로 말미암아 생겨난 역사에 대해 언급할 뿐이다.[13] 그렇게 이해한다면 이 2장 4절은 뒤에 나오는 내용의 머릿말로 읽을 수 있다. 그래서 2:5절 이하는, 셋이 아담의 자손이며 아브람이 데라의 자식이라는 양식과 거의 같은 맥락에서, 남자와 여자가 하늘과 땅의 창조자의 소산임을 가리키고 있다.

창세기 저자는 toledoth의 기술적 구조를 가지고 내용 전체를 이뤄가는데 아주 인상적인 전환점을 이루는 곳이 12장 1절이다. 이것은 여섯 번째 Toledoth로 시작되는 부분안에서 창세기 전체를 구분하는 아브람의 소명의 사건이다. 저자는 이 toledoth의 양식을 사용하고, 전체구도를 2분하면서 기록의 목적을 성취하는데 신학적 진행을 따르고 있다.[14] 창세기 1장에서 11장은 일반 태고사와 인류에 관한 이야기를 다루고 바벨론 지역(동방)에서 일어난 사건 중심(창조, 타락, 홍수, 바벨탑, 열국확산)의 기록이라면, 12장에서 50장은 선택적 족장사와 선택된 가정의 이야기를 다루고 팔레스타인(12-36장)과 이집트(37-50)의 서방지역에서 활동한 인물중심(아브라함, 이삭, 야곱, 요셉, 유다)[15]으로 기록되었다.[16]

2. 원역사(태고사)의 중요한 족보와 그 역할

a. 창1:1-2:4a 족보 (천지의 계보)

창세기에 나타나는 10개 족보의 구분 형식 중에서 첫 번째(#1=2:4a-4:26)는 가장 흥미있는 구조이다. 왜냐하면, 이 족보는 사람의 개인적인 이름이 나타나지 않는 유일한 것으로 "하늘들과 땅의 계보"(the toledoth of the heavens and the earth)로 되어 있다. 이 단락에는 천지만물의 창조와 인간 창조 즉 "하나님이 자기 형상 곧 하나님의 형상대로 사람을 창조하시되 남자와 여자를 창조하심"(1:27)

---

13) J. Skinner, *A Critical and Exegetical Commentary on the Book of Genesis, ICC* (Edinburgh: T. & T. Clark, 1910), p.41. F. M. Cross, *Canaanite Myth and Hebrew Epic* (Cambridge: Harvard University, 1973), pp.301-5를 참고로 할 것.
14) Lee Haines, *Genesis and Exodus: The Wesleyan Bible Commentary* vol. one(Grand Rapids: Wm. B. Eerdmans Publishing Co., 1975), p13.
15) J. Sidlow Baxter, *Explore the Book*. Vol. 1(Grand Rapids: Zondervan, 1960), pp.27-29.
16) Victor P. Hamilton, *The Book of Genesis*: Chapters 1-17.(Grand Rapids: W. B. Eerdmans Publishing Co., 1990), p.10.

을 객관적이며 포괄적으로 언급하고 있다. 바로 천지 만물을 창조하신 하나님이 인간(남자와 여자)을 자신의 형상과 모양으로 창조하신 근원적 문제를 이야기식 족보 기록 형식을 취하여 기록하고 있다. 이런 주장은 [2:4a]을 그 뒤로 나오는 문장의 표제로 읽는 것 보다는 [2:4a]의 구절을 그 위에 나온 문장 전체에 대한 결론적 매듭을 짓는 것으로 이해하는 입장에서 하는 말이다. 아무 것도 없던 절대적 무(無)에서 온 우주만물과 더불어 인간이 출현하게 되는 창조의 시작 곧 인류의 시작을 말하는 아주 아름답고 조직적이고 문학적이고 신학적인 고도의 족보적 기술로 되어있다.[17]

이 족보의 핵심은, [태초에 하나님이 천지를 창조하시니라]는 것(1절)보다는, [하나님이 자기 형상 곧 하나님의 형상과 모양대로 사람을 창조하시되 남자와 여자를 창조하시고 하나님이 그들에게 복을 주시며 하나님이 그들에게 이르시되 생육하고 번성하여 땅에 충만하라—다스리라 하시니라]는 구절(27-28절)의 내용이다. 어찌보면, 족보내용의 흐름은 바로 [하나님—아담]의 구도로 누가복음의 역(逆)으로 된 족보 결론인 [아담의 이상은 하나님이시니라]와 같은 맥락으로 오히려 순리적 족보로 시작과 처음을 말한다. 특별히 인간이 어떻게 하나님께로부터 출생하고 창조되었는가 하는 이야기식 형태로 위대한 사건을 다루는 신비하고 가장 오래되면서 가장 짧은 족보이다.

하나님 → [천지 창조] → 사람: 남자와 여자

b. 창 2:4a-4:26 족보 (아담과 그 자손 이야기)

창세기 3:15에서 原福音으로 "여인의 후손"을 향한 구속사의 진행방향이 제시되면서 역사의 방향이 설정되었다. 그런 후에 4장에서부터 그 방향으로 구체적으로 진행되어 간다. 여러 가지 상황으로 볼 때 2:4a의 구절은, 그 이하에 나오는 문장의 표제(superscript)로 읽는 입장에서, 뒤에 구절에 나오고 있는 내용을 주석하며 구체적으로 설명하는 성격을 가진다고 볼 수도 있다. 이 족보 단락은 두 개의 단위로 구분할 수 있다.

---

17) Gordon J. Wenham, *op. cit.*, p.55.

첫째 단위의 2:4a−4:15;

이 족보는, 1:1−2:3이 인간의 신적 기원과 신적 자질(humanity's divine origins and endowments)에 그 촛점을 맺고 있는 것과 같이 2:4이하는 인간의 현세적 기원(humanity's mundane origins)에 촛점을 두고 있다. 이런 이유 때문에, 1:1−2:3은 우리의 관심을 만물의 영장 주권을 가진 권위적 존재(with authority "you shall", 1:29)로 창조된 태고의 한 부부에게 향하게 한다면, 2:4 이하는 우리의 관심을 하나님의 권위 밑에 종속된 존재(under authority "you shall not" 2:17)로 창조된 태고의 한 부부에게로 향하게 한다.[18] 2:4a−4:15은 아담과 하와의 창조(창1:26−28)를 주해적으로 설명하면서 창조를 통한 한 부부의 최초 탄생과 에덴에서 타락을 이야기 하고 있다. 그 부부가 에덴에서 쫓겨난 후 시작된 에덴 밖에서 시작되는 인류 초기의 역사를 아담과 그 두 아들에 관한 이야기식 족보 기록의 형식으로 묘사하고 있다. 전적으로 이야기적 기록 형식으로 된 그 독특한 내용을 요약하면 다음과 같다.

> 천지 창조→아담 창조→에덴 창설→하와→아담과 하와의 타락→원복음 계시→에덴 추방→가인과 아벨의 출생→형제의 갈등과 아벨의 죽음→셋과 에노스

그래서 2:4a의 구절을 그 이하에 나오는 문장의 표제(superscript)로 읽는다고 할 때,[19] [2:4a]는 1:1−2:3과 2:5−26을 연결하는 고리이며 양 쪽의 내용을 매듭 짓고 설명하는 역할을 하는 족보 형식이다. 그래서 2:4a의 의미와 이 단위의 중요 핵심과 족보 목록을 정리하면 다음과 같다.

1) 2장 4절은 창세기 1:1−2:3의 6일간 [창조와 마지막 7일째 안식일 제정]의 내용을 전제로 한 온 우주와 만물 그리고 인간 창조를 포함한 하나님 외에 모든

---

18) Victor P. Hamilton, *op. cit.* p.5.
19) *Ibid.*, p.4. LXX에도 2:4를 끝으로 구분하지 않고 2:3절로 끊어서 구분했다. 마소라 학자들은 창세기를 91개의 부분(parasiyot = sections, peicopes)으로 나누는데 a p(open sections)로 표시되는 petuhot가 43개 있고 an s(closed sections)로 표시되는 setumot가 48개 이다. 그 중에 2:4은 문단을 여는 문장을 나타내는 petuhot에 속하는 것이다.

피조물의 신적 기원을 의미하는 전제이다. 그래서 아담인 인간의 기원이 하나님 (하늘: 영적 존재)과 땅(진흙: 육체)의 소산으로, 천연(天然)의 산(産)으로 본 인간 즉 성서적 인류학의 기사이다.[20] 셋이 아담의 자손이며, 아브람이 데라의 자식이라는 양식과 거의 같은 맥락에서 남자와 여자가 하늘과 땅의 소산임을 가리키고, 궁극적으로는 그 천지의 창조주 하나님의 피조물이며 그 분에게서 낳았다는 원래적 기원을 제시하고 있다. 1:1-2:3이 인간의 신적 기원과 신적 자질에 그 촛점을 맺고 있는 것과 같이 2:4이하는 인간의 현세적 기원에 촛점을 두고 있다.

2) 2장 4절은, 최초의 인간 조상을 모든 구속사의 실제적 관심이 집중되는 존재로 족보의 목록에 하나로 취급되는 것이 아니라 특별하게 다루는 기록이다. 그래서 아담이 어떻게 창조되었으며 하와가 어떻게 만들어졌는가 하는 세부적인 내용을 족보에서 설명을 첨부되는 것과 같은 기록이다. 아담이라는 인류의 조상을 독보적 족보 공간을 배려하여 천지 창조와 아담 후의 자손 족보를 설명하며 이어가는 연결점의 역할을 하고 있다.

3) 2장 4절은 2잘 5절 이하의 내용에 표제로서 가인과 아벨의 조상으로 시작되는 족보와 구속사의 씨흐름의 최초 기록인 셋 계통의 선조로서 아담을 제시하는 분명한 의도가 있는 족보 형식이다.

4) 원복음(Protoevangelium: 原福音): 이 단락에서 아주 중요한 최초의 메시아 예언 구절이 나타난다. 바로 구속사적 씨흐름의 방향을 설정하는 소위 원복음(Protoevangelium: 原福音)이라는 3장 15절이다. 이 단락에서 가장 핵심적인 구속사적 메시지이며 계시가 바로 3장 15절의 "여자의 후손은 네 머리를 상하게 할 것이요 너는 그의 발꿈치를 상하게 할 것이니라"는 메시아 예언인 최초의 복음이다. 이것은 궁극적으로 그리스도에 대한 예언으로 아담의 후손이 아니라 여인의 후손의 승리를 말한다.[21] 즉 여인의 후손은 궁극적이고 가장 깊은 의미에서 그리

---

20) 內村監三, 「창세기 연구」, 이성호 역(서울 : 혜문사, 1982), p.62.
21) Gordon J. Wenham, *op. cit.*, pp.80-81.

스도의 동정녀 탄생을 의미한다. 그런 의미에서 창세기는 동정녀에게 태어날 메시아에 이르는 초기 역사에 나타나는 씨흐름의 하나님의 섭리와 구속사적 과정을 족보 기록 형식을 취하여 기록한 책이다.

둘째 단위의 4:25-26은: 아담으로부터 셋을 걸쳐 에노스에 이르는 한 혈통을 추적하고 있는 셋 계통의 족보로, 가인 족보와는 다르게 아담으로 시작하고 가인 족보(4:1-24)와 대칭을 이룬다. 4:16-24은 가인에서 시작하여 라멕의 세 아들까지의 족보를 기록했다.

창세기 4:16-26은 이야기 형식(in narrative form)으로, 아담에서 가인을 거쳐 라멕의 세 아들까지와 아담에서 에노스에 이르는 두 가계를 추적하고 있다. 셋 계통의 족보는 가인 족보와는 다르게 아담으로 시작한다. 여기서도 일련의 출생 내용을 소개함으로 개인 이름들을 연결하고 있다. 4:17에서와 아주 똑같이, 25-26절의 족보도 하나의 출생 이야기 형식(a birth narrative formula)으로 시작한다. "ויֵּדַע אָדָם עוֹד אֶת־אִשְׁתּוֹ וַתֵּלֶד בֵּן"(wayyēda' 'ādām 'ôd 'et-'ištô wattēled bēn' 바이에다 아담 모드 에트-이쉬트 밭테레드 벤: 아담이 다시 자기 아내와 동침하매 그녀가 아들을 낳았다: and Adam again knew his wife and she bore a son).[22]

이 아들의 이름 셋은 일반 원인론적 형식으로 주어지고 설명되어진다: "וַתִּקְרָא אֶת־שְׁמוֹ שֵׁת כִּי"(wattiqrā' 'et-səmô šēt kî 밭티그라 에트-쉐모 세트 키: 그리고 그녀가 그의 이름을 셋이라 불렀다: and she called his name Seth, saying). 셋의 이름을 설명하면서 성서는 "하나님이 가인이 죽인 아벨 대신에(a replacement for Abel) 다른 씨를 주셨다"라고 어원적인 원인론(an etymological etiology) 형식으로 기록하고 있다. 창 4:26은 셋의 혈통을 셋의 아들인 에노스에까지 확장하고 있다. 그 족보적 연결은 4:18과 같이 출생 형식으로 표현되고 있는데 ילד(야라드)의 수동태(passive form)인, "וּלְשֵׁת גַּם־הוּא יֻלַּד־בֵּן"(ûləšēt gam-hû' yullad-bēn 우러쉐트 감-후 우라드 벤: and to Seth too a son was born."로 표현하고 있다. 그 다음에 그 이름이 4:25과 같은 양식을 가지고 소개된다: "וַיִּקְרָא אֶת־שְׁמוֹ אֱנוֹשׁ"(wayyiqrā' 'et-šəmô 'ĕnôš 바이이크라 에트-쉐모 에노스: 그리고 그가 그의

---

22) Cf. Burke O. Long, *The Problem of Etiological Narrative in the Old Testament* (Berlin: Verlag alfred Topelmann, 1968), pp.30-37.

이름을 에노스라 불렀다. and he called his name Enosh).

아담 → 셋 → 에노스(창 4:25-26)

창세기 4:16-26에서 형식 분석을 한 결과, 이 부분의 족보들은 두 가지의 중요한 기능(primary function)을 가지고 있다. 첫째는 이들 이름들이 여러 방면의 문명의 기원과 관련되어 있다는 것이다. 즉 도시 건설(city building), 장막거주(tent dwelling), 목축(herding), 악기의 사용(the playing of musical instruments), 철사용(metalworking), 야웨 예배(the worship of Yahwh) 등이다.[23]

창세기 4:16-26의 두 번째 역할은 4:16-24에 언급된 이름들과 4:25-26에서 언급되는 이름들과의 사이에 함축된 현저한 차이(對照)에 나타난다. 가인의 족보는 가인이 자기 동생을 죽인 것과 그의 행위에 심판으로 내려진 야웨의 저주에 대한 이야기와 더불어 라멕의 노래(피의 복수, 가인의 형제살해 언급)가 첨가되어 있다. 이 본문에 있는 가인의 족보는 가인 혈통에 대해 부정적인 해석을 하고 있다. 가인의 후손이기 때문에 그 족보에 이름이 올라 있는 모든 사람들은 가인의 저주를 대대로 이어 받는다. 이는 인간의 증폭되는 죄를 기록하고 있다.[24] 이 본문 이야기 안에서 가인족보는 저주가 자손에게 전해진다는 종교적 영역의 역할을 나타내고 있다(출 20:5).

가인→에녹→이랏→므후야엘→므드사엘→라멕→ { 야발(유목민 조상) / 유발(음악인 조상) / 두발가인(철문화) }

이에 비하여 셋 족보(4:25-26)는 종교적 영역에서 가인 혈통과 대비되는 역할을 하고 있다. 셋은 가인의 저주에서 완전 자유함을 가지고 오히려 그의 아들 에노스는 야웨의 이름을 처음으로 부른 자로 나타난다. 이 족보는 아담에 내려진 저

---

23) Robert R. Wilson, *Genealogy and History in the Biblical World* (New Haven: Yale University Press, 1977), p.148. Cf. C. Westermann, Genesis, p.441.

24) Gerhard von Rad, *Genesis* (Philadelphia: Westmonster Press,1961), pp.107-108. Cf. *Old Testament Theology*, vol.1(New York: Harper & Brothers, 1962), pp.154-60.

주로부터 인간을 마침내 풀어놓는 노아(창 5:29)라는 인물로 끝을 맺는다고 볼 수 있다. 이와 같이 전체 족보는 악한 가인 혈통과 대조를 이루는 아벨─셋 혈통에 대한 긍정적인 시각으로 이해되어 질 수 있다.[25] 이 아담 셋 에노스로 이어지는 씨흐름이 인류역사에 나타나는 최초의 구속사적 하나님의 섭리가 완전하게 정리되고 있는 구속사적 씨흐름의 족보를 만들어 가고 있다.

주목: 가인과 아벨 그리고 셋 이야기 : 위기와 극복

아담의 실패가 인류역사에 죄악의 씨앗을 뿌리게 되어 죄가 독버섯처럼 돋아나는데 바로 창세기 4장에서 아담의 후손에게 그대로 이어지고 있다. 아담의 타락은 그 후손인 인간과 그 인류 역사에 원죄와 죄악의 유전 인자(유전죄)를 배태시켜, 죄악이 세상에 가득하게 되고 마음으로 생각하는 모든 계획이 항상 악한, 타락한 인간성이 다양한 죄의 열매로 나타난다. 그래서 인류 타락의 이야기와 홍수 전 인류의 족보 기록 사이에는 한 인간의 죄가 급격히 증대 발전해 가는 역사기술이 나타난다. 하나님과 단절된 에덴 후의 역사는 무서운 인류의 범죄가 확산되는 어두운 그림자가 드리워진다.

아담 다음의 역사 이야기의 주인공은 구속사적 씨흐름의 관점에서 보면 아벨을 향하고 있었다. 그런데 그 아담의 많은 자식들 중에서 다른 씨에 속하는 아벨(허약, 입김, 먼지)이 가인('창' '대장장이')에게 살해되는 불행이 초래된다.

바로 가인이 아벨을 살해하는 갈등의 표출은 역사 이래로 인류 공동체가 부단하게 겪어온 '형제간의 갈등 구조' 속에서 몸부림치며 살아가는 인간의 원인을 설명하는 것이기도 하다. 이 갈등의 표출은 바로 가인의 아벨 살해 사건에서 시작되었다. 그러나 성서는 이런 갈등 구조 속에서 나타나는 싸움의 문제보다는 하나님의 구속사의 씨흐름의 진행을 보여 주기 위해 이야기를 전개시키고 있다. 즉 구속사의 씨흐름이 원래는 가인에게로 가야하는데 오히려 가인이 아니라 아벨로 방향이 바뀌고 그러나 가인에 의해서 후손이 없이 아벨이 죽게 되자, 아벨 대신에 셋으로의 전환 사실을 알리고 있다. 그래서 역대기에서는 가인과 아벨 이야기가 생

---

[25] Sigmund Mowinckel, *The Tow Sources of the Predeuteronomic Primeval History in Genesis* 1-11(Oslo : Jacob Dybwad, 1937), pp. 43-44. R.R. Wilson. *op. cit.*, p.156에서 재인용.

략되고 아담 다음에 바로 셋이 족보에 올라 있다(대상 1:1, 눅 3:38).

　가인과 아벨의 제사 즉, 가인은 농경사회의 대표로 농사를 짓는 자로 땅의 소산으로 제물을 삼아 곡물 제사로, 아벨은 유목사회의 대표로 양치는 자로 양의 첫 새끼와 그 기름으로 제물을 삼아 동물 제사로 야웨께 드렸다. 그러나, 하나님께서 아벨과 그 제물은 열납하셨으나 가인과 그 제물은 열납하지 아니하신지라 가인이 심히 분하게 여겨 결국 들에서 동생 아벨을 쳐 죽여 최초의 살인이 일어나고야 만다. 그러나 창세기 기자는 단순하게 이 두 가지 제사를 설명하려는 것이 아니라 어떻게 아담 다음에 여인의 후손으로 향해 가는 구속사적 씨흐름의 상속자인 아벨이 허무하게 죽게 되었느냐는 심각한 신학적 문제를 제시하고 있는 것이다. 이 사건으로 말미암아 아벨은 너무나 아깝게도 구속사의 전통을 존속시키지 못하고 죽어가는 구속사의 위기를 초래하고 만다. 사단은 여인의 후손 메시야가 오시면 사단의 진영이 완전히 진멸되는 것을 알기에 그 구속사의 씨흐름을 어떻게 해서라도 단절시키기 위헤 역사에서 계속 공격하고 최후 발악을 다한다. 그래서 첫 시작부터 아담 바로 다음 구속사의 씨흐름 주역인 아벨을 죽이는 일을 벌인다. 사단은 가인의 마음에 분노를 일으켜 동생을 죽이는 악을 행하게 했다.

　그러나 아벨이 죽는 구원의 역사 단절의 위기에 하나님은 아벨 대신에 다른 씨인 셋을 준비하여 구속사의 흐름을 계속하신다는 것(4:25)이 이 창세기 4장 이야기의 핵심이다. 그래서 결국 인류의 모든 역사를 통하여 인류 안에는 일반적인 씨흐름인 가인 계통의 후손들과 다른 씨의 흐름인 셋 계통의 후손들로 대조를 이루며 흐르고 있다. 성서의 기자는 바로 이 셋 계통의 흐름을 추적하며 역사를 기록하고 있는 것이 창세기의 족보와 역사이며 역대기의 족보이며 역사이다. 결국 메시아가 오시는 길이 하나님의 구속사적 씨흐름 계시로 구약역사에 나타나는데 먼저 아담에서 아벨 대신에 셋 그리고 에노스로 이어져 간다는 것이 창세기 4장 내용이다.

　결국 인류의 모든 역사를 통하여 인류 안에는 두 가지 방향으로 구분된 후손들이 대조을 이루며 흐르고 있다. 아벨의 계통과 가인의 계통으로 말이다. 이 가인과 아벨 이야기는 제물이 어떤 것으로 드려져서 누구의 제사가 받아들여졌느냐를 보여 주려는 것이 아니다. 왜냐면 후에 계시된 모세를 통한 율법(레위기 제사제도)에 곡물제사인 소제와 동물제사인 번제, 속죄제, 속건제, 화목제가 함께 있기에 그렇다. 바로 믿음의 문제였다. "믿음으로 아벨은 가인보다 더 나은 제사를 하나님께 드림"이다(히 11:4). 오히려 어떻게 아담에서 그 여인의 후손으로 가는 구속사의 씨흐름인 아벨이 자식이 없이 아무런 역할도 못하고 죽게 되는 배경을 밝히려는 것이고, 그래서 아담에서 결국 셋으로 씨흐름의 방향이 새롭게 정해지는 이유와 섭리를 나타내려는 것이 가인과 아벨, 셋과 에노스 족보의 역할이다. 즉, 아벨이 죽는 구속사의 단절 위기에 하나님은 아벨 대신에 다른 씨인 셋을 준비하여 구속사의 흐름을 계속하신다는 것이 이 창세기 4장 이야기의 목적이다. "아담이 다시 아내와 동침하매 그가 아들을 낳아 그 이름을 셋 이라 하였으니 이는 하나님이 내게 가인의 죽인 아벨 대신에 다른 씨를 주셨다 함이며 셋도 아들을 낳고 그 이름을 에노스라 하였으며 그 때에 사람들이 비로소 야웨의 이름을 불렀더라": 이 창세기 4:25-26은 이야기 형식(in narrative form)으로 아담, 에노스에 이르는 한 가계를 추적하고 있다.

아담 → 셋 → 에노스

결국 메시야가 오시는 길이 먼저 아담에서 아벨 대신에 셋 그리고 에노스로 이어간다는 [이야기적 족보 기술형식과 수직선적 족보 기록형식]으로 정리된 것이 창세기 4장 내용이다.

c. 창 5:1-32(+9:28-29)의 태고사 족보 (아담→노아에 이르는 족보 목록)

우주와 인간 창조 후에 아담과 하와의 타락이 가져다준 징벌은 바로 생명나무의 실과로부터 영원히 격리되는 에덴에서의 추방이었다. 추방된 인류에게는 영원한 구원을 향한 끈질긴 생명의 씨흐름으로 구원사를 이뤄가는데 이것이 바로 구약성서의 고대사를 이루고 있는 창세기 4장으로부터 11장까지의 족보적 내용이다. 여기에는 바로 이스라엘 민족사의 원역사(原歷史)로서 하나님 백성의 역사가 전 우주와 세계 인류 역사의 중심적 축(中心核)이라는, 신학적 의도가 두드러지게 나타난다. 이 이스라엘의 원역사를 구성하고 있는 바로 창세기 4, 5, 10, 11장이,

온 몸을 지탱하는 짐승의 등뼈처럼, 역사의 핵심 라인으로 자리를 잡고 있다. 이들은 우주의 태고사에서 선택된 가정의 족장사로 연결시키는 교량의 역할을 하고 있다.

그 중에 창세기 5장을 보면, 신비하기도 하고 독특한 족보가 어떤 틀을 가지고 구체적으로 형성되어 중요한 메시지를 우리에게 제공하려는 시도를 발견할 수가 있다. 창세기는 계보를 사용함으로 시대를 뛰어넘는 계속성을 유지해 간다. 그런 면에서 창 5장 족보는 수직선적 족보 기록형식으로 천지창조 이야기와 홍수 이야기 사이를 연결하면서 하나님의 구속사적 씨흐름의 중단없는 연속성을 나타내려는 신학적 목적이 새겨져 있다.[26] 이 족보는 아담에 내려진 저주로부터 인간을 마침내 풀어놓는 노아(창 5:29)라는 인물로 끝을 맺는다.

한국에서의 족보란 한 종족(種族, 宗族)의 계보로서 부계(父系)를 중심으로 한 혈연관계를 알기 쉽게 체계적으로 나타낸 책을 의미하고 조상을 존경하고 종족의 단결을 도모하며 후손으로 하여금 서로의 화목을 일으키는데 그 목적이 있다고 보겠다.[27] 한국의 족보는 일족(一族)의 간지(幹枝:花樹)관계를 모조리 기록하는 하나의 계통록(系統錄)인 대동보(大同譜)와 일문(一門)에서 나뉘어진 각 분파(分派)의 족보인 파보(派譜)의 두 종류가 있다.[28] 여기 5장의 족보는 한국적 족보 개념보다는 신학적 성격을 가진 하나의 파보이면서도 의도적 씨흐름을 추적한 제한된 대동보라고 볼 수 있겠다. 왜냐면 5장을 비롯한 10장, 11장의 족보 배열은 아담과 하와에게서 시작된 인류가 원래 흘러가야하는 씨흐름에 위기가 다가와 원치않는 방향(가인 계통)으로 가다가 새롭게 셋이라는 새로운 씨를 중심한 계보가 제시된다. 거기서 노아의 세 아들 셈, 함, 야벳에 이르러 온 세계인류가 확산되는데 그 중에 셈이라는 한 종족에게로 그 인류 계보를 단축시켜 마침내 이스라엘의 선조이며 구원사의 결정적 인물인 아브라함이라는 한 인물에게로 압축시키는 신학적 의도를 볼 수 있기 때문이다. 창세기 5장은 분명히 태고사에 나타난 하나님의 구

---

26) John Skinner, "A Critical and Exegetical Commentary on Genesis," *The Interantional Commentary*. Eds. Samuel Rolls Driver, Alfred Plummer and Charles Augustus Briggs. (New York : Scribner, 1910,) *op. cit.*, p. 127.
27) 한국인의 족보 편집위원회편, <家乘譜> (서울: 일신각, 1977), p.15.
28) *Ibid.*

속사적 씨흐름의 중단없는 연속성을 나타내려는 저자의 깊은 의도와 신학적 목적이 새겨져 있다고 본다.

1) 창세기 5장의 배경

장자 가인에게서 동생 아벨에게로의 구속사적 씨 흐름의 방향전환은 하나님께 대한 종교적 행위에 대한 하나님의 평가와 열납에 의해서 결정되고 있다. "여호와께서 아벨과 그 제물을 열납하셨으나 가인과 그 제물은 열납하지 아니하신지라"(4:4-5). 여기에서 저자는 자연스레 아벨 계통의 씨흐름을 계획하시나 뱀(사단) 후손의 공격 양상으로 가인이 그 아벨을 죽이고 그 가인 계통의 인류 번성과 문화의 발전을 이룩한다(4:16-24). 성(城)을 쌓아 "땅을 경작하는 것 대신에 도시생활을, 농업에 필요한 정착거주지 대신에 유목민 생활을 좋아하고 밭의 채소에 만족하기보다 육축을 먹는 자들이 되어 가축 사육이 증가되었다. "수고"의 저주에서 벗어나기 위해 강철로 된 금속 기계로 일을 하고 여러 가지 공구의 발명으로 산업의 발달을 도모했다. "슬픔"을 달래기 위해 여러 가지 악기를 발명하여 예술적인 생활을 이루고 하나님으로부터 독립적이고 인간의 자기 만족적인 시를 지어 자기 자랑을 펼치고 일부일처제의 결혼 양식 대신에 일부다처주의가 시작되고 금속무기가 발명되었다(창 4:16-24). 그러나 이런 문화와 문명의 급속한 발전은 그들을 타락시켜 라멕의 시대에는 인간성 상실의 사악한 모습을 그리고 있다. 어떤 사람이 기분 나쁘게 하고 조그만 타박상을 주는 경우, 그들을 살해하여 죽여버리는 전제 군주적 폭력의 극치를 이루어 그들의 자멸을 자초하게 만들었다.

2) 5장 계보 목록의 내용 : 미완성 족보

창세기 5장 족보는 완전히 셋 계통의 경건한 씨 흐름이다. 즉 아담에서 비롯된 가인 계통의 씨 흐름(4:16-24)은 전적으로 배제되고 아담에서 직접 셋으로 연결되어 홍수에서 큰 구원사건을 담당하는 노아와 그 자손에게로 매듭지어지는 단락을 이루고 있다. 천지 창조에서 홍수 사이의 계보 흐름을 독특한 방법으로 나타내는데 그 내용은 다음과 같다.[29]

---

[29] Cf. John Skinner, *op. cit.*, p.34.

아담→셋→에노스→게난→마할랄렐→야렛→...→에녹→므두셀라→라멕→노아 { 셈 / 야벳 / 함

PN1은 몇 년(XX) 살았을 때(몇 살 때) PN2를 낳았고,

이 후 몇 년 동안(XX) 다른 아들, 딸을 낳았고, 몇 년[XX] 향수하고 죽었더라 :

전체적 계보: [5:1−32 = (홍수사건) = 9:28]

즉, 5:32 "노아가 오백 세 된 후에 셈과 함과 야벳을 낳았더라"로 미완성 족보로 끝나고 ~ 이어서 6:1−9:27의 [홍수 사건]이 기록되다가 ~ 9:28−29에서 "홍수 후에 노아가 삼백오십 년을 지내었고 향년이 구백오십 세에 죽었더라"로 마무리되며 5장의 족보기록이 완성된다. 창세기 5장은 수직선적 족보 기록형식으로 분명히 태고사에 나타난 하나님의 구속사적 씨흐름의 연속성을 나타내고 있다.

5장에서 제시되는 메시지는;

첫째로, 그 때나 지금이나 인류에게 공통적으로 적용되는 인간의 문제가 바로 죽음이라는 사실이다. 모든 인류는 예외 없이(969세 므두셀라도) 전부가 죽는다는 것이다. 인간은 전부가 사망에 삼킨 바 된다. 그래서 5장은 "낳고 ...죽었더라"가 계속되고 있다. 이 죽음은 바로 "정령 죽으리라"는 에덴에서의 하나님 말씀 (2:17)이 그대로 성취된 것으로 선악을 알게 하는 나무의 실과를 따먹는 날에 그대로 이뤄지는 것을 볼 수 있다. 아담의 죄[DNA]를 가지고 태어나는 인간은 모두가 죽어간다는 것이다.

둘째로, 인류는 원래 영생의 인간으로 창조되었으나 죽음에 이르게 되었는데 장수할 수 있는 존재이기도 하다는 것이다. 창세기 5장의 홍수 전에 10명의 영웅들의 인간 수명이 제일 적은 나이가 777세이고 최고 많은 나이가 969세의 긴 기간이다. 사실은 영원히 살 수 있는 완전한 존재로 창조된 인간이 죄로 인하여 영원이 천년으로 줄어든 것은 오히려 적은 기간이다. 당시는 오염되지 않은 좋은 기후와 음식물 그리고 수명을 단축시키는 질병이 적었고 그리고 인간 자체가 비교적

깨끗하고 어느 정도 완전한 인자(Gene)를 소유하여 스스로가 오래 살 수 있는 육체적 조건이 그토록 장수케 했다. 그러나 그들도 역시 다 죽어 갔다는 것이다.

셋째로, 에녹의 승천으로 영생의 가능성이 제시되었다. 모든 인류가 다 죽어 가는데 한 가닥 희망의 불빛이 있으니 바로 하나님과 동행하다 데려감을 당한 에녹의 사건이다. 언젠가는 인간이 이 죽음의 운명에서 구원을 받아 영원히 살 수 있다는 메시지를 남기고 있다. 이 희망은 바로 거룩한 씨흐름의 아담, 셋, 에녹 계통에서 나타나는 여인의 후손(메시아)이 출현할 때 성취될 것이다. 성서의 역사는 죽음으로 끝나는 것이 아니라 영원한 영생의 소망을 가져다주는 메시아에 대한 희망으로 인류를 계속 인도하고 있다. "죄의 삯은 사망이요 하나님의 은사는 그리스도 예수 우리 주 안에 있는 영생이니라"(롬 6:23)의 두 가지 길이 이 성서 역사에 흐르는 두 가지 방향이라는 암시가 강하게 나타난다. 여기서 구속사적 씨흐름이 계속되는 섭리가 보인다.

아담의 나이 130세에 아벨 대신에 낳은 다른 아들 셋으로 시대와 역사를 뛰어 넘어 홍수 이전의 계보를 형성하고 있다. 이것은 저자의 의도적 계보 구성의 독특성으로 성서기자는 이스라엘 기원에 관한 이미 전해 내려온 고립된 전통자료를 조리가 서는 총괄적인 계보적 조직을 가지고 창조와 상호 연결시켜 놓았다.[30] 아담은 창조된 순간부터 무수한 자녀를 낳기 시작하여 4장에 언급된 사람들을 비롯하여 엄청난 숫자의 자녀, 사람이 있었을 것이다. 그러나 가인도 아벨도 그리고 130년 동안 낳은 직계 자손도 또 그 자손들로 말미암는 자자손손도 수없이 많을 것인데 그들 모두를 다 삭제해 버리고 그 긴 역사를 뛰어 넘으며 구속사의 씨흐름의 상속자로 이어져 가는 선택된 인물의 계보를 만들어 가고 있다.

d. 창6:1-9:29의 족보 (심판의 역사로서 홍수 이야기와 노아의 가족)

창세기 3:15에서 방향이 잡혀진 하나님의 구원사의 씨흐름이 계속되는 가운데 인간의 심각한 죄악에 대한 심판으로 위기에 처하게 된다. 자연적 재앙을 통한 심

---

30) G. F. Hasel, "The Genealogies of Gen. 5 and 11 and Their Alleged Babylonian Background" *Andrews University Seminary Studies* 16(1978), p.78.

판이 대홍수로 나타난다. 사단은 모든 인류를 죄악으로 문드러지게[미란: 糜爛] 만들어, 하나님의 죄에 대한 심판으로, 이 구속사의 씨흐름을 근본적으로 차단하기 위한 전략을 사용하는 것이다. 이런 심판으로 인해 구속사적 씨흐름의 중단이라는 최대의 위기에 부딪친다. 이 대홍수 심판에서도 하나님의 구원사가 계속되어야 하기 때문에 노아와 그 자손을 존속시킴으로 구속사적 씨 흐름을 이끌어 가신다는 메시지가 이야기식 족보 형식으로 된 바로 이 홍수사건 기록의 목적이 된다. 여기서 노아는 한 씨(후손)를 존속시킴으로 하나님의 구속사의 구체적 주역인 아브라함에게 이르는 교량적 역할을 이룩한 위대한 인물로 우뚝 서게 된다.

구약성서의 태고사에서 가장 돋보이는 것이 바로 창조와 대홍수 사건이다. 이 홍수 이야기는 주인공이 노아로 나오고 홍수로 인류를 심판해야 할 이유를 제시하는 서론으로 시작한다. 이는 노아 시대의 타락양상을 말한다. 성서의 구조는 인간 타락이 항상 심판을 초래하는 것으로 나타난다. 구약의 태고사는 인류의 범죄사(犯罪史)와 하나님의 구원사(救援史)가 함께 연속되는 성격이 나타난다. 이는 인류역사의 보편적 현상이기도 하다.

창세기 5장은 분명히 태고사에 나타난 홍수심판으로 인류의 씨가 멸종될 위기에서 하나님의 구원의 섭리로 구속사적 씨흐름이 중단없이 연속됨을 나타내고 있다. 그러나 창세기 5:32에서 "노아가 오백 세 된 후에 셈과 함과 야벳을 낳았더라"로 미완성 족보로 끝을 맺는다. 이어서 홍수사건이 기록되는데 씨신학적으로 보면, 그 씨흐름이 노아 당시 인간 죄악의 가득함과 인간들의 모든 계획이 항상 악한 타락이 하나님의 심판을 끌어당겨 온 인류의 멸망을 초래케 하는 위기에 부딪친다. 인간 죄악으로 온 인류가 멸망을 가져오는 홍수 심판 때문에 완전히 씨흐름이 차단될 위기에서 노아와 그 아들들로 말미암아 창세기 9:28-29에 "홍수 후에 노아가 삼백오십 년을 지내었고 향년이 구백오십 세에 죽었더라"로 5:32의 족보를 연이어서 완성시킨다. 그래서 아담에서 아브라함으로 가는 씨흐름을 가능하게 하고 그 족보를 연결을 시킨다. 아담에서 직접 셋으로 연결되어 홍수에서 큰 구원 사건을 담당하는 노아와 그 자손에게로 매듭지어지는 경건한 씨 흐름 단락을 이

루고 있다.[31]

이 족보의 의미는 1)하나님의 구원사는 창세기 3:15에서 방향이 잡혀진 씨흐름이 2)인간 죄악에 대한 심판으로 위기에 처하게 되자 3)하나님의 구원사가 이 대홍수 심판에서도 계속되어야 하기 때문에 4) 죄악으로 단절될 씨를 노아와 그 자손을 존속시킴으로 이끌어 가신다는 것을 뜻한다.

이 인류의 최악의 죄에 대한 심판에서 구속사의 씨흐름을 진행시키기 위해 방주을 예비하여 노아와 그 가족을 구원하시는 내용이 노아홍수 이야기의 핵심을 이룬다.

방주의 주인공(I): 곧 그날에 그들(노아와 아내와 아들들과 자부들)이 홍수를 피하여 다 방주로 들어갔다(7:7,13). 구원받은 자의 면모를 보면, 노아 및 그의 아들들은 당시의 중혼, 축첩의 타락한 사회상을 본받지 않고, 일부일처제의 혼인을 준수하였음을 엿볼 수 있다. 베드로의 증거(벧전 3:20)에 의하면, 8명이 모두 방주에 들어갔다는 것은 가족 전체가 하나님 말씀에 순종하였다는 것이다. 구원사를 존속시키는데 선택된 노아는 하나님이 인정하신 의인이었다. "야웨께서 노아에게 이르시되 너와 네 온 집은 방주로 들어가라 네가 이 세대에 내 앞에서 의로움을 내가 보았음이니라"(창 7:1). 그래서 하나님은 심판 중에서도 그 노아와 그와 함께 방주 안에 있던 자들을 보호해 주셨다(시 91:1-7). 이 홍수심판 속에 나타난 하나님의 사랑(창 7:1-5)이 스며있음을 확인해야 한다. 하나님의 사랑은 노아를 구원하셨다. 하나님의 사랑은 자연을 보호하셨다. 하나님의 사랑이 인류구원을 위한 여인의 후손으로 향하는 구속사의 길을 노아를 통해서 여시었다. 하나님의 사랑은 모든 인간에 대해 오래 참으셨다.

방주의 주인공(II): 정결한 짐승과 부정한 짐승과 새와 땅에 기는 모든 것은 그 종류대로 노아에게 나아와 방주로 들어 갔다(창 7:8-9, 14-16). 정결한 동물들은 암수 일곱씩, 부정한 동물들은 암 수 둘씩(창 7:2-3) 방주에 들어가 씨를 보존

---

31) 기본 요소는 1)인류 역사의 최초 태고사의 인물에 대한 정보를 제공해 주고 있다. 2)인류에게 공통적으로 적용되는 인간의 문제가 바로 죽음이라는 사실이다. 3)"정령 죽으리라"는 에덴에서 하나님의 말씀이 그대로 성취됨. 4)"낳고 ...죽었더라"가 계속되고 있다 인간은 전부가 죽고야 만다. 5) 에녹의 승천으로 영생의 가능성 제시

하도록 했다. 정결한 짐승과 새는 암수 일곱씩 방주에 들인 이유는 제사 제물로 효용성이 있는 정결한 짐승들을 잡아 노아가 제사를 드리는데 사용하기 위함이었다(창 8:20). 홍수가 끝나고 방주에서 나와서 정결한 짐승 중에서와 정결한 새 중에서 취하여 노아가 번제를 드리는 장면이 기록되고 있다.

e. 창 10-11장의 족보(노아→아브라함에 이르는 족보)

창세기 10장과 11장은 하나의 연결된 족보로 보아야 한다. 단지 10장과 11장 사이에 바벨탑 사건의 이야기가 삽입되었다고 보겠다. 그리고 계보 기록 방식에서 조금 다르게 나타나는 것은 10장에서는 노아가 세 아들을 낳은 것을 서론으로 하여 그 세 아들들이 그 당대에 몇 명의 아들들을 낳았는데, 그 아들들을 또 가계장으로 하여 인류가 번져 나간 것을 [수평적 족보기록 형식]으로 기록하고 있다.

창세기 10장은 홍수 후에 노아의 세 아들들로 말미암아 전세계로 인류가 확산되어 땅의 열국 백성으로 나뉘어진 것을 기록하고 있다.

```
10장 = 홍수 후 노아의 세 아들들로 말미암아 전세계로 인류 확산
1) 야벳: 고멜→마곡→마대→야완→두발→메섹→디라스
2) 함: 구스(에티오피아)→미스라임(이집트)→붓(리비아)→가나안(종의 종)
3) 셈: 엘람(이란)→앗수르(메소포타미아/바벨론지역)
    →아르박삭(히브리인)→룻(소아시아의 리디아/터키족 조상)
    →아람(시리아/메소포타미아)
```

그리고 창세기 11:10-26에서는 바벨탑 사건으로 온 인류가 세계와 나라들과 족속들로 온 지면에 흩어진 것을 서론으로 말하고 그 중에서 한 족속을 단일하게 부각시켜 거기서부터 아브라함의 족보를 추적하고 있다. 바로 노아의 아들 셈에서부터 아브라함에 이르는 족보를 그들의 연수와 함께 구체적으로 수직선적 족보 기록 방법으로 묘사하고 있다.

셈→아르박삿→셀라→에벨→벨렉→르우→스룩→나홀→데라→ { 나홀
아브람
하란 }

아브람과 나홀 사이(창 22:20-24)와 아브람과 롯 사이(창 13:8)의 일반적 관련이 있다 할지라도, 여기 아브라함 족보에서 강조되는 것은 여인들을 통해서 이루어지는 관계성이다. 창세기의 나머지 부분에서, 특별한 부계적(父系的) 구분과 결연을 분명히 나타내는 혈족(血族)과 결혼의 복잡한 관계성은 셈족 특별히 데라 가족의 이해관계에 의해 만들어졌다. 데라족은 이스라엘의 자손들과 연합관계를 맺는데, 후에는 양보적 상호작용의 모델을 세우곤 한다. 아브람, 나홀, 하란이 전적으로 독립적인 부계혈통이라고 볼 때, 서로의 연합관계는 밀가가 나홀에게 결혼함(하란의 명문출신의 여인이 나홀의 남자와 결혼)으로, 리브가가 이삭과 결혼하고, 레아/라헬이 야곱과 결혼함(나홀의 명문출신의 여인이 아브람의 남자에게 결혼)으로 인접한 혈통끼리 이뤄진 것으로 볼 수 있다.

나홀의 아내 이름은 밀가니 하란의 딸이요 나홀의 조카 딸과 결혼하였듯이 아브람 역시 이복 누이와 결혼 하였다(20:21). 이러한 근친결혼은 족장 시대에 있어서는 (1)지리적, 문화적 여건상 불가피하였거나 (2)혈통 우월주의에 입각한 종족 보존 방법일 수도 있었다. 여기에서 "사래는 자식이 없었더라"(11:30)고 강조하고 있다. 이것은 씨흐름에서 중요한 위기를 나타낸다. 왜냐하면 많은 무리의 아비가 될 자인 아브라함이 자식이 없었다는 것은 하나님의 구원사에 차질이 생길 수 있고, 고대 근동 지방에서는 자식을 낳는다는 것은 하나님의 선물로 생각하였기 때문에, 불임의 사래가 아이가 없다는 것은 하나님의 은총에서 제외된 자로 간주되었기 때문이다. 당시 급속히 번식해 나가던 이방 족속들과는 달리 하나님의 선택된 백성은 사래가 그랬고 리브가가 그랬다. 어찌보면 태곳적부터 하나님의 엄밀한 계획 하에 있었으니 이는 마치 씨앗이 땅 속에서 싹이 날 때를 기다리듯 아브람의 씨는 하나님의 뜻에 의해 잠시 때를 기다릴 뿐이었다(17:1-8, 21:1-4).

하나의 결혼을 통해서 일단 관계성이 이뤄지면, 뒤이어 연속되는 결혼에 의하여 계속 형성되어 온 인척관계가 더욱 견고하게 된다. 이러한 친척관계는 가깝게

연관된 부계혈족으로 부터 아내를 취하여 이뤄지고(11:29), 모계(母系)의 고종(이종) 사촌 선호를 고수함으로 유지될 수 있었다(창 27:46, 28:1-5).

3. 역사 방향을 잡아가는 하나님의 축복: 씨신학적 예언

노아의 축복과 저주에 의하면(창 9:26-27), 아들 3형제 중, 첫째, 셈은 하나님을 기업으로 받았고, 둘째, 함의 아들인 가나안은 저주받아서 종의 종이 되었고, 셋째, 야벳은 창대한 축복을 받고, 구원은 셈의 장막에서 이루어진다는 것이다. 이 구절을 자세히 살펴보면 문장의 구성이 바로 셈을 중심하여 집중되어 있다. 바로 셈을 중심으로 세 가지로 문맥이 잡혀 있다.

1) 셈의 하나님 여호와를 찬송하리로다(9장 26절)
2) 가나안은 셈의 종이 되고(26절)/가나안은 셈의 종이 되게 하시기를 원하노라(27절)
3) 하나님이 야벳을 창대하게 하사 셈의 장막에 거하게 하시기를 원하노라(27절)

본문에 의하면, 함의 아들 가나안과 야벳에게 모두가 셈과 관련하여 저주와 축복이 나타난다. 여기서 성서기자에게 중요한 것은 바로 구속사적 씨흐름의 구조가 노아의 세 아들 중에 어느 아들로 향하느냐가 관심의 초점이 된다. 아담으로부터 이어져 온 여인의 후손을 향한 씨흐름이 노아 다음에는 바로 셈이라는 아들에게로 향하고 있음을 그에 대한 축복으로 분명히 제시하고 있는 것이다. 그래서 우리는 노아 다음 세대에는 셈이라는 인물과 셈족이라는 종족을 지켜보게 될 것이고 창세기도, 성서 전체도 이 셈족을 중심으로 역사가 진행되고 역사 흐름을 이 셈족이 주도해 가는 것을 보게 될 것이다. 왜냐하면 이 셈의 후손에서 아브라함이 나오고 유다가 태어나고 다윗이 나오고 결국 메시아 예수 그리스도가 태어나기 때문이다. 그래서 노아는 축복의 선언을 하면서 소리친다. "셈의 하나님 여호와를 찬송하리로다!" 여기 약속하신 대로 세계 인류들은 셈의 자손인 이 중보자 예수님을 통해서 구원 얻게 되고 야벳에게 창대하는 축복을 주시겠다던 축복대로 그들을 통해서 인류의 번영이 오게 되었다.

a. 함과 그의 자손들의 운명

함(뜨겁다는 뜻)은 자기 아버지의 수치를 보고 아비의 실수를 공개적으로 유포하여 형제들에게 조소 섞인 말로 알렸다고 기록하고 있다. 그러나 야벳과 셈은 함을 책망하고 옷을 취하여 뒷걸음쳐서 장막에 들어가서 아비의 하체를 급히 덮어주었다. 그리고 아무도 그 아비의 수치를 보지도 말하지도 못하게 철저히 단속했다.(창 9:20-23)

만취된 상태에서 깨어난 노아는 자기의 수치를 뉘우쳤을 것이고 하나님은 성령을 통하여 그를 선지자와 재판장을 만들어 저주와 축복을 내리게 했다. 함의 아들 [가나안]에게는 1)"그 형제의 종들의 종이 되는" 저주를 내리고(25절) 2)"가나안이 셈의 종이 되고"(26절) 3)"가나안은 셈의 종이 되게 하시기를 원하노라"(27절)고 세 번에 걸쳐서 저주를 내리는 것을 볼 수 있다. 이것은 바로 셈족과 관련한 가나안 족속의 운명을 말한다.

본문을 자세히 보면, 아버지의 하체를 보고 조롱한 자는 함인데 그의 아들 가나안이 저주를 받는 것으로 나온다. 그것도 세 번이나 강조하여 확인하고 있다. 그래서 난해한 구절 중의 하나로 왜 함의 아들 가나안이 이 저주와 연결되었는가 하는 의문점이 제기된다. 칼빈은 함이 받을 형벌이 가혹함을 더하고 더욱 강조하기 위하여 가나안으로 대표되는 그의 후손들을 저주하였다고 본다.

추측하건데(사실과 다를 수 있지만), 사실은 그의 아들 중의 하나인 가나안이 할아버지의 추한 모습을 먼저 목격한 것 같다. 그리고 당시의 동성연애의 풍습을 가지고 있던 그가 할아버지에게 성적 유희(遊戲)의 나쁜 짓을 하고 아버지 함에게 떠들며 성적 수치를 조롱하듯 일러바치자, 함은 아들을 나무라지 않고 오히려 더불어 아버지의 수치를 형제들과 주위 사람들에게 소리치며 알렸던 것 같다. 그래서 저주가 함이 아닌 가나안에게 집중되고 있는 것 같다. 그러기 때문에 이 사건의 실제적인 원인 제공자는 가나안이고 후대에 우상숭배와 성적 타락, 특히 동성애 성적타락의 대표적 종족이 가나안 족속인 것과 관련이 있는 것으로 추측이 된다. 가나안의 경계가 소돔과 고모라를 포함하고 있어 소돔 고모라의 타락상에서 가나안 족속의 성적 부패와 우상숭배의 대표적 죄악을 확인하게 된다(창 9:19, 창 19장).

일부 학자들에서도 가나안이 노아의 수치를 처음 목격하고 그 사실을 함에게 고한 진짜 범죄의 하수인이요 공범자였다고 보기도 한다(Aben Ezra, Matthew Poole, L. Jamieson). 실제로 함에게는 아들 가나안이 받은 저주는 자신이 받는 저주 이상의 형벌이었고, 저주 속에 포함된 가나안의 미래는 바로 함의 미래 속에 포함되어 있으므로 가나안과 함이 함께 저주를 받았다고 할 수 있다. 한편 가나안을 제외하고는 함의 후손(구스:에티오피아, 미스라임:이집트, 붓:리비아)들은 이스라엘에 별 상관없는 지역으로 이동하여 아프리카의 원주민이 되어 이스라엘 백성과의 직접적인 관련이 없기에 노아의 저주가 가나안 족속과의 적대적 접촉이 되는 가나안 후손에 대한 예언이라 볼 수 있다.

여기에 나타나는 "종들의 종"의 뜻은 최상급을 나타내는 히브리어의 관용적 표현으로 '가장 비천한 종'을 말한다. 이는 '주의 주' '왕 중 왕'과 같은 표현이다. 또한 "셈의 종이 되리라"는 저주는 역사 속에서 그대로 성취되고 솔로몬 시대에도 다시 확인된다. 가나안 족속은 셈족인 이스라엘인들을 섬기는 가장 비천한 종으로 전락하게 된다(수 9:23), 즉, 여호수아가 가나안을 정복하는 과정에서 여리고를 무너트리고 아이성까지 점령하게 되자 그 소문을 듣고 두려워 가나안 원주민인 기브온족, 히위 족들이 꾀를 내어 해어진 전대와 찢어져서 기운 가죽부대를 나귀에 싣고 낡아서 기운 신발을 신고 낡은 옷을 입고 곰팡이가 난 떡을 준비하고 여호수아에게 이르러 먼 나라에서 왔다고 속이고 "우리는 당신의 종들이니이다"(수 9:8) 하며 화친 조약을 맺게 된다. 뒤늦게 속은 것을 알게 된 여호수아가 "그러므로 너희가 저주를 받나니 너희가 대를 이어(영영히) 종이 되어 다 내 하나님의 집을 위하여 나무를 패며 물을 긷는 자가 되리라"(수 9:23)하여 종의 신분으로 종속되고 만다. 그리고 그들을 "나무를 패며 물을 긷는 자들로 삼았더니 오늘까지 이르니라"(수 9:27)하여 그 뒤로 계속해서 종으로 살았다는 것이다.

더욱 확실하게 언급된 것은 솔로몬 때로 "이스라엘 자손이 아닌 아모리 사람과 헷 사람과 브리스 사람과 히위 사람과 여부스 사람 중 남아 있는 그들의 자손들을 솔로몬이 노예로 역군을 삼아 오늘까지 이르렀으되 다만 이스라엘 자손은 솔로몬이 노예를 삼지 아니하였다"고 하여 가나안 원주민들을 노예로 역군을 삼아 종으로 부렸다고 되어 있다(왕상 9:20-22). 여기 가나안의 후손의 족보가 창세기

10:15-20에 나오는데 시돈, 헷, 히위 족속, 알가 족속, 신 족속, 아모리 족속, 기르가스 족속, 스말 족속, 하맛 족속들로 이 가나안 자손의 족속이 살아가던 경계는 소돔과 고모라와 아드마와 스보임을 지나 라사까지였다고 기록하고 있다.

그런 면에서 아프리카의 흑인들이 함의 후손들이기 때문에 저주를 받아 노예의 운명이라고 백인들이 흑인들을 노예화하는 정당성을 이 노아의 저주에서 찾았던 것은 아주 잘못된 성경 인용이라 볼 수 있다. 아프리카의 종족들은 가나안 족속의 후예가 아니라 함의 다른 아들들인 구스와 미스라임과 붓에 의한 후손들이다. 종이 된다는 저주는 바로 가나안 원주민들이 이스라엘의 하나님 집을 위해 나무를 패며 물을 긷는 일을 하며 셈족인 이스라엘에 의해 노예로 역군을 삼은 것으로 이뤄진 것을 말한다.

함의 다른 후손은 남쪽으로 향하여 아프리카 지역에 분포되어 살았다. 그의 후손인 구스는 이디오피아 지역의 선조가 되고, 미스라임은 이집트인의 조상이며, 붓은 리비아인의 시조가 되어 대체로 함의 후손들로 인하여 아프리카 초기 인종이 번식된 것으로 성경은 말하고 있다. 그래서 사실은 저주받은 자는 가나안의 원주민들의 조상인 가나안이지 아프리카에 흩어진 그 외의 자손들이 아니었다. 그러나 구스가 또 다른 아들 니므롯을 낳았으니 그는 세상에 용사인데 시날 땅 즉 메소포타미아 지역과 앗수르 지역과 니느웨 지역을 다스리던 인물이며 종족을 세운 것으로 독특한 인물로 소개하고 있다(창 10:8-12). 또한 미스라임의 자손 중에 가슬루힘에게서 블레셋이 나왔다고 되어 있다. 그러기 때문에 함 계통의 모든 족속이 아프리카의 모든 흑인이라는 전제는 전혀 잘못된 것이라 볼 수 있다.

여기의 관심은 가나안주의적 성(性)의 부패를 냉정하게 비판하고 그들이 팔레스타인 땅의 주인이 될 수 없고 오히려 이스라엘이 그 땅의 주인으로 가나안 족속을 노예와 종으로 삼게 된다는 신학적 암시가 있다고 보겠다.

b. 야벳과 그 후손들의 운명

"야벳을 창대하게 하사"(창 9:27)란 축복으로 간단히 언급되고 있다. 이는 "야벳에게 넓은 공간을 주사"란 뜻으로, 야벳이란 이름 자체가 '확대'란 뜻으로 그 후손은 북방과 서방지역으로 퍼져가 문명의 선구자로 전 세계에 넓게 확장해 나간 족속이라는 것이다. 특별히 인도-유럽피안족의 선조로 보인다. 야벳의 족보가 창세기 10장에 나온다. 곧 야벳의 아들들은 고멜/ 마곡/ 마대/ 이완/ 두발/ 메섹/ 디라스이며 고멜의 자손들은 아스그나스/ 리밧/ 도갈마이고, 이완의 후손들은 엘리사/ 달시스/ 깃딤/ 도다님이다. 그들은 다양하게 지금의 러시아, 북 유럽과 유럽 지역과 북아메리카와 남아메리카 그리고 아프리카 최남단 등 광범위하게 퍼져 나갔다. 그래서 대체로 야벳의 후손들이 바로 백인들의 대부분이었다고 말한다. 야벳 족속의 영토와 인구 뿐 아니라 문명, 문화에도 관계된 것인데 참으로 유럽의 문화와 과학, 희랍의 철학, 로마의 법정신 등은 야벳의 후손들에 의해 이룩되었다.

성경은 "하나님이 야벳을 창대하게 하사 셈의 장막에 거하게 하시고"라고 야벳과 셈의 관계를 언급하고 있다. 이 말은 야벳 족속이 셈 족속을 지배하게 되리라는 것이 아니라 야벳의 후손들이 종교적으로 셈 족속의 영향을 받게 될 것이란 뜻이다. 즉 야벳 족속이 셈족의 종교적 축복에 동참하게 되리라는 뜻이다(J. Calvin, Keil-Deilzsch, J.P. Lange). 이는 바로 창세기에 계속 흐르고 있는 구속사적 씨흐름이 바로 아담에서 시작되어 셋, 노아에 이르러 다음에는 바로 셈 계통으로 그 방향을 잡고 여인의 후손에 이르게 된다. 곧 창세기 10:21-32과 11:10-32에 나오는 족보가 그 사실을 확인해 준다. 셈에서 아르박삿-셀라-에벨-벨렉-르우-스룩-나홀-데라-아브람으로 이어지는 족보로, 아브라함과 다윗의 자손 예수 그리스도를 말미암아 천하만국이 축복을 받고 복음으로 하나님의 자녀가 되는 축복을 말하는 것이다. 하나님께서 아담에게 주신 '여자의 후손'에 대한 약속(3:15)은 후일 셈의 후손 중에서 그리스도가 나셨고 그로 말미암아 복음이 온 인류에 퍼짐으로써 야벳 족속도 구원을 받고 세상이 구원을 받게 되는 섭리를 말하는 것이다(요 3:16). 그래서 함과 가나안 족속 역시 비록 종의 신세로나마 셈과 야벳의 장막에 거할 것이기 때문에 하나님의 구원 계획에서 배제 당하지는 않았다.

c. 셈과 그 후손의 축복

나이든 아버지 노아는 셈과 밀접한 관계를 가진 셈의 하나님 여호와를 찬송한다. "셈의 하나님 야웨를 찬송하리로다"(창 9:26)에서 "셈의 하나님"은 하나님과 셈의 후손과 특별하고 고귀한 관계가 있다는 것이다. 이는 구약성경에 나타나는 하나님과의 언약을 이루는 아브라함과의 계약(창 12장, 15장 등) → 시내산 계약(출 19장) → 다윗의 영원한 왕조 계약(삼하 7장) 등을 통한 특별한 관계를 가지고 여인의 후손으로 오시는 구원의 메시아를 향한 역할을 의미한다. 그래서 셈의 후손인 이스라엘 백성은 바로 선택된 백성(選民)이며 하나님의 기업의 백성(神民) 거룩한 백성(聖民)으로 제사장 나라가 되는 것을 의미한다(신 7:6-9, 출 19:5-6).

'찬송하다'는 히브리어 '바라크'가 사람에게 적용되면 '그를 축복하다'는 뜻이 된다(신 28:6; 룻 3:10). 그래서 이 구절은 "만복의 근원이신 하나님께서 셈에게 축복 베푸시기를 원한다"는 뜻이 함축되어 있다. 아담으로 시작된 인류역사는 노아에게로 집약되어 특별한 축복을 받는 선택종족인 셈족에게로 압축된다. 대개 셈족이란 이 용어가 이스라엘 민족에게 적용되지만 실제에는 더 광범위하게 사용된다.

창세기 10장에는 셈의 다섯 자손이 나온다. 1)엘람은 티그리스 강 동쪽과 페르시아 만 북쪽에 있는 매우 호전적 족속이 된다. 페르시아 전체가 엘람으로 불리기도 했는데 오늘날 이란이기도 하다. 2)앗수르는 북쪽으로는 메소포타미아 지역, 남쪽으로는 바벨론 지역, 서쪽으로는 멀리 지중해에 이르는 영토를 점령한 막강한 제국이 되었다. 3)아르박삿[히브리인] 4)룻은 고레스 대제에게 패배했다는 전설적인 부유한 크로에수스(Croesus)왕이 있던 소아시아 지방의 리디아(Lydians)의 조상으로 오늘날의 터키족의 조상이기도 하다. 5)아람은 아람족속으로 알려진 족속이 거주하던 이스라엘 북쪽지역으로 시리아, 메소포타미아 아람족의 조상이다.[32]

이 셈의 다섯 아들 중에 중요한 것은 아르박삿으로, 그는 셀라를 낳고, 셀라는

---

32) Charles F. Pfeiffer, 「구약사 개론」 김영배 역(서울: 기독교문서선교회, 1979), pp.34-35.

에벨(Ebel)을 낳았다. 이 에벨이 바로 히브리인(Hebrew)의 어근이 된다. 이 에벨은 벨렉과 욕단을 낳았는데 이 벨렉 계통이 아브라함의 선조가 되고 욕단 계통은 아라비아 반도의 남서쪽과 남쪽 지역에 살던 13개 아라비아 종족들의 조상이 되었다. 그래서 에벨 계통과 아랍인들은 아주 날카롭게 구별된다. 그렇기 때문에 메소포타미아 지역과 가나안 지역에 산재된 종족들은 셈족으로서 광범위한 혈연적 연관을 가지고 있으나 이스라엘 조상의 계통은 그 많은 혈연 계통에서도 셈—아르박삿—셀라—에벨—벨렉—르우—스룩—나홀—데라—아브람으로 이어진다.

그러면서도 이스라엘의 족장들은 아람족속(Aramaeans)들과 특별히 가까운 혈연적 친분을 가지게 된다. 바로 이삭의 아내 리브가, 야곱의 아내인 라헬과 레아도 아람 사람으로 나타난다. 하여튼 이스라엘은 셈족에 뿌리를 갖고 있다고 하겠다. 셈족은 티그리스와 유프라테스 계곡에 집중적으로 남아 있던 족속으로 이스라엘의 선조가 된다.

그래서 셈과 그 후손에게 주어진 축복은 아브라함으로 시작되는 이스라엘 족장사에 연결되는 가교 역할을 한다. 하나님은 전 세계 종족들 가운데서 한 가닥의 선택된 계보인 셈 종족에서 가느다란 씨 흐름을 이끌어 가고 계심을 나타내는 것이 성서 전체의 근본 주제이다. 구약성서는 하나님 백성의 역사가 곧 전 세계 인류역사의 중추적 핵이라 보고 창세기 5, 10, 11장에 세 가지 족보로 구약의 원역사를 구성하고 있다. 즉 성서는 선택된 계보로 좁혀서 마침내 이스라엘 원조인 아브라함이라는 한 인물에게로 단축 연결시키는 의도적 기술을 하고 있다.

이런 저주와 축복으로 홍수 후의 세계 질서를 정리하고 노아는 950세로 세상을 떠나고 만다. 그리고 그 후의 구원사는 셈으로 이어진다는 것이 창세기에 강조되어 나타난다. 하나님은 위기의 역사 때마다 인물을 준비하셔서 하나님의 구원사를 지속시키신다. 홍수 후에 노아의 세 아들들인 셈 야벳 함은 각 민족의 창건자가 되었다. 그들에 의해서 땅의 모든 열국 백성이 나뉘어 퍼져나갔다. 현재에 파악된 지구상의 종족만도 약 24,000개 정도 존재한다는데, 이 모든 사람 중에서 하나님은 셈의 족속을 택하시고 그 중에서도 아르박삿 계통의 아브라함을 택하신다. 그래서 아담—셋—노아—셈—아르박삿으로 이어져서 아브라함에 이르는 구원사의 씨흐름에 중요한 몫을 담당하는 자가 바로 노아의 아들 셈이다.

C. 족장사에 나타난 구속사적 씨흐름

창세기는 12장 1절을 기점으로 역사적 전환점을 이룬다. 앞에서 언급한 대로, 1-11장은 일반 역사의 태고사에 동방에서 일어난 사건중심의 기록이라면, 12-50장은 선택된 가정의 역사로서 서방에서 이루어지는 족장들의 인물중심의 역사가 전개되어진다.

바벨탑 사건으로 인류가 세계로 퍼져 나가고 수많은 세월이 지난 후에, 그러니까 주전 2천년 전반기, 유프라테스 강변, 남 메소포타미아 계곡에 있던 우르(Ur)라는 아주 큰 도시에 셈의 자손 중에 '데라'라는 사람이 살고 있었다. 그에게는 아브람, 나홀, 하란이란 세 아들이 있었다. 그들 중에서 아브람이 하나님의 부름을 받게 된다.

하나님의 구원사는 선재적 은총인 하나님의 독자적 선택 사건으로 나타난다. 이는 바로 아브라함이 혈혈단신으로 있을 때에 부르시고 그에게 복을 주어 창성케 하시겠다는 창세기 12장의 소명 기사로 시작한다(사 51:1-2). 아브라함 소명에는 특별한 하나님의 섭리가 있다. 즉, 하나님이 아브라함과 맺은 계약이라는 틀 안에 간직된 중요한 세 가지 언약에 나타난다. 이것이 바로 족장들의 생애와 구약 역사를 이끌어 간다. 즉, 아브라함을 택하여 부르신 목적이 바로 그 언약 속에 계시되어 있다는 것이다.

1. 족장들에게 주어진 언약

창세기에 족장들에게 계속해서 나타나는 하나님의 언약을 요약하면 다음 세 가지로 나타난다.

첫째로, **자손**(씨, 후손)에 대한 약속이다.

여기의 자손은 아브라함의 직계에서 태어나는 후손, 즉 구속사에서 맥을 이어 갈 '씨 흐름'에 관심이 집중되어 간다. 자손(씨)으로 번역된 히브리어 제라(Zera')는 단수 집합 명사로 형식은 단수이나 보통 집합적인 의미를 갖고 있다. 그래서 이 단어는 하나의 아이를 지칭할 수도 있고, 혹은 한 개인에게서부터 출생하는 미래의 자손들 모두를 지칭할 수 있다. 결국 아브라함의 후손에서 이어가서 태어날 메시아 예수 그리스도까지의 후손을 의미한다.

아브람의 다른 여인(하갈, 그두라 등)들에 의해 많은 자손들이 태어난다 해도, 오직 순수한 첫 부부간에서 태어나는 아들만이 구속사의 상속자로 인정되는 것이 아브라함과 사라의 이야기의 흐름이다. 그 자자손손이 바로 구속사의 주인공으로 나타나야 한다. 아브라함의 많은 아들 가운데서(창 25:1-6), 그 약속은 다만 한 아들과 그의 후손에게 이어지는 것으로 "네 몸에서 날 자, 즉 이삭에게서 나는 자라야 네 씨라 칭할 것임이니라"(창 21:12)고 확실하게 구분짓고 있다. 하나님은 아브라함과 그의 씨를 하나님의 목적을 가지고 선택하시고 계약을 맺으셨다. 이 목적은 구약 이스라엘에서 뿐만 아니라, 역시 신약에서도 예수 그리스도만을 통하여 실제로 성취되어진다.[33]

아브라함으로 구체화된 하나님의 구속사를 위한 언약이 이삭, 야곱, 그리고 야곱의 열 두 아들(특히 유다)로 이어지는 족장 전통에서 그 맥락이 세차게 흘러가고 있다. 결국, 12 아들 중에서 유다와 그의 자손 다윗에게 권위와 치리자의 지팡이가 주어지면서(창 48:10), 다윗 왕조로 계속되는 유다 왕국에 연속되는 왕권의 전통을 성취하는 그리스도에게로 전해진다. 그래서 마태 기자는 "아브라함과 다윗의 자손 예수 그리스도의 세계라"하면서 "낳고 ...낳고"의 구조를 가지고 여인의 후손으로 태어나시는 예수 그리스도에 이르는 족보적 계통을 추적하고 있다.

둘째로, **땅**에 대한 약속이다.

하나님의 구속사의 현장은 우선 가나안에서 이루어진다. 그래서 아브라함은 가나안으로 정처없이 흘러들어가 자리를 잡는다. 오직 하나님의 약속만 의지하고 결단한 믿음의 행동으로 가나안땅을 선물로 받는다.[34] 이 땅이 바로 구속사의 지

---

[33] John Milton, 「하나님의 축복의 언약」이근호역(서울: 컨콜디아사, 1982), pp.62-63.
[34] Walter Zimmerli, 「구약신학」, 김정준 역(서울: 한국신학연구소, 1976), p.84. ①땅은 선물의 성격을 띠고 있으며 ②이 땅은 단순히 물질적으로 그 가치를 평가할 수 없으며 항상 '야웨 백성'으로서 이스라엘의 위치와 결부되어 특별한 가치를 가지고 있다는 사상이다.

역적 바탕이 된다. 거기서 하나님은 인류 구원을 위한 구원사를 이끌어 가신다. 이 땅의 경계가 아브라함 계약에 나타난다: "애굽 강에서 부터 그 큰 강 유브라데 까지"(창 15:18). 이 땅이 '영원한 기업'으로 이스라엘에 주어질 것이 강조된다(창 13:15과 17:8). 결국 이 이스라엘 땅, 가나안에 출애굽한 이스라엘이 정착하게 되고 이스라엘 후손이 계속 이어져 간다.

지구촌의 지리적 구조 자체를 보아서도 가나안 땅은 여러 가지 면에서 하나님의 구원사 발생의 요람으로 최적지(最適地)라 생각된다. 하나님의 구속적 목적을 수행함에 있어서 '택한 백성'들은 이 적절한 약속의 땅을 가져야 할 필요가 있었다. 곧, 가나안은 아브라함의 씨가 거할 땅으로 되어 있고, 하나님이 자신의 목적을 그들을 통해 성취시킬 땅이었다. 그래서, 하나님은 집요하게 땅의 약속을 계속 언급하고 계시며 이스라엘도 그 땅에 대한 애착이 생명과 같았다.[35]

짐멀리(W. Zimmerli)는 가나안 정착에 대하여 ①잠정적인 정착(족장들은 그들의 후손에 이르러 점유하게 되는 날을 기다리는 입장)과 ②민족으로 형성된 이스라엘에 의해 실제로 정착하는 두 가지 정착을 볼 수 있다고 한다.[36]

셋째로, 인류를 위한 **복의 중재자**로의 약속이다.

"땅의 모든 족속이 너를 인하여 복을 얻을 것이니라"는 언약이다. 아브라함의 후손으로 말미암아 천하 만민이 복을 얻는다는 중재자의 약속은 바로 하나님이 아브라함과 이스라엘을 선택한 목적이요 아브라함 자손인 이스라엘의 사명이 된다.

구약의 씨흐름의 절정이 바로 여인의 후손으로 오시는 예수 그리스도의 오심으로 이뤄지면서 메시아 왕국을 세계적인 것으로 만든다. 여기서 지역, 종족, 민족, 피부색의 장벽들이 모두 사라져 버린다. 아브라함의 후손이며, 다윗의 자손이며, 하나님의 아들인 예수 그리스도의 복음을 통해서 천하 만민이 구원 얻는 복을 받게 된다는 것이다. 이 언약은 바로 세계 인류를 구원하기 위한 선교적 메시지가 된다. 이 세 가지의 언약이 족장들에게 그리고 그의 후손 이스라엘에게 계속 반복

---

35) Wilbur Smith, *Christian Today*, December 24(1956)을 J.P. Milton, 「하나님의 축복의 언약」 이근호역(서울: 컨콜디아사, 1982), p.67에서 재인용
36) W. Zimmerli, *op. cit.*, p.84.

되어 나타나고 있다. 이것이 바로 구속사적 씨흐름의 명분이고 씨신학의 근거가 되는 언약의 내용이기도 하다.

2. 구약성서에서 족장의 정의

구약성서에서 족장이라 하면, 구체적으로 어느 시대의 누구를 지칭하느냐 할 때 대체로 세 가지로 말하게 된다.[37]

첫째로, 혈통적인 성서 족보로 창세기 4장에 아담으로 시작하여 그 후손들로 연결되는 노아 홍수 전에 속하는 이스라엘의 원선조(The Antediluvian Patriarchs)[38]와 홍수 후의 하나님의 새로운 선택과 계약관계에 있게 되는 아브라함, 이삭, 야곱과 야곱의 12아들을 포함하는 이스라엘의 조상들을 말한다.

둘째로, 혈통 개념보다는 단순히 이스라엘의 지도자급 인물로 부각된 인물들을 족장이라 보는 견해로, 아브라함으로부터 다니엘까지 11명(I Macc. 2:51-60)과 다윗(행 9:29)을 족장이라 간주한다.

셋째로, 이스라엘 백성은 야곱의 12아들들로 이뤄진 후손으로, 그들의 시작이 바로 아브라함과 이삭에서 시작된 것으로 보는 견해이다. 그래서 아브라함, 이삭, 야곱, 그리고 야곱의 12아들을 이스라엘의 역사의 창건의 조상으로 간주하는 것이다. 이스라엘의 역사는 신앙의 역사에서부터 시작하기 때문에, 성서 전승에 따라 족장 이주(移住) 시대로 돌아가야 한다고 보는 견해이다.[39]

일반적으로 족장하면 성서의 전승에 따라 홍수 후의 족장(The Postdiluvian

---

[37] W. F. Albright, *Archaeology and the Religion of Israel* 3rd ed.(Oxford University Press, 1953), pp.99-102. John Bright, *Early Israel in Recent History Writing* (London: SCM Press, 1956), p.20. M. Noth는 가나안 정착 이전의 전승에 관해서는 그 역사적 요소를 의심하여 이스라엘 역사는 이스라엘의 가나안 정착에서부터(기원전 1200년경)시작한다고 본다. 즉 Noth는 팔레스타인 점령 과정에서 이스라엘은 영원한 역사적 실체로 뭉치게 되었고, 이스라엘 역사는 팔레스타인 땅에서만 시작되었다고 주장한다. M. Noth, *The History of Israel*, trans. rev, by Ackroyd, 2nd. ed.(London: Adam and Charles Black, 1960), p.53.

[38] 창세기 4장과 5장에 수록된 인물들인 아담, 셋, 에노스, 아벨, 에녹, 라멕, 므두셀라...노아 등을 비롯하여 아브라함, 이삭, 야곱, 아들들을 전체적으로 지칭한다.

[39] John Bright, *A History of Israel* (London: S.C.M. Press, 1966), pp.120-127.

Patriarchs)인 아브라함, 이삭, 야곱과 야곱의 12아들을 말한다. 그래서 본서에서 족장이라 함은 아브라함으로 시작하여 이삭, 야곱, 그리고 야곱의 12아들로 모세 이전 시대의 이스라엘의 선조들을 말한다. 성서에 나타난 이들 족장들은 씨족, 혹은 부족의 시조, 혹은 장(長)으로 가족 개념의 권위를 상징하는 것으로 나타난다.[40] 창세기에 나오는 족장들의 기사들은 단순한 개인들의 전설적 역사나 여러 종족을 의인화시킨 것이 아니라, 오히려 그 족장들의 삶을 통해 한 민족의 성격을 형성하였던 탁월한 실제의 생존 인물들에 대한 회상으로 전수되었던 것이다.[41]

3. 족장사에서 구속사적 씨흐름

구약성서의 태고사(원역사)에서 족장사 즉 하나님의 선택된 가정의 역사로 넘어가는 창세기 11장 말미에는 간단하게 데라의 가족 상황을 언급하고 있다. 그의 아들 아브람의 아내 이름은 사래로 '나의 공주'를 뜻하고, '아브람'은 '고귀한 아버지'라는 뜻으로 선민의 조상인 그에게 걸맞는 이름이 소개되고 있다. 후일 이 이름은 하나님에 의해 각각 '아브라함'(많은 무리의 아버지)과 '사라'(여주인)로 바뀌는데(17:15), 이는 그들이 지엽적 존재에서 믿음의 조상이란 하나님의 구속사에 거시적 존재로 변모되었음을 뜻한다.

| 불임(不妊)의 아내들 |

구약에서 구원 계시의 흐름은 창세기에서 원복음(原福音)인 "여자의 후손"에 이르러 구속사의 방향이 제시되고(창 3:15), 아담에서 셋(가인이 죽인 아벨 대신에 다른 씨: 창 4:25)을 거쳐서 노아에서 셈으로 이어져 결국 이스라엘 창건의 조상 아브람에게 이르러 구체화된다(창 4장-11장). 나홀이 나홀의 조카 딸인 밀가와 결혼하였듯이, 아브람 역시 이복 누이(여동생?)인 사라와 결혼하게 된다(창 20:2). 족장시대에 있어서는 일반적 풍습이었다.[42] 그런데 당시 급속히 번식해 나가던 이방 족속들과는 달리 하나님의 선택된 백성은 사래가 그랬고 리브가가 그

---

40) G. Friedrich, *Theological Dictionary of the New Testament* vol.5 (Michigan: Eerdmans Press, 1982), p,961.
41) 기독교문사 편, [기독교 백과사전] 제13편(서울: 기독교문사, 1984), pp.1256-1257.
42) John Drane, 「구약 이야기」 이중수 옮김(서울: 두란노서원, 1985), pp.35-36.

랬듯이 사라(창 16:1, 17:15−21), 리브가(25:21), 라헬(30:1)도 불임(不姙)의 여인들로 마음졸이게 하는 상황이 묘사되고 있다. 즉, 하나님의 구속사적 씨흐름이 족장들에게 와서는 자식이 없는 아내들이라는 주제가 드러나 긴장시킨다.

믿음의 조상이며 실제적인 씨흐름의 주역인 아브라함에 와서 "사래는 자식이 없었더라"(창 11:30)고 강조하는데, 이것은 구속사적 씨흐름에서 중요한 위기를 나타낸다. 왜냐하면 많은 무리의 아비가 될 자인 아브라함이 자식이 없었다는 것은 하나님의 구원사에 차질이 생길 수 있고, 고대 근동 지방에서는 자식을 낳는다는 것은 하나님의 선물로 생각하였기 때문에, 불임의 사래가 아이가 없다는 것은 하나님의 은총에서 제외된 자로 간주되기 때문이다. 아브라함은 아내 사라에게 아들이 없자 초조하여 자기 집에서 데리고 있던 엘리에셀 종을 양자로 하여 상속자를 삼으려 하고, 그리고 아내 사라는 첩 하갈을 통해 낳은 이스마엘을 통해서 그의 씨흐름을 이어가려고 시도한다. 그러나 하나님은 단호하게 거절하시며 친히 선택하시고 축복하신 후사, 아브라함과 사라에게서 태어나는 씨인 이삭을 통한 섭리를 진행시키신다. 그것도 불가능한 상황인 100세 때 하나님의 기적적 은총에 의해 족장 전통과 구원사의 흐름을 이어가게 하신다.

뒤늦은 나이(40세)에 결혼한 이삭도 아내 리브가가 임신하지 못하자 하나님께 간구하여 에서와 야곱을 얻게 된다: "그의 아내가 임신하지 못하므로 그를 위하여 여호와께 간구하매 여호와께서 그의 간구를 들으셨으므로 그의 아내 리브가가 임신하였더라"(창 25:21).

야곱의 아내 라헬도 임신하지 못하는 상황에 처한다. "야웨께서 레아가 사랑받지 못함을 보시고 그의 태를 여셨으나 라헬은 자녀가 없었더라"(창 29:31). 구약성서에서는 여인의 잉태와 자녀 출생이 하나님의 간섭에 의하여 좌우되는 것으로 나타나고 있다. 하나님의 섭리가 개재(介在)되는 것으로 보인다.

4. 창 12:1-25:10 [아브라함의 족보]

이는 아브라함 다음에 이삭, 이삭의 두 아들 중에 에서가 밀려나고 야곱에게 그 구속사적 씨흐름이 바뀌면서 메시아 족보에 야곱이 우뚝 서는 섭리가 이야기식 족보의 기록형태와 목록적 기록형태로 나타난다.

아브라함 생애 4단계와 아브라함 언약의 4단계의 발전 무대

아브람이 모든 자연적이며 인간적인 인연들을 포기하자 하나님께서는 가히 헤아릴 수 없는 큰 약속을 그에게 하신다. 그의 소명 후의 창세기 12장에서 50장까지의 강조점은 하나님의 축복과 언약의 말씀에 있다. 바로 큰 믿음의 결단은 커다란 축복을 얻어내는 지름길이다. 이 아브라함의 믿음의 행진이 인류 구원의 축복된 길을 여는 결정적 사건이 된다. 그래서 성서와 믿음의 사람들은 아브람을 믿음의 조상으로 부르고 있다. 아브라함에게 주어진 언약은 네 단계의 발전 무대로 나타난다(창 12:1-3, 13:14-16, 15:4-21, 17:4-16, 22:15-18).[43]

a. 첫 번째 단계(12-14장): 소명에서부터 가나안 이주

이 아브라함의 소명은 바벨탑 사건 후 인간 문명이 위기에 부딪쳤을 때 일어났다.

1) 창 12:1-3: 복의 근원(씨:자손, 땅:가나안, 민족:천하만민)

소명의 시작: 하나님 명령으로 시작→"너는 OOO을 떠나라" "지시할 땅으로 가라." 소명은 떠남과 가야함의 이중 구조를 가진다.

① 본토는 의지하고 살던 땅, 즉 물질 중심에서 떠나라는 것이다.

② 친척은 인정(人情)중심의 생활에서 떠나라는 것으로 하나님의 말씀보다 인간의 경험과 이성을 믿고 의지하던 것에서 떠나고, 사람을 높이고 의지하던 생활과 좋지 못한 인간관계를 끊어버리라는 것이다.

③ 아비집은 안일주의를 벗어 버리라는 것이다. 아비집은 가장 편안하고 적응된 자리이며 자유로운 곳이다. 부모 형제의 보살핌이 있어서 외롭지 않고 부족함을 느끼지 않는 풍요로운 생활을 하던 추억의 삶이다. 하나님의 부름을 받은 자는

---
[43] Claus Westermann, 「성서 입문」 김이곤, 황성규 공저(서울: 한국신학연구소, 1975), pp.38-48.

어느 때는 큰 일을 위해 사사로운 안일의 둥지를 벗어나야 할 때가 있다. 아브라함은 이 고통스런 명령을 받았다. 그래서 아브람은 떠나야 했다.

④떠남의 방향은 막연한 것이었다. "내가 지시할 땅으로 가라"는 명령뿐이었다. 목적지가 없는 여행 티켓을 산 것 같은 상황이었다. 어디로 가라는 행방이 없는 명령집행이다. 그래서, 아브라함은 믿음의 발걸음을 내딛는 결단이 필요했다. 하나님께서 인도하시는 대로 가는 것이다. 여기서 "지시할"은 표준새번역에는 '보여 줄'로 번역되었는데 이는 미래 미완료형으로 아직까지는 보여지지 않으나 미래에는 구체적으로 보여질 것을 의미한다. 거기에 믿음의 결단이 작용한다(히 11:8). 그는 야웨의 말씀을 좇아 즉시 떠났다(창 12:4). 말씀을 중심한 실천적 신앙의 면모이다.

⑤계약의 언약(씨: 후손, 땅: 가나안 땅, 복의 중재자: 천하 만민=모든 족속)
  ㄱ)"너로 큰 민족을 이루리라": 씨→ 큰 민족
  ㄴ)"너를 축복하리라": 반복되는 언약에는 선택/계약/축복의 요소가 반복됨
  ㄷ)"네 이름을 창대케 하리라": 명성, 신망, 우월에 대한 야망(6:1-4)
  ㄹ)"네가 복의 근원이 되리라": 천하만민/ 모든 민족을 위한 은총의 통로
    - "너를 축복하는 자에게 복을 내리고 저주하는 자에게 저주하리니"
    - "땅의 모든 족속이 너를 인해 복을 얻을 것이니라"
  ㅁ)"가나안 땅을 네 자손에게 주리라": 땅의 경계-다윗 솔로몬 때 성취

2) 창13:14-17 : 계약의 내용이 다시 씨(자손)의 번성, 땅 약속으로 나타난다.
보이는 땅을 내가 너와 네 자손에게 영원히 이르리라(15절), 너는 일어나 그 땅을 종과 횡으로 두루 다녀보라. 내가 그것을 네게 주리라(17절)

b. 둘째 단계(15:1-21): 계약 체결의식 - 직계 상속자의 약속과 언약 체결

아브람이 하나님의 부름과 더불어 후손의 언약을 받은 지도 상당한 기간이 지나가지만 아무 소식이 없자 아브람은 초조하기 시작했다. 이제 더욱 늙어가는 자신과 아내 사라의 모습을 보면서 아브람은 확신이 흐려지기 시작한 것 같다. 이는 태곳적부터 하나님의 구원사 계획 하에 아브람의 씨는 하나님의 뜻 안에 잠시 때

를 기다릴 뿐이었다(창 17:1-8, 21:1-4).
 그럴 즈음에 하나님이 이상(異象) 중에 "아브람아! 두려워 말라. 나는 너의 방패요, 너의 지극히 큰 상급이니라"는 격려와 더불어 확신을 주시려고 하신다. 그러나~~!

1) 아브람의 양자를 통한 상속자 제시: 인간적 방법 제안(창 15:2-4)

아브람은 그때 솔직하게 그의 의심스런 심정을 내어놓으며 "하나님이여! 주신다던 자식은 아직도 없는데 무엇을 주시려고 합니까? 주께서 내게 씨를 아니 주셨으니 자식이 없고, 또 가질 가능성도 없으니 내 집에서 어려서부터 길러온 종인 엘리에셀로 내 상속자를 삼겠습니다"고 퉁명스런 반응을 보인다. 이것은 당시의 풍습(Nuzi Text)[44]을 따른 것으로 본부인에게 아들이 없으면 양자를 통해서 상속자를 삼으려는 사람의 뜻으로 하나님의 섭리를 바꾸려는 아브람의 인간적 계산과 불신앙의 모습이 나타나는 것이었다(요 1:13).[45] 이는 하나님의 뜻과는 전혀 맞지 않는 육정으로나 사람의 뜻으로 나온 것이었다.

하나님의 단호한 거절: 그때 하나님은 단호하게 "아브람아! 그 종된 자는 너의 후사가 될 수 없다. 네 몸에서 태어나는 자만이 네 후사가 될 수 있을 것이다"(창 15:4). 하나님의 섭리는 아브람과 사래에게서 태어날 언약의 아들만이 하나님의 구속사적 씨흐름의 상속자가 될 수 있고, 되어야 한다는 것이다.

2) 아브라함과 하나님의 계약 체결의식(창 15:5-21)

이어서 하나님이 "나는 이 땅을 네게 주어 소유를 삼게 하려고 너를 갈대아인의 우르에서 이끌어 낸 야웨니라"며 가나안 땅에 대한 언약도 다시 확약하시자 아브람은 "주 야웨여! 내가 이 땅을 소유로 받을 것을 무엇으로 알리이까?"하며 확

---

[44] James B. Pritchard ed., *Ancient Near Eastern Texts Relating to the Old Testament* (Princeton: Princeton University Press, 1974), pp.219-220.

[45] R.K. Harrison, *The Archaeology of the Old Testament* (New York: Harper & Row, Publishers, 1966), pp.22-33. 1925년 Edward Chiera가 발굴했는데, 후르 서기관(Hurrian scribes)들이 토착 바벨론 언어로 기록했던 약 2만개 정도의 점토 서판들이 몇 개 저택들에 있던 가족문서 보관소들로부터 발굴됨. Cf. E.A Speiser, *Genesis : The Anchor Bible* (Doubleday & Company, Inc., 1964, C. H. Gordon, "Biblical Customs and the Nuzi Tablets" *Biblical Archaeolgy* III(1940), pp.1-12.

실한 언약의 징표를 구체적으로 달라고 간청한다(15:7-8). 그래서 하나님은 그 당시의 계약 체결의식을 가지고 아브람과 계약을 맺으시면서 출애굽 사건을 계시하신다. 하나님과 아브람이 당시의 공식적인 의식을 취하여 계약을 맺으시는 장면이 15:9-18에 나타난다.

-**하나님 교육**: 하나님은 아브람을 데리고 밖으로 나가 밤하늘에 펼쳐진 무수한 별들을 가리키며, "하늘을 우러러 뭇별을 셀 수 있나 보라 네 자손이 이와 같으리라" 하시며 분명하게 아브람에게 "네 자손이 저 뭇별과 같이 계속해서 이어지고 많이 번창할 것"이라는 확약을 하신다.

-**아브람 믿음**: "그 약속을 믿으니 의로 여기신다." 그때 아브람은 하나님의 그 약속을 그대로 믿어버린다. 이때가 아브람이 하나님의 씨에 대한 약속을 완전히 확신하는 단계가 되었다. 그러자 하나님은 아브람이 그 약속을 믿는 그 믿음을 그의 의로 여기셨다. 이 아브람이 보았던 그 뭇별들 중에는 예수 그리스도를 상징하는 은닉(隱匿)의 별이 하나 숨겨 있었다. 즉, 아브함이 믿었던 그 수많은 후손 중에는 아브람과 다윗의 자손으로 오시는 예수 그리스도가 크게 자리를 잡고 있었다(마 1장, 눅 3장). 그래서 아브람의 의는 예수 그리스도를 믿음으로 인하여 얻어지는 의롭다함이라 볼 수 있다(롬 4:18-25). 그래서 아브람은 그 주님의 때를 볼 것을 즐거워하다가 보고 기뻐하였다고 주님이 확인하신다(요 8:56-58).

-**하나님 약속**: "나는 이 땅을 네게 주어 업을 삼게 하려고 너를 갈대아 우르에서 이끌어 낸 여호와로라"며 가나안 땅에 대한 언약도 구체적으로 다시 확약하신다(7절).

-**아브람 요구**: "제가 아들을 낳고 그 후손들이 이 땅의 주인이 될 줄을 무엇으로 알 수 있을까요?"하며 언약에 대한 징표 즉, 어떤 징조를 구체적으로 요구하며 간청한다(15:7-8).

-하나님 명령: "나와 계약을 위해서 3년된 암소와 암염소와 수양 그리고 비둘기 새끼를 취하여 그 중간을 쪼개어 놓으라"고 지시하신다(9절).

-아브람 실행: 하나님이 명하시는 대로 암소, 암염소, 수양, 산비둘기, 집비둘기를 준비하여 잡아 씻어가지고 그 중간을 쪼개어 마주 대하여 놓았다. 아들을 언제 주실거냐고 묻는 아브라함에게 하나님은 도리어 짐승들을 가져오라고 하신다. 그 쪼개어 놓은 짐승들의 사체에서는 피가 흐르고 있었다. 이는 고대 마리문서(Mari letters)[46]에 나타난 계약풍습을 이용하여 하나님이 아브람과 계약을 맺으시는 장면이다. 당시 계약을 맺을 때는 짐승을 잡아서 가슴을 쪼개어 양쪽으로 갈라놓고 계약의 당사자들이 피가 흐르는 그 가운데로 걸어 지나가는 것이다.[47] 만약에 당사자 중 하나가 그 계약을 위반하는 경우 이 쪼갠 짐승처럼 계약을 어긴 사람의 몸을 쪼개기로 서로 약속하는 뜻이기도 했다. 이는 제사 의식이 아니고 짐승을 주식으로 삼고 있던 유목민의 피의 계약체결 의식이었다.[48]

-계약의 체결: 캄캄한 저녁녘에 아브람이 하나님의 임재로 심히 두려워 할 때 야웨의 하나님의 말씀이 임하신다. 동시에 그 순간 그 사체 앞에 있던 아브람이 깊이 잠들어 있는 중에, 연기나는 풀무가 보이며 타는 횃불이 그 쪼갠 고기 사이로 확 지나가는 것을 아브람은 분명히 확인할 수 있었다. 즉, 어두워진 한참 후에야 하나님은 불타는 횃불모습으로 나타나셔서, 아브라함이 준비하여 쪼갠 고기 사이로 통과하신 것이었다.

한참동안 아브람의 자세를 지켜보신 후에, 캄캄해진 뒤에 횃불의 모습으로 쪼갠 고기 사이로 지나심으로서 자신의 생명을 걸고 네게 한 약속을 내가 지키겠다는 계약의식을 행하신 것이다.

---

46) R. K. Harrison, *The Archaeology of the Old Testament* (New York: Harper & Row, 1966), pp.21-24. 아모리 족속(Amorites)들은 마리에 수도를 세우고, 함무라비보다 나이가 더 많은 동시대인이었던 Shamsi-Adad 1세(B.C. 1749-1717) 밑에서 북부 지역을 지배하고 마리의 영향력이 하란까지 미치고 있었다.

47) Frank Moore Cross, *Canaanite Myth and Hebrew Epic*(Cambridge: Harvard University Press, 1980), pp.265ff. 마리의 아모리인 방언에 "계약을 맺다"는 hayarum gatalum(어린 당나귀를 살해하다)인데, 이것이 아카디안어로 번역되기는 "일치시키다, 동의하다"(to make a concord)를 뜻하는 salimam sakanum로도 된 적이 있다.

48) 여기 계약의식에 대하여는 본서의 'X. 구속사적 씨 신학의 4대 신학사상(四大 要素)'의 1.계약의 어원을 참고할 것

-계약의 유형: 분명한 것은 이 계약 체결 의식 때에 그 하나님의 상징이며 임재를 뜻하는 횃불만이 그 가운데를 지나갔다. 사실은 아브람도 함께 가야하는 의식이지만 하나님만 지나가신다. 이것은 아브람에게 주어지는 언약이 하나님의 절대 은총이요, 하나님의 계획과 구원의 섭리에 의해서 이루어지는 것이지, 아브람이 원해서나 그의 능력에 의해서 이루어질 성질의 것이 아니기 때문이다. 그래서, 이 아브람과의 하나님계약, 이것을 편무계약 혹은 일방적 계약이라 한다. 여기서는 하나님에게 계약 준행과 의무가 강조되어진다. 그것이 바로 출애굽이라는 역사적 대 사건을 예시하시며 하나님이 하시겠다는 것이다. 핵심은 하나님 자신이 스스로 아브람 후손으로 이 가나안 땅으로 오게 하고 그 땅을 주시겠다는 것이다.[49]

하나님의 구속사는 하나님의 절대적 은총과 의지에 의해서 이뤄지는 하나님의 사건이다. 거기에서 인간적 필요는 오직 믿음뿐이다. 아브람의 전 생애는 신앙의 삶이었고 이것이 하나님의 은총과 사랑을 받은 이유였다. 구속사는 하나님의 은총과 인간의 믿음에서 이뤄진다. 이 아브람의 신앙이 그 자손에게 전승이 되어 언약이 상속되어 간다.

-계약의 내용: 하나님은 창세기 15:13-16에 아브라함 계약의 핵심을 분명하게 선언하신다. 이 유명한 구절에는 주목을 끄는 중요한 일곱 가지 내용으로 구성되어 있다. [하나님은 축복의 주요 내용인 자손, 땅, 천하 만민(복의 중재자)의 세 가지 약속의 차원을 확인하시며 그 증거로서 출애굽 민족해방 사건, 즉, 이스라엘 민족구원의 최대 사건을 제시하신다]

①아브라함 자손이 이집트의 객이 된다(창 15:13)
②아브람 후손의 이집트내에서의 400년 동안의 수난(13)
③하나님의 구원의 간섭과 징벌에 대한 하나님의 계시(14)
④이스라엘의 창대와 부요/풍성한 재물 확보(14)
⑤이스라엘의 출애굽 사건(4대째에 가나안 땅으로 귀환)(14)
⑥아브라함의 남은 생애(15)
⑦(원주민에 대한 죄에 심판으로) 이스라엘의 가나안 땅 정복허락(18-21)

---
49) 계약의 유형에 대하여도 본서의 'X. 구속사적 씨 신학의 4대 신학사상(四大 要素)'의 B.계약사상을 참고할 것

이 구절(창 15:13−21)은 출애굽 사건의 기원으로 아브라함 계약과 출애굽 사건─시내산 계약을 이어주는 언약의 끈이 된다. 그래서 이스라엘의 선택과 구원은 바로 아브라함 안에서(In Abraham) 선택함을 받아 존재케 되고(being), 모세를 통해(through Moses) 현실로 나타난 것이다(doing).[50] 즉, 야웨 하나님은 아브라함 안에서 선택된 백성의 존재성을 선언하셨는가 하면 모세를 통해서는 그 선택성의 선언이 역사적 과정(출애굽 사건, 광야 행진 등)에서 구체적으로 행동화 되었다.[51] 아브라함 안에서 선택과 모세를 통한 하나님의 선택은 두 가지 종류의 선택 사건들이 아니고 하나의 통일성 있는 선택이다. 그래서 이집트로부터의 구원역사는 족장들에게 약속된 것이 성취된 것으로 볼 수 있다.

계약은 미래지향적이어서 하나님의 언약에 의한 계약을 근거로 하는 하나님의 구원사는 [약속→성취] 구도로 되어 있다. 그래서 이 아브라함 계약이 출애굽기 3장과 출애굽 사건에서 성취된 것을 확인할 수 있다.

① 아브라함 자손이 이집트의 객이 된다="애굽에서 당한 일을 보았노라"(출3:16)
② 아브람 후손의 이집트내에서의 400년 동안의 수난="애굽의 고난 중에서 인도"(17절)
③ 하나님의 구원의 간섭과 징벌에 의한 하나님의 계시="강한 손으로 치기"(19절)
④ 이스라엘의 창대와 부요/풍성한 재물 확보="패물과 금 패물과 의복을 구하여"(22절)
⑤ 이스라엘의 출애굽 사건(4대째에 가나안 땅으로 귀환)="그가 너희를 보내리라"(20절)
⑥ 아브라함의 남은 생애(15)=아브라함의 후손들로 구성된 이스라엘 백성
⑦ 이스라엘의 가나안 땅 정복 허락(18−21)=원주민 죄에 심판으로 여호수아 통해 정복

3) 사래의 첩을 통한 상속자 제시: 인간적 방법 제시(창 16장)

창세기 15장에 이르러 아브람의 신앙이 확고하게 확립된 것 같다. 특별히 계약의식을 통해 믿음으로 의롭다 함까지 인정받았다. 그런데 아내 사라는 아직 확신이 서지 못하고 자식에 대한 언약에 신뢰가 없어 더욱 흔들린 것 같다(16장). 그래

---

50) H.H. Rowley, *The Biblical Doctrine of Election* (London: Lutterworth Press, 1952), pp.205−206.
51) Edmond Jacob, *Theology of the Old Testament*. trans. by A.W. Heath Cote and P.J. Allock(New York: Harper & Brother Publishers, 1958), p.205.

서 사라는 첩을 통한 비정통성 자식으로 대체하려는 인간적 방법을 동원한다. "하갈을 수단으로 육신을 사용하라"고 아브람에게 제시한다. 이는 하나님으로 말미암은 것이 아니라 육정으로 씨를 얻으려는 인간적 방법이었다(요 1:13). 사래가 얼마나 실망했으면 "여호와께서 내 출산을 허락하지 아니하셨으니 원하건대 내 여종에게 들어가라 내가 혹 그로 말미암아 자녀를 얻을까 하노라"하매 아브람이 그냥 사래의 말을 따르게 된다. 여기서 아브람의 태도가 어정쩡한 것을 보면 아내가 남편에게 주는 영향이 크다는 것을 알 수 있다. 아담도 결국 하와의 강요에서 벗어날 수 없었던 것과 비슷하다(?!)(창 3:6)

그 결과는 이때부터 하나님께서 사래가 이스마엘을 낳은 후에 13년 동안이나 아브람과 사래에게 나타나지 않으신다. 이젠 사라의 성숙한 믿음을 향해 하나님이 때를 기다리신다. 또한 가정의 갈등이 오고 이스마엘을 통하여 역사에 두고두고 아랍권과 이스라엘이 계속 싸우게 되는 비극이 초래되었다. 그러나 하나님은 사래를 통하여 여인의 후손에 이르는 씨 흐름을 이어가시는 섭리를 포기할 수 없었다.

비록 아브람 부부의 신앙적 굴곡이 노출되지만, 약해질 때 마다 하나님이 나타나셔서 새롭게 언약을 확인하시고 또 다시 아브람 부부의 신앙을 부쩍 키우시는 것을 그의 생애에서 볼 수 있다. 아브람이 삶의 현장에서 갈등과 회의 중에 확신과 신뢰를 가지고 하나님을 믿게 된 것은 하나님의 언약인 말씀이었다. "두려워 말라" "네 몸에서 난 자 후손이 네 상속자가 되리라 = 후사를 줄 것이다" "이 땅을 네 후손에게 기업으로 주리라" 등등 하나님의 약속의 말씀을 믿어 신앙의 선조, 믿음의 조상이 된다. 하나님과 만나는 접촉점도 말씀이고 하나님을 경험하는 것도 말씀이며 하나님의 능력과 은총과 축복도 이 말씀을 통해서 이뤄지는 것이다. 지금 우리가 성경을 따라 연구하고 있는 게 바로 이야기식 족보기록 형식으로 구속사적 씨흐름 구조를 추적해 가고 있는 것이다.

c. 셋째 단계: 계약확인 의식(17:1-27) 계약의 징표 → 할례의식 제정

아브람과 사래는 하나님의 언약을 받은 지도 많은 세월이 지나며 늙어만 갔다. 아브람의 나이가 99세가 다 되어가고 사래는 아이를 가질 수 있는 시절도 완전히 지나가 버렸다. 인간적 가능성이 전혀 보이지 않게 되자 사라가 아직도 흔들리던 때, 이제 하나님은 전에도 그랬던 것처럼 나타나셔서 새롭게 언약을 확인하신다. 이제 언약의 성취의 때가 막바지에 다가오자 하나님은 아브람과 사라를 마지막 신앙적으로, 언약적으로, 의식적으로 준비가 필요하여 하나님이 취하시는 조치가 17장의 내용이다.

1) 계약백성의 준비(17:1) "내 앞에서 행하여 완전하라"(성결)

드디어 아브람의 나이가 99세가 되던 어느날 야웨 하나님이 나타나셔서 말씀하신다(창 17장). "나는 전능의 하나님이다. 너는 내 앞에서 완전하라. 네게 약속하노니 너로 심히 번성케 하고 많은 민족의 아버지가 되게 할 것이고 왕들이 네 자손들에서 태어날 것이니라." 아브람이 하나님의 거룩한 구속사의 일을 수행하기 위해서는 성결한 삶의 정립이 필요했다. 거룩한 변화의 징표로 이름을 바꾸도록 하여 획기적 계기를 만든다.

2) 언약의 결과: 개명(아브람→아브라함, 사래→사라)

그리고 아브람(고귀한, 존귀한 아버지/높임 받은 아버지)의 이름을 아브라함(많은 민족의 아버지)라 개명을 지시하고, 그 아내 사래(나의 공주)는 사라로 바꾸어 [열국의 어미]를 삼겠다고 하신다. 이 17장을 요약하면, ①성결한 삶은 아브라함 부부와 그 후손(씨)의 이름을 바꾸는 것으로 확인되고 ②그 이름에도 사명의 뜻이 들어있고 그 후손의 번창을 확인하는 의미(많은 민족의 아버지/ 열국의 어머니)가 함축되어 있다. 그리고 ③이어서 그 씨(후손)의 연속적 흐름을 암시하는 계약의 징표인 할례제도를 세우신다. 이는 아직 아들이 없지만 앞으로 후손을 분명히 주실 것과 그 후손을 창대케 할 것을 확증하는 것이다. 하나님의 섭리는 바로 아브라함과 사라를 통한 씨를 이어가심으로 여인의 후손으로 태어나실 메시아로 말미암는 구원의 계획이 구약성서를 꿰뚫고 가는 것이었다. 이 씨흐름의 중요한 길목에서 지금 하나님은 원대한 계획을 완전하면서도 체계적으로 추진해 가시는 모습을 여러 가지로 노출하고 계신 것이다.

3) 언약의 징표(Sign): 계약백성의 표징으로 할례

이제 개명에 수반된 언약 체결과 언약 표식으로 아브라함의 언약의 징표를 자손들에게 흔적으로 남기는 의식을 제정한다. 그것이 바로 할례의식이다. 고대 근동의 에돔족이나 모압족, 이집트인들도 사춘기 때 성년 표시로 할례를 시행했었다. 생리학적인 면에서 볼 때 음경의 표피를 제거하여 음경귀두를 드러내는 이 행위는 '피지'라고 불리는 치즈 모양의 악취를 풍기는 분비물이 쌓이는 것을 방지한다. 피지는 불쾌감을 주며, 전염병의 원인이 될 수도 있다. 다소 줄어드는 추세이기는 하지만 영어권 국가들, 특히 미국에서는 신생아들에게 의료상의 할례를 행하는 것(포경수술)이 관례로 되어 있다.

그러나, 이스라엘인들에게 시행된 할례는 사춘기에 이르러 성년이 되었다는 표시가 아니라, 계약의 구성원, 하나님의 예배 공동체의 구성원이 된다는 외적 표징이었다. 히브리어로 "브릿트 밀라"라고 하는데 '브리트'는 계약을 뜻하고 '밀라'는 남자 성기의 귀두 위를 덮고 있는 표피를 제거하는 행위를 말한다. 하나님과 계약을 맺어 그 계약 관계에 있다는 사실을 이스라엘로 깨닫게 하는 표시 3가지가 성서에 나타난다.

첫째는, 무지개: 공간 속에 나타난 무지개이다. 하늘의 무지개를 볼 때마다 하나님의 심판에서의 약속을 기억하게 하는 징표이다.(노아언약: 창 9:8-13)

둘째는, 안식일: 시간 속에 나타난 안식일로 매주 안식일을 맞이할 때마다 유대인들은 하나님과 계약 관계에 있는 자신들을 인식하게 하는 시간적 징표이다.

셋째로, 할례: 육체에 행해진 계약의 증거로 할례이다. 할례를 행할 때마다, 할례의 흔적을 볼 때마다 그들은 하나님과 계약을 맺은 백성임을 확인한다. 결국 하나님과 이스라엘 백성 사이의 계약은 시간(안식일)이, 자연(무지개)이, 그리고 몸(할례의 흔적)이 증거한다고 보겠다. 이 할례의식의 제정은 아브라함이 하나님의 언약을 그대로 믿으니 야웨께서 이를 그의 의로 여긴(창 15:6), 아브라함의 위대한 신앙행동이 있은 후에 만들어졌다. 그래서 할례언약은 모세의 법(레위기)보다는 아브라함과의 언약과 더 관련해서 해석되어야 한다. 할례는 하나님의 언약을 믿는 아브라함과 같은 믿음의 행위를 전제로 한 의식이기 때문에 계약을 받아들이고 믿는 자가 참여할 수 있는 의식이다.

4) 할례 의식 규례

하나님은 아브라함과 그 후손과 영원한 계약으로 언약을 세워 그들의 하나님이 되실 것이라는 확인과 더불어 이스라엘이 언약백성으로 확인하고 고백하는 의식과 외적 표징으로 할례제도를 마련해 주셨다(창 17:9-14).

(1)할례의 **대상**은 아브라함과 그 후손에게 주어진 명령으로, 모든 남자에 한한다. 그리고 계약의 언약들을 받아들이고 복종하는 손님이나, 노예나 종들도 역시 할례를 받도록 되어 있다.(창 17:23, 27) 그래서 아브라함적 언약을 받아들이는 이방인에게도 적용되어 아브라함의 후손과 같은 영적 수준에서 그들을 취급하였다. 할례는 민족의 상징으로서 배타적으로 설정된 것이 아니라, 보다 넓은 범위의 계약 표시였다.[52] 여기에 선교적 의미가 있다.

(2)할례의 **시기**는 남자 아이로 낳은 지 8일 만에 의식을 꼭 시행토록 되어있다. 이는 계약관계가 부모와 어린 자녀 사이의 강한 유대를 강조하고 있다.[53] 그러나, 언약을 받아들이는 자는 나이에 관계없이 어느 때이건 할례의식에 참여했다고 보겠다.(창 17:21-26)

(3)할례의 **의미**
① 야웨의 언약을 영원히 기억하는 언약의 표시로 계약관계의 실재를 증언하는 것이다. "내가 너와 너의 후손에게 가나안 일경을 주어 영원한 기업이 되게 하고 나는 그들의 하나님이 되리라"(창 17:8)는 언약이다. 이로서 "내 언약이 너희 살에 있어 영원한 언약이 되리라"(13절) 그래서 할례는 이미 존재하는 언약관계

---
52) O. Palmer Robertson, 「계약신학과 그리스도」 김의원 역(서울: 기독교문서선교회, 1983), p.153.
53) *Ibid.*

와 이미 경험한 축복 언약의 보증이며 하나님의 언약에 대한 인간편의 반응이라고도 볼 수 있다.[54] 이는 하나님과 언약 관계를 맺은 것을 고백하는 것이다.

② 할례는 이스라엘 민족과 이방 족속들과의 분리를 나타내는 외적 표징이기도 했다. 즉 "너희는 양피를 베어라. 이것이 나와 너희 사이의 언약의 표징이니라 (창 17:11). 하나님을 믿는 백성에게 하나님은 외적인 표시와 보증의 뜻으로 할례를 세우셨다. 할례를 받음으로 하나님과 계약을 맺은 아브라함의 후손을 이방인으로부터 구별하는 외적 표징이며 그 표징은 하나님의 백성에 속하였음을 나타내는 것이다. 할례는 본질상 이스라엘과 그의 하나님 사이의 계약적 표적으로 계약적 공동체 속에 포함됨을 상징하는 것이다.[55]

③ 할례는 거룩과 청결의 과정이 필요함을 이스라엘 백성에게 인식시키는 상징이 된다. 계약공동체에 속한 약속의 계열에 있는 자들은 더럽고 자격이 없는 본성을 제거해야만 했다. 거룩한 하나님은 이스라엘의 거룩도 요구하신다는 것이다. 계약백성들에게 도덕적 순결 의무를 지키게 하는 것이다. 이런 청결의 과정은 남자의 생식기관의 표피를 제거함으로 이루어지는데 인간 신체의 부분을 '잘라 버리는' 것은 정화작업에 심판이 필수적이라는 것을 보여준다. 즉, 할례로 인하여 죄인이 죄를 씻는 심판을 통과하는 종교적 청결의 상징이라 본다. 또한 이런 청결 예식은 아브라함에게 종족 번식에 특수한 의미를 주기도 했다.[56]

④ 할례는 언약의 백성에게 메시아의 소망을 알게 한다. 이는 바로 이 계약적인 후손의 언약과 가나안 땅에 대한 약속과 복의 중재자로서의 아브라함 자손에게서 태어날 메시아에 대한 희망을 갖게 하는 것이다. 여인의 후손으로 태어날 메시아를 향한 구속사적 씨흐름의 외적 표징으로의 할례이기 때문에 이 할례를 행하는 계약 공동체는 메시아를 대망하는 공동체가 된다.[57] 바로 구약성서의 구속사적 씨흐름이 인류의 죄를 대속하시고 구속하심으로 하나님의 자녀가 되는 길을 열어 놓으시는 메시아의 길이라는 암시를 주고 있다.

⑤ 할례의 신약적 의미: 구약의 할례는 그리스도 교회의 세례의식에 대한 전

---

54) John P. Milton, 「하나님의 축복의 언약」 이근호역 (서울: 컨콜디아사, 1982), p.142.
55) *Ibid.*, p.143.
56) O. Palmer Ropbertson, *op. cit.*, pp.154–156.
57) *Ibid.*

조이며, 신약시대의 세례의 모형이다. 골로새 2:11에 '또 그 안에서 너희가 손으로 하지 아니한 할례를 받았으니 곧 육적 몸을 벗는 것이요 그리스도의 할례니라'고 말씀하고 있는데, 할례는 하나님의 백성이라는 언약의 표시로서 이스라엘 백성들의 몸에 새겨진 흔적이었다. "너는 내 것이다. 나는 네 하나님이 되고 너는 내 자녀가 되었다"고 하는 징표요, 상징이요, 흔적(mark)이었다. 하나님의 자녀라는 증명서(I.D. Card)였다. 할례는 또한 하나님의 자녀라고 하는 확실한 증거이면서 이것은 또한 하나님께서 지켜주시는 백성이라는 긍지와 믿음의 근원이기도 하다.[58]

신약시대에 와서는 할례가 세례로 바뀌어졌다. 육체적인 증거를 넘어 마음의 변화, 하나님의 세계에 들어가는 입교의 표현이 되었다. 세례는 그리스도인이 되는 영적 증거인 셈이다. 물로 받는 세례는 교회 공동체의 일원이 됨을 증거한다.

⑥ 할례의 **거부** 결과: 할례를 거부하는 남자는 백성 중에서 끊어지도록 되었다. 양피를 베지 아니한 할례 불이행자는 하나님의 언약을 배반하는 것이 되어 계약 공동체에서 제명당하는 것이다. 바로 혹독한 심판이 이 계약의 표징을 거부한 사람에게 내려지게 된다.[59] 그러므로 "할례를 받지 아니한 남자는 백성 중에서 끊어질 뿐만 아니라 하나님과 맺은 언약도 배반 하는 행위"로 간주되었다(창 17:14). 백성 중에서 끊어짐은 하나님과 맺은 언약에서 탈락됨과 이스라엘 공동체, 족보에서 제외되는 것을 의미하는 무서운 사건이다.

이제 하나님은 단호하게 "네 아내 사라가 정녕 네게 아들을 낳으리니 그 이름을 이삭이라 하라"고 소리치시며 낳을 아들 녀석의 이름까지 지어 주면서 확약하신다. '약속과 성취'라는 구조에서 중요한 것이 바로 계약 당사자인 인간의 믿음이 중요한 요소로 작용한다. 성취의 사실을 끌어내기 위해 하나님은 아브라함과 사라의 믿음을 끈질기게 성장시키고 확신시키는 작업을 계속하셨다. 그래서 아브라함은 이 17장에서 그 언약을 다시 한 번 확신하여 믿고 할례의식을 집행하여 받아

---

58) *Ibid.* p.156.
59) *Ibid.*, p.153.

들인다. 이는 믿음의 선조가 되는 훈련의 과정이요 하나님의 구속사를 이루는 힘든 여정이었다. 이런 면에서, 역사는 바로 하나님 사람들의 신앙과 인격이 훈련받고 성장하는 장소이며, 그런 그들의 사명을 통하여 하나님의 뜻과 섭리가 이루어지는 현장이다.

5) 하나님의 현현과 아브라함 부부에 언약의 재확인(창 18:1-15)

18장에서부터는 사람의 수준으로 내려오시는 하나님의 방문과 대화 그리고 친교이다. 사람의 모양으로 인간과 친근하게 오시는 하나님으로 계시하신다. 기다림의 한계에 도달했던 아브라함 부부에게 하나님은 인간의 모습으로 나타나셔서 결정적인 약속을 하시며 하나님의 목적을 성취해 가신다.

어느 대낮에, 아브라함은 문득 큰 상수리나무 사이에 전혀 뜻밖의 나그네 세 사람을 발견하고 급히 달려가서 그들을 영접하였다. 하나님의 사자들로 자처하며 그들 중에 한 분이 "야웨께 능하지 못한 일이 있느냐 기한이 이를 때에 내가 정녕 네게로 돌아오리니 네 아내 사라에게 아들이 있으리라(18:14)"하며 아브라함이 기다리는 절박한 문제에 응답을 다시 확인한다. 그 셋 중에 한분은 구약에 나타나신 그리스도(성자 하나님: Christophany)로 아브라함과 그 후손에 대한 축복과 사명을 전하신다(18:5-8).

① 개명: 아브람(높은 아버지)이 아니라 아브라함(열국의 아버지)이라
② 의미: 내가 너를 여러 민족의 아버지가 되게 함이니라
③ 축복: 너로 심히 번성하게 하리니 네게로부터 민족들과 왕들이 나게 하리라
④ 언약: 내가 너 및 네 대대 후손 사이에 영원한 언약으로 하나님이 되리라
⑤ 약속: 가나안 온 땅을 주어 영원한 기업이 되게 하고 나는 그들의 하나님이 되리라.

한편, 나머지 두 천사는 소돔과 고모라로 향하여 가서 소돔의 죄악에 대하여 심판을 수행하여 멸하시고 롯과 두 딸을 구하여 소알 성읍에 도망하도록 허락한다(19:1-22) "하나님이 그 지역의 성을 멸하실 때 아브라함을 생각하사 롯을 그 엎으시는 중에서 내보내셨더라"(19:29).

d. 넷째 단계 (21 – 25장): 신앙의 응답과 시험과 입증

1) 구속사 씨흐름의 주역, 이삭의 출생: 이삭은 약속한 때, 기한이 이를 때(생명의 때—원문: 21:2, 17:21, 18:10,14)에 하나님의 약속(21:1)으로 태어났다. 아브라함과 사라에게 있어서 이삭의 출생은 아주 놀라운 일이다. 아브라함은 인간적인 계획과 자신의 노력으로 하나님이 약속하신 씨를 낳으려고 시도했다. 그는 엘리에셀을 양자로 그리고 첩의 아들 이스마엘로 상속자를 삼으려고 했으나 하나님에 의해 거절당했다.

아브라함의 이런 인간적인 힘이 포기되어지고, 인간적 의도가 끝나기까지 하나님도 기다리셔야 했다. 하나님은 그분의 방법과 그분의 시간을 가지고 계신다. 하나님이 기다리시는 동안, 아브라함은 계속 신앙적 훈련을 쌓고 시련의 시간을 가지며 자신을 확실하게 알아가며 신앙이 자라갔다.

족장 아브라함에게 약속된 후손(씨)에 대한 성취는 창세기 12장에서 약속된 이래 성경 장수(章數)로는 10장이 넘어가고 연수로는 25년이 지나는 기나긴 세월이 흘러간 후였다. 바로 하나님의 때에(21:2) 즉, 하나님이 말씀하신 기한에 이르러 늙은 아브라함에게 드디어 아들이 태어난다. 하나님이 아브라함에게 약속하셨던 바로 그 때이다.

하나님께서 아들을 주시겠다고 약속하신 이후 이삭을 낳을 때에 사라는 90세, 아브라함의 나이는 100세였다. 그 기다림은 하나님의 약속의 성취를 위해 꼭 필요한 세월이었다. 오직 아브라함과 사라에게서 태어나는 언약의 아들을 기다려야만 했기 때문이다. 그러나 아브라함과 사라가 그냥 손을 놓고 아무 일도 않고 주저 앉아있는 것이 아니라 부단히 노력하며 언약을 성취하려고 인간적 최선을 다했기에 하나님의 언약을 얻게 된 것이다.

2) 아브라함과 사라의 믿음: 이 언약의 성취는 사라와 아브라함의 믿음에 의한 사건이다. 즉 아브라함과 사라의 놀라운 인내와 믿음으로 이루어졌다(히 11:11, 롬 4:18). 이삭을 통한 사라의 신앙고백에 "듣는 자가 다 나와 함께 웃으리로다"

는 표현은 온 천하 만민이 메시아를 통하여 구원받는 일로 인하여 기뻐함에까지 퍼져간다(갈 4:27). 천사가 전해준 기쁜 소식과도 같다(눅 2:10). 이삭의 탄생은 하나님의 약속의 성취이며 이삭은 장차 메시아를 위해 예비된 씨였다(갈 3:15-22). 이런 훈련과 그릇을 만드는 긴 기다림이 없었다면 이삭을 바치라는 그 엄중한 시험(Test)에 아브라함이 승리할 수 없었을 것이다. 이 아브라함의 신앙이 성숙되기까지 사실은 하나님이 기다리신 것이다. 바로, 아브라함의 기다림보다 더한 하나님의 기다림이었다.

3) 이스마엘의 구속사에서 퇴출: 하나님은 언약의 씨가 아닌 이스마엘과 그의 어머니 하갈을 이삭의 가정으로부터 그리고 가나안 땅으로부터 내어 쫓아버린다. 즉, 적자(嫡子)인 이삭이 태어나자 아브라함 가정에는 배다른 자식들의 긴장과 상속권의 갈등이 심각하게 일어난다. 서자(庶子)인 이스마엘은 세살 정도의 나이 어린 이삭을 놀리고 조롱했다. 육체를 따라 난 자가 성령을 따라 난 자를 박해했던 것이다. 그래서 하늘에 있는 예루살렘의 자유한 여자의 아들을 위하여, 사라는 "이 여종과 그 아들을 내어 쫓으시오. 이 여종의 아들은 절대로 종이 아닌 본처의 아들 이삭과 함께 유업을 받지 못할 것이외다"고 아브라함에게 추방을 제안한다(창 21:10, 갈 4:22-31). 아브라함은 그래도 자기의 사랑하는 자식인 이스마엘을 내쫓는다는 사실이 몹시도 괴로웠다. 그리고 당시의 법률상으로 첩과 그 자식은 보호받게 되어 있었다.

하나님은 고민하는 아브라함에게 "네 아내가 말한 것을 그대로 시행하거라. 그 아이와 그 여자 때문에 그렇게 슬퍼할 것 없다. 내가 계약을 맺은 것은 바로 이삭이며 그를 통해서 태어나는 사람이 너의 씨가 될 것이니라" 지시하신다. 그래서 결국 이스마엘과 이삭은 영원히 갈라서게 되고 이스마엘은 12아들을 낳았고 그들은 12방백을 이루어 아라비아 사막지대에 거주하게 된다. 그래서 이스라엘 계통에서 완전히 떨어져 나가는 계기를 만든다. 하나님 구원사의 핵은 사라의 몸에서 태어난 언약의 아들 이삭으로 굳혀간다. 이것이 하나님의 구속사적 씨흐름의 구조이다.

4) 아브라함 시험: 아브라함의 생애에 가장 아픈 이야기이며 최대의 시험이 창세기 22장에 나타난다. 하나님께 짐승을 잡아 바쳐 제사를 드리듯, 100세에 태어난 이삭을 제물로 바치라는, 구약종교 교리에 어긋나고 윤리적으로도 맞지 않는 지시와 명령이 주어진다. 여기서 25년간 훈련받고 성숙해 온 아브라함 신앙의 절정을 보게 된다. 이 22장은 당연히 21장 사건의 연속적 사연이다. 이 두 장은 이삭의 출생과 그 이삭을 하나님께 제사 제물로 드리는 사연에 관한 것으로 적어도 15-16여 년(?)에 걸친 기간(소년으로 자란 후 사건)에 관한 기록이다. 아버지 아브라함이 번제 나무를 이삭에게 지우도록 한 것을 보면, 아마도 이삭이 드려졌을 때 그는 적어도 스물 살 가까이 되었을 것이다. 하나님이 약속하시고, 전혀 가능성이 없는 상황에서 하나님의 선물로 받은 이삭을 바치라는 것이다. 마음이 시리도록 아픈 시련의 때였다. 그러나 하나님은 목적있는 분이며 이삭을 다시 그분에게 달라고 아브라함에게 요구하신 데에는 분명한 목적이 있다. 지금 아브라함은 그런 시련과 시험을 이길 수 있는 믿음의 사람으로 우뚝 서 있는 때였기에 그런 아픈 요구를 하시는 하나님이시다. 그래서 성서는 "사람이 감당할 시험밖에는 너희에게 당한 시험이 없다"고 했다(고전 10:13).

5) 아브라함의 믿음 승리: 창세기 22:2에서 하나님은 아브라함에게 "네 아들 네 사랑하는 독자 이삭을 데리고 모리아 땅으로 가서 그를 번제로 드리라"는 잔인한 명령을 내리신다. 그것도 다 자라난 언약의 아들을 바치라는 것이다. 또한 아브라함이 선택한 장소가 아니라 하나님이 선택한 장소로 가야 했다. 모리아 산은 후에 성전의 터가 되고 이삭이 바쳐졌던 제단인 바윗돌이 그 성전의 기초석, 머릿돌이 된다. 그곳으로 가는 이삭은 골고다로 십자가를 지고 가시는 예수님의 순종의 모습이 연상된다. 바로 여인의 후손으로 오신 그리스도가 비쳐지는 사건이기도 하다.

결국 아브라함은 창세기 22장에서 그 아들을 하나님께 바쳐야 하는 결정적인 신앙 테스트에 합격하여 "네가 네 아들 네 독자라도 내게 아끼지 아니하였으니 내가 이제야 네가 하나님을 경외하는 줄을 아노라"는 통쾌한 승리를 얻게 되고 그는 메시아의 선조가 된다. 아마 창세기 12장에서 아들의 약속을 받은 후 10년 만에 이삭을 얻었었다면 그는 이삭을 하나님께 바치기는 커녕 하나님을 떠나고 배신했을지도 모른다. 아브라함의 위대한 신앙은 25년(+15-16년)이라는 긴 기간의 안타까운 기다림과 지칠 정도의 하나님과의 몸부림이 만들어낸 결과이기 때문이다. 그래서 성서와 믿음의 사람들은 아브라함을 믿음의 조상으로 부르고 있다.

6) 아브라함에 하나님의 마지막 언약: 창세기에 나타나는 아브라함과의 하나님 계약의 대표적 언약들은 창세기 12:1-3, 13:14-17, 15:1-18, 22:16-18에 나와 있다. 특별히 창세기 22:16-18의 내용은 매우 중요한데, 아브라함의 마지막 믿음의 승리가 있은 후 구속사적 씨흐름을 확실하게 정리하고 있다.

> 네 아들 네 독자를 아끼지 아니하였은즉 내가 네게 큰 복을 주고
> 네 씨로 크게 성하여 하늘의 별과 같고 바닷가의 모래와 같게 하리니
> 네 씨가 그 대적의 문을 얻으리라.
> 네 씨로 말미암아 천하 만민이 복을 얻으리니
> 이는 네가 나의 말을 준행하였음이니라(22:16-18)

이 언약의 축복에서 구속사적 씨신학적 요소를 찾는다면 다음과 같이 정리할 수 있다.

① 아브라함 신앙의 원숙한 경지에 도달: 믿음의 조상으로 확인(메시아 조상 확인)
② 구속사적 씨흐름의 후손에 대한 재다짐과 확약(씨가 크게 번성: 별과 모래 같이)
③ 아브라함의 자손(씨)으로 오는 메시아의 구속사적 승리(대적의 문을 얻으리라)
④ 구속사적 씨흐름의 결론인 여인의 후손인 메시아를 통한 천하 만민의 복(구원)
⑤ 숫양의 준비로 이삭을 대신함: [하나님이 자기를 위하여 친히 준비: 야웨 이레]
   =그리스도의 대속의 죽음 계시(히 9:11-14, 13:11-12)

창세기 22장 16-18까지의 내용은 매우 중요한데, 이는 그로부터 1900여년 후에 태어나신 예수 그리스도의 탄생과 연관되어 있기 때문이다(갈 3:16-22). 아브라함은 이삭 대신에 하나님이 준비하신 수양을 기념하여 그 땅 이름을 [야웨 이

레]라 불렸는데, 이는 여호와의 산에서 준비되리라 즉 [준비하시는 야웨 하나님]이라는 뜻이다. 결국 하나님은 구약에서 독생자 구세주(메시야: 그리스도)를 준비하시게 된다.

5. 창 25:19-27:46(이삭의 역할과 족보)

족장 인물 중에 이삭은 아브라함이나 야곱과 달리 특이한 사건이나 극적인 드라마가 없이 평범한 인물이다. 대개는 아브라함과 야곱 이야기에 중복되면서 짧게 소개되고 있다. 이삭은 크나큰 거물의 인물 사이에 낀 특이한 사람이다. 이 신앙의 처음 3대 족장들 중에서 가장 오래 산 사람이 이삭이다. 아브라함은 175세를 살았고, 야곱은 147세를 살았는데 이삭은 180세까지 살았다.

1) **이삭의 위치:** 민족적 원조(元祖) 아버지 아브라함(창 12-25장)과 파란만장의 유명한 아들 야곱(27-39장) 사이에서 특별한 이슈가 없이 그냥 자신의 몫(구속사의 연결 고리 역할)을 무난하게 성취하고 갔던 사람이다. 아버지와 아들의 후광에 평생을 살다가 이름이나 남기고 가서 빛을 보지 못한 사람이었으나 구속사의 한 단락을 그었던 인물이었다. 이삭 이야기는 아브라함으로부터 물려받은 약속을 신실하게 지켜나간다는 성취의 역할을 하는 내용으로 만족해야 했다.

성서기자는 이삭에 대해서 전적으로 기록하고 있는 지면은 단지 26장 한 장에만 나오고 있다. 22-35장에 걸친 기록은 모두 아브라함과 야곱과의 관련하에 조금씩 언급될 뿐이다. 즉, 아브라함과 야곱의 역할과 위대성을 돋보이도록 이삭 이야기가 사용되는 정도이다. 그만큼 별로 영웅적인 것도, 얘기거리될 만한 삶이 없이 살아갔던 사람이 이삭이다.

2) 상속자로서의 **이삭의 역할:** 아브라함의 아들이라도 이삭에게만 하나님의 언약이 유효하지 이스마엘에게는 해당되지 않는다. 왜냐하면 이삭이 하나님의 선택과 섭리가 있는 아들이며 아브라함의 적법(適法)한 아들이기 때문이다. 그렇기 때문에 이삭을 별 볼일 없는 인간으로 지나쳐버릴 그런 족장이 아니다. 왜냐하면 씨

신학적으로 보면 이삭은 하나님의 구속사의 한 단락을 차지하며 중대한 역할을 이룩한 인물이기 때문이다.

첫째로, 하나님의 축복으로 아브라함이 이뤄놓은 모든 재산을 물려받았다(창 25:5). 이는 당시의 풍습으로 보면 당연한 상속권의 문제이었다. 당시 누지문서 (Nuzi Text)에 의하면, 고대 근동의 상속법에서 본부인의 장남에게 우선권이 주어졌다. 본부인이 임신하지 못하여 상속할 아들이 없으면 첩을 통해서나 양자를 통해서 상속을 이루는데, 만약에 후에 본부인에게서 아들이 태어나면 그 상속권이 본부인의 아들에게 넘어가게 된다. 그래서 본부인 사라에게서 이삭이 태어나자 아브라함은 죽기 전에 "자기 서자들에게도 재산을 주어 자기 생전에 그들로 하여금 자기 아들 이삭을 떠나 동방 곧 동쪽 땅으로 가게"(창 25:6) 하여 재산 문제와 형제문제를 분명하게 정리하고 이삭에게 모든 재산을 상속한다. 사실은 당시로서 아브라함은 대단한 거부였고 막강한 군사력까지 갖춘 부족장이었다(창 14:14).

둘째로, 이삭은 하나님이 아브라함에게 주셨던 언약을 상속받은 언약의 상속자이었다. 아브라함 족장에게 주었던 하나님의 언약은 씨(후손)/ 가나안 땅/ 복의 중재자(천하만민의 복)의 3가지였다(12:2-7). 사실은 창세기 12-50장에서의 강조점이 하나님의 축복과 이 언약의 말씀에 있었다.

셋째로, 이삭은 하나님의 구속사적 씨흐름의 연결고리로서 결정적 역할을 하게 된다. 결국 아브라함과 사라가 그토록 기다리던 하나님의 언약의 아들로 태어난 인물이었다. 하나님의 구속사의 사역이 아브라함에 의해 구체화되어 그 씨로 계속되는 언약의 상속자들의 생애와 신앙적 삶이 창세기 후반부를 장식한다. 그 아브라함 축복의 전승자로 이삭이 첫 번째로 이어져 간다. 아브라함의 언약(복)이 이삭에 계승된 기사가 창세기 26:2-4에 나타난다. 이것은 아브라함에게 주어진 언약의 상속을 의미한다. 아담에서부터 계속된 여인의 후손인 메시아를 향한 구속사적 씨흐름의 상속자로서 모든 언약을 물려받으며, 특별히 아브라함에서 야곱에게로 이어져 가는 씨흐름 구조의 중요한 장본인이며 연결고리 역할을 함으로써, 그의 진정한 중요성과 역할을 분명하게 제시하고 있다.

6. 창 25:19-36:43(야곱의 족보) : 이삭+리브가→에서＜야곱

야곱의 족보에서 특이한 것은 바로 형 에서를 제치고 야곱이 구속사의 씨흐름의 구조에서 가장 중요한 위치를 차지하고 족장 전통에 우뚝 서게 된다는 것이다. 구약에서는 장자가 우선이지만 장자 자신에게 하자가 있다든지(예를들면 르우벤은 아비의 침상을 더럽혀서 장자권을 상실), 하나님과의 언약의 상속에서 하나님의 절대권이 강조되어지고 은총에 의해서 과감하게 다른 아들에게로 넘어 가기도 한다. 그 흐름 속에서 결정적 변화의 사건 중 대표적인 것이 차자인 [야곱]이 장자 [에서] 대신에 메시아 족보에 끼어드는 사건이다. 하나님의 구원사에서 아브라함-이삭에 이어 하나님의 구속사의 씨흐름의 주역으로 에서를 제치고 야곱이 나서게 되는 과정이 창세기 후반의 역사 기록이다.

a. 장자인 [에서]에서 차자인 [야곱]으로 씨흐름 전환

창세기는 여인의 후손(창 3:15 동정녀 마리아에서 태어나시는 예수 그리스도)을 향하여 씨흐름의 방향이 정해지면서 아담에서 시작된 인류 구원을 향한 구속사적 씨흐름의 행진이 계속되고 있는 족보적 역사기록이다. 창세기 저자는 4단계의 과정을 거치면서 야곱이 명실공히 구속사의 주역으로 나서게 되고 창세기 후반의 역사를 장식하며 그가 이스라엘 민족의 실제적 창건의 12지파의 조상인 것을 밝히고 있다. 즉, 이 야곱 이야기에서 주목되는 사건은 그가 족장 전통을 확보하여 메시아 족보에 들어가는 씨흐름의 주역으로 나서기 위해 몸부림쳤다는 것이다. 사실은 이 과정이 실질적으로는 하나님의 전략이며 섭리였다. 이게 바로 구속사적 씨흐름의 과정을 설명하는 이야기식 족보기록 형식이기도 하다.

제 1 단계: 어머니 리브가의 예언적 태몽(창 25:19-26)

첫 번째는 야곱이 태어나기 전에 하나님의 섭리는 형 에서가 아닌 동생 야곱에게로 구속사의 흐름이 바뀌게 될 것이 예시되어진다(25:23). 즉, 야곱의 운명을 가늠하는 그의 몸부림은 태어나기 전 부터 어머니의 태몽 꿈에서부터 들려오던 투쟁의 음조에서 이미 시작된다. 그가 형 에서를 밀치고 메시아의 선조가 될 조짐을 어머니 태안에서 벌써 나타냈다.

임신한 리브가는 태중의 쌍둥이가 싸우는 느낌을 가질 때 "두 민족이 네 복중에서부터 나누이리라 이 족속이 저 족속보다 강하겠고 큰 자가 어린 자를 섬기리라"(25:22-23)는 섭리를 인지하게 된다. 태중의 아이가 구속사의 씨흐름의 상속자가 될 것이라는 예언적 선택이 이 태몽 꿈에 간직되어 있었음을 성서기자는 암시하고 있다. 하여튼 에서가 먼저 나왔다지만 야곱은 싸움을 멈출 수 없었다.

제 2 단계: 장자 명분을 확보하다(창 25:27-34): 장자권 매입 확보

하나님 섭리를 향한 두 번째 몸부림으로, 야곱은 당시의 중요한 법적 절차를 밟아 장자권을 먼저 확보한다. 하나님의 예언적 태몽의 섭리를 깊이 마음에 간직하고 있는 어머니 리브가는 아마도 야곱에게는 살며시 그 천기(天機: the hidden plans of Providence)를 알려 주었을 것이고 야곱은 일생동안 그 꿈과 언약에 인생을 걸며 살았을 것이다. "이 족속이 저 족속보다 강하겠고 큰 자가 어린 자를 섬기리라"는 하나님의 섭리를 가슴에 간직한 야곱은 그것을 자기 것으로 이룩하기 위해 무엇보다도 당시의 풍습에 따라 형 에서의 장자권을 확보하여야 한다는 집념으로 기회를 엿보고 있었다. "에서가 장자의 명분을 야곱에 판지라"

하나님의 구원사는 하나님의 주권적 차원에 속한 것이다. 그러나 하나님의 주권적 섭리를 위해 하나님은 인간을 사용하신다. 결국 야곱의 싸움의 일생은 고비고비마다 이 하나님의 섭리를 실천에 옮기는 전환의 기회를 만드는 삶이 된다.

성경본문은 쌍둥이 형제가 더불어 살아야 하는 이 가정에 '장자의 상속권'이 쟁점이 되고 있다. 이는 바로 씨신학적 문제가 개입된 사건이기에 성서에서 진지하게 다루어지고 있는 것이다. 장자로 태어난 자만이 그 장자권과 더불어 하나님의 언약의 축복을 받게 된다는 절대적 원칙이 야곱 이야기에서 깨어지고 있다. 야곱은 이미 그 당시의 장자 우선의 상속 풍습이라는 운명에 도전하고 있고 이를 이미 어머니에게서 언질을 받고 있었고 그 꿈을 포기할 수 없었다.

야곱의 장자권 확보를 위한 법적 절차는 당시 헷 족속들의 장자권 매매풍습인 사회적 제도(Nuzi Text)에 의하여 형 에서의 장자권을 합법적으로 사들인 것이다.[60] 더욱이 에서가 장자의 명분을 가볍게(만홀히) 여겼다는 평가로 야곱의 행위

---

60) R. K. Harrison, *The Archaeology of the Old Testament* (New York: Harper & Row, Publishers, 1966), pp.21-24. 당시의 자료에 보면 생득권 혹은 장자의 상속권이 상황이 보증하는 대로 양도, 혹은 매도할 수 있

를 정당화하고 있다(창 25:27-34).

야곱은 장자권이 이 구속사에서 얼마나 중요한지를 알고 있었다. 이스라엘의 장자에게는 하나님 앞에서 제단을 쌓고 제사를 드리는 제사장의 권한이 있어서 하나님과 교제할 수 있는 특권이 있었고 더구나 족장 전통의 씨흐름의 주역은 바로 메시아 계보에 포함되는 이스라엘 민족 형성의 원조가 되는 특권이 있음을 믿음으로 알았다. 그래서 이 소중한 장자권을 확보한 당당한 자격으로 그 후손들에게 믿음으로 축복하고 유다를 향해서 메시아의 소망을 향한 분명한 언약을 남기고 세상을 떠난다(창 49:10).

제 3 단계: 족장의 유언적 축복을 받게 되는 야곱(창 27장)

메시아 선조를 향한 야곱의 세 번째 몸부림으로, 야곱은 족장의 유언적 축복을 에서를 제치고 받아내는 용기에서 나타난다. 장자권을 확보한 야곱은 이제 마지막 인간으로 밟아야 할 당시의 법적 절차 하나가 남아 있었다. 그것은 최고의 족장이 죽기 전에 베푸는 마지막 축복을 받아내는 일이었다. 이는 당시에 법적 효력이 있어 이 최고 족장의 마지막 유언적 축복대로 행하게 되어 있었다. 이미 하나님의 섭리를 알아차린 어머니 리브가는 야곱이 축복을 받아야 한다는 생각에 야곱으로 하여금 형 에서의 옷을 입고 염소털로 야곱의 손과 목에 붙이고 요리를 가지고 아버지에게 들어가 에서 행세를 하면서 아버지를 속이고 형 [에서] 대신에 축복을 받도록 격려하였다(창 26:5-17)

이삭은 손을 들어 야곱에게 복을 빌었다. "사람들이 너를 받들며 여러 민족이 너를 섬기고 백성들이 너에게 무릎을 꿇을 것이다. 너는 너의 친척들을 다스리고 너의 어머니의 자손들이 너에게 무릎을 꿇을 것이다. 너를 저주하는 사람마다 저주를 받고 너를 축복하는 사람마다 복을 받을 것이다"(창 27:27-29). 이는 영적인 축복과 형통함의 축복 그리고 물질의 축복과 더불어 결국 메시아의 선조로서의 족장 전통의 축복인 아브라함, 이삭에게 내려오는 복의 중재자로서의 축복을 선언하는 중요한 내용이다. 이는 이스라엘 창건의 조상에게 주어지는 구속사적

게 허용하였다. 양 세 마리를 주고 장자권을 매매하기도 했다. 이를 야곱이 사용한 것이다. J. B, Pritchard, ed. *Ancient Near Eastern Texts Relating to the Old Testament* (Princeton: Princeton University Press. 1974), pp.167-169.

씨흐름에 담보되어 있는 언약의 상속을 의미한다. 하여튼 야곱은 아버지와 형을 속이고 족장의 전통을 매듭짓는 축복을 얻어내는데 성공한다.

이 사건의 중심점은 장자권의 의미가 혈통적인 외적 요건에만 있는 것이 아니라 하나님의 약속이 담고 있는 그 축복을 추구하는 야곱과 무관심한 에서의 차이에 그 문제의 핵심이 있었다. 야곱은 이 축복의 중요성을 인식하여 노리고 있었고 에서는 이것을 가볍게 여겨 기회를 놓쳤다. 이 족장의 축복 사건은 장자권 매매사건과 연결되고, 더 나아가서는 그들이 어머니 뱃속에 있을 때 하나님의 예언(형이 동생을 섬길 것이다)에 연속되는 것으로 보아야 한다. 결국 아버지 이삭의 축복은 야곱의 일생과 그의 후손에게 임하여 놀라운 성취를 가져오고 그 후손에서 예수 그리스도가 탄생하고 그분을 통하여 실제로 천하 만민, 모든 족속이 구원을 받게 되는 축복을 받고 있다.

제 4 단계: 얍복 강변에서의 하나님 축복(이스라엘)으로 확약되는 야곱

메시아 선조를 향한 야곱의 네 번째 몸부림은, 결국 얍복 강변에서 하나님의 축복을 직접 받음으로 야곱이 이스라엘이라는 이름으로 개명되는 것이었다. 할아버지 아브라함이 약속의 성취가 막바지에 이를 때 개명된 것처럼 야곱도 이제 망명 생활을 청산하고 가나안 땅에 귀환하는 마지막 시점에서 후대에 계속 영광스럽게 빛나는 [이스라엘]이란 이름으로 하나님의 축복에 의해 바뀌게 된다. 결국 그는 에서를 제치고 언약의 상속자가 되고 메시아의 선조가 되는 족장 전통을 이어받는 결정적 의식을 치루게 된 것이다. 이래서 야곱이 하나님의 인정과 확인으로 구속사적 씨흐름의 주역으로 명실공히 나선다. 이 얍복강변의 마지막 하나님의 결정적 축복 사건으로 결국 야곱은 메시아 족보에 당당하게 올려진다.

"아브라함과 다윗의 자손 예수 그리스도의 세계라: 아브라함은 이삭을 낳고 <u>이삭은 에서를 낳고</u>"로 되어야 하는데, 에서가 빠지고 "이삭은 야곱을 낳고"로 동생 야곱이 그 자리를 차지하고 있다. 그러나 죽 한 그릇에 족장 축복을 저버린 저주의 사람, 뒤늦게 빼앗긴 축복에 목놓아 울던 사람, 메시아 전통에서 탈락되어 언약 외로 밀려난 사람, 그가 바로 에서였다.

하나님의 언약에서 이삭의 쌍둥이 아들 중에 에서를 제치고 야곱을 향한 씨의 행진이 계속된다는 것을 증명하기 위해 창세기 저자는 기나긴 이야기 족보기록 형식으로 창세기를 기록하고 있다. 야곱 이야기는 창세기의 절반(25장에서 태어나 50장에서 장사됨)을 차지하고 있어 그만큼 그의 생애가 파란만장하고 중요한 위치를 차지하고 있음을 알 수 있다.

이스마엘의 족보(창세기 25:12-18의 족보)

여기 족보는 구속사의 씨흐름 구조에 포함시킬 부분이 아니라 곁가지의 아브라함 후처 하갈을 통해 이뤄진 한 종족의 계보이다. 이 부분은 수직선적, 수평선적, 이야기식 족보기록 형식을 취하고 있다. 이들은 이스라엘 역사에 두고두고 적대적 관계로 등장하는 종족으로 성경에서 드물게 나타난다. 구속사적 씨신학에서 보면, 완전히 하나님의 구속사적 씨흐름과는 전혀 상관이 없고, 오히려 그 흐름을 공격하고 방해하는 적대적 종족의 뿌리를 정리하는 족보이다.

이렇게 구속사적 씨흐름에 전혀 적대적인 언약 외의 족보가 성서에 몇 개가 나온다, 예를 들면 가인 족보(창 4:16-24), 이스마엘의 족보(창 25:12-16, 대상 1:28-33), 에서의 족보(창 36:1-19, 20-30, 대상 1:34-42), 에돔 땅을 다스린 왕들의 족보(창 36:31-43, 대상 1:43-54), 사울의 족보(대상 8:29-38, 9:35-44) 등이다. 이들 족보는 하나님의 구원사에서 밀려나간 족보이거나 하나님의 축복의 언약에서 제외된 족보로 구속사적 씨흐름 핵심(Main Line)에서 거리가 먼 족보들이다. 오히려 이들 족보의 종족들은 뱀(사단)의 후손의 그룹으로서 여인과 여자의 후손을 공격하는 세력으로 역사 속에서 끊임없이 괴롭히는 족속(창 3:15)으로 잔존해 가는 것을 보여준다. 즉, 이들 족보는 아담의 아내 하와의 아들이지만 아벨과 셋 계통이 아닌 가인, 아브라함의 본부인 사라의 아들이 아닌 하갈의 소생 이스마엘, 이삭의 아내 리브가의 소생이지만 축복에 제외된 에서, 야곱의 아내 레아의 소생 유다가 아닌 다른 아들들과 다른 여인들로 말미암는 소생들의 족보들, 다윗과 대립각을 세웠던 사울 등의 후손과 관련된 족보들이다. 부정의 부정은 강한 긍정이란 말처럼, 이들 족보들은 구속사적 씨흐름에 중요한 핵심 족보를 돋보이게 하고 하나님의 구속사의 인물들을 확인하고 그 정통성을 확실하게 증거해 주는 보조적인 역할을 한다고 볼 수도 있다.

7. 창세기 25:19-29:30의 족보(야곱 가정의 배경적 이야기 족보)

　이 부분은 이삭의 자손들 출생 족보로, 아브라함이 이삭을 낳고 이삭이 에서와 야곱을 낳는 과정으로 시작한다. 거의 전부가 이야기적 족보기록 형식으로 야곱 가정의 배경을 묘사하는데, 이삭의 처신과 에서와 야곱의 갈등 그리고 밧단아람에서의 야곱의 삶과 결혼을 묘사하고 있다. 이런 족장들의 이야기식 족보기록에는 항상 [씨], [가나안 땅], [천하 만민의 축복을 위한 복의 중재자]란 하나님 언약의 내용이 족장들의 대를 이어서 확인되고 있다. 그런 과정에 간혹 언약의 상속자의 정통성을 확인시키기 위해, 언약의 상속자에서 제외되는 자들의 모습이 무엇인가 잘못되어 간다는 부정적 시각으로 묘사되는 이야기가 삽입되어 기록되기도 한다. 예를 들면, 야곱에게 축복을 빼앗기고 구속사적 씨흐름에서 밀려난 에서가 헷족속의 딸들과 결혼하여 이삭과 리브가의 마음에 근심이 된다는 기록을 남기고 있다(창 26:34-35).

　형을 피해서 하란에서도 밧단아람 외삼촌 집에 이른 야곱이 레아와 결혼하고 두 번째 여인이지만 원래 사랑했던 라헬을 아내로 맞아들인다. 그래서 야곱은 사랑하는 여인 때문에 14년이나 일해야만 했다. 라반은 당시 풍습대로 딸 레아에게 실바를, 라헬에게는 빌하를 하녀로 주어서 별도의 살림을 꾸려 한 가정을 이루게 했다. 이를 자세하게 설명하고 다음 족보에서 다룰 12지파를 이룰 12아들 출생의 배경을 밝히는 이야기식 족보 기록이 25:19-29:30의 족보내용이다. 만약 야곱이 라헬과 처음부터 결혼하여 7년만에 고향집으로 갔다면 어찌되었을까? 하나님의 구속사의 총체적 구성원을 이루는 12아들이 출생할 수 있었겠는가를 생각하면 이런 일련의 사건들이 우연이 아닌 섭리 중에 진행되는 것으로 보아야 할 것 같다. 결국 레아와 라헬 그리고 그들의 시녀들 도합 4명의 본 족보에서 확보된 여인들을 통하여 자식을 낳게 되는 과정을 기록하고 있는 족보가 바로 다음에 소개되는 족보이다.

8. 창세기 29:31－35:22의 족보(야곱 자손의 출생 족보: 29:32－30:24)

이 부분은 실제적인 야곱 자손의 출생 족보로 이야기체의 형식으로 되어 있다. 자녀가 태어나며 이름을 지어주며 그 의미까지 제시하는 족보로만 따지면 29:32－30:24이지만, 이야기식 기록형식으로 보면 29:31－35:22까지 확대할 수 있겠다. 이 29:32－30:24의 족보는 가장 초기에 속하는 것으로 베냐민이 출생되기 전 족보이다. 베냐민은 35:16－18에서 출생되고 있다. 그러나 야곱의 딸 디나가 편입되어 12의 수를 유지하고 있다. 그리고 마지막에 가서 35:18절에서 베냐민까지 태어나 아들 12로 완전한 족보를 구성하고 있는 35장 22절까지를 하나의 단위로 하여 족보를 구분해 보았다. 왜냐면 베냐민이 태어나기까지는 상당한 시간이 흘렀기 때문에 그 사이에 있는 씨신학적 이야깃거리를 기록하고 있다가 결국 라헬이 죽어가면서 낳은 베냐민이 태어나 완벽한 족보가 완성되기에 보다 확대된 족보로 구분하였다. 이 족보는 일련의 간단한 출생 이야기에 의하여 기술되고 있다[61] (4:1, 17－25, 19:36－38, 38:3－5의 것과 같은 양식). 각기 이야기의 첫 부분은 "ותהר לאה ותלד בן"(레아가 잉태하여 아들을 낳고…)의 형식으로 이뤄졌다. 이 처음 형식은 보통 "ותאמר"(그리고 그녀가 말했다)의 구(句)로 시작하는 어원의 설명(Etymology)이 뒤따른다. 그리고 이야기의 마지막은 아기의 이름이 실제적으로 주어진다(ותקרא שמו לו : 그리고 그녀가 PN의 이름을 …이라 불렀다).[62] 29:34,35, 30:6 등이 여기에 속한다. 예를 들면, "그가 또 잉태하여 아들을 낳고 가로되 내가 이제는 야웨를 찬송하리로다 하고 이로 인하여 그가 그 이름을 유다라 하였고"(29:35)의 형식이다.

이 출생의 이야기 족보에서 특이한 사실은 [디나]라고 하는 야곱의 딸의 출생 내용이다. 이는 베냐민이 출생하기 전의 내용으로 야곱의 11아들이 태어났으나 아직 12명이 되지 않은 상태에서 디나가 레아의 마지막 자녀로 출생한다. 외관상으로는 12라는 숫자가 형성되고 있으나 디나가 하나의 지파로 존속했다고는 보기 힘들다. 왜냐면, 이 디나가 창세기 46:15까지는 야곱의 족보 속에 전혀 언급되지

---

61) Robert R. Wilson, *Genealogy and History in the Biblical World* (New Haven: Yale University Press, 1977), p.184. 창 4:1, 17－25, 19:36－38, 38:3－5의 것과 같은 양식이다.
62) *Ibid.*, p.185.

않고 있다. 디나라는 그녀는 어원적인 설명이 주어지지 않은 유일한 이름이다. 사실은 그녀의 이름이 나온 것은 34장에서 세겜에게 욕을 당한 사건 때문에 시므온과 레위가 엄청난 피를 흘림으로 나중에 씨흐름의 구조에서 밀려나는 사건(창 49장)을 대비한 기록이라 볼 수 있다. 실제적으로 야곱의 12아들 목록은 결국 가나안에서 베냐민이 태어나는 이야기에 의해서 완성을 보게 된다(창 35:16-20).[63] 이로서 야곱의 자손이 12아들이란 숫자로 채워지면서 출생 이야기를 마무리 짓는다.

| 구원사 주역의 후계자 탈락 사건들(창 34:1-31, 35:22) |

사건 하나의 의미: 구약성서를 읽다가 왜 이런 사소한 가정의 일, 한 인간의 실수와 별 의미없는 것 같은 행동 그리고 당시에 그다지 특별한 이슈가 될 것 같지 않은 사건들에 대하여 '이게 왜 기록되었을까?'하며 언뜻 질문을 할 때가 있다. 그런데 학문을 하고 성경에서 구속사적 씨흐름을 추적하다 보니 한 사람의 사소한 행동 하나가 꼬리를 물고 일어나는 인간사의 사건들에 씨줄과 날줄로 서로 얽히고 설키고 하여 역사의 방향을 바꾸기도 하고 한 인생의 운명을 좌우하기도 한다. 더군다나 하나님의 구속사를 맡은 개인이나 가정이나 백성이나 국가는 사소한 일 하나하나가 중요한 의미를 가지고 큰 변화를 가져오는 원인이 된다. 여기 창세기 34장의 시므온과 레위의 행동과 35장에 나타나는 르우벤이 행한 한 순간의 사건이 하나님의 구원사에 결정적 변화를 초래하게 된다.

■ 시므온과 레위의 피의 복수 사건(창 34:1-31)

메소포타미아의 밧단아람에서 언약의 땅 가나안으로 오는 도중에 형 에서와 화해를 하여 20년 전의 갈등을 해결한 야곱은 세겜에 장막을 치고 막 정착하려던 차에 딸 디나가 저질러 놓은 사건으로 크나 큰 위기에 휘말린다. 세겜성의 원주민 추장이 야곱의 단 하나인 딸 디나를 취한 일로 빚어진 대 살육사건은 후에 거룩한 씨흐름인 메시아 족보에서 시므온과 레위가 탈락하게 되는 결과를 초래하게 된다

---

[63] Roland de Vaux, *The Early History of Israel* (Philadelphia: The Westminster Press, 1978), pp.719-720.

(창 49:5-7): "그 노여움이 혹독하니 저주를 받을 것이요 분기가 맹렬하니 저주를 받을 것이라 내가 그들을 야곱 중에서 나누며 이스라엘 중에서 흩으리로다."

■ 구속사의 주역을 바꾸는 인간의 죄악: 르우벤의 실수(창 35:22)

안타깝게도 인간 죄악의 한 단면과 그 죄의 치명적 결과가 단지 한 구절(22절)에 간단히 언급되고 있다. 그러나 그 결과는 역사의 방향을, 하나님의 구원사 흐름을 돌려놓게 된다: "이스라엘이 그 땅에 거주할 때에 르우벤이 가서 그 아버지의 첩 빌하와 동침하매 이스라엘이 이를 들었더라"(22절). 야곱의 장남 르우벤이 아비의 침상을 더럽힌 사건이다.

야곱이 가나안에 정착해서 얼마 안되었을 때, 장남 르우벤이 자기 아버지의 첩이며 라헬의 몸종였던 빌하를 범하고 만다. 자기의 서모(庶母)를 더럽힌 것이다. 이 사실을 아버지 야곱이 듣게 된다. 이 추행사건은 바로 야곱의 장남인 르우벤이 야곱의 후계자로서 구속사의 씨흐름에 주역으로 나서야 할 그 축복을 빼앗기고 그 대열에서 탈락되는 전환점을 이룬다. 훗날, 이 사실을 기억한 야곱은 그의 12 아들들을 향한 그의 마지막 족장의 유언적 축복이며 예언적 신탁에서 "르우벤아, 너는 나의 맏아들이요, 나의 힘, 나의 정력의 첫 열매다. 그 영예가 드높고, 그 힘이 드세다. 그러나 거친 파도와 같으므로, 또 네가 아버지의 침상에 올라와서 네 아버지의 침상을 더럽혔으므로 네가 으뜸이 되지는 못할 것이다"(창 49:3-4)고 아쉬운 저주를 발하여 구속사적 장자권을 박탈시켜 죄값을 치루게 한다. 그는 장자의 드높은 영예를 놓치고 으뜸의 자리를 동생에게 내주게 된다.

그런데 여기서 우리가 주목하여야 할 점이 있다. 야곱의 첫 부인 레아의 아들들 중에서 장자인 르우벤은 아비의 침상을 더럽혀서 구속사의 씨흐름에서 제외가 되었기 때문에, 다음 아들인 바로 시므온 그리고 그 다음인 레위가 연속적으로 언약의 상속자가 될 수 있었는데, 이 두 사람도 디나 사건에서 피흘림 보복의 잔인한 악행으로 말미암아 그들의 형 르우벤처럼 구속사의 씨흐름의 상속자의 신분에서 탈락되는 불운을 가져온다는 것이다. 그들은 자신들에게 주어진 영광스런 으뜸의 자리, 메시아 족보의 자리에서 밀려나고 만다. 그 다음의 당사자는 바로 넷째 아들인 유다였다. 창세기는 이를 추적해 가는 족보기록으로 되어 있다.

9. 창 35:23-26의 족보(야곱 아들들의 목록적 족보)

창 35:23-26의 족보는 창 29:31-30:24에 있는 것과 같이 분절로 나누어지는 이야기체 형식이라기보다는 네 명의 여인으로 구분되어 출생된 자녀를 정리한 수평적 족보기록의 형식을 갖춘 목록적 족보이고, 이삭의 죽음으로 또 한 세대가 지나고 이제 야곱 족장의 세대로 넘어가는 연대기적 매듭을 짓고 있다.

이 족보는 창세기 29장으로부터 설명되어진 야곱의 모든 자손을 총체적으로 정리하고 있다. 족보를 시작하면서 성서기자는 목록을 총괄하여 요약할 뿐만 아니라 다음에 나오는 이름들을 적합하게 이해하는데 필요한 혈족관계의 말로 설명되는 서론적 양식을 사용하고 있다: "야곱의 아들들은 열둘이라." 그리고 네 여인들의 서로의 투기에 의한 자식 확보의 노력이 표출된 네 개의 그룹으로 나누어지고 있다. 결국 구속사의 씨흐름 구조는 야곱과 레아라는 부부를 중심한 네 명의 여인들에 의해 경쟁적으로 태어나는 아들들에 의해 형성되어 이스라엘을 이루게 된다.

야곱 {
1) 레아의 소생 → 르우벤(장자), 시므온, 레위, 유다, 잇사갈, 스블론
2) 라헬의 소생 → 요셉, 베냐민
3) 라헬의 여종 : 빌하의 소생 → 단, 납달리
4) 레아의 여종 : 실바의 소생 → 갓, 아셀

본 족보는 "이들은 야곱의 아들들이요 밧단아람에서 그에게 낳은 자더라"라는 요약양식으로 끝을 맺는다. 즉, 29장에서부터는 야곱이 밧단아람에서 어떻게 생활하고 네 명의 여인과 결혼하게 되어 자식을 낳게 되는 과정이 생생하게 기록되어 있다면, 여기 족보서는 네 여인으로 말미암는 자녀의 목록을 정리하고 있다.

족보적 용법에서 보면, 아들들의 어머니를 각각 언급하는 것은 아들들이 서로 동등한 관계가 아닌, 지위와 신분에 차이가 있음을 뜻한다. 하나님의 구원사적 구조에서 보면, 여인의 후손을 향한 씨흐름은 뜻밖에 본부인이 된 레아 계통의 자손으로 이어져 간다. 앞에서도 언급했지만, 이 두 족보 사이에는 중요한 사건이 일어나 후에 씨흐름의 방향을 전환하는 계기를 만든다. 즉, ①르우벤이 장자이지만

그가 아비의 침상을 더럽힘(창 35:22)으로 장자권을 박탈당하고 만다(창 49:3-4). ②다음은 시므온과 레위이지만 그들은 야곱의 딸 디나가 히위족속의 하몰의 아들 세겜에게 욕을 당하자 그들을 복수하는 엄청난 피의 복수를 감행한 것이 구속사의 상속자로서 위치를 상실한다. 결국 ③유다에게로 넘어가 유다 지파가 언약의 상속자가 되어 그 후손에서 다윗왕에 이어 예수 그리스도가 태어난다.

그러나 야곱이 사랑하던 라헬의 자녀인 요셉은 후에 그가 애굽의 총리 대신이 되어 자기 종족을 살리는 큰 인물로 부각된다. 그러나 요셉은 하나님의 구속사의 섭리에 있어서는 유다지파에 밀려 제외되고 단지 에브라임-므낫세의 두 지파로 확대되는 선으로 그의 축복과 역할이 끝나고 만다. 이스라엘 역사 전반에 걸쳐서는 유다 후손이 핵심 라인으로 구원사를 담당하는 언약 지파로 이어져 간다는 것이다. 그 외에는 역사의 무대에서 별 의미없는 지파로 밀려나고 만다. 결국 유다 지파의 다윗 왕조가 계속되고, 북왕국 10지파는 앗시리아에 의해 멸망당하여 역사의 무대에서 사라져 버리고 만다. 그리고 오직 유다의 자손이 유대인으로 오늘날까지 존속하고 예수님도 유다 자손으로 오셨다. 또한, 단, 납달리, 갓, 아셀은 종속적인 위치에 처하게 된다. 왜냐하면 그들은 야곱의 본부인과 사랑하던 직접적 아내가 아닌 그 부인들의 하녀의 아들들이기 때문이다.

결국, 이 창세기 29:31-30:24과 35:16-20의 족보는 가장 오래된 12지파 족보가 된다. 이 두 족보는 자손 출생을 이야기체로 설명을 첨가하는 족보와 더불어 베냐민의 출생을 다른 자손들과 별도로 기록함으로 족보적 차원에서 볼 때, 이것은 베냐민이 어떤 면에서 요셉보다 열등하지만 여전히 나머지 형제들보다 우월하다는 뜻일 수도 있다.[64] 왜냐면 훗날 베냐민 지파의 사울이 일시적이나마 왕조를 이룩한 이유와 한때는 남왕국 유다의 한 축을 유다지파와 함께 했기 때문일 것이다.

족보 형성에 가문과 어머니(外家)의 영향

족보적 자료와 이야기 내용은 족장들과 후기 족장 전승 소유자들이 잘 알고 있

---

[64] *Ibid.*, p.186. 야곱의 다른 아들들의 탄생기사들로부터 베냐민 탄생기사를 분리하는 배후에 놓여있는 요소들에 대한 논의는 James Muilenburg, "The birth of Benjamin" *JBL*(1956)과 J. Alberto Soggin, "Die Geburt Benjamins, Genisis XXXV 16-20(21)" *VT* 11(1961), p.432-40을 참조하라.

는 친족(血族)관계 조직들을 조리있게 결합시키는데 도움이 된다. 결혼의 결합에 의한 전체를 구성하는 친족관계 조직 이해는 족장의 계보와 후기 이스라엘의 조직을 해석하는데 암시를 제공한다. 그것이 나타내는 것은 정치적 조직으로서 이스라엘은 "하나의 공동 조상으로의 연분, 인연(因緣: ties)을 실제적으로 혹은 상상적으로 추적해 소급하다 보면 부계혈통에서 결혼으로 결합된 '데라족의 조직'을 시작으로 계속적인 동일한 혈통 순서로 일관된 하나의 형태로 나타나고 있다. 그래서 족장 이야기들에 나타나는 특성을 보면 그런 조직으로 이어가는 계통을 이해하는데 몇 가지 원칙을 이끌어낼 수 있다.

족장 조직의 계열 족보에서 보면, 장자 상속의 원칙에도 불구하고 작은 아들들을 통해서 상속되어 가기도 한다. 즉 1)아브라함으로부터 이삭(이스마엘 제외), 야곱(에서 제외), 베냐민(막내) 즉, 궁극적으로 (막내 베냐민 계통의) 사울에게 이르러 왕조 이루는 계통이 있고, 2)아브라함으로부터 이삭, 야곱, 유다(넷째 아들), 즉 궁극적으로 다윗(유다지파)에 이르는 계통이다.[65] 그러나 이러한 분석에서 볼 수 있는 것은 이스마엘과 이삭 그리고 후에 에서와 야곱의 차별 대우가 각자가 시작하는 결혼의 적절성에 근거한다는 것이다. 즉 이스마엘과 이삭의 결혼에서 누가 더 적절한 결혼이었느냐 하는 것은 바로 그들의 어머니들의 배경에 따라 평가된다. 에서의 결혼(헷족속의 두 여자, 그리고 히위 족속의 딸과 이스마엘의 딸과 결혼)은 그것들의 부적절성을 아주 노골적으로 폭로(이삭과 리브가가 근심)하여 결혼 조직 혹은 조건의 관념을 강화하는 것을 볼 수 있다: [이삭이 야곱을 불러 '너는 가나안 사람의 딸들 중에서 아내를 맞이하지 말고 일어나 밧단아람으로 가서 너의 외조부 브두엘 집에 이르러 거기서 너의 외삼촌 라반의 딸 중에서 아내를 취하라'(창 28:1-2)]

창세기 구조에서, 어느 인물을 최선의 결혼 대상으로 선정하느냐에 결정적 중요 요소는: 1)어느 한 인척관계 집단에서의 그 어머니의 정체성 2)장래 그 인척관계 집단들이 될 가능성이 있는 어느 한 지역에서의 아버지의 정체성이다

한 부계혈통 연합에서 상속순위를 결정하는 요소들은 다음과 같은 것들이다.

---

65) A. Alt, *Essays on Old Testament History and Religin* (Oxford, 1966), p.4.

첫째로, 형제들 가운데 어느 여인(母系/ 外家)에게 태어나느냐에 의한 신분(地位) 차별: 예를 들면, 아브라함에게는 사라 외의 여인인 하갈(창 16장)의 소생은 이삭과 대조적으로 적대적 족속으로 취급이 되고 언약에서 완전히 소외되는 족보로 무시되고 있다. 더 나아가 사라가 죽은 뒤 아브라함의 후처가 된 여인 그두라도 여섯 명의 자녀를 낳았는데 지극히 짧은 족보(창 25:1-6, 대상 1:32-33)가 소개되지만 이삭과 차별화하고 완전히 격리시키는 족보목록으로 사용될 뿐이다. 그래서 그 족보 다음에 [아브라함이 이삭에게 자기 모든 소유를 주었고 자기 서자들에게도 재물을 주어 자기 생전에 그들로 자기 아들 이삭을 떠나 동방 곧 동국으로 가게 하였더라. 아브라함의 향년이 175세라](창 25:5-7)고 기록하여 아브라함이 죽기 전에 자식들에게 재산 상속을 하면서 이삭을 우선으로 하고 다른 서자들에게는 차별하는 재산 분배를 해주고 이삭에게서 완전히 떠나도록 하여 인연을 끊어 버리게 조치를 취하고 열조에게 돌아간 것으로 마무리 짓는다. 그래서 그 자손(서자)들은 팔레스타인 남동부 지역에서 아라비아 족속의 선조가 되었다. 아브라함이 죽기 전 상황을 이런 씨신학적 메시지를 남기고 간 사실을 성서기자는 놓치지 않고 있다.

한편, 역대기 족보를 주의 깊게 살피면, 야곱의 아들 중에도 어머니(母系)가 레아 계통인 바로 유다 지파의 다윗왕의 족보와 다윗왕의 혈통인 남왕국 유다의 역사를 중심으로 방대하게 기록이 되고 있는데, 납달리 자손의 족보는 한 구절(대상 7:13)로 아주 초라하게 소개되고 있다. 이런 이유는 납달리가 레아의 경쟁관계에 있던 라헬의 시녀로 야곱의 첩이 된 빌하(르우벤이 범한 여인이기도 함)가 낳은 아들로 그것도 둘째로 태어난 자이기 때문에 신분적으로 무시될 수 밖에 없는 존재였다. 그 때문에 납달리 지파를 아주 무시해 버리는 것이, 바로 단 한절이라는, 이 작은 족보분량으로 나타나고 있다고 보겠다. 왜냐면 다른 족보에서는 별로 어머니 이름이 밝혀지지 않는데, 납달리의 족보는 어머니 이름인 '빌하'가 천한 의미로 언급되고 있는 게 특이하기 때문이다.

이같이 부계혈통을 가장 중요하게 생각하는 원칙이 있음에서도 불구하고 결혼관계를 형성하는데 많은 영향력을 주는 것은 어머니의 신분이라는 것이다. 더욱 한 가문에 특별한 관계성에서 어느 여인과 결혼함으로 그 앞에 태어난 형들을 뛰어넘어 그 특별한 어머니에게 태어난 아들들이 더 좋은 차별대우를 받아서 오히려 막내임에도 불구하고 상속을 받게 되는 수도 있다. 한 집안에서 성인이 된 형제자매 중 제일 나이 어린 자가 재산·지위를 상속·계승하는 경우 즉, 형들이 계속해서 독립한 후 막내가 어버이와 동거하며 양친을 부양하는 형태를 취하는 막내상속제도(Ultimogeniture: succession of the youngest)[66] 의 사례가 있기도 하다. 대개는 장자를 출산한 여인이 장자상속제의 풍습(風習)에 의해 경쟁 관계의 여인들을 물리치고 자신의 위치에 우선권을 확보하기 때문에 여자들의 신분을 결정하는데 중요한 역할을 한다.[67] 아무리 본부인이라 할지라도 자식이 없으면 다른 여인이 낳은 아들로 상속자를 세우기 때문에 여인의 위치가 열세하게 되는 경우가 있다. 이삭이 태어나기 전에 하갈이 이런 모습으로 득세하려다—사라의 핍박과 사라가 아들을 낳기 때문에—무너져 내렸다.

둘째로, 구속사적 씨흐름에서는 하나님의 언약의 상속자가 누구냐에 따라 모든 것을 뛰어넘어 신분이 결정되고 있다. 어느 가문(아버지: 남자)에 하나님의 언약이 축복으로 주어졌느냐에 따라 그의 후손들과 형제들의 신분이 좌우되고 차별화가 된다.

이런 이유로 인해서, 사울의 혈통을 제치고 다윗의 혈통이 언약의 왕조로 상속된 것은 족장의 족보들과 결혼 구조에 의해 이미 그것이 분명한 윤곽으로 규정되어 있었다. 야곱이 그의 아들들을 축복할 때 르우벤, 시므온, 레위는 무시되었다(창 49:2—7). 결국 야곱은 축복 예언으로 유다의 어깨에 장자 상속권(birthright: 생득권)을 선언하여 왕권과 메시아 언약 상속자로 선언하고(창 49:8—12), 유다가 형제들의 찬송이 된다. 다음에 레아의 여섯 아들들에게 축복한다. 그 축복의 내용이 상당히 차별화되어 유다를 위한 들러리에 불과하다.

심지어 야곱이 사랑했던 아내 라헬의 아들인 요셉도 축복을 받지만 그는 이집트에 있었을 때에만 형제들을 다스리는 권위를 가지는 것으로 끝난다. 그리고 그에게는 지파 몫이 두 배로 주어지는 것으로 마무리 된다. 창세기 자료에 비추어

---

66) 중국과 우리나라는 장자상속의 전통이지만 몽고는 말자상속의 전통이 있다. letstalk.tistory.com
67) Terry J. Prewitt, "Kinship Structures and the Genesis Genealogies" *Journal of Near Eastern Studies* 40(1981), p.97.

정당한 이스라엘의 지도력에 대한 논쟁거리라면 베냐민 자손(막내로 대표되는 혈통)과 유다의 자손(장자 상속제도의 표본으로 대표되는 혈통) 사이에서 야기된다.[68] 이스라엘의 통일왕국에 베냐민 지파의 사울왕조로 시작되지만 그것은 아주 단명(短命)할 수밖에 없었다. 유다지파의 다윗 왕조를 세우기 위한 임시적 과도기 왕조에 불과한 하나님의 고도의 전략이었다. 왜냐면, 예루살렘이 있는 베냐민 지파가 북쪽지파들과 유다지파의 중앙에 있었고, 제일 막내 지파이기에 이해관계가 얽히고 있던 12지파동맹체를 하나로 통일하는데 유리한 입장에 있었다. 그러기에 구속사적 씨흐름 구조에서 보면, 사울 왕조는 임시적, 과도적 왕조에 불과하였다. 그래서 다윗왕조를 세우기 위해 한 날, 한 시에 사울과 그의 아들들이 동시에 길보아 전투에서 비참하게 죽임을 당하여 사울왕조가 비참하게 무너져 내린다. 유다지파의 다윗왕조가 세워지면서 영원한 다윗왕조계약(삼하 7:16)이 남왕국의 정치 이데올로기로 정착하고, 메시아 왕권과 연결시킨다. 이것이 바로 이스라엘 역사에 흐르는 구속사적 씨흐름이고, 씨신학적 구조이다.

일반적으로 보면, 친족관계 방식(모델)과 정치적 실체 사이의 관계성을 문서화하기는 어렵다. 이스라엘 지파들로 연합된 백성의 집합체는 분명히 일반적인 정치적 열망과 상상적인 친족관계 계산에 근거해서 이뤄어진 면이 없지 않았을 것이다.[69] 창세기 본문 형성에 정치적이고 조직적인 관계성의 표현은 한 특별한 시대 기간에 일어난 정치적 사건들의 형편을 문화적으로 잘 표면화하는 해석을 나타내기도 한다. 이런 견해로 보면, 족장 전통의 마지막 구전 단계와 그 전승의 초기 기록본은 아마도 유다와 다윗의 적법화(Davidic legitimation: 정당화)와 분명히 연관된 것으로 나타내고 있다.[70] 역사서술(역사가가 의도하는 것)과 역사 과

---

68) F. G. Bailey, *Strategems and Spoils: A Social Athropology of Politics* (New York, 1969)를 보라. Terry J. Prewitt, "Kinship Structures and the Genesis Genealogies" *Journal of Near Eastern Studies* 40(1981), p.97에서 重因.

69) Terry J. Prewitt, "Kinship Structures and the Genesis Genealogies" *Journal of Near Eastern Studies* 40(1981), p.97. 요셉은 두 가지 평가로 혈통 상속에서는 중요하게 취급되지 않는다. 첫째로, 그는 둘째 부인의 아들이라는 것과, 둘째로 그런면서도 둘째인 라헬의 첫 아들이라는 것이다. 장자 상속 제도의 원칙이 지켜지는 것은 구약의 혈연관계(친족) 목록에서는 불과 아주 얼마 안 되는 경우에만 지켜질 뿐이다. 형과 동생의 차별 대우는 큰 고통을 일으킨다(에서와 야곱 사건: 27:1-45. 베레스와 세라(창 38:27-30)과 므낫세와 에브라임(창 41:40-57, 48장)의 아주 포착하기 힘든 애매한 표현도 있다. 궁극적으로 다윗은 베레스의 후손인 이새의 일곱 명의 아들들 중에서 막내둥이다(대상 2:9-17)

70) N. Gottwald, *The Tribes of Yahweh: A Sociology of the Religion of Liberated Israel, 1250-1000 B.C.*(New York)을 Terry J. Prewitt, *op. cit.*, p.98에서 重引.

정(역사가가 서술하고자 하는 것) 사이에는 밀접한 연관이 있다.[71] 그러기 때문에 성서의 족보는 기나긴 역사의 뿌리로서 이스라엘의 민족적, 종족적 계보를 추적하면서도 저자의 의도적 씨흐름의 추적과 신학적 의도가 창조에서부터 선택된 인물들을 통하여 항상 어느 목표를 향해 미래 지향적 성격을 가지고 굽이쳐 내려가고 있다. 그것이 바로 구속사적 씨흐름의 구조를 가지고 형성되었다고 본다. 그 중에 창세기는 그 시작의 원인과 방향과 구체적 과정이 족보라는 문학적 형식을 가지고 주의 깊게 기록되었다. 그래서 구약성서의 족보 연구는 구약 전체의 신학사상과 이스라엘 역사 전반과 관련하여 연구되어야 할 분야이다.

한편, **창세기 30:25에서 35:15까지 족보**는 이 열두 아들의 조상 야곱의 밧단아람에서의 성공적 삶(부의 축적, 자녀의 출생)과 파란만장한 객지 생활을 청산하고 가나안으로 귀향하여 벧엘에 이르는 전기적 기록으로 29:31-30:24의 족보와 35:16-26의 족보 사이에 삽입된 설명적인 이야기적 기록형식의 족보 보완이라고 보겠다.

에서의 자손, 에돔족의 족보(창 36:1a-36:43의 족보)

이 족보도 구속사의 씨흐름에 별로 도움이 안되는 곁가지의 종족 족보로 훗날 이스라엘 민족의 적대적 관계로 증오의 대상이 된다(오바댜서). 여기에는 이야기식, 수직선적, 수평적 족보기록 형식으로 장황하게 나오고 있다. 창세기 36장의 에서 족보는 에돔족의 민족지학(기술적 인종학)적 그리고 정치적 정보를 족보적 형태로 수집한 것이다. 문학적 형태와 내용을 근거로 구분한다면, 7개의 중요한 단위로 나누어진다.[72]

1) 창 36:1-5은 에돔과 동일시되는 에서와 그의 아내와 아들들을 다루는 족보적 이야기로 에서가 동생 야곱과 분리하여 세일로 이주한다는 기록이 뒤에 나온다(36:6-8). 이야기체 형식의 단편적 족보(a segmented genealogy in

---

71) David Bebbington, 「역사관의 유형들」 천진석 역(서울: 두란노, 1986), pp.8-9.
72) 몇몇 학자들은 36:29-30을 별도의 분리된 부분으로 생각하지 않고 36:2-28의 부분으로 다루기도 한다. G. von Rad, Genesis, op. cit., p.339; E. A. Speiser, Genesis: The Anchor Bible(Garden City, N.Y: Doubleday & Co., 1964), p.282. S. R. Driver, The Book of Genesis (London: Methuen & Co., 1926), p.316.들을 참고할 것. 학자들의 의견을 모은 것임.

narrative form)로 되어있다.

2) 창 36:9-14은 에서족보의 두 번째 변형으로 수평적 족보기록 형태의 목록적 족보로 되어 있고 앞에 있는 족보보다 훨씬 많고 상세한 족보적 정보를 간직하고 있다.

3) 창 36:15-19은 에서 자손 중의 족장들(chiefs; 'allupim)의 목록을 간직하고 있다. 이 부분에 포함된 이름들은 창 36:9-14에 들어있는 이름들과 동일하게 나타나나 표현에 있어 얼마간의 차이가 발견된다.

4) 창 36:20-28은 그 땅의 원거주인 호리 족속 세일의 자손들의 족보이다. 이 족보도 근본적으로 수평선적 목록형태이며 앞에 나온 에서의 족보에 나오는 몇몇 이름들이 간직되었을 뿐이다.

5) 창 36:29-30은 호리 족속의 족장들의 목록이 나오는 세일의 족보이다. 그 목록들은 명백히 하나의 족보는 아니라 할지라도 그것은 창 36:20-28에 나타나는 세일의 자손들의 이름들을 되풀이하고 있다.

6) 창 36:31-39은 이스라엘에 왕들이 있기 이전에 통치하던 에돔의 왕들의 목록이다. 몇 명의 왕들의 부친들이 언급되긴 했지만 그 목록 자체는 족보적 형태라기보다는 단순히 족장들을 열거하고 있다.

7) 창 36:40-43은 에서 자손 중의 족장들의 두 번째 목록으로 36장을 마무리 짓는 내용이다. 이 구절들에는 족보적 연결에 대한 언급은 되지 않고 9-14과 15-19의 족보에 있는 이름들이 나타나고 있다. 에서의 족보는 [에서] 시대로부터 모세 시대에 이르는 기간 동안의 에서계통을 기록한 족보이다. 에서는 세일산에 에돔국가를 창건한 에돔족의 조상이다. 이 에돔족은 후일에 이스라엘에 계속적으로 도전적이고 원수시 되었던 족속이 된다. 이들 족속은 가인계통의 족속과 같이 언약 외의 하나님의 구속사에 방해적 요소로 존속하다가 망하고 만다. 예를 들면, 에돔족의 하나인 아말렉(에서의 첫번째 부인 아다의 아들인 엘리바스와 그의 첩 딤나의 소생)은 사울에게 패하고(삼상 14:48, 15:2ff) 다윗에게 응징당한 후에(삼상27:8,30:1ff), 남은 자들은 히스기왕 때 완전히 전멸 당했다(대상 4:42,43).

가인의 족보나 에서의 족보등 언약 외의 족보들이 한번씩 셋의 족보와 야곱 족속의 족보와 더불어 창세기에 나타나는 이유는 이스라엘 백성과 이웃 족속들 간에 있어서의 관계를 차별적으로 설명하려는 것이다. 즉 그들 사이에 나타나는 조상적부터 내려오는 이름들과 성(姓)을 추적하여 혈족관계의 형편 정도와 동시에 이스라엘과 그 이웃 종족과의 차별성을 확립하여 설명하려는 것이다. 여러 족속들이 나타나는 가운데 그들이 어떻게 이스라엘과 관련이 있으며 그 관계성에도 불구하고 완전히 이스라엘과는 구별되어 곁가지로 떨어져 나가고 이스라엘만이 구원사의 관심으로 부각되는가를 보여준다. 이는 아브라함의 자손이든가 친척으로서 팔레스타인 지역 주위에 살게되는 셈족의 족속들에 대한 분류를 단순하게 보여주는 계보 자료들이다. 롯의 아들들로서 모압과 암몬족들(창 19:36-38)과 더불어 팔레스타인의 동북쪽과 동쪽 지경에 위치한 12아람족속으로 나타나는 나홀의 아들들 명단을 보게 된다(22:20-24). 아브라함의 두 번째 부인인 그두라를 통해서 태어난 아브라함의 자손들은 서북쪽의 아라비아 족속들의 실제적 시조가 된다(창 25:1-6).[73] 이들 족속들은 나름대로 혈연적 친숙함에도 불구하고 이스라엘 역사상 계속해서 연관관계를 가지되 적대적으로 이스라엘을 괴롭히기도 하고 이스라엘과 구별된 족속으로 존속하게 된다.

---

[73] Marshall D. Johnson, *The Purpose of the Biblical Genealogies with Special Reference to the Setting of the Genealogies fo Jesus* (Cambridge :Cambridge University Press), 1988, p.5.

10. 창세기 37:1−46:7과 46:28−31의 족보(요셉과 그의 형제들)

[야곱−에서] 이야기에서 [야곱−요셉] 이야기로: 창세기는 '야곱−에서'이야기를 언급하다가 이제 37장부터 긴 '야곱−요셉' 이야기로 바뀌면서, 전적으로 요셉과 관련된 이야기들로 전개된다. 야곱과 그의 12아들 그리고 가솔들은 하나님의 주신 언약의 땅 가나안을 그들의 고향이라 생각하고 그곳에 정착하였다. 창세기 37:2에는 "야곱의 족보는 이러하니라"로 언급하는데 이는 야곱과 그의 12아들들과 관련된 내용을 담고 있고 아직도 야곱이 가장이며 족장으로 가문을 대표하고 있기 때문이다. 요셉과 그의 형제들과 갈등, 그로 인한 요셉의 이집트 이주, 유다와 다말을 통한 베레스와 세라의 출생, 요셉의 이집트 총리 등극, 가나안에서 야곱 가정의 이집트 이주로 인한 기근에서의 구원에 대한 이야기식 기록이다. 여기서 주목할 것은 창세기 15장에서 맺어진 하나님의 아브라함과의 계약에 나타난 출애굽 사건 언약("네 자손이 이방에서 객이 되어 그들을 섬기겠고 그들은 사백년 동안 네 자손을 괴롭히리니 그들이 섬기는 나라를 내가 징벌할지며 그 후에 네 자손이 큰 재물을 이끌고 나오리라": 13−16절)이 여기서 성취되어 출애굽 사건을 준비하고 있다.

우연한 사건 속에 간직된 결정적 섭리(창 37장): 요셉이 형들의 미움을 받아 이집트로 내려가는 것은 먼 훗날 가나안의 심각한 기근에서 자기 종족의 생명을 구원하고 특별히 야곱−유다−베레스−헤스론−람−암미나답−나손−살마−보아스에 이르는 후손들의 생명을 살려내어 메시아로 향하여 가는 하나님의 구속사적 씨흐름을 가능하게 하는 것이었다. 만약 요셉이 그냥 가나안 땅에, 어머니 치마폭에 싸여 목축과 농사를 지으며 아버지 야곱의 사랑 속에 파묻혀 일생을 살았다면 요셉의 꿈도 전혀 이룰 수 없었을 것이고 무엇보다도 여인의 후손으로 가는 메시아의 길이 끊어지도록 야곱 가정이 전부 기근으로 죽어갈 수밖에 없었다. 당시의 자연환경으로 보면, 만약 이집트가 기근으로 7년의 기근에 처하게 된다면 가나안은 아예 그 기근으로 확실하게 죽을 수밖에 없었다(餓死之境). 아브라함이 가나안에 기근이 들자 이집트로 내려갔다 온 적이 있고(창 12:10−20), 베들레헴 지경에 흉년이 들자 엘리멜렉과 나오미가 모압지방으로 가서 살 길을 찾았던 걸

봐서 알 수 있다(룻 1:1).

하나님은 머나먼 훗날에 있을 이 끔찍한 위기를 아시고 미리 요셉을 자연스런 사건 속에서 이집트로 보내신다. 그리고 그로 하여금 큰 그릇의 인물을 만드시는 혹독한 훈련의 과정을 겪게 하시고 결국 총리의 자리에 앉게 하신다. 그를 통해서 야곱과 그 후손을 기근의 죽음에서 구출하여 메시아의 길을 준비하신다.

즉, 구속사적 씨흐름 구조에서 중요한 내용이 요셉 이야기에 함축되어 있는 것을 놓쳐서는 안된다. 바로 인간의 죄로 말미암는 홍수심판으로 인하여 인류가 전멸하고 구속사의 씨흐름 자체가 완전히 단절될 위기에서 노아라는 인물과 그 가족을 통해서 존속되고 씨흐름이 계속되었던 것처럼, 요셉 이야기의 핵심도 구속사적 씨흐름과 깊이 관련되어 있다. 당시 고대 근동지역과 가나안 지역을 강타했던 기근과 한발을 통해서 구속사의 씨흐름의 당사자들인 야곱과 유다 그리고 베레스(이들은 예수님 족보에 들어간 선조들)와 그의 후손들이 전부 죽게 되었던 급박한 상황에서 요셉과 이집트 제국을 통해서 구원받게 된 중요한 신학적 의미가 내포된 역사적 사건이요 역사적 계시이며 구속사적 섭리가 개입되어 있었다.

☺이집트 이주 의미로서 구원사 구도[약속→성취]

하나님은 '약속→성취'의 구원사 구도를 진행시켜 나가고 계신다. 요셉이 이집트로 팔려가는 이것이 바로 야곱 족속이 이집트로 내려가는 시발점이요 하나님의 언약이 즉, 아브라함에게 주어진 약속이 성취되어 가는 중요한 과정이었다. [창세기와 출애굽기], 그리고 [아브라함 계약]과 [시내산 계약]을 이어주는 언약의 끈이 바로 창세기 15장의 하나님의 아브라함과의 계약 내용이다. 그 내용의 핵심은 아브라함 자손이 이집트의 객이 되어 수난을 받다가 하나님의 구원의 간섭과 징벌로 출애굽하여 가나안 땅을 정복한다는 약속이다(출15:13—21).

인간들의 악한 도모도 하나님은 선한 뜻을 이루는 계기로 만드시기도 한다. 그래서 요셉 이야기는 여러 가지의 재난, 그 모든 고난과 역경을 마침내 극적으로 이겨내고 최대의 역전승을 끌어내는 하나의 구원사적 드라마이다. 이 드라마는 하나님의 언약이 성취되어 가는 구약성서 전체의 맥락을 확실하게 간직하고 있다. 요셉은 창세기 15장의 아브라함 계약의 핵심 내용 중에서 첫 번째인 아브라함 자손이 이집트의 객이 된다(창 15:13)는 이주(移住)의 틈을 만들어 가고 있고 그 뒤의 역사적 사건 성취의 문을 열어 놓는 주역이 되는 것이다.

*중간 정리: 구속사적 씨흐름 구조→메시아의 길

이 메시아가 오시는 길로, 즉 하나님의 구원의 섭리가 구속사적 씨흐름 양식으로 구약역사에 줄기차게 이어져 가고 있다. 먼저 아담에서 아벨 대신에 셋, 에노스, 노아, 또 노아의 세 아들 중에 셈 그리고 셈의 다섯 아들 중에 아르박삿에서 아브라함, 아브라함 다음에 이삭, 이삭의 두 아들 중에 에서가 밀려나고 야곱에게 그 씨흐름이 흘러서 메시아 족보에 야곱이 우뚝 서는 섭리를 앞에서 보았다. 그러면 야곱 다음에 [누가 하나님이 인간이 되시고 말씀이 육신이 되시는 메시아의 길에 상속자가 되느냐]를 다루는 것이 창세기 29-38장까지의 내용이다.

☺ 유다지파 중심의 방향

에서를 제친 야곱에게는 12아들이 출생하게 된다. 구원사적 씨 흐름은 뜻밖에 본부인이 된 레아를 통해서 낳은 아들들 중에서 선택되어져야 했다. [레아]에게서 르우벤, 시므온, 레위, 유다, 잇사갈, 스불론이란 아들들이 태어났다. 이때 당시의 일반적 풍습에 의하면 당연히 장자인 르우벤에게 계승되어야 한다. 그러나 앞에서 언급한대로, 장남인 르우벤은 야곱의 첩인 빌하를 범함으로 그의 아비의 침상을 더럽혔기 때문에 구속사적 족장전통의 씨흐름에서 탈락(창 49:4)하고 만다. 그 다음 둘째, 셋째 아들인 시므온과 레위도 디나 사건 때 히위족속들에게 잔인한 피의 복수를 행했기 때문에 상속권을 박탈당한다(창 34:13-29).

그래서 그 다음의 아들인 넷째 유다에게 구속사의 씨흐름이 향하게 된다. 즉, 그에게 언약의 상속자, 언약의 치리자로 "임금의 지휘봉이 유다를 떠나지 않고 통치자의 지휘봉이 자손만대에 이를 것이며 권능으로 그 자리에 앉을 분"이 유다의 후손에서 나타날 것을 야곱의 유언적 축복 속에서 선언된다(창 49:8-10). 창세기 후반의 역사에서 유다가 리더십을 발휘하며 훌륭한 지도자로 급부상하는 이유를 구원사의 전체적 구도에서 이해할 수 있게 된다. 유다는 이스라엘 공동체의 출발점에서 부딪친 형제간의 불협화음을 치유하는 대속적 고난을 자처하고 나선다(창

43:9, 44:33). 즉 "내가 그를 위하여 담보가 되오리니 아버지께서 내 손에서 그를 찾으소서 내가 만일 그를 아버지께 데려다가 아버지 앞에 두지 아니하면 내가 영원히 죄를 지리이다" 유다의 제안이다(창 43:9). 그래서 먼 훗날 그의 후손에서 나타날 메시아의 조상으로 유다가 확실하게 자리매김을 하게 된다.[74] 즉, 예수 그리스도에 이르는 메시아 족보의 씨흐름은 아브라함, 이삭, 야곱, 유다로 이어져 내려간다.

☺ 유다의 상속자 문제로서 다말 이야기(창 38장)

창세기 38장은 그 유다 다음에 누가 메시아 족보에 들어가며 구원의 섭리에 누가 역할을 담당하게 되는가를 보여주고 있다. 아마도 요셉이 애굽으로 팔려가고 집안이 뒤숭숭하며 많은 시간이 지나간 후의 일인 것 같다. 성서기자는 유독 유다에게 관심을 집중하여 기록하고 있다. 유다는 요셉이 없어지자 대신에 베냐민을 좀 심하게 사랑하는 야곱의 모습을 보았던 것 같다. 그 편애하는 모습도 못마땅했고 형제간의 갈등을 더 이상 지켜보기 싫었던지 집을 뛰쳐나왔다고 기록한다: "유다가 자기 형제들로부터 떠나 내려가서"(창 38:1). 훗날 역사상에 나타나는 유다 지파와 북쪽 지파들 간의 갈등이 이때부터 시작되었는지 모른다.

즉, 헤브론 아비집을 떠나서 아둘람 지역으로 내려가 가나안 여인을 아내로 맞아들여 아들 엘(Er), 오난(Onan), 셀라(Shelah) 3명을 낳았다. 이는 아브라함과 이삭의 신앙적 자세와는 전혀 다른 모습이었고 가문의 전통을 흩어버리는 행동이었다. 그래서 그의 아내 이름은 나타나지 않고 이상하게 [가나안 사람 수아라 하는 자의 딸을 보고 그를 데리고 동침하니](창 38:2)로 기록하고 있다. 무엇인가 정상적인 결혼이 아닌 것을 암시하고 있다. 그래서 생각지 않게 태어난 자식들인 것처럼 이름이 엘, 오난, 셀라가 소개되고 있다.

장남 엘이 다말이라는 여인과 결혼을 했는데 그 엘이 하나님 목전에 악하므로 하나님의 심판으로 죽게 된다. 그래서 당시의 관습에 따라, 후대에 나오는 레비리트 관습법에 따라 유다는 차자인 오난으로 다말에게 들어가서 "형을 위하여 씨가 있게 하라" 한다. 이는 고대 이스라엘을 포함한 고대 근동 사회에서 널리 행해졌

---

74) Terry J. Prewitt, "Kinship Structures and the Genesis Genealogies" *Journal of Near Eastern Studies* 40(1981), p.90에 나타나는 창세기의 기본 혈족관계 도표를 참고할 것.

던 결혼제도인 형사취수법(兄死聚嫂法: Levirate Marriage Law)에 의한 것이다. 이 제도에 의하면 아들이 없이 형제가 죽었을 때, 다른 형제가 죽은 형제의 아내를 아내로 맞아들여 아들을 낳게 하고 그의 형제의 대를 이어주어야 했다(신 25:5-10. 마 22:23-30, 막 12:18-25, 눅 20:27-33).

다말에게 들어간 오난은 "그 씨가 자기 것이 되지 않을 줄 알므로 형에게 아들을 얻게 아니하려고 땅에 설정하매 그 일이 여호와 목전에 악하므로 여호와께서 그도 죽이시니" 아주 심각한 위기에 부딪친다. 이것은 형제의 의무를 다하지 않은 행동이었으므로 오난도 하나님의 진노를 사 죽게 된다. 오난이 죽고 나니, 이 법에 의하면 그의 동생인 셀라와 결혼해야 했다. 그러나 셀라는 아직 어려서 결혼할 수 없었다. 그러나 아들이 둘이나 죽고 나니 셋째 아들 셀라를 향한 아버지 유다의 자식 보호본능이 나타났다. 자식을 보호하고 싶은 마음에 유다는 며느리 다말을 불러서 "수절하고 네 아비 집에 있어서 내 아들 셀라가 장성하기를 기다리라"(11절)고 명한다. 이 제안은 성서기록이라 점잖은 말이지만 친정으로 내쫓아낸 것이나 같다: "셀라도 그 형들같이 죽을까 염려함이라"(11절). 사실은 다말을 가정에서 내팽개쳐 버린 것이다. 유다는 내면적으로 막내 아들 셀라도 생명을 보전하고 싶었던 것이다.

그런 후에 유다 집안에 변화가 있었다. 유다의 아내가 죽는다. 어느 날 유다는 자기의 양털을 깎으러 딤나에 올라간다. 거기서 창녀로 변장한 며느리 다말을 보고 상식에 벗어난 행태가 나온 것을 보면 원래 유다의 행동이 반듯하지는 못했던 것이 분명하다. 이는 그가 이름 모를 가나안 여인을 "보고 그를 데리고 동침하니"(창 38:2)란 기록에서 정식 결혼과정이 없이 저지른 행동이 암시되고, 그 사이의 자식(엘, 오난, 셀라)들을 제대로 교육시키지 못한 사람이라는 것에서도 알 수 있다.

☺ 다말의 절박한 도전

절박한 순간에 유혹받을 상황이 유다에게 밀려 왔다. 첫째로, 그의 아내가 죽었다. 둘째로, 양털을 깎는 축제기간으로 즐기는 때였다. 셋째로, 다말이 얼굴을 너울로 가리우고 자신이 누구인지 알지 못하게 하며 넷째로, 창녀로 여길 수 있는 장소에 앉아 유혹하는 전략에 빠져든다. 인간이 유혹되고 죄에 빠지는 데는 그만한 요인과 환경이 꼭 있다. 유다는 그런 환경에 말려 들어가서 죄를 범하게 된다. "청컨대 나로 네게 들어가게 하라" "당신이 무엇을 주고 내게 들어오려느냐?" "내가 내 떼에서 염소 새끼를 주리라" "당신이 그것을 줄 때까지 약조물을 주겠느냐?" "무슨 약조물을 네게 주랴?" "당신의 도장과 그 끈과 당신의 손에 있는 지팡이로 하라" 다말은 도장과 허리끈 및 지팡이를 유다의 담보물(ID Card)로 확보한다. 이것은 다말의 입장에서는 죽음을 면할 수 있는 유일한 증거물이었다.

☺ 유다의 상속자로서 베레스의 탄생

그래서 그 예기치 않았던 짧은 순간에 엄청난 사건이 일어난다. 바로 메시아로 가는 상속자를 임신하게 된다. 석달 후에 며느리 다말이 행음에 의해 임신하였다는 소문이 유다에게 들리자 가문을 들먹이며 화를 낸다. 그리고 "그를 끌어내어 불사르라"는 명령을 내린다. 자기가 상대한 여인인 것을 모르고 죽음을 내놓으라고 큰소리친다. 임신을 했다는 것은 간음의 결과로 여겨졌고 그것은 사형에 해당하는 범죄였다(신 20:10, 신 22:22). 간음한 자는 돌로 쳐죽이는 것이 일반적이었는데(신 22:22-23) 유다는 가장 가혹한 형벌인 화형(火刑)을 선언한다. 이것은 그가 매우 격노했다는 표시이다. 끌려가던 다말은 "이 물건의 임자로 말미암아 잉태하였나이다. 청컨대 보소서. 이 도장과 이 끈과 지팡이가 뉘 것이니이까?" 유다의 ID 카드를 내놓고 자신과 태중의 생명을 보존하게 된다.

그러자 유다는 자신의 것인 것을 확인하고 깊이 부끄러워하면서 아주 어색한 말로 "그는 나보다 옳도다. 내가 그를 내 아들 셀라에게 주지 아니하였음이로다"고 내뱉는다. 이는 사회적 관습과 다말에 대한 자신의 의무를 생각해 볼 때, 자신의 잘못이 더 크다는 것을 인정하는 것이다. 다말이 근친상간의 죄를 지었다면 자신도 그 죄를 지었고 거기에다 더하여 다말을 셀라에게 주지 않은 죄까지 인식하는 것이다. 사실은 다말의 행동이 근친상간의 법을 어기는 것이 아니라 남편의 대를 잇기 위한 정당한 행동으로 공동체에서 인정(兄死聚嫂法: Levirate Marriage) 되었다는 것이다. 2절에 "다시는 그를 가까이 하지 아니하였더라"는 유다가 다말을 가족 구성원으로 인정했고 그가 어느 정도 도덕적인 인물로 바뀌어 있다는 것을 암시하고 있다. 이런 복잡한 사건에 휘말린 유다는 가족 공동체에 돌아와 기가 막 죽어버린 심정으로 야곱 아버지에게 효도하게 된다. 그래서 다말이 해산을 하게 되는데 쌍둥이를 낳는다. 첫 번째가 손을 내밀고 나오려고 하여 장자를 확인하려고 빨간 실을 묶어놓자 이게 나오질 않고 도로 들어간다. 그리고 다른 녀석이 툭 튀어 나오게 되는데 그가 베레스이다. 뒤이어서 세라가 태어난다. 몇 초 사이로 여기 베레스가 예수님 족보에 들어가는 중요한 인물이 된다. 창세기는 바로 베레스 출생까지의 씨흐름 구조로 극적 장면을 소개하고, 이어서 베레스의 아들인 헤스론까지의 예수님 족보에 들어가는 인물을 언급(창 46:12)함으로 족보적 인물 열거는 마무리 짖는다(49장에는 12명의 야곱의 직계 아들들에 대한 축복 목록만이 나온다).

다말의 범죄에 가까운 그 대담한 행동에 의해서 가문의 혈통이 중단할 위기가 극복되는 이야기로 전개되어 간다. 그래서 이 다말이 예수님의 족보에 들어가는 영광을 얻고 있다. 그 행위 자체는 이해할 수 없는 불륜적 사건이나(兄死聚嫂法: Levirate Marriage에 의하면 가능하지만) 그 의도와 지혜는 결국 그녀의 의로 판단 받는다(창 38:26). 어떻게 보면 하나님의 구속사는 자꾸 위기에 부딪치게 되고 (자신의 멸망을 알고 있는 사단은 어떻게 해서라도 그 구속사의 씨흐름 길을 막으려고 하기 때문), 그때마다 그 고비를 넘기는 극적사건으로 이뤄지고 있다. 끈질긴 하나님의 구속사적 의지의 추진이 이어져 가는 것을 볼 수 있다. 그래서 성서의 기록들이 구속사적 섭리를 나타내는 사연[복음]으로 가득 차 있다.

☺ 다말의 역할

다말은 그의 자식을 남기지 않고 남편이 죽어간, 불행한 여인이었다. 그러나 그런 와중에서도 구속사의 한 단락을 이끌어간 역할을 한 여인이다. 다말은 남편과 가족 공동체에 대한 구성원으로서의 본분을 다하고자 했지만 오난은 형제의 의리를 저버렸다. 이를 Onanism(오난의 성교중단 행위): "형제(이웃)에게 후손을 낳아주기를 원하지 않는 형제애 결핍성의 이기주의"라고 설명한다. 하나님에 대해서는 '꼬엘'의 의무를 어긴 행위라고 할 수 있을 것이다. 룻기서에서 보아스는 이 의무와 책임을 다하여 메시아에 이르는 씨 흐름을 담당했다. 사실은 레비리트 관습법(兄死聚嫂法: Levirate Marriage)에 의하면 가장 가까운 친족이 이 역할을 할 의무와 우선권이 있었기 때문에 유다 가문에 가장 가까운 친족 속에는 유다도 가능할 수 있기도 하다. 이 제도는 분명히 그 당시의 한시적이고 같은 종족이 적은 사회에서 임시방편으로 있던 과도기적 제도이기도 하다. 아니면 자기 종족 우위성을 과시하고 다른 종족을 무시하는 이기주의에서 나온 제도라 할 수 있다.

유다의 자손이 끊겨질 위기에서 다말이란 며느리가 오직 남편 집안의 대를 이어가기 위해서, 더 깊은 의미로는 메시아 족보를 잇는 일을 위해서 창녀로 변장하여 시아버지 유다로 말미암아 베레스를 낳아 귀중한 씨흐름을 연결시켜 놓는다. 이 베레스가 다윗과 예수님으로 이어지는 메시아의 족보(마 1:3)를 잇는 인물이 되었다는 것도 구원사의 한 역설(逆說)이라고 보겠다. 이방여인인 룻이 어떻게 다윗의 증조할머니가 되었는가가 룻기서라면, 오늘 본문은 바로 한 여인의 그 담대한 행동에 의해서 어떻게 다윗의 계보—메시아 족보가 보존되게 되었는지를 말해주고 있다.

유다 가문의 대(代)가 끊어지지 않도록 하는 것은 하나님이 이스라엘에게 부여한 신성한 과제요 명령이기도 하였다. 하나님은 인간의 잘못과 비협조에도 불구하고 자신의 약속과 계획을 성취하신다는 것이다. 유다와 그의 아들들은 가문의 대를 잇는데 소극적이었다. 그러나 다윗 왕은 유다 가문 출신이었고 메시아도 유다의 가문을 통하여 탄생했다(마 1:3). 이것은 하나님의 구원의 역사에 있어서 다말의 역할이 얼마나 중요했는가를 보여주는 것이다. 하나님은 구약 역사에서 자신의 인류구원의 계획을 어떤 도전과 방해에도 끝까지 추진해 가고 계신다. 바로 창세기는 아담에서 베레스까지의 구속사적 씨흐름을 끈질기게 추적하고 그 베레스가 헤스론을 낳은 것까지 기록하고(창 46:12) 있는 책[아담에서→헤스론까지 족보]이다. 지리적 배경은 가나안에서 이집트 땅으로 바뀌고 요셉이 죽어 입관하는 것으로 끝난다(창 50:26).

11. 창세기 46:8-27의 족보(야곱 가정의 수평선적 확장 목록 족보)

본문의 족보는 요셉에 의해서 야곱 족속이 애굽으로 내려가는 가족들의 이름이 소개된다. 야곱과 그의 12아들을 열거하며 그 아들들의 족보가 수평적으로 확장되면서 각 아들들의 자손이 어떻게 번성되었는가를 보여주고 있다. 그러면서, 여기서도 목록적 형태로 족보를 제시한다.[75] 대부분의 족보가 단편적인데 비하여 여기 46:8-27의 족보는 위에서 검토한 야곱 족속의 다른 족보와는 다르게 이것은 4대까지도 언급하고 있다. 여기 족보 형식은;

1) 서론적 소개

목록에 이름이 나온 사람들의 정체를 일반적인 말로 설명하는 소개 형태로 시작한다. "애굽으로 내려간 이스라엘 사람들, 곧 야곱과 그 자손들의 이름은 다음과 같다"로 되어 있다. 여기의 "야곱과 그 자손들"은 이스라엘의 사람들과 동일시하기 위해서 부가된 것이다.

2) 야곱의 네 여인을 통한 후손 목록

일반적 소개 후에 야곱의 네 명의 아내를 통해 낳게 된 아들들이 그들의 자손들과 더불어 소개되고 있다. 그 순서가 특이하게 기록되고 있다. 먼저 레아로 말미암는 야곱의 여섯 아들들이 그들 각자의 아들들과 더불어 열거된다. 그 다음은 레아의 여종인 실바로 인한 두 아들과 그들 각자의 아들들, 그리고 라헬과 그의 몸종인 빌하를 통해서 얻은 자손과 그들의 후손들이 순서대로 이어 소개되고 있다.

이 족보의 구성을 전체적으로 정리하면 다음과 같다.

첫 부분은 야곱이라는 한 족장에서 여인 중심으로 네 그룹으로 구분되고 그 다음에 12아들을 중심한 12개 하부 그룹으로 나뉘어 그 자손들이 열거되고 있다. 야곱의 친 자식이면서도 딸이라는 이유로 디나는 첫 번째 레아의 그룹에 합쳐 소개되는 것으로 그친다.

---

[75] J. Skinner, *A Critical and Exegetical Commentary on Genesis. ICC.* 2nd ed.(Edinburgh: Clark, 1930), p.493에서 이 단위의 자료에 대해 참고할 것

(1) 레아+야곱의 자손(33명)

이스라엘의 직접적 조상 야곱은 같은 족속인 하란 땅의 라반의 집 딸들과 결혼하여 한 가정을 이룬다. 그러나 어쩐 일인지 야곱이 그토록 사랑하는 라헬에게는 아기가 없고 야곱과 라헬이 자기를 싫어하고 미워한다고 생각하며 불행한 삶을 살던 슬픔의 여인 레아는 자식을 낳기 시작하는데 야곱의 전체 아들 12명 중에 반 절이나 되는 6명의 아들과 딸 하나를 낳는다.

① 르우벤의 아들 → 하녹─발루─헤스론─갈미
② 시므온의 아들 → 여무엘─야민─오핫─야긴─스할─사울[76]
③ 레위의 아들 → 게르손─고핫─므라리
④ 유다의 아들 → 엘─오난─셀라─베레스─세라(엘과 오난은 가나안에서 죽음 언급)
　　　　　　　　　　(베레스의 아들→헤스론과 하물이 소개됨)
⑤ 잇사갈의 아들 → 돌라─부와─욥─시므론
⑥ 스불론의 아들 → 세렛─엘론─얄르엘

이들은 밧단아람에서 레아와 야곱 사이에 태어난 자손으로 소개하면서 딸 디나를 야곱의 딸로 언급하지만 "이 밖에 딸 디나가 더 있다"(그 딸 디나를 합하여)라고 기록하여 아들들과 딸을 구분한다. 그리고 "아들과 딸이 모두 합쳐 33명"이라 기록하고(창 46:15) 있다. 사실은 엘과 오난을 빼고 야곱과 디나까지 합한 숫자라고 볼 수도 있다. 애굽으로 내려간 야곱의 직계 자손들이기 때문에 엘과 오난은 가나안 땅에서 죽었다고 밝히고 있어(12절) 야곱과 디나를 합친 숫자로 봐야 옳다. 그러나 야곱과 디나를 빼고, 엘과 오난을 합하여 외적으로 언뜻 보면, 야곱의 아들들과 손자들로만 세어보면 디나를 제외시킨 33명이 된다. 그러나, 여기서 디나가 야곱과 함께 계산되는 것은 야곱의 직계 자손으로 12지파 목록으로 12이라는 숫자를 유지하려는 의도에서 나온 것으로 볼 수 있다. 야곱의 손자의 자손 즉 증손자들이 소개되어 4세대가 열거되는 족보인데, 특이한 것은 유다의 아들인 베

---

[76] 시므온의 아들 사울에 대하여 "가나안 여인의 소생"이라 기록한 것은 그 결혼이 야곱 자녀에게는 흔하지 않았을 뿐만 아니라 부정적 시각으로 평가하는 것이다. 유다가 가나안 여인 수아의 딸과 결혼한 것이 지적된 것과 비교된다(창 38:2).

레스의 자손인 헤스론과 하물이 독특하게 소개된다. 여기의 유다—베레스—헤스론은 예수 그리스도의 족보에 중요한 목록으로 들어가 있다(마 1:2—3, 눅 3:33).

(2) 실바+야곱의 자손(16명)
　⑦ 갓의 아들 → 시본—학기—수니—에스본—에리—아로디—아렐리
　⑧ 아셀 자손 → 아들들인 임나—이스와—이스위—브리아—딸인 세라
　　(브리아의 아들→헤벨—말기엘)

　여기에서 특이한 것은 야곱이 실바에게서 얻은 두 명의 아들이 갓—아셀의 순서로 기록되어 있으면서 아셀의 자손에 야곱의 손자가 유다 자손에서처럼 소개되면서 딸 세라가 열거되고 있다.

(3) 라헬+야곱의 자손(14명)
　⑨ 요셉의 아들 → 므낫세—에브라임(애굽에서 태어남)
　⑩ 베냐민의 아들 → 벨라—베겔—아스벨—게라—나아만—에히—로스
　　—뭅빔—훕빔—아룻

　여기 라헬 계통은 요셉의 두 아들이 후 세대에 두 지파의 몫을 담당하고 그 중에서도 에브라임은 북왕국의 지도자들이 많이 나타나는 북쪽의 주도적 지파가 되고, 베냐민 지파는 사울을 배출시켜 짧지만 통일 왕조를 이룩했던 지파로 귀족 지파로 인정되었다.

(4)빌하+야곱의 자손(7명)
　⑪ 단의 아들 → 후심
　⑫ 납달리의 아들 → 야스엘—구니—예셀—실렘

　그런데 만약 남자 자손들만으로 계산 한다면, 레아와 야곱 사이의 아들들은 33명으로 야곱과 디나를 제외해도 된다. 성서기자는 이 아들들로 기록하여 소개하

려는 의도가 있는지 전체를 66명이라 했지만, 사실은 요셉과 두 아들 목록과 야곱과 디나 그리고 세라까지 합치면 실제는 68명이 된다. 여기서 가나안에서 죽은 엘과 오난을 빼던가, 딸들인 디나와 세라가 빠지던가 하면 66명이 된다. 창 46:26에 "며느리들을 뺀 그 직계 자손들이 모두 예순여섯 명이다"고 말하고 있다.

(5) 결론적 의미: 애굽 이주 목록

이 족보는 애굽 이주 목록으로 라헬 계통이 뒤에 열거되고 오히려 레아 계통이 우선하여 소개되고 있다. 레아-실바 // 라헬-빌하의 순으로 되어있다. 즉, 여종의 자녀들을 주인의 자녀들 다음에 바로 열거하고 있다. 결론적으로 성서기자는 애굽에 있게 되는 야곱의 집안 식구가 애굽에서 요셉이 낳은 아들들까지 합해서 70명으로 제시하고 있다(창 46:27). 그러나 칠십인역에는 요셉이 애굽에서 낳은 아들이 "아홉 자녀"로 전체 야곱 집안 식구가 75명으로 나타나고 있고 70인역을 사용하던 초대 교회도 75명으로 말하고 있다(행 7:14). 이는 창세기 46:27과 출애굽기 1:5의 70인역 성경 해석에 따른 것으로 여기에서는 에브라임과 므낫세의 아들, 손자 5명을 포함시키고 있기 때문이다(민 26:28-37, 대상 7:14-21).[77]

야곱에서 네 여인을 중심으로 이스라엘의 12아들이 네 개의 하부 그룹으로 나뉘고, 각 그룹에 나오는 이름들에는 표준적 순서가 있는 듯 하다. 그래서 대부분의 다른 족보들과 비교할 때, 이스라엘 족보들은 형식상의 유동성을 보여주지 않고 기본 골격을 유지해 가는 것을 볼 수 있다. 이 족보를 중심으로 변화된 족보가 다른 곳에 많이 나타나는데;

　① 이름 순서가 납달리-아셀에서 아셀-납달리로 바뀌어서 기록되는 경우(창 49:3-28=축복 지파 목록/ 출 6:14-27, 민 1:5-15, 26:5-61=부대 편성 인구조사 목록/ 수13:-21:=토지 목록)

　② 레위가 빠지고 요셉지파가 대신에 에브라임과 므낫세로 구분되어 12지파를 형성하는 경우(민 5:5-15, 13:4-15).

---

[77] Leon Wood, 「이스라엘의 역사」, 김의원 역(서울: 기독교문서선교회, 1985), p.85. 책의 페이지가 원문 책을 인용한 것과 번역본을 인용하는 경우가 있어 차질이 있을 수 있음. 예를 들면 여기는 영어 원본의 페이지를 말하고 번역본은 p.100이다.

③ 르우벤 보다는 유다로 족보가 시작되는 경우(민 2:3-31, 7:12-83, 10:14-28=이스라엘 진영 묘사) 등이 있다.

그러면서도 위의 선별된 족보를 중심으로 다소 변형이 된다 하더라도 근본적인 12지파 목록을 크게 벗어나지 않는 것을 볼 수 있다. 또한, 12 지파의 족보에서 주도적 가계(家系)가 레아 계통으로 흐르고 그 중에서도 유다에게로 중심축이 형성되어 이스라엘의 역사 구도가 형성되어 가는 것을 모든 족보들과 성서역사에서 감지할 수 있다.

일반 역사 속에 나타난 씨신학적 섭리

하나님의 섭리와 인도는 인간 역사에 의해서 좌우되는 것이 아니라 오히려 그 역사를 이끌어가고 주조(鑄造)해 간다. 야곱 가정이 훗날 출애굽해야 할 이집트로의 종족이동을 하게 되는 과정은 하나님의 특별한 섭리가 펼쳐지는 드라마였다. 한 개인의 삶과 한 가정의 여정이 그냥 의미없이 흘러가 막연하게 역사의 소용돌이 속에 파묻혀 버리는 것이 아니다. 요셉 이야기의 기본 틀은 [약속 → 성취]라는 구원사 구도에서 기록되고 있기 때문에 인간사, 더 나가서는 세계사의 하나하나의 사건 전개가 분명한 목적을 향하는 흐름이 되고 있다. 이스라엘이 이집트에 정착하게 되는 과정에 나타난 하나님의 섭리를 정리해 본다.

함께 하심의 형통의 주제

첫째로, 요셉 이야기에는 "야웨 하나님이 요셉과 함께 하심으로 그의 범사에 형통케 하셨더라"는 주제가 반복적으로 나타난다. 또한 요셉이 "그런즉 나를 이리로 보낸 자는 당신들이 아니요 하나님이시라. 하나님이 나로 애굽 온 땅의 치리자로 삼으셨나이다"(창 45:8)라는 자기 생애에 대한 결론적 고백에서 볼 수 있듯이 모든 것에 하나님의 섭리와 인도가 있다는 신앙이 깊이 깔려 있다. 야웨 하나님이 함께 하시는 자는 번영과 성공적 삶을 가져오는데, 특별히 하나님의 뜻을 성취하는 섭리를 이루는 결과를 가져오는 것으로 이해한다. 그렇기 때문에 창세기 후반의 역사를 장식하는 야곱과 요셉의 생애는 족장에게 주어진 언약의 성취의 과정으로 봐야한다(사 55:10-11). 이는 구속사적 씨흐름을 이끌어 가는 원동력이며 또한 씨신학의 밑바탕에 스며 흐르는 신앙고백이다.

감옥의 요셉과 꿈의 해몽

둘째로, 요셉이 형들의 미움으로 이스마엘 상인에게 팔려 이집트로 내려가고, 거기서 보디발 장관의 집에 청지기로 들어갔다가 억울하게 감옥에 들어가게 된다. 이 사건은 두 가지 결과를 요셉에게 가져온다. 하나는 그 감옥에 갇혀있던 당시의 최고의 정치적 실세들인 관리들이며 이집트의 엘리트 그룹들을 만나고 그들로부터 이집트의 문화와 역사 그리고 궁중 법도 그리고 정치를 배우고 인맥을 접할 수 있었다. 또 하나는 결국 거기서 바로왕의 술 관원장과 떡 관원장의 꿈을 해몽하는 것도 또 다른 삶으로 비약시키는 결과를 가져온다. 그것이 결국 바로왕의 꿈을 해몽하게 되어 이집트의 국무총리가 되는 계기를 만드는데, 그게 바로 17살 때 가졌던 예언적 꿈이 이뤄지는 자연스런 수순(手順)이 된다. 요셉의 생애에 나타나는 사건 사건은 그 하나하나로 끝나는 것이 아니라, 그것들이 연결의 고리를 만들어 분명한 목표를 향해 진행되고 있다(롬 8:28). 그래서 요셉 주위의 사람들이 하나님의 구속사적 씨흐름과 하나님의 언약을 이루는데 조연 역할을 하게 된다(창 41장).

당시의 역사적 상황

셋째로, 당시의 역사적 환경이다. 요셉이 애굽의 치리자가 될 수 있는 역사적 요건이 형성되어 야곱족속이 이집트에서 번영할 수 있었다. 이집트는 기원전 3000년경 초기 왕조로 시작하여 고왕국(I-II왕조), 피라밋 시대(III-VI왕조), 초기 중간시대(VII-X왕조), 그리고 중왕국(XI-XII왕조: 주전 2052-1780년경)의 세력이 주전 18세기 말에 약화되자 두 번째 중간시대(XIII-XIV왕조)의 혼란기가 계속되었다.

그러자 소아시아 지역의 민족들이 나일강 삼각주 지역에 침입하여 이집트를 통치하게 되었다. 그들이 바로 '이방인의 통치자'란 이름의 힉소스(Hyksos)족으로 알려진 자들이다. 이들 정복자들은 홍수처럼 밀려와 이집트를 삼켜버리고 거의 관리직의 40% 정도를 장악하며 힉소스 왕국(XV-XVII왕조: 주전1720 -1550년)을 세웠다. 이들은 이집트 원주민 파라오들과 통치자들을 내몰고 거의 200여년간 이집트를 통치하였다.[78] 일본이 우리 조선을 침범하여 36년간 지배 통치한 것과 비슷한 것이다.

이 통치자들은 서북 셈족계열인 가나안 혹은 아모리인들로 된 혼합인종들로 알려진다. 그들은 잘 조직된 군사력으로 북쪽 삼각주 지역을 장악하고 하부 이집트로 통치영역을 확대해 갔다. 그들은 가나안의 신들을 예배했고, 가나안의 주신(主神)인 엘신과 바알신을 이집트의 세트(Seth)신과 태양신 라(Ra)신과 동일시했다. 그러면서도 이집트의 풍습과 방식을 그대로 받아 들였다. 이집트의 왕의 칭호인 바로(파라오)의 이름을 사용했고 이집트의 예술을 선호하였다.[79]

요셉이 이집트의 총리로 발탁될 수 있었던 것은 이런 역사적 배경에서 가능했다. 같은 가나안 지역의 동일한 셈족 계열인 요셉을 만난 파라오왕은 서슴없이 요셉을 총리로 세워 당면한 국가문제를 극복하게 했다. 당시 그들에게는 같은 종족 계통의 엘리트 그룹이 필요했고 관리직에 등용할 인물이 절대적으로 필요했다. 이때 닥쳐올 흉년에 대비할 토지제도에 특출한 운영방안을 제시한 영감의 사람 요셉을 만나자 파라오왕은 긴급하게 요셉을 총리로 기용하게 된다. 당시 이집트의 파라오의 신하들도 요셉을 국무총리로 세우는데 아무런 거부감이 없었던 것이다. 이 모든 것은 하나님의 구속사를 위하여 미리 준비된 이집트의 역사적 상황이었다.

자연적 재난의 섭리

넷째로, 자연적 여건의 인도였다. 당시 이집트와 가나안을 중심한 고대 근동지역을 강타한 자연적 재앙인 기근과 한발이 요셉을 애굽의 유능한 통치자로 등장하는 계기를 제공하고 그 형제들로 요셉의 어릴 적 꿈대로 그 앞에 무릎꿇게 만들었다. 그리고 결국 그의 아버지 야곱을 비롯한 전 가족을 이집트로 이동시킨

---

78) Leon Wood, *Ibid.*, pp.142-144.
79) *Ibid.*, p.142.

다. 파라오가 하루는 매우 기묘한 두 가지의 꿈을 꾸었다. 하나는, 강가에 풀을 뜯고 있던 살찌고 잘 생긴 암소 일곱 마리를, 뒤이어 나타난 흉측하고 야윈 다른 암소 일곱이 잡아먹는 꿈이었다. 또 하나는, 잘 여문 일곱 개의 이삭이 나오고, 뒤이어 마르고 야윈 또 다른 일곱 개의 이삭이 나와서 그 토실토실한 여문 이삭을 잡아 삼켜 버리는 꿈이었다. 아침이 되자 파라오는 마음이 뒤숭숭하여 이집트의 점쟁이들과 지혜자들을 불러서 자기의 꿈을 해몽하도록 했다. 그러나 한 사람도 파라오의 꿈을 해몽해 주지 못했다(창 41:1-8).

이 때 요셉과 같이 감옥에 있던 왕의 술 담당 시종장이 자기의 꿈을 해몽해 준 요셉의 말대로 자신에게 이뤄진 사실을 기억하고 왕에게 말했다. "전에 폐하께서 소인과 빵을 구워 올리는 시종장을 투옥하신 적이 있으십니다. 저희가 꿈을 꾸고 이상해 하고 있을 때, 경호실장의 하인이었던 젊은 히브리 사람이 해몽해 주었습니다. 그 때 해몽해 준대로 저는 복직이 되고 다른 사람은 나무에 매달려 죽었습니다."(창 41:9-13)

파라오는 급히 요셉을 불러 자기의 꿈 내용을 얘기했다. 요셉은 아주 현실적으로 타당한 설명을 해 주었다. "그 두 가지 꿈은 같은 내용입니다. 하나님께서 이후로 하시려는 일을 미리 폐하께 알려 주신 것입니다. 7년간의 풍년을 뜻하고, 곧 이어서 이집트땅을 황폐케 할 엄청난 흉년이 7년 동안 계속될 것을 의미합니다." 거기에 대한 대안까지 일러 주었다. "두 번씩이나 꿈을 꾸시게 한 것은 하나님께서 지체없이 그대로 하리라는 것이며, 임금님께 풍년 뒤에 올 흉년을 대비하라는 강력한 경고입니다. 폐하께서는 명철하고 슬기로운 사람을 책임자로 세우셔서 7년 풍년 때에 생산되는 것의 5분의 1을 거두어 들이도록 조치하셔야 합니다. 또한 성읍마다 식량을 비축하도록 하시면 가뭄으로 망하는 일이 없을 것입니다."

파라오는 신하들에게 "하나님의 영이 함께 하는 이 사람 말고 어디에서 이같은 임무를 맡을 인물을 찾을 수 있겠느냐?"하고 요셉에게 이른다. "하나님이 너에게 이 모든 것을 알리셨는데, 너처럼 명철하고 슬기로운 자가 어디에 또 있겠느냐? 그대가 그 일을 맡도록 하라. 다만 나는 그대보다 높은 것은 왕의 자리에 앉아 있다는 것뿐이다. 내가 너를 이집트의 총리로 세우노라"하고 등극의 모든 절차를 진행시킨다. 통치자로 추앙된 요셉은 실제적 지배자가 되었다. 파라오는 자기의 손에서 옥새(玉璽, 國璽) 반지를 요셉의 손가락에 끼워주고 최고 권위의 관복을 입히고 금목걸이를 걸고 파라오의 것과 같은 병거에 태워 그의 등극식을 성대하게 했다. 그리고 파라오가 요셉에게 "그대의 승낙이 없이는 이집트 땅에서 어느 누구도 손 발 하나 움직이지 못할 것이다"고 통치 권한을 위임했다(창 40-41장). 이 모든 일이 하나님의 깊으신 배려 속에서 전개되는 하나님 백성이 훗날 그들의 씨가 살아남을 수 있는 길이었다.

구속사적 씨흐름의 위기에서 구원: 요셉의 역할

다섯째로, 가나안 땅 야곱 족속이 기근으로 인하여 전부 아사(餓死)당할 위기에서 구원받아 구속사적 씨흐름이 보존되는 섭리가 이 일련의 사건들 속에 있었다. 이는 구속사적 씨흐름의 위기에서의 구원이다. 이런 이집트의 흉년은 당시 가나안땅에서는 더욱 심각한 흉년이 닥쳤다는 것을 암시한다. 가나안에 흉년이 들면 대개는 이집트로 아니면 모압땅으로 곡식을 구하러 가는 게 당시 현실이었다. 이집트가 이런 혹독한 7년의 흉년이라면 가나안 땅의 사람들은 기근으로 굶어죽는 비극이 닥치는 것은 자명한 일이었다. 만약에 요셉의 도움이 없었다면 야곱-유다-베레스-헤스론 등 적어도 3대에서 4대에 걸치는 예수님의 족보에 들어갈 인물들이 기근에 목숨을 한꺼번에 잃어버릴 위기에 처할 뻔 했다. 죄악으로 인한 홍수심판에 의한 온 인류가 죽게 될 씨흐름의 위기처럼, 죄에 대한 심판으로 대개 인식되어 온 자연재해인 흉년으로 인하여 야곱 족속도 살아남을 수 없는 위기에서 요셉을 통해 야곱과 그 형제들 그리고 그의 후손들의 생명을 보존하여 여인의 후손에 이르는 씨흐름을 가능하게 했다. 여기에서 바로 요셉을 통한 야곱 족속과 구속사의 씨흐름의 상속자들이 죽음에서 구원받았다는 신학적 의미가 깊이 간직되어 있다. 그런 의미에서 구약성서에는 복음이 가득 배태되어 있고 인류 구원을 위한 하나님의 사랑과 계획이 철저하게 전개되고 있다. 성서의 일련의 사건들과 사연들은 모두가 씨신학적 내용들로 이야기적 족보 기록 형식으로 정리되어 구속사적 씨흐름에 모두가 예속되고 있다.

[요셉의 역할] → 기근으로 인한 죽음에서 종족보존

"당신들이 나를 이곳에 팔았으므로 근심하지 마소서 한탄하지 마소서 하나님이 생명을 구원하시려고 나를 당신들 앞서 보내셨나이다. 이 땅에 이 년 동안 흉년이 들었으나 아직 오 년은 기경도 못하고 추수도 못할지라. 하나님이 큰 구원으로 당신들의 생명을 보존하고 당신들의 후손을 세상에 두시려고 나를 당신들 앞서 보내셨나니 그런즉 나를 이리로 보낸 자는 당신들이 아니요 하나님이시라 하나님이 나로 바로의 아비를 삼으시며 그 온 집의 주를 삼으시며 애굽 온 땅의 치리자를 삼으셨나이다"(창 45:5-11)

요셉은 구속사의 씨흐름에서 결정적인 역할을 했으나 메시야 족보에는 오르지 못한다. 하나님은 야곱의 마지막 유언적 축복을 통해서 그에게 다른 형제들보다 배나 되는 땅을 차지하는 축복과 12지파 공동체에—레위지파가 종교지파로 빠지고—요셉지파가 그 아들들, 에브라임과 므낫세가 두 몫의 지파들로 들어가는 축복으로 갚으신다. "이스라엘이 요셉에게 이르되 나는 죽으나 하나님이 너희와 함께 계시사 너희를 인도하여 너희 조상의 땅으로 돌아가게 하시려니와 내가 네게 네 형제보다 일부분[한 몫: 세겜 땅→동쪽에 므낫세 반 지파와 서쪽에 므낫세 반 지파와 에브라임 지파 몫]을 더 주었나니 이는 내가 내 칼과 활로 아모리 족속의 손에서 빼앗은 것이니라"(창 48:21-22) 요셉은 무성한 가지 곧 샘 곁의 무성한 가지라 그 가지가 담을 넘었도다[요셉 지파가 두 지파로 확장됨]. 또 이스라엘이 "네 아버지의 하나님께로 말미암나니 그가 너를 도우실 것이요 전능자로 말미암나니 그가 네게 복을 주실 것이라. 위로 하늘의 복과 아래로 깊은 샘의 복과 젖먹이는 복과 태의 복이리로다"와 함께, "선조의 축복보다 나아서 영원한 산이 한 없음 같이 축복이 요셉의 머리로 돌아오며 그 형제 중 뛰어난 자의 정수리로 돌아오리로다"는 축복을 요셉에게 선언한다(창 49:22-26).

12. 창세기 48:1−50:26의 족보(야곱의 후손들에 대한 축복 족보)

이 부분에서는 야곱이 죽음이 다가옴을 직시하고, 야곱의 후손들에게 구속사적 예언이 함축된 축복을 선언한다. 이는 족보가 신학적 변명의 목적을 가지는 경우에 해당되는 것이다. 즉, 유다지파의 정통성을 논증하여 다윗왕권의 영원한 왕조 계약에 의한 정치적 정통성을 확인하고 후기 기록에서는 이 다윗왕국과 유다 공동체의 동일성을 강조하여 정통성의 연속을 강조하고 있다(창 49:3−12). 그런 면에서 구약의 계보적 형태는 민족주의적, 신학적인 면에서 변명적인 목적을 위해 사용된 경우가 있다.[80]

야곱은 언젠가는 이스라엘 백성이 가나안 땅에 돌아갈 것을 예언하여 요셉에게 그 언약(창 15:13−16)을 전승한다. 그리고 마지막으로 야곱은 그의 아들들을 차례로 불러서 "너희가 뒷날에 겪을 일을 내가 너희에게 말하리라"며 그들에게 이스라엘의 12지파의 운명을 좌우하는 족장의 마지막 예언적 유언을 남긴다.

여기에서 우리가 주의 깊게 봐야할 것은 언약의 상속자가 누구에게로 향하느냐이다. 첫째 아들 르우벤에게는 "너는 나의 힘과 정력의 첫 열매인 맏아들이다. 그러나 거친 파도와 같으므로, 또 네가 아버지의 침상에 올라 침상을 더럽혔으므로, 네가 으뜸이 되지는 못할 것이니라"(49:3−4)고 선언한다. 장자이기에 많은 것을 기대했지만 결국에는 범죄함으로 장자의 자리를 유지하지 못하고 탈락되고 만다. 백성의 지도자 위치를 상실하게 된다. 결국 메시아의 족보에 들어갈 영광스런 신분과 위치를 단 한 번의 죄악으로 빼앗기고 만다.

그 다음 시므온과 레위는 단짝 형제로 말하면서 "그들이 휘두르는 칼은 난폭한 무기로다. 그들은 화가 난다고 사람을 죽이고, 그 노여움이 혹독하고 그 분노가 맹렬하니 저주를 받을 것이니라. 그들을 이스라엘 백성 사이에 흩어버릴 것이니라"(49:5−7)고 언약의 상속자의 대열에서 축출되고 만다. 오히려 두 지파는 공동체적 결속이 해체되어 별다른 분깃이 없다는 저주를 내린다. 그래서 훗날 가나안 정복 후 땅을 분배할 때 시므온 지파는 유다 지파가 처음 분배받은 땅 중에서 몇 성을 얻어 유다 자손에 속해 살았다. 그러다가 남북분열과 더불어 북쪽 지역에 흩

---

80) R.R. Wilson, *Genealogy and History in the Biblical World* (New Haven: Yale University Press, 1977), p. 199.

어진 것 같다. 레위 자손들은 그핫, 게르손, 므라리의 세 족속으로 다시 구분되어 12지파에서 각각 2-4개의 성을 얻어 42개 성읍과 도피성 6개를 소유하여 흩어져 살게 된다.

유다에게는 길고도 최대의 찬사가 넘치는 축복으로 가득 찬 유언을 내린다. "유다야! 너의 형제들이 너를 찬양하고 네 앞에 무릎을 꿇을 것이다. 너는 사자 새끼 같을 것이다. 누가 감히 범할 수 있겠느냐! 임금의 지휘봉이 유다를 떠나지 않고 통치자의 지휘봉이 자손 만대에까지 이를 것이니라. 권능으로 그 자리에 앉을 분이 오시면 만민이 그에게 순종할 것이다. 그의 눈은 포도의 붉은 즙으로 진하고 그의 이는 우유 빛보다 흴 것이다"(49:3-4). 유다를 암,수 사자 같다고 한 것은 산림의 왕을 비유한 것으로, 유다 지파가 왕족이 될 것과 영원한 왕중 왕이신 메시아가 그의 후손에서 나올 것을 예언한 것이다. 유다는 왕되신 그리스도가 오시기까지 원수들을 정복하고 다스릴 것이다. 그러나 그리스도는 평강의 왕으로 불릴 것이다. 왜냐면 그는 실로 즉, 하나님의 영원한 평강을 가져오는 왕이 되실 것이기 때문이다. 그래서 야곱은 유언을 하다가 "야웨여! 제가 주의 구원을 기다리나이다"(창 49:18)라고 소리친다. 그는 영적으로 이미 구속주가 가져올 축복을 보았던 것이다. 이스라엘 집은 장차 실로가 오셔서 약속된 땅을 평강으로 다스릴 것이라는 약속의 계시 가운데 살아야만 할 것이다.

유다지파의 축복을 요약하면;
1) 암·수 사자 = 유다 지파의 왕족으로 예언이다.
2) 임금의 지휘봉과 통치자의 지휘봉이 유다지파를 떠나지 않고 자손만대에 이를 것 = 다윗 왕조 성립과 다윗의 영원한 왕조 계약(삼하 7:16)에서 성취되어 남왕국 유다와 포로에서 회복 유다공동체를 넘어 예수 그리스도의 왕권과 연결되는 하나님 나라 통치를 내다 보는 그리스도 나라에서의 그리스도의 통치권까지 포함하는 예언이다. 이 야곱의 예언 축복이 후대에 다윗 왕조와 남왕국 그리고 회복 유다공동체의 정통성을 주장하는 근거가 된다.

☆유다의 아들 베레스의 자손들: 베레스에서 다윗(대상 2:5-17)
(베레스→헤스론→람→암미나답→나손→살마(살몬)→보아스→오벳→이새→다윗)
룻기서: 보아스 +룻→오벳→이새→다윗에 이르는 이야기체 족보

3) 실로(권능으로 그 자리에 앉을 분) = 영원한 평강을 가져오는 영원한 왕 중 왕이신 메시아가 유다 지파에서 나올 것이며 왕이신 그리스도가 오시기까지 원수를 정복하고 다스릴 것이다. 족장들에게 허락된 여인의 후손 메시아를 향한 구속사적 씨흐름의 구체적인 상속자로 유다가 모든 형제들을 물리치고 당당하게 우뚝 서게 된다. 그래서 아브라함―이삭―야곱―유다 그리고 그의 아들 베레스로 이어지는 씨흐름 섭리가 정리되는 것이 창세기의 족보적 흐름이다.

요셉에게는 길고 풍성한 예언의 축복을 열거하고 무성한 가지가 담을 넘었다고 찬양한다. 그래서 12지파 중에 요셉 지파가 그의 두 아들이 에브라임 지파와 므낫세 지파로 나누어지면서 두 몫을 차지하게 된다. 그의 후손 중에서 여호수아, 드보라, 사무엘, 기드온, 입다 등 많은 지도자들이 나왔다. 요셉은 이집트에서의 통치자로서 역할과 두 지파로서의 이스라엘 백성의 구성에 배의 몫을 차지하는 것으로 축복과 역할이 멈춘다.

야곱은 12아들에게 각자의 믿음과 역할의 분량대로 예언을 해 주었다. 그리고 그들에게 주어진 예언은 역사적으로나 영적으로 훗날에 모두 성취된다. 무엇보다도 유다에게 주어진 축복의 예언은 구속사의 방향을 다시 한 번 구체화한다.

야곱은 그의 침상에 둘러앉은 그의 아들들에게 "나는 곧 세상을 떠나서 나의 조상들에게로 돌아간다. 내가 죽거든 나의 조상들과 함께 있게 막벨라 밭에 있는 묘실에 묻어다오. 그 묘실에는 아브라함과 그분의 아내 사라 그리고 이삭과 그분의 아내 리브가도 묻혀있다. 나도 너희 어머니 레아를 거기에다 묻었다"하고 언젠가는 이스라엘 백성이 가나안 땅에 돌아갈 것을 예언하고 자기가 묻힐 장소를 유언하고 침상에 똑바로 누워 숨을 거두고 조상에게로 돌아갔다. 야곱은 죽음을 냉

엄하고도 소박하게 말하면서, 죽음의 현실을 아주 담담하게 받아들여 지나치게 슬퍼하지도 않는 모습으로 촛불이 사르르 꺼져가듯 한 세대를 조용히 막음 한다(창 49:29-33).

요셉은 야곱의 죽음을 이집트 왕의 죽음에 준하는 예의를 갖추어 장례를 치루었다. 바로왕의 배려에 의하여 병거와 기병의 엄중한 호위(護衛)하에 야곱의 장례 행렬은 가나안인들을 놀라게 할 정도로 화려하고 장대한 행렬이었다(창 50:1-14). 그리고 얼마의 세월이 지나서 "요셉도 일백십세에 죽으매 그들이 그의 몸에 향 재료를 넣고 애굽에서 입관하였더라"로 창세기가 끝난다. 그러나 그는 하나님의 약속을 믿어 "하나님이 정령 너희를 권고하시리니 너희는 여기서 내 해골을 메고 올라가겠다 하라"는 가나안 언약의 땅으로 돌아갈 희망을 안고 눈을 감았다(창 49:29-33).

"요셉이 백십 세에 죽으매 그들이 그의 몸에 향 재료를 넣고 애굽에서 입관하였더라"(창 50:26)

13. 창세기의 구속사적 씨흐름 결론

창세기에서 원복음(原福音: protoevangelium)인 "여자의 후손"에 이르는 구속사의 방향이 제시되고(3:15) 아담에서 셋을 거쳐서, 노아에서 셈으로, 아브람에게 이르러 구체화된다. 아브라함, 이삭에 이어서 야곱에게서 12아들이 출생하게 된다. 여기에서 구원사적 씨 흐름은 레아를 통해서 낳은 아들들 중에서 선택된다. 당시의 일반적 풍습에 의하면 당연히 장자인 르우벤에게 계승되어야 한다. 그러나 그가 야곱의 첩인 빌하를 범하므로 그의 아비의 침상을 더럽혔기 때문에 구속사적 족장전통의 씨흐름에서 탈락(창 49:4)하고 만다. 그 다음 둘째, 셋째 아들인 시므온과 레위도 디나 사건 때 세겜 족속들에게 잔인한 피의 복수를 행했기 때문에 상속권을 박탈당한다(창 34:13-29). 결국 넷째 아들 유다에게 구속사의 씨흐름이 향한다.

유다 다음의 족장전통을 이어받는 씨흐름의 상속자를 설명하기 위해 창세기 기자는 아주 민감한 다말과 유다 사이에서 태어난 베레스 출생 이야기를 면밀히 기록하고 있다. 그래서 창세기는 원복음(3:15)에서 방향이 설정된 구속사적 씨흐름인 인류의 시조 아담에서 유다의 아들 베레스 그리고 손자 헤스론까지의 인류 구원을 위한 메시아 족보를 정리하여 유다의 후손(씨)으로 오실 메시아에 관한 예언을 간직한 책이라 볼 수 있다. 그래서 창세기 후반의 역사에서 유다가 훌륭한 지도자로 급부상하는 이유를 구원사의 전체적 구도에서 이해하게 된다. 먼 훗날 그의 후손에서 나타날 메시아의 조상으로 유다가 우뚝 서게 된다.

결론적으로, 창세기 12:1-50:26의 내용은 한마디로 아브라함에서 베레스-헤스론에 이르는 계보를 목록적 족보 기록 형식과 이야기식 족보 기록형식을 가지고 구속사적 씨흐름을 정리한 씨신학이다. 즉, 하나님의 구속사의 새로운 신기원을 이루는 선택받은 아브라함, 다음에 이삭, 그리고 이삭의 두 아들 중에 에서가 밀려나고 야곱에게 그 구속사적 씨흐름이 바뀌면서 메시아 족보에 야곱이 중요한 상속자로 자리매김을 하는 섭리가 나타난다. 야곱 다음에 누가 하나님이 인간이 되시고 말씀이 육신이 되시는 메시아의 길에 상속자가 되느냐를 심도있게 다루고 있다. 결국 넷째 아들 유다가 구원사의 상속자로 발탁된다. 그래서 훗날에 이스라엘의 다윗 왕과 열왕(列王)들이 이 유다지파에서 태어나고 결국 메시아, 그리스도가 이 유다지파를 통해서 세상에 오시게 된다.[81] 즉, 예수 그리스도에 이르는 메시아 족보의 씨흐름은 아브라함 → 이삭 → 야곱 → 유다 → 베레스-헤스론으로 이어져 내려간다. 창세기는 사실 아담에서 이 베레스에 이어 헤스론 출생까지의 씨흐름 구조로 되어 있고, 야곱의 예언적 축복(49장)으로 이 섭리를 확인하고 요셉이 죽어 입관함으로 마무리 짖는다. 이 창세기 족보 즉 야곱의 12아들을 중심한 족장 족보에 근거한 나머지 구약성서에 나타나는 족보들을 간단히 정리하면 다음과 같다.

민수기 1:1-4:9에는 출애굽 후 시내 광야에서 12지파의 이스라엘 백성의 계수를 위한 가계가 소개되고 있다. **민수기 26:5-27:23**에는 가나안 정복준비와 토지 분배를 위한 각 지파의 가족 20세 이상의 가족 수를 정리하면서 각 지파의 계보를 간략히 정리하고 있다.

여호수아 13:8-51은 가나안 땅 분배를 위한 12지파의 토지목록 계보이며 21:3-22:21은 레위지파를 위한 성읍 분배를 위한 레위지파의 가족과 각 지파 명칭을 열거하고 있다.

역대기상 2:3-4:23은 유다 지파의 계보가 구체화되고 있고 4:24-43은 시므온의 족보, 5:1-26은 르우벤, 갓, 므낫세의 족보, 6:1-81은 레위의 족보, 7:1-40은 북쪽 지파의 족보(잇사갈, 베냐민, 납달리, 므낫세 반지파, 에브라임, 아셀 가족들), 8:1-9:44은 베냐민과 사울집의 족보로 되어 있다. 역대기에 나타나는 유다지파 족보와 다윗 계보 그리고 레위지파 계보에 대하여는 역대기 족보연구에서 더욱 구체적으로 논하도록 할 것이다.

룻기 4:13-22은 다윗의 직계 계보의 간단한 족보가 나오는데 1:1-4:12까지는 이야기식 족보 기록형식으로 배경을 밝히고 있다. 즉, 룻기서를 이야기식 족

---

81) W. C. Kaiser, Jr., 「구약성경신학」 최종진 역(서울: 생명의 말씀사, 1982), p.132.

보 기록형식으로 따지면 룻기서 전체가 다윗의 계보를 정리한 족보 기록이다. 역대기 1장-9장은 아담으로부터 다윗에 이르는 족보를 열거하고 있으면서 다윗의 정통성과 위대성을 나타내고 있다면, 룻기 4:13-22은 다윗의 직계 계보인 베레스-헤스론-람-암미나답-나손-살몬-보아스-오벳-이새-다윗까지로 열거했다.

결국 유다 지파의 다윗왕조가 세워지고 솔로몬 왕 후에, 남북 왕국으로 나뉘고, 구속사적 씨흐름 구조에 입각하여, 결국 북왕국 이스라엘은 망하여 역사의 무대에서 사라지고, 남왕국 유다만이 남아 있다가, 결국 바벨론 포로로 잡혀가 남유다 왕국마저 망하는 역사의 비극을 맞는다. 그러나 예레미야의 예언(렘 25:11)대로 포로 70년만에 페르시아 제국 통치 때 팔레스타인 땅으로 귀환하게 되어 포로에서 돌아온 유다공동체가 예수님 탄생 때까지 존속하고 있었다. 포로에서 돌아온 유다공동체가 로마제국의 통치 하에 있을 때 성경 예언(미 5:2)대로 베들레헴 땅에, 예수 그리스도가 여인의 후손(창 3:15)인 동정녀 마리아 몸에 태어나심으로 구속사적 씨흐름이 결론을 맺게 된다. 그 메시아의 길, 즉 하나님이 인간이 되시고 말씀이 육신이 되시며, 하나님이 세상을 이처럼 사랑하사 독생자를 보내시는 통로(눅 3장 족보)가 바로 구약의 구속사적 씨흐름이다. 이를 조직화하고 신학화한 것이 씨신학이다. 그래서 이후로 계속되는 이스라엘의 역사도 바로 이 구속사적 씨흐름이 주도하여 전개되는 현장이 되고 있다. 신약의 역사와 예수를 메시야, 구세주로 믿는 그리스도인들은 그 예수 그리스도가 다시 이 세상에 심판주와 구세주로 오실 재림의 때를 또 다시 기다리고 있다.

VIII. 구약 역사서에서 구속사적 씨흐름

A. 신정체제 하의 구속사적 씨흐름

하나님의 구속사를 위한 씨흐름 구조가 족장시대(창세기2-50장)를 넘어 출애굽기에 들어오면 개인(아담-셋-노아-셈-아르밧삭-아브라함-이삭-야곱-유다-베레스-헤스론)에서 이제는 백성의 개념으로 확대되어 민족으로 나타난다. 아브라함에게 주어진 언약(씨: 후손, 가나안 땅, 복의 중재자)이 성취되어 가는 역사의 흐름을 보게 된다. 필자는 역사기록도 광의적 의미에서 이야기식 족보 기록형식으로 기록된 구속사적 씨흐름을 내용으로 하는 씨신학을 전개해 나간다고 언급한 바 있다. 구약역사에는 이런 씨신학적 역사 흐름과 구속사적 씨흐름이 여인의 후손에까지 세차게 흘러가는 내용이다.

1. 모세 시대의 씨흐름: 고난백성=구원백성=계약백성으로 양식

출애굽기 1:1-8은 족장시대가 끝을 맺고 새로운 시대로 넘어가는 역사의 분기점을 암시한다. 이 족장시대에서 모세시대로 넘어가는 창세기와 출애굽기 사이의 400여년의 침묵 기간이 출애굽기 1:7에 간략히 요약된다. 역사기록이 생략된 400년 동안에도, 결코 '씨' 흐름은 중단없이 계속되었다. 그것이, "이스라엘 자손이 생육이 중다(衆多)하고" "번식하고" "창성하고" "심히 강대하여" "온 땅에 가득하게 되었다"는 말로 요약되었다. 하나님의 '씨' 언약이 성취된 것을 확인하는 것이다(창 1:28, 12:1-3, 35:11 등).

이스라엘 자손이 모세시대에는 한 가정단위가 아닌 한 민족이 되었다. 즉, 엘샤다이(El Shaddai)의 하나님과 관계된 족장의 가정에서 확산된 이스라엘이 민족이 되어 야웨 하나님과의 특별한 관계성으로 발전해 갔다. 이 이스라엘이 하나님의 아들인 장자로 확인된다(출 4:22). 하나님은 이스라엘 백성의 아버지로 나타나신다(신 32:6).

장자(bekor)는, "제일 먼저 태어난 아들"(창 25:25), 초태생(初胎生: 출 13:2)을 의미했다. 이는 '첫째 위치'(First in rank), '최고로 탁월함'(First in prominence)을 의미하여, 그에게 유산의 특별한 권리와 영예, 그리고 호의를 주는 것이다.[1] 자손(씨: Seed)이 창세기 3:15에 집합적 용어로 처음 나타나는데, 장차 오실 궁극적이며, 혹은 최종적 대표적 인물과, 또 그와 동일시되는 전체 집단을 나타내는 씨(자손)로 사용되고 있다. 이와 같이, "나의 장자"는 이중적 자격으로 나타난다. 즉 장차 오실 한 인물(One who was to come)과, 이미 그를 믿는 많은 사람들을 대표하고 포함하는 집합 용어였다. 신약성서 기자들은, 그와 똑같은 용어를 메시아 예수님께 적용시켜 사용하고 있다(마 2:15, 호 11:1). 예수 그리스도는 하나님의 장자(Prototokos)였다(롬 8:29, 골 1:5, 18, 히 1:6, 계 1:5). 그를 믿는 자는 다 아브라함의 자손이요, 하나님의 백성이며, 자녀이다. 그래서 이스라엘은 한 나라(A Kingdom)와 한 제사직(A Priesthood)이 통합된 개념인 왕같은 제사장(Royal Priests) 혹은 제사장적 왕이 되어야 했다.[2]

---

1) W. C. Kaiser, Jr.,「구약성경신학」최종진 역(서울: 생명의 말씀사, 1982), p.102.
2) Ibid., p.108.

[그리스도의 왕같은 제사장의 직분]으로 오셔서 인류의 구속적 대 사역인 십자가의 죽음과 구원의 진리를 예표하고 상징하고 계시하는 것이 바로 출애굽기의 성전제도(출 25-40장)와 레위기의 제사제도(레 1-16장) 및 절기제도(레17-27장)이다. 그래서 씨신학적으로 보면 출애굽기와 레위기는 구속사적 씨흐름의 결론인 여인의 후손으로 탄생하여 이루실 구속사역을 구체적으로 예표하여 설명하는 씨신학적 계시이다. 즉 구약의 종교적 의식들과 제도(율법+성막+제사+절기들+예언들)들은 바로 구속사적 씨흐름의 중심이 되는 "한 자손" "한 아들"인 그리스도가 오셔야 할 이유와 그가 이루시는 인류 구원의 방법을 구체적으로 표현한 복음적 내용을 포함하고 있다.

출애굽기로 들어서면서 이스라엘 백성이 고난받는 수난의 민족으로 전락되자 하나님의 구원사건이 발생되어 모세를 통한 출애굽 사건이 일어나게 된다. 이제 하나님의 구속사가 민족공동체라는 테두리 속에 내재되어 있는 씨흐름으로 이끌어 간다. 그래서 고난받는 이스라엘을 10가지 재앙으로 구원하여 출애굽(구원백성)시켜 시내산에 이르러 거기서 계약 백성인 하나님 백성으로 정체성이 확립되고 계약의 법(율법)을 통해 삶의 터전을 삼는다. 여기서 이스라엘 백성의 하나님과 관계가 구약종교의 3가지 요소인

1) 공동성소(Place)→성막(출 25-40장) 후에 성전
2) 공동제의(Actions)→제사제도(레 1-16장)
3) 공동시간(Times)→절기제도(레 17-27장)를 통해서 확립되었다.

이것은 하나님 앞에서 이스라엘 백성의 존재 양식이었다. 구약의 이 모든 것들은 장차 있을 여인의 후손으로 오셔서 인류를 구원하여 천하 만민, 모든 족속이 구원받아 복을 받게 하는 예수 그리스도의 동정녀 탄생과 십자가의 죽으심과 생명의 부활과 승천으로 인한 성령 강림 그리고 재림으로 내용을 갖추는 복음을 예언하는 것이고 상징하고 예표하는 것들이었다. 이 복음으로 가득 차있는 게 구약성서이다. 이 구속사적 씨흐름을 신학화한 것이 바로 필자가 말하는 씨신학이다.

2. 하나님 백성으로 12지파 동맹체 양식

모세 후계자 여호수아에 의해 가나안 땅을 정복한 이스라엘은 신정제도 하의 사사시대를 지나게 된다. 그 사사시대의 시대상을 성서는 혼란의 시대로 보고 있다(삿 21:25). 이는 사사시대의 실패와 왕정제도의 필연성을 암시하는 내용이다. 여기서 신정(神政)국가에서 왕정(王政)국가로 큰 변혁의 역사를 이루는데, 이를 기록한 것이 사무엘상이다. 특별히 아브라함과 유다와 다윗의 혈통을 통한 흐름으로 역사구도가 전개되어 가는 것이 특징이다. 하나님 백성의 개념인 지파 동맹체의 [신정정치 체제]에서 [왕정정치 체제]로, 특별히 다윗 왕조로의 씨신학적 흐름이 구체화되어 역사구도를 이뤄간다. 그 변혁의 동기가 되는 가장 큰 요인이 바로 지파동맹체의 쇠약이다(사사기). 여러 이유로 신정체제의 지파동맹체가 붕괴되고 왕정으로 바뀌게 된다. 이런 요소들이 하나님의 섭리를 자연스럽게 성취시켜 나간다.

3. 신정정치(神政政治) 체제의 붕괴

가나안에 정착한 이스라엘 12지파 동맹체는 국제적 외교관계가 증대되고 원주민과의 관계개선인 사회문제로 백성의 대표성이 현실적으로 대두된다.

①정치적 압력증대가 통일을 요구하기에 이른다. 국제외교 관계나 국내적 상호관계에 여러 문제가 야기 되지만 통제, 관리 여건이 형성되지 않았다. 유랑의 시대에는 별문제가 없었지만, 정착 시대에는 민족 대표성의 문제가 대두되기 시작했다. 결국 카리스마적 영웅으로 모든 지파들을 통합할 지도자로서 전체적 결속을 이끌어 낼 통치자가 필요하게 되었다.

②동맹체의 취약점이 노출되기 시작했다. 예를 들면, 가나안 왕 야빈의 군대장관 시스라 군대가 침입했을 때 드보라가 각 지파에 소집을 요구했으나 거기에 응한 지파는 반절 밖에 안 되었고, 입다가 암몬인을 대적할 때도 에브라임 자손이 동원되지 않았다. 그만큼 각 지파는 그 성격상 독립성이 강하여 결국 카리스마적

지도자에 의한 신정제도의 한계성이 드러났다. 사실은 사사들의 지도력은 부분적이었다.[3] 그들은 지파의 영웅이지 전 민족을 다스리는 통치자는 아니었다. 각 지파들은 지리적 차이로 지방적 방언, 풍습 그리고 정치적 견해 차이로 하나로 묶어지지 않았다.

③지파간의 갈등 표출: 절대적 권위가 있는 사사들 생전에는 안정이 있었으나 지속적 평화가 보장되지 않았다. 지리적, 정치적 견해 차이가 여러 가지 문제를 야기시켰다. 결정적인 것은 베냐민 지파의 불량배들이 레위인의 첩을 윤간하여 살해한 사건이 확대되어 온 이스라엘이 일어나 베냐민 자손과 치열한 전투를 하여 이스라엘도 막대한 피해가 있었고 베냐민 사람들은 거의가 진멸될 정도로 비극적 결과를 가져왔다(삿 19장—21장).[4]

④지도자의 빈곤: 사무엘같은 정치적, 종교적 지도자가 나타나지 않자 이스라엘의 장로들이 "아드님들은 어른께서 걸어오신 그 길을 따라 살지 않으니 우리에게 왕을 세워주셔서 왕이 우리를 다스리게 하여 주십시오"하고 왕을 요구하게 된다(삼상 8장).

⑤종교지도자의 타락: 엘리의 모습을 통해서 제사장 계급의 타락된 당시의 종교 지도자들의 형편을 엿볼 수 있다. 엘리 제사장이 늙고 눈이 어둡고 그의 아들들은 악한 행실로 야웨를 무시하고 제사제물을 탈취하고, 심지어 회막에서 일하는 여인들을 겁탈하고 그들이 저지른 온갖 잘못이 소문으로 백성들에게 알려져 실망이 컸다(삼상 2장). 당시에는 야웨의 말씀이 희귀하고 이상이 흔히 보이지 않는 영적 암흑의 시대였다(삼상 3:1). 드디어 실로가 파괴되면서 야웨의 법궤인 언약궤를 블레셋에게 빼앗기는 참담한 결과를 가져왔다. 이는 야웨신앙의 몰락을 의미했다. 바로 지파동맹체의 핵심의 근거가 사라져 가는 위기였고 야웨 종교의 붕괴였다.[5]

---

3) B. W. Anderson, *Understanding the Old Testament* (Englewood Cliffs: Prentice—Hall, 1986), p.201.
4) 최종진,「이스라엘 종교」(서울: 토판, 2021), p.403.
5) *Loc. cit.*, pp.204—205.

⑥블레셋의 빈번한 침략: 이런 내부적 위기에 겹쳐서 팔레스타인 남부 해안 평야에 정착하여 군주국가를 형성하고 철병거로 무장된 막강한 군사력을 가진 블레셋의 빈번한 침략은 이스라엘 백성들의 삶 자체를 위협했다. 사실은 블레셋의 위협이 이스라엘의 왕정 요구의 직접적 원인이 되었다.[6] 이런 환경들과 형편들 그리고 역사적 흐름에 신정시대에서 왕정시대로 자연스레 바뀌게 된다.

하나님의 구속사를 위한 씨흐름 구조가 사사들의 신정시대를 넘어 왕정시대에 들어오면서, 왕들과 예언자들과 제사장들에 의해 하나님의 통치가 분산(divided functions)되자 이제 왕정국가의 개념으로 확대되어 메시아 왕국으로 향하는 섭리가 나타난다. 신정시대의 혼란과 불안정한 상태에 있던 이스라엘 지도자들은 주위 나라들과 같은 강력한 왕권이 필요하다고 보아 왕을 강력하게 요구하게 된다.

4. 왕정제도의 시도(사사기)

미디안 7년의 지배에서 기적적으로 그들을 격퇴하여 이스라엘을 구원한 카리스마적 영도자 기드온 때 이미 이스라엘 사람 중에 당시 진보주의자들은 군주국가의 왕정제도로 변혁을 요구했으나 보수주의자들은 전통적인 신정제도를 고수하려 했다고 봐야 할 것이다(삿 8:22-23).[7]

한편, 기드온의 첩의 아들 아비멜렉이 외가(外家)가 있는 세겜에 가서 건달과 불량배(정치 깡패)들을 동원하여 적수라 생각되는 그의 형제 70명을 한 바위 위에서 죽이고, 3년 동안 이스라엘을 다스렸다(삿 9:1-22). 그러나 결국 아비멜렉은 세겜 성읍 사람들이 배반하여 전쟁 중에 망대에서 한 여인이 던진 맷돌 위짝에 맞아 치명적 상처를 입고 병사의 칼에 찔려 죽게 된다(삿 9장). 그러나 당시의 여러 여건과 상황이 강력한 중앙집권 체제의 필요성에 의해 결국 지파동맹체의 막이 내리고 왕정으로 자연스럽게 넘어간다.

---

6) 최종진, *op. cit.*, p.404.
7) 여기에 대하여는 최종진, *Ibid.* pp.403-405를 참고할 것.

B. 통일 왕국에서 구속사적 씨흐름

1. 사울왕조 형성(사무엘 상)

지파 동맹체의 허약성과 정치적 통합기반으로서 야웨신앙(Yahwism)의 확고한 정착 조짐 그리고 견고한 민족적, 종교적 문화의 성장과 주변 강대국들의 허약으로 팔레스타인의 독립국가로서의 이스라엘 왕국 건설의 가능성이 무르익어 사울 왕조의 통일왕국이 시작된다. 그 특징을 살피면 다음과 같다.[8]

베냐민 지파의 기스의 아들 사울은 아버지의 잃어버린 암나귀를 찾다가 사무엘을 만나 야웨의 임명으로 왕에 선택된다(삼상 9:15-16). 이어서 미스바의 판명 절차에 의해 제비뽑기로 사울을 선정하는 백성들의 찬동과 더불어, 하나님께 화목제를 바치고 백성들의 환호 속에 왕으로 등극하게 된다(11:12-15). 그리고 사무엘이 은퇴 선언을 함으로 이스라엘의 군주제도의 왕국이 구체화되고 사울의 통치가 시작되었다.

그러나, 구약의 구속사적 씨흐름에서 볼 때 사울왕조는 일시적, 임시적 과도왕조에 불과했다. 왜냐면 언약의 지파인 유다 지파가 아닌 베냐민 출신인 사울이기 때문이다. 이스라엘 백성들에게 있어서 왕은, 창세기 49:8-10에 의하면, 유다지파의 후손에게서 나와야 했다. 그러나 하나님은 통일 왕국을 이루기 위해 나라의 중앙에 위치하고 예루살렘 성이 있으며, 막내 지파로 숫자가 적은 베냐민 지파의 사울을 먼저 내세워서 일단 통일 왕국을 이루신다. 그리고 다윗을, 사울왕의 사위로 정치의 중앙무대로 등장시켜, 그 왕국 안에서 백성들의 인기를 갖도록 하여 자연스레 이스라엘의 통일왕국의 두 번째 왕조를 이루게 하신다. 그런 면에서 사울왕조는 유다지파의 다윗왕조를 건설하기 위한 과도적 왕조에 불과했다. 그래서 사울 왕조는 당대로 비참하게 몰락하고 만다.

다윗이 역사의 무대에서 부상하고 초대 왕인 사울이 왜 역사의 무대 위에서 그토록 무참히 그리고 단명(短命)하게 무너져 내리게 되었느냐에 대한 대답은 씨신학적 논리에서 찾아야 한다. 즉, 사울 왕조가 그토록 짧은 기간 단 한 명의 왕으로

---
8) 최종진, 「구약성서 개론」(서울: 토판출판사, 2019), pp.289-290

통치하다가 결국 역사의 무대에서 사라져 버리고 다윗이 역사의 무대에 부상하게 되었는가 하는 이유를 구속사적 씨흐름에서 찾아야 된다.

2. 다윗 왕조의 형성과 다윗제국(사무엘 상하)

a. 언약의 왕 다윗의 통치

다윗이 왕이 되자 그는 성공적인 정책을 펼쳐 굳건한 제국을 이룩한다. ①예루살렘 성(城)을 건립하여 정치의 중앙집권화를 확립하고[9] ②예루살렘 성소의 재건(계약의 법궤 환수)으로 종교의 중앙 집권화를 확립한다. ③사울의 후손인 므비보셋을 환대하고 제사장과 예언자를 북쪽 출신(아비아달/갓)과 남쪽 출신(사독/나단)를 세워 균형을 잡아 북쪽 지파들의 환심을 얻는 정책을 수행함으로써 통일 왕국을 유지해 갔다. ④블레셋을 정복하여 봉신을 삼고 암몬 모압 에돔을 점령하여 유프라테스강과 홍해에까지 이르는 다윗 제국을 건설하였다. 다윗(+솔로몬)에게 와서 아브라함 계약에 나타난 가나안 땅의 경계(창 15:18-21)를 전부 정복하게 되어 언약이 성취된다. 사울 통치에서는 민족왕국이 문제였다면, 다윗치하에서는 총괄적인 팔레스타인 영토국가의 성격으로 제국을 형성하게 되었다.[10]

특별히 사무엘하 7장에서 다윗에게 주신 하나님의 언약은 구원사에 아주 중요한 내용이다. 그것은 창세기 12장에서 아브라함에 준 언약(계약)과 예레미야의 새 계약(렘 31:31-34)에서 이스라엘과 유다에게 제시된 언약을 결속시킨다.[11] 구속사의 입장에서 보면 사실은 유다 지파에서 나오는 인물이 영원한 왕조의 맥을 이어가도록 되어 있다.

> "홀이 유다를 떠나지 아니하며 치리자의 지팡이가 그 발 사이에서 떠나지 아니 하시기를 실로가 오시기까지 미치리니 그에게 모든 백성이 복종하리로다."(창 4:10)

유다 지파에서 나올 통치자에 대한 언약이 다윗에게 와서 성취되는 섭리로 나

---

9) David F. Hinson, 「이스라엘의 역사」, 이후정 역(서울: 컨콜디아사, 1985), p.101. 다윗성은 이스라엘과 유다 사이에 위치하고 있어서 이스라엘 민족 전체의 중심으로 적합한 곳이었다.
10) George Fohrer, 「이스라엘 역사」 방석종 역(서울: 성광문화사, 1986), pp.124-133.
11) Walter C. Kaiser, Jr. *op. cit.*, p.195.

타난다. 베냐민 지파의 사울에게는 일시적인 역할이 주어졌을 뿐이다. 사울이 버림받고 다윗이 "하나님의 마음에 합당한 자"(삼상 1:14)로 선택되어, 유다 왕을 거쳐(삼하 2:4) 이스라엘 전체의 통치자로 기름 부음을 받는다(삼상 24:6, 10, 26:9, 11, 16, 23, 삼하 1:14, 16).

"기름 부음 받은 자"(anointed one)는 장차 올 어떤 인물, 보편적으로 다윗의 계통에서 나타날 어떤 인물을 암시한다.[12] 그는 지상 위에서 하나님의 영원한 나라를 통치할 야웨의 왕이었다. 하나님의 대표자로서, 다윗 왕좌에 앉을 수 있는 자격을 갖춘 선택받은 혈통에서 선택된 인물로서 메시아를 묘사하는 용어로 가장 적당한 것이다.[13]

이 다윗 왕국의 건설은 영원한 왕조계약신학이 궁중 안에서 발전되면서(삼하 7:16) 역사의 방향이 더욱 여인의 후손을 향한 구속사적 씨흐름 구조로 확고히 자리잡게 된다. 하나님의 구속사를 위한 씨흐름 구조가 다윗에 와서 왕국의 토대로 굳건하게 다져지고 영원한 왕조신학이 정립되어 가지만 다윗왕의 뒤를 이어 보위에 오른 솔로몬에 와서 통일왕국의 기조가 흔들리게 된다. 그것은 바로 솔로몬 통치 후기의 타락이 빚어낸 결과였다.

b. 다윗왕의 영원한 왕조계약

이는 결국 유다의 후손인 다윗 왕조가 영원히 통치할 것이라는 다윗왕조의 영원한 계약과 연결된다. "네 집과 네 나라가 내 앞에서 영원히 보전되고 네 위가 영원히 견고하리라"(삼하 7:16) 하여 야웨께서 영구히 다윗에게 주실 자손의 혈통으로, 바로 유다 지파계통의 다윗의 씨=그 자손=집=왕조(왕좌)=왕권으로 이어지는 것을 의미한다. 이 다윗 왕권은 그의 후손으로 태어날 메시아 왕권과 직결된다.[14] 구약의 씨흐름은 유다 지파에게 향하고, 유다지파의 존속은 다윗왕조에서 구체화되고, 결국 남쪽 유다왕국에로 연결되어 예수 그리스도에 이른다. 즉 다윗의 혈통은 예수 그리스도 통치의 영원한 성격을 그림자 형태로 예언하였다. 즉, 유다지파인 다윗의 통치는 다윗 왕권과 하나님 왕권을 최종적으로 통합하는 메시아적 구

---

12) 삼상 2:10, 2:35, 시 2:20, 20:6, 28:8, 84:9, 3:13.
13) W. C. Kaiser, Jr., *op. cit.*, p.203.
14) *Ibid.*, p.132f.

원자의 실체를 그림자-형태로 예언하기 위한 것으로 이해할 수도 있다.[15]

그 후 이스라엘 역사에서 결국 유다혈통은 다윗왕조 형성으로 역사의 중심점을 잡게 된다. 창세기 후반에서 흉년과 요셉사건으로 이집트에 내려간 야곱 족속은 모세에 의해서 출애굽하여 시내산에서 하나님과 계약(야웨는 이스라엘의 하나님이요 이스라엘은 하나님의 백성이다)을 맺고 구약종교의 모든 제도와 계약법을 수여 받아 하나님의 백성으로 확립되게 된다. 이 율법과 종교제도를 가지고 역사 안에서 하나님의 백성으로 살아가는데 그 목적과 목표는 이 씨(후손)를 통해 천하만민이 구원을 얻게 되는 복을 받게 하고(창 12:2-3), 하나님께 제사장 나라가 되기 위한 선교적 사명을 다하는 것이다(출 19:5-6). 이는 바로 이스라엘 백성을 통해서 세상에 오시는 예수 그리스도의 출현을 향한 후손의 약속에서 성취되어 간다. 그 과정이 출애굽기, 레위기, 민수기, 신명기에 나타나고 역사서에 계속되고 있다. 이런 일련의 구속사적 섭리가 바로 에스더서와 에스라서 느헤미야서에 와서 마무리되며 그리스도가 오시기까지 구약의 역사가 400여년 동안 침묵하게 된다. 이를 우리는 구약과 신약의 중간사라고 말한다.

c. 통일왕국의 마지막 왕 솔로몬의 통치
1) 솔로몬의 등극(열왕기 상)

다윗이 나이 많아 늙게 되자 후계자 문제가 심각하게 대두하게 된다. 사실은 다윗의 의중에는 이미 솔로몬을 왕위 계승자로 생각하여 밧세바에게 말한 적이 있었다(왕상 1:13, 17). 대체로 사람들은 다윗이 솔로몬을 후계자로 선택하리라 기대했다. 그러나 다윗 왕은 아주 늙도록 공식적 발표(세자책봉)를 미루게 되자 예루살렘 궁전 안에서 왕위를 둘러싼 암투가 벌어지게 된다. 다윗의 생존 아들 중에 가장 나이 많은 아도니아가 군총사령관(요압 장군)과 제사장(아비아달)과 모의하여 에느로겔 가까이 소헬렛 바위 옆에서 비밀리에 왕위계승을 위한 공식행사를 가져 백성들에게 기정사실화를 시도하게 되었다(왕상 1:5-10).

그러자 예언자 나단은 왕후(밧세바), 대제사장(사독), 경호실장(브나야 장군)

---
15) O. Palmer Robertson, 「계약신학과 그리스도」 김의원 역(서울: 기독교문서선교회, 1983), p.222.

등과 협모(協謀)하여 다윗에게 언약을 상기시켜 솔로몬을 왕으로 등극시키게 한다. 다윗 왕은 언약을 기억하여 솔로몬 즉위식을 기혼(Gihon)샘에 준비시키고 다윗의 호위병과 외국 용병으로 호위케 하여, 사독과 나단이 거기에서 솔로몬에게 기름을 부어 이스라엘의 왕으로 삼고 나팔을 불며 모든 백성으로 "솔로몬왕 만세!"를 외치며 환호 승인케 하였다. 그래서 솔로몬이 등극하게 된다. 이 기록도 이야기형식의 족보로 다윗 다음의 씨흐름이 누구에게로 흘러갔느냐를 확인해 주는 것이다.

2) 솔로몬의 실정(失政)

솔로몬의 초기의 삶에서는 성공적 통치와 신앙을 가졌었다. 그러나 솔로몬은 말년에 이르러 타락된 모습을 보였다(왕상 11장). 이스라엘을 침공할만한 이방나라의 왕녀 귀족녀들과 결혼을 하는(11:1) 동맹정책을 펴서, "이스라엘인은 이방 여인들과 결혼을 하고자 해서도 안되고, 청혼하여 오더라도 받아들여서도 안된다"(왕상 11:2)는 규범을 왕 스스로가 위배하였다. 그런 연유로 많은 이방여인들을 700명의 후궁(后妃)과 300명의 첩(妾)으로 맞아들였다(11:1). 그들이 우상을 가지고 와서 종교적 위기를 가져오게 된다(왕상 11:1-3). 이는 이미 출애굽기 34:16("또 네가 그들의 딸들로 네 아들들의 아내를 삼음으로 그들의 딸들이 그 신들을 음란히 섬기며 네 아들로 그들의 신들을 음란히 섬기게 할까 함이니라")에 하나님께서 경고하신 대로 된 것이다.

"솔로몬이 나이 늙을 때에 왕비들이 그 마음을 돌이켜 다른 신들을 좇게하여" 우상숭배로 배교(왕상 11:4-8)하게 된다. 시돈의 여신 아스다롯과 암몬인의 우상 밀곰(몰렉), 모압의 혐오스런 우상 그모스 등의 우상을 섬겨 산당을 지어 분향 제사하였다(왕상 11:33).

여기에 과다한 건축사업으로 북왕국 사람들을 강제 노역꾼으로 동원하고 막대한 자금을 지출했다. 유다지파 중심의 특수 계급이 발생하여 북쪽 지역을 중심한 소외당한 천민 계층이 생겨 원한이 극에 달하게 된다. 북쪽 이스라엘 사람들은 솔로몬을 전제군주(專制君主)의 독재자로 전락한 악의 표상으로 보았다. 이런 솔로몬 말년의 타락은 하나님께 불충성과 불신앙으로 하나님의 진노를 사게 되고 북

왕국 백성들의 불만을 폭발하게 하고 결국 남북분열의 근본적 원인으로 작용한다.[16]

C. 남북 왕국에서 구속사적 씨흐름

1. 분열 왕국(열왕기 하)

하나님의 구속사를 위한 씨흐름 구조가 솔로몬 왕으로 통일왕국 시대가 끝나고 통일 이스라엘은 다음에서 말하는 여러 원인과 상황이 전개되면서 북왕국 이스라엘(초대 임금: 여로보암)과 남왕국 유다(다윗 왕조 계속: 르호보암)로 나뉘어져 대조적 역사를 이룬다.

a. 남북 분열의 상황 [17]

북왕국 이스라엘: 솔로몬의 신하였던 여로보암(에브라임 족속)이 다윗 왕조를 배반하여 시작한 북쪽 이스라엘 왕국은 주전 722(혹은 721)년 앗시리아에 의하여 함락되었다고 본다.[18] 이로써 북왕국 이스라엘은 역사의 무대에서 영원히 사라져 버렸다. 그러나, 남쪽 유다왕국은 언약의 지파로 단일 왕조에서 위대한 왕과 패역한 왕이 번갈아 나타나며 왕국의 역사를 계속 이어 나갔다. 그러나 바벨론의 느부갓네살에 의해 B.C. 586(혹은 587)년에 멸망당하고 바벨론 포로가 된다. 눈이 뽑힌 시드기야왕이 바벨론으로 압송되고 예루살렘은 완전히 파괴되고 정치적 색채의 지도급 제사장, 시민들도 모두 립나로 끌려가 처형되는 비극으로 유다왕국이 망하게 된다.[19]

---

16) 솔로몬의 타락의 정황을 더 세밀하게 정리한 필자의 「구약성서 개론」, pp.310-312를 참고할 것
17) Leon Wood, *Survey of Israel's History* (Grand Rapids: Zondervan Publishing House, 1970), pp.335-336.
18) John Bright, 「하나님의 나라」 김인환 옮김(서울: 크리스챤 다이제스트, 1944), p.275. 27,290명이 이끌려가서 그들은 흔적도 없이 사라져갔다.
19) Charles F. Pfeiffer, 「구약사 개론」 김영배 역(서울: 기독교문서선교회, 1979), pp. 156ff. Leon Wood, *op. cit.*, pp.366-376.

b. 왕국의 분열의 원인

①솔로몬의 정치적 실정(失政)과 종교적 배신이 하나님의 심판을 불러와서 분열을 가속화 시켰다. 하나님은 예언자 아히야를 통해서 솔로몬에게 심판을 내리되, 다윗왕의 덕 때문에, 당대 보다는 다음 세대에 통일왕국이 끝나고 왕국이 분열될 것을 선언하신다(왕상 11:33-35).

②남북왕국의 계약신학 차이: 북쪽 이스라엘 지파들은 시내산 계약에 충실한 자들이다. 시내산 계약에 의한 정치 이데올로기에 의하면, 시내산 계약(출 19장)이 하나님과 12지파 전체와 맺었던 사건이기 때문에 모든 지파가 하나님 앞에 동등권적 입장에서 동일하다고 보아 다윗 왕조만 나라를 다스려야 한다는 것을 용납할 수 없었다. 그래서 솔로몬을 악의 표상으로 보았고, 강제 노역꾼으로 학대한 다윗왕조에 대해 북쪽 이스라엘 사람들은 시내산 계약에서 동일한 권리를 가진 북쪽 지파들이 유다지파에게 노예화되어야 할 하등의 이유가 없다는 것이다. 그래서 온 이스라엘이 르호보암 왕에게 "이새의 아들에게서는 받을 유산이 없다. '이스라엘아! 저마다 자신의 장막으로 돌아가라. 다윗아! 이제 너는 네 집안이나 돌보아라'고 외치며"(왕상 12:16) 르호보암에 등을 돌렸다. 북쪽 지파는 여로보암을 왕으로 옹립하여 이스라엘 왕국을 분리하여 세웠다. 그러나 이런 신학적 이해 때문에 북왕국에는 단일 왕조가 계속되지 못하고 지파간의 암살과 혼란 속에 왕조가 아홉 번이나 바뀌면서 결국 앗시리아에 의하여 함락되어 역사무대에서 사라져 버린다.[20]

남쪽 유다지파는 오경에 의하여 우월감을 가지고(창 49:8-12) 있었고 특별히 다윗왕 때 이르러 궁정 안에서 형성된 "영원한 왕조계약신학"(삼하 7:11-16)으로 다윗혈통에 대한 절대적 신뢰를 가지는 입장이었다. 그래서 남왕국 유다의 사람들은 다윗의 혈통이 아닌 어느 지파도 왕조로 인정할 수 없고 이단으로 취급하게 된다. 이런 신학적 견해 차이는 결국 남북분열의 근본적 원인이 되었다고 보겠다.

---

20) John Bright, *A History of Israel* (Philadelphia: Westminster Press, 1981), p.275.

③르호보암의 정치적 미숙(왕상12장): 솔로몬이 죽자 다윗왕조에 충성스런 자들이 르호보암을 왕으로 세우려고 세겜에 모였다. 사실은 수도 예루살렘에서 왕의 등극식이 있어야 하는데 세겜으로 가게된 것 자체가 심상치 않은 분위기 때문에 북쪽 지파들을 설득하기 위한 것으로 보인다. 그 때 솔로몬 왕을 피해 이집트로 망명 갔던 여로보암이 북쪽 지파의 대표들과 함께 르호보암에게 가서 "임금님의 아버지께서는 우리에게 무거운 멍에를 메우셨습니다. 이제 우리에게 당신이 아버지께서 우리에게 지워 주신 중노동과 무거운 멍에를 가볍게 해주십시오. 그러면 우리가 임금님을 섬기겠습니다"고 말하자 사흘간의 여유를 달라고 한다. 르호보암은 원로들의 충고("그들이 요구한 것을 들어 주겠다고 좋은 말로 대답해 주시오," 왕상 12:7)를 무시하고 "내 아버지가 너희에게 무거운 멍에를 메웠다. 그러나 나는 이제 그것보다 더 무거운 멍에를 메우겠다. 내 아버지는 너희를 가죽 채찍으로 매질하였지만, 나는 너희를 쇠 채찍으로 치겠다"고 강력한 정책을 제시하고 만다. 그러자 온 북쪽지파들이 다윗 왕조를 배반하여 떨어져 나갔고 베냐민 지파도 처음에는 르호보암이 군사력으로 유다왕국에 묶어두었으나 그들이 서서히 북쪽으로 스며들어 갔다.

결국 성서는 "그리하여 유다 지파만 제외하고는 어느 지파도 다윗 가문을 따르지 않았다"고 기록하고 있다(왕상 12:20). 이는 창세기 49:8-10에 야곱의 넷째 아들에게 구속사의 씨흐름이 향하는, "권능으로 그 자리에 앉을 분"이 유다의 후손에서 나타날 것을 예언한 야곱의 유언적 축복이 성취되고, 왕조의 영원한 왕조 계약이 정리되어 가는 섭리가 역사를 이끌어 가는 것이다(삼하 7:16).

④구속사적 씨흐름의 현실적 성취(창 49:8-12)

창세기에서는 원복음(原福音: Protoevangelium)인 "여자의 후손"에 이르는 구속사의 방향이 제시되고, 이는 결국 아담에서 아브라함, 이삭, 야곱, 유다에 이르러 구체화된다. 야곱이 유다의 후손에서 왕들이 일어날 것을 예언한(창 49:8-10) 축복이 결국 유다의 후손인 다윗 왕조가 영원히 통치할 것이라는 다윗 왕조의 영원한 계약(삼하 7:16)과 연결된다. 이 다윗 왕권은 그의 후손으로 태어날 메시아 왕권과 직결된다. 그래서 언약 외의 지파들인 북왕조 이스라엘 지파들이 떨어져 나가고 결국에는 역사의 무대에서 사라져 버리는 것이 구속사적 씨흐름의 냉엄한 구조이며 결론이다. 남왕국 유다만 존속하게 되어 예수님이 오실 때까지 씨흐름이 계속되어 메시아의 길을 준비한다. 12지파로 한 민족 한 나라로 존속하며 하나님의 백성으로 존립하던 이스라엘이 오직 유다만 남게되는 역사의 비극적 현실을 씨신학이 아니고는 설명할 길이 없다. 역사는 하나님의 구원사의 방향과 목적으로 흐르게 마련이다. 오늘의 역사도 예수 그리스도의 재림이라는 미래를 향해 차질 없이 진행되고 예언의 말씀대로 이뤄져 가고 있다.

여로보암의 죄에 대한 소고

우리가 열왕기서를 읽다보면 자주 나타나는 짧은 문단을 발견하게 된다. 그것은 "여로보암이 그 악한 길에서 떠나 돌이키지 아니하고"(왕상 13:33), "나답이 야웨 보시기에 악을 행하여 그 아비(여로보암)의 길로 행하며 그가 이스라엘로 범하게 한 그 죄 중에 행한지라"(왕상 15:26) "야웨 보시기에 악을 행하여 여로보암의 길로 행하며"(15:34) 등이다. 특별히 열왕기하에 나타나는 거의 모든 이스라엘의 왕들에 대한 공식적 평가 문구인 "그도 또한 조상이 한 것처럼 야웨께서 보시기에 악을 행하고 이스라엘로 죄를 짓게 한 느밧의 아들 여로보암의 죄에서 떠나지 아니하고 그것을 그대로 본받았다"가 반복되고 있다(왕하 13:1,11, 14:24, 15:9,18,24,28). 이 여로보암의 길은 "여호와 앞에 악한 길이며"(15:34), "이스라엘의 하나님 야웨의 노를 격동시킨 일"(15:30), "이스라엘로 범죄케 한 길"(15:34, 16:19, 22:52)로 묘사되어 심판의 대상이 된다. 이와는 대조적으로 "그 마음이 그 조상 다윗의 마음과 같지 아니하며"(15:3)에서처럼 여로보암의 길과 정반대의 다윗의 길과 행적이 유다와 이스라엘 왕을 평가하는 기준이 되고 있다.

성서기자(신명기적 역사가)의 진술에 따르면, 북왕국 이스라엘을 세운 여로보암 1세(이후 여로보암으로)가 범한 죄가 북왕국 몰락의 직접적 원인이 되었다(왕하 17:20-23, 왕상 14:14-16). 이 성서기자에 의해서 주어진 이스라엘 통치자들에 대한 평가에서 보면, 이스라엘 왕국의 역사적 붕괴자체가 이스라엘 백성과 그 통치자들이 여로보암의 죄의 길을 계속 따랐던 것 때문이라고 신학적인 진술을

하고 있다.[21]

-여로보암의 인물

여로보암은 북왕국 이스라엘을 건설한 사람으로 에브라임 지파 출신이다(왕상 11:16). 그는 솔로몬의 신복으로 다윗성의 무너진 것을 수축하는 일에 솔로몬이 요셉 족속의 일하는 것을 감독하도록 임명하였던 사람이다. 그는 큰 용사로서 솔로몬 왕에게 신임을 받을 정도로 충실한 사람이었다. 그러던 그가 솔로몬에게 반역적 정적(政敵)으로 몰려서 이집트로 망명을 가게 된 것은 하나님께서 아히야를 통해 여로보암이 10지파를 찢어서 왕이 될 것이라 예언한 사건 때문이었다. 아히야를 만나기 전에는 여로보암이 어떤 종류의 모반도 생각지 못했을 것이다. 아히야와 여로보암의 만나는 사건과 솔로몬의 강경 반응으로 인해 여로보암이 이집트로 정치적 망명을 하지 않을 수 없었던 사건 사이에는 분명히 반란행위가 있었던 것 같다. 그리고 북쪽 이스라엘 백성들이 르호보암을 대항하는 봉기의 지도자로 추대한 것을 보면 그는 이미 자연스럽게 북쪽 지파들에게는 지도자로서 인식될 만한 어떤 역할을 수행하였던 것 같다.[22]

여로보암은 그의 반체제 행위가 솔로몬의 귀에 들어갔다는 말을 듣고 이집트의 시삭에게 피신한다. 이 시삭은 솔로몬의 장인이었던 왕을 폐위시키고(왕상 3:1) 이집트의 새로운 왕이 된 파라오였다. 그는 이스라엘을 멸망시키려고 애썼던 인물이다.[23]

원래 유다지파와 에브라임 지파는 오랜 동안 불화와 반목으로 일관되어 왔었다. 유다는 큰 지파로서 이스라엘의 지도적 리더쉽을 발휘해 왔으나 에브라임은 유다지파에 흩어져 살던 시므온 지파보다는 조금 많으나 최하위급 지파로서 소외감을 느껴 노골적인 불만을 털어 놓았었다(삿 8:1, 12:1-6). 그러면서도 지도자들이 많이 배출(여호수아, 드보라, 여로보암 등)된 언약 국가의 가장 강력한 지파인 에브라임과 유다간의 이런 적대적 행동은 일찍부터 있었다(삿 8:1이하, 삼하

---

21) 이 부분도 필자가 [神學과 宣敎] 제29집(1995)에 실린 것을 씨신학과 관련된 내용이라서 발췌하여 실렸다.
22) John Gray, 「열왕기서」 [국제성서주석] 한국신학연구소 역(천안: 한국신학연구소, 1992), pp.426-427.
23) Alan Millard 「열왕기상-역대하」 유재선 편(서울: 한국성서유니온, 1990), p.28. 솔로몬은 이 파라오의 딸과 정략적 결혼을 하여 애굽과 동맹을 맺어 이 여인을 위해 특별한 집을 지어주고 바로의 점령지인 게셀을 솔로몬에게 선물로 주었다. Leon Wood. op. cit., p.327.

2:9, 19:42이하). 사사인 입다 때는 암몬 족과 싸우는 일에 에브라임이 동원 명령을 받았으나 출동하지 않았다. 그래서 승전 후에 입다는 계속 불평하는 에브라임을 글르앗 사람을 동원하여 치는데 그 때 죽은 자가 42,000명이나 되는 큰 내란이었다(삿 12:4—6). 이런 에브라임 중심의 북쪽 지파들의 감정적 갈등 속에서 솔로몬이 죽자 그의 위(位)를 계승한 르호보암은 북왕국 백성들의 감정을 완화시키지 못한다. 오히려 백성들의 잠재적 감정을 악화시켜 남북 분열을 가속화시키고 만다.

에브라임을 주동으로 한 10지파는 솔로몬의 후계자인 르호보암에게 충성하기를 거부하고 에브라임 사람 여로보암을 왕으로 택했다. 다윗의 왕통으로부터 10지파의 이탈 원인은 비록 솔로몬의 우상숭배에 대한 하나님의 심판으로 정해진 것이었고, 솔로몬은 이로 인해 위협을 받았으며, 이탈 자체는 르호보암의 오만에 기인하였고, 10지파의 지배권이 아히야에 의해 여로보암에게 약속되긴 했었다. 그럼에도 불구하고, 그것은 근본적으로 야웨와 그의 기름부음 받은 자에 대한 하나의 반역이었고 이들 지파들 측에서 행한 반란은 유다와 유다나라의 왕 르호보암에 대한 모반이었다.[24]

솔로몬의 후계자 르호보암이 그의 등극식을 예루살렘이 아닌 세겜에서 치르도록 한 것을 보면 이런 북쪽지파의 불만을 달래보려는 시도였을 것이다. 이 때를 계기로 북쪽 지파들은 르호보암과 담판을 가지게 된다. 북방 지파들은 솔로몬의 보복을 피하여 이집트에 피신해 있던 여로보암을 소환하여 참석케 한다. 이때부터 여로보암은 본격적으로 협상을 이끄는 북왕국의 지도자로 부상하게 된다. 여로보암은 르호보암을 향해서 요구 조건을 제시했다. 즉 솔로몬의 막중한 세금(무거운 멍에)과 노동징집(고역)을 완화시켜 주면 왕으로 섬기겠다는 제안이었다. 그러나 르호보암의 강경론에 의한 협상 파경 선언에 온 북쪽 지파들은 분노를 터트리며 다윗 왕조를 버리고 여로보암을 청하여 북왕국 이스라엘의 왕으로 삼게 된다. 그래서 여로보암은 북왕국의 초대 임금으로 통치하게 된다. 그러나 그가 나라를 통치하는 정책이 하나님 보시기에 악을 행하는 것이 되어 후대에 계속 이스라엘로 범죄케 하는 죄의 표본으로 남게 된다. 여로보암은 22년간 이스라엘 통치하

---

24) C. F. Keil and F. Delitzsch, 「열왕기서」[구약주석 10] (서울: 기독교문화출판사, 1983), pp.206—207.

고 자연사(自然死)로 생을 마치었으나 후대의 불행의 씨를 나라에 심고 간 인물로 기록되고 있다.

-여로보암의 죄

여로보암은 자기가 통치하는 백성들이 종교적으로 남왕국 예루살렘 성전 중심으로 계속 집착하게 되면 결국 르호보암에게로 마음이 변하여 자기를 배신하고 자기를 죽이고 르호보암을 섬길 것이라는 위기의식을 가지고 있었다(왕상 12:27). 그래서 여로보암은 자기의 통치 영역을 확고히 하기 위해 남왕국 예루살렘과 종교적 단절을 확실하게 하고 북왕국 백성들의 마음을 묶기 위해 몇 가지 조치를 감행하는데 그것이 바로 여로보암의 죄가 되고 왕국 멸망의 원인이 된다. 다윗 계통의 자손이 아니고 예루살렘 성(정치적 정통성)과 예루살렘 성전(종교적 정통성)을 잃어버린 정통성이 없는 여로보암으로서는 그것을 만회해 보려는 시도를 했던 것이 오히려 하나님의 진노를 사게 된다. 이를 분석하면 다음과 같다.

① 산당을 짓고 금송아지 형상으로 야웨를 대신

> "왕은 궁리를 한 끝에 금송아지 상 두 개를 만들었다. 그리고 백성에게 이렇게 말하였다. '예루살렘으로 올라가는 일은 너희에게는 너무 번거로운 일이다. 이스라엘 백성들아, 너희를 이집트에서 구해 주신 너희 신이 여기에 계신다.' 그리고 그는 금송아지 상 두 개를 하나는 벧엘에 두고 다른 하나는 단에 두었다."(왕상 12:28-29)

여로보암은 그의 왕국에 내적 힘을 부여하기 위해 그의 백성들에게 새로운 제단을 만들어 제시함으로 성전에서 제사할 수 있는 대응물이 되게 했다. 그렇게 함으로 백성이 절기를 지키러 예루살렘에 올라가는 일을 막을 수 있고, 따라서 자기의 백성이 다윗의 집으로 다시 돌아가는 일을 방지할 수 있으며, 더 나아가서는 자기 생명의 위태함에서 벗어날 수 있다고 믿었다(왕상 12:26-27).[25]

여로보암이 "보라 너희 신이다"는 말은 "이는 새로운 종교가 아니고 우리 조상

---
25) *Ibid.* p.214.

들이 광야에서 행하였던 예배의 형태이며 아론 자신이 시내산 밑에서 이렇게 행하였다"(출 32:4)는 의미로 연상할 수 있다.[26] 여로보암은 보이지 않는 이스라엘의 하나님의 임재를 상징하는 궤의 대용품으로 금송아지 상을 제시했다. 이는 예루살렘 성전에 있는 법궤나 시리아의 조각물인 바알-하닷(Baal-Hadad)의 황소 받침대처럼 황금 송아지는 혼합 종교적 현상으로 야웨의 임재를 볼 수 있는 장소에 불과하다는 의견이 있다.[27] 여기서 가나안 바알종교의 제의용 짐승인 황소 표상이 사용되었다는 것은 이스라엘에서 이미 야웨신앙이 실제로 가나안의 자연제의와 혼합되었음을 시사한다.[28]

이 금송아지 상이 벧엘과 단의 두 장소에 안치된 것으로 기록되고 있다. 벧엘은 북왕국 지역에서는 최남단으로 야곱이 고향, 부모를 떠나 하란을 향하여 가다가 한 곳에서 돌을 취하여 잘 때, 하나님이 꿈에 나타나 족장 전통의 축복과 언약을 주신 곳이다. 여기 '엘 벧엘'은 '벧엘의 하나님'(God of Bethel)을 뜻한다. 야곱도 하란에서 되돌아 와서 벧엘로 올라가 단을 쌓고 그곳을 '엘 벧엘'이라 불렀다(창 35:1-7), 드보(R. de Vaux)[29]는 'El Bethel'을 벧엘의 지방성소의 El신으로 이해할 수 있고, 한편 Bethel을 El과 동격인 신명칭으로 간주할 수도 있다고 보았다. 성서 자체의 증거로는, 스가랴 7:2에 벧엘-사레셀(Bethel-Sharezer)의 고유명칭에서와 같이 (신인 벧엘: a god Bethel)로 이해할 수 있고 예레미야 48:2에는 "이스라엘 집이 벧엘을 의뢰하므로 수치를 당한 것 같이 모압이 그모스로 인하여 수치를 당하리라"하여 이스라엘은 벧엘, 모압은 그모스의 신과 대칭을 이루어 신명칭으로 사용되고 있다는 것이다. 그러나 여기서는 벧엘에 있던 어느 신을 의미하는 것 같다. 성서 외의 자료로 Elephantine Papyri와 초기 설형문자 본문 등에 하나의 신(神)으로서 벧엘(a god Bethel)이 나타난다.[30]

---

26) Ibid.
27) Leon Wood, op. cit., p.402. Cf. H. T. Obbink, "Jahwebilder", ZAW XL VII(1929), pp.264-74. John Gray op. cit., p.468.
28) J. Gray.,「열왕기서」[국제성서주석] 한국신학연구소 역(천안: 한국신학연구소, 1992), p.468.
29) Roland de Vaux, The Early History of Israel, tran. David Smith(Philadelphia: The Westminster Press, 1978), p.275. Cf. O. Eissfeldt. "Der Gott Bethel" ARM 28(1930. pp.1-30. I. P. hyatt. "The Deity Bethel and the O.T.", Journal of American Oriental Society 59(New Haven, 1939), pp.81-98.
30) R. de Vaux, Ibid., Cf. B. Porten. Archives from Elephantine (BerKley, 1968), pp.163-170과 "The Religion of the Jews of Elephantine in the Light of the Hermopolis Papyri." Journal of Near Eastern Studies, 28(Chicago: 1969), pp.116-121.

이 벧엘은 베냐민 지파 영역에 속한 성읍으로 중앙 고지대를 따라 남으로 예루살렘을 향하는 순례길의 산등성이에 위치한다. 벧엘 성소는 성읍에서 다소 떨어진 곳에 위치하였다(왕상 13:13). 이같이 벧엘은 유다에 가까웠다. 거기다가 산당을 세워 금송아지를 올려 놓고 북왕국 사람들이 예루살렘으로 가는 것을 막고, 르호보암의 백성들에게도 형상 숭배를 원하는 자들이 있었기 때문에 그들을 유혹하려 했다.

다른 하나는 [단]에다 세웠는데, 단은 북왕국 이스라엘의 최북단에 있는 국경지대이다. 그래서 마치 송아지 상들이 그 나라의 수호신인 양 꾸몄다. 이런 조치는 예루살렘에서 아주 멀리 떨어져 있는 북쪽 사람들에게 편의를 제공하려고 했던 것이다. 게다가, 그곳에 이미 미가의 우상이 세워졌었기 때문에 여러 시대 동안 존경을 받아왔던 지역이기 때문이었다(삿 18:30-31).[31] 또한 이스라엘이 정착하기 이전에 페니키아인들이 거주하고 있었던 단은 오랫동안 바알 제의의 본거지였다는 주장도 있다.[32]

여로보암은 예루살렘에 맞대응하여 북왕국 백성들을 위하여 다른 예배 장소로 단과 벧엘에 산당을 짓고 금송아지 형상을 만들어 놓았다는 사실은 어떤 의미가 있는가? 사실 이 두 장소들은 이미 이스라엘에게 있어서 성역이었다. 벧엘은 아브라함과 야곱시대에 벌써 성소였다. 특별히 야곱의 환상과 제단에 의해 신성시되었다(창 28:11-19, 31:13, 35:1, 7, 15). 또한 이스라엘 사람들이 레위 사람의 첩 사건 때문에 베냐민 사람들과 싸울 때 온 이스라엘 사람들이 벧엘에 모여서 울며 여호와 앞에 번제와 화목제를 드렸는데 이는 거기에 하나님의 언약궤가 있었고 아론의 손자 엘르아살의 아들 대제사장 비느하스가 거기 있었다(삿 20:26-28). 그래서 벧엘은 이미 이스라엘 사람들에게는 성역화된 곳으로 인식되어 있었다. 또한, 단은 최북단에 있어서 북쪽 지파들이 먼 여행을 하지 않아도 예배 처소로 사용할 수 있었다. 이미 그곳에서 단 자손들이 그 자체의 크나 큰 신당을 세워 그 새긴 신상을 두고 모세의 손자 게르손의 아들 요나단과 그 자손이 제사장이 되

---

31) Matthew Henry. 「열왕기상」 남준희 역(서울: 기독교문사, 1981), p.230.
32) R. Dussaud, "Cultes Cananess au source du Jourdain d'apres les textes de Ras Shamra", *Syria XV* II(1936), pp.283-295.

어 제사를 관장하고 있었다(삿 18:27-30).[33]

성역화된 이들 장소를 선택한 것은 여로보암이 예루살렘 예배 동조자들을 구태여 자극하지 않고 예루살렘 예배와 동등한 것을 유지하려는 의도가 있었다. 여로보암은 만일 자기 백성이 "예루살렘에 있는 여호와의 전에 제사를 드리고자 하여 올라가면 이 백성의 마음이 유다의 왕된 그 주 르호보암에게로 돌아가리라"는 예견을 하게 되어 취한 정책이었다. 한 종교, 한 성역, 한 제사장으로서는 두 왕국으로 오래 지속될 수 없다는 인식을 하게 된 것이다. 결국, 이스라엘 땅의 레위인들과 제사장들은 종교적 정통성을 따라 유다의 르호보암에게로 돌아오게 된다(대하 11:13).[34]

여로보암과 그의 지지자들이 가장 두려워하는 것은 르호보암의 군대가 아니라 예루살렘의 의식적인 종교적 제도였다. 그래서 그것들을 대체할 수 있는 예배장소로 북왕국의 오랜 성역이었던 벧엘과 단에 가시적 상징인 송아지 형상까지 만들어 백성들에게 마음을 자기에게로 돌아오도록 시도했다.

여로보암은 이 금송아지 형상을 어디에 근거로 했을까의 의문은 성서 안에서 그 해답을 찾을 수 있다. 즉 아론의 금송아지에서 암시를 받았을 것이다. 왜냐면 여로보암이 금 송아지를 만들고 백성들에게 한 말이 아론이 송아지를 만들어 세우고 백성들에게 한 말과 똑같기 때문이다.

> "새겨 송아지 형상을 만드니 그들이 말하되 이스라엘아, 이는 너희를 애굽 땅에서 인도하여낸 너희 신이로다 하는지라"(출 32:4)

> "두 금송아지를 만들고 무리에게 말하기를 너희가 다시는 예루살렘에 올라갈 것이 없도다. 이스라엘아 이는 너희를 애굽에서 인도하여 올린 너희 신이라하고"(왕상 12:28)

여로보암은 옛 예배를 새로운 상황에 다시 적용시키려는 것이다. 그런데 이 송아지를 보고 보이지 않는 형태로 계시는 야웨에 대하여 생각하게 하려는 것은 바

---

33) J. Hammon, 「열왕기상」[플핏성경주석] 박홍관 역(서울: 보문출판사, 1980), p.420.
34) *Ibid.*, p.417. 예루살렘을 중심으로 이루어지는 종교적 체제가 너무도 강력하기 때문에 옛 신앙과 새로운 왕국이 공존하기 어려운 것을 잘 의식하고 있었다.

알과 하닷(Hadad)에 관한 가나안 사람들의 사고방식에 근거한 것으로 볼 수 있다.[35] 이것이 하나님의 진노를 사게 된다.

신명기 법전에 의하면, 이스라엘의 예배는 중앙집권화되는 하나의 중심점으로 예루살렘에서 행해져야 하는데 그것은 바로 예루살렘 성전이다(신 12:11, 14:23, 16:2, 6, 11, 26:2). 바로 이 신명기적 표준에 의하여 정죄되고 있는 여로보암의 제단, 즉 예루살렘 성전과 경쟁관계에서 세워놓는 단과 벧엘의 제단은 하나의 제의적 큰 범죄행위로 간주되고 있다. 하나님의 선택한 성소를(신 12:5) 무시한 것이기 때문이다. 이것이 이스라엘로 범죄케 하는 요인이 되게 하였다.

이는 바로 솔로몬에게 내려진 책망과 동일한 사건이기도 했다. 솔로몬은 이방 여인들과 결혼하여 그들이 가져온 신들을 위하여 산당(bamot)을 예루살렘 앞산에 짓고 이방의 후비들이 분향하고 제사드리도록 허용했다. 이는 계약의 위반으로, 이 사건 때문에 하나님이 진노하시며 "네가 나의 언약과 법도를 지키지 아니하였으니 내가 결단코 이 나라를 네게서 빼앗아 네 신복에게 주리라"는 말씀으로 왕국분열의 원인이 여로보암의 행위와 똑같은 구조의 솔로몬의 죄 때문인 것으로 나타난다(왕상 11:1-13). 결국 솔로몬의 죄와 여로보암의 죄가 그 구조상 동일한 범죄가 되는데 결과적으로 남북분열의 원인이 되는 솔로몬의 범죄를 여로보암이 그대로 답습하고 있다.

하여튼 예루살렘 성전과 맞대응하여 지은 여로보암의 단과 벧엘의 제단은 결국 북왕국 이스라엘의 종교적 정통성의 결여로 볼 수 있다. 종교적 전통을 가지지 못한 북왕국은 이스라엘 계약신학에 위배되는 이단적 집단이라는 성서 기자의 판단이 깊이 개재되어 있다. 여로보암 이후의 왕들은 어쩔 수 없이 이 여로보암의 죄의 길을 가기 때문에 그 결과는 죄에 대한 심판으로 멸망을 전제로 하고 있고, 단추를 처음 잘못 끼우면 그 뒤에는 차례로 잘못되어 지는 것과 같이 이스라엘의 모든 왕은 하나님께 칭찬 받은 왕이 없이 계속 암살에 암살, 구테타에 구테타가 계속되다가 역사의 무대에서 사라져 버리는 비극을 맞게 된다. 여로보암 이후의 왕들에 의해서 계속 반복되는 죄로서 묘사되는 것을 주의 깊게 보아야 한다.

단 성소는 이방 족속들과의 상호 작용이 흔히 일어나는 변경지역에 위치한 북

---

35) Leon Wood, *op. cit.*, 402. W. F. Albright. From the Stone Age to Christianity 2d., ed(Graden City: Doubleday Anchor Books, 1957), pp.203, 229.

이스라엘의 한 성소일 뿐 아니라 사사시대로부터 신탁이 주어지는 신전으로 중요한 역할을 했다(삼하 20:18). 이런 장소에서 여로보암이 야웨의 왕권과 그의 대리자로서의 왕의 역할을 강조하기 위해 가나안 풍요제의의 상을 발전시키는데 집중한 것은 지파동맹적 성소에서 레위인의 영향을 무력화시키기 위한 의도였을 것으로 본다.[36]

왜 하필이면 금송아지를 만들어 놓았을까? 추측할 수 있는 것은 여러보암이 솔로몬을 피하여 이집트에 내려가 있을 때 그곳에서 소(여신 Hathor의 화신으로 인정)를 예배의 대상으로 섬기는 것을 배워 가지고 와서 시행했다고 보는 것이다.[37] 아니면 예배 대상이 아닌 단지 야웨의 임재를 상징하는 것으로 만들었을 것이라는 추측이다. 왜냐하면, 당시 헷족속이나 가나안 족속들은 동물로서 신의 임재를 상징화시킨 증거가 많기 때문이다.[38]

이러한 금송아지 형상의 제도가 여로보암에게 죄가 된 것은 구약종교의 근본되는 율법을 범한 것이기 때문이다. 율법은 어떤 형상이나 상징하에서 야웨께 예배함을 금하고 있으며(출 20:40), 예배의 장소 선택까지도 백성 자신들에게 맡기지 않았었다(신 12:5이하). 여로보암의 죄는 그가 더 이상 백성들로 예루살렘에 있는 야웨의 전에 못가게 한 것과 그가 세운 송아지 옆에서 야웨께 예배하도록 유인 혹은 강요한 것과, 혹은 야웨께서 그의 은혜스런 임재로 충만하시는 예배의 장소로서 성별한 하나님의 성전 대신에 산당의 전을 만든데 있다.[39] 그 산당의 전(殿)에는 언약의 법궤가 없었고 따라서 인간에 의해서는 어떤 상징으로도 대치할 수 없는 하나님의 자비스런 임재, 쉐키나가 없었기 때문이다. 이것은 바로 예루살렘 성전과 법궤를 대항하여 종교적으로 남왕국유다와 완전 결별하는 계기로 완전 분열을 초래하게 되다.

②그 산당에 레위 자손이 아닌 보통사람으로 제사장직을 담당케 함

여로보암이 벧엘과 단을 성역화하여 예루살렘을 대신하여 성전으로 삼되 그

---

[36] John Cray, *op. cit.*, p.470.
[37] J. P. Free. *Archaelogy and Bible History* (Wheaton, III: Scriture Press, 1962), p.180.
[38] C. G. keil and F. Delitzsch. 「열왕기상」[구약주석 10] (서울: 기독교문화출판사, 1983). p.216.
[39] S. Talmon, "Divergences in Calender—Reckoning in Ephraim and Judah," *Vetus Testamentum* 8(1958), pp.48—53.

곳에 옛 광야에서 책망받았던 금송아지를 세워 야웨를 섬기게 하자 이스라엘의 땅의 레위인들과 제사장들은 반기를 들고 나섰다. 그들은 여로보암의 그런 제사 직무와 종교정책을 순순히 따를 수 없었다. 왜냐면 그들은 신명기 법전의 종교 전통에 서있는 사람들이고 더 나아가서 다윗의 영원한 왕조 신학을 간직하고 있는 남쪽 유다전승에 철저한 사람들이라고 볼 수 있을 것이다. 여로보암과 그 지지자들은 북왕국의 새로운 예배에 참석하기를 거부하는 그들의 소유를 몰수했을 것이며 틀림없이 압박하기 시작했을 것이다. 그래서 역대기 기자는 "여로보암과 그 아들들이 저희를 폐하여 야웨께 제사장의 직분을 행치 못하게 하였다"고 기록하고 있다(대하 11:14). 그러자 레위인들과 제사장들 그리고 여로보암의 정책에 반대하는 자들이 북쪽의 그 향리(鄕里)와 산업(産業)을 떠나 유다와 예루살렘으로 이르러 르호보암에게로 돌아왔다(대하 11:13-14).[40] 그러자 북 이스라엘 땅에는 여로보암의 새로운 종교정책에 순응하여 제사장직을 수행할 레위인이나 제사장이 없었다. 그러자 여로보암은 레위 족속이 아닌 보통 사람을 제사장으로 임명하여 제사장직을 수행케 했던 것이다(왕상 12:31).

이스라엘의 제사직은 하나님이 아론과 그 아들들을 선택해서 제사장들로 세워 시작되었다(출 28:1, 6:18-20). 그래서 이스라엘의 제사직은 직업이 아니라 공직이었다. 왕이나 예언자는 하나님의 부르심과 선택으로 되지만, 제사장직은 하나님이 선택한 아론의 자손으로 상속되었다. 그래서 레위지파의 아론으로 시작된 제사직은 그의 아들들에게 상속되어 갔다. 여로보암은 하나님의 법도를 무시하고 자기 임의로 자격이 없는 사람을 제사장으로 임명하는 죄를 범하고 말았다. 그래서 북왕국 이스라엘을 정통성없는 집단으로 보고 역사기록에서 철저하게 북왕국의 역사를 생략하고 무시하고 있는 역대기에서는 오히려 레위인들과 제사장 계통의 족보와 역할을 크게 강조하는 것에 지면을 많이 할애하고 있다. 이것이 바로 남왕국 유다의 정통성을 강조하는 사건이 된다.

③자기 맘대로 절기를 변경하여 지키게 함

예루살렘에서 전통적으로 지켜오던 절기에 맞대응하여 여로보암은 임의로 날

---

[40] Leon Wood, *op. cit.*, pp.402-403.

짜를 달리하여 지키도록 북왕국 백성들에게 강요하였다(왕상 12:31-33). 일곱째 달, 즉 티쉬리(Tishri)월에 남왕국 유다에서 지켜지는 나팔절(1일)과 장막절 축제(15-22)에 버금가는 축제를 제정한다. 예를 들면, 이스라엘의 3대 절기 중에 가장 거창한 절기인 장막절은 원래 7월(Tishri) 15일에서 22일까지 지켜왔다. 여로보암은 유다의 이 큰 절기에 백성들이 모이는 것에 대한 상대적 매력을 준비해야 할 필요를 느꼈다. 그래서 한 달을 뒤로 미루어서 여덟 번 째인 마헤스만(Marheshman) 월 동일한 날짜(15-22)에 거행하도록 했다. 그런데 그가 왜 명백히 7월에 고정시킨 율법을 거스리면서까지 변경한 이유가 무엇일까? 이는 일반적으로 8월이 북쪽에서는 좀더 편리할 수 있었다. 왜냐면 북쪽 지역이 추수나 수확이 한달 정도 늦어지기 때문에(Karl F. Keil. Otto Thenius) 수확을 위해 더 많은 시간을 확보해 주어 백성들의 마음을 돌이켜 보려는 의도일 수 있다(?).

그래서 여로보암은 북왕국 이스라엘의 달력 사용 자체에 변화를 추진하였다. 그는 다윗과 솔로몬에 의해서 나라의 중심점이 된 '예루살렘 성'과 '예루살렘 성전'의 사회를 통합시키고 일체화시키는 역할이 얼마나 중요한 요소인가를 깊이 인식하고 있었다. 그는 이러한 사회적, 종교적 상황들이 왕이 된 그의 정책에 지대한 영향을 주었음은 당연하다.[41] 예루살렘 성과 예루살렘 성전이 통일왕국의 중앙에 위치하여 지파들을 통합하고 사회적 타협점을 제공할 수 있었기 때문에, 이곳을 상실하고 있는 여로보암은 정치적 종교적 입지에 어려움을 느낄 수 밖에 없었다. 그는 특별히 에브라임과 유다를 결속시키는 성전 제의에 대항할 만한 종교정책 중에 백성들이 모이는 절기를 바꾸고 달력체계를 바꾸게 된다.

즉, 여로보암은 예루살렘의 정치-종교적 영향력에 대처하기 위해 단과 벧엘을 국가의 주요 성지로 격상시키고(12:26-30) 예루살렘에서 하고 있는 것과 같이 왕권 이데올로기를 위해 중요한 의미가 있는 신년축제와 한 해의 마무리 추수축제를 드리는 달을 변경하여 따로이 제도화한다. 이 신년축제는 이스라엘의 진정한 왕인 하나님의 통치의 대행적 집행자로서의 이스라엘 왕의 역할에 중요한 의미가 있다. 그래서 예루살렘의 신년축제에 대응하는 제의와 그 달을 달리하여 여로보암이 제정했다는 것은 자신의 경쟁자인 유다 왕과 같은 권위를 확보하려는

---

41) John Gray, 「열왕기서」[국제성서주석] 한국신학연구소 역(천안: 한국신학연구소, 1992), pp.464

것이었다.[42]

우리나라의 신정과 구정이 있듯이 그들에게는 해의 년수가 봄으로 시작되는 종교력인 니산—니산 달력과 가을로 시작되는 행정력인 티쉬리—티쉬리 달력을 사용했다. 왕국이 남과 북으로 분열된 이후의 예루살렘과 성전의 역할은 여로보암의 정치적 입지 강화에 불리한 영향을 주자 남왕국 유다의 백성과 자기 백성들이 모일 수 있는 절기를 다르게 하여 북이스라엘 백성들이 남쪽으로 내려가는 것을 막으려고 했다. 모빙켈(S. Mowinckel)과 안데르센(K. T. Andersen)등은 이스라엘과 유다가 다같이 티쉬리 월력을 사용했다고 보고[43] 딜레(E. R. Thiele)는 북왕국 이스라엘은 니산—니산 달력을, 남왕국 유다는 티쉬리—티쉬리 달력을 사용했다고 주장한다. 그는 북이스라엘이 니산—니산 달력을 사용하게 된 것은 여로보암이 이집트의 망명생활에서 영향을 받았고, 근원적 이유는 유다에 대항하는 정치적 의도였다고 본다.[44] 두 왕국의 연대기 구성에서 문제가 나타나는 것은 이 달력 차이 때문이라고 보면 해결이 쉽게 되기 때문에 타당성이 있다고 본다. 그러다가 요시야 통치 시대에 와서는 남왕국 유다도 티쉬리—티쉬리 달력에서 니산—니산 달력으로 바꾸게 되는 것을 볼 수 있다. 하여튼, 헤이스(J. H. Hayes)와 후커(P. K. Hooker)는 북왕국 이스라엘이 마헤스만—마헤스만(Marheshman) 달력을 특별히 사용했다고 주장한다.[45] 그러나 그런 달력을 따로이 만들어 사용한 것 보다는 보통 종교력과 행정력을 함께 사용하고 의도적으로 절기의 날짜를 뒤로 미루어 예루살렘 절기에 맞대응한 것으로 보아야 할 것이다.

다니엘 7:23—26에 보면, 역사의 마지막에 적그리스도(짐승, 작은뿔)도 통치자로 나타나면 자기 숭배의 일환으로 인류가 지켜오던 일반적 때와 법을 고치고—북한의 김일성이 한국의 전통적 절기와 년호를 바꾼 것처럼—바꿀 것을 암시하고 있는 게 아닐까?!

---

42) S. Mowinckel, "Die Chronologie der Israelitischen und Judischen Konige." *Acta Orientalia* 10(1932): 175ff. K. T. Andersen. "Die Chronologie der Konige von Israel und Juda." *studia Theologica* 23(1969), pp.79—113.

43) E. R. Thiele. 「히브리왕들의 연대기」한정건 역(서울: 기독교문서선교회, 1990), pp.66—72.

44) J. H. Hayes & P. K. Hooker. 「이스라엘과 유다 역사—신연대기」정중호 역(서울: 대한기독교서회, 1991), p.17.

45) A. Caquot, "Ahhiya de silo et Jeroboam I er." *Sem* Ⅱ(1961) 17—27. Robert R. Willson. *op. cit.*, p. 223에서 重引. 연대적 문제로 의문이 있다고 보기도 한다.

"24. 그 열 뿔은 그 나라에서 일어날 열 왕이요 그 후에 또 하나가 일어나리니 그는 먼저 있던 자들과 다르고 또 세 왕을 복종시킬 것이며 25. 그가 장차 지극히 높으신 이를 말로 대적하며 또 지극히 높으신 이의 성도를 괴롭게 할 것이며 그가 또 <u>때와 법을 고치고자 할 것이며</u> 성도들은 그의 손에 붙인 바 되어 ...."

성서기자는 위에서 언급한 행위들이 여로보암 집(byt: 왕조)에 죄가 되어 그 집이 지면에서 끊어져 멸망케 되었다고 진술하고 있다(왕상 13:33-34, 14:16). 왜냐하면 신명기적 사가에 의하면, 예루살렘은 여전히 이스라엘의 중앙성소로 남아 있어야 하고, 여로보암이 제정한 제의 월력은 정통성이 없고 오히려 유다 월력을 유지하여야 하며, 모든 제사장은 레위지파의 아론 계통이어야 하며, 제의에 왕이 개입하는 것은 철저히 금해야 했다. 그래서 신명기적 관점에서 보면, 여로보암은 백성들을 선동하여 다른 신을 섬기게 함으로 왕권의 한계를 넘었던 것이다. 이것이 바로 구속사의 씨흐름 구조에서 북왕국이 철저하게 제외되는 원인이며 씨신학적으로 보면 북왕국의 당연한 멸망의 길이기도 하다.

-여로보암 죄의 결과: 북왕국 이스라엘의 멸망

여로보암은 집요한 우상 숭배로 그 악한 길에서 돌이키지 아니하였는데(13:33) 그 이유는 우상숭배로 자기의 통치를 확립시킬 수 있다고 생각했기 때문이었다. 그러나 그것은 도리어 여로보암의 정권을 상실케 했을 뿐만 아니라 자기 가문의 파멸을 초래하였다. 야웨께서 모종의 고질병으로 여로보암을 치셨다고 기록하고 있다(대하 13:20). 그는 재위 22년 만에 비참하게 죽었고 왕위는 그의 아들에게 계승되었다. 그러나 그 아들 나답은 그의 부친이 걷던 그 악한 길을 그대로 걸었으며, 또 이스라엘에게 죄를 짓게 하는 그 잘못을 그대로 따랐기에 2년 후 왕좌와 그의 생명까지 바아사에게 내놓게 되었고 그 일족도 모조리 전멸되었던 것이다(왕상 15:26-29).

여로보암의 죄 때문에 결국 이스라엘이 망하여 역사의 무대에서 그 나라 자체가 흔적도 없이 사라진다. 왜냐면, 여로보암 뿐 아니라 그의 우상숭배에 참여한 모든 백성들도 그 심판의 가혹함을 알 수 있게 하기 위해서 아히야는 그 나라가 유프라테스를 건너 쫓겨날 것을 선포했다(왕상 14:15-16). 즉 하나님께서 그들의 열조를 선택했던 곳, 이방 땅으로 그들을 추방하겠다는 것이다(수 24:3).[46] 이처럼 북왕국 이스라엘은 주전 721년 앗시리아에 의하여 멸망당해 앗시리아 정책에 의하여 앗시리아가 점령한 지역의 땅으로 분산되어 역사의 무대에서 사라지게 된다(왕하 15:29, 17:23).

이는 씨신학적 원리에 의한 역사 흐름이라고 볼 수 있다. 구속사적 씨흐름에서 밀려난 개인이나 왕이나 나라나 백성은 어쩔 수 없이 구속사에서 제외되는 행위를 하고 그런 멸망의 길을 가게 된다. 그리고 언약적으로 선택된 개인이나 나라나 백성은 위기와 부족함이 있음에도 불구하고 씨흐름을 타고 밀려가기도 하고 주도적 인물로 역할하기도 한다.

c. 북왕국의 정통성 결여(缺如): 여로보암의 길

다윗의 혈통이 아닌 여로보암으로 시작된 북왕국 이스라엘은 하나님의 구원사에서 제외될 수밖에 없는 언약외의 집단이다. 그 이유는 다음과 같다. 앞에서 언급한 내용을 신학적으로 요약하는 것으로 정리한다.

-혈통적 정통성 결여: 다윗의 혈통이 아님으로 다윗의 영원한 왕조계약(삼하 7:16, 대상17:14)에 위배되어 혈통적 정통성이 결여되었다. 즉, 씨신학적 입장에서 보면 언약외의 왕이기에, 역사의 무대에서 당연히 사라져 가야했다.

-정치적 정통성 결여: 정치적 중심으로 중앙집권적 권위를 이루었던 예루살렘성을 상실하게 됨으로 시온 계약(왕상 15:4, 왕하 19:34)에 위배되었다. 예루살렘은 유다의 수도로 남게 되었고 북왕국의 수도는 세겜에서 부느엘 그리고 사마리아로 바뀌었으나 그곳이 예루살렘은 아니었다(왕상 12:25).

-종교적 정통성의 결여: 예루살렘을 빼앗기자 예루살렘 성전(법궤)이 상실되어

---

46) C. F. keil and F. Delitzsch. 「열왕기상: 구약주석 10」 (서울: 기독교 문화 출판사, 1983). p.229.

성전예배신앙에 위배되어 종교의 중앙집권적 권위가 무너져 내렸다. 그래서 북왕국 이스라엘 사람들로 예루살렘에 가지 못하게 하고 단과 벧엘에 산당을 짓고(예루살렘 성전에 대항) 금송아지 형상(언약의 법궤에 대항)을 올려놓고 거기서 제사(야웨에 대항)를 드리도록 했다(왕상 12: 28-31).

-제사장의 정통성 결여: 레위지파의 아론 자손이 아닌 보통 사람으로 제사장을 임의로 세웠다(왕상 13:33). 왜냐면 북쪽의 여로보암의 정책이 율법에 위배되고 예루살렘 성전예배와 야웨 예배와 다른 길을 가자 이에 제사장들이 남쪽으로 거의 피해 내려왔기 때문에 제사장이나 레위지파 사람들이 북왕국에 없었다. 이는 레위지파 계약에 위배되었다(레 8장, 21장).

-절기의 정통성 결여: 북왕국 사람들이 절기 때에 남왕국 예루살렘으로 자꾸 가게되자 그것을 막기 위해 절기를 한 달 뒤(일곱째달: Tishri)의 15-22일에 지키던 장막절을 여덟 번째 달(Marheshman)로 미루어 지키도록 변경하였다(왕상 12:33). 그래서 남왕국 유다 사람들에게는 북왕국이 이단으로 비쳐질 수밖에 없었다. 이는 하나님이 정하신 절기를 변경하여 지키게 했기 때문이다.

예루살렘 성과 성전이 통일왕국의 중앙에 위치하여 지파들을 통합하고 사회적 타협점을 제공할 수 있었는데, 이 귀중한 중앙집권적 중심점을 잃어버리게 되자 여로보암은 정치적, 종교적 입지에 어려움(위기)을 느낄 수밖에 없었다. 이런 일 때문에 하나님 앞에 여로보암 가문은 죄를 얻었으며 마침내 땅에서 흔적도 없이 사라졌다(왕상 13:34).

결국 북쪽 이스라엘 왕국은 아홉(9) 왕조에 19명의 왕이 집권을 했다. 8명은 암살 및 자살로 끝나고, 시므리 왕 같은 사람은 단지 7일간 왕위에 앉았을 뿐이었다. 이들은 금송아지로 예배를 대체하고 바알 제단을 섬기기도 하여 하나님이 인정한 왕이 하나도 없었다. 결국 북왕국(수도: 사마리아)은 B.C. 722이나 B.C. 721년 늦여름이나 가을에 앗시리아에 의하여 함락되어 역사의 무대에서 사라졌다고 본다.[47]

---

47) John Bright, *op. cit.*, p.275.

이로써 북왕국 이스라엘은 역사의 무대에서 영원히 종적을 감추고 만다. 그래서 언약 외의 지파인 북왕국의 10지파(르호보암의 군사력에 잡혀있던 베냐민 지파도 후에 북쪽으로 거의 흡수되어 갔을 것으로 봄)는 앗시리아의 정책에 의해 고향 땅으로부터 추방되는 것과 함께 앗시리아 제국의 여러 지역에 흩어져 살다가 동화되어 그들의 역사는 종말을 고하고 만다.

d. 남왕국 유다의 멸망

남왕국 유다는 다윗 때문에 그 자손들의 범죄에도 불구하고 그의 왕조는 여전히 단일 왕조로 계속되었다. 르호보암의 죄는 솔로몬의 죄와 다를 바 없이 극심한 것이었다. 저희들도 여로보암의 북왕국처럼 산 위에와 모든 푸른 나무 아래 산당과 우상 아세라 목상을 세웠고, 남색 하는 자가 있었고 야웨께서 이스라엘 자손 앞에서 쫓아내신 백성들의 모든 가증한 일을 본받아 행하였다(왕상 14:22-24). 이는 여로보암의 종교정책에 대한 비난과 비판의 내용과 전혀 다를 바가 없었다. 르호보암에 이어서 계속 많은 유다의 왕들이 이런 짓을 저질렀다. 그러나 유다왕조가 망하지 않은 이유는 다윗 때문이라는 것이다.

열왕기상 15:4-15에 의하면, 유다왕국의 멸망이 지연되고 하나님의 배려가 임하는 이유를 두 가지 사실을 들어 제시한다. 즉, 다윗왕의 행실과 아사왕의 행실이다. 첫째로, 다윗왕은 우리아와 그 아내에 대한 사건 외에는 평생에 하나님 야웨 보시기에 정직히 행하고 자기에게 명하신 모든 일을 어기지 아니하였다는 것이다. 이것이 바로 다윗의 길이요, 하나님의 인정한 길이며, 후세 왕들의 치세를 평가하는 기준이었다. 그래서 야웨께서 다윗의 절대적 지반인 영지(David's fief)로 예루살렘을 건설하시고 다윗 때문에 유다왕권이 파괴(파멸)되지 않을 것이라는 것이다.[48]

둘째로, 르호보암의 뒤를 이어 아비야가 왕이 되어 예루살렘에서 3년을 다스렸으나 그 부친의 이미 행한 모든 죄를 행하고 그 마음이 그 조상 다윗의 마음 같지 아니하여 그 하나님 야웨 앞에 온전치 못하였다. 그러나 다윗을 생각하셔서, 예루살렘에 한 등불을 주시고, 그의 뒤를 이을 아들을 세우셔서 예루살렘을 굳게 세워

---

48) E. Theodore Mullen Jr., "the Sins of Jeroboam: A Redactional" *CBQ* Vol. 49 No. 2(1987), p. 220.

주셨다(왕상 15:4). 즉, 아비야의 뒤를 이어 아사가 유다의 왕이 되어 예루살렘을 40년 동안 다스렸다. 아사는 그의 조상 다윗과 같이 야웨 보시기에 정직하게 행하였다. 그는 성전 남창들을 나라 밖으로 몰아내고, 조상들이 만든 모든 우상들을 없애 버렸다. 그리고 그는 자기 어머니 마아가 아세라를 섬기는 혐오스러운 상을 만들었다고 해서, 자기의 어머니를 왕 태후의 자리에서 물러나게 하였다. 아사는 할머니가 만든 혐오스러운 상을 토막내어서 기드론 시냇가에서 불살라 버렸다. 그리고 야웨를 사모하는 아사의 마음은 평생 한결 같았다고 대단한 긍정적 평가를 내리고 있다(왕상 1:12-15). 성서기자는 아사가 다윗왕의 길을 가장 가깝게 따른 것으로 보고 있는 것 같다.

이와같이, 강대국의 간섭 아래 그 존폐가 좌우되는 국제정세 속에서 하나님 앞에 다윗, 아사같은 선한 왕(히스기야, 요시야등)도 있었으나, 오히려 악한 왕(므낫세, 아몬등)들이 더 많았다. 그럼에도 불구하고 유다의 다윗 왕조가 단일 왕조로 계속될 수 있었던 것이 다윗 왕의 신앙적 자세와 충성이 하나님의 인정을 받았기 때문이기도 하지만 더욱 중요한 것은 그 다윗 왕에게 주어진 하나님의 "영원한 왕조계약 신학"(삼하7:16)에 근거한 것이며 여인의 후손으로 가야하는 하나님의 구속사적 씨흐름의 구도 때문이었다. 유다는 다윗 왕의 공적과 영원한 왕조계약 그리고 구속사의 방향 때문에 그 나라와 그 후손이 끝까지 존속하고 그들의 씨에서 메시아가 탄생된다. 이것이 구약에 흐르는 구속사의 맥박이다.

그러나 남왕국 유다도 결국 국운이 기울어지면서 나라 자체가 멸망을 당하고 포로로 잡혀가지만 그 자체가 없어질 수는 없었다. 왜냐면 그들을 통해 메시아가 이 땅에 오셔야 하기 때문이었다. 남왕국 유다의 말기는 참 비참한 모습으로 무너져 내린다. 요시야 왕은 성전 헌금궤에서 발견한 율법책에 의해서 개혁을 단행했었다(왕하 23장). 그러나 므깃도에서 애굽과 유다의 싸움이 벌어져 거기서 요시야가 치명적 부상을 입고 40세가 채 못되어 죽게 되었다. 이리하여 그의 개혁도 별로 성과없이 끝나고, 요시야의 둘째 아들 여호아하스(B.C. 609)를 백성들이 왕으로 세웠으나 3개월이 못되어 애굽 왕이 그를 포로로 데려가고, 그의 형인 엘리야김을 여호야김(B.C. 609-598/7)으로 이름을 고쳐 왕으로 세웠다. 무능력한 여호야김은 독재로 백성을 압제하고, 하나님께 악을 행했다. 자기 궁전을 세우기 위해

국고를 낭비하고, 부역에 백성을 동원시켰다. 그는 예레미야가 하나님의 계시로 쓴 두루마리를 불살라 태웠다(렘 36:23).

기원전 605년에 이집트와 바벨론이 유프라테스의 칼게미쉬에서 맞부디쳐 세계 역사를 변화시키는 대전투가 있었다. 바벨론의 느부갓네살(B.C. 605/4-526)에게 이집트의 느고가 패하자, 팔레스타인이 바벨론의 지배 밑에 들어가게 된다. 이때에 다니엘과 그의 세 친구 그리고 자기 또래의 다른 사람들과 함께 B.C. 605년 여름 바벨론으로 잡혀간다. 그후 느부갓네살은 점령지 국가들로 조공을 바치게 했는데, 여호야김도 3년동안 그를 섬겼다(왕하 24:1).

3년후 느부갓네살왕은 잠재력을 가진 애굽의 느고를 완전히 진멸하기 위해 애굽 국경까지 진격했다가 양편에 많은 사상자를 내고 후퇴했다. 그 기회를 이용하여 B.C. 599년 여호야김이 반란을 일으키자(왕하 24:1), 예레미야는 왕에게 바벨론을 섬겨야 할 것을 권면했으나 끝내 듣지 않았다(렘 27:1-15). B.C. 598년 겨울 느부갓네살이 바벨론을 떠나 597년 3월에 예루살렘을 공격하기 시작했다. 그러나 여호야김은 이미 598년 예루살렘에서 죽고, 그의 18살 된 아들 여호야긴(598-597년의 3개월간)이 왕위에 앉아 있었다. 예루살렘을 포위하자, 여호야긴은 즉각 항복했다. 느부갓네살은 여호야긴 왕과 왕족, 지도급 인사들 1만명 외에 많은 기술자들을 포로로 데리고 갔고, 예루살렘의 귀중품들을 약탈해 갔다. 예언자 에스겔도 이때 포로민의 신세가 되었다(겔 1:1-3).

느부갓네살은 요시야의 셋째 아들이며, 여호야긴의 삼촌인 맛다니야를 시드기야(B.C. 597-597)로 이름을 고쳐 왕위에 세웠다. 그러나 백성들은 여호야긴을 합법적인 왕으로 인정했고, 유다 왕국에는 친바벨론파와 친애굽파가 서로 반목하여 왕을 이용하려 했다. 시드기야는 좀 무능력한 사람이었고, 판단 잘못으로 친애굽파에 밀려서 반바벨론 정책을 취하게 된다. 반바벨론파들은 에돔, 모압, 암몬, 페니키아 등이 동맹을 형성하는데 유다가 동참하도록 강요하고(렘 27:1-3), 시드기야로 이집트의 도움을 구하게 했다. 예레미야는 거짓 예언자에 대항하여 바벨론의 멍에를 메고 섬기라고 촉구한다(렘 28:1-22). 그러나 기원전 589년 결국 시드기야는 바벨론에 반란을 일으켰다. 즉, 친애굽파가 득세하게 되어 시드기야는 느부갓네살 왕의 멍에를 내버리고 도움을 이집트에서 구하라는 압력에 굴복하여 이집트의 호프라(Hophra)왕에게 도움을 요청하고, 최후의 항거를 시작했다. 바벨론의 느부갓네살은 예루살렘을 공격하여 포위 2년만에 B.C. 587/6년 예루살렘 성전과 예루살렘 성을 함락시켰다. 시드기야 왕은 황급히 탈출하려 했으나, 여리고에서 붙잡혔다. 그는 립라(Riblah)의 느부갓네살에게 끌려갔다. 거기서 시드기야의 아들들 전부가 그가 보는 앞에서 죽임을 당했다. 그 처참한 광경을 본 뒤에 시드기야의 두 눈이 뽑혀지게 된다. 그는 장님이 된 상태로 쇠사슬에 묶인 채로 바벨론으로 압송되어 죽을 때까지 감옥에 수감되었다. 예루살렘은 완전히 파괴되고, 정치적 색채의 지도급 제사장, 시민들도 모두 립라로 끌려가 처형되는 비극으로 유다 왕국의 막이 내리고 만다.[49]

그 후에 유다 땅은 '비천한 사람'들 만이 남겨져 땅을 경작했고(왕하 25:12), 유다는 바벨론의 일개 주가 되고, 더 이상 왕이 없이 지배국이 지명한 총독이 다스렸다. 유다의 많은 고귀한 사람들, 재능을 가진 자들, 유망한 젊은이들은 바벨론의 포로생활을 하게 되었다. 구약성서는 구약역사의 마지막 부분으로 포로생활과 바벨론 포로에서의 귀환까지 다루고 있다. 즉, 바벨론은 페르시아에 패배당하고, 페르시아가 세계 주도권을 장악하여 역사 무대에 엄청난 세력으로 등장한다. 특별히 그 바벨론을 멸망시킨 고레스 대왕(Cyrus, B.C. 550-530)은 페르시아 대제국을 이루고, B.C. 538년 고레스 칙령(The Edict of Cyrus)[50]을 선포했다(대하 36:22-23, 스:2-4, 6:3-5). 즉, 바벨론 통치하의 포로민들로 고향에 돌아가도록 허락하는 조서였다.

---

49) Leon Wood, 「이스라엘의 역사」 김의원 역 (서울: 기독교문서선교회, 1996) pp.366-376. C.F. Pfeiffer, *op. cit.*, pp.156ff.

50) 1)야웨께서 고레스에게 세계 만국에 대한 통치권을 주심 2)이스라엘 하나님이 참 신이시다 3)예루살렘 성전을 고레스 지원으로 건축 4)모든 유대인은 원하는 자에 본국 귀환 허락 5)바벨론 잔존자들을 경제적으로 도와 줄 것 6)탈취한 예루살렘 성전의 금, 은 기구들 반환, 7)예루살렘 전을 위하여 예물을 즐겨이 드릴 것 등이 내용이다.

2. 포로민의 귀환

이 고레스 칙령(B.C.538)에 의하여, 유대인 역사(Jewish history)의 실제적 시작을 이루는 귀환이 3번에 걸쳐 이뤄진다(이때부터 유대인이라 불림).[51]

1) 페르시아의 바벨론 정복 직후(B.C. 537/6): 세스바살, 스룹바벨의 인도(스 1장),

2) 아닥사스다 롱기마누스(B.C.465-424)의 7년 BC 458년: 에스라의 인도(스7:7),

3) 아닥사스다 롱기마누스의 20년째인 BC 444년: 느헤미야의 인도(느 2:1)로 바벨론 포로에서 유대인들이 팔레스타인 땅, 예루살렘으로 돌아온다. 이들은 귀환하여 성전 재건과 예루살렘 성 재건에 집중적 노력을 가했다. 이스라엘의 수난 역사에서 포로귀환이라는 광명의 역사를 맞이한 유대인들은 하나님과의 계약 백성으로의 회개 운동을 전개시켰다. 이 회복 운동은 예루살렘 성 재건(외형적 사건)과 예루살렘 성전 재건(율법에 기초한 영적·도덕적 교화와 진리 운동)의 건설적 희망의 역사를 기대했던 에스라와 느헤미야에 의해 주도되었다.

예루살렘 성전 재건이나 성벽 재건은 무너진 제단이나 부서진 성벽을 다시 쌓는다는 의미에 머물지 않고, 유대인의 모든 삶이 율법 중심화가 되고, 다윗 왕조 계약의 전통으로 다시 뭉쳐야 한다는 의미가 내포되어 있었다. 이스라엘의 신앙과 삶의 기초는 성전(종교: 율법)과 예루살렘성(사회·정치: 시온의 영광 상징)이다. 총독인 느헤미야는 정치적 권위로 율법을 강요했고, 에스라는 그의 제사장적, 학자적 인격과 종교적 정열로써 백성을 율법으로 인도했다.[52]

제2의 출애굽이라는 바벨론 포로에서의 해방과 귀환을 이룩한 이스라엘의 바벨론 종교와 풍습에 접했던 과거와, 앞으로 있을 무서운 신앙적 박해와, 세계로 흩어지는 비극을 앞두고, 에스라, 느헤미야는 율법에 기초한 새 생활을 시작하여 히브리인의 뿌리를 강하게 인식시키고, 야웨 종교의 핵을 백성에게 심어 주었다. 이와같이 하여 그 후에 나타난 유대교의 생명을 발전시켰고, 안티오커스 에피파네스(B.C. 175-163)의 박해에서 유대인의 신앙을 유지할 수 있었던 원동력과 세계에 흩어진 유대인을 묶는 정신적 끈을 제공하였다. 그런 면에서 에스라. 느헤미야의 역할이 이스라엘 신앙과 역사에서 높이 평가되어야 하고, 그들의 종교개혁

---

51) Leon Wood, *op. cit.*, p.392.
52) 박대선 외2인, 「구약성서 개론」 (서울: 기독교 서회, 1962), pp.216-217.

과 정화운동은 구약 신앙의 한 높은 봉우리로 이스라엘의 유구한 역사 속에 잊혀지지 않을 것이다.[53]

에스라와 느헤미야는 포로 이후 유대인의 재건 공동체가 직면했던 어려운 문제들을 개혁사업을 통해 잘 해결하였다. 그래서 성전과 성전제의와 율법을 묶어서 유대인 공동체로 하여금 스스로 대단한 자존심을 가지게 했다. 즉, 선민으로서의 자기들의 지위를 깊이 자각하여 자랑스럽게 생각하도록 하였다.[54] 구약성서의 역사 기록은 에스라 느헤미야 시대로 끝을 맺고, 예수 그리스도의 때까지 4세기 동안의 진통 속에 '씨' 신학의 결론인 여인의 후손, 메시아 탄생을 기다리게 된다.

역대기의 역사적 좌표: 지금까지 말했던 구속사적 역사 과정과 씨흐름의 연속 속에 역대기의 사건은 어느 시점에 속하고 어떤 의미를 갖느냐가 중요하다. 이 역사를 조명하기 위해서는 페르시아의 역사를 살펴보아야 한다.

3. 페르시아 제국의 통치(539-332 B.C.)

유다인들은 느부갓네살에 의해 B.C. 605년, 597년, 587(6)년에 바벨론에 포로로 잡혀간 후에도 이방세계에서 구별된 공동체들을 형성함으로써 그들 특유의 동질성을 고수하였다. 그러나 예레미야의 예언(렘 25:11-12)대로 유대인들은 고국으로 돌아올 수 있는 국제정세의 변화를 겪게 된다. 막강했던 바벨론의 쇠퇴와 더불어 페르시아의 고레스왕은 B.C. 539년 10월에 바벨론을 정복하고 입성하였는데 바벨론의 포로정책으로 불평불만이 대단했던 당시였기 때문에 그는 해방자로 환영 받았다. 이때부터 고레스는 거대한 제국의 지배자였다(B.C. 539-529). 그는 1년 후에 고레스 칙령을 내려 유대의 유랑민들에게 예루살렘으로 귀환하여 성전을 재건하도록 허락하였다(스 1:2-4, 6:3-5).[55]

즉, 유다백성들이 본토로 귀환하도록 허락한 것은 바벨론의 나보니두스(Nabonidus→Belshazzar, B.C.556-539)을 멸망시킨 페르시아 고레스 왕이 B.C. 539년에 승리자로서 바벨론에 입성한 다음해 일 것이다. 그는 B.C. 538년에

---

53) *Ibid.*, p.217
54) John Bright, *A History of Israel* (Philadelphia: Westminster Press, 1981), 428ff.
55) John Bright, 「이스라엘의 역사」, 박문재 역(서울: 크리스챤 다이제스트, 1993), pp.494-495.

고레스 칙령을 내려 포로민들이 귀향하고, 특별히 유대인들로 하여금 성전 기물을 가지고 가서 예루살렘 성전을 재건하여 그 안의 제자리에 두도록 하였다. 이 칙령에 의해 실제로 준비하여 예루살렘에 돌아가게 된 것은 B.C. 537년이었다.[56] 포로민들의 귀환과 새로운 공동체의 형성이 다윗왕가(다윗혈통)의 세스바살과 스룹바벨에게 위탁되었다.[57] 스룹바벨은 여호야긴 왕의 장남 스알디엘의 아들(혹은 손자)이며(대상 3:18), 세스바살은 여호야긴왕의 넷째 아들이다(대상 3:18의 세낫살과 동일 인물).

이 때 귀국자 명단이 에스라 2장과 느헤미아 7장에 기록되고 있다. 그 숫자는 42,360명이요, 노비가 7,337명이며 노래하는 남녀가 200명이라 해서 그 전체의 수는 거의 5만 명에 달했다(스 2:64). 그러나 바벨론에는 아마도 귀국한 사람들의 숫자에 못지 않는 수천 명의 남아 있는 유대인들이 있었다. 그들은 그 곳에 정착하여 부와 직위를 가지고 있었기 때문에 되돌아가지 않고 디아스포라로, 그러나 유대인으로 흩어져 살았다.

다윗의 후손인 세스바살(B.C. 538년 이후: 스 5:14)과 스룹바벨(B.C. 520년 이후: 학 1:1,14)은 고레스 왕이 세운 총독으로 귀환한 유다 백성들을 다스리게 되었다.[58] 다윗 혈통의 그들이 돌아와 총독으로 다스리며 성전재건과 유다공동체 재건을 하게 된 것은 정치적 회복 이상의 의미를 준다. 북왕국 이스라엘 족속들은 망한 다음 앗시리아 전 세계에 흩어져 역사의 무대에서 종족 자체가 사라져 버렸다. 다윗왕조의 언약 외에 속한 북왕국 지파들인 북왕국 이스라엘 족속들은 각 민족들에 동화되거나 흡수되어 그들의 동질성이 없어지고 실제적으로 민족이나 종족이나 지파성을 상실한 채 역사에서 없어져 버렸다. 그런데 유다족속, 남왕국 유다백성은 더 철저히 망할 것 같은 역사 환경 속에서 존속하고, 가장 강력한 바벨론 속에 포로로 잡혀간 그들이 유다백성으로 그들의 동질성(Identity)을 유지하

---

56) Georg Fohrer, 「이스라엘 역사」 방석종 역(서울: 성광문화사, 1986), p.265.
57) *Ibid.*, pp.265-266.
58) John Bright, *op. cit.*, p.458. 제1차 귀환자들에 관한 자료가 별로 없어 정확한 상황을 알 수 없으나 세스바살을 고레스가 총독으로 임명하였다고 에스라 5:14은 말하고 있다. 이 세스바살의 직무를 그의 후임자 스룹바벨이 계승하는데 동시대 예언자 학개는 그를 "유다의 총독"(학개 1:1, 14)이라 부르고 실제적 정치 권한을 지닌 것으로 묘사하고 있다. 즉 스룹바벨은 세스바살의 후임자이며 그의 조카로 그들은 유다의 총독으로 임하여 성전 재건 작업에 착수하여 실제로 주춧돌을 놓기 시작했다고 봐야 한다. 에스라 3:6-11과 스가랴 4:9에는 스룹바벨에 이 일을 이룩한 것으로 공을 돌리고 에스라 5:16에서는 세스바살이 성전 지대를 놓았다고 하여 그 공을 세스바살에게 돌리고 있다. Bright는 세스바셀이 일을 시작했지만 실제로 결과가 없던 것을 후에 공사가 재개되었을 때에 실제로는 스룹바벨의 역할이 있었기 때문에 두 사람에게 공을 돌린 것으로 본다.

며, 결국 그들은 본토 예루살렘으로 돌아왔다는 것은 대단한 의미를 가진다. 예레미야의 예언의 성취(렘 25:11, 29:10, 대하 36:21,단 9:2)이기도 하고 원복음(창 31:15)인 여인의 후손을 향한 구속사적 씨흐름과 유다지파에 대한 하나님의 언약(창 49:10)의 성취이기도 하다. 하나님께서는 그 언약백성을 버리지 않고, 그 구원사는 어떤 경우에서건 포기하지 않으신다는 것이다.

그러나 유다의 포로들이 이 첫 번 귀환 때 다 돌아온 것이 아니다. 그들은 이미 그곳에서 성공하여 생활의 터전을 잡고 특별히 상업분야에 대단한 상권을 쥐고 있었다.[59] 그래서 이때 본토에 실제로 돌아온 유대인들은 일부에 불과했다. 최근에 구소련, 러시아로부터 이스라엘로 귀환한 약 200만명의 러시아계 유대인들도 대부분 가난하고 비천한 신분의 사람들이다(?).

페르시아에서 돌아온 유대인들은 귀환한지 일곱째 되는 달에 파괴된 성전을 재건하기 시작했다. 민족과 종교의 순수성을 보존하려는 그들의 결단은 주변 족속들과의 충돌을 야기시켰다. 이것은 성전건축을 반대하는 일로 구체화되어 페르시아 왕은 공식교서를 내려 중지시켰다. 그 후 15년간 그들은 농사짓는 일과 가옥건설에 많은 시간을 소비하였다. 귀환자들은 유대로 돌아오던 때에 가졌던 종교적 열정을 잃어가고 있었다. 그러자 '성전의 예언자'라는 학개와 스가랴가 나타나 백성들의 무기력과 무관심에서 깨어나 활동하도록 새 힘을 불러 일으켜 성전재건을 완공하였다(B.C. 515년).[60]

첫 번째(B.C. 538년 고레스 칙령으로 페르시아를 출발하여 537년에 도착: 스룹바벨) 귀환에 이어 제2차(457년: 에스라), 제 3차(444년: 느헤미야)에 걸쳐 바벨론에서부터 팔레스타인 땅으로 귀환했다. 예루살렘으로 돌아와 예루살렘 성과 성전을 재건한 것에 관한 기록이 에스라—느헤미야서이다. 그런 와중에 에스더는 페르시아 영토 내에 남아 있던 유대인에게 일어났던 사건을 기록하고 있다.

에스더의 사건은 이 1차 귀환이 있은 지 얼마가 지난 후 제 2차 귀환에 앞서 즉 1차와 2차 귀환 사이에 일어난 사건이다. 페르시아 제국 전역에 흩어져 있는 유다인들을 모두 죽이려 했던 유다인 몰살 사건을 1차에 귀환하지 않았던 유다인

---

59) J. Bright, *The Kingdom of God* (New York: Abingdon Press, 1952), p.123.
60) *Ibid.*, pp.510—511.

들이 페르시아 궁중에서 왕을 설득하여 상황을 역전시키며 오히려 유다인들이 원수를 갚게 되는 극적인 내용을 기록하고 있다.

즉, 고레스(Cyrus: 550-530)→캄비세스(530-522)→다리오1세(522-486)→아하수에로왕(486-465)→아닥사스다1세(465-424)왕들이 페르시아를 다스려 갔는데 이 에스더서는 아하수에로왕(Xerxes: B.C.486-465)이 즉위한 지 3년에 일어난 사건이다. 그러니까 2차 귀환이 에스라에 의해서 아닥사스다1세(Artaxerxes 1 Longimanus) 7년 곧 B.C.458/7년에 이뤄졌는데,[61] 에스더서에 기록된 이야기는 제 1차와 제2차 귀환 사이인 아하수에로왕 3년에 시작하여 12년 동안(B.C. 483-471) 에 일어난 일이었다(에 1:3, 3:7).[62]

B.C. 490년 저 유명한 마라톤(Marathon) 전투에서 페르시아의 다리우스(다리오) 왕은 그리스의 손에 모욕적 패배를 겪는다. 즉, 아테네의 북동쪽에 있는 마라톤 평야에서 다리우스 왕이 보낸 페르시아군과 밀티아데스가 지휘하는 아테네군 간의 격전에서 아테네가 열세의 전력에도 불구하고 승리하자 올림피아 제전의 경주 선수였던 필리피데스가 아테네에 승전보를 알리기 위해 마라톤 평야에서 아테네 까지 40여 km의 거리를 쉬지 않고 달려 아테네 시민들에게 "우리가 승리했다"라는 한마디 말을 남기고 그 자리에서 숨겼다고 한다. 이 역사적 사건을 기념하기 위해 프랑스의 언어학자 J. A. 브레알 교수가 근대 올림픽 창시자 B. P. 쿠베르탱 남작에게 장거리 경주를 실시할 것을 건의하여 제1회 그리스 올림픽 대회부터 그 전쟁터 이름을 따라 마라톤이라 부르기 시작하였다. 이 다리우스왕의 다음 왕이 바로 그의 아들인 아하수에로(크세르크세스 1세)왕이다.[63]

---

61) R. R. Rowley, "The Chronologcal Order of Ezra and Nehemiah," *The Servant of the Lord and Other Essays on the Old Testament* (London: Lutterworth Press, 1952), pp.131-159. F. F. Bruce, *Israel and the Nations* (Grand Rapids: Wm. B. Eerdmans Pub. Co., 1963), p.110. John Bright, *A History of Israel* (London: SCM Press, 1966), pp. 375ff. J. S. Wright, *The Date of Ezra's Coming to Jerusalem* (London: Tyndale Press, 1958) 에스라 귀환시기에 대해 논란이 많다. 아닥사스다 7년을 1세(465-23)가 아닌 2세(404-359)로 보아 398년으로 보기도 하고(Van Hoonacker), 에스라 7:7의 7년을 아닥사스다 37년으로 수정하기도 하고(John Bright, W.F. Albright), 27년으로 수정하여 438년에 귀환한 것으로 보기도 한다(F. F. Bruce).
62) Leon Wood, *op. cit.*, p.449.
63) http://user.chollian.net/~ojk600/creativity/

아하수에로왕(Ahasuerus or Xerxes: 485-465)

아하수에로 왕은 다리우스 왕의 아들로 485-465년간에 통치한 크세르크세스 1세(Xerxes I세)이다. 그의 통치영역은 인도의 인더스 강으로부터 서쪽의 지중해까지와 북으로는 흑해로부터 남쪽 이티오피아에 이르는 근동지역 거의 전부와 아프리카 지역에 이르는 광대한 영토였다. 그래서 그의 통치 중에 페르시아는 최대의 영토를 보유하였고, 그 점령지를 127도로 나누어 다스리고 있었다.

아하수에로 왕은 페르시아의 유능한 통치자로 전 제국을 재조직하는 수단을 과시하여 계속적인 통치에 성공한다. 그의 통치 제 3년에 모든 참모들을 불러 모으고 헬라의 원정을 논의한 역사 기록이 있다(Herodotus VII. 8). 그는 그의 아버지 다리우스 왕을 패배시킨 저 마라톤 전쟁을 기억하고 그 한을 풀기 위해 거대한 군사력을 동원하여 군사원정을 감행하여, 한 때는 영웅적 스파르타 군을 제압하고 아테네 시를 점령한 뒤 아테네 사람들을 포로로 잡고 아크로포리스(Acropolis) 성채를 불태우기 까지 했다. 이 전쟁은 병력을 집결시키는 데에도 4년이 걸렸다. 그러나 해전에서 패해서 수도로 돌아와 엄청난 건축사업을 시작하였다.

그의 통치 중에 가장 큰 원정의 전쟁이 있었는데 바로 480년 살라미스(Salamis) 전투로서 당시의 스파르타 군의 막강한 그리스와 페르시아 대제국과의 전쟁이 있었다. 에스더서의 대 연회는 이 전쟁 계획을 앞두고 전쟁준비를 의논하기 위해 페르시아 제국 내에 있는 각 지방 총독들과 군 지휘관들을 한 자리에 불러 모았던 중요한 모임이기도 했다. 그러나 그는 암살되고 그의 작은 아들인 아닥사스다 1세 롱기마누스(Artaxerxes 1 Longimanus) 가 왕위를 계승하게 된다. 페르시아 제국은 아닥사스다 2세(B.C. 404-358) 때부터 국력이 쇠퇴하기 시작하여 마지막 왕 다리우스 3세는 알렉산더 대제에게 패하고 만다.

페르시아 내의 유대인들

이 무렵에 유대인들은 페르시아 제국의 여러 지역에서 정착하여 잘 살고 있었다. 옛 바벨론 지역은 이후의 여러 세기에 걸쳐 유대인들의 생활 중심지의 하나였기 때문에 그 곳에서 유대인 공동체가 흥왕하였을 것으로 추측할 수 있다. 특별히 바벨론 멸망 후 그 페르시아 내에서 역시 유대인들은 여전히 매우 부유했고 일부 사람들은(느헤미야처럼) 페르시아 궁정에서 높은 벼슬에 오르기도 하였다. 식민지 이방에서 살면서 그 경제적 뿌리를 내리고 번영을 누리며 안정되게 살았던 유대인 공동체였다. 그러나 그 종교는 극히 혼합주의적 성격을 띠고 있었다. 신명기 율법과는 전적으로 배치되는 이방종교 색채가 깃들어 있었다. 대부분의 사람들은 유다 땅으로 돌아가서 그곳의 공동체의 일원이 되어야 하겠다는 생각을 하지 않고 당시의 현실에 만족하고 있었다.

그러던 사람 중에 1차 귀환의 사건 후(537년) 80년이 지난 458/7년에 제2차 귀환이 일어나는데 그 사이에 페르시아 내에서 일어났던 사건을 기록하고 있는 것이 에스더서이다.

이스라엘 땅의 유대인들의 상태

그래도 여러 지역에서 유대인 집단들이 계속해서 고향 땅으로 돌아왔고 그 결과 주전 5세기 중엽에는 유다의 총인구가 5만 명 정도가 되었던 것으로 보고 있다.[64]

예루살렘 성전이 재건되어 유대인들에 집회장소로 하나의 예배 공동체로 겨우 성전 의식이 재개되기는 했다. 그러나 성전 재건이 되면 메시아가 오리라 생각했던 그들의 환상은 현실화되지 않았다. 다윗 왕권도 재건되지 않았고 유대인들이 영광스러워지는 약속의 시대는 전개되어 나타날 희망이 보이지 않았다. 그러는 동안에 세스바살은 역사의 무대에서 사라지는데 아마도 이 무렵 60대의 나이였으니 죽었을 것이다.[65] 그 후에 다윗의 후예이며 여호야긴의 맏아들 스알디엘의 아들이자 세스바살의 조카인 스룹바벨이 총독의 지위를 계승하였다. 에스라—느헤미야와 학개서에서는 일관되게 그렇게 보고 있다.[66] 스룹바벨도 얼마가 지나

---

[64] Leon Wood, 「이스라엘의 역사」 김의원 역(서울: 기독교문서선교회, 1996), p.516.
[65] John Bright, 「이스라엘의 역사」 박문재 역(서울: 크리스챤 다이제스트, 1993), pp.502-503. 그가 바벨론으로 돌아갔을 것이라는 추측(Rudolph, Esra und Nehemia, p.62)이나 그가 그 지위에서 해임되었을 것이라는 추측(Galling, JBL, SXX(1951). pp.157f)도 John Bright는 무시해 버린다.
[66] John Bright, Ibid., p.503. 역대상 3:19에는 스알디엘의 동생, 브다야의 아들로 되어 있다. 그렇다면 스룹바벨은 형사취수(兄死取嫂)에 의해 스알디엘의 미망인이 남편의 동생인 브다야와 결혼하여 얻은 아들로 보기도

면서 기록에서, 역사의 무대에서 사라지고 다시 언급이 없다.[67] 페르시아인들은 유다의 동향을 눈치채고 스룹바벨을 제거하였을 가능성이 극히 높다고 보기도 한다. 짐작컨데 페르시아인들은 다윗 가문의 정치적 특권을 박탈하였던 것 같다. 그리하여 유다는 느헤미야 때까지 대제사장 여호수아와 그의 후계자들의 통치 아래 일종의 신정공동체로서 존속했던 것으로 보인다. 유다 공동체는 다윗 가문에 의한 메시아 왕국에 대한 소망이 꺾어지자 무참하게 실의에 빠졌을 것이다. 스룹바벨에게 걸었던 기대가 무너진 뒤로 유대인 국가가 다윗의 옛 영광의 형태로 결코 재건될 수 없을 것이라는 실망으로 에스라와 느헤미야의 지도 아래 공동체가 재건될 때까지는 방향도 분명치 않게 지나면서 단지 유다 공동체가 "존재하였다"는 것 뿐이었다.[68]

그래서 공동체의 도덕적 기풍은 심각해졌다. 실망과 환멸은 종교적 및 도덕적 해이를 낳게 되었다. 말라기 설교와 에스라 느헤미야의 기록에는 이러한 모습들이 확실하게 나타난다. 자기 직무에 싫증난 제사장들은 야웨께 더러운 떡을 드리고 병들고 눈 먼 짐승들을 바치는 것을 잘못이라 전혀 생각지 않고(말 1:6-14), 안식일이 무시되고 사람들은 술틀을 밟고 버젓이 장사를 했다(느 13:15-22). 사람들이 십일조를 내지 않았기 때문에 레위인들은 생계를 마련하기 위하여 자신의 직무를 버렸다(느 13:10이하). 이혼이 성행하고 이방인들과 통혼이 통례가 되어 문제가 되었다. 율법에 충실하던 유대인 전통이 무너져 내리기 시작하고 통혼에 의해서 태어나는 자손의 수가 많아짐에 따라 유대인 공동체의 순수한 혈통을 보전하는데 위협이 되었다. 공동체가 스스로를 단속하여 풍기를 바로잡고 방향성을 찾지 않는다면, 유대공동체가 붕괴되거나 아니면 조만간 그 독특한 성격을 상실할 위험이 있어 철저한 대책이 요구되었다. 이스라엘이 하나의 창조적 실체로서 살아남으려면 어떤 새로운 길을 찾아야 했다. 그때 페르시아로부터 돌아오는 에스라와 느헤미야가 이 일을 이루려고 노력하는 자들이었다. 이 사실을 기록한 것이 에스라서이며 느헤미야서이다.[69] 여기에 비해서 에스더서는 페르시아 궁중 안

한다[W. Rudolph, Chronikb cher(HAt, 1950, p.29.]고 Bright는 소개하면서 스룹바벨은 대략 주전 570년 이전에 출생했다고 보고 있다.
67) Eugene H. Merrill, 「구약의 역사적 개요」, 김진영 역(서울: 크리스챤 다이제스트, 1995), pp.363-364.
68) John Bright, *op. cit.*, p.512.
69) *Ibid.*, pp.504-511.

에서 이 유대인의 생존과 전통을 보전하려는 노력이기도 했다.

이 에스더서의 배경은 바로 유다인의 1차 귀환과 2차 귀환 사이에 일어난 사건이기에 역대기의 역사적 배경으로 중요한 부분을 차지하는데 특별히 이방의 땅 페르시아의 궁중에서 일어난 사건이 당시 세계적인 사건으로 번지는데 바로 유다인들이 죽느냐 사느냐의 문제였다. 이것은 바로 구약 역사 즉 구약에 나타난 하나님의 구속사의 절박한 위기였다. 왜냐면 아담에서부터 숨차게 달려온 구속사적 씨흐름이 구약 역사의 마지막 시점에서 차단되고 끊어질 위기에 있었기 때문이다. 근대 세계의 히틀러, 아이히만에 의하여 유대인이 6백만여 명이 학살되었다면 당시의 페르시아 제국의 황제와 총리가 합세하여 발효된 조서에 의한 전 유다인의 죽음은 어려운 일이 아니었고 그 숫자도 전체가 얼마되지 않았고 반유다주의 상황 하에서 얼마든지 전몰할 수 있는 상황이었다. 1차로 귀국한 유대인은 물론이고 당시 세계관에서 보면 전 세계에 흩어진 유다인이 전부 몰살될 위기였고 이것은 여인의 후손 메시아로 가는 씨흐름을 철저하게 차단하고 끊어버리는 최상의 방법이며 무서운 음모요 수단이었다. 여기에서 모르드개와 에스더를 통해서 상황을 뒤집고 유다인이 살아나고 그 씨가 존속하는 위대한 승리를 가져오는 에스더서는 최대의 복음을 간직한 역사 기록이고 하나님의 구원사의 통쾌하고 심오한 섭리의 길이 뚫린 사건이 되는 것이다. 그래서 역대기의 역사가 계속될 수 있었고 여인의 후손으로 오는 메시아의 탄생을 기념하는 크리스마스의 캐롤이 울려 퍼질 수가 있었다.

4. 포로에서 귀환한 유대인 명단

에스라 2:1-70, 7:1-10, 8:1-36. 느7:5-73, 11:1-36, 12:1-47 등에는 바벨론에서 귀환한 유대인 명단에 나타난 족보들이 열거되고(스 2:1-70, 7:1-10, 8:1-36. 느 7:5-73), 예루살렘 거주자 배정에 나타난 간단한 족보(느 11:1-36)와 예루살렘 성곽 봉헌과 관련된 간단한 족보들(느 12:1-47)이 소개되고 있다. 그리고 열왕기하에는 유다의 열왕들의 계보가 통치와 더불어 나타난다. 역대기상 9:2-22에도 포로에서 돌아와 성읍과 예루살렘에 정착한 귀환자 명단이 열거되고 있다.

구약에 나타난 족보들을 보면 인류의 최초의 원역사(原歷史)에서 열국으로 번창해 가는 인간 존속의 양상을 나타내면서, 결국 아브라함, 이삭, 야곱 그리고 야곱의 12아들의 씨의 번창과 그 가문들을 중심으로 기록을 이끌어 간다. 거기에 첨가해서 이스라엘과 연관된 다른 족속들의 족보를 소개하고 있다. 그 마지막에 가서는 다윗과 그 후손 그리고 최후에는 유다지파 계통의 유대인의 존속 양상을 기록함으로 구약의 역사, 즉 씨 흐름의 맥을 설명하고 있다.

5. 예언자들의 메시아 기대

'씨'흐름의 결정적 기대는 메시아적 예언에서 구체화된다. 이미 태고적 타락 기사에서 여인의 후손에서 복음적 씨앗이 말씀으로 구체화되더니, 유다에게 주어진 축복에서는 메시아 왕권과 관련된 예언이 분명해 진다[70] (창 49:8-12).

시편에는 메시아인 그리스도에 대한 예언이 구체적으로 언급되어 있다 (Messianic Psalms, 22편 등). 그의 고난과 죽음, 그리고 사역 등 전반적인 것을 묘사하고 있다[71] (눅 24:44). 이 메시아적 예언은 뭐니 뭐니해도 이스라엘 예언자들에 의해서 분명히 제기되었다. 이스라엘의 범죄가 아브라함 계약, 시내산 계약,

---

[70] 발람의 신탁(민 24:15-19)에서는 "야곱에게서 한 별이 야곱에게서 나오며 한 홀(왕권)이 이스라엘에게서 일어나서"이라 하여 메시아를 기대하고 있다.

[71] 1)예언적 직무: 시22:22, 40:9-10, 89장, 119장, 102장.
　　2)제사장적 직무: 시40:6-8, 22장, 49장, 110장
　　3)왕적 직무: 시2장, 20장, 21장, 45장, 72장, 110장.
　　4)그리스도의 부활: 시16장, 22장, 40장, 69장.
　　5)그리스도의 부활: 시16장,
　　6)메시아적 재림: 시50장, 97장, 98장

다윗의 영원한 왕조계약(언약)의 성취에 위기를 가져오자, 예언자들은 심판을 선언하면서도 하나님의 영원한 나라에 대한 밝은 전망을 가지게 된다. 그래서 예언자들은 그들의 관심의 초점을 하나님의 세계적인 계획과 하나님의 나라로 전환해야만 했다. 거기에 언약 교리(Promise doctrine)의 특성이 있는데 베커(Willis J. Beecher)는 언약 교리의 두 가지 성격을 지적했다.[72] "그것은 장차 올 시대에 대한 변함없는 기대에 찬 예언이었으며, 또한 그 시대에는 당분간 유익된 종교적 교리"였다.[73] 이것을 반대로 보면, 예언자들의 예언은 언약이라는 내용을 간직한다고 볼 수 있다. 언약과 예언은 그런 의미에서 밀접한 관계가 있다. 이스라엘 예언자들의 예언은 어디까지나 모세 율법과 하나님이 이스라엘 조상들과 백성들과 맺은 계약(언약)에 근거하고 있다. 그렇기 때문에, 문서 예언자들의 소위 메시아적 대목은 주로 최초 아브라함과 이스라엘 또는 다윗에게 제시된 언약의 반복이며, 설교적 응용이며, 확충이었다. 하나님과의 계약백성으로서 이스라엘이 임무를 성실히 준행치 못하자, 심판을 받아야만 했다. 그러나 하나님은 새로운 날, 새로운 종, 새 계약, 새로운 하나님의 승리를 준비하셨다. 그래서 예언자들은 야웨의 날을 강조했다. 그것은 심판과 저주의 날이면서 구원과 승리의, 축복의 날이다. 바로 메시아의 날이다.[74]

이런 예언자들의 예언 배경을 살펴보면, 북왕국 이스라엘의 멸망에 이어서 유다왕국 마저 망하고 포로의 생활에 들어간 하나님의 백성은 파괴된 하나님의 계약을 메시아 세상, 메시아 왕국에서 찾는다. 즉 이스라엘 백성에게 주어진 씨의 계약, 다윗왕조 계약은 파기될 수 없고 포기될 수 없다는 것이다. 그래서 예언자들의 예언 속에 새로운 계약의 상속과 성취로서 메시아 대망이 나타난다. 메시아는 유다계통의 다윗 집, 다윗왕권에 연속되는 인물로 기대되었다. 역사를 통해 다양하게 흘러왔던 계약적 약속들을 한데 모으는 이 메시아 예언의 독특한 역할 때문에, 그리스도를 통한 완성의 계약이라 부르기도 한다.[75] 이 완성적 실현의 주체는 한 사람으로 집약 구성되고 있다. 모든 메시아 약속들의 성취자로서, 그는 "나

---

72) Walter C. Kaiser, Jr., *op. cit.*, pp.182−183.
73) Willis J. Beecher, *The Prophets and the Promise*(Grand Rapids: Baker Book house, 1975), p.242.
74) Walter C. Kaiser, Jr., *op. cit.*, p.305.
75) O. Palmer Robertson, "The Chronological Order of Ezra and Nehemiah," *The Servant of the Lord and Other Essays on the Old Testament* (London: Lutterworth Press, 1952), p.275.

는 너의 하나님이 되고 너희는 나의 백성이 될 것이다"[76]라는 계약 원칙의 핵심을 자신이 달성한다. 그래서 그는 계약을 완성하는 그리스도로 나타날 수 있다. 이것이 바로 씨흐름의 절정이다. 그래서 구약의 구속사적 씨흐름의 절정인 그리스도의 죽음은 예언적 죽음이라기 보다는 계약적 죽음(고대 계약의식은 피의 약정, 삶과 죽음의 약정이었다)[77]이란 문맥에서 이해되어야 한다.[78] 즉, 계약을 선택사상에서 분리시켜 독립적으로 취급할 수 없고, 계약 자체는 구속적 행위이기 보다는 구속적 행위의 표현이며 확증이다. 고로 예언자들은 이 구속적 행위를 미래적인 구체적 사건으로 내다보면서 하나님과 그의 백성과의 장래관계에 대한 예언을 '새로움'의 개념으로 특징짓는다. 이사야는 '새 일'(사42:9, 43:19), 예레미야는 '새 언약'(렘 31:31), 에스겔은 '새 영'(겔 11:19, 36:24-28), 스갸랴는 '새 예루살렘'(14:8, 10, 17, 20, 21)등으로 표현하고 있다. 이들은 [씨 흐름]의 결과로 나타나는 내용들이라고 보겠다.

구속사적 [씨 흐름]의 결정적 기대는 메시아적 예언에서 구체화된다. 이스라엘 전체 백성은 하나님과 맺은 계약에 의해 선택된 백성, 계약 백성, 구원 백성 특별히 축복된 백성이 되어, 그 특권과 자부심에 차 있었다. 그러나 남북 왕국의 분열 그리고 결국 그 나라들이 멸망되어 버리자 그들의 계약 사상을 포함한 '씨 흐름'이 위기를 가져온다. '씨 신학'에 의한, 아브라함의 자손은 계속 번영되어야 하며, 선택백성으로 계약백성의 축복을 받아야 했다. 더구나 남·북 왕국의 백성들은 계속 야웨를 떠나 우상숭배와 이교적 방종과 불의를 행하게 되자, 예언자들은 민족이 짓고 있는 계약파괴의 죄악을 향한 하나님의 심판을 보면서 하나님께 돌아오길 권고한다. 그러나 그 백성은 듣지 않고 더욱 하나님께로부터 멀리 떠나 여전히 죄악을 범하게 된다. 거기서 구속사의 핵이 되는 '남은 자 사상'(Remnant) 이 나타나면서, 결국 메시아 사상이 구체화되고 메시아 왕국은 이스라엘, 유다왕국을 벗

---

76) 출 6:7, 20:2, 렘 31:33. Cf. J. Barton Payne, *op. cit.*, p.180. 이 구절은 바로 시내산 계약의 핵심이 되는 관계 설명이다.

77) 옛 고대에서 계약체결의식인 "당사자 사이에 나귀를 짜른다(살해한다)"에서 "계약을 맺는다"는 단어가 나왔다. A와 B가 계약을 맺을 때 나귀를 짜르고 그 사체를 마주 대하여 놓고 손을 잡고 그 사체 사이를 지나감으로 계약이 체결되었다. 히브리어의 karath berith(계약을 맺다)는 단어는 "to kill an ass between(birit) the Hanu and Idamars"에서 짐승의 이름과 계약 당사자의 이름이 빠져나가고 "to kill(karath)....between(birit)(사이에 살해하다)로 단축되었다가 "사이에"(between-birit)가 명사화되어 계약이란 용어가 되고 계약을 맺는다는 것이 karath berith(to cut a covenant) 로 사용되었다고 본다.

78) O. Palmer Robertson, *op. cit.*

어나서 자연스레 우주적, 세계적인 모든 민족들을 향한 영역으로 넓혀진다. 그래서, 결국 [씨 흐름]의 궁극적 목적인 구속적인 세계 선교적 사명을 성취하는 방향으로 흐른다. 이들 예언자들의 메시아적 메시지를 씨신학적 차원에서 지면 관계상 몇 가지를 간단히 요약하면 다음과 같다.

[이사야]는 공포와 혼란이 온 땅을 지배하고 있을 때, 메시아의 오심과 장차 있을 황금시대를 말했다. 이사야 4:2−6에, 그 날에 "야웨의 싹(줄기)"이 아름답고 영화로울 것이라고 했다. 이 '싹'은 '메시아'를 지칭하는 것으로, 인간적인(땅의 소산) 성격(人性)과 신적인(야웨의) 성격(神性)에서 다윗의 왕조(Davic Dynasty)를 말했다. 이 경우 '싹'(가지)은 '기름 부음받은 자'(Anointed), 또는 '거룩한 자'(holy One)란 말과 대등한 말이다. 이 암시적인 '야웨의 싹'은 이사야 7−11장의 임마누엘에서 인격적인 형태와 정의를 갖게 된다.[79]

"보라 (너) 처녀가 잉태하여 아들을 낳을 것이요
(너는) 그 이름을 임마누엘이라(부르리라) 하리라."(7:14)

여기서 주목할 것은, ①처녀를 나타내는 히브리어 'almah'는 어느 경우에서든 결정적으로 동정녀, 처녀(virgin)를 의미한다. ②그것은 정관사(the virgin)를 가지고 있어 어느 한 인물을 내다본다. ③'부르다'(to call) 동사는 2인칭 여성이지 3인칭 여성이 아니다. ④이 구절의 어법은 이스마엘의 출생(창 16:11), 이삭의 출생(창 17:17), 예수의 출생(마 1:20, 21) 등에서 아들의 출생을 언약하는데 사용된 익숙한 구절을 반복하는 것이다.[80] 이사야 9:1−7에는 새로 출생하는 아들에게 '기묘자', '묘사', '전능하신 하나님', '영존하시는 아버지', '평화의 왕'이란 통칭들이 부여된다. 결국 이사야 11:1−9에서는 "이새의 줄기에서 한 싹이 나며, 그 뿌리에서 한 가지가 나서 결실할 것이요"하여, 바로 구속사적 씨의 흐름으로 다윗왕조 계약의 관점에서 메시아의 인물됨과 사역이 투사되었다. 여기서 이사야 11:1

---

79) Walter C. Kaiser, Jr. 「구약성경신학」 최종진 역 (서울: 생명의 말씀사, 1982), p.283.
80) *Ibid.*, p.208.

의 이새의 줄기에서 나는 새로운 싹은 다윗 가문에서 나올 통치자를 의미하는데, 하나님의 심판에 그 가문이 망한 다음에 그 그루터기에서 다시 나오게 되는 것을 의미한다.[81] 이사야 49-57장에서는 '야웨의 종'으로서의 메시아의 사역에 대해서 설명하고 있다. 이사야 58-66장은 모든 역사의 종국(종말: The Eschaton)의 시작은 '이전 일들'이 되면서 하나님은 '새로운 일'에 대한 소개 즉, 자연, 민족, 인간 구원의 새 날의 여명을 선언하여 '이전 일들'과 '새로운 일들'이 예리하게 구분된다. 그러면서 '새로운' 진실한 회개(58-59장), '새' 예루살렘(60장), '새' 하늘과 '새' 땅(사 65:17-25, 66:10-24. 벧후3:13. 계21:1-4)과 비교되고 있다. 이 '새로운'이란 말은 장차 도래할 세계로, 새 하늘과 새 땅은 의인들이 살 세계로 이해하여야 한다. 그것은 구속사적 씨흐름의 결론인 여인의 후손으로 태어날 메시아, 즉 새롭고 마지막인 다윗 왕의 영원한 세계적 통치를 시작할 메시아에 대한 찬란한 미래 예언으로 이사야는 그의 장엄하고 간략한 신학의 막을 내리고 있다.[82]

[예레미야]는 이스라엘의 멸망을 목격하며, 다윗 왕조가 그 자취를 감추는 비극을 경험한다. 그래서 그는 자기 민족의 장래에 대한 종말론적 관심을 갖게 되었다. 그의 종말론은 온건하고 현실적이며, 주의 날, 이방의 멸망, 이방의 회개, 야웨 하나님 신봉, 예루살렘의 재건과 영광, 이스라엘과 유다의 통일, 이스라엘의 이상적 상태가 그 내용이 되고 있다.[83] 예레미야의 예언에서 미래의 왕은 오로지 평화로운 통치자이다(렘 34:23, 37:22, 17:22). 예레미야 34:12-22에는 "다윗에게 한 의로운 가지"로 메시아에 명칭이 주어지면서 "그가 이 땅에 공평과 정의를 실행할 것이라" 한다.[84] 여기에 더하여 예레미야 31:31-34의 '새로운 계약'(The New Covenant)은 그의 메시지의 핵심이 된다. 즉, 이스라엘의 소망은 야웨께서 이스라엘에 맺으실 새 언약의 실현이며(렘 31:31-34), 새 일을 시작할 것이니 곧 여자

---

81) Walter Zimmerli, *Old Testament Theology in Outline*, trans. David E. Green(Atlanta: John Knox Press, 1978), p.195.
82) *Ibid.*, pp.284-287. 297-299.
83) Cf. 김정준 외 2명 공저, 「구약성서 개론」 (서울: 기독교서회, 1973), pp.200-207.
84) Walter C. Kaiser, Jr., *op. cit.*, p.230. 예레미야 33:14-22d '가지'의 사역이 옛날의 언약들의 최고 절정의 의미로 나타난다. 1)계절의 영속에 대한 노아의 언약 2)셀 수 없이 많은 후손에 대한 아브라함의 언약 3)제사장직의 영속에 관한 비느하스와의 언약 4)다윗 후손의 영구한 통치에 관한 다윗과의 언약.

가 남자를 안으리라(31:22)는 메시아 예언이다.[85] 이는 창3:15의 여인의 후손으로 태어날 그리스도의 탄생을 내다보는 씨신학적 기대이다.

[에스겔]은 '심판의 날'을 강조하는데 그 날에 야웨 하나님께서 왕이 될 것이라는 것이다(33장). 에스겔의 메시아 시대의 특징은 ①백성들의 죄를 정결케 함: 하나님의 영을 통한 정결 또는 의롭다함(겔 36:25) 그리고 실제적인 신생(new-bith)[86] ②흩어진 이스라엘 백성의 귀환이며, 특히 메시아 시대의 예배의 중요성을 성전 기록에서 잘 표현하고 있다.[87] (겔 40장-48장).

[다니엘]은 '인자같은 이'(단 7:13)로 메시아적 언급을 비치며, '그의 나라는 영원한 나라'(7:18)와 '지극히 높으신 자의 성도'(7:18, 27)와 연결짓고 있다. 그리스도의 재림이 '뜨인 돌'로 상징되면서, 하나님이 '한 나라'를 세워 영원히 망하지 않을 것이라 말한다(2:35, 44-45). 여기에 '나라'와 '성도'는 메시아 왕국과 메시아 왕국의 백성인 구속받은 백성인 성도를 의미한다. 하나님의 백성들이 하나님 나라에서 상속으로 받을 계약적인 축복을 의미한다(마 19:28. 눅10:18-20. 롬 8:17).[88]

[미가]는 동시대 인물인 이사야처럼 하나님의 절대성을 강조하면서 메시아 예언을 가지고 있다(5:2-5).

"베들레헴 에브라다야 너는 유다 족속 중에 작을지라도 이스라엘을 다스릴 자가 네게서 내게로 나올 것이라. 그의 근본은 상고에 태초니라. 그러므로 임산한 여인이 해산하기까지 그들을 붙여 두시겠고, 그 후에는 그 형제 남은 자가 이스라엘 자손에게로 돌아오리니"(미 5:2, 3)

---

85) *Ibid.*, pp.314-319.
86) *Ibid.*, pp.328-329.
87) 김정준, *op. cit.*, pp.226-228.
88) Walter C. Kaiser Jr., *op. cit.*, pp.332-334.

미가 5:2-5에 의하면 메시아는 ① 유다 족속의 후손이며, ② 탄생 장소가 베들레헴이며(베들레헴: "너는 유다 족속 중에 작을지라도 이스라엘을 다스릴 자가 네게서 내게 나올 것이라," 5:2), ③ 탄생은 신비스러워 원래 그의 근본은 태초이다"그의 근본은 상고에 태초에니라"(5:2), ④ 다윗 왕국의 회복으로 남은 자가 돌아온다. ⑤ 야웨의 특성을 가진 통치 영역과 방법이 소개된다. 특별히 미가 5:2은 메시아 탄생지에 대해 처음 언급이 되고, 메시아의 선재, 곧 태고적 상고에 이미 계셨던 창조주로서 그리스도의 신성을 강조한다. 미가 4:1-8에는 메시아 왕국이 가져다 줄 평화의 날을 그리고 있다(4:1-8).[89]

[**학개**]의 예언은 성전 재건에 집중되었다. 그 성전이 재건되는 날에 메시아 시대가 찾아올 것이라고 주장했다. 학개의 이 메시아 대망이 성전 재건을 가능케 하기도 했다.

[**스가랴**]는 구약성서에서 메시아적 예언[90]을 가장 많이 간직하고 있는 책 중의 하나이다.[91] 그는 학개와는 다르게 도덕적 개혁에 치중했다. 그의 메시지는 환상의 형식으로 장래 될 일을 상징적인 사건을 통하여 나타내고 있다. 스가랴는 8가지 환상을 통하여 메시아 시대가 임박함을 말한다. 스가랴는 ①순(싹: 3:8, 6:12) ②종(내 종 싹: 3:8), ③다스리는 왕(6:13), ④목자(13:7), ⑤제사장(6:13), ⑥메시아의 초림(9:1-12), ⑦그리스도가 은 30에 팔림(11:12-13) ⑧메시아의 구원사역(10:1-12), ⑨메시아의 영광(11:1-11), ⑩그리스도가 십자가에 못 박힘(12:10) ⑪그리스도의 십자가가 죄를 씻음(13:1) ⑫그리스도 승천 후 예루살렘의 애통과 회개하는 부흥(12:10-13:1) ⑬이스라엘 민족의 정화(13:7-9), ⑭그리스도 재림에 의한 심판(14:3) ⑮마지막 승리의 날: 자연의 큰 진동으로 영광의 야웨가 성도들과 함께(14:5) 구름으로 강림하셔서 그의 발이 감람산에 머무시는 날이다(14:4-5), ⑯그리스도의 영원한 통치(14:9), ⑰하나님의 영원한 나라, 새 예루

---

89) *Ibid.*, p.453.
90) Merill F. Unger, *An Introduction to the Old Testament* (Grand Rapods: Zondervan Publishing House, 1952), pp.345-346.
91) G. L. Robinson, "Zecharia," *International Standard Bible Encyclopedia*, p.3136.

살렘에 관한 예언들(14:9, 16, 20, 21) 등을 묘사하고 있다. 오래 전에 언약하셨던 것을 완성하기 위해 오실 구속주이며 새로이 지배하실 왕에 의한 마지막 승리의 날을 제시하고 있다.[92]

[말라기] 는 유다의 백성이 "공의의 하나님이 어디 계시냐"고 불평할 때(말 2:17) 다음의 대답을 한다.

> "만군의 야웨가 이르노라 보라 내가 내 사자를 보내리니 그가 내 앞에서 길을 예비할 것이요, 또 너희의 구하는바 주가 홀연히 그 전에 임하리니 곧 너희의 사모하는바 언약의 사자가 임할 것이라"(3:1)

① 메시아가 오시기 전 그 앞에 사자를 보내어 길을 예비하게 하며(사 40:1 이하와 비교), ② 언약의 사자가 성전에 임한다. ③ 그는 바로 메시아 곧 주시다. ④ 메시아가 오시는 날은 야웨의 날의 성격이 나타난다(3:2).[93]

예언자들의 메시아 기대는 야웨 하나님의 절대적 통치권을 부정하는 것이 아니고, 오히려 택한 백성과 맺은 계약을 역사 과정에서 성취하리라는 신앙에 기초한 것이다. 구약성서에서 하나님의 나라는 그 안에서 야웨의 왕적 통치가 실현화되는 것을 말한다. 이 통치는 어느 인간적 존재(다윗 왕을 포함해서)가 대표할 수 없고, 오직 다윗의 자손으로 오신 예수 그리스도를 통해서만 가능했다. 그래서 예언자들과 예수 그리스도와 그의 사도들을 죽인 것은 유대인이었지(고후 11:24. 갈 2:13 이하. 살전 2:14 이하), 이스라엘인들이 아니었다. 예수님이 십자가에 못 박히실 때, 그의 머리 위에 달린 죄패에는 "나사렛 예수 유대인의 왕"이라 쓰여 있었다.

이스라엘 전체 백성은 하나님과 맺은 계약에 의해 선택된 백성, 계약 백성, 구원받은 백성, 특별히 축복된 백성이 되어 그 특권과 자부심에 차 있었다. 그러나

---
92) Walter C. Kaiser, *op. cit.*, pp.346-347.
93) *Ibid.*, pp.347-349.

남북 왕조의 분열과 함께 구속사적 '씨'흐름의 위기를 가져오고, 남북왕조가 멸망되자 그들의 계약 사상을 포함한 '씨'신학은 흔들리게 되었다. '씨'신학에 의하면, 아브라함의 자손은 계속 번영되어야 하고, 선택 백성으로 계약백성의 축복을 받아야 했다. 그러나 남·북 왕국의 백성들은 더구나 계속 야웨를 떠나 우상숭배와 이교적 방종과 불의를 행하게 되자, 예언자들은 민족이 짓고 있는 계약 파괴의 죄악을 향한 하나님의 심판을 보면서 하나님께 돌아오길 권고한다. 그러나 그 백성들은 듣지 않는다. 거기에 하나님의 심판을 선언하면서도, 구원의 불빛을 제시하는데 결국 메시아 사상이 구체화되며 구원의 신탁을 발한다. 그래서 예언자의 마지막 말은 심판과 저주가 아니라 구원이요 축복이다. 메시아 왕국은 우주적, 세계적인 모든 민족들을 향한 영역으로 넓혀진다. 그래서 결국에는 '씨'신학의 궁극적 목적인 천하만민을 위한 중재자로서의 여인의 후손인 메시아의 오심을 확신하면서 구속적인 세계 선교적 사명의 성취를 내다본다.

이스라엘 왕조는 신정론(Theocracy)과 조화를 이루어 그리스도의 오심을 준비해 주었다. 아브라함의 믿음에 근거한 그의 후손(씨)인 이스라엘의 역사가 끝없이 방황하며, 파선된 위기에서 '메시아' 또는 '인자'에 대한 기대가 나타났다. 그리고 그 기대는 드디어 예수 그리스도를 통해 이뤄졌다. 예수 그리스도는, 바로 아브라함과 다윗의 자손(씨)이었다. 이는 구약의 오랜 역사 속에 구비쳐 내려온 구속적 섭리인 '씨' 흐름의 결론이며 씨신학의 내용이다.

메시아에 대한 소망

이런 구약의 구속사적 씨흐름의 긴 과정이 지나며, 예언자들의 메시야 예언과 더불어 구약과 신약의 중간사 기간에 예언자가 사라지고, 하나님의 음성이 들리지 않고, 하나님의 침묵이 계속되는 가운데 유대인들은 헬라제국과 로마제국 내에서 혹독한 고난과 피압박 민족으로 신음이 깊어가면서 민족적 꿈틀거림이 있었다. 구약역사의 끝자락, 거기서 자연스레 메시아에 대한 대망과 더불어 유대인들의 움직임이 반란과 폭동으로 번지기도 했다. 예수님이 태어난 베들레헴에도 어느 정도로는 정치적인 시대적 흐름에서 격리되지는 않았다. 끊임없이 일어나는 민란의 소식이 들려오는 지역이었다. 로마로부터의 민족 해방 염원이 유대 민중의 가슴 속에 불타올랐다. 민족 해방이란 하나님의 간섭으로 메시야를 보내셔서 든지 아니면 무장봉기를 통하여서든지 실현되는 것으로 보았다. 그래서 그들은 메시야를 절박하게 기다리는 상황이었다. 대체로 그 유대인들은 민족 해방이란 하나님이 보내실 메시아에 의해 실현될 것으로 믿었다. 그래서 메시아 대망이 유대인들 가운데 간절하게 퍼지고 있었다. 이러한 시대적 상황은 다가오는 메시아 예수님의 길을 준비하고 있었다.

신약성서는 바로 마태복음 1장과 누가복음 3장에서 구약 전체 역사와 사연을 압축하여 족보 문학 형식으로 구속사의 씨흐름으로 이어진 마지막에 여인의 후손, 예수 그리스도가 인류의 구세주로 탄생하신다. 앞에서 다루었기에 마태복음만 다시 정리해 본다.

바로 다윗 왕조의 혈통으로 오신 예수님에 이르는 족보인 "아브라함과 다윗의 자손 예수 그리스도의 세계라"로 시작한다. 아브라함에서부터 예수 그리스도에까지의 족보로 "모든 대(代) 수가 14대라"로 세(3)그룹으로 나눠서 열거하고 있다. 이런 구분은 본 족보의 두 가지 특징을 나타나는데, 첫째로 숫자에 대한 마태기자의 뛰어난 감각과 둘째로 본 족보를 14란 숫자에 맞추고 있다는 것이다. 이 방법은 히브리어의 알파벳이 나타내는 숫자로써 그 단어가 지닌 뜻을 풀어 성서를 해석하는 게마트리아[Gematria]이다. 히브리어 알파벳은 모두 22자(sin과 shin를 하나로)인데, ①처음 10자는 차례로 1부터 10까지의 수를 나타내고, ②다음의 8자는 차례로 20부터 90까지의 10단위 숫자를 나타내며, ③나머지 4자는 차례로 100부터 400까지의 100단위를 나타낸다. 그래서 다윗(דוד: David)이란 히브리 알파벨 자모가 도합 14 숫자가 된다. 왜냐면 (다렐 <ד>이 4, 와우 <ו>가 6, 다렐 <ד>이 4)가 되기 때문이다. 이것은 다윗 가문과 다윗 왕조를 강조하고 다윗왕조 중심으로 기록된 내용을 말한다. 왜냐면 마태복음이 유대인을 위한 복음서이라서 유대인들이 기다리는 메시야가 아브라함과 다윗의 자손으로, 혈통으로 온다는 확신이 있기에, 이 예수님이 바로 유대인들이 기다리는 바로 그 메시야라는 것을 강조하게 위해서 다윗의 혈동을 강조하고 있는 것이다. 14 숫자에 대한 해석은 몇 가지가 있지만 다음의 해석이 타당한 것 같다(John Wycliffe).

<u>첫번째 14대가 다윗 가문의 여명기(黎明期: Theocracy. 100년)</u>와 같다면,
<u>두번째 14대는 대낮 같이 찬란한 번성기(繁盛期: Monarchy. 400년)</u>라 볼 수 있고,
<u>세번째 14에는 다윗 가문이 쇠퇴기(衰頹期: Hierachy. 600년)</u>에 접어들어

가난한 목수의 가문에 다다르며 그 어둠 속에서 큰 별(마 2:2, 10)과도 같은 예수 그리스도께서 탄생하여 '이스라엘의 영광'(눅 2:32)이 되셨다는 것이다.[94] 결국 구약성서에서 구속사적 씨흐름의 기나 긴 여정의 중단 위기와 중단없는 흐름의 과정을 지나서 미가서 5:2의 예언대로 바로 여인의 후손으로, 동정녀 마리아를 통해, 메시야가 그 베들레헴에 태어나시게 된다. 그때, 동방에 별이 뜨고, 들의 목자들에게 홀연히 수많은 천군이 그 천사들과 함께 환희의 찬양과 함께 동원되어 "하늘에는 지극히 높은 곳에서는 하나님께 영광이요 땅에서는 하나님이 기뻐하신 사람들 중에 평화로다"며 노래한다. 그리고 그 분은 우리의 죄와 저주와 심판을 다 홀로 담당하시고 골고다 길을 십자가를 지시고 올라가셔 우리를 대신하여, 우리를 대속하시고 속죄하시고, 구속하시고, 구원하시기 위해 십자가에서 철저하게 죽으셨다. 그리고 3일만에 다시 살아나시고 하늘 하나님 보좌로 승천하시고, 머지않아 사단과 세상을 완전히 심판하시고 멸하시고 그리스도의 왕국을 이루시기 위해 다시 오실 것이다. 그래서 원복음(창 3:15)의 예언을 마지막으로 완전히 성취하실 것이다.

다시 씨신학을 요약하면, 천지창조와 원복음(창 3:15)으로 잉태되어 구약 4천년간의 태아로 계속 자라오시다가, 예언서에서 절정을 이루는 성숙한 태아가 되었고, 구약과 신약의 중간사에서 심한 진통을 거쳐 마태복음 족보의 탯줄로 연결되어 복음의 옥동자가 베들레헴에 예언대로 내어나신다. 그 분은 율법을 이 세상에서 일점일획도 범함이 없이 다 준행하시고 율법의 제사제도(레위기)에 나오는 속죄의 제물의 의미로 일생을 사시고 십자가에서 성취하시어 율법 아래있는 인간을 구원하시는 메시야가 되신다.

---

94) George Sweeting,「나를 향한 하나님의 계획」양길영 역(서울: 진흥사, 2005)

IX. 구속사적 씨흐름(씨神學)의 배경

A. 구속사적 씨흐름의 인종학적 배경 [1]

구속사적 씨흐름의 원조는 당연히 최초의 인물 아담이다. 아담으로 시작하는 그 씨흐름을 정리한 것이 바로 창세기 4장, 5장, 10장, 11장이고 역대기 1:1-4, 24-27이다. 그 다음으로 아브라함에서 이삭, 야곱, 유다, 베레스, 헤스론까지의 족보를 정리한 것이 창세기 12장에서 50장 까지의 내용이고 그 후손들의 역사를 기록한 것이 여호수아에서부터 에스더서까지 역사기록이다. 구속사의 씨흐름의 인종학적 배경을 분명하게 보여주되 인류의 시조 아담으로 시작하는 족보가 바로 누가복음 3장의 족보이다. 그렇기 때문에 아담으로 시작되는 족보의 배경은 너무

---
[1] 본 [인종학적 배경]의 내용은 필자의 「이스라엘의 종교」(토판, 2021)의 pp.100-102에 있는 것을 씨신학 정립을 위해 여기에 넣는 것이 필요하다고 봐서 그 내용으로 정리한 것임을 밝힌다.

나 당연하고 분명한 최초의 한 사람으로 시작하기 때문에 논란의 여지가 없다. 그래서 누가복음과 창세기는 하나님이 아담을 창조하셨다는 대전제를 제시하고 있다. 즉 하나님으로 시작한다.

그러나 마태복음 1장의 족보는 '아브라함과 다윗의 자손 예수 그리스도의 세계'라는 보다 단축된 계보가 나타나는데 바로 소위 말하는 족장들로부터 구체화되는 족보로 여기서 인종학적 배경을 추적하는 것은 바로 족장들의 인종학적 배경을 말한다.

창세기 11장 31절에 의하면, 아브라함의 아버지인 데라는 우르—카스딤으로부터, 즉 우르(Ur)라는 위대한 초대 바벨론의 도시 지역으로부터 메소포타미아(Mesopotamia)의 서북쪽에 위치한 하란(Haran) 지방으로 이주했었다. 그래서 족장들이 메소포타미아 서북쪽에 있는 발리크(Balikh) 계곡으로부터 직접 유래했었다는 히브리인의 전승은 틀림없는 사실로 본다.[2] 그런데 실제적으로 이스라엘의 선조들은 주로 서북 셈족 출신들이 많았지만, 성서 자체의 반영에서 보면 모압, 암몬, 에돔과의 혈연관계 뿐 아니라(창 19:30—38, 36장), 미디안을 포함하여 수많은 아라비아 부족들과의 혈연관계[3] (창 25:1—5, 12—18)도 강조하고 있다.[4]

즉, 히브리인들은 그들의 고백에 의하면 혼합민족이고 복합적인 기원을 가진다. 메소포타미아에서의 초기 가정(家庭)과 팔레스타인으로의 이주과정에서 보면, 그들은 여러 헷 족속 집단들(Hittite group, 혹은 Hurrians and others)과 어느 정도까지 융합된 것같이 보인다. 그리고 팔레스타인에 들어와서 그들은 구약성서에서 반복해서 주장하는 것같이(cf., e.g., 창 38:1ff. 수 9:3—27. 삿 1:21,27—35, 2:2, 3:5f) 점차적으로 토착 가나안—아모리 족속의 사람들을 흡수했다.[5]

특별히, 에스겔 16장 3절과 45절에서 여호와의 말씀이 에스겔에게 임하여 예루살렘에 대하여 이르기를, "너의 근본과 태어난 땅은 가나안 땅이고 네 아비는 아

---

2) W. F. Albright, "The Biblical Period," L. Finkelstein, ed, *The Jews, Their History, Culture and Religion* (Harper & Brothers, 1949), pp.3—65
3) 아브라함의 후처인 그두라와의 사이에서 욕산, 므단, 미디안, 그리고 이스박과 수아를 낳았다. 욕산은 스바와 드단을 낳았으며, 드단의 자손은 앗수르 족속과 르두시 족속과 르움미 족속으로 나온다. 미디안의 아들들과 이스마엘의 자손로 말미암아 수많은 부족으로 번성한 것으로 나온다.
4) John Bright, *A History of Israel*, 2d ed. (Philadelphia: Westminster Press,) 1972, p.81.; Theophile Meek, *Hebrew Origins* (New York: Harper & Row, Publisher, 1960). p.185.
5) Th. J. Meek, p.186.

모리 사람(An Amorite)이고 네 어미는 헷 사람(a Hittile)이라" 말하여 복합적 기원을 암시하고 있다. 히브리인들이 팔레스타인에 이르기 오래 전 그 지경은 이집트의 통치하에 있었고, 그 다음 기원전 약 22세기 경에 아모리 족속의 유목민 집단이 들어왔었다.[6]

한편 족보상의 이름에 히브리인의 조상으로 나오는 에벨(Eber)은, 엄밀히 말해 아람인과는 다르며, 그의 형제 아르박삿(Arphaxad: 이것은 비셈족 명칭)[7]은 에벨(Eber)의 할아버지로 나타난다. 더욱이, 하갈(Hagar)과 그두라(Kethurah)에 의한 아브라함의 자손 명단에서 우리는 북부와 남부 아라비아 종족들(North and South-Arabian tribes)을 발견하게 된다[8](창 25:1-4. 대상 1:32-33). 그 족보의 어떤 이들은 다른 곳에서 아브라함의 직접적인 선조인 벨렉(Peleg)을 통한 후손이 아니라, 욕단(Joktan)을 통한 에벨(Eber)의 자손으로 되어 있다(창 10:21-31). 여기에서는 히브리인들의 전통적인 선조로 알려져 있는 에벨(Eber)의 족보와 나란히 아람인들이 셈의 후손으로 기록되어 있고, 창세기 22:20-24에서는 아람인과 칼데아인(Aramaen tribes and Chaldaeans)이 아브라함의 형제인 나홀(Nahor)의 자손으로 열거되어 있다.[9] 모리츠(B. Moritz)의 발견에 의하면 기원전 19-17세 기간에 속하는 앗수르 비문에 기록된 유목민들의 대부분은 아람인의 기원(Aramaean Origin)이 아니라, 실제적으로 아랍인(Arab)에 속하였다.[10]

그러나 히브리인들은 특별히 아람인들에 대해 강한 혈연 의식을 갖고 있었다. 그 중에서도 신명기 26장 5절에 보면; "네 조상은 유리하는 아람 사람으로서 소수의 사람을 거느리고 애굽에 내려가서 거기 우거하여 필경은 거기서 크고 강하고 번성한 민족이 되었더니" 한 것을 볼 수 있다. 이것은 이스라엘 백성의 가나안 진입 이후, 농사지은 처음 열매를 성소로 가져왔을 때 고백한 족장 이야기의 옛 신조(Credo)로 여기서 간결하게 언급된 것은 "유랑하는 아람 사람"인데, 그는 "애

---

[6] *Ibid.* 저주의 본문에 많은 아모리 사람들의 이름들이 나타나고 있다. 참고로 K. Sethe, Die Achtung Feindlicher Fursten, Wolker und Dinge auf Altagyptischen Tongefasscherben Mittleren Reiches(1926); G. Posener, Princes et pays d' Asie et de Nubie(1940); La Chronique & Egypte, No.27(1939), pp.39-46.
[7] W.F. Albright, *From the Stone Age to Christianity* (Baltimore: The Johns Hopkins Press, 1967), p.239.
[8] *Ibid.*
[9] *Ibid.*, John Bright, *op. cit.* p.81.
[10] B. Moritz, *Paul Haupt Anniversary Volume*(Balrimore, 1926), pp.184-211; Albight, *Ibid.*, p.239에서 인용.

굽으로 내려가서 그 곳에서 큰 민족이 되었다." 여기의 아람 사람은 야곱을 지칭한다.[11]

한편, 족장들의 메소파타미아 친척들의 고향이 아람-나하라임(Aram Naharaim)이나 아람의 평야(The plain of Aram)라는 밧단 아람(Paddan-aram)과 관련을 갖고 있고,[12] 특히 이삭의 아내 리브가의 아버지인 브두엘(Bethuel)이 아람인으로 나오고, 브두엘의 아들 라반은 되풀이하여 아람인으로 불리고 있다(25:20, 28:1-7, 31:20,24). '아람'이란 이름이 마리 문서(B.C. 15세기)에서 발견되고,[13] 똑같이 기원전 2000년경, 또는 그보다 더 이전의 다른 문서들에도 나타나는 것은 고고학적 증거이지만, 이러한 현상들이 아람 민족과 어떤 관계가 있는지는 단언하기 어렵다.[14]

성서 전승에 아람(Aram)은 높은 땅이란 뜻으로, 셈의 아들이며 아람 사람의 조상이며(창 10:22), 다른 계보에는 나홀의 손자로 창세기 22:21에 나타는데, 아마도 아람인의 작은 부족일 것이다. 제일 초기의 아람인(원 아람인)[15]들은, 짐작컨대 시리아의 취락 지방 변두리의 사막에서 이미 오래전부터 살아온 혼혈 반 유목민으로 형성되었을 것이다.[16] 아람인들의 언어는 기원전 2000년 경 서북 메소포타미아에서 국부적으로 발달 통용했던 서부-셈족 방언(a west-Semetic dialect)에 그 기원을 두고 있는데, 마리 문서에서도 분명한 흔적을 찾아볼 수 있는 방언이다. 히브리 족장들은 아마도 팔레스타인 정착 전에 이 방언을 말했을 것이고, 이 아람어는 비옥한 초승달 지대의 각 지방과 그 변경 지방에 살면서 이 언어의 사용자들과 동맹을 맺거나, 그 반대의 처지에 있던 사람들이 아람족의 영향 하에 들어옴에 따라 점차 광범위한 지역에 퍼져 나갔을 것이다.[17] 그러다가 후대

---

11) G. won Rad, *Old Testament Theology*. trans. by D.H.G. Stalker(New York: Harper & Row, Publ, 1967). 여기서 주목할 것은 야곱에 관한 전승들이 주로 중부 팔레스타인 성소들, 즉 벧엘, 세겜, 브니엘에 결부되어 있다면, 이삭과 아브라함의 전승들은 남쪽, 특히 브엘세바, 마므레에 그 근원을 두고 있다는 것이다.

12) W.F. Albright, *op. cit.*, p.237. Albright는 아람어 Paddana는 히브리어 Sade인 "들, 평야"로 번역하여 "아람의 평야"로 본다. 그러나 John Bright는 이것을 "아람의 통로"(아카드어로 Paddanu)로 번역한다(*op. cit.*, p.78). Df. R. T. O'Callagham, *Aram Naharaim* (Rome: Pontifical Biblical Institute, 1948), p.96.

13) R.K. Harrison, *The Archaeology of the Old Testament* (New York: Harper & Row, Publishers, 1966), p.23.

14) John Bright, *op. cit.*, pp.81-82.

15) *Ibid.* M. Noth(*Die Ursprunge desalten Israel*, N.38, pp.29-31)는 이들을 원아람인이라 부른다(인용)

16) John Bright, *Ibid.*

17) John Bright, *Ibid.*, p.82. "아람어를 받아들이고 아람인이 된 사람들 중에는 아모리족 주민에 속한 자들이

의 어느 때에 이르러 정주(定住)한 가나안 사람들의 표준어와 다른 가나안 지방의 방언을 받아들였을 것이다.[18] 히브리어는 가나안어의 한 지방어에 지나지 않았다. 이스라엘의 선조들과 후대의 아람족의 선조들은 같은 종족으로서 같은 언어를 사용한 사람들이었던 것이다.[19]

후대의 아람인들은 북은 타우로스 산맥과 동은 카볼 강, 남은 아라비아, 서는 북팔레스타인(레바논 산맥)으로 경계를 이루며 활동했고, 기원전 13세기 수리아에서 헷 족속의 세력이 꺾인 틈을 타서 서쪽 남쪽으로 진출 하여 다메섹을 그들의 수도로 삼았다.

결국 팔레스타인에서 이스라엘 선조들은 비슷한 혈통의 다른 부족들과 접촉했고, 이들에 대하여 같은 혈족이라는 느낌을 갖고 있었다. 성서의 이야기가 보여주는 것보다 훨씬 복잡한 과정을 거쳐 그들은 교혼(交婚)하기도 하고 갈라지기도 하면서 인구가 늘어갔다.[20] 그러면서 성서의 이야기는 이스라엘의 정통성을 찾아서 야곱과 그 아들들의 사건으로 집약해 나감을 볼 수 있는데, 그들의 옛 신조(credo, 신 6:5-9)가 자신들의 선조로 야곱을 특별히 지칭하고 있음을 상기할 수 있다. 이런 복잡한 과정의 이스라엘 백성의 인종학적인 기원 배경을 요약하면 다음과 같다.[21]

1. 셈족(Semites)

근동지방에서 매 역사적 시기마다 지배적이었던 문화는 일반적으로 셈족 문화라고 부른다. 이스라엘은 셈족 중에 속한 자들이었다. 대개 셈족이란 용어가 이스라엘 민족에게 적용되지만, 실제에 있어서는 더 광범위하게 사용된다. 창세기 10장에 셈의 다섯 자손에 관한 족보가 나온다. ①엘람(Elam)[22] ②앗수르(Asshur

---

있었고, 아람어와 자손들의 언어가 밀접했기 때문에 융합이 촉진되었다"
18) W. F. Albright, *From the Stone Age to Christianity*(Baltimore: The Johns Hopkins Press, 1967), p.239.
19) John Bright, *op. cit.*, p.82.
20) *Ibid.*
21) John D.W. Watts, *Basic Patterns in Old Testament Religion* (South Pasadena: Jameson Press, 1971), pp.17ff. 많은 부분이 이 책을 중심으로 소개함을 밝힌다.
22) Chrles F. Pfeiffer, 「구약사 개론」, 김영배 역(서울: 기독교문서선교회, 1979), p.34. 엘람은 티그리스 강 동쪽과 페르시아 만 북쪽에 있는 이름으로 매우 호전적 족속이었다. 페르시아 전체가 가끔 엘람으로 불리기도 했는데, 오늘날의 이란이기도 하다.

or Assyria)[23] ③아르박삿(Arp-haxad) ④룻(Lud)[24] ⑤아람(Aram)[25] 이 셈의 아들들로 소개되어 진다. 여기서 아르박삿은 셀라를 낳고, 셀라는 에벨(Eber)을 낳았다. 사실은 이 에벨은 벨렉과 욕단을 낳았는데, 이 벨렉의 계통이 아브라함의 조상이 되고, 욕단의 계통은 아라비아 반도(Arabian Peninsula)의 남서쪽과 남쪽 지역에 살던 13개 바라비아 종족들의 조상이 되었다.[26] 그렇기 때문에 메소포타미아 지역과 가나안 지역에 산재된 종족들과는 셈족으로서 광범위한 혈연적 연관을 가지고 있으나 결국, 이런 인종학적 배경을 거쳐서 이스라엘 조상의 계통은 그 많은 혈연 계통에서도 셈—셈의 다섯 아들 중에 아르박삿에로, 이어서—셀라—에벨—벨렉—르우—스룩—나홀—데라—아브람으로 이어진다. 그래서 창세기는 아브라함에 와서 더욱 민족적, 가계적 정통성과 정체성을 구체화하면서 창세기 12장에서부터는 아브라함과 이삭, 야곱 족속으로 선명하게 정리하고 있다. 그래서 아브라함을 이스라엘의 조상, 믿음의 조상으로, 족장사의 시작으로 1장에서 11장까지의 태고사와 구별하여 새로운 시대(12장—50장)로 기록하여 구속사적 씨흐름을 분명히 하고 있다. 그러면서도 이스라엘의 족장들은 아람족속(Aramaeans)들과 특별히 가까운 혈연적 친분을 가지게 된다. 바로 이삭의 아내인 리브가, 야곱의 아내인 라헬과 레아도 아람사람으로 나타난다. 하여튼 이스라엘은 셈족에 뿌리를 갖고 있다고 하겠다. 더 구체적으로는, 셈족 중에서도 아르박삿(Arphaxad) 계통이다.

2. 반 유목민(Semi-Nomads)

이스라엘의 선조가 유목 종족에서 왔다는 것은 아주 자명하여 논란의 여지가 없다. 그런데 지형의 여러 유형처럼 여러 종류의 유목민이 있다. 드보(R. De Vaux)는 세 가지 유형의 유목민을 소개한다.[27]

---

[23] Ibid. 북쪽 메소포타미아 지역, 남쪽 바벨론, 서쪽 지중해에 이르는 영토의 막강한 제국.
[24] Ibid., p.35. 소아시아 지방의 리디아 족속(Lydians)의 조상이다.
[25] Ibid. 시리아(Syria)는 아람 족속으로 알려진 족속이 거주하던 이스라엘 북쪽 지역.
[26] Ibid. 그래서 Eber 계통과 아랍인들은 아주 날카롭게 구별된다(창 10:24)
[27] Roland de Vaux, *Ancient Israel* vol. I(New York: McGraw-Hill Book Co.,, 1961), pp.18ff.

a. 본래의 대가축 유목민(Grand Nomadic Type)

사막의 원주민을 말하는데, 진짜의 베두인(Bedouin)같은 유목민을 말한다. 이런 유형의 유목민은 연간 강우량이 10cm(4인치) 정도인 본격적인 사막 지역에서 거주하는 자들이다. 그래서 농경지의 정착인과는 거의 접촉할 기회가 없다. 그래서 큰 가축에 속하는 낙타를 사용하는 것이 특징이다.[28] 여기서는 아직 가축 떼를 길들여 거느릴 수 없는 기후적 영향 때문에 거의 물이 없는 사막에 적응할 수 있는 낙타같은 특별한 짐승을 사용하는 종족들이다.

b. 순수 유목민(True Nomads)

초원과 반사막 지대에서 오아시스 같은 곳에 정착하며 주로 작은 가축인 양과 염소 등을 방목했다. 이들은 대개 연간 강우량이 10~25cm(4~10인치)의 준사막 지대에서 비교적 가까운 거리를 움직였다.

c. 반 유목민(Semi—Nomads)

소 같은 길들인 짐승들이 가축떼에 들어오면, 순수 유목민 생활의 종지부를 찍게 된다. 본거지를 두고 계절을 따라 종족의 일부가 가축떼를 이끌고 이동했다 되돌아온다. 그들은 점점 정착인이 되어가고, 땅을 경작하는 경향을 갖고, 가옥을 짓고, 여행 때는 천막생활을 했다. 그래서 반유목민이면서 반정착민(Semi—settled)이라고 볼 수 있다.

성서의 기록에 의하면, 이스라엘인들과 그들의 선조들이 첫 번째 유형인 낙타를 타고 다니던 진짜 베드윈족 같은 생활을 살지 않았다는 것이 분명하다.[29] 이스라엘 역사에 나타나는 여러 단계에서 제 2유형과 제 3유형의 유목민 모습의 흔적이 보이나, 대개 셋째 유형인 반유목민으로 본다. 구약의 이야기 전승은 초기 이스라엘인들을 유목민으로 소개한다. 고대 중동의 유목민은 유랑하는 목자로서, 작은 가축 떼를 이끌고 목초지를 찾아 우기와 건기를 따라 움직였다.[30] 요셉이 아

---

28) John O. W. Watts, *Basic Patterns in Old Testament Religion* (South Pasadena: Jameson Press, 1971), 19. 그들은 종교에 별로 관심이 없었고 종교적 현상이 있었으면 미신으로 분류했다.
29) *Ibid.* W. F. Albright, *Archaeology and the Religion of Israel* (Baltimore, 1953), p.97.
30) George Fohrer, 「이스라엘 역사」 방석종 역(서울: 성광문화사, 1986), p.35.

버지 야곱이 있는 집을 떠나, 목초지를 찾아 생활하는 곳에 아버지의 심부름을 갔다가 팔려가게 된다. 그 형들은 그 가족이 있던 헤브론을 떠나 세겜, 도단 등으로 이동하며 가축 떼를 이끌고 다녔다. 그러다가 계절에 따라 본거지인 아버지가 있는 집으로 돌아오곤 했다(창 37장).

드보(De Vaux)는 유목민 생활의 세 가지 특성을 소개한다.

1) 부족제도(Tribal Organization) : 유목민은 하나의 국가 형성이 불가능했기 때문에 유목민의 가장 중요한 집단은 혈연 중심인 씨족 내지 부족이었다. 씨족은 보다 큰 단체의 결합을 필요로 했는데, 부족을 이뤄서 유랑할 때나 야영 때 통일을 이루고 가족들 생활을 보호했으며, 노동 불능자를 보호해야 했다. 자기 혈족을 중요하게 생각했고, 족보에 관심이 컸다.[31]

2) 환대와 은신처(Hospitality or Asylum): 초원과 광야에서의 불안정한 생활 상태는 소유권이 불확실하기 때문에, 유목민들은 소유하려고 하기보다 관대한 경향이 있었다. 그런 관대성은 유목민의 미덕인 손님접대의 친절로 나타나고, 박해받는 이에게 도피처를 주고 보호했다.[32]

3) 피의 복수(Blood revenge) : 광야에는 종족들 이외에 더 높은 재판소(예를 들면, 경찰·법정)가 없기 때문에 집단이 보복하게 된다.[33] 아니면, "피 흘리는 자에게 피 흘리는 보복", 즉 피의 복수 형태로 나타나는 개인적인 보복 행위로 형벌의 수행이 있었다.[34] 이런 유목민적 특성이 구약성서의 족장들에게서도 많이 발견되고, 율법의 내용에 많이 고려되었다고 보겠다.[35]

---

31) *Ibid.*
32) *Ibid.*, p.36. 박해받는 이는 천막 주인에게 보호받아야 할 손님이라고 말하고 원하는 천막에 들어갈 수 있었다. 그는 형편이 바뀔 때까지 그 곳에 머물 수 있었고, 이 기간 동안에 손님을 맞은 주인은 전적으로 그를 위해 책임을 졌다.
33) Roland de Vaux, *op. cit.*, p.33.
34) Georg Fohrer, *op. cit.*, p.36. 피의 복수는 명예로운 것으로 여겼다.
35) 창 4장, 삿 8장, 삼하 1:15, 삼하 4:10f. 창 34장, 삼하 13장(피의복수), 창 18장, 19장, 삿 19장, 출 2:20, 창 24:24f.

3. 가나안인들(Canaanites)[36]

가나안이란 용어이다.[37] 가나안은 팔레스타인의 옛 이름이다. 아브라함의 아버지 '데라'는 가족을 데리고 페르시아만 부근에서 약 600마일 떨어진 메소포타미아의 북서쪽 하란으로 이주하였다. 아브라함은 그 곳에서 다시 가나안으로 가서 남부에 정착하게 되었다. 거기서 아브라함은 이삭을, 이삭은 야곱을, 야곱은 12아들을 거느리게되고, 그들이 이스라엘의 12지파의 명칭이 된다.[38] 원래 가나안은 족장들이 도착하기 전에는 르바임 족(Rephaim), 수스 족(Zuzim), 엠족(Emim), 호리족(Horites or Hurrians), 아위 족(Avim), 아낙 족속(Anakim)들이 살았었다. 이스라엘 족장들이 이주하여 가나안인들의 중요한 요소로 등장하게 되고, 후대에는 가나안 땅의 주인이 된다.

요약하면, 이스라엘은 인종적 뿌리가 셈 족속으로, 생활 양식으로 보면 한때는 반유목민이었으며, 결국 지역적으로는 가나안 땅에서 농업과 목축과 상업으로 정착하였다.

B. 구속사적 씨흐름의 지리적 배경

여기서 논하는 것은 구속사적 씨 흐름의 지리적 배경을 말하며 '씨 신학의 토양'(土壤)을 말한다.

1. 고대 근동의 비옥한 초생달(Fertile Crescent) 지역

하나님의 구속사가 전개되는 지리적—역사적 배경은 광의적으로는 고대 근동의 비옥한 초생달 지역(Firtile Crescent)이다. 즉 고대 인류 문명의 발상지인 메소포타미아 지역의 유프라테스 강과 티그리스 강을 따라 전개되는 북동쪽 지역(메소포타미아 문명)과 나일강을 중심한 이집트의 남서쪽 지역(이집트 문명)을 연결하는 인류 문명의 발상지를 근거로 하고 있다.

아브라함이 하나님으로부터 본토를 "떠나 가라"했던 약속의 목적지가 바로 가

---

[36] John D. W. Watts, *op. cit.*, pp.22ff.
[37] *Ibid.*
[38] Bernhard W. Anderson, *Understanding the Old Testament* (Englewood Cliffs: Prentice—Hall, 1986), pp.28—29.

나안 땅이었다. 원래 이 지역은 이미 정착해 있던 함 자손의 이름을 따라 지어진 지역 이름으로 창세기 10:15-20에 보면 함의 아들인 가나안의 후손들(시돈, 헷, 여부스, 아모리, 기르가스, 히위, 알가, 신, 아르앗, 스말 족속)이 거하던 지역이다. 여기에 대하여 창세기 15:19-21은 분명하게, 원래는 "겐 족속과 그니스 족속과 갓몬 족속과 헷족속과 브리스 족속과 르바 족속과 아모리 족속과 가나안 족속과 기르가스 족속과 여부스 족속의 땅"이었다고 언급한다. 이 지역은 동쪽 소돔과 고모라 그리고 아드마와 스보임을 지나 북쪽 라사에 까지 포함하는 수리아-팔레스타인으로 확대되는 광범위한 지역을 말한다.[39] 그 지역의 아주 중요한 거주민이었던 사람들과 간련된 '필리스티아'(Philistia), 즉 '블레셋 사람의 땅'에서 유래한 명칭이다. 본래는 현재의 팔레스타인의 남서부 일대만을 지칭하던 것이 지금은 구약성서가 말하는 '가나안 땅' 혹은 '이스라엘 땅' 전체의 명칭이 되어 버렸다.

창세기 1장에서 11장까지의 원역사(原歷史)의 지리적 배경은 이미 언급한 대로 고대 근동의 비옥한 초생달 지역이다. 그 중에서도 이스라엘 백성의 직접적 선조들의 지리적 배경을 보다 구체적으로 살펴보려고 한다.

성서 기록에 의하면, 아브라함의 고향은 갈데아 우르(Ur)이며, 그는 그곳에서 북서 메소포타미아에 있는 하란(Haran: 창11:28-32)을 거쳐서 가나안 땅(창 12:5)으로 1,000마일(약 1,600km) 이상을 여행했다. 그리고 벧엘 근교에 거하다가(12:8), 이집트로 가게 된다. 그곳에서 아내 사라 사건으로 다시 벧엘을 거쳐 가나안 땅으로 가서 거하게 되었다(13장). 그리고, 하나님은 가나안 땅을 족장과 그 후손들에게 주시기로 언약하고 있다(15:7,18). 그런데, 갈데아 우르(Ur of the Chaldees)[40] 에서 하란으로의 초기 이주는 고고학적 실증이 없지만(그 도시 자체 발굴은 제외하고) 기원전 1950년경 엘람족(Elamites)이 그 수도를 멸망시키므로 우르(Ur)로 부터 이동이 불가피했다는 것은 타당한 역사적 전승같이 보인다.[41]

특별히 하란은 족장들과 각별한 관계가 있는 지역이었다. 이삭의 아내 리브가가 이곳 출신이고 야곱은 에서로 부터 도망쳐 이 지역을 여행했다가 가족과 재산

---

39) Leon Wood, *A Survey of Israel's History* (Grand Rapids: Zondervan Publishing House, 1970), p.55.
40) W. F. Albright, *From the Stone Age to Christianity*(1967), 236. 일반적으로 "Ur of the Chaldees"로 번역하나, 히브리 원전은 "Ur in the land of the Chaldees"로 번역이 가능하다고 본다.
41) *Ibid.*

을 얻어 남쪽 가나안으로 귀환한다(창 28-33장). 하란은 기원전 19-18세기 당시에 갈게미쉬(Carchemish), 니느웨(Nineveh), 소아시아의 메소포타미아와 헷 족속의 제국(The Hittite Empire), 그리고 동부 지중해 연안에 위치한 지역 사회들 간의 대상무역의 교차로 역할을 했던 아주 번영된 도시였다.[42] 함무라비(Hammurabi) 시대에는 아모리 족속의 통치 하에 있었다.[43] 이삭의 아내 리브가의 부모 고향으로 언급된 나홀(Nahor)이란 도시는 최근 앗수르 문서(middle Assyrian documents)로 나타나며, 발리크(Balikh) 계곡의 하란 밑에 위치했었던 것으로 보인다.[44] 아브라함이 도착하기 전 팔레스타인의 문화 수준은 메소포타미아 문명과 이집트 문명의 교차 통로에 있는 지리적 위치 때문에 세계의 다른 지역에 비교해서 꽤높은 수준이었다.[45]

구속사적 씨흐름의 실제적 조상인 구약성서의 족장들—소위 말해서 아브람, 이삭, 야곱, 야곱의 12아들들—의 본향은 티그리스와 유프라데스의 두 강 가운데 있는 메소포타미아로, 지금은 이란이 위치하고 있는 곳으로 생각되며, 이들이 이주하여 정착한 가나안은 근동의 옛 강대국을 연결하는 교량의 역할을 했던 위치로 인하여 국제적 분규로 시달림을 당해 희생도 컸던 것도 사실이지만 한편 문화적 영향을 받을 기회도 많았다고 볼 수 있다. 그런 면에서 지리적 배경과 문화사적 견지에서 볼 때, 족장들은 문서 활동, 광범위한 상품 활동, 예술, 문학, 강대한 제국의 출현, 관개시설의 이용 등 고도로 발달된 문화적 요소로서 뒷받침된 시대와 이러한 문화의 형성지인 메소포타미아, 가나안, 이집트 등 근동지역에 살면서 당시의 메소포타미아 문명과 이집트 문명의 흐름에 참여했던 인물들이다. 그래서 그들은 아카디아인(Accadian), 후리안족(Hurrian), 아모리인(Amorites)의 복합적인 영향을 받았다고 보겠다.[46]

한편, 요셉을 통해 이집트로 내려갔던 야곱 족속은 후에 2백만여명의 백성이 되어 모세를 통해 출애굽하고 여호수아에 의해 가나안 땅을 점령하여 옛 아브라

---

42) R. K. Harrison, *The Archaeology of the Old Testament* (New York: Harper & Row Publishers, 1966), p.66.
43) W. F. Albright, *op. cit.* p.236.
44) *Ibid.*
45) Leon Wood, *op. cit.*, p.57.
46) 최종진, 「이스라엘 종교」(서울: 토판, 2021), pp100-102.

함에게 언약한 땅을 차지한다. 그러다가 솔로몬왕 다음에 남북 분열 후 결국 바벨론에 포로로 잡혀가 메소포타미아 지역에 유배 생활을 하다가 팔레스타인 땅으로 또 다시 되돌아와서 여인의 후손으로 인류를 구원하실 예수님이 태어나시고 구속사역을 완성하시는 지리적 토양을 준비한다.

2. 가나안 땅

가나안이란 말은 뵈니게와 팔리스틴을 포함한 지역과 관련하여 광범위하게 사용하여 성서에 기인한 용어라고 볼 수 있다.[47] 아브라함의 아버지 데라는 가족을 데리고 페르시아만 부근에서 약 600만 마일 떨어진 메소포타미아의 북서쪽 하란으로 이주하였다가 다시 가나안으로 가서 남부에 정착하게 되었다. 거기서 아브라함은 이삭, 이삭은 야곱, 야곱의 12아들이 이스라엘의 12지파의 명칭이 된다.[48] 원래 가나안은 족장들이 이 가나안에 들어와 하나님의 약속대로(창12:1,7, 15:18-21) 후대에는 가나안 땅의 주인이 된다.[49]

하나님의 구속사적 구체적 씨흐름의 토양은 가나안 땅이다. 성서 역사의 일차적 초점은 이 땅에 맺어지고 있다. 이는 "애굽 강에서부터 그 큰 강 유브라데 까지"로 땅의 경계를 정하고 있다(창 17:1-8). 이 땅이 '영원한 기업'으로 이스라엘에 주어질 것이 강조된다(창 13:15과 17:8). 결국 이 이스라엘 땅, 가나안에 출애굽한 이스라엘이 정착하게 되고 이스라엘 후손이 계속 이어져 간다.

지구촌의 지리적 구조 자체를 보아서도 가나안 땅은 여러 가지 면에서 하나님의 구원사 발생의 요람으로 최적지(最適地)라 생각된다. 하나님의 구속적 목적을 수행함에 있어서 '택한 백성'들은 이 적절한 약속의 땅을 가져야 할 필요가 있었다. 곧, 가나안은 아브라함의 씨가 거할 땅으로 되어 있고, 하나님이 자신의 목적을 그들을 통해 성취시킬 땅이었다. 그래서, 하나님은 집요하게 땅의 약속을 계속 언급하고 계시며 이스라엘도 그 땅에 대한 애착이 생명과 같았다. 그러나 이 가나안 땅은 원래 원주민인 다른 사람들의 소유였다. 그래서 한 때는 그 땅의 순례

---

47) John D. W. Watts, *Basic Patterns in Old Testament Religion* (South Pasadena: Jameson Press, 1971), pp.22ff.
48) Bernhard W. Anderson, *Understanding the Old Testament* (Englewood Cliffs: Prentice-Hall, 1986), pp.28-29.
49) 최종진, *op. cit.*, p.133.

자의 모습으로 아브라함은 외방(外邦)에 있는 것 같이 땅에 우거했었다(레 25:23, 히 11:9).

    구약의 표현에 의하면,
    1)그 땅은 야웨의 선물이란 성격(신 4:21)을 띠고 있으며,[50] 구원사적 입장에서 보면 야웨께서 이스라엘 백성에게 가나안 땅을 허락하신 것은 커다란 구원의 행위였다.[51]
    2)이 땅은 단순히 물리적으로 그 가치를 평가할 수 없고, 항상 '야웨 백성'으로서의 이스라엘 위치와 결부되어 특별한 가치를 가지고 있다. 이스라엘이 가나안 땅을 점령했다고 해서 그곳 원주민을 모두 다 축출하거나 완전히 장악하지 못한 숙제로, 구약역사가 미완성으로 끝나서 하나님 약속이 [아직까지] 성취되지 못한 것으로 남았다. 그래서 이스라엘은 미래의 야웨께서 그들에게 모든 약속을 성취시켜 줄 그 날을 내다보며 하루하루를 살아가는 것으로 마무리짓는다.[52] 이 땅에서 하나님은 자기를 계시하시고, 그의 백성을 훈련하시고, 메시아의 구속 사건을 이루시는 구속사적 씨흐름의 터전이며 지리적 배경이었다. 그러다가 구속사적 씨흐름의 절정이며 씨신학의 결론인 여인의 후손, 메시아가 태어나자 모든 언약과 약속이 성취되고 가나안의 가치와 의미가 완성되고 두고 두고 기독교인들이 "이미" 이루어진 것으로 고백하게 되었다. 그래서 이 가나안 땅이 오히려 전 세계화되어 두고두고 온 세상 그리스도인들의 순례의 땅에 되었다.

C. 구속사적 씨흐름의 역사적 배경[53]

    이스라엘이 정착한 팔레스타인 땅의 남서쪽은 이집트 세력이 팽창했었고, 동쪽으로는 사막을 건너 유프라테스와 티그리스 그리고 페르시아 만을 중심한 지

---

50) 장일선, *op. cit.*, p.166.
51) G. von Rad, *Old Testament Theology*. trans. by D. H. G. Stalker(New York: Harper & Row, Publ, 1967), p.296.
52) 장일선, 「구약신학의 주제」 (서울: 대한기독교출판사, 1982), p.171.
53) John Bright, *op. cit.*, pp.23-83. 646-650.

역은 수메리아((Sumerians), 아카디아(Akkadians), 아모리(Amorites), 갓(Kassites), 앗시리아(Assyrians), 바벨론(Babylonians), 페르시아(Persians), 로마(Romans)등 여러 민족들이 지배해 왔다. 팔레스타인 북쪽은 오늘날 시리아(Syria)와 레바논(Lebanon)이 위치한 곳으로 더 나아가서는 소아시아(터키지역)가 위치하고 있다. 이 지역은 고대의 헷족속(Hitittes) 세력이 팽창했던 곳이다.

메소포타미아 지역은 초기 왕조가 시작된 것은 수메르 도시국가(B.C. 2850-2360)에 이어서 아카드 제국(B.C. 2360-2180), 우르 3왕조(B.C. 2060-1950)가 지배했고, 바벨론 제 1왕조(B.C. 1830-1530)때, 즉 중기 청동기 시대에 아브라함을 비롯한 족장이 출현했다. 야곱 족속을 중심한 이스라엘 백성은 이집트의 통치하에 있다가 출애굽을 해서 가나안 땅에 거하게 된다. 사사 시대를 거쳐서 통일 왕국을 이루었다가 결국 분열 왕국을 이룬다.

북왕국 이스라엘은 앗시리아 제국(B.C. 1352-612)에 의해서 멸망당하여(B.C. 721) 역사의 무대에서 사라지고 만다. 그리고 앗시리아 제국의 약화에 이어 등장한 신흥 바벨론 제국(B.C. 612-539)은 B.C. 586년에 남쪽 유다왕국과 예루살렘마저 파괴하고 유대인들을 바벨론에 포로로 끌고 가게 된다.

이 막강했던 바벨론의 쇠퇴와 더불어 페르시아(B.C. 539-332)의 고레스왕은 B.C. 539년 10월에 바벨론을 정복하고 1년 후에 고레스 칙령(B.C. 538)을 내려 유대의 유랑민들에게 예루살렘으로 귀환하여 성전을 재건하도록 허락하였다(에스라 1:2-4, 6:3-5). 그래서 3회에 걸쳐(B.C. 537-6년, 457년, 444년) 스룹바벨, 에스라, 느헤미아의 인도로 바벨론에서 부터 팔레스타인 땅으로 귀환했다. 페르시아 제국은 아닥사스다 2세(B.C. 404-358)때 부터 국력이 쇠퇴하기 시작하여 마지막 왕 다리오 3세는 알렉산더 대제에게 패하고 만다.

헬라제국(B.C. 332-63)을 건설한 알렉산더는 휘하(麾下)의 유능한 네 명의 장군들의 협력으로 짧은 시간에 소아시아, 시리아, 팔레스타인, 이집트를 정복하고 페르시아 전역을 포함하여 인더스 강 건너까지 정복하였다. 에스라와 느헤미야 이후 100여년이 지난 후 유대인 공동체는 이 새로운 군주 밑에 들어가게 된다. 알렉산더가 32세의 젊은 나이로 죽자 그의 막강한 왕국은 네 명의 부하 장군들에 의해 분할 통치되었다. 그래서 천하가 그리스(헬라) 사람들에 의해 다스려지게 되었

다.[54]

그 결과 팔레스타인은 B.C. 323-198년에는 Ptolemy왕조의 지배를 받다가 B.C. 198년 이후에는 Seleucid왕조의 지배를 받게 되었다. 이 셀류키드 왕조의 시조는 알렉산더 대제의 장군 중의 하나였던 셀류커스 니카터(Seleucus Nicator)였다. 이 왕조 중에 셀류커스 4세의 동생이며 에피파네스(Epiphanes)라 불리던 안티오커스 4세(Antiochus IV)는 사악한 행위들로 인하여 유명하다. 그는 정신착란과 괴벽으로 고생하였다. 안티오커스 4세는 칙령을 발표하여 모든 유대인들은 헬라국의 법과 관습들, 종교를 추종하게 하였다. 야웨 경배를 그리스의 신과 여신들 경배로 대신케 하였다. 안식일 준수와 할례의식, 부정한 음식의 금지와 같은 특징적인 유대인의 관습들이 사형에 해당하는 죄목으로 금지되었다. 자기 아기들에게 할례를 행한 어머니들은 목에 아기를 두른 채 십자가에 처형되었다. 매일 드리도록 되어있는 희생제물이 금지되었다.[55]

배교한 유대인들과 헬라 당국자들은 야웨를 헬라의 제우스와 동일시하여 예배하고 제우스의 현현(顯現)으로 숭배하는 제왕 숭배의식으로 제의를 재편하는 일을 하기도 했다.[56] 주전 168년 12월에는 한 떼의 돼지를 예루살렘 성전에 몰아넣고 올림푸스의 제우스에 헌납된 암돼지 고기가 지성소에 올려 지게 되었고 성전의 기물들은 돼지고기에서 취한 육즙을 그 위에 뿌림으로 더럽혀졌다. 성전뜰은 난장판이 되고 술꾼들의 거주지가 되었다. 헬라사람들은 제사장 계급을 인정하지 않았고 대제사장 자리도 매매에 의해 왕이 임명했다. 그러면서 수많은 유대인들을 멋대로 학살하였다. 이는 유대교의 몰락을 의미했다. 이렇게 모든 것이 끝장나는 듯한 상황에서 하시딤(Hasidim: 경건한 사람들이란 뜻)이라는 운동이 일어나 율법을 주야로 묵상하고 구원의 날을 준비하도록 온 민족에게 새로운 회개운동을 일으켰다. 이들은 율법을 위해 충성스럽게 순교를 서슴치 않았다.[57]

율법에 충실한 유대인들이 마타디아스 제사장과 그의 아들들을 중심으로 뭉쳐서 안티오커스 첩자들과 그들을 동조하는 유대인들을 죽이기 시작했고 하시딤도

---

54) *Ibid.*, pp.569-571.
55) *Ibid.*, pp.577-582.
56) John Bright, *op. cit.*, p.583.
57) John Dreane, 「구약 이야기」, 이중수 역(서울: 두란노서원, 1985), pp.178.

그들과 연합했다. 그들이 종교적 자유를 위한 투쟁으로 시작한 운동이 정치적 독립을 위한 성공적 투쟁을 이룩하였다. 이것을 마타디아스의 아들 '유다 마카비어스'의 이름을 따라 마카비 반란운동(Maccavean Revolt)이라 한다. B.C. 167년에 시작된 이 운동은 B.C. 164년에는 예루살렘 성전을 장악하고 마카비 家의 혈통으로 이뤄진 하스모니안 왕조(B.C. 166-164)을 건설하여 전 팔레스타인, 골란 공원, 요르단 동부 즉 거의 다윗과 솔로몬 제국의 영토범위를 다스리는 유대인 통치가 있었다. 그러나 마카비 가정 내에서 벌어진 분쟁(Aritobulus II와 Hyrcanus II의 내분)은 로마의 중재를 요청하여 결국 로마의 군단이 예루살렘을 포위 함락하고 성도에 입성하여 로마의 속국을 만들어 버렸다.[58]

얼마후 로마는 비유대적 사람인 이두메아의 군주인 Antipater를 지명하였고 그의 아들인 헤롯 대왕(B.C. 37-4)이 팔레스타인을 통치할 때 예수 그리스도께서 탄생하셨다. 그의 가장 유명한 건물은 예루살렘에 재건한 성전이다. 헤롯은 예수님이 나신지 얼마 안되어 죽자 그의 아들들인 아켈라오(유대, 사마리아, 이두매 지역), 헤롯 안티파스(갈릴리, 베레아 동부 요르단 지역), 빌립(티베리아 호수의 동부와 바산 지역)에게 분할 통치케 했다. 이들이 예수님 당시의 통치자로서 복음서에 언급되고 있다.

이렇게 이스라엘의 역사는 끊임없이 몰락되었다가 다시 소생하는 역사요, 계속 실패하면도 다시 방향을 바로 잡는 역사였다. 이는 결국 씨 흐름의 절정인 여인의 후손으로 태어나시는 예수 그리스도의 탄생에까지 숨차게 달려온 역사이다.

---

58) John Bright, *op. cit.*, pp.584-585. 588-590.

X. 구속사적 씨신학의 4대 신학사상(四大 要素)

구약성서에 흐르는 구원사의 구속적 씨의 흐름은 다음의 4가지 요소(선택, 계약, 축복, 사명)를 그 중요 핵심으로 하여 이뤄져 있다.[1] 이는 구약종교의 주요 요소이기도 하며, 인류 구원을 위한 하나님의 구체적 섭리와 행위의 결과로 나타나는 것이다.

A. 선택 사상

하나님의 구원은 선재적 은총에 기인하고, 그 선재적 은총은 하나님의 독자적인 선택 사건으로 나타난다. 선택 사상은 구약성서의 가장 중요한 사상의 하나로

---

[1] 본 장은 최종진,「이스라엘 종교」(서울: 소망사, 1987), pp.62-80을 거의 그대로 옮긴 것이다. 이유는 씨신학 정립을 위한 단권 책으로 정리하다보니 씨신학을 구성하고 있는 네 가지 사상을 미리 준비한 것을 사용해야 하기 때문이다. 사실은 이스라엘 종교에서는 씨신학을 시도한 책이기 때문이다.

서, 이스라엘 민족이 하나님과 특별 관계를 맺고 있다[2]는 사상이다. 이 구속사적 씨흐름의 주역들인 언약의 상속자들은 본인이 원한다고 해서 맡아지는 신분도 아니고 메시아의 족보에 들어가는 인물들은 전적으로 하나님의 선택에 의한 절대적 은총의 결과이었다. 그래서 씨신학에서 가장 중요한 신학사상이 구약신학에서 중요한 주제이기도 한 선택사상이다. 이것을 여기서 다 다루려면 끝이 없는 주제이기 때문에 필요한 사항만 요약하려고 한다.

1. 선택의 어원적 의미

'선택한다'를 나타내는 히브리어는 'בחר'(bāḥar 바하르)로 다음과 같이 쓰여진다.

a. 하나님이 아브라함을 선택하실 때(느 9:7), 이스라엘을 택하실 때(신 7:7. 사 44:1), 그의 백성(신 7:6, 14:2), 족장들의 씨(후손: 신 4:37, 10:15), 유다(시 78:68), 아론(시 105:26), 레위(행 33:24), 왕 특별히 다윗(신 17:15. 삼상 10:24, 16:8,9,10. 삼하 6:21. 왕상 8:16. 대상 28:4,5. 29:1. 대하 6:5. 시 78:70), 희생의 장소(신 12:11,18. 14:25. 16:7,15. 대하 7:12), 도시(왕상 8:16,44), 예루살렘(대하 6:6. 사 14:1. 슥 1:17. 2:16), 시온(시 132:13) 등을 선택할 때 사용된다.[3]

b. 사람이 어떤 물건(욥 7:15. 9:14), 사람(출 18:28. 삿 5:8) 등을 선택할 때 사용된다.[4]

בחר(바하르: 선택하다)는 외부의 자극없이(Unmotivated) 자유롭게 선택하는 것[5]을 의미하고, 많은 가능성 중에서 어느 하나를 택함[6]을 의미한다. 한편, בחר(바하르)가 사용되는 선택은 철저한 조사에 의한 것으로 되어 있다.[7] 어느 곳(렘 26:44. 암 5:21. 사 33:8)에서는 '가치있게 평가하다'로 사용된다.[8] 한

---

2) Walther Eichrodt, *Journal of Biblical Literature*, IXV(1946), p.215.
3) F. Brown, S. R. Driver and C. A. Briggs, *Hebrew and English Lexicon of the Old Testament. based on the Lexicon of William Gesenius*, translated by Edward Robinson (Oxford: Clasrendon, 1951), pp.103–104.
4) *Ibid.*, p.104.
5) Edmond Jacob, *Theology of the Old Testament*, trans. A. W. Heathcote and P. J. Allcock(New York: Harper & Brothers Publishers, 1958), p.201.
6) F. Brown, S. R. Driver and C. A. Briggs, *op. cit.*, pp.103–104.
7) *Loc. cit.*
8) Gerhard Kittel ed. *Theological Dictionary of the New Testament*, Vol. IV. Trans. and edited by Geoffrey

편, בחר(바하르)가 '단련시키다. 시련을 겪게 하다'(test/try, 사 48:10)의 의미로 사용되기도 한다. '선택하다'(בחר bāḥar, 바하르)와 관련되서 나오는 다른 표현의 동사들이 있다. קרא(qāra': 부르다), ידע(yada': 알다), קנה(qanoh: 속한다) 등과 אהב('ahab: 사랑하다), רחם(raḥam: 긍휼히 여기다) 등이다.[9]

2. 선택의 동기[10]

이사야 51:1, 2에 "아브라함이 혈혈단신으로 있을 때에 내가 부르고 그에게 복을 주어 창성케 하였느니라"하여 하나님의 주권적 자유하심의 선택을 천명하신다. 하나님의 독자적 축복으로 아브라함의 씨가 창성하게 되는 결과를 가져온다는 것이다.

선택의 직접적 동기는 하나님의 사랑에 기인한다.[11]

> "너는 야웨 네 하나님의 성민이라 네 하나님 야웨께서 지상 만민 중에서 너를 자기 기업의 백성으로 택하였나니 야웨께서 너희를 택하심은 너희가 다른 민족보다 수효가 많은 연고가 아니라 너희는 모든 민족 중에 가장 적으니라. 야웨께서 다만 너희를 사랑하심을 인하여, 또 너희 열조에게 하신 맹세를 지키려 하심을 인하여……"(신 7:6-8).

여기에서 보면 선택은 하나님의 사랑에 기인한다. 하나님이 이스라엘을 사랑하셨기 때문에 택하셨고, 택하셨기 때문에 사랑하셨다는 원리이다. 여기서 "사랑"이라 번역된 'ahab(אהב)는, 어떠한 언약의 조건에 제한받지 않고 다만 사랑하는 자의 뜻과 성품에만 달려 있다. 이스라엘에 대한 하나님의 사랑('ahab)은 하나님과 이스라엘 사이의 언약 상태에 대한 근거가 되는 단 하나의 원인이 된다.[12] 아브라함을 부르신 것도, 이스라엘을 선택하신 것도, 그리고 아들을 세상에 구세

W. Bromiley(Grand Rapids: W. B. Eerdmans Publishing Co., 1973), p.149.
9) F. Brown, S. R. Driver and C. A. Briggs, *op. cit.*, p.104.
10) Edmond Jacob, *op. cit.*, pp.201-202. John P. Milton, 「하나님의 축복의 언약」 이군호 역(서울: 컨콜디아사, 1982), pp.188f.
11) cf. B. B. Warfield, *The Plan of salvation* (Grand Rapids: Wm N. Eerdmans Publishing Co., 1942), p.74.
12) Norman H. Snaith, *the Distinctive Ideas of the Old Testament* (London : Epworth press, 1946), p.119.

주로 보내신 것도 하나님의 사랑에 기인한 것이다[13] (요 3:16).

이스라엘 민족의 선택은 특별히 하나님의 사랑에 의한 것이면서 바로 족장들(조상들), 특별히 아브라함에 맹세한 언약을 지키기 위한 것으로 나타난다(창 12:2-3,7. 13:15-17. 15:13-21 등. 신 7:8). 즉, 하나님의 신실하신 언약의 사랑에 기인한 것이다.

3. 선택의 대상

구약에서 선택 사건은 처음에는 개인적인 선택[14] (Individual Election)으로 이뤄져 나가다가, 다음에 민족적 선택(National Election)의 이스라엘 선택에서 절정을 이룬다. 그러다가 이스라엘의 배신과 하나님의 심판에 의해 남은 자(Remnant)와 메시아 사상에 이르고, 세계 선교와 관련하여 예수 그리스도에 이른다.[15]

그러나 구약성서에서 대표적인 선택 사건은 아브라함의 선택과 모세를 통한 이스라엘의 선택일 것이다. 라울리(H.H. Rowley)는 아브라함의 선택 사건과 이스라엘의 선택 사건과의 관계를 "이스라엘 백성이 아브라함 안에서(in Abraham) 선택함을 받았고, 또한 모세를 통해서(through Moses) 선택함을 받았다"[16]고 했다. 즉, 아브라함 안에서(in Abraham) 하나님은 선택된 이스라엘 백성의 존재성(being)을 선언하였는가 하면, 모세를 통해서는 그 선택의 선언이 역사적 과정에서 구체적인 행동(doing through Moses)으로 옮겨져 갔다.[17]

이것은 창세기 15장에서 아브라함의 선택과 모세를 통한 이스라엘의 선택이 연결되어짐에서 알 수 있다. 아브라함에게 하나님의 언약 징표로 주어진 것 중에 출애굽 사건이 분명히 예시되고 있다(창 15:13-14). 그래서 아브라함 안에서의 선택과 모세를 통한 이스라엘의 선택은 별개의 선택이 아니라, 동일한 하나님의

---

13) John P. Milton, 「하나님의 축복의 언약」 이군호 역(서울: 컨콜디아사, 1982). p.190.
14) 에덴의 아담, 셋, 노아, 셈, 아브라함, 이삭, 야곱, 유다 등으로 볼 수 있다. 이사야 1:9, 7:3, 10:20-23, 49:3, 스바냐 1:14-18, 예레미야 31:1-7, 에스겔 17:22,23, 미가 5:3 등
15) cf. J. Barton Payne, *The Theology of the Older Testament* (Grand Rapids: Zondervan Publishing House, 1962), pp.178ff.
16) H. H. Rowley, *The Biblical Doctrine of Election* (London: Lutterworth Press, 1952), p.31.
17) Edmond Jacob, *op. cit.*, pp.205-206.

통일성있는 선택[18] 이라 보겠다.

밀톤(J.P. Milton)은 선택에 관한 구약성서의 내용을 다음과 같이 요약하고 있다.[19]

첫째, 구약의 선택 교리는 직접적으로 개인의 구원과만 관련되지 않고, 역사에서의 하나님의 행동과 전체적인 구원 계획에 관련되어 있다. 하나님은 자신의 목적에 사용하기 위해 여러 가지 방법으로 사람과 민족을 택하시고 부르시고 위임하신다.

둘째, 구약의 선택 교리는 하나님의 뜻의 성취와, 이미 예정된 구원 목표를 달성하기 위하여 역사 속에서 활동하시는 인격적 하나님에 대한 개념, 혹은 신앙과 같이 광범위하게 적용된다는 것이다.

하나님의 구원사는 하나님이 택하신 자들을 통해서 이뤄져 간다. 그것은 하나님의 선택의 섭리가 이끌어 가는 씨의 흐름이다. 이 선택은 언제나 하나님의 언약에 의한 계약 관계를 맺게 된다. 하나님의 구속사적 씨흐름의 상속자들은 하나님의 절대적 선택에 의한 섭리가 족보기록의 구석 구석에서 타나나고 특별히 이야기식 족보기록 형식에서 표현되고 있다.

B. 계약 사상

씨신학(Zera' Theology)의 선택 사건은 계약이라는 구체적 표현으로 나타난다. 계약 사상은 선택 사건을 위해 하나의 형태(Form)와 내용을 제시하려는 것이다.[20] 선택은 하나님의 독자적 선재적 은총에 의해 근본적 사건을 형성한 것으로 계약이라는 틀(framework) 안에서 활동되어진다.[21] 선택은 자연히 양자(하나님과 선택받은 자) 사이에 새로운 관계에 돌입되는 것을 의미한다. 거기에는 계약이라는 줄을 통해 서로를 묶게 된다. 구약의 '씨흐름'은 계약이라는 줄을 통해 서로를 묶게 된다. 구약의 구속사적 '씨흐름'은 계약이라는 구조 안에서 전개되어 간

---

18) 함성국, "구약성서의 선택사상", 「현대와 신학」 제7집(1974. 11), p.18.
19) John P. Milton, *op. cit.*, p.192.
20) 함성국, *op. cit.*, p.21.
21) *Ibid.* Edmond Jacob, 「구약 신학」, 박문재 역(일산: 크리스챤 다이제스트, 1999), p.209.

다. 씨의 흐름을 이끌어 가는 구속력(拘束力)은 계약의 언약이었다. 이스라엘의 역사에서 계약 사상, 혹은 계약에 따른 하나님의 약속 성취에 대한 주제는, 이스라엘 전체 역사는 물론 특별히 민족 형성사를 구축하고 있는 중심 주제이다.[22] 하나님과 이스라엘의 관계는 이 계약에 기초해 있다고 할 수 있다.[23] 선택사건은 계약에 의해 확인되어지고 선택이 효력을 발생하는 것이다.

1. 계약의 어원

계약을 나타내는 히브리어는 ברית(berîth)[24] 로서 언약, 계약으로 대개 번역하고 있다. 70인역은 berîth를 διαθήκη(diathēke: testament)라 번역했다. ברית(베리트)의 동사어근은 히브리어에서는 분명치 않고 아카드어 bārû(속박하다, 의무를 지우다 : fetter, bind)에서 찾는다.[25]

퀼러(L. Köhler)는, ברית(베리트)는 원래 음식(food)과 먹는 것(eating)을 뜻하며 동사어근 ברה(bārah 바라흐: eat)와 관련지어 설명한다. 그는 주장하기를 계약의 원래의 의미는 계약 의식의 식사에서 기원했다고 본다.[26] '먹다'는 뜻의 ברה(바라흐)에서 유래했다는 것이 사실이라면 계약 성립 과정에 나타나는 성찬에 관련된다고 보는 견해이다.[27]

그러나 노트(Martin Noth)는 위의 견해에 반박하여 다음과 같은 주장을 한다. 구약원전에서 '계약을 맺다' '계약을 수립하다'를 כרת ברית(kārat berît 카라트 베리트, 창 21:32, 26:28. 출 34:10 등)로 쓰고 있다. 이것의 직역은 'ברית(berît 베리트)를 자르다', 즉 '계약을 자르다'(Cut a Covenant)가 된다. 이것을 설명하기 위해 학자들은 고대 마리 문서(The Mari Letters)[28]에 나타난 계약 풍습을 추적했다.

---

22) 문희석 편, 「구속신학」(서울: 보이스사, 1976), p.151.
23) Meredith G. Kline, *The Structure of Biblical Authority* (Grand Rapids: Eerdmans, 1972), p.47.
24) Berîth는 언약(Promise)과 계약(Covenant)으로 번역이 가능한데, 언약에 의해 계약이 성립되고 계약은 언약을 꼭 동반한다고 보겠다. 그래서, 언약과 계약은 구분이 어려울 정도로 동반적 사건이다.
25) F. Brown, S. R. Driver and C. A. Briggs, *op. cit.*, p.136. bārû의 명사형은 birîtu로 속박, 의무를 의미한다.
26) D. J. McCarthy, *Old Testament Covenant* (Atlanta: John Knox Press, 1978), p.3에서 重引. L. Köhler, "Problem in the Study of the Language of the Old Testament", *Journal of Semitic Studies* I (1956), P.4 —7.
27) cf. Moshe Weinfeld, *Theologisches Wörterbuch zum Alten Testament* (Stuttart, 1973), p.783; Leon Morris, *The Apostolic Preaching of the Cross* (London, 1955), pp.62ff; O. Palmer Robertson, 「계약신학과 그리스도」 김의원 역(서울: 기독교문서선교회, 1983), pp.13ff.
28) Mari는 중부 유프라테스 강변에 있는 것으로 Zimrilim왕의 궁전(약 1730—1700 B.C)을 1935—38년에

여기에 의하면, 두 사람이 계약을 체결한다는 사실을 "하누와 이다마라스[29] 사이에(birit) 나귀를 살해한다"(to Kill an ass between the Hanu and Idamaras)라고 표현하고 있다.[30] 대체로 알려진 바에 의하면, 고대 근동에서 계약을 맺을 때는 계약 당사자들이 어린 나귀나 당나귀를 살해한(to kill a young donkey) 다음 그 사체(死體)를 양분(兩分)하고 마주 대하여 놓고, 계약자 쌍방이 그 사이로 같이 걸어 지나가는 풍습이 있었다는 것이다.[31] 그래서 구약에서 '계약을 체결하다'를 כרת ברית(카라트 베리트: 계약을 짜르다, to cut a covenant)라고 쓴 것은 동물을 짜르던 계약 체결 의식에 그 기원을 두고 있음이 아모리인의 자료를 통해 확인되었다.[32] 이 의식은 계약을 위배하는 자는 살해되어 놓여져 있는 동물과 같은 처참한 운명을 당할 것이라는 저주를 상징한다는 것이다. 고대 사회에서는 이런 '상징적 저주'를 통해 계약 이행을 확보하려고 했다고 본다.[33] 마르틴 노트(Martin Noth)는 '계약'(ברית 베리트)이란 히브리어 단어는 히브리어 전치사 בין(bên 벤 between)에 해당하는 아카디아어 'birit'(to kill an ass between(birit) the Hanu and Idamaras)에서 유래했다고 주장한다.[34] 즉, 위의 문장에서 시간이 지나감에 따라 짐승의 이름이 탈락되자, "to kill ××× between the Hanu and Idamaras"(하누와 이다마라스 사이에 살해한다)로 단축되었다. 뒤이어 계약 당사자 이름이 빠져나가 "to kill between(birit)"(사이에 살해하다)로 단축되었다가 마침내 '사이에'(between=birit)가 명사화가 되어 본래 뜻과는 다른 '계약'이라는 용어가 되어 이것이 히브리어의 berîth로 전래되었다고 본다. 그래서 계약을 맺는다는 것이 כרת ברית(카라트 베리트, to Cut a Covenant)로 사용되었다고

Andre Parrot가 발굴하였다. 이 궁전에서 20,000여 개의 설형문자토판을 발굴했고, 그 중 5000여 편지가 있었다. 이 자료는 족장시대의 배경과 풍습에 빛을 던져주고 있다.

29) Frank Moore Cross, *Canaanite Myth and Hebrew Epic*(Cambridge: Harvard University Press, 1980), pp.265ff.

30) James B. Pritchard, *op. cit.*, p.482. 어린 개나 염소, 당나귀 등이 사용되기도 했다. *Ibid.*, p.265.

31) Frank Moore Cross, *Canaanite Myth and Hebrew Epic* (Cambridge: Harvard University, 1973), p.265. 마리의 아모리인 방언에 "계약을 맺다"는 hayarum qatālum(어린 당나귀를 살해하다)인데, 이것이 아카디안어로 번역되기는 "일치시키다, 동의하다"(to make a concord)를 뜻하는 salimam šakānum로도 된 적이 있다.

32) *ibid.*, p.266.

33) *ibid.* 박준서, "구약의 계약신학의 연구", 「오늘의 오경연구」 문희석 편(서울: 기독교서회, 1975), p.180.

34) Martin Noth, "Old Testament Covenant—Making in the Light of a Text from Mari" *The Laws in the Pentateuch and Other Essays* (Philadelphia: Fortress Press, 1966), pp.108ff.

보는 주장이다.[35]

쾰러(L. Köhler)는 말하기를, 동등한 당사자끼리의 계약 체결은 Krth berîth(cut a covenant)로 표시했고, 우월한 당사자가 열등한 자에게 주어진 계약 체결은 Krth berîth le-/'im(cut a convenant for/with)로 표시했고, 하나님과 계약을 체결하는데는 또다른 공용구로 hqym berîth(raise up a covenant)가 사용되기도 했다는 것이다. 그리고 그는 '계약을 체결하다(맺다)'의 'Cut a Covenant'는 계약 의식의 식사에서 음식을 자르거나, 쪼개어 먹어야 하는 상황에서 유래되었다고 주장했다.[36] 야곱과 라반과의 계약(창 31:45-55)에서도 희생제물과 상호간에 공동 식사를 갖는 것으로 되어 있다. 그러나 창세기 15장에서 아브라함과 하나님과의 계약 체결 의식[37]이 바로 마리 문서에 나타나는 풍습에 근거하고 있다고 볼 때, 노트의 주장이 타당하다고 보겠다. 하나님은 당시의 계약의식 풍습을 통하여 아브람과 계약을 맺고 계신 것이 창세기 15장의 짐승을 쪼갠 사이로 불길이 지나는 피의 약정 사건이다.

2. 계약의 유형

대체로 그리스, 로마 세계에서는 물론 고대 근동에서는 계약(berîth)의 의미를 ① 맹세(oath)와 공약(commitment)으로, 그리고 ② 사랑(Love)과 우의(friendship)로 해석했다. 계약의 기본 용어들은 히브리어 אָלָה('ālāh 알라: 맹세)/berîth(계약), 아카드어 riksu/männitu, 헷족어 išhiul/lingaî, 헬라어 synthēkē/hōrkos로 사용되었는데, '맹세와 공약'(pledge and commitment)을 나타낸다. 이런 것이 계약을 발생시킨다는 것이다. 한편 협정(agreement)을 낳게 하는 '선의'(善意), 모종의 상호이해로 조건을 부여하는 양 당사자간의 '화해'를 나타내기도 하는데, 계약 관계가 '은혜' '형제우애' '평화' '사랑' '우의'같은 용어로 표현되었기 때문이다.[38] 계약의 유형을 학자들의 주장에 따라 구분해 보면 다음과 같다.

---

35) *Ibid.*
36) L. Köhler, "Problem in the Study of the Language of the Old Testament", *Journal of Semitic Studies* I (1956), pp.4-5. D. J. McCarthy, *op. cit.*, p.3.
37) 하나님께서 암소, 암염소, 숫양 등을 취하라 하시니 아브라함이 그것을 취하여 중간을 쪼개고 그것을 마주 대하여 놓았고, 횃불이 그 사이를 지나면서 언약을 세웠다고 되어 있다(창 15:9-18).
38) M. Weinfeld, "The Covenant of Grant in Old Testament and Ancient Near East", *Journal of American Oriental Society* 90(1970), p.195.

a. 동등권적 쌍무계약(雙務契約: Parity Covenant)

멘덴홀(George E. Mendenhall)은 옛 헷족속(Hittites, B.C. 1500-1200)의 계약 형태를 연구하여 구약성서에 있는 계약과 비교했다. 그는 옛 헷족속들에게는 동등권적(同等權的) 쌍무조약(Parity Trearies)과 일방적인 종주권적(宗主權的) 조약(Suzerainty treaty)이 있음을 발견했다.[39] 동등권적 조약이란 당사자간의 동등한 쌍무 계약으로, 똑같은 입장의 특권과 책임을 가지고 계약을 맺는 것을 말한다. 사무엘상 18:3-4에서 요나단과 다윗의 언약에서 보듯이 개인적인 차원일 수도 있고, 집단적인 차원(수 9:15)일 수도 있다. 페데르센(J. Pedersen)은 이 계약을 "참여 당사자들에 부과하는 권리와 의무를 다같이 지니는 상호 관계"라고 본다.[40] 두 당사자간의 의무의 차이는 있으나, 상호 동등하게 구속력을 갖는다. 크레츠쉬마르(R. Kraetzschmar)는, 구약성서 안에 일방적 계약 형태와 쌍방적(쌍무)계약 형태가 있는데, 모세를 통한 시내 산 계약을 쌍무 계약으로 구분했다.[41]

이는 "만일(if) 너희가 내 말을 잘 듣고, 내 계약을 지키면……"(출 19:5, 6)에서와 같이 If-then의 구문 형식으로 조건적 계약으로 하나님과 이스라엘 쌍방이 이 계약을 책임을 지고 있다고 봐서 모세 계약을 쌍무 계약 형태라고 한다.[42] 멘텐홀은 모세 계약을 종주권적 계약으로 설명하기도 한다.[43] 그러나 시내산 계약이 조건적(if)이기 때문에 하나님과 이스라엘 모두에게 책임과 의무가 주어지는 계약이기에 쌍무계약이라 보겠다. 창세기 21:27의 아브라함과 아비멜렉과의 계약과 31:44 이하의 야곱과 라반의 계약도 동등권적 계약이라 보겠다. 구약성서에 나타나는 중요한 계약 사건은 각 시대별 연구에 구체적으로 다루기로 하겠다.

b. 종주권적(宗主權的) 일방적 계약(Suzerainty treaty)

옛 헷족속(Hittites)의

---

39) Goerge E. Mendellhall, *Law and Covenant in Israel and the Ancient Near East*(Pittsburg: The Presbyterian Board if Colportase of Western pennsylvania, 1955), pp.29ff. 고대 근동에서 조약이라는 것은 성서에서의 계약이라는 것과 비교가 된다.
40) John. Pedersen, *Der Eid bei den Semiten*, 12, p.192를 John P. Milton, *op. cit.*, p.12 重引.
41) R. Kraetzschmar, *Die Bunds Uorstellung in A.T. in ihrer geschtliche Entwicklung*(Marburg, 1896)를 박준서, *op. cit.*, pp.183-185 重引.
42) *Ibid*. 계약 준수 조건하에 맺어지는 조건으로 본다.
43) G. E. Mendellhall, *op. cit.*, pp.31-34.

조약에도 나타나는 형태로 강자가 약자를 자신에게 이끌어 은혜를 입히고, 그 대신 일정한 조건을 부과하는 행위를 통해 그 효력이 발생하는 관계이다.[44] 종주권적 계약은 종주국과 그 종속국 사이에 형성되는 정치적 계약이다. 종주국이 종속국에게 계약을 제시하면, 종속국은 그 계약을 그대로 받아들일 수 밖에 없는 일방적 계약이다. 그래서 종속국은 종주국의 보호를 받고, 종주국은 종속국을 향한 스스로의 자선 행위를 나타낸다.[45]

모세가 오랫동안 헷족 왕국과 교류를 가졌던 이집트에 살았기 때문에 이런 조약을 알게 되어 야웨의 주도적 행위를 설명하는데 사용했으리라 추측하기도 한다.[46] 멘델홀은 모세 언약과 이 헷족의 종주권 조약 사이에 유사성이 있다고 했다.[47] 그러나 종주권 조약은 정착민들의 풍습이었고, 헷족 왕국 등 몇몇 나라들의 정치적 관계에 국한되었다고 본다.[48]

이런 경우 berîth는 우월한 당사자가 스스로 규정한 의무에 열등한 자를 묶게 된다. 구약성서에서 예를 찾으면, 사무엘상 11:1-3에서 암몬 사람 나하스가 올라와서 길르앗 야베스에 맞서 진치매 야베스의 모든 사람들이 나하스에 언약을 맺어 "우리와 언약하자 그리하면 우리가 너를 섬기겠다"고 제의한다. 에스겔 17:13에 바벨론과 시드기야 사이에 체결된 표준형 종주권 조약을 제시하고 있다. 종주권자와 종속자와의 관계는 일단 언약이 성립되고 난 뒤에는 힘만 바탕으로 한 것은 아니었고, 그는 종속자에게 요구하는 사실을 사전에 성문법화했고, 그 이상의 독단적 실력 행사를 하지 않았다고 보기도 한다.

berîth의 개념을 어원학적 연구와 단어의 용도와 의미에 관한 연구로 발전시킨 베그리히(J. Begrich)는, 계약의 원래 의미는 보다 강한 편의 입장에서 임의로 체결하는 법적 결합(Rechtsgemeinschaft)이라고 했다.[49] 언약을 설정한 자만이 행

---

44) 대한 기독교서회편,「그리스도교 대사전」(서울: 기독교서회, 1975), p.50
45) J. P. Milton, 「하나님의 축복의 언약」 이근호역(서울: 컨콜디아사, 1982), p.13.
46) Bernhard W. Anderson, *Ibid.*, p.100. Dewey M. Beegle, Moses, *Servant of Yahweh*(Grand Rapids: Eerdmans, 1972), pp.204-213.
47) G. E. Mendellhall, *Law and Covenant in Israel and the Ancient Near East* (Pittsburg: The Presbyterian Board, 1955), pp.26ff.
48) B.W. Anderson, *Ibid.* Anderson은 광야의 반유목민에게 별로 영향이 없다가 이스라엘이 가나안에 정착한 후 고대세계와 관계를 맺기 시작했을 것이라 본다.
49) J. Begrich, "Berit", *Zeitschrift für die Alttestamentliche Wissenschaft* (Berlin: Alfred Töpelmann, 1944), pp.1-11.

동하고, 피언약자는 계약이 이루어지길 원하거나 요청한다. 대체로 이는 계약을 받는 자의 반응을 기대하면서도 강조점은 언약을 세운 자의 보장에 두고 있다는 것이다.[50]

크레츠쉬마르(R. Kraetzschmar)는 하나님과 아브라함, 다윗, 레위 지파와의 계약들을 일방적인 편무 계약으로 구분 설명한다. 예를 들면, 아브라함 계약(창 15장)에서 아브라함에게는 아무런 조건이 주어지지 아니하고, 하나님께서 일방적으로 언약하시며 하나님만이 계약 이행에 스스로 매이시는 것이다.[51]

하나님과 이스라엘 백성간의 계약 형태는 독특한 면을 가지고 있다. 하나님은 이스라엘과 계약을 맺으실 때, 언제나 계약 관계의 규칙과 규정을 입안하는 권리를 가지신 주권자로 나타난다. 하나님과 이스라엘 계약에 있어 하나님은 언제나 이스라엘 백성을 향해 이중적 의미로 부각시키신다.

"너는 야웨 너 하나님의 성민이라 네 하나님 야웨께서 지상 만민 중에서 너를 자기 기업의 백성으로 택하셨나니……"(신 7:6-11). 이것은 하나님 자신이 일방적으로 먼저 이스라엘 조상인 족장들과 계약을 체결하셨기 때문에, 거기에 근거(매이심)하여 이스라엘 백성을 택하신 것으로 언급하신다(출 7:8). 여기에 근거한 이스라엘과는 "야웨는 이스라엘의 하나님이요" "이스라엘은 야웨의 백성이다"는 이중 표현형식, 즉 양쪽이 다 책임을 져야 하는 법적인 조약관계로 야웨와 이스라엘을 끌어들이는 형식으로 결합되었다고 본다.[52] 그러나 여기서도 주도권은 하나님이 가지고 계심을 볼 수 있다.

계약 체결의 구체적 형식은 율법이라는 계약법을 통해 존속되어 간다. 그리고 하나님과 이스라엘 백성간의 계약 체결시 후렴과 같이 반복되는 조건, 즉 만약 이스라엘 백성이 그 계약을 충실히 준행하면 하나님의 보호와 축복이 보장되며, 불충실로 계약을 파기하면 저주, 심판, 포로 생활 등이 임한다는 내용을 제시한다. 즉, 구약성서에서 하나님과의 계약은 모두 '상호협약'이 되는 뜻을 내포한다. 일방적인 법규를 암시하면서 하나님의 약속에만 한정되어 있지 않다. 즉, 그것은 역시

---

50) J.P. Milton, *op. cit.*, p.13.
51) 박준서, *op. cit.*, pp182, 190.
52) Walther Zimmerli, 「구약신학」 김정준 역(서울: 한국신학연구소, 1976), p.62.

신성한 명령을 포함하고 있다. 그래서 사람은 순종으로 반응을 보여야 한다.[53]

은혜로우신 하나님과 죄에 빠진 인간 사이의 구속적 언약을 성취하기 위해서는 죄의 값인 죽음이 요구된다[54] (레 17:11). 그래서 오직 하나님만이 구속하시되 (출 15:13), 그러기 위해 자신을 쪼갤 것을 약속하실 정도로 확증하신다(창 15:17-18, 히 9:11-22). 즉, 옛 고대에서 계약 체결의식인 '당사자 사이에 나귀를 자른다(살해한다)'에서 '계약을 자르다'로 되고, 결국 '계약을 맺다'가 되었다고 했다. 이는 피로 맺은 약정(bond-in-blood)이며, 삶과 죽음의 약정이라는 하나님과 인간과의 결속의 궁극성을 표현한 것이다. 그래서 구약의 구속적 씨의 흐름의 절정인 그리스도의 죽음은 예언적 죽음이라기 보다 계약적인 죽음이란 문맥에서 이해되어야 한다.[55] 예수님은 하나님과 인류 사이에서 피의 약정으로 십자가에서 처절하게 찢기고 상처입어 피흘려 죽으심으로 인류 구원의 새 계약을 이루셨다. 그래서 계약은 선택 사상으로부터 분리시켜 독립적으로 취급할 수 없고, 계약 자체는 구속적 행위이기 보다는 구속적 행위의 표현이며 확증이다.[56] 계약은 미래지향적 성격을 가지고, 계약에 제시된 언약은 성취를 향하기 때문이다. 그래서 아브라함 계약(창 15장)에 나타난 출애굽사건의 언약(Being in Abraham)은 출애굽기에서 모세를 통해 성취된다(Doing through Moses).

3. 계약의 구약적 의미

밀톤(J.P. Milton)은 계약의 가장 간결한 본질적 정의를 "둘 혹은 그 이상의 사람들이나 당사자간의 합의"[57]라고 했고, 다이어네스(William Dyrness)는 "구두 방식이나 상징적 행동으로 나타나는 맹세로 상호 결속된 정식의 약속"이라 말한다.[58] 그러나 계약의 정확한 의미는, 그 용어나 그 용어가 제시하는 의식에서 보다는 계약 당사자로부터 취해져야 한다. 본질적으로 계약의 의미는 이스라엘 주

---

53) J. P. Milton, *op. cit.*, p.23
54) J. Barton Payne, *The Theology of the Older Testament* (Grand Rapids: Zondervan Publishing House, 1976), pp.248f.
55) O. Palmer Robertson, *op. cit.*, pp.16, 21.
56) 함성국, *op. cit.*, p.23. cf. K. Galling, *Die Erwählungs-traditionen Israels*, p.37.
57) J. P. Millton, *op. cit.*, p.12. 동의어로 약정(contract)이 있는데, 동등한 당사자 사이의 상호 합의를 의미한다.
58) William Dyrness, *Themes in Old Testament Theology* (Inter Varsity Press, 1979), p.113.

변의 이교 문화에서 발견되는 어원이나, 그 의미에서 추구되어서는 안 될 것이다. 이는 하나님의 역사적 계시에 나타나듯이 이 용어의 변형된 용법에서만 궁극적 의미가 나타난다. 계약은 어떤 의무가 종교적인 재가를 받음으로 성립된다.[59]

berîth라는 말이 구약에서는 대부분 하나님과 사람간의 종교적 계약으로 나타난다. 그것은 개인적인 계약일 수도(아브라함과의 계약), 민족적인 계약(시내 산 계약)일 수도 있다. 그러나 한 가지 공통적인 것은 하나님이 계약의 당사자로 계신 점이다. 하나님이 주도한 계약에 인간이 응답함으로 그 계약은 상호 협약이 된다. 그러나 하나님의 호의로 인간과 맺은 하나님의 약속이 berîth의 원래 의미로서, '하나님의 초월적인 처분', 혹은 '협정에 대한 하나님의 절대적인 재가'이며,[60] '인간이 어떤 조건을 이루었을 때를 근거해서 세워진 하나님 쪽의 자유로운 약속'[61] 이고, '하나님의 헌법이나 표적과 약속을 담고 있는 규약'이라 정의되기도 한다.[62]

구약에 나타나는 중요한 계약 사건을 몇 가지 열거하면 다음과 같다. 구체적 설명은 각 시대별 연구에서 다루도록 하고 여기서는 간략한 소개로 그치겠다.[63]

a. 아담과의 시작의 계약(창 3:14-15)

여자의 후손에 대한 '씨'신학의 기본 방향을 최초 언급하는 예언적 언약으로 되어 있다.[64]

b. 노아와의 보존의 계약(창 6장, 9장)

창조와 구속의 면밀한 상호관계를 강조하여 노아 계약에도 "생육 번성하여 땅에 충만하라"(창 9:1-7)는 창조 때와 같은 명령이 반복된다. 이것은 구원에 대한 전망을 확대시키는 구속적 계약으로 보아야 한다.[65] 심판에서 인류 보존과 인류

---

59) G. Vos, *Biblical Theology* (Grand Rapids: Eerdmans Pulelishing Co., 1948, 1983), pp.256-61.
60) J. P. Millton, *op. cit.*, p.18.
61) *Ibid.*, p.19. John D. Davis, *A Dictionary of the Bible* (Philadelphia: The Westminster Press, 1925), p.151.
62) J.P. Millton, *Ibid.*
63) O. Palmer Robertson, *op. cit.*, pp.99-282와 J. Barton Payne, *op. cit.*, p.14ff 등을 참고.
64) CF. William Hendriksen, *Exposition of the Pastoral Epistles New Testament Commentary* (Grand Rapids, 1975), pp.111f. 딤전 2:15의 "해산함으로 구원을 얻으리라"는 여인에 대한 것은 창세기 3:15의 약속을 언급한 것이다. 로마서 16:20; 시 91:11-13; 110:6 등을 비교할 것.
65) D. Palmer Robertson, *op. cit.*, p.115. Cf. L. Dequeker, "Noah and Israel. The Everlasting Divine

구속의 '씨'의 존속을 가능케 한 구원을 여기서 보아야 한다.

c. 아브라함과의 후손(씨)의 계약(창 12장, 15장, 17장)

아브라함의 부름에서 구속사가 구체화되면서(창 12:1-3), 하나님은 아브라함과의 공식적 계약 체결을 피의 약정[66] (짐승을 죽여 시체를 마주 대하여 놓음)을 통해 세웠다(창 15장). 아브라함 계약에 나타난 언약의 내용은 자손(씨)·땅·족속(모든 민족의 복)으로 이스라엘 족장사에 계속되어지는 것이다.

d. 모세와의 선택 백성의 계약(출 3장, 19장 등)

이스라엘은 하나님께서 그의 백성으로 선택했다는 사실을 믿었다. 이 선택 백성을 하나님은 애굽의 노예 속박에서 구원하셨고, 이 구원 백성은 야웨 하나님이 모세를 통해 계약을 맺는 계약 백성(a Covenant People)이다.[67] 이 이스라엘은 계약에 의해 야웨 백성의 신분과 특권을 알게 된다. '씨'의 흐름이 민족으로 확대되면서 세계 속에서 자리를 확보해나간다. 그리고 필요한 법적, 그리고 종교적 제도를 외형적으로 구체화시킨다. 예를 들면, 하나님의 뜻이 율법에, 그리고 이스라엘의 종교적 삶속에 구체적으로 나타난다. 모세를 통해 주어진 십계명을 중심한 율법 전체는 하나님의 뜻이 구체화된 최종 요약(an externalized summation of God's Will)을 의미한다.[68]

e. 다윗과의 영원한 왕조계약(삼하 7장, 23장)

다윗과의 계약은 ① 다윗의 조정(朝廷)에서 발전되고, ② 하나님이 다윗을 선택하시고, ③그의 왕조를 영원히 견고케 한다는 영원한 계약(berîth ôlam)을 맺으시고, ④ 시온의 성전을 거하시는 성소로 택하셨다는 것이다.[69] 그래서 사무엘하 7장에서 다윗에게 주어진 이 하나님의 언약은 구속사에서 아주 중요한 내용이다.

Covenant with Mankind", *Questions disputées d'Ancien Testament, Méthode et Théologie*(Gembloux, 1974), p.119.
66) O. Palmer Robertson, *op. cit.*, p.134.
67) John D.W. Watts, *Basic Patterns in Old Testament Religion* (South Pasadena: Jameson Press, 1971), pp.91-94.
68) *Ibid.*, p.176.
69) cf. 박준서, *op. cit.*, p.187.

그것은 창세기 12장에서 아브라함에게 준 언약(계약)과, 예레미야의 새 계약(렘 31:31-34)에서 유다에게 제시된 언약을 결속시킨다.[70] 다윗의 왕권은 구약 역사에서 새 기원을 끌어들였으며, 그리스도의 메시아 왕권을 동시에 예언하는 것이다.[71] 구약의 '씨'의 흐름은 유다 지파에게 향하고, 유다 지파의 존속은 다윗 왕조에서 구체화되고, 결국 남쪽 유다 왕국에로 연결되어 예수 그리스도에게서 그 절정을 이룬다. 즉, 다윗의 혈통은 예수 그리스도 통치의 영원한 성격을 그림자 형태로 예언하였다. 즉, 다윗의 통치는 다윗 왕권과 하나님 왕권을 최종적으로 통합하는 메시아적 구원자의 실재를 그림자-형태로 예언하기 위한 것으로 이해할 수도 있다.[72]

f. 예언자를 통한 완성의 메사야 언약들(사 7:14. 렘 31:31-34 등 다수)

이스라엘에 이어서 유다 왕국마저 망하고 포로의 생활에 들어간 하나님 백성은 파괴된 하나님의 계약을 메시아 사상, 메시아 왕국에서 찾는다. 예언자들의 예언 속에 새로운 계약의 상속과 성취로서 메시아 대망이 나타난다. 역사를 통해 다양하게 흐르던 계약적 약속들을 한데 모으는 이 메시아 예언의 독특한 역할 때문에 그리스도를 통한 완성의 계약이라 부르기도 한다.[73] 이 완성적 실현의 주체는 한 사람으로 집약 구성되어 있다. 모든 메시아 약속들의 성취자로서, 그는 "나는 너희 하나님이 되고 너희는 나의 백성이 될 것이다."[74] 라는 계약 원칙의 핵심을 자신이 달성한다. 그래서 그는 계약을 완성하는 그리스도로 나타날 수 있다. 이것이 바로 씨신학의 절정이다. 거기서 예언자들은 하나님과 그의 백성과의 장래 관계에 대한 예언을 '새로움'의 개념으로 특징짓는다. 이사야는 "새 일"(사 42:9. 43:19), 예레미야는 "새 언약"(렘 31:31), 에스겔은 "새 영"(겔 11:19. 36:24-28), 스가랴는 "새 예루살렘"(슥 14:9,16. 20:21) 등으로 표현하고 있다. 이들은 '씨'흐름의 결과로 나타나는 내용들이라고 보겠다.

---

70) Waltev C. Kaiser, Jr.,「구약성경신학」최종진 역 서울: 생명의 말씀사, 1982), p.195.
71) O. Palmer Robertson, *op. cit.*, p.222.
72) *Ibid.*, p.252.
73) *Ibid.*, p.275.
74) 창세기 6:7; 20:2; 예레미야 31:33, cf. J. Barton Payne, *op. cit.*, pp.180. 이 구절은 바로 시내산 계약의 핵심이 되는 관계 설명이다.

제이콥은 야웨 하나님의 이스라엘과의 계약 체결에 대하여 다음 3가지로 요약한다.[75] ① 계약은 하나님이 그의 백성에게 주는 은총의 선물이다. ② 하나님은 계약을 가지고 그의 백성과 관계를 형성하고, 친교의 결합(a bond of Communion)을 창조한다. ③ 계약은 율법이라는 구체적 형체를 가지고 책임을 강조한다는 것이다. 이스라엘은 하나님과의 계약을 통해 그들의 특권과 책임을 인식하게 됨으로 이스라엘 백성의 존재 의미를 확인하게 되었다.[76]

C. 축복 사상

하나님과 인간의 관계는 선택 사건으로 시작하여 계약 사건을 통해 구체화되는데, 무엇보다도 하나님의 축복이라는 방법을 인하여 성취되어 간다. 그래서 선택과 계약 사건에는 항상 '축복'이 공통적으로 나타난다.

구속사의 서론격인 창조 사건에도 생물과 인간 창조에는 '복'을 주시며, "생육하고 번성하여 충만하라"고 하신다(창 1:22,28). 노아에게도 홍수에서의 구원 사건 후에 "복을 주시며 생육하고 번성하여 땅에 충만하라"고 다시 선언하신다(창 9:1). 아브라함과의 계약에서도 "복을 주어"[77] "씨(자손), 땅, 족속(모든 족속)"을 약속하신다.[78]

모세와의 계약에서 주어진 율법은 저주보다는 축복을 더욱 강조하는 것이다. 특별히 이스라엘이 하나님과의 계약을 잘 순행해 나갈 때 축복을 얻게 되고, 그 관계를 계속해 나갈 수 있다(신 28장). 다윗과의 계약(삼하 7:16)에서는 하나님의 일방적 영원한 왕조 언약이 주어지자 다윗의 간절한 기대가 축복으로 나타난다. 즉, "종의 집에 복을 주사 주의 은혜로 종의 집이 영원히 복을 받게 하옵소서"라고 간구한다(삼하 7:29).

'복' 혹은, '축복'의 어원은 בָּרַךְ(barak)[79]로서, ① "무릎을 꿇는다"(대하 6:13. 창

---

75) Edmond Jacob, op. cit., p.211.
76) cf. G. Ernest Wright, The Old Testament Against Its Invironment, Studies in Biblical Theology 2(London: S.C.M. Press, 1960), p.58.
77) I Will bless thee.
78) 창세기 12:12; 13:16; 15:5; 16:10; 17:2; 4-6,16; 18:18; 22:17-18; 26:4; 28:4,14; 32:12; 12:3.
79) F. Brown, S. R. Driver and C.A. Briggs, op. cit., pp.138f.

9:26)를 뜻하여 낮은 자가 높은 자를 경배하고 찬미할 때 쓰였다(시 72:15). ② 하나님이 인간에게 호의와 자비를 베풀 때 인간을 축복하는 것으로 쓰인다(창 1:28. 9:1. 12:2. 22:16-18. 신 7:12-16). ③ "축복을 기원하며 인사하다"[80] 를 의미하기도 한다. 페더센(Johns Pedersen)은 "인간 상호관계는 축복 없이는 불가능하다"고 전제하고, "사람들이 서로 만나면 서로 복을 빈다……고대인에게 다 그랬듯이 이스라엘인에게도 인사는 깊은 실제를 나타내는 하나의 형식이다…… 인사라는 것은 정신적인 교제를 설정하거나 확인하는 것이다. 그런 점에서 인사는 축복과 마찬가지인 것이다"[81]고 주장하고 있다. 이스라엘에서는 인사가 어떤 깊은 현실성을 포함하여 영적인 공동체를 서로 만들거나, 이미 존재하는 공동체를 재확인 하는 것이다. 인사는 공동사회를 유지시키는 교제를 가능하게 하는데, '평화'(שׁלוֹם)라는 단어를 사용한다.[82] 그러므로 축복은 평화와 관련이 있고, 평화를 비는 인사도 이런 의미에서 축복과 관련이 있다. 예수 그리스도는 바로 인류를 위한 살렘왕이요, 평화의 왕이요, 평화를 가져다 주시는 분이시다(눅 19:38. 사 9:6. 미 5:5. 히 7:2).

씨의 흐름은 하나님의 축복으로 말미암는 것으로 나타난다. 인류의 번식 자체가 먼저 하나님의 축복에서 보장, 유지된다(창 1:28. 9:7). 족장들에게 있어서 씨의 흐름이 위기에 부딪치나, 하나님의 축복에 의해 극복이 되어 씨가 연속되고, 그의 후손들의 번영이 하나님의 축복의 언약 속에서 보증이 된다. 결국 축복은 하나님의 특별 배려와 섭리, 그리고 임재(임마누엘)로 이뤄지는 것이다. 이 축복의 절정은 하나님의 섭리와 구원의 뜻이 이뤄지고, 말씀이 육신이 되어 인류 가운데 거하신 예수 그리스도로 말미암는다.

아브라함에게 "너를 인하여"(창 12:3), "네 씨로 말미암아"(창 22:18) 모든 족속이 구원받고 "복의 근원이 될 것이니라"는 말씀은 바로 아브라함과 그의 씨에게 내려진 하나님의 명령이다. 그 축복의 씨는 그 축복을 받아들임 또는 중개함에 있어 분리할 수 없다. 그러므로, 아브라함의 줄기는 중개자가 되었고, 인간에게 임

---

80) *Ibid.*, p.139.
81) Johns Pedersen, *Israel, Its Life and Culture* Vol. Ⅰ (London: Oxford University Press, 1973), p.202.
82) 인사는 만날 때 평화를 빌어주는 습관이다. 샬롬(shalom)은 평강, 평화로 번역이 가능하다.

하는 축복은 그의 씨를 통하여 흘러오게 되었다.[83] 바로 아브라함의 씨(후손)가 모든 인류에게 축복의 매개자가 되는데, 이는 메시아적 약속으로 우주적인 축복의 통로가 되며 한 족장 가족의 선택 그 이상을 뜻하는 것이다.[84] 바울은 히브리어의 יָרַע(씨)의 단수형을 강조하면서, 축복의 약속을 받게 되는 바로 그 씨가 그리스도라고 주장한다(갈 3:16).[85]

D. 선교적 사명(천하 만민을 위한 복의 중재자)

'씨'신학에서 선택, 계약(언약), 축복, 선교적 사명은 분리될 수 없으며, 이 넷 모두는 구속 역사 가운데 나타내신 하나님의 자기 계시의 일부이다.[86]

하나님께서 아브라함과 이스라엘을 택한 이유가 무엇이냐는 질문에 대한 해답은, 바로 세계 인류를 구원하기 위한 선교적 사명 때문이었다는 것이다. 즉, 하나님이 이스라엘을 선택하여 계약을 맺고 축복하신 것은 이 땅의 모든 족속이 이스라엘의 씨를 인하여 구원을 얻게 하려는 것이다. 즉, 하나님은 전 인류의 축복을 위해서 이스라엘을 선택했다는 것이다.[87]

"네가 너로 큰 민족을 이루고 네게 복을 주어 네 이름을 창대케 하리니 너는 복의 근원이 될지라. 너를 축복하는 자에게는 내가 복을 내리고 너를 저주하는 자에게는 내가 저주하리니 땅의 모든 족속이 너를 인하여 복을 얻을 것이니라"(창 12:2, 3)

여기에는 아브라함의 선택과 축복의 목적이 분명히 나타나는데, 바로 아브라함을 통하여 모든 족속, 땅의 모든 백성이 구원을 얻는 복을 받게 하려는 것이다. 아브라함을 택하심은 아브라함 가정만을 위한 것이 아니라, 바로 그 씨로 말미암

---

83) E. F. Kevan, "Genesis", *The New Bible Commentary*, ed. by F. Davidson, A. M. Stibbs and E. F. Kevan(Grand Rapids: Wm. B. Eerdmans Publishing Co., 1953). p.88.
84) Paul Heinisch, "Genesis", *Die Heilige Schrift des A.T.* edited by Feldmann & Herkenne(Bonn: P. Hanstein, 1930).
85) John P. Milton, *op. cit.*, p.82-83.
86) cf. Edmond Jacob, *op. cit.*, p.201-223.
87) G. Ernest Wright, *op. cit.*, p.51.

은 세상 모든 인류가 복을 얻게 하려는 것이다. 이스라엘의 선택과 계약에도 더욱 분명한 선교적 사명의 암시가 나타난다.

"나의 애굽 사람에게 어떻게 행하였음과 내가 어떻게 독수리 날개로 너희를 업어 내게로 인도하였음을 너희가 보았느니라 세계가 다 내게 속하였나니 너희가 내 말을 잘 듣고 내 언약을 지키면 너희는 열국 중에서 내 소유가 되겠고 너희가 내게 대하여 제사장 나라가 되며 거룩한 백성이 되리라"(출 19:4-6)

아브라함이 땅의 모든 족속들을 위한 복의 근원이 되게 하기 위해 부르심을 받았다면, 이스라엘은 하나님께 '제사장 나라'가 되기 위해서 부르심을 받았다. 그것은 하나님께 속한 세계("세계가 다 내게 속하였나니")를 위해서이다. 그러면, 제사장의 역할이 무엇인가를 알면 제사장 나라의 역할을 알 수 있을 것이다. 제사장 임무[88]에서 가장 중요한 것은 하나님의 말씀을 가르치는 일과 백성과 하나님 사이에 중재자로서 제사 업무를 수행하는 일이다. 즉 제사장이란, 자신을 위한 일이 아니라 하나님과 백성을 위한 봉사자의 역할을 담당하는 자이다.

그렇다면, 제사장 나라로서 이스라엘은 이스라엘 자체를 위한 것이 아니라, 바로 하나님과 이스라엘 외의 세계 모든 나라를 위한 제사장적인 봉사의 일을 위해 발탁된 것이다. 델리취도 "제사장이 하나님과 인간 사이의 중재자인 것처럼 이스라엘도 땅 위의 모든 족속(나라)에게 하나님의 지식과 구원의 도구로 부르심을 받았다"[89]고 주장한다.

라울리(H.H. Rowley)도 이스라엘 선택은 세계를 위한 봉사를 위한 것으로 보아 다음 세 가지 요소를 말한다. 첫째로, 역사와 경험 안에서 주어진 하나님의 계시를 받아 소중히 간직함이다. 특히, 모세로부터 예언자들을 통해서 주어진 계시를 받아 실현시키기 위해 봉사했다. 둘째는, 인간 생활 안에서 하나님의 뜻과 성품(Character)을 반영시키는 일이다. 셋째는, 선택받은 이스라엘은 하나님의 법

---

[88] 제사 직무, 교수(가르침) 직무, 상담 직무, 성전 수호 직무, 전승과 율법전수 직무, 도덕 수호자, 위생관 직무, 백성을 위한 축복 기원자 등 다양하다.
[89] C. F. Keil and Franz Delitzch, *Commentary on the Pentateuch* Vol. II (Edinburgh: T. and T. Clark, 1956), p.98.

을 모든 사람에게 전하여 주기 위함이다. 즉, 세계를 걸쳐 이스라엘 신앙의 유산을 널리 펼치게 함이 그 목적이다.

바울은 이스라엘에 대하여 로마서 9장 4, 5절에서 "저희는 이스라엘 사람들이라. 저희에게는 양자됨과 영광과 언약들과 율법을 세우신 것과 예배의 약속들이 있고 조상들도 저희 것이요 육신으로 하면 그리스도가 저희에게서 나셨으니 저는 만유 위에 계셔 세세에 찬양을 받으실 하나님이시니라"하여 구약의 사상과 제도들을 요약하며, 그리스도에서 절정을 이룬다. 이스라엘이 선택함을 받는 자체는 하나님의 소유가 되는 특권을 가지나, 보다 중요한 것은 거룩한 백성(聖民)으로서 제사장 나라의 봉사를 하는 의무이다.

구약성서 전체를 배경으로 하여 흐르는 하나님 구원 행위의 핵심을 필자는 씨의 흐름, 즉 씨 신학(Zera' Theology)이라고 보았다. 그 흐름의 마디마디를 구성한 사건, 곧 하나님의 구원 사건인 천지 창조, 아브라함의 부름, 출애굽 사건, 시내산 계약, 광야 방랑에서의 인도, 가나안 정복 사건, 다윗 왕권의 형성 등은 구약 신앙의 기본 구조를 형성하고 있다.[90] 바로 이스라엘의 종교는 이런 역사적 사건 위에 형성되어진 고백적 신앙(역사 회고)을 가진다. 그러나 그런 모든 고백은 목적을 향한 흐름이어서, 언제나 어느 정점을 향하고 있는 미래 지향적인 것이다. 그것은 '씨'로 연결되어 나타날 하나님의 구원사적 결론을 맺으려고 애타게 계속되는 흐름이다. 그래서 결국 그리스도에게서 완전한 성취를 바라보는 섭리를 구약의 어느 곳에서나 우리는 광맥을 찾듯 파헤쳐 볼 수 있는 것이다. 바로 구약의 씨의 후손, 즉 구약의 종교와 역사는 예수 그리스도가 구원자로, 만왕의 왕으로, 선지자 중의 선지자로, 대제사장의 신분으로 오는 통로이다. 그리고 그 분은 그의 역사적 사건(탄생, 죽음, 부활, 승천, 재림)을 통해 신약의 신앙을 주조하고, 바로 우리를 새로운 성취로 다시 묶어 놓는다. 그래서 구약성서 안에는 복음으로 가득 차있고 그 만삭된 구속사적 씨흐름의 탯줄(마 1:1-16의 족보로 이어짐)로, ─어둡고 절망의 현실에 메시야 기대로 가득 찬 때,─예수 그리스도가 저 베들레헴에 인류의 구세주 메시아로 태어나심으로 새 계약의 신약시대가 열리게 되었다.

아브라함이 복의 중재자로서 천하만민에게 복의 근원이 되고 그로 말미암아

---

90) cf. G. Ernest Wright, *God Who Acts* (London: SCM Press, 1952), pp.70-75.

모든 민족이 복을 받게되는 것은 그의 씨인 여인의 후손으로 태어나시는 예수 그리스도의 구속사건으로 말미암는 그리스도의 복음이다. 그 메시아의 복음인 예수님의 십자가 죽음과 부활에 대한 것이 바로 구약의 모든 제사제도와 절기제도(레위기) 그리고 성전제도(출 35-40장)에서와 예언자들의 예언(예를 들면, 사 53장) 시편(22 편) 속에 구체적으로 계시되고 있다. 그리고 그 모든 예언과 상징과 예표와 고백이 예수 그리스도에게 와서 완전히 다 성취되어 그를 믿는 자들이 구원을 받아 영생을 얻게 되는 축복을 이루는 것이다. 그래서 예수 그리스도께서 십자가에서 마지막 숨을 거두시며 "내가 다 이루었다" 하신 것이다. 예수 그리스도의 십자가의 처절한 죽음과 그 죽음으로부터 3일 만에 부활하시고 하늘나라로 승천하시고 결국 세상 끝에 다시 재림하심으로 인류의 구원사역을 다 이루시어 하나님의 나라를 완성하실 것이다. 그래서 그 예수 그리스도는 그 나라에 이르는 길이요 진리요 생명이 되신다(요 14:6)

제 II 부

남왕국 중심의 역대기의

씨신학적 연구

I. 역대기의 내용 요약

    역대기는 창세기의 족보와 사무엘서와 열왕기서의 내용들이 반복되며 중요한 보충물들이 간직되고,[1] 나름대로의 신학적 의도와 역사관에 의해 필요한 내용을 첨가하고 강조하는 내용들로 구성되어 있다.[2] 역대기는 사무엘서—열왕기의 역사적 기간과 같은 시대상을 다루고 있다.

    역대기는 아담으로 시작하여 바벨론 포로 이후 주전 6세기, 즉 주전 538년 고레스 칙령과 포로 귀환까지 이어지는 방대한 역사를 내용으로 담고 있다. 결과적으로 예수님에 대한 복음서가 마태복음, 마가복음, 누가복음, 요한복음의 강조점을 다르게 하여 네 가지 역사로 기록되었듯이, 이스라엘에 대한 역사기록도 두 가지 입장으로 구분된다. 이 두 가지 역사는 똑같은 시대를 다루고 있지만 서로 다른 배경에서, 다른 목적을 가지고, 다른 독자를 위한 기록이다. 이 두 가지 역사를

---

[1] James Wolfendale, *A homiletical commentary on the Books of Chronicles* (Grand Rapids: Baker Book House, 1978). 「역대 상·하 베이커 경경주석」 박양조 역(서울 기독교문사, 1989), p. 38.
[2] *Ibid.*

도표로 요약하면 다음과 같다.[3]

	사무엘상 - 열왕기하	역대기 상 하
독 자	포로기 공동체	포로 후기 공동체
내 용	남왕국와 북왕국 역사	남왕국 중심의 역사
역사 구간	사무엘에서 다윗을 거쳐 포로기	아담에서 다윗을 거쳐 회복기
의문의 변	왜 우리가 포로로 잡혀 왔나?	하나님은 다윗과 언약을 기억하시나?
주 제	죄와 심판	왕과 성전
주 관 점	죄에 대한 심판	구하는 자에게 은혜

역대기 역사의 내용은 다음의 다섯 부분으로 나누어 볼 수 있다.

첫째로, 역대기 상 1-9장은 왕국 이전까지의 역사 요약으로 아담으로부터 사울 왕까지의 인물 역사의 요약으로 거룩한 씨흐름의 혈통을 집대성한 다윗에 이르는 역사기록이다. 여기에는 아담에서 여인의 후손에 이르는 구속사적 씨(후손) 흐름을 족보적 기록형식으로 역사를 압축하여 최소화한 역사로 기록되고 있다. 왜냐면 역사기록의 최소 단위가 족보의 목록이기 때문이다.

1) 1장: 아담에서 이스라엘까지
2) 2-7장: 이스라엘의 열 두 지파들
3) 8-9장: 예루살렘 거주민들

이 1-9장의 족보에서 특이한 것은 1:1-27까지는 아담에서 아브라함까지의 족보로 일단락을 짓고, 2장에서 "아브라함 자손은 이삭과 이스마엘이라"로 시작하여 이스마엘의 족보와 에서의 족보(35-42절)를 별도로 제시하여 이삭과 이스마엘, 에서와 야곱과의 차별성을 확인하고 있다. 그리고 이스라엘 자손을 다스리는 왕이 있기 전에 에돔 땅을 다스린 왕의 통치와 그 족장들을 소개하여 이스라엘 족속과 완전히 구별된 차별성을 부각시켜 야곱 족속이 가나안 땅을 소유하여 그 땅의 핵심 구성요소임을 강조하고 있다. 포로에서 돌아온 귀환공동체가 바로 포로 전 다윗 왕국의 전통성을 가진 하나님 백성임을 9장의 족보를 통해서 확인하

---
3) John Mark Hicks, *NIV Commentary 1 & 2 Chronicles*(Missouri: College Pre Publishing Company, 2001), pp.16-17.

고 있다. 한편 9:35-10:14은 사울왕의 가문 족보와 더불어 그의 비참한 죽음과 그 죽음의 이유를 ①그가 야웨의 말씀을 지키지 아니하고 ②신접한 자에게 가르치기를 청하고 야웨께 묻지 아니하였기 때문이라고 분명히 기록한다. 그래서 사울 왕조의 완전한 종말을 깔끔하게 정리하고 새로운 세대로 넘어가는 문구 "야웨께서 그를 죽이시고 그 나라를 이새의 아들 다윗에게 넘겨 주었더라"로 마무리 짓고, 11장에서 부터 방대한 다윗 왕조실록이 시작된다.

둘째로, 역대기 상 10-21장은 사울이 죽은 이후의 다윗의 통치역사를 함축하고 있다. 사울에서 다윗까지의 왕국 전승에 관한 역사로 다윗왕의 정통성과 더불어 그의 통치의 승리를 묘사하고 있다. 특별히 다윗이 역사의 중심부에 중요 인물이며 이스라엘 성군으로, 그리고 구원사의 한 획을 긋는 주역으로 우뚝 서 있는 기록이다. 여기에는 부분적으로 사무엘서의 내용을 그대로 기록하고 있다.

4) 10-12장: 다윗의 왕위 등극
5) 13-17장: 다윗과 하나님의 언약궤
6) 18-21장: 다윗의 승전

셋째로, 역대기 상 22-29장은 다윗의 일생 사역을 특별히 사무엘 하의 내용으로 정리하면서, 거기에 레위인들과 제사장들과 성전 직원에 대한 그들의 직임에 관한 중요한 보충물을 포함시키고 있으며, 다윗의 성전건축을 위한 위대한 비전과 그 준비를 기록하고 있다. 그리고 그 다윗의 행적을 "그가 나이 많아 늙도록 부하고 존귀를 누리다가 죽으매 그의 아들 솔로몬이 대신하여 왕이 되니라 ... 또 그의 왕 된 일과 그의 권세와 그와 이스라엘과 온 세상 모든 나라의 지난날의 역사가 다 기록되어 있느니라"로 요약하는 것으로 마무리 짓는다.

7) 22-27장: 다윗의 성전 건축 준비와 성전제사 제도 확립
8) 28-29장: 다윗의 성전 건축 지시와 다윗통치 결론

넷째로, 역대기 하 1-9장은 열왕기 상의 전반부(1-11장)를 근거한 솔로몬의 통치 역사를 다루고 있다. 그러나 열왕기에 기록된 아도니아와의 갈등 속 왕위 쟁탈전(왕상 1장) 같은 솔로몬의 부정적 사건은 아예 언급이 없이, 역대기에서는 당연히 다윗으로부터 솔로몬이 왕위를 물려받는 아주 순탄한 모습으로 그려지고 있다. 다윗은 이미 성전 재건을 위해 모든 필요한 성전건축 물자와 재료들을 완벽하게 준비하여 성전건축을 솔로몬에게 위탁한다. "다윗이 이르되 내 아들 솔로몬은 어리고 미숙하고 야웨를 위하여 건축할 성전은 극히 웅장하여... 내가 이제 그것을 위하여 준비하리라 하고 다윗이 죽기 전에 많이 준비하였더라"(대상 22:5). 이어서 다윗이 그의 아들 솔로몬을 불러 이스라엘 하나님 야웨를 위하여 성전 건축하기를 부탁한다(대상 22:6). 그리고 29장에서 다윗이 성전건축을 위한 예물을 백성들로 드리게 하자, 거기에 응답으로 모든 가문의 지도자들과 모든 지파의 지도자들과 천부장과 백부장과 왕의 사무관이 다 즐거이 드린다. 이에 다윗의 긴 감사기도가 드려지고, 야웨께 번제의 제사를 드리고, 이 날에 무리가 크게 기뻐하여 야웨 앞에서 먹으며 마셨다. 이런 분위기에서 "무리가 다윗의 아들 솔로몬을 다시 왕으로 삼아 기름을 부어 야웨께 돌려 주권자가 되게 하였다"고 아주 평화로이 솔로몬의 등극을 정리한다(21-22절). 그리고 역대기상 29:23-25은 다음과 같이 기술하고 있다. "솔로몬이 야웨께서 주신 왕위에 앉아 아버지 다윗을 이어 왕이 되어 형통하니 온 이스라엘이 그의 명령에 순종하며 모든 방백과 용사와 다윗 왕의 여러 아들들이 솔로몬 왕에게 복종하니 야웨께서 솔로몬을 모든 이스라엘의 목전에서 심히 크게 하시고 또 왕의 위엄을 그에게 주사 그전 이스라엘 모든 왕보다 뛰어나게 하셨더라." 열왕기에서의 솔로몬 왕이 되는 힘든 과정하고는 상당히 다르게 다윗과 솔로몬의 정통성과 하나님의 절대권이 강조되고 있다.

솔로몬의 부요함과 지혜, 성전 건축과 봉헌과 그에 대한 하나님의 응답을 그리고 있고 또 솔로몬의 다른 궁전 건축과 북왕국 이스라엘의 강제 징집 노동과 스바 여왕의 방문등을 기록하며 "솔로몬이 그의 조상들과 함께 자매 그의 아버지 다윗의 성에 장사되고 그의 아들 르호보암이 대신하여 왕이 되니라"로 마무리하면서 통일왕국에 종지부를 찍게 된다.

I. 역대기의 내용 요약   373

1) 1:1 – 17: 솔로몬의 부와 지혜
2) 2:1 – 16: 솔로몬의 성전 건축 준비
3) 2:17–5:1: 솔로몬의 성전 건축
4) 5:2–7:22: 솔로몬의 성전 봉헌과 하나님 응답
5) 8:1–9:31: 솔로몬의 다른 업적들과 통치 결론

다섯째로, 역대기 하 10–25장은 남북 분열의 배경과 남왕국 유다의 역사를 다윗 왕조를 중심으로 기록하고 있다. 이는 열왕기 상 후반부(12–22장)과 열왕기 하 전체를 내용을 포함하면서도, 북왕국의 역사를 의도적으로 생략하면서 남왕국 유다의 왕들을 긍정적으로 평가하면서 예루살렘의 멸망과 바벨론으로 유다백성의 포로 그리고 페르시아의 고레스왕의 칙령에 의한 포로에서 귀국과 예루살렘 성전 건축의 희망으로 마무리하고 있다. 포로 이후 유다인들의 귀향과 유대교의 회복에 관한 이야기는 에스라서와 느헤미야서에 담겨져 있다.

6) 10:1 – 12:16 : 북쪽지파의 배반과 로호보암의 통치
7) 13:1 – 14:1a : 아비야의 통치
8) 14:1b– 16:14 : 아사의 통치
9) 17:1 – 20:37 : 여호사밧의 통치
10) 21:1 – 21:20 : 여호람의 통치
11) 22:1– 22:9 : 아하시야의 통치
12) 22:10– 23:21 : 유다 여왕 아달랴의 통치
13) 24:1 – 24:27 : 요아스의 통치
14) 25:1 – 25:27 : 아마샤의 통치
15) 26:1 – 26:23 : 웃시야의 통치
16) 27:1 – 27:9 : 요담의 통치
17) 28:1 – 32:33 : 아하스의 통치와 개혁 그리고 시련
18) 33:1 – 33:20 : 므낫세의 통치

19) 33:21 - 33:25 : 아몬의 통치
20) 34:1 - 35:27 : 요시야의 통치
21) 36:1 - 36:23 : 유다의 마지막 왕들(여호아하스/여호야김/여호야긴/
    시드기야)와 고레스 칙령

역대기는 열왕기 상·하가 가진 역사를 다루면서도, 북왕국 이스라엘 역사는 절대 필요한 것 외에는 전체적으로 빠져 있다. 대부분 남쪽 유다의 역사를 쓴 65장의 큰 역사책으로, 전적으로 유다 왕국을 정통(正統)으로 봤다. 반대로, 북왕국은 혈통적, 정치적, 종교적, 제사장적 정통성이 결여되었기 때문에 이단으로 취급되고 남왕국 유다만 모든 정통성을 간직한 언약의 왕국이라는 것이다. 바벨론 포로에서 돌아온 모든 백성에게 본서를 통하여 신정국가(神政國家)로서 국가의 참된 영광과 다윗 왕조의 권리와 중요성을 보여 주려 했다. 역대기 기자의 견해로는 남왕국이 포로 전 참 이스라엘이고, 예루살렘이 하나님과 그의 백성의 거룩한 도성이었다. 한편 성전과 레위인의 제사직에게와 같이, 다윗 계통의 왕들에게 관심이 집중되었다.[4]

---

4) Charles R. Wilson, "Ths First Book of Chronicles" *The Wesleyan Bible Commentary* Vol. I. Part II (Grand Rapids: Wm. E. Eerdmans Pub. Co., 1967), p.346.

II. 역대기의 역사서술 방법

A. 메시아적인 역사 서술방법(A Messsianic Historiography)[1]

    이는 역대기가 여인의 후손인 메시아을 향한 구속사적 씨흐름을 아담에서부터 셋, 노아, 셈, 아르박삿, 아브라함, 유다, 베레스에 이어 다윗 솔로몬을 정점으로 남왕국 유다의 다윗왕조로 계속 이어가는 것으로 기록하고 있어 그 흐름 자체가 메시아를 향하고 있다는 것이다. 즉, 역대기 기자는 하나님께서 다윗에게 주신 영원한 왕조계약에 의해 영속적인 왕조에의 약속을 강조하고 있는데 이는 다윗과 솔로몬에 대한 메시아적인 역사 서술방법을 반영하고 있다는 것이다. 역대기에서 조명되고 있는 다윗과 솔로몬은 단순한 역사상의 실존 인물로서만이 아니라 역대

---

[1] Raymond B. Dillard and Tremper Longman III, 「최신 구약개론」, 박철현 옮김(서울: 크리스챤 다이제스트, 1990, p.259.

기 기자의 종말론적인 소망이 다윗 솔로몬으로 집중되면서 그 왕권과 관련한 메시아 왕권과 연결되고 있다고 보겠다. 바벨론과 페르시아의 지배를 받고 있던 이스라엘의 비극적 역사 속에서도 여전히 다윗과 솔로몬의 영광스런 통치가 메시아에 의해 미래에 회복될 것이라는 희망을 갖고 역대기 기자는 역사를 기록하고 있다.[2]

B. 제사적 관심을 중심한 역사 기술방법

역대기저자의 역사기록에 아주 특별한 특징은 그가 일반국민의 공공 종교의식에 관심을 쏟고 있다는 것이다. 종교의식을 가지고 그의 기본적인 문학구조의 틀을 만들어 다양한 장르의 수많은 다른 단위들을 통합하여 짜 맞추고 있다. 그의 복합적인 문학적 작업 중에 가장 돋보이는 것이 바로 솔로몬 시대의 성전 봉헌에 대한 묘사이다. 여기에는 많은 수사적 단락들이 통합하여 짜 넣어졌다.[3] 즉, 역대기 기자는 종교의 제도적인 면을 강조하여 성전과 그곳에서의 예배의식, 제사장 직분, 레위인의 조직 등에 계속적인 관심을 집중시킨다.[4] 전체적 구조가 성전 및 예식, 규례, 족보, 통계 등에 더 큰 관심을 가지고 기록되었다. 다윗 시대의 예루살렘 예배의 시작(삼하 6:12-19, 대상 15:1-16:3)과 히스기야의 종교 개혁(대하 29-31장, 삼하 6:12-19)에 관한 기사를 비교해 보면, 역대기 기자가 얼마나 이스라엘 종교의 구조적 조직과 인적 자원에 깊은 관심을 가지고 있는가를 알 수 있다. 이상한 것은 역대기 기자는 결코 히브리 예언자들에게 대해서는 별로 관심을 가지지 않았다.[5] 그럼에도 불구하고 희생제사를 준비하여 제사장을 보조하고 성전에서 시중드는 자로, 성가대원으로, 문지기로 봉사하는 레위인에 대하여는 역대기 기자가 특별히 관심을 기울이고 있다.[6]

다윗과 솔로몬에 대한 기록의 특징 중 하나가 그들의 통치가 주로 성전 건축

---

2) *Ibid.*, p.260.
3) Sara Japhet, 1 Chronik. *HThKAT* 16, (Freburg: Herder, 2002), p.38.
4) Wm. S. Lasor, D. A. Hubbard and F. Wm. Bush, *Old Testament Survey*(Grand Rapids: Wm. B. Eerdmans Publishing Co., 1982), p.636.
5) D. N. Freedman, *Catholic Biblical Quarterly* 23(1961): p.440.
6) 최종진, 「구약성서개론」 (서울: 토판출판사, 2019), p.329.

과 관련하여 기록되고 있다는 것이다. 즉, 다윗은 등극하자마자 법궤를 예루살렘으로 옮기고(대상13-16장), 성막을 세워 종교의 중앙집권화를 확립하고, 특별히 성전건축을 위한 설계와 비용을 비축하여 솔로몬에게 넘겨주는 성전건축 준비에 대해 방대한 본문을 할애하고 있다(대상 22-27장). 심지어 다윗이 솔로몬에게 왕위를 물려주는 자리에서조차도 성전건축에 대한 다윗의 입장과 솔로몬을 통한 건축을 확인하고, 가문과 백성의 지도자들 조차도 성전건축에 적극적 지지와 헌금을 하는 것을 기록하고 있다(대상 28-29장). 솔로몬이 기브온 산당으로 가서 옛적에 훌의 손자 우리의 아들 브살렐이 지은 놋제단에 이르러 그 위에 천 마리 희생으로 번제를 드림으로 지혜를 얻게 되는 것을 강조하고 있다.[7] 이같이 구약 어느 책보다 역대기는 분명히 예루살렘 성전 제의(祭儀)에 대한 관심이 흐르고 있다.

역대기는 종교적 관점에서 레위 지파가 중요한 자리를 차지하고 있는 예루살렘 제의 중심의 역사 기록이다. 본서의 지배적 강조점은 제의를 중히 여기며 예루살렘 성전 예배를 상세하게 기술하고 제사장들과 레위인들의 족보와 직임 그리고 다양한 기능들과 역할 등이 기술되어 있다.[8] 바벨론 포로에서 돌아온 유다 공동체의 사회 지도자 그룹은 왕정이 회복되지 못한 상태에서 자연스럽게 제사장들과 레위지파가 중요한 역할을 수행하고 있었을 것이다.[9] 그래서 유다→다윗→솔로몬으로 이어지는 정치적 의도의 족보와 더불어 레위 지파의 족보에 초점을 맞추며 1-9장의 족보 구조를 형성하고 있다. 이 구조에 의하면 다른 지파들을 두 그룹으로 나눈 가운데에 레위 지파를 배치하여 둠으로 레위 지파을 강조하고 있다.[10]

---

7) Raymond B. Dillard & Tremper Longman III, *op. cit.*, p.260.
8) *Loc. cit.*
9) G. N. Knoppers, "Hierodules, Priests or Janitors? The Levites in Chronicles and the History of the Israelite Priesthood." *JBL*(1999) 118:49-72.
10) Victor P. Hamilton, *The Book of Genesis*: Chapters 1-17. (Grand Rapids: W. B. EerdmansPublishing Co., 1990), pp.634.

(유 다)	(르우벤)		(잇사갈)	(므낫세)
2:3-4:23	5:1-10		7:1-5	7:14-19
(시므온)	(갓)	(레 위)	(베냐민)	(에브라임)
4:24-43	5:11-17	6:1-81	7:6-12	7:20-29
	(므낫세)		(납달리)	(아 셀)
	5:23-26		7:13	7:30-40
		(베냐민)		
		8:1-40		

이 족보에서 보면 바로 언약의 지파인 유다지파가 12지파 중에서 제일 먼저 소개되는 것은 당연한데, 이상하게 베냐민 지파가 두 번(7:6-12, 8:1-40)에 걸쳐서 소개되고 있다. 이는 남왕국의 구성이 유다지파와 베냐민 지파로 이루어졌고 특별히 저자 자신의 시대에도 주전 722년 앗시리아 침공과 북왕국 지파들의 멸망에도 불구하고 생존하여 바벨론 포로기 이후에 까지 살아남은 지파였기 때문에 족보기록에 중요한 몫을 담당하고 있었다고 보겠다. 그래서 역대기에서는 다윗을 도운 용사들의 명단이 두 번에 걸쳐서 기록되어 다른 지파와의 차별성을 나타내고 있다(대상12:1-7, 16-18). 그럼에도 불구하고 대부분의 베냐민 지파 사람들은 북왕국으로 흡수되어 갔고 일부만 남아 있었던 것 같다. "오직 내 종 다윗을 위하고 이스라엘 모든 지파 중에서 뺀 성 예루살렘을 위하여 한 지파를 솔로몬에게 주리니"(왕상 11:13,32,36) 하여 열왕기에서는 솔로몬의 실정과 하나님께 배신의 결과로 여로보암을 중심한 북쪽 이스라엘의 배반에 의해 남북 분열이 된 것으로 나온다.

그러나 역대기에는 이런 언급이 전혀 없이 오히려 북왕국이 분리된 것이 선지자 아히야의 예언대로 하나님의 섭리에 의한 것으로 당연하게 받아들인다(대하 10:15). 첫째는 "나의 종 다윗을 위하여", 곧 하나님께서 다윗에게 약속하신 축복을 지키기 위해서라는 것이다. 즉, "네 집과 네 나라가 영원히 보전할 것이다"(삼하 7:5-16a)는 언약이 실현되고, "네 자손들이 계속해서 왕권을 계승하여 영원히 견고하리라"는 약속(창 49:10, 삼하 7:13,16b)을 지키시기 위해서이다. 둘째는 "나의 종 다윗과 나의 뺀 예루살렘을 위하여", 즉 하나님께서 다윗의 예루살렘 성전을 향한 거룩하고 귀한 마음을 받아들여 솔로몬을 통해 예루살렘 성전을 건축하게 하시고 그곳에 하나님의 거룩한 이름을 두시고 전 세계에 하나님의 거룩한 이름을 전하여 구원코자 하시는 목적 때문이라는 것이다(대상 22:1-16, 29:1-5). 유다 지파의 다윗왕은 성전건축을 위한 준비를 정성껏 하였다. 성전건축에 쓸 돌을 석수를 동원해 다듬게 하였다. 못과 놋도 준비하고, 백향목도 준비하고 다윗왕은 솔로몬을 불러 하나님을 위하여 성전을 건축하라고 부탁하였다(대상 22장). 예루살렘 성전을 통한 하나님의 거룩하신 뜻을 이루기 위해 유다 지파를 남기고 나머지 10지파를 여로보암에게 넘겨버리겠다는 것이다. 그래서 역대기는 후반부에 가면서 베냐민 지파도 별로 언급하지 않고 오히려 종교지파이며 12지파에 들지 않은 레위인이 급부상하며 제사장들과 더불어 르호보암에게 돌아왔다며(대하 11:13) 많이 언급하고 베냐민의 온 땅에도 모든 견고한 성읍에 르호보암의 모든 아들들을 흩어 살게 했다고 언급한다(대하 11:23).

C. 요약반복적 역사서술 방법(Recapitulative Historiography)[11]

역대기 기자는 이스라엘의 이전의 역사에서 이미 발생하여 이미 오경이나 역사서에 기록된 사건들이나 그 자신의 글에 들어 있는 사건들을 취해서 그것들을 그 이후의 상황에 대한 패러다임이나 모델로 사용하고 있다. 예를 들면, 역대기 기자는 다윗과 솔로몬의 왕위 계승 이야기를 다룰 때 모세와 여호수아 사이의 관계를 활용하였다.[12] 우리가 역대기를 읽다 보면 족보나 역사 사건 기록이 창세기나 역사서에서 이미 읽은 것들을 다시 보는 듯한 느낌을 갖게 한다. 이는 이전 책들에 기록된 사건이나 계보들을 다시 반복하고 있고 특별히 다윗과 솔로몬을 중심한 남왕국 유다의 역사를 중심한 재확인 역사 기록이라서 그렇다. 구약 역사의 마지막 부분에서 아담에서 시작한 하나님의 구속사적 씨흐름을 정리하고 여인의 후손인 메시아에 이르는 하나님의 섭리를 추적하다 보니 이미 있던 역사에 나타난 성서기자들의 의도와 맥을 같이 하기 때문에 반복적일 수밖에 없다. 예를 들면, 역대기 상 1:1-4은 창세기 5장의 족보를 요약한 것이고 역대상 1:8-27은 창

---

11) Raymond B. Dillard & Tremper Longman III, *op. cit.*, p.260.
12) H. G. M. Williamson, "The Accession of Solomon in the Books of Chronicles," *VT* 26(1976): 351-6. *Ibid.*

세기 10:2-29과 11:10-26의 족보를 거의 그대로 옮겨 놓은 것이다. 이런 예를 거의 모든 구절에서 찾을 수 있다. 그러나 이런 반복 기록에는 신학적 의도가 깊이 개재되어 다윗 왕조와 예루살렘 성전 중심의 제의에 대한 관심을 가지고 메시아 기대와 메시아 왕국을 향한 희망으로 이끌어 간다는 것이다. 다윗 혈통의 다윗 왕권은 그리스도의 왕권 신분을 나타낸다면, 예루살렘 성전중심의 제의적 관심은 메시아의 제사장적 구속사역과 관련된다.

한편, 역대기 기자는 광야 방랑기간에서 다윗까지 있던 성막과 솔로몬 성전 사이에 있는 여러 가지 유사점들을 지적함으로 옛 이스라엘과 재건된 성전을 목도한 세대 사이의 연속성을 부각시키려는 의도를 가지고 있다.[13] 이와 비슷하게 역대기 기자는 유다의 마지막 네 왕을 다루는데, 히스기야를 제2의 솔로몬으로 다루고, 아비야 시대의 사건들과 아하스 시대의 사건들 사이에 유사점들을 지적하고(대하13, 28장), 여호사밧을 그의 아버지 아사를 따라서 묘사하고 있다.[14]

D. 인과응보적 교리에 입각한 역사기술

역대기에는 인과응보의 사상이 매우 강하게 나타난다. 세계는 아무 질서도 없이 그냥 우연들이 아무렇게나 퍼져가는 그런 장소가 아니다. "그 세상은 행동과 결과 사이에 부정할 수 없는 엄격한 상관성이 작용하는 엄정한 도덕적 질서의 세계이다. 이 질서(상관성)을 **보응의 원리**라 한다. 이 원리는 의로운 생활을 하는 자에게는 성공과 번영이 따르고, 악한 생활을 하는 자에게는 실패와 파멸이 따른다."[15] 이 보응의 원리는 의롭게 사는 것을 뒷받침하는 사상적 근거이다. 하나님은 우주를 지으실 때 그곳에 하나의 질서를 심어(implant) 놓으셨다. 바로 인과응보(因果應報)의 교리(教理)는 보응의 원리라는 도덕 질서이다. 인과응보의 교리가 바로 신명기 신학 주제이다: 인간의 행동에는 그에 상응하는 결과가 따른다. 행위와 결과간의 상관법칙(the law of the act—consequence relationship)으로, 하나님이 우주에 심어 놓으신 내적 법칙(built—in peinciple)이다. 하나님이

---
13) Raymond B. Dillard & Tremper Longman III, *op. cit.*, p.261.
14) *Ibid.*
15) 현창학, <구약 지혜서 연구> (수원: 합신대학원출판부, 2015), p.87.

지으신 이 도덕적 우주에는 보응의 원리라는 대 원리가 작용하고 있어서, 인간이 진정한 성공을 이루려면 이 보응의 원리를 유념하고 의로운 삶으로의 확고한 선택을 하면서 살아가야 한다.[16] 이 인과응보의 교리에 입각한 이스라엘 삶의 기준과 토대가 바로 토라(Torah: 율법)이다. 율법에 순종하는 것이 선이고 번영과 축복의 길이라며, 율법에 불순종하는 것이 악이고 저주와 사망의 길이라는 것이다.

역대기 사가의 사고 밑바닥에는 다윗 가문과 예루살렘 제의에 대한 관심이 핵을 이루고 있으며, 이 관심을 가지고 역사를 해석하는 한 수단으로 이 인과응보의 교리를 사용하고 있다. 특별히 북왕국 이스라엘의 역사 기록을 묵살한 것은 그들의 다윗왕조에 대한 반역행위가 하나님의 기준을 벗어난 악한 것으로 평가되어 하나님의 징계를 받았다는 사상에서 야기된 것이다(대하15:7,15,25:4, 26:5). 즉 하나님의 통치 아래 엄숙한 도덕적 법칙이 모든 일을 지배하고 있다고 본다.[17]

열왕기에도 인과응보적 교리가 지배적인 사상이지만, 특별히 역대기 기자는 즉각적인 인과응보적 신학으로 특이점을 가진다.[18] 하나님께서는 자신의 명령에 대한 응답과 반응에 따라 각 세대를 축복하기도 하고 심판하기도 하는 것을 분명하게 보여주고 있다. 아주 일관성있는 일련의 모티프들을 사용하여 하나님의 축복과 저주를 내리시고 인정과 거부를 나타내신다. 즉 경건이나 순종의 행위들은;

1) 성공과 번영을 가져오고(대상 22:11,13, 29:23, 대하 14:7, 26:5, 31:27−30)
2) 건설사업을 이루게 하시고(대하11:5, 14:6−7, 16:6, 17:12, 24:13, 26:2,6,9 −10, 27:3−4, 32:3−5,29−30, 25:14, 26:11−15, 27:5−7, 32:20−22 → 그래서 사악한 왕들은 건설사업을 이루지 못한다)
3) 많은 수의 자녀들을 주시며(대상 3:1−9, 14:2−7, 25:5, 26:4−5, 대하 11:18−22, 13:21, 21:1−3 → 사악한 자들은 자식을 많이 거느리지 못한다.)
4) 대중적인 지지를 얻게 하시고(대하11:13−17, 15:10−15, 17:5, 19:4−11, 20:27−30, 23:1−17, 30:1−26, 34:29−32, 35:24−25)[19]
5) 많은 군사력을 소유하게 되는 것(대하 11:1, 14:8, 17:12−19, 25:5, 26:10)등

---

16) *Ibid.*, p.89.
17) 최종진, *op. cit.*, p.328. 박대선 외 2인 공저, 「구약성서개론」(서울: 기독교서회, 1962), p.227 재인용.
18) Raymond B. Dillard & Tremper Longman III, *op. cit.*, p.262.
19) *Ibid.*, p.263.

으로 보상을 받는다.[20]
반대로 불순종과 신실하지 못하는 행위들은;
1) 군사적인 패배를 당하고(대하12:1-9, 16:1-9, 21:8-11,16-17, 24:23-24, 25:15-24, 28:4-8,16-25, 33:10, 35:20-24, 36:15-20)
2) 대중적 반감을 사게 되고(대하 16:10, 21:19, 24:25-26, 25:27-28, 28:27, 33:24-25)
3) 질병으로 위독하게 되는 결과(대하 16:12, 21:16-20, 26:16-23) 등을 가져온다.

그 외에 제의적인 죄나 하나님을 찾지 않고 하나님 앞에 겸비하지 못하거나 외국과 동맹을 맺는 것도 하나님을 신뢰하지 않는 범죄행위에 속하여 언제나 전쟁 등을 통하여 심판을 불러일으킨다(대하 16:2-9, 19:1-3, 20:35-37, 22:3-9, 25:16-21, 32:31). 전쟁도 구약에서는 하나님의 심판의 큰 방법 중 하나였다. 그래서 역대기 기자는 귀환한 유다 공동체가 심판이 과거처럼 연기될 것이라고 생각하여 느슨한 마음을 갖는 것에 대하여 경고하며 더욱 즉각적인 인과응보를 강조한다.[21]

인과응보적 원리에 의한 역사 기록의 특징이 바로 왕들의 치세가 평가되면서 지도자 모델이 몇 가지 유형으로 제시되고 있다. 선한 왕으로 평가하여 최고의 성군으로 다윗(대상 11-29장)이 강조가 되고 있다면 에돔 땅을 다스린 왕들(1:43-54)과 사울 왕은 선한 왕으로 제시되기 보다는 아주 "사울이 죽은 것은 야웨께 범죄하였기 때문이고..... 야웨께서 그를 죽이시고 그 나라를 이새의 아들 다윗에게 넘겨주셨다"고 기록하고 있다(대상 9:35-10:14). 북왕국 이스라엘의 멸망이 바로 [야웨께 범죄]로 내려진 인과응보적 심판에 의한 것으로 규정한다. 그래서 사울과 그 아들들이 동시에 처참하게 죽게 된 상황을 생생하게 기록(대상 9:35-14)하면서 그 심판을 통하여 사울왕조가 비운의 막을 내리면서, 반대로 다윗왕이 등극하여 영광스런 다윗왕조가 펼쳐지면서 남왕국 유다가 정통성을 가지고 세워지는 인과응보적 원리가 작용한 역사적 변화를 묘사하고 있다.

---
20) *Ibid.*
21) *Ibid.*, p.264.

역대기 하에서는 더욱 확실하게 인과응보적 기준에 따라 세 가지 범주로 평가되고 있다.[22] 그러나 열왕기의 평가는 다소 다르게 기록된 것을 주목해야 한다. 예를 들면, 솔로몬은 통치 초기에는 선하고 인정받지만 통치 말기에는 '악의 축'으로 하나님의 심판의 대상이 되고 있다. 그러나 역대기에서는 솔로몬에 대한 부정적 평가는 비껴가고 있다.

1. 선한 왕으로 평가된 자들
   1) 솔로몬   (대하 1-9장)
   2) 아비야   (대하 13장)
   3) 요담   (대하 27장)
   4) 히스기야 (대하 29-32장)

2. 악하고 무능한 왕으로 평가된 자들
   1) 여호람   (대하 21장)
   2) 아하시야 (대하 22:1-9)
   3) 아달랴   (대하 22:10-23:21)
   4) 아하스   (대하 28장)
   5) 아몬   (대하 33:21-25)
   6) 여호아하스(대하 36:1-4)
   7) 여호야김 (대하 36:5-8)
   8) 여호야긴 (대하 36:9-10)
   9) 시드기야 (대하 36:11-21)

3. 선과 악한 평가를 함께 받은 왕들
   1) 악한 평가에서 선한 평가를 받은 왕
      -므낫세(악: 대하 33:1-11/ 선: 대하 33:12-20)
   2) 악→선→악→선:

---

[22] *Ibid.*, pp.630-631.

—르호보암(악:대하10장/ 선:대하11장/ 악:대하12:1—5/약간 선:대하12:6—16)
   3) 선→악→선→악
   —여호사밧(선:대하17장/ 악:대하18장/ 선:대하19:1—20:34/악:대하20:35—37)

   4. 선한 평가에서 악한 평가를 받은 왕들
      (1) 아사   (선: 대하 14—15장/ 악: 대하 16장)
      (2) 요아스   (선: 대하 24:1—16/ 악: 대하 24:17—27)
      (3) 아마샤   (선: 대하 25:1—2/ 악: 대하 25:3—28)
      (4) 웃시야   (선: 대하 26:1—15/ 악: 대하 26:16—23)
      (5) 요시야   (선: 대하 34:1—35/ 악: 대하 35:20—27)

E. 남왕국의 정치적 관심을 중심한 역사기술

이는 당연한 관점이다. 왜냐면 역대기는 다윗의 영원한 왕조신학(삼하 7:8—16)에 의한 다윗왕권의 정통성을 강조하여 남왕국 유다 중심의 역사 기록이기 때문이다. 모든 역사 사건들은 이 하나님의 섭리에서 실제적으로 이뤄지고 이 역사 원리로 연결시키려는 공공연한 시도가 계속된다.[23] 특별히 이런 섭리의 전제 아래 인과응보의 신앙에 입각하여 이스라엘 역사에 일어나는 모든 재난이나 구원을 왕이나 백성들의 선과 악의 결과로 연결시킨다.[24] 특별히 북왕국 이스라엘의 멸망은 바로 이 하나님 앞에 정통성을 지키지 못한 악의 결과에 의한 것으로 봐서 북왕국 이스라엘의 역사를 의도적으로 빼버리고 있다. 더욱이 아담에서 여인의 후손에 이르는 하나님의 구속사적 씨흐름이 다윗으로 향하고 있는 섭리가 구체화되기 때문에 비(非)유다지파와 비(非)다윗계열에 속한 북왕국의 왕들과 역사가 무시되고 제외되고 있다.

역대기 저자는 통일 왕국이 둘로 나뉘게 된 과정에 대한 진술에 별다른 관심을 두지 않고 있다. 즉 떨어져 나간 북왕국 이스라엘의 어떠한 왕에게도 관심을 가지

---
23) James Wolfendale, *op. cit.*, p.38.
24) *Ibid.*

고 있지 않다. 도리어 그의 주요 관심사는 바로 다윗과 솔로몬을 이어가는 남왕국 유다의 왕들에게 있다. 그리고 그 이어져간 왕들의 기준이 바로 다윗과 솔로몬으로, 그들이 다윗과 솔로몬의 표준에 살았느냐 아니 살았느냐에 따라 그들에게 어떠한 결과를 가져왔느냐가 결정된다는 것이다. 그러나 대부분의 왕들은 그렇게 살지 못해서 재앙이 따랐다. 아사(15-16장)나 여호사밧(18-20장), 요담(27장), 히스기야(29-32장), 요시야(34-35장)등은 어느 정도 혹은 상당 부분 다윗과 솔로몬의 표준에 맞추어 살았다. 이것은 회복된 유다 공동체와 모든 사람들에게 확대 적용되는 교훈이다.[25]

사무엘서와 열왕기의 기록과 다른 가장 놀라운 역대기의 차이점은 다윗과 솔로몬에 대한 나쁜 인상을 줄 만한 사건들을 생략하고 있다는 것이다. 다윗의 인구 조사에 대한 기록(대상21장; 삼하24장)을 제외하고는 그런 부분을 기록하지 않고 있다. 남북 분열도 이스라엘이 다윗의 집을 배반했다는 것을 놓치지 않고 있다(대하10:19). 예를들면, 다윗이 유다왕으로 7년을 통치하는 동안 사울의 후손이 북쪽 지파들을 다스린 것이라든가, 압살롬과 아도니야의 반역이나 암논과 시므이의 부도덕하고 악의 찬 행위 그리고 밧세바와 우리야와 관련된 죄악들에 대해서 전혀 언급하지 않고 있다. 심지어 솔로몬의 정적들에 대한 복수(왕상 2장)도 지워버렸으며 왕국 분열의 궁극적 원인이 된 솔로몬의 죄악도 기록되지 않고(왕상 11장) 왕국 분열에 대한 책임도 솔로몬으로부터 여로보암에게로 전가되어 있다.[26] "신하인 여로보암이 자기의 주를 배반하고 난봉꾼과 잡배들을 불러 모아 르호보암을 대적하였다고 묘사하고 있다(대하 13:6-7), 여로보암이 금송아지 숭배와 민간인으로 제사장을 세우는 등 정통성이 없는 제사 행위를 규탄하고 있다(대하 13:8-12).

역대기는 다윗과 솔로몬은 하나님의 축복뿐만 아니라 온 나라의 지지를 받고 있는 영광스럽고 충성스럽고 전권을 누리고 있는 인물로 돋보이고 있다. 예를들

---

25) Victor P. Hamilton, op. cit., p.642.
26) Raymond B. Dillard & Tremper Longman III, op. cit., p.258.

면, 다윗의 말년에 있었던 후계 권력 투쟁에 대한 것(아도니아의 왕권 찬탈 시도를 통한 솔로몬과의 권력 투쟁)은 제외시키고 솔로몬에게 전혀 반대가 없이 순조롭게 이동된 것으로 말하고 백성들의 열광적인 지지에 아도니야의 구데타 시도를 지지했던 사람들(온 이스라엘)도 자연스럽게 포함된 것으로 기록하고 있다(대상 29:23, 왕상 1:7—10).[27]

F. 족보 기록형식을 중심한 역사기술

역사기록의 관심이 족보 기록형식을 중심하고 있다. 역사적 사건들과 관련된 인물들을 기술할 때라든가 그들의 가문을 역설할 때는 이야기식 족보기록 양식을 가지고, 역사의 긴 기간들을 기술할 때는 수직선적/ 수평선적 족보 기록 형식을 가지고 기록하고 있다.

역대기 저자는 족보를 기록할 때 가능한 한 멀리 즉 아담에 까지 거슬러 올라가는 것을 중요하게 생각했다. 그래서 역대기에 등장하는 중요한 인물인 다윗은 조상 아브라함에게로 거슬러 올라가는 유대인일 뿐만 아니라 소급해 가면 바로 아담의 후손이기도 하다. 역대기 저자가 아담을 족보의 출발점으로 설정한 것(대상 1:1)은 하나님의 백성이 시내산이나 우르에서 시작하지 않고 도리어 에덴에서 시작하고 있다는 시각과 더불어 하나님의 인류 구원의 길이 바로 여인의 후손으로 향하는 시작이 바로 아담에서 시작하는 신학적 의도(원복음: 여인의 후손)가 깊이 내재되어 있다.[28] 그래서 이스라엘의 후손을 다루는 일곱 장의 족보 기록(대상 2—8장)에서 유다 족보(대상2:3—4:23)가 가장 제일 먼저 다루어지고 있는 것이다. 이는 바로 하나님의 구속사적 씨흐름 구도가 아브라함 → 이삭(이스마엘이 아님) → 야곱(에서가 아님) → 유다(르우벤, 시므온, 레위가 아님)로 이뤄지면서 다윗에 이르러 다윗의 아들들에 관한 설명이 중심 틀을 이루고 있다. 그래서 역대기 전체의 40%에 달하는 내용(대상 11장—대하 9장으로 전체 65개 장들 중에서 29개 장이 해당됨)을 할애하여 다윗과 솔로몬을 다루고 있다.[29]

---

27) *Ibid.*, p.259.
28) Victor P. Hamilton, *op. cit.*, p.631.
29) *Ibid.*, p. 636.

III. 역대기의 배경과 구조

하나님의 구원사를 기록하고 있는 이스라엘 역사도—성령의 감동을 전제로 한—역시 역사가의 역사 편찬의 산물이다. 이는 역대기의 역사도 성령의 감동과 하나님의 깊은 뜻을 간직한 역사이면서도 역사편찬 과정에 역사가의 신앙과 역사관이 깃들어 있다는 것이다. 그러기 때문에 역대기 저자의 역사 기록에도 배경이 있고 기록해 간 구조가 있다. 따라서 역대기 역사를 이해하려고 하는 연구자는 역대기 사가의 역사편찬 배경과 내용적 구조를 분명하게 분석하여야 저자가 주려고 하는 메시지가 무엇인가를 알 수 있다고 본다.

A. 역대기 기록의 역사적 삶의 정황

역대기가 쓰여진 역사적 현실과 유다백성들의 역사적 삶의 자리(Sitz im Leben)는 바로 포로기와 그 포로에서 돌아온 상황(대하 36:22-23)이다. 이를 암시하는 역대기 본문은 두 가지를 제시할 수 있다: "바사왕 고레스가 이같이 말하노니 하늘의 신 야웨께서 세상 만국을 내게 주셨고 나에게 명령하여 유다 예루살렘에 성전을 건축하라 하셨나니 너희 중에 그의 백성된 자는 다 올라갈지어다 너희 하나님 여호와께서 함께 하시기를 원하노라 하였더라"(대하 36:23). 여기에 의하면, 역대기가 쓰여질 때는 이미 고레스 칙령(B.C. 538년)에 의해 바벨론 포로에서 돌아온 역사적 상황이다. 그래서 역대기상 9장에는 포로에서 돌아와 예루살렘에 정착한 백성들과 특별히 제사장들과 레위 사람들 그리고 회막 문지기들의 족보목록이 소개되고 있다(대하 9:1-34). 여기에 의하면, 역대기를 기록한 역사가는 페르시아의 고레스 왕이 주전 538년에 포로민들로 본국으로 돌아가도록 칙령을 선포한 이후 시대의 사람이다. 특별히 역대기의 초기 연대를 추적할 수 있는 근거가 일부 자료인 역대기상 3:17-21에 나오는 포로기 이후에 속한 귀향 공동체의 초기 지도자인 스룹바벨의 가계도가 여러 세대에 걸쳐서 나타난다.[1] 여기는 포로로 잡혀간 여호야긴의 아들과 그 후손들에 관한 족보로 이뤄졌다.

(1세대)여호야긴의 아들들: 스알디엘/ 브다야/ 세낫살/ 여가먀/ 호사마/ 느다뱌

(2세대)브다야의 아들들: 스룹바벨/ 시므이

(3세대)스룹바벨의 아들들: 므술람/ 하나냐/ (딸)슬로밋/ (그 외 다섯 아들들)

(4세대)하나냐의 아들들: 블라댜/ 여사야

(5세대)여사야의 아들들: 르바야→세대가 계속되고 있다(대하 3:22-24).

이 자료는 아무리 빨리 잡아도 주전 500년 경에 속하고, 주전 400년 이후에 속한 자료는 아닐 것이다. 그래서 학자들 중에는 역대기의 연대를 주전 500년 이전으로 추정하기도 하고 주전 400년 이전으로 추정하기도 한다. 하여튼 역대기 저

---

[1] Victor P. Hamilton, 「역사서 개론」, 강성열 역 (서울: 크리스챤다이제스트, 2005), pp.626-627. Sara Japhet, *op. cit.*, p.625.

자는 오랜 바벨론 포로 생활을 마치고 돌아온 지 얼마 안되는 유다인들과 유다 지역에 남아 있던 다양한 계층의 유다인들과 그 뒤의 무수한 하나님의 백성으로 존속하여 가는 청중을 향하여 역대기를 집필했을 것이다.[2]

유다 백성들이 바벨론으로부터 가나안 땅으로 귀환이 제대로 준비되고 그 여정 자체가 종결되어지기까지는 상당한 시간이 소요되었을 것이다.[3] 하여튼 그런 과정을 거쳐 포로에서 돌아온 그들이 최우선으로 이뤄야 할 일이 바로 예루살렘 성전과 거기서 드려야 할 성전제사 회복 그리고 도성재건이었다. 팔레스타인 땅으로 돌아온 포로민들과 포로시에 남아있던 유다인들이 하나님의 백성으로서의 자신들의 정체성을 찾는게 중요했다. 왜냐하면 포로에서 돌아와서 형성된 포로 후기 유다 공동체에는 다양한 사회적 문제가 야기되고 있었다.-"포로민과 비포로민" "원래 유다인들과 포로기에 이주한 이방인들" "포로민의 지도자들과 본토의 남아있던 지도자들" "귀환한 제사장들과 유다에 남아있던 레위인들" "돌아온 엘리트 그룹들과 남아있던 천민계층" "유다인으로 이방족속과 혼합된 그룹들" "원래 사회구성원으로 살아온 원주민이나 사마리아인들과 전통의식의 유다 민족주의자들" 사이의 갈등이 표출되기 시작했다.- 고레스 칙령에 감격하며 돌아온 유다인들과 바로 그들의 일단을 반갑게 환영하며 받아들였던 남아있던 유다인들에게 얼마가 지나면서 복잡한 문제들이 속속들이 나타나기 시작했다. 처음에는 기대감을 가지고 광명의 역사로 받아들이고 새로운 다윗계의 왕이 자기들의 지도자로 나서고 다윗과 솔로몬에 의해 건립되었던 성전이 재건될 것이고 종교지도자들이 예루살렘 제의를 주관하게 될 것이고 그러면 예언자(학 1:1-10, 2:20-23)들이 제시한 메시아 왕국이 도래하여 유다인의 세계가 펼쳐지리라는 희망을 간직하고 있었을 것이다.

포로기 이후 시대의 유다의 삶을 보여주는 그 시기에 기록된 책들(학개, 스가랴, 말라기, 에스라, 느헤미야)에 근거해 볼 때 그들은 힘들었으며, 절망스러운 상황에 당황하고, 하나님의 약속과 언약에 대한 의심과 더불어 야웨신앙이 흔들리고 있었을 것이다. 과거에는 이스라엘이 세계 역사의 중심점에 있었는데 지금은

---

2) *Ibid.*, pp.265-265. J. D. Newsome, Jr., "Toward a New Understanding of the Chronicler and His Purposes." *JBL* 94(1975):201-17/216은 주전 500년 이전으로 본다.
3) Eugene H. Merrill, 「제사장의 나라」, 곽철호 역(서울: 기독교문서선교회, 1997), p.646.

바벨론, 페르시아 제국들이 중심점을 점유하고 있는 것처럼 보였다. 아브라함이나 다윗에게 약속하셨던 하나님의 언약은 오늘 여기에 무슨 의미가 있는가?[4]

바로 이런 역사적 배경을 가지고 고민하는 이러한 사람들을 대상으로 역대기 저자는 역대기를 집필하였을 것이다.[5] 그러기 때문에 사무엘서나 열왕기의 기록과는 역사적 배경에서나 대상에서나 차이가 있을 수 있었다. 이런 단순하지 않은 복합적 문제에 역대기 저자는 뚜렷한 역사관과 종교적 기준으로 응답하려고 한다. 그는 하나님이 다스리시는 참된 나라(神政國家)인 이스라엘의 유일한 후사로서의 포로후기 유다의 회복공동체의 합법성을 역설한다.[6] 이를 위해 역대기 저자는 기존 이스라엘 역사 자료들을 수정 가감하고, 재해석하며 독자적인 자료들을 활용하면서 독특한 역사관과 신학을 나름대로 역대기서의 문학적, 신학적 구조를 가지고 당면한 사회적 문제에 신학적 해석을 제시하려고 한다.

이와 같은 미묘한 상황에서 많은 사람들에게 자연스럽게 역대기 저자는 이스라엘의 정통성과 정체성의 문제를 확실히 하기 위해 혈통적 접근으로서 족보와 정치적, 종교적 접근으로서 기나긴 역사서술과 예루살렘 성전과 제사를 통하여 그 심각한 사회적 문제를 화해와 협력으로 해결하려고 한다.[7] 이를 위해 "아담에서 셈 계통 그리고 아브라함과 유다지파의 다윗가문의 혈통적 전통을 가진 족보적 공동체와 예루살렘 성을 중심한 다윗왕조(남왕국)에 속한 정치적 공동체와 예루살렘 성전을 중심으로 야웨 하나님을 향한 예배 공동체"야말로 참 이스라엘의 맥을 잇는 진정한 이스라엘임을 주장한다.[8]

역대기 저자가 자신의 시대적 요구에 직면하여 역대기를 저술하였던 의도는 참 이스라엘이야말로 다윗 시대에서 에스라 시대까지 유다에서 지속되어 온 이스라엘과 포로상태에서 되돌아온 귀환민들이 다윗 가문이 다스렸던 유다의 참 계승자들임을 보여주는 것이었다.

---

4) John Bright, 「하나님의 나라」, 김인환 옮김(서울: 크리스챤 다이제스트, 1944), 196-200.
5) Victor P. Hamilton, *The Book of Genesis*: Chapters 1-17. (Grand Rapids: W. B. Eerdmans Publishing Co., 1990), p.626.
6) D. J. A. Clines/윤영탁 역편, "역대기 기자의 목적과 신학"「구약신학 논문집」(수원: 합동신학대학원출판부, 1999), 145쪽.
7) 정중호, 「이스라엘 역사」(서울: 대한기독교서회,1994), pp.292.
8) Jacob M. Myers, 「역대기 상」[국제성서주석], 이환진 역(서울: 한국신학연구소, 1990), p.45.

B. 왕들에 대한 역사적 평가 기준

역사서의 역사 기록은 결국 통치자의 업적과 그들의 통치 평가를 중심으로 하는 기록이며, 거기에 예언자들과 제사장 그룹의 활동과 관련한 사건 기록이 주류를 이루고 있고, 거기에 백성들이 어떻게 하나님 앞에서 율법에 대해 어떻게 응답하고 있었느냐는 것이었다. 그런데 이런 역사평가에는 역사가의 기준에 따라 다소 차이가 있다는 것이다. 열왕기서에 나오는 이스라엘 왕들에 대한 평가기준은 정치적인 것들이거나, 윤리 도덕적인 것이거나, 통치의 성공여부가 아니었다. 대체로 다음의 기준에 의하여 평가되었다고 본다.

첫째는, 왕의 기본적 태도가 '그 조상 다윗'과 비교되어 다윗의 모범적 자세를 취하며 통치했느냐 아니면 여로보암의 악한 길을 택하였느냐에 달려 있었다. 즉, ①혈통적 정통성 여부이다. 바로 다윗의 영원한 왕조계약에 의한 다윗의 혈통이냐 아니냐 하는 것이다. 구속사적 씨흐름의 언약의 왕이냐 아니냐의 문제이다. ②정치적 정통성 여부이다. 이는 정치적 중심의 중앙집권적 권위를 이루었던 예루살렘 성을 견지하고 있느냐 상실하고 있느냐는 시온 계약의 존속이나 위배냐의 문제이었다(왕상 12:25).

둘째는, 신명기적 율법에 의한 왕의 치세에 대한 비판이다. 왕의 업적에 대한 종교적 비판이 가해진다는 것이다. 사회정의 사상이 고조되고 하나님과 그 명령인 율법과의 관계에서 순종자에게 축복이고 불순종에 저주라는 분명한 구분을 가지고 있는 인과응보의 교리에 의해 평가되고 있다는 것이다.[9]

셋째로, 그러면서도 오히려 열왕기 사가의 주된 관심은 왕이 '성전'에 대하여 어떠한 자세를 가졌고, '성전'에 대해 어떠한 태도를 취하였느냐에 따라 선한 왕과 악한 왕이라는 일관적(一貫的)인 평가를 내리고 있다는 것이다.[10] 이것은 종교적 정통성의 여부였다. 즉 예루살렘 성전(법궤)에 근거한 종교행위냐 아니면 예루살렘 이외의 다른 곳에서 제사행위냐, 전통적 제사장과 레위인에 의한 성전예배냐 제사장이나 레위인이 아닌 일반 평민에 의한 예배냐, 전통적 절기에 따라서 행해지는 예루살렘 제사행위냐, 원래 율법에 정한 절기가 아닌 변경된 절기에 따른 제

---

9) 고영춘, 「구약성서 개설」 (서울: 신생사, 1965), p.50.
10) Norman H. Snaith, *The First and Second Books of Kings: The Interpreter's Bible III*(New York: Abingdon Press, 1952), pp.8−10.

사행위냐에 따라 평가되었다.

　다윗과 솔로몬과 남왕국 유다는 이 기준을 지키고 있으나 여로보암과 그의 악한 길을 따르는 북왕국 이스라엘은 예루살렘 성전을 상실하고 최남단 벧엘과 최북단 단에 산당을 짓고 금송아지 형상으로 야웨 하나님을 대신하는 왕은 선한 평가를 받지 못한다.[11] 따라서 이런 여로보암의 악한 길을 따랐던 북왕국 이스라엘의 왕들은 모두가 악한 왕으로 평가 되었다. 이들은 예루살렘 성전과 예루살렘 제사와 절기와 무관하였던 왕들이었기 때문에 악한 왕으로 평가되고, 열왕기 사가는 예루살렘 성전 이외의 어떤 성전도 인정치 않는 입장을 보여주고 있다. 또한 남왕국 유다의 왕들도 히스기야와 요시야를 제외하면 역시 부정적 판정을 받고 있는데 역시, 모든 왕들에 대한 평가 기준이 예루살렘 성전과 관련되어있음을 알 수 있다.

　반면에, 역대기 저자의 사고 밑바닥에는 두 가지 관심인 [다윗 가문에 대한 관심]과 [예루살렘 제의에 대한 관심]이 더 더욱 집중되고 있다. 이 두 개의 기둥을 감싸고 있는 역사해석의 한 수단으로 인과응보의 교리를 사용하고 있다. 그래서 역대기사가의 평가 기준도 다음과 같다.

　첫째로, 다윗 혈통에 근거한 남쪽 유다왕국의 정통성을 강조하고 다윗에게 주어진 왕조 계약신학에 충실하여 북왕국 이스라엘을 이단으로 보고 남왕국 유다를 정통으로 본다. 사무엘하 7:12-16에 주어진 다윗 왕조의 영원한 언약에 의하면, 다윗 왕의 후손만이 구속사에서 정통성을 가지는 왕이 될 수 있다. 그래서 다윗 왕통을 중요시하여 이상화한다. 더욱 포로로 이미 정치적 왕권제도를 상실한 백성은 메시아 사상으로 역사를 이상화하고 있었다. 다윗의 아들이 아닌 부하 여로보암이 10지파를 연합하여 반란을 일으켜(왕상 12:1-33) 세운 북쪽 이스라엘을 이단으로 보는 역대기 저자는 다윗 왕의 후손으로 이어지는 남쪽 유다왕국이 정통성을 가진 참 하나님의 통치 아래 있는 나라로 본다. 그래서 북왕국 이스라엘의 역사를 의도적으로 생략하고 남왕국 유다의 역사를 중심으로 기록하고 있다.

---

11) 최종진,「구약성서개론」(서울: 토판출판사, 2019), p.306. 레위자손이 아닌 보통 사람으로 제사장직을 임명하고, 절기를 변경한 여로보암의 행위는 악한 길로 평가된다.

둘째로, 철저한 예루살렘 제의에 대한 관심이다.

족장들로부터 남왕국 유다가 바벨론에 의해 멸망당한 때까지 이스라엘 역사를 기록하고 있는, 신학적 역사서로서 역대기는 제사장들과 레위인들의 권위를 합법화하고 히브리 통합 유다 왕조가 이스라엘의 종교적 생활에 기여하고 있다.[12] 여전히 제사장과 레위인들의 신분상의 구별이 존재하지만 역대기에서는 다윗통치 시대에 이뤄진 제사장과 레위인제도의 확립을 다시 확인하면서 제사장과 레위인들의 적절한 협력을 레위인들의 입장에서 제시하려고 했다. 즉, 다윗은 성전 건축에 대한 계획과 더불어 성전관리들의 업무분담을 분명히 하고, 성전에 필요한 인력수급을 위해 레위인의 봉사 연령을 30세에서 20세로 낮추고 이를 다윗의 유언을 따른 것으로 언급한다[13] (대상 23:3,24,27). 레위인의 업무가 언약궤를 메는 운반 임무에서 성전에서의 임무로 이동되었다.[14]

셋째는, 응보사상(Retribution)을 강조하는 신학적 입장이다. 열왕기서에서와 같이 응보사상이 역대기에는 매우 강하게 나타나는데 특히 북왕국에 대한 비난에서 더욱 돋보인다. 북왕국 이스라엘 역사의 기록을 묵살한 것은 그들의 반역행위로 하나님의 징계를 받는다는 사상에서 말미암는다. 하나님의 통치 아래 엄숙한 도덕적 법칙이 모든 일을 지배하고 있다고 본다(대하 15:7,15→"온 유다가 뜻을 다하여 야웨를 찾았으므로 야웨께서도 그들을 만나 주시고 그들의 사방에 평안을 주셨더라", 25:4, 26:5). 다른 사람의 과오 때문에 그 대가를 담당하게 된다는 열왕기 사가와는 전혀 다르게 남왕국에서나 북왕국에서나 어느 왕이든지 자신의 과오에 대한 대가를 자신이 직접 담당해야한다는 다른 각도로 해석하는 입장을 역대기 저자는 견지하고 있다.[15] 즉 개인적인 징벌이다. 그 징벌의 결정적인 척도는 '행위-결과-관계'인데 웃시야 왕의 문둥병은 그가 제사장의 권리를 침해했기 때문이라고 확실하게 설명한다(대하 26:16-23과 왕하 15:5와 모순을 비교하

---

12) Andrew E. Hill and John H. Walton, 「구약개론」, 유선명, 정종성 공역(서울: 은성, 1994)
13) 배희숙, "레위인을 위한 역대기의 개혁 프로그램" [구약논단] 제21집(2006. 8), 71쪽.
14) *Ibid.* S. Japhet, *1 Chronik(HThKAT 16)* (Freburg: Herder, 2002), p.380 . "정밀한 밀가루와 무교병, 솥을 준비하는 임무에 대한 책임소재가 오경과 에스겔에서는 명시되어 있지 않고, 또 양과 무게를 측정하는 일은 온 공동체나 통치자의 책임으로 규정되었다." G.N. Knoppers, "Hierodules, Priests, or Janitors," The Levites in Chronicles and the History of the Israelite Priesthood," *JBL* 118(1999), pp.62-63 재인용.
15) 박대선외 2인, 「구약성서개론」 (서울: 기독교서회, 1962), p.227.

라).[16]

또한, 열왕기에서는 요시야 왕이 예루살렘 성전을 정화하여 예루살렘 성전제사를 강화한 선한 왕으로 부각시키지만, 이집트 왕 느고에 의해 어이없게 죽는 것에 대한 이유에 전혀 침묵하고 만다. 그러나 역대기에서는 요시야의 죽음을 설명할 뿐만 아니라 그 이유로서 요시야 자신의 잘못에 의한 것으로 설명한다.

즉 느고가 사신을 보내어 "유다 왕이여 하나님이 나에게 명령하사 속히 하라 하셨은즉 하나님이 나와 함께 계시니 그대는 하나님을 거스르지 말라 그대를 멸하실까 하노라"하며 하나님의 말씀을 듣지 않았다고 설명하고 있다(대하 35:21). "요시아가 몸을 들이켜 떠나기를 싫어하고 오히려 변장하고 그와 싸우고자 하여 하나님의 입에서 나온 느고의 말을 듣지 아니하고 므깃도 골짜기에 이르러 싸울 때에" 결국 중상을 입어 죽게 된다(22-24절).

역대기 저자는 이 인과응보의 교리를 가지고 여러 왕들의 통치와 삶들을 규정하고 평가하는 근본틀로 사용하되 보다 개인적이며 즉각적이었다. 다윗 솔로몬 통치를 기술할 때도 이 교리가 밑바닥에 흐르고 있었다고 본다.[17]

---

16) Werner H. Schmidt, 「구약성서 입문」, 차준희·채홍식 옮김(서울: 대한기독교서회, 2007), p.237.
17) Roddy Braun, [WBC 성경주석]「역대상」, 김의원 옮김(서울: 도서출판 솔로몬, 2001), p.49. Braun은 역대기 저자가 적용한 이 인과응보의 교리가 다윗과 솔로몬의 통치와는 관련성이 별로 없다고 본다. 그러나 필자는 오히려 이 교리를 큰 틀에서 적극적으로 적용하는 저자의 기본전제로 하고 북왕국과 여로보암의 악한 길과 대칭을 이루는 남왕국 중심, 다윗 솔로몬 통치 중심의 역사기술을 하고 있다고 본다.

IV. 역대기서의 구조

A. 연구 방법의 선택

역대기에 대한 연구는 다양한 방법론이 동원되어 왔다. 그동안 구약연구 방법론이 역사비평에서부터 시작하여 모든 방법이 사용되어 연구되어 왔지만 그 중에서도 본문에 담긴 사회상황과 사회정치적 의도들을 분석해서 저자의 의도를 알려고 하는 사회정치적 해석방법을 통한 외적 접근이 있었다. 또한 정경, 문학비평적 방법에 의한 본문의 내적 접근으로 연구에 이르게 되었다. 특별히 (신)문학비평적 연구는 ①본문의 완결된 형태에 초점을 맞추고, ②본문의 전체적인 통일성을 강조하며, ③본문 자체를 최종적인 것으로 보면서 ④말-행동이론(speech-act theory)의 의사소통 모형에 근거를 둔다. 그러면서 본문의 의도가 무엇이 없는지 보다는 그 본문의 현재적 의미가 무엇인지를 찾으려는 신학적 해석이나, 시공간을 초월하는 본문의 의미를 실존적으로 이해하려는 해석이 등장한 것이다.[1] 특히, 필자 개인적으로는 본문의 통시성(diachronic: 通時的)보다 동시성(synchronism: 同時性/共時性)을 우위에 두며 본문의 내면적 구조를 명확히 이해하는데 많은 도움을 주는 구조주의적 비평과 신문학비평이 좋은 방향이라 본다. 왜냐하면 본문의 의미의 중요성과 더불어 '오늘 여기의 의미'의 중요성은 어느 주석이나 어느 설교에서든지 강조되고 있기 때문이다.

역대기 연구에도 이런 사회학적 연구방법과 더불어 특별히 구조주의적 연구와 신문학비평적 연구방법을 통하여 역대기의 문학 장르를 규정하고 역대기의 내용 서술에 직접 관여한 사회정치적 계층이 누구이며, 그들이 어떤 사회정치적 역할을 하고 있었는가를 분석함으로 저자의 의도와 본문의 의미에 접근할 수 있다고 본다.

이러한 연구결과에 의한 역대기의 주제와 구조에서 보면, 역대기의 중심에는 다윗과 함께 솔로몬이라는 인물과 그들의 성전건립 완성과 성전제의 그리고 돌아온 유다공동체의 성전회복이 자리매김하고 있고 그것들을 중심한 사건들에 대한 다양한 접근이 시도되고 있다. 즉 다윗-성전건립과 그 성전제의의 확립이라는 구조에서 다윗/솔로몬 성전의 재건과 성전제의의 회복이라는 구조를 주목하고 있는 역대기의 구조를 봐야 한다. 이런 점에서 본 장은 역대기 안에 담긴 문학적 신학적 구조들을 살펴보면서 역대기가 지향하고 있는 신학적 의도를 앞으로 연구하는데 도움이 되도록 하려고 한다.

B. 역대기의 단락적 구조

역대기서는 아담에서부터 바벨론 포로기까지의 역사를 기록했는데 그 묘사는 자체로서 다음의 네 개의 단락들로 나누어진다.[2]

---

[1] 김득중, "역사비평 이전과 이후의 성서해석," [신학과 세계] 제21호(1990년 가을): 57-65/45-68. Paul R. House, ed. "The Rise and Current Status of Literary Criticism of the Old Testament," *Beyond Form Criticism: Essays in Old Testament Literary Criticism. Sources for Biblical and Theological Study.* vol.2. (Winoan Lake, Indiana: Eisenbrauns, 1992), p.3-22를 참고할 것.

[2] Werner H. Schmidt, 「구약성서 입문」, 차준희·채홍식 옮김 (서울: 대한기독교서회, 2007), pp.228-229.

1. 첫 번째 단락(대상 1-9장): 아담으로부터 다윗까지의 역사

이 첫 번째 부분은 창세기의 족보를 중심으로, 아담으로부터 시작하여 다윗까지의 역사를 하나의 계보로 구성하고 있다. 그것을 통하여 역대기 역사가는 하나님의 백성이 어떻게 인류 안에 뿌리내리고 있는지, 인류의 역사가 어떻게 그 참된 이스라엘 공동체·유다공동체를 향해 흐르고 있는지, 거룩한 구속사적 씨흐름의 방향을 잡아가는지를 보여주고 있다. 이 부분에서는 특별히 유다 자손(2-4장)과 레위자손(6장)을 중점적으로 다루고 있는 족보로 채워져 있다.[3]

2. 두 번째 단락(대상10-29장): 다윗의 통치

이 두 번째 부분은 사울의 죽음(대상10장, 삼상31장)부터 솔로몬의 즉위(29장)까지 기록하고 있다. 즉, 사울과 다윗의 통치를 요약하고 있는 부분인데, 서로 신중한 대조를 이루고 있다. 사울의 불순종, 실패, 그리고 언약궤를 소홀하게 대한 것 등의 비판적 기사로 그의 죽음이 야웨께 범죄하였기 때문이며, 하나님께 묻지 않고 신접한 자에게 가르치기를 청하였기 때문이라고 분명하게 선언한다(대상 10:13). 그러나 이 사울에 대비하여 다윗의 신실성, 승리, 그리고 언약궤에 대한 존중과 신중함을 대조적인 긍정적 기사로 다윗을 드러내 보이고 있다.[4] 즉, 전체 이스라엘의 왕으로의 다윗의 즉위(11장), 솔로몬의 성전 건축과 제의의 설비들을 위한 포괄적인 준비들(17장, 21장이하)을 강조하고 있다.

역대기 역사에서 다윗은 상당한 중요성을 갖는다. 그는 "하나님의 사람"(대하 8:14), 즉 율법에 충실한 자의 본보기(대하 7:17)이면서, 더 나아가서 야웨는 "너의 조상, 다윗의 하나님"(대하 21:12, 34:3)으로 불린다. 그래서 밧세바와의 불륜 사건이나 압살롬의 반란과 같은 별로 달갑지 않은 사건들은 비껴가고 있다. 다윗의 통치는 큰 전쟁의 시대(대상 18-19장, 22:8, 28:3)이지만, 그러나 동시에 솔로몬에 의해 수행된 성전건축을 포괄적으로 준비하는 시기이기도 하다. 다윗은 성전이 건축될 자리를 사들이고 제의를 계획한다(대상 21장 이하, 28:19). 성전 봉헌

---
3) Ibid., p.228.
4) Andrew E. Hill and John H. Walton, 「구약개론」, 유선명·정종성 공역 (서울: 은성, 1994), p.286.

시에 하나님 자신은 하늘로부터 제단에 떨어진 불을 통해 그 성소를 인정하신다 (대하 7:1, 참조 대 상21:26, 레 9:23-24, 왕상 18장). 이처럼 다윗 자손의 선택과 예루살렘 성전의 선택은 동시에 일어난다.[5]

역대기 저자는 "하나님의 통치 이상"에 맞추어 다윗이 언약궤를 예루살렘으로 다시 복귀시키고 성전건축을 준비하고 성전봉사를 위한 필요한 직무체제를 확립하는 것으로 본문 이야기의 중심을 이룬다.[6]

3. 세 번째 단락(대하1-9장): 솔로몬의 통치와 성전 건축

이 세 번째 부분은 이미 솔로몬이 왕이 되어 왕위가 견고하여 가고 야웨께서 함께 하심으로 심히 창대한 왕권이 이미 확립되고(대상 29:23-25), 무엇보다도 먼저 기브온 산당에 있던 하나님의 회막에 관심이 집중되는 것으로 시작한다(대하 1:1-6). 솔로몬은 이미 부귀영화의 절정에 이르고(대하 1:14-17) 성전건축과 성전봉헌과 솔로몬의 업적을 기리며 그의 명성이 세계로 퍼져가게 된 것을 스바 여왕의 방문으로 제시한다. 솔로몬에 대한 부정적인 언급이 없이 솔로몬의 재산과 지혜를 부각시킨 후 솔로몬의 최후를 아버지 다윗 성에 장사되는 것으로 마무리 짓는다. 그래서 다윗이 준비한 성전이 솔로몬에 와서 건축되어 영광스런 축복의 삶을 살아간 솔로몬의 생애로 그리고 있다. 철저하게 성전과 관련한 기록으로 장식되었다.

역대기 저자는 다윗 가문과 왕권에 더불어 야웨 신앙적 삶에서 예루살렘 성전과 제사가 가지는 중요성을 주관심사로 역사기록을 하고 있다.[7] 역대기 저자가 다윗과 솔로몬에 이어, 예루살렘 성전을 반복적으로 상기시키는 이유는 예루살렘 성전이 이스라엘 백성 모두가 동의하는 가운데 이스라엘의 기름부음 받은 다윗왕과 솔로몬 왕에 의해 세워진 것이며, 북왕국 이스라엘백성과 남왕국 유다백성이 함께 헌당했고 출입했던 통일 이스라엘의 공동 성전이었기 때문이다. 포로후기의 회복된 공동체가 다윗 솔로몬 시대에 통일 왕국을 이룩했던 것과 같이, 다시 하나가 된 통합 공동체요, 통일 국가라는 확인과 기대를 나타내는 것으로 보아야

---
5) Werner H. Schmidt, *op. cit.*, p.237.
6) Andrew E. Hill and John H. Walton, *op. cit.*, p.286-7.
7) Walter Brueggemann, 「구약신학과의 만남」, 차준희 옮김(서울: 프리칭아카데미, 2007), p.604.

할 것이다.[8]

4. 네 번째 단락(대하10-36장): 유다/예루살렘의 왕들

이 네 번째 부분은 남왕국 유다의 역사와 다윗 언약의 계승자들인 구속사적 씨 흐름의 상속자들인 왕들의 이야기로 역대기를 결론짓는다.[9] 특별히 아사(14-16장), 여호사밧(17-20장), 히스기야(29-32장), 그리고 요시야가 부각되는 르호보암에서 시드기야까지의 왕들(북왕국의 왕들은 제외됨)에 관한 기록이다. 마지막 36장에서는 하나님의 진노(16절), 유배(20절), 그리고 전환(22절 이하)으로 급박하게 전개되면서 희망의 메시지로 마무리짓는다(23절).[10] 유다인들의 귀향과 유대교의 복구에 관한 이야기는 에스라서와 느헤미야서에 이어진다.

C. 역대기의 족보적 구조

역대기는 창세기처럼 하나의 큰 족보책이다. 그래서 창세기 전체가 족보적 구조로 이뤄진 것처럼 역대기도 족보적 구조를 가지고 기록되고 있다. 그것은 문학 형태에 속하여 문학적 기능을 가지고 있는 족보이기 때문에, 바로 족보 기재 방법상의 기록 형식을 가지고 역대기서가 이뤄지고 있다는 것이다. 이는 다음의 족보 기록 형식과 관련이 있다.

1. 수직선적인 족보 기록형식의 구조

이는 아주 일반적으로 <한 조상(개인)에서부터 어느 한 개인(조상)에게로> 아래(위)로 내려오(올라가)면서 가계를 형성해 가는 방법으로 족보를 구성하는 것을 말한다. 가장 대표적인 예가 되는 족보가 바로 역대기 1장의 첫 단락에 나타나는데 바로 아담에서 아브라함까지의 족보를 단순하게 연결하여 족보 목록을 가지고 구속사적 씨흐름을 추적해 가고 있다. 이같은 형식으로 동일한 수준에서 역대기

---

8) Roddy Braun, 「역대기 상(WBC)」 김의원 옮김(서울: 도서출판 솔로몬, 200), pp.33-34.
9) Andrew E. Hill and John H. Walton, *op. cit.*, p.287.
10) Werner H. Schmidt, *op. cit.*, p.229.

는 아론 자손을 돋보이게 기록하고 있다. 아론에서 아히마아스까지 간단한 족보로 제시하고 있다.

(대상 6:49-53)
[아론→ 엘르아살→ 비느하스→ 아비수아→ 북기→ 웃시→ 스라히야→ 므라욧→ 아마랴→ 아히둡→ 사독→ 아히마아스]

한편 똑같이 수직선적 기록 형식을 가진 구조이면서도 <어느 한 개인에게서 조상에게> 위로 올라가면서 가계를 추적하는 경우(대상 6:33-47)가 나온다.

[헤만→ 요엘→ 사무엘→ 엘가나→ 여로함→ 엘리엘→ 도아→ 숩→ 엘가나→ 마핫→ 아마새→ 엘가나→ 요엘→ 아사랴→ 스바냐→ 다핫→ 앗실→ 에비아삽→ 고라→ 이스할→ 그핫 → 레위 → 이스라엘]

이는 역대기 저자가 다윗 가문과 레위 가문을 중심한 편찬 구조를 가지고 다윗 가문이 성전을 건립한 것을 강조하고, 레위 가문을 통한 성전 봉사를 위한 제사장과 레위인들의 직무를 강조하여, 그들의 역할을 높이 평가하고 있는 증거가 된다.

2. 여인 중심의 족보구성의 구조

창세기와 역대기의 족보체계에서 발견되는 미묘한 것은 일부다처제의 풍습이 아직도 지배하는 사회적 풍습이 나타나고 이스라엘 족장들에게도 자연스럽게 용인되고 있다는 것이다. 이는 하나님의 본래 에덴동산의 가정제도(아담과 하와는 일부일처제도를 준수한 것으로 보임)가 아니라 타락한 인간세계인 당시의 풍습에 젖어있던 미완성의 족장들 모습일 뿐이다. 다음의 기록에서 보면 역대기 저자가 자신의 족보를 구성해 갈 때 여인 중심의 구조를 가지고 의도적으로 만들어 간 것을 알 수 있다. 다음에 나오는 족보들은 족장들의 여인들로 말미암아 이뤄진 자손들을 족보로 제시하고 있다. 여기는 수직선적 형식과 수평선적 형식과 간간히 이야기식 형식을 사용하여 만들어 가고 있다.

1) 이스마엘의 계보(대상 1:28-31)→하갈(이름은 나오지 않지만 여인으로 인한 족보이다)
2) 그두라 계통의 계보(대상 1:32-33)→그두라(여인 이름이 아브라함의 소실로 나온다)
3) 이삭의 간단한 계보(대상 1:34)→사라(이름이 없지만 여인으로 인한 자손계보이다)
4) 에서와 야곱의 계보(대상 1:35-42, 2:1-2)→리브가(이름이 없지만 여인의 자손이다)

여기서 한 가지 주목할 것은 창세기와는 다르게 역대기에서는 '그두라'라는 여인(대상 1:32) 외에는 다른 여인들의 이름이 생략되고 자손의 이름이 열거되는 것이다. 여인의 이름을 생략한 것은 창세기를 통해 누구나 다 알고 있다는 것을 전제한 것으로 보인다.

그러나 다윗에게 와서는 다윗의 일곱 여인들의 출신지(가문)와 이름 그리고 그 여인으로 말미암는 아들의 이름이 열거되고 '다말'이란 딸 하나가 언급되고 있다 (대상 3:1-9).

1) 이스르엘 여인 아히노암의 소생 → 암논
2) 갈멜 여인 아비가일의 소생 → 다니엘
3) 그술 왕 달매의 딸 미아가의 아들→ 압살롬
4) 학깃의 아들 → 아도니아
5) 아비달의 소생 → 스바댜
6) 에글라의 소생 → 이드르암(이상은 다윗이 헤브론에 있을 때 낳았다)
7) 암미엘의 딸 밧수아의 소생→ 시므아/소밥/나단/솔로몬(다윗이 예루살렘에서 낳았다)

(그 외에 출신 가문이나 여인의 이름이 언급되지 않은 9명의 아들들과 그들의 누이 다말이 언급되고 다윗의 소실에 의한 아들의 이름은 아예 생략하고 있다.)

이는 야곱의 열두 아들들과 딸 디나 하나가 있어 가족 구성원을 이뤘던 것과 비교하여 창세기가 아브라함 가족을 중심한 족보 기록이라면 역대기는 다윗 가문을 중심한 족보을 부각시키면서도 여인중심의 구조로 수평선적인 기록 형식을 사용하고 있다.

3. 레위족보 중심의 구조

역대상 6장은 레위족속의 족보가 성전봉사를 위한 예비족보로 연결되며 열거되고 있다. 이들을 중심으로 후에 성전을 봉사하도록 하고 레위계통의 신분이 상승되게 된다.[11]

1) 레위의 계보1(6:1-2) → 레위와 제사장 계보의 서문: 레위의 아들들(게르손/그핫/므라리)
2) 레위의 계보2(6:3-15) → 제사장 계통의 계보: 아론의 대제사장직을 이은 후손들
3) 레위의 계보3(6:16-19) → 레위의 3아들(게르손/그핫/므라리)의 간단한 족보
4) 레위의 계보4(6:20-21) → 레위의 아들 중 게르손 계통의 아들들
5) 레위의 계보5(6:22-28) → 레위의 아들 중 그핫-이스할 계통의 아들들
6) 레위의 계보6(6:29-30) → 레위의 아들 중 므라리의 후손들
7) 레위의 계보7(6:31-48) → 레위의 아들 중 찬양대 세 악사인 헤만/아삽/에단의 계보들
8) 아론의 자손8(6:49-53) → 레위의 자손 중 아론의 자손으로 대제사장 계통을 이루는 자손

후반에서 레위자손 중에서 대제사장과 제사장들 그리고 레위인들의 성전예배와 유다공동체에 행할 역할을 염두에 두고 서론적이며 예비적 정보를 제시하는데 족보적 구조를 가지고 역대기를 구성해 나가는 것을 볼 수 있다.

창세기 5장과 같이 역대기상 1장의 족보는 분명히 태고사에 나타난 하나님의 구속사적 씨흐름의 중단없는 연속성을 나타내려는 저자의 깊은 의도와 신학적 목적이 새겨져 있다고 본다. 그러나 외양상 기재 방법은 여전히 수직선적 족보 양식을 가지고 기록되고 있다.

---

11) James Wolfendale, *A homiletical commentary on the Books of Chronicles*(Grand Rapids: Baker Book House, 1978). [역대 상.하 베이커 경경주석], 박양조 역(서울 기독교문사, 1989), pp.80-87.

4. 수평선적 족보 기록형식의 구조

이는 한 조상이 여러 자녀를 출생하여 다음 세대에 가서 그 아들들로 부터 새로운 가계장이 형성되면서 그 가계집단이 각각 새로운 가계를 구성하는 것을 말한다. 역대기에는 족보와 관련된 설명이 생략되고 단순히 목록 중심으로 기록되고 그 모든 역사기간이 족보로 단축되어 연속되고 있다. 그러나 역대기에 나오는 다윗시대 이후의 역사기록에서는 족보와 더불어 거주지나 역사배경의 이야기가 자주 나오는 것을 볼 수 있다. 이 수평선적 기록 양식에 속한 족보적 구조는 다음과 같다.

1) 야벳의 자손 족보(1:7-16)
2) 셈의 자손 족보(1:17-23)
3) 아브라함의 언약외 다른 자손들(1:29-33)
4) 에서의 자손들(1:35-42)
5) 유다의 자손들(2:3-8)
6) 다윗의 계보(2:9-17)
7) 다윗의 자손들(3:1-9)
8) 시므온의 자손들(4:24-37) 등이다.

창세기가 아브라함→야곱 가정 중심의 족보라면, 역대기는 유다→다윗 가문 중심의 족보로 구성되어간다. 역대기상 1:3-9:44에서, 얼마의 수직성적 기록형식 구조를 가지고 있으나, 대부분은 수평선적 족보기록 형식의 구조로 되어 있다.

5. 이야기 형식의 족보 기록형식의 구조

가정의 역사를 기록할 때 그 가문의 기원과 가족간의 관계성, 가족들과 관련된 어떤 사건의 설명을 설명하면서 계보를 밝히는 것이다. 특별히 유다가 다말을 통해서 베레스와 세라를 낳게 되는 과정을 설명하는 족보(대상 2:3-4), 사울왕이 비운의 죽음으로 권좌에서 사라져 가고 다윗 왕이 유다와 이스라엘의 왕이 되는 왕권의 전이과정(轉移過程)이 요약적이지만 소상하게 이야기식으로 설명되고 있다(대상10:1—11:9). 역대상 11장 이후의 기록들은 넓은 의미로 이야기형식으로 다윗왕과 그의 통치를 제사장직과 레위 자손과 그 역할 그리고 하나님의 궤 그리고 성전건축 준비등이 주위의 나라를 정복하는 다윗의 승리와 함께 기록되고 있다. 역대기하는 솔로몬의 등극과 남왕국 유다 왕들의 사적을 소개하고 있어, 이야기적 족보 기록의 한 방법으로 문학적 구조를 이루고 있다고 보겠다. 역대기에서 가지런하게 이스라엘의 아들로 12명이 소개된 것은 역대기상 2:1—2인데, 이것은 유다—다윗의 가계를 기록하기 위한 배경적 의미의 구조를 이루고 있다.

D. 역대기의 본문적 내용 구조

히브리 성경에서는 소위 역대기 역사가의 저작이라는 역대기 상하(아담/다윗으로부터 포로기까지의 역사)와 에스라서, 느헤미야서(포로 후기 시대인 첫 포로귀환에서부터 에스라의 개력에 이르기까지의 역사)는 역사서에 분류되지 않고 원래 성문서집(聖文書集)에 들어가 있다. 그 이유는 이들 책은 아주 명백하게 경건주의적인 관점에서 역사를 편찬하고 있기 때문이다. 즉 이들 책은 하나의 역사 기록이라기 보다는 오히려 역사에 관한 경건한 반성으로 보기 때문이다.[12] 그래서 본문 자체의 내용적 구조를 단순하게 분석하는 것이 필요하다. 그러다 보면 일반 역사기록과 다른 중요한 차이점을 그 구조 속에서 찾게 될 것이다. 아주 요약하여 1)아담으로부터 사울까지(대상 1장—9장) 2)다윗(대상 10장—29장) 3)솔로몬(대하1장—9장) 4)솔로몬의 죽음으로부터 포로기까지(대하 10장—36장)로 집약할 수 있다. 이 구조에 의하면 역대기 상하 전체의 핵심이며 중심부분은 바로 다윗과 솔로몬의 통치하의 이스라엘 역사이다(대상 10:1—대하 9:31). 그 역사의 중심주제는 바로 성전건립과 성전 제사확립이다. 이를 더욱 세분화하여 정리하면 다음과 같다.[13]

---

12) Claus Westermann, 「성서입문」, 김이곤·황성규 공역(서울: 한국신학연구소, 1975), p.256.
13) Ibid., pp.256—257의 C. Westermann의 분석과 Sara Japhet, I & II Chroniclers A Commentary (Louisville Kentucky, 1933)의 S. Japhet의 구조(pp.3—219)을 전적으로 인용하여 정리해 본다.

1. 아담으로부터 사울까지 역사(대상 1:1-9:44): 족보 목록적 형태

a. 아담으로부터 야곱의 아들까지(대상 1:1-2:2)
  1)아담에서 노아의 세 아들(대상 1:1-4)
  2)노아의 세 아들들의 자손들
    ①야벳(1:5-7)   ②함(1:8-16)   ③셈(1:17-23)
  3)셈에서 아브라함 자손들
    ①이스마엘(1:29-31) ②그두라 자손들(1:32-33) ③이삭(34a)
  4)이삭에서 이삭의 아들들
    ①에서(대상 1:34b-54) ②야곱/이스라엘의 아들(대상 2:1-2)

b. 이스라엘의 아들들의 자손들(대상2:3-9:2)
  1)남쪽 지파들(대상 2:3-4:45)
    ①유다(대상 2:3-4:23) ②시므온(대상 4:23-43)
  2)요단동쪽 지파들(대상5:1-26)
    ①르우벤(5:1-10)   ②갓(5:11-17)
    ③동쪽 므낫세(5:23-24) ④세 지파들(5:18-22, 25-26)
  3)레위(대상 6:1-81)
  4)북쪽 지파들(대상 7:1-13)
    ①잇사갈(7:1-5)   ②[베냐민](7:6-11)
    ③단(7:12)   ④납달리(7:13)
  5)중앙 지파들(대상 7:14-8:40)
    ①므낫세(7:14-19) ②에브라임(7:20-27)
    ③요셉의 아들들(7:28-29) ④아셀(7:30-40)
    ⑤베냐민(8:1-40)

c. 예루살렘 거주민의 명단(대상 9:1-44)
  1)이스라엘(대상 9:3-9) 2)제사장들(대상 9:10-13)
  3)레위인들(대상 9:14-34)

d. 부록(대상 9:35-44): 사울의 가문(족보)

이 첫째 부분은 전체가 아담에서 야곱의 아들들에게 이르는 족보로 구성되어 있다. 그 다음에 각 지파들의 족보목록으로 계속되는데 일부는 수직선적 족보기록 형태로 되어 있고 대부분이 수평선적 족보기록의 형식으로 구성되었다. 그래서 이 부분은 실제적인 역사기록인 이야기식 족보기록 형식은 나타나지 않고 다음 부분인 사울의 죽음에서 시작된다. 그래서 이 부분에는 국가 형성의 기초적인 출애굽에 관한 기사라든가 광야 방랑에 관한 기사도, 시내산 계약사건이나, 팔레스타인 점령기사도 생략되고 곧 바로 통일왕국의 사울의 죽음으로 직행한다.

2. 다윗왕의 역사(대상 10:1-29:30): 서술적(이야기식 족보기록 형식) 형태

a. 다윗이 이스라엘의 왕이 됨(대상 10:1-47)
　1)사울의 죽음(대상 10:1-14)
　2)다윗의 왕위 즉위(대상 11:1-12:41)
　　①왕위등극(식)(11:1-3)　　②예루살렘 정복(11:4-9)
　　③다윗의 용사들(11:10-12;38)　　④축하연(12:38-40)

b. 다윗의 예루살렘 예배확립(대상 13:1-16:43)
　1)1차 하나님의 궤 이동(대상 13:1-14)
　2)다윗 활동 묘사(대상 14:1-17)
　3)2차 하나님의 궤 이동(대상 15:1-16:43)
　4)다윗의 하나님 성전 건립 구상; 왕조 언약(대상 17:1-27)

c. 다윗의 전쟁 승리들(대상 18:1-20:19)

d. 다윗의 성전건축 준비(21:1-27:34)
　1)다윗의 인구조사와 성전장소 선택(대상 21:1-2:1)
　2)성전건축을 위한 자재 비축과 솔로몬의 책임(대상 22:2-19)
　3)성전봉사자로서 제사장 그룹과 레위 그룹의 조직(대상 23:1-26:32)
　　①레위인들(23:1-32, 24:20-30)
　　②제사장들(24:1-19,31)

③성가대원들(25:1-31)
④문지기들 (26:1-19)
⑤성물창고 관리자들(26:20-28)
⑥재판관과 관리들의 직무(26:29-32)
4)다윗왕이 행한 일반 업무: 관리들과 군대 지휘관의 조직(대상 27:1-34)
①다윗 왕의 군대조직(27:1-15)
②다윗의 지방행정 조직(27:16-24)
③다윗왕의 재산 관리자(27:25-31)
5)솔로몬이 계승자로 성전건축을 위임받음(대상 28:1-29:30)
①다윗의 유언(28:1-10)
②성전건축 양식(28:11-21)
③성전건축을 위한 헌물(29:1-9)
④다윗의 감사기도와 여호와의 축복(29:10-19)
⑤솔로몬의 왕으로 즉위(29:21-25)
6)다윗 통치의 결론: 다윗의 임종(대상 29:26-30)

이 부분은 언약 외의 왕으로 시작한 통일왕국의 첫 왕조가 사울의 범죄로 종말을 고하고 다윗이 실제적인 언약의 왕으로 부각되면서 무엇보다도 예루살렘 성전 건축을 위한 준비와 성전 봉사 그룹인 제사장과 레위 그룹을 재정비하고 다윗의 계승자 솔로몬에게 성전건축의 모든 진행과 완성을 위임하는 내용이다.

3. 솔로몬의 역사(대하 1:1-9:31): 서술적(이야기식 족보기록 형식) 형태

a. 솔로몬 통치의 확립(대하 1:1-27)
1)기브온에서의 솔로몬 제사(대하 1:1-14)
2)하나님의 현현: 솔로몬의 부와 영광(대하 1:15-17)

b. 성전건축과 헌당(대하 2:1-7:22)
1)성전건축(대하 2:1-5:1)
①노동력의 준비(2:1, 16-17)

②두로왕 후람의 회신(2:2-15)

③성전 건립(3:1-5:1)

c. 성전 헌당(대하 5:2-7:22)

1)언약궤(법궤)의 성전 이송(대하 5:2-6:2)

2)솔로몬의 축복과 기도(대하 6:3-11, 12-41)

3)성전봉헌 제물과 불의 응답(대하 7:1-3)

4)성전 낙성식과 장막절 준수(대하 7:4-10)

5)야웨의 기도 응답과 약속(대하 7:11-22)

d. 솔로몬의 통치와 업적(대하 8:1-9:31)

1)솔로몬의 업적: 정복 사업과 종교적 업적(대하 8:1-18)

2)스바여왕의 솔로몬 방문(대하 9:1-12)

3)솔로몬의 부귀: 재산과 지혜(대하 9:13-28)

4)솔로몬 통치의 결론(대하 9:29-31)

이 부분에서 역대기는 절정을 이룬다. 이는 바로 성전건축과 성전봉헌 그리고 성전 예배 수립에 이어서 솔로몬의 영광스런 통치시대를 부각시키고 있다. 이 다윗과 솔로몬에 대한 역사기록에서 주목할 사항은 이스라엘 역사의 초점이 출애굽 구원사건과 시내산 계약 사건의 오경 핵심사건에서부터 예루살렘 성전 예배의 시작으로 옮겨가는 신학적 전환이다.[14]

4. 솔로몬 죽음에서 포로기의 역사(대하 10:1-36:23): 이야기식 족보 형태

a. 왕국의 분열: 르호보암, 아비야, 아사 여호사밧(대하 10:1-20:37)

b. 여호람, 아하시야, 아달리아, 여호아스, 아마시야(대하 21:1-25:28)

c. 웃시아, 요담, 아하스, 히스기야(26:1-32:25)

d. 므낫세, 아몬, 요시아(대하 33:1-35:27)

e. 여호아하스, 여호야김, 여호야긴, 시드기야(36:1-21)

f. 고레스의 칙령(대하 36:22-23)

---

14) Claus Westermann, p.258.

이 부분은 솔로몬이 죽은 후 역사기록인데, 역대기 저자는 북왕국 이스라엘의 역사는 생략해 버리고 오직 남왕국 유다의 역사만을 중심으로 작은 단위들로 된 왕들의 통치를 보여주고 있다. 즉 북왕국은 유일한 합법적인 왕국인 다윗 왕국으로부터 분리되어 나간 후 더 이상 하나님의 백성으로 간주하지 않는다. 이는 다윗 왕정의 합법성과 반역으로 유다를 떠나 스스로 섬겼던 사마리아인들과 대립되는 예루살렘 성전 제의가 가진 합법성을 증명하려는 의도를 드러내는 것이다.[15] 이들 왕들 중에서 아사, 여호사밧, 히스기야, 요시아에 대하여 독특하게 기록단위를 길게 할애하고 있다.

E. 역대기의 특별 강조 자료적 구조

언뜻 보기에, 일반적으로 역대기는 사무엘서-열왕기서에 기록된 내용들과 상당히 중복되어 나타난 것처럼 보인다. 그러나 역대기 저자는 이같이 보이는 중복되는 자료들을 나름대로의 첨가, 삭제, 변형 등을 통해 자신의 신학적 메시지를 나타내려고 하고 있다. 여기에 더하여 역대기 저자는 사무엘-열왕기에는 언급되지 않은 자신만의 자료들을 제시하고 있다. 이것은 역대기 저자의 문학적 특수 자료이면서 역사기록의 특징이기도 하다.[16] 그런 자료들은 내용적으로 크게 3가지로 분류할 수 있다. 첫째는 족보를 통한 인적 구성과 레위인들의 부각이며, 둘째는 기브온의 위치가 부상되고 있다는 점, 셋째는 성전제의 개혁에 관한 언급들이라는 점이다.

역대기 저자는 역사 편찬에 다른 자료들을 가지고 있어 "이스라엘 열왕기"라고 언급하는 풍부한 자료들(대하 16:11, 20:34, 특히 24:27뿐만 아니라 예언자들에 관한 풍부한 자료들: 대상 9:1, 대상 29:29, 대하 9:29, 20:34, 33:18, 32:32등)에서 나타난다. 실제로 역대기 역사가는 오경(대상 1-9장)과 신명기 역사서(대상 10장 이하)등의 문서들을 잘 알고 있었고, 그 자료들을 언제든지 사용할 수 있었을

---
15) *Ibid.*
16) Victor P. Hamilton, [역사서 개론], 강성열 역(서울: 크리스챤다이제스트, 2005), pp.626-627. Sara Japhet, *op. cit.*, pp.14-19.

것이다.[17] 전반적으로 볼 때 역대기 역사가는 사무엘서와 열왕기서를 역대기서의 기반으로 삼고 있다. 또한 여러 가지 특별한 전승들, 특히 건축보도들(대하 20장과 같은)과 전쟁 보도들(대하 11:5b-10a의 요새 건축목록, 참고 대하 26:6,10. 35:10이하 등)은 포로기 이전 시대보다는 오히려 역대기 역사가의 시대에 생겨난 것이다.[18]

1. 족보와 레위계열의 부상 구조

역대기의 문학적, 내용적 구조에서 돋보이는 것이 첫째로, 책의 시작에서부터 창세기에 언급된 인명들로 구성된 역사적인 계보를 보여주는 족보가 동원되고 있고(대상 1-9장), 수직선적, 수평선적 족보기록형식을 사용하고 있다는 것이다. 둘째는, 다윗에 의한 성전제사 제도개선과 관련한 레위인과 제사장들을 부각시키는 구조이다. 위에서 언급한 대로 특별히 역대상 6장 전체가 레위가문의 족보들이 나오고, 목록적 족보의 마지막 장인 9장에도 또 예루살렘에 정착한 제사장들(9:10-13)/ 예루살렘에 정착한 레위사람들(대상 9:14-16)/ 예루살렘에 정착한 회막 문지기/ 나머지 레위 사람들이 소개되고 있어 유다족속의 족보(대상 2:2-4:23 → 약 99절)보다 더 많은 분량(약 105절)으로 되는 구조로 되어 있다. 역대기에서 레위인들은 그들 고유의 새로운 임무를 부여받음으로써 그들 스스로 독자적인 지위를 차지하게 된다는 구조를 가지고 레위인의 활동이 강조되고 있다.[19] 역대기 저자가 강조한 중요한 문제는 바로 종교적 임직을 맡은 자들의 권위 문제였으며 당시의 제사장들과 성전봉사자들인 레위인들의 문제였다(대상 6:1-15, 50-53). 이들은 한때 새 공동체의 정신적 지도자들이었다.[20]

---

17) Victor P. Hamilton, pp.626-267.
18) Claus Westermann, p.258. Westermann은 P. Welten, Geschuchte und Geschichtsdarstellung in den Chronikbuchern, *WMANT* 42(1973)을 참고로 제시하고 있다.
19) 배희숙, "레위인을 위한 역대기의 개혁 프로그램" [구약논단] 제21집(2006. 8), p.71. J.C. Endres, "Theology of Worship in Chronies," *The Chronicler as Theoligian. Essays in Honor of Ralph W. Klein*(JSOTSup 371), (London: JSOT Press, 2003), p.170 재인용. cf., John W. Wright, "The Legacy of David in Chronicles: The Narrative function of 1Chronicles 23-27", *JBL* 110/2(1991), 229-242.
20) Jacob M. Myers, 「역대기 상」[국제성서주석], 이환진 역. (서울: 한국신학연구소, 1990), p.43. R. H. Pfeiffer, *Introduction to the Old Testament*(New York: Harper and Row, 1949), pp.792ff을 참조할 것. 역사적으로 레위인들이 어떤 역할을 해 왔는가 보여줌. 그들은 단지 성전 예배봉사에만 국한되지 않고 제사 기구들을 책임지기도 했고(대상 9:26-32), 제의 임무가 주어지기도 하였고(대상 23:28-32), 율법을 가르치기도 했고(대하 17:7-9), 재판관 역할도 했고(대하 19:8-11), 히스기야 종교개혁에 적극적 협력을 했고(대하 29:4-19), 유월절 축제 때(대하 30:13-17)와 요시아 시대에는 솔선수범하여 활동하였다(대하 34:9-11,

2. 남왕국 중심의 역사관을 강조하는 구조

역대기의 내용구조를 주의깊게 보면 분명히 저자의 관심은 남왕국 유다 중심의 역사관을 가지고 내용을 구성해 간다. 역대기 저자는 남왕국 유다를 정통성있는 참 이스라엘이며 아브라함 계약과 시내산 계약 그리고 다윗의 영원한 왕조 계약의 진정된 상속자로 보고 북왕국 역사를 의도적으로 배제하고 있다. 족보적 기록이 1장에서 9장에까지 계속되다가 역대상 10장에는 사울에 관한 기록으로, 그것도 다만 그의 죽음에 대한 묘사가 단지 한 장에 기록되었다. 이 사울 죽음에 대한 이야기는 다윗의 통치 왕국이 아담으로 시작된 구속사적 씨흐름의 혈통적 전승과 이스라엘 통일왕국을 계승하고 있다는 반사적 의도로 기록되고 있다. 구속사적 씨흐름에서 언약 외의 왕인 사울은 역사의 무대에서 비참하게 사라지고, 다윗의 언약의 왕조가 계속되는 것을 강조하고 있다. 그래서 역대상 후반부인 19개의 장(11장—29장)은 다윗의 통치를, 역대하 1—9장의 전반부에는 다윗의 아들 솔로몬 통치가, 10—36장 후반부에는 남왕국 다윗왕조의 역사가 집중적으로 기록되어 있다.[21] 여기서 포로 후에 유다공동체가 자신들을 남왕국 유다의 연속적 정체성을 가시적으로 나타내는 것이 바로 예루살렘 성전 재건과 예루살렘 성 회복이었다. 남왕국 중심의 구조로 역대기를 구성해 가다보니 자연스럽게 다음의 다윗과 솔로몬왕을 돋보이고 있다.

3. 영원한 왕조신학에 의한 다윗 왕과 솔로몬왕을 이상화시키는 구조

대개는 다윗 왕국을 중심하지만, 역대기 저자는 역사 구도를 오히려 과거를 가지고 오늘을 조명하며 정체성을 확인하려고 한다. 그래서 언약의 왕 다윗왕과 솔로몬왕을 이상화하는 구조를 가지고 그들을 극대화시키려는 역사기록이다. 역사기록의 지면을 살펴보면, 다윗과 그의 아들 솔로몬을 이상화하는데 28장(대상 11장에서 대하 9장까지)에 걸쳐서 기록되면서 역대기서 전체의 1/3을 차지하고 있다. 열왕기서와는 달리 역대기 역사는 다윗왕과 솔로몬을 이상화시키다 보니 그

35:3—18). 어떤 레위인은 서기관(대상 24:6, 대하 34:13), 예언자(대상 25:5, 대하 20:14)로 활동하기도 하였다.
21) Eugene H. Merrill, 「역대상하」, 이명준, 이종록 옮김(서울: 두란노, 1989), pp.9—10.

들의 약점들과 통치 기간의 실정과 그들의 가문과 궁정 내에서 일어났던 부정적이며 비판적 내용들을 의도적으로 생략해 버리고 있다.[22]

사무엘하 7:13에 "그는 내 이름을 위하여 집을 건축할 것이요 나는 그의 나라 왕위를 영원히 견고하게 하리라"는 다윗의 영원한 왕조신학에 의하여, 역대기 저자는 다윗 왕조와 예루살렘 성전에 대하여 충실히 다루고 있으며 다윗 가문에 대하여도 매우 광범위하게 언급하고 있다.[23] 역대기 저자의 최우선적 관심은 다윗 후손에 의해 왕국이 복원되는 것에 있었고, 이는 아담으로부터 포로 후기 유다공동체의 연속성과 예루살렘 중심으로 한 유다 국가를 강조한다. 즉, 그의 주요 관심사는 다윗의 도성인 예루살렘과 다윗의 혈통적 전통인 유다 공동체이며, 그러기에 유다 왕좌에 다윗 계열의 인물이 앉는다는 사실이 유일하고 중요한 이야기 내용이었다. 이것이 바로 역대기에 나오는 계보의 취지였을 것이다.[24]

4. 예루살렘 성전/ 제사 중심의 종교관이 채색된 구조

역대기서는 분명히 예루살렘 성전을 중심하고, 거기서 행해지는 제사를 중심한 예루살렘 중심의 종교의 중앙집권화의 종교적 의식이 밑에 흐르며 기록되고 있다. 다윗 가문과 왕권에 더불어 예루살렘 성전과 제사를 반복하고 있다.[25] 이는 포로후기의 회복된 공동체가 다윗 솔로몬에 의해서 건립된 예루살렘 성전을 강조함으로, 회복된 유다공동체가 다시 하나가 된 통합 공동체요 다윗과 솔로몬의 통일왕국의 상속국가라는 정체성을 확인하려고 했던 것으로 보아야 할 것이다.[26]

역대기 저자는 자신이 살고 있는 시대상황이 어떤 단호한 행동을 요구하고 있기에, 비록 역사를 각색하고 나름대로 해석하기는 했으나, 역사에 기록된 사실들을 간단히 지나칠 수 없었다. 그래서 그는 다윗을 중심한 종교 제도―예루살렘, 성전, 제의―를 그대로 부각시켜야만 했다. 그가 다루었던 상황 하에서 참 이스라엘은 유다에서 영원히 지속되는 공동체임을 확인시키는 것이 그의 주된 목적 중

---

22) D. J. A. Clines, "역대기 기자의 목적과 신학," 윤영탁 엮음. 「구약신학 논문집」(수원: 합동신학대학원출판부, 1999), p.148.
23) Jacob M. Myers, 「역대기 상」, 이환진 역(서울: 한국신학연구소, 1990), p.34.
24) *Ibid.*, p.35.
25) Walter Brueggemann, *op. cit.*, p.604.
26) Roddy Braun, 「역대기 상(WBC)」 김 의원 옮김(서울: 도서출판 솔로몬, 2001), pp.33−34.

에 하나였다. 그것을 위해서 저자는 종교제도를 주요 관심사로 다룬다.[27] 역대기 저자에게 있어서 예루살렘 성전은 "야웨 언약의 상징인 언약궤(법궤)가 머무는 처소"(대상 28:2, 대하 6:41)이며 희생 제사를 행하는 장소(대하 2:4, 7:12)이고, 무엇보다도 모든 이스라엘 백성이 야웨께 기쁨의 사역을 수행하는 장소(대하 5:12-13, 7:6, 8:14)였다. 그래서 역대기 저자는 예루살렘 성전과 거기서 드리는 제사의식을 중심한 구조의 틀로 역대기를 써가고 있다. 그러다 보니 성전 건축의 주역 다윗과 솔로몬 그리고 성전 예배의 주관자요 봉사자인 제사장과 레위인에 대한 강조가 자연스럽게 역사기록에 채색되고 있다.

그러면서도 "역대상 16:7이하에 삽입된 찬양시는 시편이 후대에 예배에서 사용되었다는 것을 보여주는 증거이다. 이 찬양시는 다양한 시들(시 105편, 106편)을 하나의 새로운 노래로 결합시켰다"[28]고 보기도 한다.

결론적으로 역대기는 창세기 전체가 족보적 구조로 이뤄진 것처럼 역대기도 족보적 구조를 가지고 기록되고 있다. 그것은 문학 형태에 속하여 문학적 기능을 가지고 있는 족보이기 때문에, 족보 기재 방법상의 기록 형식을 가지고 구조를 이뤄갔다. 역대기는 이미 예루살렘 성전은 파괴되어 있고 이스라엘 지도자들은 포로로 끌려갔다가 돌아온 상황이다. 여기에 회복된 유다공동체가 참 이스라엘이며 다윗왕과 솔로몬왕의 전통을 간직한 참 상속자임을 말하고 있다. 이를 위해 족보를 통해서, 다윗과 솔로몬을 이상화하며 그들이 건립하고 종교의식을 재정립한 예루살렘 성전과 제사장과 레위인의 신분을 부상시키며 유다공동체와 연관시키고 있다. 역대기 저자의 배경과 본문의 구조에 이런 신학적 의도와 책의 목적이 분명히 드러나고 있다. 이것은 결국 구속사적 씨흐름의 방향을 향한 한 과정을 나타내고 있다.

---

27) Jacob M. Myers, *op. cit.*, pp.35-37.
28) Werner H. Schmidt, *op. cit.*, p.238.

V. 역대기 저자의 신학

역대기 저자의 역사적 삶의 자리는 바로 포로기와 그 포로에서 돌아온 상황(대하 36:22-23, 대상 9:1-34)이다. 이미 예루살렘 성전은 파괴되고 이스라엘 지도자들은 포로로 끌려가고 그 땅에 남은 자들은 사회적으로 좀 열등한 신세로 한스럽게 살아간 사람들이었다. 그래서 남아있는 자들이건, 포로로 잡혀갔던 자들이건 그들의 자랑이던 예루살렘 성전과 제사가 무너진 상태였다. 바벨론 이방 땅에 있던 그들은 예루살렘 성전에서 가졌던 절기와 축제들을 기리며, 가족단위의 절기나 안식일을 지킬 수 있었기 때문에 다행히 그들은 역사와 종교적 신앙을 잊어버리지 않고 회복의 날을 기다리고 있었다. 포로에서 돌아온 그들이 최우선으로 이뤄야 할 일이 바로 예루살렘 성전회복과 예루살렘 도성재건이었다. 이는 그들의 정체성 확립과 깊이 관련되어, 역대기 저자는 주전 4백년대의 유다 공동체가 하나님이 다스리시는 나라(神政國家)인 참된 이스라엘의 유일한 후사로서의 합법성을 역설한다.[1] 이를 위해 기존 이스라엘 역사 자료들을 수정 가감하고, 재해석하며 독자적인 자료들을 활용하여 당면한 사회적 문제에 신학적 해석을 제시하려고 한다. 이것이 바로 역대기 저자의 독특한 신학으로 발전하게 된다.

A. 역대기 저자 신학의 배경

역대기 저자는 포로로 흩어졌다가 가나안으로 돌아온 유다인들을 하나로 규합하고 그 정체성을 추스르는 신학이 필요했었다. 우리가 아는 대로, 대부분의 상류계층과 고급인력들이 바벨론으로 잡혀가자, 가나안땅에 남게 된 이들은 주로 변두리 천민계층의 사람들이었다. 그러나 지도자급들이 포로로 잡혀간 상황에서 70년 가까운 포로기간 동안도 자연히 새로운 지도자 계층이 형성되기 마련이다. 그러나 바벨론의 속국으로 남아있던 유다인들은 사마리아인들, 이방인들과 함께 어우러져 서로 결혼도 하고 종교적 혼합주의에 빠지게 되었다. 그러다가 바벨론 멸망과 함께 고레스 칙령(대하 36:22-23)이 발표되면서 포로 되었던 유다인들이 돌아오면서부터 문제가 노출되게 된다. 포로생활을 겪었던 백성들은 포로민으로 당한 고통과 더불어 고국에 돌아와 정착하는 과정에서 또 아픔을 겪게 된다. 돌아온 소위 엘리트 지배계층이었던 지도급 사람들은 포로가 되기 전 자신들이 가지고 있었던 기득권을 되찾으려고 자연스레 시도하였다. 그래서 잔존 세력과 귀환 엘리트 그룹세력 사이의 권력구조가 실제적으로 뒤바뀌고 있었다. 그러나 가나안 땅에 남아 포로기간 동안에 지도자로 이미 부상하고 있었고, 그동안 본국에서의 어려운 상황을 겪으며 그 사회를 지켜왔던 소위 '땅의 백성들'이라고 불리던 비포로민들은 포로에서 돌아온 포로민들의 복권과 주장을 흔쾌히 받아들일 수 없었다는 건 자연스런 현상이었다.[2]

포로기의 예언자들은 포로생활을 수용하면서도 포로시대를 뛰어넘어 회복과 재건설을 내다보고 강력한 희망의 메시지를 선포한다(렘 1:10, 31:31. 겔 11:17, 36:26). 역대기 저자는 거기 희망 안에서 야웨의 백성을 어떻게 정치적으로, 종교

---

1) D. J. A. Clines, "역대기 기자의 목적과 신학,"(윤영탁 옮기고 엮음),「구약신학 논문집」(수원: 합동신학대학원 출판부, 1999), 143-154쪽, 특히 p.145.
2) 정중호,「이스라엘 역사」(서울: 대한기독교서회, 1994), pp.291-292.

적으로 구성하여 진정한 이스라엘이 되느냐 하는데 관심을 가진다.[3] 이 문제가 포로 후에는 바로 예루살렘 성과 성전 회복이라는 가시적 회복으로 발전했다고 본다.

학개는 성전 재건을 독려했던 만큼이나 다윗 왕조 회복의 중요성도 확신하고 있었다(학 2:20-23). 그래서 그는 "이스라엘이 이스라엘 되기 위해서는 성전뿐만 아니라 다윗 가문 출신의 왕이 있어야 한다."고 생각했던 것 같다.[4]

스가랴는 그의 책 전반부에서 '예루살렘 성전 재건'과 '예루살렘 성 재건'을 강조하고, 후반부에서는 하나님의 원수들이 받을 심판과 하나님의 백성들이 받을 축복을 약속하는 예언으로 되어 있다. 바로 그 축복의 약속은 주로 성전 건축의 완성이 메시아 왕국의 영화로운 미래의 승리를 상징하는 것으로 백성들로 소망을 갖게 하려는데 목적이 있었다.[5]

그러나 포로되었던 '하나님의 백성된 자들'이 본국으로 귀환하였고(대하 36:23), '거룩한 예루살렘 성전'(대상 29:3)과 '하나님의 예루살렘 성'(느 11:1)이 재건되었는데도 불구하고 예언자들이 말한 유다왕국의 비전과 기대가 이루어질 큰 영광의 가능성이 당장은 보이지 않았다. 이 어두운 역사의 현실 속에서, 하나님의 계약은 파기되었는가? 도대체 회복된 유다 공동체는 무엇이란 말인가? 야웨신앙적 국가체제가 사라진 상황에서 야웨 하나님은 우리 계약의 당사자로서 무엇하고 계신가? 등등, 의문의 질문과 함께 계약신학이 흔들리게 되었다. 과거에는 이스라엘이 세계 역사의 중심점에 있었는데 지금은 바벨론, 페르시아 제국들에 의해 완전히 밀리고 있는 것 같았다. 아브라함이나 다윗에게 약속하셨던 하나님의 언약은 오늘 여기에 무슨 의미가 있는가?[6] 이와 같은 미묘한 상황에서 많은 사람들에게 자연스럽게 "도대체 누가 진정 하나님의 언약을 간직한 참 이스라엘이란 말이냐?"는 질문이 생기게 되었다. 70여년의 긴 포로의 공백 기간 동안에 변화된 사회적 상황, 포로민으로 돌아온 기득권층이란 자부심에 찬 정치적, 종교적 정통성을 주장하는 계층과 본토를 지켜왔다는 긍지를 가진 주변계층으로 남아있던

---

3) W. Brueggemann, 「구약신학과의 만남」 차준희 옮김(서울: 프리칭아카데미, 2007), 403-4.
4) *Ibid.*, p.597.
5) 김희보, 「구약 스가랴 주해(상)」 (서울: 총신대 출판부, 1998) pp.345-346.
6) J. Bright, 「하나님의 나라」 김인환 옮김(서울: 크리스챤 다이제스트, 1944), pp.196-200.

다양한 족속들 사이의 이스라엘 정통성 논란 등 사회적 혼란이 일어나게 된다.[7] 역대기 저자는 "아담에서 셈 계통 그리고 아브라함과 유다지파의 다윗가문의 혈통적 전통을 가진 족보적 공동체와 예루살렘 성을 중심한 다윗왕조(남왕국)에 속한 정치적 공동체와 예루살렘 성전을 중심으로 야웨 하나님을 향한 예배 공동체" 야말로 참 이스라엘의 맥을 잇는 진정한 이스라엘임을 주장한다.

B. 역대기 저자의 신학

역대기 저자는 아담에서 바벨론 포로기 이후까지 역사기록을 위해, 조금은 다른 신학적, 역사적 전망을 가지고, 사무엘상·하와 열왕기상·하의 많은 부분 내용을 취사선택하여 옮겨 놓은 것이다. 거기에 그는 자신이 가지고 있던 문학적 특수자료들을 근거로 사무엘서—열왕기서에는 없는 내용을 언급하기도 한다. 역대기의 역사 기간은 포로에서 돌아오는 유다상황(대하 36:22-23)까지 그리고 돌아온 자들의 제한된 족보(대상 9장)까지 확대하고 있다. 그래서 역대기 마지막 몇 구절(대하 36:22-23)은 에스라서의 처음 구절인 1:1-3과 그 내용이 서로 겹치고 있어서, 역대기—에스라—느헤미야서를 하나로 연결하여 연구하기도 한다. 왜냐면 에스라와 느헤미야의 활동은 하나의 다윗 왕국이 마지막까지 망함으로 야웨 신앙을 근거로 한 국가체제가 사라진 상황에서 야웨신앙(Yahwism)을 살려내 유대교(Judaism)로 옮겨가는 과정을 보여주고 있기 때문이다. 이러한 과정 중에 자연스럽게 토라 중심의 신앙(Torah piety)이라던가 폐쇄적 혈통 구조와 같은 유대교의 중추적 요소들이 속속 드러나고 있다.[8]

역대기는 구약역사의 마지막에 기록되었기 때문에 당시로서는 그 이전 역사서들 보다 좀 더 발전된 신학적 사상들을 거의 모두 가지고 있다고 보겠다. 이 역사가는 포로후기의 복잡한 구성원들을 통합하고 그들에게 '포로후기의 미래를 어떻게 제시해야 하느냐?'가 관심거리였을 것이다. 그래서 지금의 사회와 정치와 종교의 모델이 될 역사적 사건과 중심인물과 중심장소 그리고 왕조와 신학을 내세워야 했다. 그런 면에서 역대기 저자는 역사자료를 그냥 나열하는 것으로 끝나는 것

---

7) 정중호,「이스라엘 역사」(서울: 대한기독교서회, 1994), p.292.
8) W. Brueggemann, *op. cit.*, p.603.

이 아니라 특정 목적에 따라 역사 사건을 신학화하는데 관심이 있었다. 분명한 역사관과 뚜렷한 신학적 관점을 가지고 역사를 썼기 때문에 여기서 역대기 저자가 강조한 그 중요한 신학을 간추려보려고 한다.

1. 하나님의 구속사의 연속성: 구속사의 정체성 제시

역대기 역사는 아담으로부터 아브라함에 이르는 족보(대상 1:1-27)의 서술로 시작된다. 이는 하나님의 구속사의 연속을 족보를 통해 제시하며 이스라엘의 정체성을 부각시키기 위한 것이다. 이는 포로에서 귀환하여 자기 존재의식이 절실히 요구되던 때였기 때문이다. 인류의 조상에서 시작하여 노아의 3아들 중 셈을 거쳐서 민족의 조상이며 계약의 주체인 아브라함까지의 족보를 통하여 포로 후기 공동체가 바로 이스라엘 후예이며 하나님의 구속사의 연속선상에 있는 혈통적, 계약적 후계자임을 확신시키는 의도가 있다고 본다.

이는 여인의 후손으로 메시아를 향한 구원사적 전통을 세우는 것으로 인식하여 역대기의 신학이 미래의 그리스도를 향하고 있다고 봐야 할 것이다. 바로 구약성서에서 율법은 만능이라는 입장에서가 아니라 구원사의 입장에서 읽어야 한다는 것이다. 이는 구약을 그리스도의 나타나심을 미리 알려주는 하나님의 계시로 알고 구주의 오심을 알려주는 충분한 지시를 밝혀 주는 것으로 읽는다는 뜻이다. 그래서 구약성서에, 특별히 역대기에 기록된 모든 것이 그리스도를 지향하고 있다는 것이다.[9]

역대기 저자는 다윗왕조가 이미 시드기야로 끝이 나고 왕국으로 존재할 수 없었던 포로기 이후에 쓰여졌기 때문에 종교적 권력과 더불어 정치적 힘도 더욱 종교를 담당하고 있던 제사장과 레위인들에게 무게가 실리면서 그들의 역할에 의존하고 있었음을 설명해 주고 있다.[10] 구약 역사의 마지막 부분에서 유다공동체는 절박하게 메시아를 기다리게 되면서 과거의 다윗 통치시대의 영광을 더욱 회상하게 되었을 것이다. 그래서 역대기 저자는 과거의 다윗 왕권을 새롭게 메시아적 왕

---

9) 김정준,「폰 라드의 구약신학」(서울: 대한기독교서회, 1973), 44-45쪽. G. von Rad, *Theologie des A.Ts.*, Bd. II. S. p.399를 재인용.
10) D. J. A. Clines, "역대기 기자의 목적과 신학," 윤영탁 엮음.「구약신학 논문집」(수원: 합동신학대학원출판부, 1999), p.152.

권으로 이해하며 미래를 내다보게 한다. 역대기 상하가 동일하게 메시아적인 의미로서(시 2편, 100편 등 제왕시), 왕으로서의 메시아 그리고 왕의 신분이면서도 제사장(대상 15:25-28)이라는 점을 강조하는 아주 중요한 신학적 이해를 놓쳐서는 안 된다(대상 15:25-28).[11] 역대기는 구약역사의 마지막 시점에서 구속사적 씨흐름의 결론인 메시아를 향한 희망과 기대를 향하는 신학적 설명을 간직하고 있다.

2. 남왕국 중심의 역사관: 구속사적 씨흐름의 정통성 제시

역대기 저자는 북왕국 이스라엘을 정통성이 없는 배신집단으로 보는 반면에 남왕국 유다를 참 이스라엘이며 아브라함 계약과 시내산 계약 그리고 다윗의 영원한 왕조 계약의 진정된 상속자로 보고 있다. 역대기의 아담으로부터 사울의 죽음까지의 족보목록은 다윗과 솔로몬 통치 그리고 남왕국 유다의 역사 그리고 제사장 계급과 레위인의 종교적 구조를 강조하는 서론적 자료이다. 그래서 사울의 통치는 단지 한 장(대상 10장)에 기록되고 이것도 다만 그의 죽음에 대한 묘사로 끝난다. 이는 다윗의 통치 왕국이 아담으로 시작된 구속사적 씨흐름의 혈통적 전승과 이스라엘 통일왕국의 계승함을 선언하는 것이다. 다윗의 통치가 역대상 후반부인 19개의 장(대상 11-29장)의 주제이고, 그의 후계자 솔로몬 통치가 역대하 1-9장의 전반부에 기록되고, 대하 10-36장 후반부에는 남왕국 다윗왕조의 역사로 집중되어 있다.[12] 그래서 북왕국 역사를 의도적으로 배제하고 있는데, 그 이유가 되는 북왕국의 정통성 결여(缺如)를 열거하면 다음과 같다.

1)혈통적 정통성 결여 : 북왕국 초대 임금을 비롯한 모든 통치자들이 다윗의 혈통이 아니라는 것이다(왕상 11:26). 그래서 사울왕의 통치와 북왕국 왕들에 관한 기록을 배제하고, 다윗왕의 계보와 다윗왕과 솔로몬왕에 관한 역사를 확대하고 중점적으로 기록하고 있다. 북왕국 초대 임금을 비롯한 모든 통치자들이 다윗의 혈통이 아니라는 것이다(왕상 11:26).

---

11) E. H. Merrill, 「역대상하」(이명준/이종록 옮김), (서울: 두란노, 1989), p.10.
12) *Ibid.*, pp.9-10.

2) 정치적 정통성 결여

북왕국 이스라엘은 예루살렘 성을 차지하지 못하고 다른 곳으로 그들의 수도를 삼아야 했다. 이는 정치적 중심으로 중앙집권적 권위를 이루었던 예루살렘 성을 상실하게 된 것으로 시온 계약에 위배되었다(왕상 12:25). 히브리 예언자들은 예루살렘을 우주의 중심으로 보았고(사 2:2-4),[13] 장래의 평화의 성읍으로, 거기에 장차 임할 통치자를 평화와 의의 왕으로 규정하고(사 9:7. 렘 29:10-11. 미 5:5), 세상의 중심(배꼽: 겔 5:5-6. 38:12)이며 세상의 빛(사 60:1-9)이며, 절대로 무너트릴 수 없는 난공불락의 성(슥 12:14)이며 결국 종말에는 평화가 깃들 것으로 보았다(사 9:6. 겔 36:36. 미 5:5).[14]

포로후기 유다공동체가 자신들을 남왕국 유다의 연속적 정체성을 가시적으로 나타내는 것이 바로 예루살렘 성전 재건과 예루살렘 성 회복이었다. 이것을 가장 확실하게 기록하고 있는 것이 에스라서와 느헤미야서이지만 역대기 상 전반에도 예루살렘 성전 예배를 강조하고 제사장과 레위인들의 족보와 그들에 대한 배려가 특별히 나타나고 있다. 나머지 대상 11-29장도 북왕국 이스라엘의 역사를 배제시키고 전적으로 남왕국인 유다의 다윗 왕국의 역사를 다루고 있다.

역대기 저자는 솔로몬의 죽음 후에 있어진 왕국 분열의 정치적 상황을 왕상 12장에 있는 내용을 거의 비슷하게 소개하는데, "이에 이스라엘이 다윗의 집을 배반하여 오늘날까지 이르니라"(대상 10:19, 왕상 12:19)로 매듭을 짓고 그 다음에 있는 여로보암이 북왕국 이스라엘의 왕으로 등극하는 사항을 생략해 버리고 바로 르호보암 왕권의 견고함과 각 성읍이 요새화된 것을 언급하고 있다(대상 11:1-12). 이 왕국의 분열 다음부터 북쪽 이스라엘 왕국의 역사에 관하여 아무런 언급을 하지 않음으로 '다윗-솔로몬-르호보암으로 이어 내려가는 다윗 왕조로 유지되는 유다 왕국만이 합법적이다'는 신학적 입장을 강하게 나타내고 있다. 역대기는 예루살렘을 대항하는 사마리아를 수도로 하며, 다윗의 집을 배반하고, 다윗의 혈통이 아닌 북왕국 이스라엘 왕들은 하나님의 참된 백성을 대표할 수 없는 분리

---

13) 한상인, 「이스라엘 왕국시대의 고고학」 (서울: 대한기독교서회, 2004), p.141.
14) R. L. Smith, 「구약신학: 그 역사, 방법론, 메시지」, 박문재 옮김(서울: 크리스챤다이제스트, 2005), pp.391-392. H. J. Kraus, *Theology of the Psalms*(Minneapolis: Augsburg, 1986), pp.78-83. J. D. Levenson, *Sinai and Zion*(New York: Harper and Row, 1985), pp.89-184. N. W. Porteous, *Living the Mystery*(London: Blackwell, 1967), pp.93-112.

주의자들로 평가하고 있다고 보겠다.

남왕국 통치자 중에서 가장 악하고 책망을 받았던 므낫세는 남북 왕들 중에서도 악한 왕에 속하였다. 그래서 열왕기는 "므낫세가 이 가증한 일과 악을 행함이 그 전에 있던 아모리 사람의 행위보다 더욱 심하였고 또 그 우상으로 유다를 범죄케 하였도다"(왕하 21:11)고 악평을 하고 있다. 그러나 역대기 저자는 역대하 33:1-9에서 열왕기처럼 므낫세의 우상숭배에 대하여 간단히 다루고 있지만 역대하 33:10-20의 후반부에서는 열왕기에 나타나지 않는 자료가 제시되고 있다. 심지어 바벨론에서의 포로생활과 그가 하나님 앞에 크게 겸비하여 회개 기도하는 모습과 예루살렘으로 귀환하는 기사를 상세히 기록하고 있다. 이어서 아주 변화된 그 므낫세가 전에 지었던 우상과 산당을 훼파하고 이스라엘에게 하나님을 섬길 것을 권면하는 행적에 대해서 긍정적으로 기록하고 있다(대하 33:15-16).[15]

역대기 저자는 남왕국 중심의 긍정적 역사관에 입각하여 그 하나님의 징계를 받았던 므낫세이지만(왕하 33:12), 나중에 회개의 표본으로 선하게 행동하고 오히려 하나님을 경외하며 유다백성들로 하나님을 섬기도록 명하는 왕으로 묘사한다.[16] 역대기 저자는 남왕국 멸망의 시점에서조차도 다윗 계통에게 주신 언약들을 붙잡고 있고(대상 17:11-14, 20:10. 대하 13:5, 21:7) 마지막 왕 시드기야의 운명에 관해서도 전혀 언급이 없는 사실을 주목할 만하다.[17] 이는 남왕국 유다에 대한 정치적 종교적 정통성을 강조하는 신학적 입장을 보여주고 있다.

3. 다윗 왕과 솔로몬왕의 이상화: 다윗의 영원한 왕조신학의 메시아 왕권 예시

역대기는 다윗 왕국을 중심하지만, 무엇보다도 언약의 왕 다윗과 솔로몬에 집중하고 그들을 극대화시키려는 의도가 엿보이는 역사기록이다. 역대상 11장-역대하 9장이 다윗과 그의 아들 솔로몬에게 할애하여서 역대기서 전체의 1/3에 이른다. 열왕기와는 달리 역사도 다윗 계열이 독점하고 다윗 왕통의 영구적 계승을 약속하는 나단이 전한 계시(대상 17장)가 전적으로 나타난다. 다윗이란 인물이 이

---

15) R. Braun,「역대기 상(WBC)」김의원 옮김(서울: 도서출판 솔로몬, 2001), p.50.
16) W. Brueggemann, *op. cit.*, pp.604-605.
17) D.J.A. Clines, *op. cit.*, p.151.

상화되었고 그의 약점들과 그의 궁전 내의 추한 내용들은 빗겨간다.[18] 그래서 사무엘서와 열왕기의 내용과 비교해 보면, 아주 흥미로운 차이점이 발견된다.

(1) 사무엘 – 열왕기의 역사기록

긍정적인 면과 부정적 비판의 동시 묘사: 사무엘서나 열왕기의 역사에는 사울 왕조의 건립과 사울왕의 영웅적 모습(삼상 11:1-11, 15:1-9) 그리고 다른 지파들이 사울의 아들 이스보셋의 비운의 통치를 인정(삼하 2:8-9)하고 있다. 그리고 다윗의 유년 청년시절의 나약한 성격묘사나 사울의 공격으로 쫓겨 다니던 얼마간의 도피생활이나 다윗왕의 결정적 오점인 우리아의 아내 밧세바와의 불륜의 사건, 그의 말년에 아들들 사이에서 일어난 부도덕한 사건이나 왕위 계승 분쟁이나 압살롬의 반란 등이 적나라하게 기록되고 있다. 솔로몬의 초기의 삶에서는 성공적 통치와 신앙을 긍정적으로 기록하고 있다.[19] 솔로몬에 대하여 긍정적인 평가가 있지만, 그의 실정에 대한 열왕기의 부정적 평가도 다양하게 전개된다. 솔로몬이 말년에 이르러 타락된 모습으로 묘사되고 있다.[20]

(2) 역대기의 역사기록

호의적 관점의 긍정적 평가로 의도적 전환을 이룬다. 역대기 저자는 솔로몬이 아도니아 그룹과의 정치적 갈등과 승리를 쟁취한 사건(왕상 1:11-40)은 언급도 없이 "다윗의 아들 솔로몬의 왕위가 견고하여 가며 그의 하나님 야웨께서 그와 함께 하사 심히 창대하게 하시니라"로 시작한다(대하 1:1). 하나님에 의해 지명된 자로 온 이스라엘에 의해 즉각적이고도 만장일치로 자신들의 합법적인 왕으로 받아들여졌다는 대단히 영광스런 시작을 기록한다(대상 29:23-24). 솔로몬을 지혜의 왕으로 부와 재물과 명성을 얻은 전무후무한 왕으로 묘사하고(대상 1:7-17) 국내외적 번영을 이룩하고(대상 8:1) 이스라엘 역사상 물질적 번영의 절정을 이룩한 것을 부각시킨다(대상 1:14-17, 9:1-28).

---

[18] D.J.A. Clines, *op. cit.*, p.148.
[19] 최종진,「구약성서 개론」(서울:소망사, 2004), p.310. L. Wood, *A Survey of Israel's History* (Grand Rapids: Zondervan Publishing House, 1970), pp.287-298을 참고하라.
[20] 최종진, *Ibid.*, pp.310-311. L. Wood, *Ibid.*, pp.299-301.

역대기 저자는 찬란한 성전(제 1성전)에 있어 솔로몬의 역할을 무려 일곱 장에 걸쳐서 자세히 설명하고 있다. 소위 '다윗의 역사'(대상 22-29장)와 '솔로몬의 역사'(대하 1-9장)는 다윗왕과 솔로몬왕의 위치와 통치를 하나로 묶는 연결 단락으로 되어 다윗과 솔로몬을 동일한 무게로 다루고 있다.[21] 그러나 다윗과 솔로몬의 인간적 실수나 잘못된 행동들에 대한 부정적 차원은 확실하게 빗겨가고 있다.

즉, 역대기에는 사울의 영웅적 모습 등 사울왕조에 대한 긍정적 기록이나 다윗왕이나 솔로몬 등의 남왕국 통치자들의 부정적 평가는 생략하고 있다. 오히려 역대기에는 다윗왕의 긍정적이고 이상적인 면을 강하게 부각시키며 다윗과 솔로몬을 반복적으로 상기시키는 이유는 그들이 하나로 통일된 유다 이스라엘 왕국을 통치했고, 북왕국과 남왕국 모두의 충성을 명령한 장본인들이기 때문이다.[22] 역대기 저자의 역사 목표인 이스라엘의 종말론적 소망들을 전망하는데 다윗의 역할을 강하게 강조하며 다윗 왕권으로 기대하는 메시아 왕권의 표상으로 후대에 길이 기억되고 이상화되는 신학적 의도가 있다고 보겠다. 예언자들의 기대 속에 "다윗의 무너진 장막을 새롭게 회복되는 날"을 메시아 시대와 연결시키고 있다(학 1:8).[23]

4. 예루살렘 성전/제사 중심의 종교관: 예루살렘으로 종교의 중앙집권화

역대기 저자는 다윗 가문과 왕권에 더불어 예루살렘 성전과 제사가 야웨 신앙적 삶에서 가지는 중요성을 주관심사로 역사기록을 하고 있다.[24] 역대기 저자가 예루살렘 성전을 반복적으로 상기시키는 이유는 예루살렘 성전이 이스라엘 백성 모두가 동의하는 가운데 이스라엘의 기름부음 받은 다윗 왕과 솔로몬 왕에 의해 세워진 것이며, 북왕국 이스라엘백성과 남왕국 유다백성이 함께 헌당했고 출입했던 통일 이스라엘의 공동 성전이었기 때문이다. 포로후기의 회복된 공동체가, 다윗 솔로몬 시대에 통일 왕국을 이룩했던 것과 같이, 다시 하나가 된 통합 공동체

---

21) R. Braun, 「역대기 상(WBC)」 김 의원 옮김 (서울: 도서출판 솔로몬, 2001), p.25.
22) Ibid.
23) Ibid., p.3. 그러나 몇 가지 다윗의 흠을 얼핏 내보이기도 한다. 즉 실패로 끝나는 다윗의 인구조사(대상 21장)나, 군인이며 전쟁의 사람으로(대상 28:3) 피를 심히 많이 흘렸기 때문에 성전을 건축할 수 없다(대상 22:8)고 역대기 저자는 간단히 언급하기도 한다.
24) W. Brueggemann, op. cit., p.604.

요 통일 국가라는 확인과 기대를 나타내는 것으로 보아야 할 것이다.[25]

그런데 역대기 저자가 다윗왕조와 더불어 더욱 예루살렘 성전을 강조하는 이유가 있다. 이 책이 쓰여질 때는 이미 다윗 왕조는 역사 무대에서 사라져 갔다. 역대기에서 성전의 지위는 핵심적인 문제로 다윗과 솔로몬은 그 성전 재건과 그것의 보존을 책임졌던 인물로 묘사된다. 역대기 저자에게 있어서 왕국의 주된 기능 중 하나가 바로 성전 예배를 확립하고 유지하는 것이었다. 그래서 역대기서는 다윗과 솔로몬의 성전건립과 거기서의 제사의식에 많은 지면을 할애하고 있다(대상 23-26장. 대하 2-7장).[26] 당시로서 이미 이 왕정은 한때의 과거 것이었으나 성전은—특히 언약의 땅에 사는 사람들에게—종교적, 공동체적 삶을 위한 핵심 근거였다.[27] 다윗왕조는 역대기에 계속해서 나올 듯 하지만, 그냥 마지막까지 가서 고레스 칙령으로 마무리 짓는데, 거기도 성전 재건에 대한 명령은 담겨 있으나 다윗왕조 재건에 대한 언급이 없다(대하 36:22-23). 다만 예루살렘 성전 재건에 희망과 기대를 걸고 있다. 왜냐면 "모든 이스라엘 백성에게 유산으로 남겨 준 위대한 제도인 예루살렘 성전은 역사의 무대에 여전히 남아 있었기 때문일 것이다. 시내 산 언약이 다윗 언약을 위한 자리를 제공하기 위해 재해석될 필요가 있었던 것처럼, 이제 다윗언약은 예루살렘 성전과의 관계 속에서 이해되어야 했다."[28] 포로 귀환 이후에는 지방 성소들이나 제의적 우상들이 이방인들의 거주지에서는 많이 발견되는데, 포로 후기 귀환공동체의 거주 지역에서는 발견되지 않는 것은 이를 증명해 준다.[29]

다윗과 솔로몬에 의한 성전건축은 성전제사 회복을 강조하는데 바로 히스기야와 요시야의 종교개혁에서 강조되는 유월절 회복이라는 주제로 제시된다. 이들의 종교개혁은 단순히 절기 회복에만 머무르지 않고 이스라엘의 정체성 회복과 더불어 포로기 이후 공동체가 회복해야 할 모세의 규례를 따른 초기 유월절 전승까지 소급되는 예루살렘 제사를 전제로 한다. 여기에서 제사장들과 레위인들의 신분과

---

25) R. Braun, *op. cit.*, pp.33-34.
26) D. J. A. Clines, *op. cit.*, p.152.
27) W. Brueggemann, *op. cit.*, p.604.
28) R. Braun, *op. cit.*, p.35.
29) E. Stern, "What happened to the cult figurines," *BAR* 15-4(1984), pp.53f. 한 상인, *op. cit.*, pp.312-313에서 재인용.

결정적 역할이 당연히 강조되고 있다.[30]

역대기에 나오는 족보를 주의 깊게 보면, 유다지파와 레위지파의 족보가 다른 지파들의 족보보다 더 많이 기록되고 반복되고 있다. 유다지파는 다윗 가문과 관련되고 레위지파는 예루살렘 성전 제사와 관련되기 때문이다. 예루살렘 성과 성전에 관련되어 있기 때문에, 역대기 저자는 다윗과 솔로몬을 가장 많이 그리고 중요하게 다루는 이유는 대체로 고대 근동에서는 신전건설과 신전관리는 신의 나라와 그 백성을 다스리는 왕의 임무에 속했던 것처럼 이스라엘에서도 다윗과 솔로몬은 성전 건축자로서 중요한 역할을 수행하였기 때문이다.[31]

다윗 왕조 확립을 위해서 예루살렘 성 건립 못지않게 더욱 중요한 과제가 성전건축에 있다는 신학적 조명을 하기 위해서 역대기 저자는 다윗과 솔로몬의 아버지와 아들의 관계를 「다윗: 솔로몬=성전건축의 준비: 성전건축 실행」이라는 관계로 재정립하고 선임 왕(先王)과 후계 왕(後任 王) 관계로서 그들의 연속적 업적이 성전건축의 완성에 있었다는 것을 보여준다. 성전건축은 성전제사 회복을 가져오고 이는 제사장과 레위인들의 위치와 신분의 회복을 자연스럽게 가져오게 된다.

그래서 역대기 저자가 북왕국 이스라엘의 역사를 의도적으로 배제시키는 것은 종교적 차원에서 예루살렘 성전과 제사가 없는 정통성의 결여 때문이기도 하였다.[32] 열왕기서에는 다윗의 옳은 길과 여로보암의 악한 길이 대칭을 이루며 후세 모든 왕들을 평가하는 기준이 되는데 역대기는 아예 이 여로보암의 악한 길을 선택한 북왕국의 통치자들과 그 역사 자체를 제외시키고 있다.

결론적으로 역대기 저자는 가장 두드러진 두 명의 왕: 아버지와 아들; 다윗의 통치와 솔로몬의 통치를 성전건축에 중점을 두는 것으로 한 단락을 이루고 있어,[33] —다윗의 왕조가 무너짐으로 중심점을 잃어버린 상황에서,—성전중심의 유다 공동체의 정체성을 정립하려고 하고 있다. 역대기 저자가 이같이 예루살렘 성전과 그 제사를 강조하다 보니, 이스라엘의 역사와 남왕국 역사와 바벨론 포로 역사 그리고 포로후기 공동체 역사를 다윗 왕조와 솔로몬 성전을 중심으로 재해석

---

30) D. J. A. Clines, *op. cit.*, p.146.
31) 한상인, *op. cit.*, p.275. G. W. Ahlstrom, "Administration of the State in Canaan and Ancient Israel," Civilization of the Ancient Near East, p.596. 재인용.
32) L. Wood, *op. cit.*, pp.304—306.
33) R. Braun, *op. cit.*, p.45.

하고 있다. 그래서 다윗가문과 아론 계열의 제사장 계급과 레위 가문과 레위인들의 위상이 자연스럽게 부각되고 역할이 강조되면서 제사장 계급과 레위인 계열이 재조직 되고 있다.

포로 전에는 제사장 그룹과 레위그룹이 확실하게 구별되어 사독계열이 세력을 갖고 행세를 했으나 성전이 불타고 제사장들이 포로로 잡혀가게 되자 그 세력이 약화되었다. 포로 후기 사회에서는 아론 계열이 세력을 장악하게 되면서 역대기에서는 대체로 아론 가문도 레위 지파에 속한 것(원래 모두가 레위 지파이지만)으로 아주 자연스럽게 구별없이 사용된다.[34] 그래도 레위인들은 상황에 따라서는 제사장들을 도와서 제사를 준비하기도 하지만(대하 29:34, 30:16-17) 제사를 거행하는 일에는 참여하지 않았다.[35]

5. 족보를 통한 레위인의 정체성 확립: 레위인들의 신분 상승

우리가 레위기에서 열왕기까지를 읽다보면 어렴풋이 제사장과 레위인의 관계가 모호할 때도 있고 확실히 구분이 드러나기도 한다. 그러다 보면 오늘날 일반 사회적 신분에서 문제화되고 있는 의사와 간호사의 관계를 떠오르게 한다. 모세 율법에 근거하여, 일반적으로 포로기 이후까지 레위인들은 제사장들에 비해 보다 열등한 자리에 있다는 주장이 있어 왔다. 그러나 역대기를 접하다보면 제사장과 레위인에 대한 좀 색다른 분위기가 느껴진다. 즉, 레위인들의 신분을 상당히 부각시키고 그들의 역할이 현저하게 드러나고 있다는 느낌을 갖게 한다. 물론 제사장과 레위인들의 신분상의 구별이 전혀 없다는 것은 아니다. 여전히 그들의 신분 구분이 존재하지만 역대기에서는 다윗통치 시대에 이뤄진 제사장과 레위인제도의 확립을 재발견하면서 줄곧 제사장과 레위인들의 협력과 화해의 모습을 레위인들의 입장에서 제시하려고 했다. 예를 들면, 성전에 필요한 인력수급을 위해 레위인의 봉사 연령을 30세에서 20세로 낮추고(대상 23:3,24,27), 그들에게 성전 기구의 보전과 정결상태 유지 그리고 제사장 보조, 진설병과 소제물 준비, 제물의 양과

---

34) 정중호, *op. cit.*, p.292.
35) R. Braun, *op. cit.*, pp.40-41. H. Gese, "Zur Geschichte der Kultsanger am zweiten Tempel" *Abraham unser Vater*. Festschrift Otto Michel. Ed. O. Betz, et al. Leiden: E. J. Brill, 1963의 Gese의 주장을 재인용하여 참고로 함.

길이 측정과 찬양 업무를 부여했다(대상 23:28-31).[36] 이러한 새로운 임무 부여는 레위인의 업무가 언약궤를 메는 운반 임무에서 성전에서의 임무로 이동되었을 뿐 아니라 오경에 규정된 임무를 넘어서고 있다고 본다.[37] 역대기 안에서 어떤 경우든 이와 같은 레위인들의 신분상승의 자리매김은 세 가지 방향에서 이뤄진다.

(1) 레위족보를 통한 정체성 확립: 역대기는 대상 1-9장의 족보 중에서 특별히 역대상 6:1-81의 레위가문의 족보들이다.

여기 족보에는 특이한 점이 발견되는데 첫째는, 광야생활에서 아주 부정적인 기억이 있는 고라와 그의 아버지로 소개된 암미나답에 관한 것(대상 6:22)이다. 둘째는, 다섯 번 반복(히브리어 본문)되는 엘가나의 존재(대상 6:23-27)이다. 엘가나는 사무엘상 1:1의 족보에 "여로함의 아들이요 엘리후의 손자"로 나온다. 역대기에도 엘가나의 아버지가 여로함으로 나온다. 이와 같은 족보의 재정리를 통해 성전제의와 관련된 제사장과 레위인들의 조화로운 화해를 시도하려고 했다.[38]

(2) 다윗에 의한 레위인들의 역할 회복: "다윗 개혁을 통해 레위인들은 언약궤를 이동하는 대신에 성전에서의 새롭고 독자적인 임무를 획득하지만 그들의 지위는 여전히 제사장에게 종속되어 있다."[39] 역대상 15-16장과 역대상 23-27장의 두 단락에서 다윗이 모두 법궤의 이동과 함께 성전에서 일할 봉사자들을 레위인들 중심으로 재정리하여 임명하고 있다. 바벨론 포로로 잡혀간 시대에, 이방인의 땅에서는 레위인의 역할이 거의 완전히 없어지게 되고, 가나안 땅에 남아있던 사회에서도 성전이 파괴된 상황에서 역할이 없었다. 그러나 포로사회에서 제사장은 에스겔과 에스라처럼 지도자 역할을 드물게 수행하기도 했다. 그러나 포로에서 귀환하고 예루살렘 성전이 재건되면서 레위인들의 자리가 확연히 부상되고 있다.

---

36) 배희숙, "레위인을 위한 역대기의 개혁 프로그램" [구약논단] 제21집(2006. 8.), pp.69-85, 특히 p.71.
37) 배희숙, Ibid. S. Japhet, 1 Chronik(HThKAT 16), (Freburg: Herder, 2002), p.380. "정밀한 밀가루와 무교병, 솥을 준비하는 임무에 대한 책임소재가 오경과 에스겔에서는 명시되어 있지 않고, 또 양과 무게를 측정하는 일은 온 공동체나 통치자의 책임으로 규정되었다." G. N. Knoppers, "Hierodules, Priests, or Janitors, The Levites in Chronicles and the History of the Israelite Priesthood," JBL 118(1999), 62-63 재인용.
38) H. G. M. Williamson, "The Origins of the Twenty-Four Priestly Courses: A study of 1Chronicles xxiii-xxvii", Studies in the Historical Books of the Old Testament(VTSup 30), (Leiden: Brill, 1979), pp.251-268.
39) 배희숙, op. cit., p.81.

다윗의 생각에는 성전건축 후에 실제적으로 성전 제의를 담당할 봉사자로서 제사장뿐만 아니라, 이미 이스라엘 종교 역사에서 중요한 자리를 차지하고 있던 레위인들의 권위와 자리를 회복시켜 두겠다는 의지가 반영되었다는 것이다. 역대기에서 포로 전후에 헌신이 활성화되지 못되었던 레위인들은 그들 고유의 새로운 임무를 부여받음으로써 그들 스스로 독자적인 지위를 차지하게 됨을 알 수 있다.[40]

(3)히스기야-요시야 개혁을 통한 위상 확대: 역대기에 나타나는 히스기야 요시야 개혁으로 "레위인은 다윗이 규정한 대로 제사에서 음악을 담당하고(대하 29:25) 다윗과 아삽의 시로 야웨를 찬양하며(대하 29:30), 다른 한편으로는 희생제사(대하 29장, 30:16-17,34)와 제사장의 몫에 참여하게 되면서(대하 31:14-19) 제사장들과 동등한 권리를 가지게 된다. 그래서 이 요시야 개혁에서 레위인들은 온 이스라엘의 가르치는 자와 봉헌된 자, 야웨와 백성의 봉사자로 정의되며(대하 35:3) 유월절에서의 제사권을 법적으로 행사한다. 즉 히스기야와 요시야의 개혁을 통해 레위인의 기능은 확대되고 그들의 자격은 격상되어 비로소 제사장과 거의 동등한 제의관리로 발전하게 된다."[41] 제사장과 동등한 입장에서의 레위인 활동을 언급한다. 이러한 편집과 삽입의 과정은 포로기 이후 제2성전시기에 성전 제의 안에 스며든 가나안적 요소를 제거하기 위한 고대 야웨종교의 전통에 근거한 본래 야웨제의를 회복하기 위한 시도라 본다.[42]

6. 인과응보의 신학적 역사관 : 남왕국 정통성 주장의 근거

역대기 저자에게는 불순종과 범죄는 항상 심판과 재앙을 가져오고 반면에 순종과 공의는 평화와 번영을 가져온다는 "즉각적 인과응보의 신학"이 표현되고 있다(대상 10:13, 22:19, 28:9. 대하 11:16, 12:14, 14:4,7).[43] 그가 역사평가의 척도

---

40) *Ibid.,* p.71. J. C. Endres, "Theology of Worship in Chronles," *The Chronicler as Theologian. Essays in Honor of Ralph W. Klein*(JSOTSUP 371), (London: JSOT Press, 2003), p.170 재인용. 참조 J. W. Wright, "The Legacy of David in Chronicles: The Narrative function of 1Chronicles 23-27," *JBL* 110/2(1991), pp.229-242.

41) 배희숙, *op. cit.,* p.81. H. G. M. Williamson, *1 and 2 Chronicles(NCB),* (London: Marshall, Morgan & Scott, 1982), p.353. 재인용.

42) *Ibid.*

43) R. B. Dillard, "역대기서에 나타난 상과 벌: 즉각적 응보의 신학," 윤영탁 엮음,「구약신학 논문집」(수원: 합동신학대학원출판부, 1999). pp.156-163, 특히 p.158.

로 이 인과응보의 교리를 사용하며 솔로몬 이후의 역사를 정리하는데 즉, 북왕국 역사를 제외시키고 남왕국 유다역사 중심으로 그 정통성을 주장하는 근거의 교리이다. 역시 예언자들을 통해서 인과응보 교리의 메시지를 제시하고(대상 19:1-3 등) 특별히 다윗의 솔로몬을 향한 훈계 속에 구체화되고(대상 28:7-9), 요압을 통해서 다윗에게 참모 건의와 다윗의 고집과 어긋난 추진이 가져온 재앙 이야기에 현실화되고 있다(대상 21:1-17).[44] 역대기의 저자에게도 야웨 하나님과 이스라엘 백성의 지속적인 관계는 철저한 인과응보의 교리에 바탕을 둔다. 이스라엘의 왕들의 충성은 당연히 야웨 하나님의 복을, 그분의 명령에 불순종하고 특별히 예루살렘 성전제사에 대한 배교는 하나님의 징벌을 끌어들인다.[45]

역대기 저자는 이 인과응보의 교리를 솔로몬 이후의 여러 왕들의 통치와 삶들을 규정하고 평가하는 근본틀로 사용하되, 보다 개인적이며 즉각적이었다. 예를 들면, 다윗 솔로몬 통치를 기술할 때도 이 교리가 밑바닥에 흐르고 있었다고 본다.[46] 이 사상이 다음과 같은 언급으로 발전해 가고 있다.[47] 예를 들면, 야베스의 기도(대상 4:10) 속에는 인과응보의 사상이 깊이 스며있고, 하나님이 그렇게 허락하신다. 아버지 다윗왕이 아들 솔로몬 왕에게(대상 22:11,13. 28:9) "네가 만일 그를 찾으면 만날 것이요 만일 네가 그를 버리면 그가 너를 영원히 버리시리라"고 원리를 선언하고 있어 이 신학이 역대기 저자의 역사평가의 기준이 되고 있다.(대상 28:9). 사울왕 멸망의 원인이 불순종과 무당에 접근하여 여호와께 범죄에 의한 것으로 언급한다(대상 10:3-14). 오벧에돔집 축복의 원인으로 하나님의 궤(말씀)을 소중히 간직하여 내린 복에 근거한 것으로 본다(대상 3:4).

역대기 저자는 열왕기로부터 참고할 수 있었던 자료들에 대해 스스로 신학적 판단을 가지고, 인과응보 교리를 왕의 통치 전체뿐만 아니라 그 기간에 일어난 세부적 사건들에도 적용하면서 필요한 정보를 좀 더 보충하여 명확히 정리하기도

---

44) R. Braun, *op. cit.*, p.32.
45) R. B. Dillard, *op. cit.*, p.161.
46) R. Braun은 역대기 저자가 적용한 이 인과응보의 교리가 다윗과 솔로몬의 통치와는 관련성이 별로 없다고 본다(윗글 49쪽). 그러나 필자는 오히려 이 교리를 큰 틀에서 적극적으로 적용하는 저자의 기본전제로 하고 북왕국과 여로보암의 악한 길과 대칭을 이루는 남왕국 중심, 다윗 솔로몬 통치 중심의 역사기술을 하고 있다고 본다.
47) Cf. R. B. Dillard, *op. cit.*, p.156.

한다.[48] 그는 하나님의 인과응보의 사상에 바탕을 둔 하나님의 정의의 개념에 따라 모든 사건에 대한 신학적 정당성을 제시하려고 시도한다.[49] 예를 들면, 웃시야가 초창기에는 "여호와 보시기에 정직하게 행하며…하나님을 찾았고 그가 여호와를 찾는 동안에는 하나님이 형통하게 하셨더라"(대하 26:4-5) 하여 통치기간의 번영의 원인을 설명하고 있다(대하 26:5-15). 그러나 웃시야 왕이 나병환자로 일생을 야웨의 전에서 끊어져 별궁에 살다가 죽게 된 이유가 제사장의 특권들을 빼앗으려고 했던 것으로 확실하게 제시한다.[50]

한편, 역대기 저자의 신학적 독특성은 바로 인과응보의 교리로 끝나는 것이 아니라 인과응보의 교리를 뛰어넘는 하나님의 용서와 은총을 통한 심판과 저주를 구원과 축복으로 전환시키는 전환의 신학 즉 회개의 신학이 제시되고 있다는 것이다. 예를들면, 열왕기와는 다르게 역대기 저자는 므낫세의 죄악으로 말미암는 심판의 결과에도 그가 포로로 잡혀가 회개한 "간구와 겸손"을 하나님이 들으시사 예루살렘으로 귀환하여 거의 가장 긴 기간인 50년 동안 나라를 통치하는 축복을 받았고 그가 열조와 함께 주어 그의 궁에 장사되었다고 기록하고 있다(대하 33:1-20).

그래서 역대기 기자는 열왕기에서 유다의 죄악으로 당하게 된 70년간의 바벨론 포로기간을 안식년을 누림 같이 안식하여 지냈다고 긍정적 결론을 맺고 있다(대하 36:21). 즉 역대기 저자는 인과응보의 엄격한 요구조건들을 초월하며 회개를 통해서 발견되는 하나님의 은혜를 강조하여 역대기 저자의 신학을 훼손시키지 않고 독특성을 간직하고 있다.[51] 이런 율법에 근거한 인과응보적 역대기 저자의 사상은 회복된 유다백성들의 삶에 율법적 운동을 일으키게 되고 이후의 유대교가 율법공동체가 되게 했다. 즉 율법을 지키는 자가 참된 이스라엘의 구성원이며 바

---

48) R. Braun, *op. cit.*, pp.49-50. 브라운은 역대기 저자가 신명기 사가의 평가를 자신의 역사 기술의 기초로 받아들였다고 주장한다. 그런 면에서 역대기 역사기술에도 신명기적 인과응보의 사상이 깊이 스며있다.

49) J. Wellhausen, *Prolegomena to the History of Ancient Israel* (New York: World Publishing Co., 1965), p.209을 R. B. Dillard, *op. cit.*, p.164에서 재인용. 벨하우젠은 "요람, 요아스, 그리고 아하스는 모두 하나님의 버림을 받은 사람들로 묘사되었다……오직 경건한 왕들이(숫자에는 르호보암과 아비야가지 포함된다)에게만 하나님의 복이 역시 그러한 표로 나타난다. 힘은 경건의 지표이어서 그것에 의해 흥망성쇠가 좌죄우되는 것이다"고 지적한다.

50) R. Braun, *op. cit.*, p.50.

51) *Ibid.*, p.51.

로 거룩한 국가공동체라고 인정하게 된다.[52]

7. 과거 지향적 신학전망: 현재의 삶을 위한 과거의 이상화

내세를 지향하는 묵시 문학에서는 다가올 우주의 대변혁과 심판 그리고 의로운 남은 자들의 황금시대의 도래, 천상의 세계를 설명하기 위하여 지상의 현실에서 표상을 끌어내어 미래에 투사한다. 그래서 자연스레 현세대에 대해서는 염세적인 태도를 취하며 현세와 내세를 포함하는 범우주적인 차원에서 이원론을 제시한다.[53] 이와 반대로 역대기 저자는 이제 막 포로에서 돌아온 후기 포로공동체가 현실 안에서 무슨 정체성을 가지고 어떻게 살아야 하는지를 제시하기 위하여 영광스러웠던 다윗과 솔로몬 시대의 과거를 이상화한다. 그래서 역대기 저자는 언약궤를 운반할 때 웃사가 지은 죄(대상 13:7-10)와 인구조사(대상 21장) 외에는 다윗과 솔로몬 통치기간에 그들을 책망할 만한 사건을 기록하지 않고 칭찬받을 만한 일에 초점을 맺고 있다. 특별히 그들의 성전건립과 성전 제사장과 레위인 신분을 정립하는데 행한 역할을 강조하고 있다.[54]

역대기 저자는 후기공동체 백성들에게 하나님의 축복과 언약의 왕조인 다윗 시대의 통일왕국을 반복해서 회상시킴으로써 자신들의 정체성을 어떻게 정립하여야 하며, 야웨 하나님을 향하여 율법에 의한 예루살렘 성과 예루살렘 성전을 어떻게 이해를 하며, 특별히 성전 제사를 어떻게 드려야 하는지 또 거기에 제사장과 레위인의 신분을 어떻게 규정하여야 하는지를 과거를 이상화하고 현재의 삶을 정립하고 미래를 제시함으로 보이려 했다. 그래서 과거를 이상화하는 과거 지향적 신학전망을 통해 오늘의 의미를 부각시키는 것 같다. 그래서 예루살렘 멸망에 대한 쓰라린 체험이 포로 이후 예언자들에게서 종말론으로 바뀌어졌고[55] 포로 이전 예언자들에게 있던 '야웨의 날'(Yom Yahweh) 사상이 포로 후기 예언자들에게서는 종말론으로 변했다고 보기도 한다.[56]

---

52) J. Bright, 「이스라엘의 역사」 박문재 역(서울:크리스챤다이제스트, 1993), p.215.
53) W. Zimmerli, *Old Testament Theology in Outline*, (D. E. Green 옮김), (Atlanta: John Knox Press, 1962), p.228.
54) R. B. Dillard, *op. cit.*, pp.164-165.
55) S. Mowinckel, He That Cometh. *The Messiah Concept in the Old Testament and Late Judaism*, trans. G. W. Anderson, (Oxford: Basil Balsckwell, 1956), pp.139-44, 263.
56) 장일선, 「구약신학의 주제」(서울: 대한기독교출판사, 1982), p.252. D. S. Russel, *The Method and Message*

결론적으로, 역사가로서 역대기 저자는 포로전 예언자들의 희망의 메시지와 거리가 먼 현실을 설명하고 포로후기 공동체의 새로운 희망과 통합을 위해서 과거 지향의 신학 전망을 부각시키며 자존심과 자부심을 끄집어내고 있다고 보겠다. 그래서 역대기 저자는 지난 역사를 돌이켜보면서 오늘의 역사를 해석 설명하며 거기에 회복공동체가 하나님과 그분의 율법과 그분에 대한 예배를 어떻게 받아들임과 그 지침을 제시하려고 노력했다고 봐야 할 것이다. 역대기 저자는 이런 모든 통합과 회복 그리고 미래는 예루살렘 성전에서 거행되는 야웨께 드리는 이스라엘 백성의 공통된 예배에 기초하여야 한다는 것이다. 그래서 역대하 30장에서 역대기 저자는 유월절을 성대히 지킴으로, 이스라엘과 유다가 다윗과 솔로몬 시대에 행했던 것처럼, 다시 한번 공동예배를 통해 하나가 되었다고 결론을 내린다.[57] 이런 역대기 저자의 신학이 한국에서 오늘의 다양한 교파와 혼합주의 신학 흐름 그리고 무력화된 교회의 정체성을 활성화하는데 다소 도움이 되었으면 한다.

구약성서의 최종적이며 계속적 추구와 결론은 구속사적 입장에서 여인의 후손으로 오시는 예수 그리스도에 그 초점을 맞추고 있다. 구약의 기나긴 역사와 굵다란 방향은 예수 그리스도를 향하고 있다. 구약성서의 모든 상징과 제도와 이상과 결론은 예수 그리스도에서 완성을 보게 된다.

결국, 아담에서 시작되어 셋→노아→셈→아브라함→이삭→야곱→유다→다윗→나단(솔로몬)→마리아를 통한 예수 그리스도에 이르는 거룩한 씨흐름을 중심한 하나님의 구원역사가 족보적 기록형식을 통해 기록된 것이 구약성서이다. 그러기에 하나님의 구원사는 구약의 기나 긴 구속사적 씨흐름으로 계속하다 구약에서 끝나는 것이 아니고, 여인의 후손으로 오신 예수 그리스도의 탄생과 그 분의 사역과 그 분의 복음 확산과 그 선교인 신약과 교회사 그리고 선교의 역사에 계속된다.

---

of *Jewish Apocalyptic*(London: Westminster Press, 1964)을 재인용.
57) R. Braun, *op. cit.*, p.48.

끝맺는 말

　본서 「구약성서의 족보적 연구」는 구약성서에 핵심 내용으로 줄기차게 흐르고 있는 아담으로부터 여인의 후손을 향한—구속사적 씨흐름이 중단되지 않고 메시아 출현까지 계속될 수 있도록 태고사의 인물들, 족장들의 언약의 상속자들, 이스라엘 백성, 이스라엘 나라, 남왕국 유다, 포로민 유다백성, 포로에서 귀환한 유다의 회복공동체를 통한— 구속사적 '씨'를 보존한 하나님의 구원섭리를 놓치지 않도록 강조하였다. 그래서 "구속사적 씨흐름" "여인의 후손"이란 말이 자주 반복되는 것은 족보 자체(수직선적, 수평적, 이야기적 양식들)가 바로 여인의 후손을 향한 구속사적 씨흐름을 추적하고 있기 때문인 걸 이해하여 주길 바란다. 즉 구약성서에는 인류 구원의 복음이 곳곳에 간직되어 있다는 얘기가 된다. 특별히 역사서의 마지막 책인 역대기서(히브리어 성서 마지막 책)와 에스더서(LXX과 한글 성서의 역사서 마지막 책)[1] 는 하나님의 구속사적 씨흐름 구조에 중단없이 언약의 상속자들, 씨가 계속적으로 연결되어 여인의 후손에 이르는 섭리를 족보라는 양식으로 정리하는 결정적인 역할을 하며, 구약의 마무리를 극적으로 매듭짓는 책으로 보아 씨신학적 입장에서 다루었다.

　아담에서 계속해서 숨차게 달려온 하나님의 구원사가 씨흐름이란 계시의 양식으로 기록되는데, 역대기는 (수직선적, 수평적인) 목록적 족보기록과 이야기식 기록형식으로 그리고 에스더서에는 이야기식 족보기록 양식으로 되어있다. 하나님이 인간이 되시고 말씀이 육신이 되시며(요 1장) 하나님이 세상을 이처럼 사랑하사 독생자를 보내시는 길(요 3:15)이 바로 아담에서 여인의 후손에 이르는 거룩한 씨흐름으로 보아 이를 조직화하고 신학화한 것이 씨신학이라고 앞서 여러번 반복하여 강조하였다. 포로에서 유다인이 돌아왔다는 역대기와 에스더서의 구약역사

---

[1] 최종진, 「에스더서 주석」[기독교서회 창립 100주년 기념 주석집](서울: 대한기독교서회, 2005)를 참고할 것.

마지막에서 메시아 족보가 중간에 끝나버릴 위기에서 에스더와 모르드개의 역할과 아하수에로의 조연적 협조로, 여인의 후손으로 오신, 신약의 메시아가 옥동자로 탄생케 되어 크리스마스의 캐럴을 울려 퍼지게 했다고 다시 한번 언급하며 본서의 끝을 맺고 싶다. 그래서 본서 「구약성서의 족보적 연구」는 신약성서의 마태복음 1장과 누가복음 3장 그리고 요한복음 1장의 족보로 확인된다고 본다.

   그 여인의 후손인 예수 그리스도의 복음은 예루살렘과 유다, 사마리아를 넘어 소아시아 지역으로, 로마로, 사도행전 28장을 넘어 세계로 향하는 교회사의 시대로 오늘에 이르렀고, 이제는 땅끝인 예루살렘으로 이미 향하여 진입하였고 역사의 마지막 예수 그리스도의 재림을 바로 눈앞에 내다보게 되었다. 그래서 구약의 족보적 연구에서 여인의 후손으로 이미 오신 초림의 옥동자, 예수 그리스도를 확인했다면, 이제 우리의 시선과 신앙고백은 그 구속사의 씨흐름으로 오신 메시아의 마지막 구원사역인 재림을 향해 아직도 그 희망으로 계속 되어야 할 것이다. (마라나타~! 아멘 주 예수여 어서 오시옵소서!)

참고 문헌

Albright, W. F. From Stone Age to Christianity. New York: Doubleday Anchor Books, 1957.

Alexander, T.D. "From Adam to Judah: The Significance of the Family Tree in Genesis", The Evangelical Quarterly 61(1989).

Allis, Oswald T. 「모세 오경 약해」. 최종진 역. 서울: 생명의 말씀사, 1981.

Alt, A. Essays on Old Testament History and Religin. Oxford, 1966.

Anderson, G. W. 「이스라엘 역사와 종교」. 김찬국역. 서울: 기독교 서회, 1970.

Anderson, B. W. Understanding the Old Testament. Englewood Cliffs: Prentice-Hall, 1986.

Anderson, B. W. 「구약신학」, 최종진 역. 서울: 한들 출판사, 2002..

Baab, Otto J.「구약신학」. 박대선 역. 서울 :기독교 서회, 1962.

Barth, Karl. Church Dogmatics I, Part 2. New York: Charles Scribner's Sonss, 1956.

Barth, Karl. The Word of God and the Word of Man. New York: Harper, 1957.

Baumgartel, F. "구약성서의 해석학적 문제" 문희석 역, 「기독교사상」 제10집.

Baxter, J. Sidlow. Explore the Book. Vol. 1. Grand Rapids: Zondervan, 1960.

Bebington, David. 「역사관의 유형들」 천진석 역. 서울: 두란노 , 1986.

Beecher, Willis J. The Prophets and the Promise. Grand Rapids: Baker Book house, 1975.

Beegle, Dewey M. Moses, Servant of Yahweh. Grand Rapids: Eerdmans, 1972.

Bellah, Robert N. The Broken Covenant. New York: Seabury, 1975.

Benware, Paul N. 「신약성경 개론」 서울: 요단출판사, 2002.

Berkohf, L. Systematic Theology. Michigan: Wm. B. Eerdmans, 1981.

Boman, Thorleif. 「히브리적 思惟와 그리스적 思惟의 比較」 혀역 역. 서울: 분도출판사, 1975.

Bonhoeffer, Dietrich. 「창조. 타락. 유혹 문희석」역. 서울:대한 기독교서회, 1981

Bonhoeffer, Dietrich. Schopfung und Fall. Muchen: Christian Kaiser Verlag, 1968.

Boorer, Susan. The Promise of the Land as Oath. Beihefte zur Zeitschrift fur die Altesstamentliche Wissenschaft 205. New York: de Gruyter, 1992.

Braun, R. 「역대기 상(WBC)」. 김 의원 옮김. 서울: 도서출판 솔로몬, 2001.

Bright, J. The Kingdom of God. New York: Abingdon Press, 1952.

Bright, J. 「하나님의 나라」. 김 인환 옮김, 서울: 크리스챤 다이제스트, 1944.

Bright, John. A History of Israel, 2d ed. Philadelphia: Westminster Press, 1972.

Bright, John. 「이스라엘의 역사」. 박문재 역. 서울: 크리스챤다이제스트, 1993.

Brown, F. Driver, S. R. and C. A. Briggs, Hebrew and English Lexicon of the Old Testament. based on the Lexicon of William Gesenius, translated by Edward Robinson. Oxford: Clasrendon, 1951.

Bruce, F.F. Israel and the Nations. Grand Rapids: Wm. B. Eerdmans Pub. Co., 1963.

Brueggemann, Walter. The Land: Place as Gift, Promise, and Challenge in Biblical Faith Overtures to Biblical Theology. Minneapolis: Fortress Press, 2002.

Brueggemann, Walter. 「구약신학과의 만남」. 차준희 옮김. 서울: 프리칭아카데미, 2007.

Cassuto, U. A Commentary on the Book of Exodus. Jerusalem: The Magnes Press, 1997.

Chesnut, J. Stanley The Old Testment Understanding of God. Phildelphia: The Westerminster Press, 1952.

Childs, B.S. Introduction to the Old Testament as Scripture. Philadelphia: Fortress, 1979.

Clines, D. J. A. "역대기 기자의 목적과 신학," 윤 영탁 엮음. 「구약신학 논문집」. 수원: 합동신학대학 원출판부, 1999.

Clines, D.J.A. "Ezra, Nehemiah, Esther," New Century Bible Commentary. Grand Rapids: Wm. B. Eerdmans Publ. Co., 1992.

Coe, G.A. A Social Theology of Religious Education. New York: Charles Scribner's Sons, 1925.

Cross, F. M. Canaanite Myth and Hebrew Epic. Cambridge: Harvard University, 1973.

Cullmann, Oscar 「그리스도와 시간」 김근수 역. 서울: 나단출판사, 1989.

Dantan, Robert C. ed., The Idea of History in the Ancient Near Eas. New Haven, 1955.

Davidson, Benjamin. The Analytical Hebrew and Chaldee Lexicon. London: Samuel Bagster & Sons Ltd, 1970.

Dillard, R. B., "역대기서에 나타난 상과 벌: 즉각적 응보의 신학," 윤영탁 엮음.「구약신학 논문집」. 수원: 합동신학대학원출판부, 1999.

Dillard, Raymond B. and Longman III, Tremper 「최신 구약개론」, 박철현 옮김(서울: 크리스챤 다이 제스트, 1990.

Drane, John. 「구약 이야기」, 이중수 옮김. 서울: 두란노서원, 1985.

Driver, S. R. The Book of Genesis. London: Methuen & Co., 1926.

Durham, John. Exodus WBC 3. Texas: Word Books, 1987.

Durkheim, Emile. The Elementary Forms of the Religious Life, trans. by J.W. Swain. New York: Free Press, 1965.

Durr, Lorenz. 「히브리적 思惟와 그리스적 思惟의 比較」. 혀역 역. 서울: 분도출판사, 1985.

Eavey, C.B. History of Christian Education. Chicago: Moody Press, 1969.

Edward J. Young, 「창세기 3장 주석」. 서울: 한국복음 문서 연구회, 1974.

Elizabeth, Achtemeier, The Old Testament and the Proclamation of the God. Philadelphia: Westminster Press, 1973.

Exell, Joseph S. 「창세기」. [베이커 성경주석]. 이기문 역. 서울: 예장 총회 교육부, 1982

Fohrer, Georg. Ernst Sellin. 「구약성서개론 상」. 방석종 옮김. 서울: 성광문화사, 1985.

Fohrer, Georg 「이스라엘 역사」. 방석종 역. 서울: 성광문화사, 1986.

Free, Joseph P. Archaeology and Bible History, ed. Wheaton. Ill: Scripture Press, 1962.

Fretheim, Terence E. Exodus Interpretation. Louisville, John Knox Press, 1991.

Friedman, R. E., The Exile and Biblical Narrative: The Formation of the Deuteronomistic and Priestly Works, (HSM 22). Chico, CA: Scholars Press, 1981.

Fritsch, Charles T. 「창세기 연구」. 문익환 역. 서울 : 대한기독교서회, 1963.

Gerstenberger, Erhard S. Leviticus: A Commentary. OTL. Louisville: Westminster John Knox Press, 1996.

Goldziher, Ignaz, Mythology among the Hebrews and Its Historical Development. London: Longmans: Green & Co., 1877.

Gottwald, N. The Tribes of Yahweh: A Sociology of the Religion of Liberated Israel, 1250－1000 B.C.. New York: Orbis Books Maryknoll, 1979.

Gray, John 「열왕기서」[국제성서주석]. 한국신학연구소 역. 천안: 한국신학연구소, 1992.

Gunkel, Hermann. Genesis. Gottigen:Vandenheck und Ruprecht, 1901.

Habel, Norman. The Land is Mine: Six Biblical Land Ideologies Overtures to Biblical Theology. Minneapolis: Fortress Press, 1995.

Haines, Lee. Genesis and Exodus: The Wesleyan Bible Commentary vol. one. Grand Rapids: Wm. B. Eerdmans Publishing Co., 1975.

Hamilton, Victor P. The Book of Genesis: Chapters 1-17. Grand Rapids: W. B. Eerdmans Publishing Co., 1990.

Hendriksen, William New Testament Commentary: exposition of the Gospel According to Mathew. Grand Rapids: Baker Book House, 1973.

Hanson, Richard S. The Serpent Was Wiser. Augsburg Publishing House, 1972.

Harrison, R. K. The Archaeology of the Old Testament. New York: Harper & Row, Publishers, 1966.

Hasel, Gefhard F. "The Genealogies of Gen 5 and 11 and Their Alleged Babylonian Background" Andrews University Seminary Studies(1978) 16 pp.358ff.

Hayes, J. H. & Hooker. P. K. 「이스라엘과 유다 역사—신연대기」. 정중호 역. 서울: 대한기독교서회, 1991.

Henry, Matthew. 「창세기(상)」. 박근용 역. 서울: 기독교문사, 1980.

Henry, Matthew. 「열왕기상」. 남준희 역. 서울: 기독교문사, 1981.

Hicks, John Mark. NIV Commentary 1 & 2 Chronicles. Missouri: College Pre Publishing Company, 2001.

Hill, Andrew E. and Walton, John H. 「구약개론」, 유선명. 정종성 공역. 서울: 은성, 1994.

Hinson, David F. 「이스라엘의 역사」. 이후정 역. 서울: 컨콜디아사, 1985.

Hoekema, Anthont. 「개혁주의 인간론」. 유호준 역. 서울: 기독교 문서선교회, 1990.

Jacob, Edmond, 「구약 신학」, 박문재 역. 일산: 크리스챤 다이제스트, 1999.

Jacob, Edmond. Theology of the Old Testament. trans. by A.W. Heath Cote and P.J. Allock. NewYork: Harper & Brother Publishers, 1958.

Japhet, S. 1 Chronik. HThKAT 16, Freburg: Herder, 2002.

Johnson, Marshall D. The Purpose of the Biblical Genealogies with Special Reference to the Setting of the Genealogies fo Jesus. Cambridge: Cambridge University Press, 1988.

Kaiser, Jr. Walter C. 「구약성경신학」. 최종진 역. 서울: 생명의 말씀사, 1982.

Keil, C. F. and Delitzsch, F. 「열왕기서」 [구약주석 10]. 서울: 기독교문화출판사, 1983.

Kerr, Hugh T. A Compound of Luther's Theology. Philadelphia: The Westminster Press, 1966.

Kidner, F. Derek. Genesis, The Thyndale Old Testament Commentaries. Inter-Varsity Press, 1968.

Kline, Meredith G. The Structure of Biblical Authority. Grand Rapids: Eerdmans, 1972.

Kraus, H. J., Theology of the Psalms. Minneapolis: Augsburg, 1986.

Lasor, Wm. S. Hubbard, D. A. and Bush, F. Wm. Old Testament Survey. Grand Rapids: Wm. B.Eerdmans Publishing Co., 1982.

Leupold, H.C. 「창세기:반즈노트/신구약 성경주석」. 최종태 역. 서울: 크리스챤서적, 1990.

Levenson, J. D., Sinai and Zion, New York: Harper and Row, 1985.

Long, Burke O. The Problem of Etiological Narrative in the Old Testament. Berlin: Verlag alfred Topelmann, 1968.

Mattthew Hnnry, 「창세기(상)」. 박근용 역. 서울: 기독교 교문사, 1980.

May, Rollo. 「자아를 잃어버린 현대인」 백상창 역. 서울: 문예출판사, 1982.

Myers, Jacob M. 「역대기 상」[국제성서주석], 이환진 역. 서울: 한국신학연구소, 1990.

McCarthy, D. J. Old Testament Covenant. Atlanta: John Knox Press, 1978.

Meek, Theophile. Hebrew Origins. New York: Harper & Row, Publisher, 1960.

Mendellhall, Goerge E. Law and Covenant in Israel and the Ancient Near East. Pittsburg: The Presbyterian Board, 1955.

Merrill, E. H. 「역대상하」. 이명준/이종록 옮김. 서울: 두란노, 1989.

Merrill, Eugene H. 「제사장의 나라」, 곽철호 역. 서울: 기독교문서선교회, 1997, p.646.

Merrill, Eugene H. 「구약의 역사적 개요」, 김진영 역. 서울: 크리스챤 다이제스트, 1995.

Millard, Alan. 「열왕기상-역대하」. 유재선 편. 서울: 한국성서유니온, 1990.

Milton, John. 「하나님의 축복의 언약」. 이근호역. 서울: 컨콜디아사, 1982.

Mitchell, T. C. "Genealogy" New Bible Dictionary. Grand Rapids: Eerdmans, 1965. p. 457.

Moltmann, J. 「창조안에 계신 하느님」. 서울: 한국신학 연구소, 1987.

Moltmann, Jurgen. "Creation and Redemption", Creation, Christ and Culture, Studies in Honour of T. F. Torrance, ed. by Richard W.A. Mckinny. (Edinburgh : T. & T Clark

Ltd., 1976.

Mowinckel, S. The Old Testament as Word of God , English trans. by R. B. Bjoranrd. New York: Abingdon Press, 1959.

Mowinckel, S., He That Cometh. The Messiah Concept in the Old Testament and Late Judaism, G. W. Anderson 옮김. Oxford: Basil Balsckwell, 1956.

Mowinckel, Sigmund. The Tow Sources of the Predeuteronomic Primeval History in Genesis 1_11. Oslo : Jacob Dybwad, 1937.

Noth, Martin. A History of Pentateuchal Traditions, trans. B.W. Anderson. Englewood Cliffs: Prentice—Hall, 1972.

Noth, Martin. The Laws in the Pentateuch and Other Essays. Philadelphia: Fortress Press, 1966.

Ott, Heinric.h. "역사와 구속사" 김광식 역,「세계 기독교 사상」. 11집. 서울: 신태양사, 1983.

Payne, J. Barton. The Theology of the Older Testament.. Grand Rapids: Zondervan Publishing house, 1976.

Peterson, John. The Praise of Israel. New York: Charles Scribner's Sons, 1950.

Pedersen, John. Israel, Its Life and Culture Vol. Ⅰ .London: Oxford University Press, 1973.

Pfeiffer, Charles F.「구약사 개론」. 김영배 역. 서울: 기독교문서선교회, 1979.

Prewitt, Terry J. "Kinship Structures and the Genesis Genealogies" Journal of Near Eastern Studies 40(1981).

Pritchard, james B. ed., Ancient Near Eastern Texts Relating to the Old Testament. Princeton: Princeton University Press. 1974..

Rad, G. von. Genesis, Old Testament Library. London: SCM Press LTD, 1972.

Rad, Gerhard von. Old Testament Theology, vol.1. New York: Harper & Brothers, 1962.

Rhodes, Arnold Balck. "하나님의 위대한 행위", 문희석 역.「기독교 사상」제 10집.

Robertson, O. Palmer.「계약신학과 그리스도」. 김의원 역. 서울: 기독교문서선교회, 1983.

Rowley, R. R. "The Chronological Order of Ezra and Nehemiah," The Servant of the Lord and Other Essays on the Old Testament. London: Lutterworth Press, 1952.

Rowley, H.H. The Biblical Doctrine of Election. London: Lutterworth Press, 1952.

Schmidt, Werner H. The Faith of the Old Testament. English Trans. by John Sturdy. Philadelphia: Westminster, 1983.

Schmidt, Werner H. 「구약성서 입문」. 차준희 채홍식 옮김. 서울: 대한기독교서회, 2007.

Skinner, John. "A Critical and Exegetical Commentary on Genesis," The Interantional Commentary. Eds. Samuel Rolls Driver, Alfred Plummer and Charles Augustus Briggs. New York : Scribner, 1910.

Smith, R. L. 「구약신학: 그 역사, 방법론, 메시지」 박문재 옮김. 서울: 크리스챤다이제스트, 2005.

Snaith, Norman H. The First and Second Books of Kings: The Interpreter's Bible III. New York: Abingdon Press, 1952.

Snaith, Norman H. the Distinctive Ideas of the Old Testament. London: Epworth press, 1946.

Speiser, E.A. Genesis. The Anchor Bible, Vol.1. Doubleday & Co., 1964.

Terry J. Prewitt. "Kinship Structures and the Genesis Genealogies" Journal of Near Eastern Studies 40, 1981.

Thiele. E. R. 「히브리 왕들의 연대기」. 한정건 역. 서울: 기독교문서선교회, 1990.

Thornton, A. H. F. "The Hebrew conception of Speech as Creative Energy" Hibbert Journal, January 1946, p.132f.

Thompson, R. Campbell. The Epic of Gilgamesh. Oxford: Clarendon Press, 1930.

Trible, P. God and the Rhetoric of Sexuality. Philadelphia: Fortress Press, 1978.

Unger, Merill F. An Introduction to the Old Testament. Grand Rapods: Zondervan Publishing House, 1952.

Vaux, Roland de. Ancient Israel: Social Institutions, vol.1. New York: McGraw—Hill Book Company, 1965.

Vaux, Roland de. The Early History of Israel. Philadelphia: The Westminster Press, 1978.

Warfield, B. B. The Plan of salvation. Grand Rapids: Wm N. Eerdmans Publishing Co., 1942.

Watts, John D.W. Basic Patterns in Old Testament Religion. South Pasadena: Jameson Press, 1971.

Weinfeld, Moshe. The Promise of the Land: The Inheritance of the Land of Canaan by the Israelites. Berkeley: University of California Press, 1993.

Wellhausen, J., Prolegomena to the History of Ancient Israel. New York: World Publishing Co., 1965.

Wenham, Gordon J. Genesis 1-15. Word Biblical Commentary. Waco, Texas: Word Books Publisher, 1987.

Westermann, Claus Genesis 1-11: A Commentary, Tran., John j. Scullion S.J. Minneapolis: Augsburg Publishing House, 1984.

Westermann, Claus. 「성서 입문」, 김이곤, 황성규 공저. 서울: 한국신학연구소, 1975.

Westermann, Claus ed. Essays on Old Testament Interpretation, London: SCM Press Ltd, 1960.

Wiley, H. Orton. Christian Theology Vol.II. Kansas City: Beacon Hill, 1940.

Williamson, H. G. M., "The Origins of the Twenty-Four Priestly Courses: A study of 1Chronicles xxiii-xxvii", Studies in the Historical Books of the Old Testament(VTSup 30), Leiden: Brill, 1979.

Wilson, Robert R. Genealogy and History in the Biblical World. New Haven: Yale University Press, 1977.

Wolfendale, James A homiletical commentary on the Books of Chronicles. Grand Rapids: Baker Book House, 1978. / 「역대 상·하 베이커 경경주석」, 박양조 역. 서울 기독교문사, 1989.

Wolff, Hans Walter. Anthropology of the Old Testment. Philadelphia: Fortress, 1981.

Wolff, Hans Walter. 「구약성서의 인간학」. 문희석 옮김. 왜관: 분도출판사, 1976.

Wood, L. A Survey of Israel's History. Grand Rapids: Zondervan Publishing House, 1970.

Wood, L..A. 「이스라엘이 역사」. 김의원 역. 서울: 기독교문서선교회, 1996.

Wright, Christopher. God's People in God's Land: Family, Land, and Property in the Old Testament. Grand Rapid: Eerdmans Publishing Company, 1990.

Wright, G. Ernst. The Chllenge of Israel's Faith. London: SCM Press, 1952.

Wright, G. Ernest. God Who Acts. London: SCM Press, 1952.

Wright, G. Ernest The Old Testament Against Its Invironment, Studies in Biblical Theology 2. London: S.C.M. Press, 1960.

Wright, J. S. The Date of Ezra's Coming to Jerusalem. London: Tyndale Press, 1958.

Wright, J. W., "The Legacy of David in Chronicles: The Narrative function of 1Chronicles 23－27," Journal of Biblical Literature 110/2(1991).

Young, Edward J. 「창세기 3장 주석」. 서울: 한국복음 문서 연구회, 1974.

Young, Edward J. Studies in Genesis One. Phiadelphia : Presbyterian and Reformed Publishing Co., 1964.

Zimmern, H. Urkonige und Uroffenbarung. Gottingen: Vandenhoeck und Ruprecht, 1902.

Zimmerli, W., Old Testament Theology in Outline, tran. D. E. Green. Atlanta: John Knox Press, 1962.

Zimmerli, Walter. 「구약신학」, 김정준 역. 서울: 한국신학연구소, 1976.

고영춘. 「구약성서 개설」. 서울: 신생사, 1965.

곽신환. 「주역의 이해」. 서울: 서광사, 1990.

길희성. 「인도 철학사」. 서울: 민음사, 1984.

김정준. 「폰 라드의 구약신학」. 서울: 대한기독교서회, 1973.

김희보. 「구약신학논고」. 서울: 기독교문서선교회, 1975

김희보. 「구약 스가랴 주해(상)」. 서울: 총신대 출판부, 1985.

김균진. 「생태학의 위기와 신학」. 서울:대한 기독교서회, 1991.

김이곤. 「출애굽기의 신학」. 서울: 한국신학연구소, 1989.

김철영. "창조질서의 보존에 관한 윤리신학적 분석" 「장신 논단」 6집. 1990.

김학주. 「노자와 도가 사상」. 서울: 명문당, 1988.

김형오. 「현대인의 인성」. 서울: 홍익제, 1992.

김희보. 「구약신학 논고. 서울: 예수교 문서선교회, 1975.

남만성. 譯解.「周易」. 서울: 현암사, 1987.

내촌감상. 「창세기 연구」. 이성호 역. 서울: 혜문사, 1982.

삼성출판사편. <老子.莊子>. 서울: 삼성 출판사, 1988.

류경희. "종교다원주의에 대한 힌두교와 기독교 태도의 비교", 「종교학 연구」 제 8집.(1989, 12).

리, 윗트니스. 「예수 그리스도의 족보」. 서울: 한국복음서원, 1988.

문희석. 「구속과 창조의 신학」. 서울: 기독교 출판사, 1979.

문희석 편.「오늘의 오경연구」. 서울: 기독교서회, 1975.

문희석.「창조신학」, 서울: 보이스사, 1976.

박대선외 2인.「구약성서 개론」. 서울: 기독교 서회, 1962.

배희숙. "레위인을 위한 역대기의 개혁 프로그램"「구약논단」제 21집 (2006. 8.).

배선극. "타락한 인간" 기독교 신문(1994.10.9.).

배제민.「새로운 형태의 구약연구」. 서울: 총신대학 출판부, 1983.

신기철, 신용철 편저.「새 우리말 큰사전」. 서울: 삼성출판사,1980.

宋俊浩. "한국에 있어서의 家系記錄의 歷史와 그 解釋" [歷史學報] 第八十七輯 역사학회.「한국 친족 제도 연구」. 서울: 일조각, 1992.

오세호.「신약 석의(1)」. 서울: 도서출판 등불, 1988.

원진희.「구약성서의 출애굽 전통」. 서울: 한우리, 2005.

윤두혁 편.「팔레스타인 풍습 이모 저모」. 서울: 기독교문사, 1973.

은준관.「교육신학」. 서울: 대한기독교서회, 1983.

이광규.「한국의 가족과 종족」. 서울: 민음사, 1990.

이병철. "창세기1"「토브성경주석」. 서울: 브니엘 출판사, 1991.

이상진.「한국 족보학 개론」. 서울: 민속원, 2005.

이을환.「언어학 개설」. 서울: 선명 문화사, 1984.

이종욱.「한국 친족제도 연구」. 서울: 일조각, 1992.

장일선.「구약신학의 주제」. 서울: 대한기독교출판사, 1982.

장석정.「하나님의 땅」. 서울: 대한기독교서회, 2001.

張鍾元.「老子 – 새로운 사유의 길」. 서울: 민족사, 1992.

정중호.「이스라엘 역사」. 서울: 대한기독교서회, 1994.

정중호.「레위기-만남과 나눔의 장」. 서울: 한들출판사, 1999.

정태혁. "불타가 본 절대자와 무아설"「동국대학교 논문집 제 14집」. 1975.

「周易」. 남만성 譯解. 서울: 현암사, 1987.

「周易」. 최완식 譯解, 서울: 혜원출판사, 1990.

차장섭. "중국 족보의 개념의 연구동향" [慶北史學] 第25輯. 慶北史學會 2002.

최완식. 譯解.「周易」. 서울: 혜원 출판사, 1990.

최종진. 「구약성서 개론」. 서울: 소망사, 2000. 토판출판사, 2019.

최종진. 「이스라엘의 종교」. 서울: 소망사, 1987. 토판출판사, 2021.

최종진. 「에스더서 주석」. 서울: 대한기독교서회, 2005.

한상인. 「이스라엘 왕국시대의 고고학」. 서울: 대한기독교서회, 2004.

한국인의 족보 편집위원회편.「家乘譜」. 서울: 일신각, 1977.

韓重植. "예수 그리스도의 족보" [崇實大學校 論文集 第19輯], 1989.

현창학. 「구약 지혜서 연구」. 수원: 합신신학대학원 출판부, 2015.

(혹시 여기에 수록되지 않은 참고도서는 footnote를 참고할 것)

구약성서의 족보적 연구

초판 1쇄	2025년 8월 25일
지은이	최종진
발행처	토판
표지 디자인	얼앤똘비악
출판 신고 번호	제2025-217호
주소	서울 강남구 언주로 425
팩스	0504-211-8092
이메일	topan.contact@gmail.com
ISBN	979-11-994374-2-5(93230)

ⓒ 최종진 2025

토판은 에스에스엘티의 종교 서적 출판 브랜드입니다.
이 책은 저작권법으로 보호받는 저작물이므로 무단전제나 무단복제를 할 수 없습니다.